অপরাহ্নের আলোয়

নীলোৎপল মুখার্জী

CLEVER FOX PUBLISHING
Chennai, India

Published by CLEVER FOX PUBLISHING 2022
Copyright © Nilotpal Mukherjee 2022

All Rights Reserved.
ISBN: 978-93-56480-83-4

Aparanher Aaloye: the debut book by the author Mr. Nilotpal Mukherjee is a wonderfully scripted documentation of various shades of life that wraps us from all around. The otherwise usual life led by the commoners, holds in it a parallel fabric of deceit, conflict and betrayal as well as love, trust and sacrifice. The stories bring us to a cross road where fair and foul either lose their identity or amalgamate seamlessly. The author, like a distant observer, carefully avoids being opinionated, rather leaves it to the readers to develop their own perspective around the narratives.

As the intricate tapestries of stories are woven, we experience the journey of extremely familiar yet oblique characters, their journeys either remind us of our own or they are shocking revelation of parallel realities. The readers are bound to cherish each and every gem of this collection as they are not far fetched or unreal, they are the figment of our very own realms.

The collection promises to bring to life a different genre of writing that's extremely fresh in his own style of content.

কৃতজ্ঞতা স্বীকার

গল্প লেখার কথা কোনও দিনই আমার ভাবনার মধ্যে ছিল না। তবে আমার নাতনী সাত বছর বয়সের সময় থেকেই প্রতি রাতে আমার কাছে গল্প শোনার জন্য বায়না করত। ফলে আমাকে নতুন নতুন রোমাঞ্চকর গল্প চট্ জলদি বানিয়ে প্রতি রাতে নাতনীর কাছে পেশ করার অভ্যাস তৈরি করতে হয়েছিল। এমনই একটি রোমাঞ্চকর গল্প প্রতাপ নারায়ণের আর্ট গ্যালারি, রোজ অল্প অল্প করে তৈরি করে প্রায় দশ দিন ধরে ওকে শুনিয়েছিলাম।

নাতনী ছাড়াও, আমার সুদীর্ঘ কর্ম জীবনের বৈচিত্র্যপূর্ণ অভিজ্ঞতাকে কাজে লাগিয়ে অবসরকালীন সময়ে কাহিনী লিখতে যাদের উৎসাহ এবং অনুপ্রেরণা আমাকে কলম ধরার ব্যাপারে প্রত্যয় যুগিয়েছিল তাদের মধ্যে প্রধানত আমার পুত্র সায়নদেব, স্ত্রী শিপ্রা, কন্যা অরুন্ধতী এবং আমার অত্যন্ত প্রিয় ভাগ্নীজামাই গোরারেণু গাঙ্গুলীর নাম না করলে এই পুস্তক প্রকাশ অসম্পূর্ণ থেকে যাবে।

লেখক

উৎসর্গ

বিংশ শতাব্দীর ত্রিশ দশক থেকে পঞ্চাশ দশকের প্রায় শেষ পর্যন্ত অত্যন্ত সুপ্রতিষ্ঠিত এবং বিশিষ্ট সাহিত্যিক ও কবি আমার পরমারাধ্যা মা, স্বর্গীয় ইলারাণী মুখোপাধ্যায়ের স্মৃতির প্রতি —

সূচিপত্র

অপরাহ্নের আলোয়

বিকেল ঠিক চারটে থেকে আমার অফিসটা অনেকটাই যেন ঝিমিয়ে পড়ে। আমার ঘরের বাইরে ব্যাঙ্কের দোতলার বিশাল বড় হলটায় এইসময় অফিসার-কর্মচারী মিলিয়ে সর্বসাকুল্যে চোদ্দ-পনেরো জন বসে আলস্যে নিজের কাজ সারছে। তবে এর ঠিক নিচেই, একতলার যে বিশাল ব্যাঙ্কিং হল রয়েছে সেখানকার ক্যাশ ডিপার্টমেন্টের প্রত্যেকেই ভীষণ ব্যস্ত এখন। সারাদিনের লেনদেনের পর হাতের ক্যাশ ঠিকমত মিলিয়ে ফেরৎ দিয়ে তবেই বাড়ি যাওয়া, আর এ্যাকাউন্টস্ ডিপার্টমেন্টেও সব অফিসার কর্মচারীরা তখন ব্যস্ত সারাদিনের হিসেবপত্র ঠিকমত লিখে মেলানোর জন্য।

অভ্যাসবশতঃ, এই সময়টায় আমি ঘর থেকে বেরিয়ে প্রথমে দোতলার আর তারপরে একতলার সমস্ত হলটা ঘুরে একবার পরিদর্শন করতে যাই, সব কাজ ঠিকমত হচ্ছে কিনা বা কোথাও কোন সমস্যা তৈরী হয়েছে কিনা দেখতে। সকাল দশটার পর থেকেই সারাদিন ধরে বিভিন্ন সমস্যার সমাধান করা এবং অনবরত ব্যাঙ্কের ম্যানেজারের সাক্ষাৎ প্রার্থী নানারকম গ্রাহকদের সংগে আলোচনা করার জন্য সময় দেওয়ার ফলে নিজের সব দরকারি কাজ পড়ে থাকাতো, যেগুলো বিকেল চারটে থেকে করতে বসতাম। আর তাই, এই সময়ে কোনও বাইরের লোকজনকে আর আমার ঘরে না পাঠানোর নির্দেশ দেওয়া থাকাতো ব্যাঙ্কের নিরাপত্তা রক্ষীদের কাছে।

এরকমই এক বিকেলে নিজের ঘরে ফিরে একা বসে জোনাল অফিস থেকে আসা দরকারি চিঠিপত্র গুলো খানিকটা আলস্যে দেখছিলাম একমনে, একটু আগে আমার ঘরে যে হেড চাপরাসি কাজ করে সেই হরিলাল এসে ডাক এবং কোরিয়ারে আসা সমস্ত চিঠিপত্র খাম থেকে বের করে সুন্দর করে গুছিয়ে আমাকে দিয়ে গেছে। হঠাৎ মনে হল আমার টেবিলের সামনে প্রায় পনেরো ফুট দূরে বাঁ দিকের ভারী বন্ধ দরজাটা খুব সামান্য খুলে কেউ সন্তর্পণে আমাকে লক্ষ্য করছে। মুখ তুলে একটু বিরক্তি নিয়ে জিজ্ঞাসা করলাম— "কি ব্যাপার, কে ওখানে দাঁড়িয়ে?"

—"কাকু, আমার দিদি নিচের মেন গেটে অপেক্ষা করছে, আপনার সঙ্গে একটা ভীষণ প্রয়োজনে দেখা করতে চায়, কিন্তু ব্যাঙ্কের গার্ডকাকু দিদিকে ঢুকতে দেয়নি, তাই দিদি গার্ডকাকুকে খালি আমাকে ঢুকতে দেওয়ার অনুমতি নিয়ে ওপরে আপনার কাছে পাঠালো, আপনি যদি দয়াকরে আমাদের দুজনকে একটু আপনার কাছে আসতে অনুমতি দেন।"

সাহস করে দরজাটা আর একটু বেশী খুলে প্রায় মুখস্ত করে বলার মতো কথাগুলো বলে গেল যে, সে দেখলাম প্রায় আঠারো-উনিশ বছর বয়েসের মাঝারি উচ্চতার শাড়ী পরা

একটি মেয়ে, বেশ ফর্সা, খুব রোগা কিন্তু ভারি মিষ্টি মুখটি আর মায়াময় চোখদুটি তার। দেখেই বোঝা যাচ্ছিলো খুবই আশা নিয়ে আমার উত্তরের অপেক্ষায় রয়েছে। মেয়েটিকে দেখে বেশ মায়া হল, তাই অনিচ্ছা সত্ত্বেও কাগজপত্র এবং দরকারী চিঠিগুলো পাশে সরাতে সরাতে বললাম, —"তুমি ভেতরে এসে বসো, আমি বলে দিচ্ছি তোমার দিদিকে ওপরে পাঠিয়ে দিতে।"

কোনরকম দ্বিধা বা ফরম্যালিটির ধার না মেনেই দেওয়াল ঘেঁষে রাখা বড়ো সোফাতে না বসে মেয়েটি এসে আমার টেবিলের বিপরীত দিকে রাখা চারখানা চেয়ারের একটিতে এসে বসে পড়ল। এবার বুঝলাম মেয়েটির মধ্যে বেশ একটা উদ্বিগ্ন ভাব রয়েছে, চঞ্চলতাও প্রকাশ পাচ্ছিল। টেবিলের বাঁদিকে রাখা ইন্টারকমটা তুলে নিচে এ্যাকাউন্টেন্ট গাঙ্গুলীকে বললাম, "মেন গেটে একজন হয়তো আমার সঙ্গে দেখা করার জন্য অপেক্ষা করছেন, গার্ডকে বলুন ওনাকে ওপরে আমার কাছে পাঠিয়ে দিতে।"

এবার বাইরে বেল বাজালাম যাতে হরিলাল ঘরে আসে। যেকোনো অপরিচিত মহিলা ঘরে একলা দেখা করতে এলে হরিলালকে বলা থাকতো আমার ঘরের একপাশে থাকা ক্যাবিনেটের কাছে দাঁড়িয়ে চিঠিপত্র ফাইল করার অজুহাতে উপস্থিত থাকতে, আমার নিরাপত্তার কারণে এই নির্দেশ, আর আমার অত্যন্ত অনুগত হরিলাল অক্ষরে অক্ষরে এটা পালন করতো। মাঝে মাঝে আবার এই অভিনয়টা করতে গিয়ে একটু বাড়াবাড়ি করে ফেলতো। তবে যেটা প্রশংসার যোগ্য, বয়স্ক হরিলাল আমার ঘরের মধ্যে হওয়া যে কোনও আলোচনা সে অতি গোপন হোক বা সাধারণ, বাইরে প্রকাশ করে কোনও কর্মচারীরই কৌতূহল চরিতার্থ করতো না। এরজন্য ওকে অনেক কথা শুনতে হোত বলে জেনেছিলাম।

—"স্যার আসতে পারি?" দেখি একটি খুব সাধারণ ভাবে সাজগোজ করা প্রায় ত্রিশ বত্রিশ বছর বয়েসের মহিলা এক হাতে একটা গোলাপী রঙের ফাইল আর কাঁধ থেকে ঝোলা একটি হাতের কাজকরা কাপড়ের ব্যাগ নিয়ে স্মিতহাস্যে দরজাটা অল্প খুলে আমার দিকে তাকিয়ে।

—"হ্যাঁ ভেতরে আসুন, তবে বলে রাখি দিনের শেষে এই সময়টা আমি নিজের জরুরী কাজকর্ম সারার জন্য রাখি, তাই বুঝতেই পারছেন এসময়টায় কারুর সংগে দেখা করতে চাইনা, নেহাত আপনার খুব জরুরী প্রয়োজন শুনলাম তাই, কাইন্ডলি একটু তাড়াতাড়ি করে সারবেন।"

—"আপনি দয়া করে আমার কথা শুনতে সময় দিয়েছেন স্যার, এতেই আমি চিরকৃতজ্ঞ থাকবো," চেয়ারে নিজের বোনের পাশে বসতে বসতে মেয়েটি উত্তর দিল, "তবে সংক্ষেপে হলেও আমার ব্যাপারটা পুরো শুনে আপনাকে কিছু একটা ব্যবস্থা করে দিতেই হবে স্যার নাহলে আমার এই ছোট বোনটির ভবিষ্যৎ জীবন ভীষণ অনিশ্চিত হয়ে পড়বে স্যার। আমি শুনে এসেছি যে আপনি খুব উপকারী একজন মানুষ এবং অনেকের বিপদেই সাহায্য করেছেন, তাই অনেক আশা নিয়ে এসেছি আপনার কাছে।"

ইতিমধ্যেই হরিলাল এসে আমার পূর্ব নির্দেশমত কাজকারবার শুরু করে দিয়েছে আমাদের দিকে পেছন ফিরে।

—"ঠিক আছে আপনি তাড়াতাড়ি বলুন এবার আমার কাছে আপনাদের কি প্রত্যাশা, আগে শুনি তারপর বলতে পারবো কতোটা কি করতে পারা যাবে।"

—"স্যার প্রথমেই আমি একটা অনুরোধ করবো?"

—"হ্যাঁ বলুন?"

—"আপনি অনেক বড়ো, বয়েসেও, আমাকে আর আপনি করে বলবেন না প্লিজ, খুব লজ্জা পাচ্ছি এরজন্য।"

—"ঠিক আছে, এবার তোমাদের পরিচয়টা পেলে খুব খুশি হবো।"

—"নিশ্চয়, আমার নাম বৈশালী রায়চৌধুরি, কালনায় আমার বাপের বাড়ি, স্বামীর চাকরীর সুবাদে আমাকে ধানবাদে থাকতে হয়, আমার একটি মেয়ে ও একটি ছেলে, ছেলেটি খুব ছোট তবুও তাকে ছেড়েই আমাকে ছুটে আসতে হয়েছে আপনার কাছে। ও আমার বোন অঞ্জলি চ্যাটার্জী, উচ্চ মাধ্যমিক দেবে এবার, আমার ঠিক পরেই ছোটভাই আছে, তার বিয়ে হয়ে গেছে এবং একটি মেয়ে আছে দু'বছরের। এবার আসি আসল কথায়, আমার বাবা মায়ের—"

ঠিক এই সময় হঠাৎ একটু বাড়াবাড়ি শুরু করল হরিলাল, প্রথমেই মেয়েদুটিকে দেখাবার জন্য সমস্ত ফাইলপত্র গাদা করে আলমারি থেকে বের করে ফেলেছিল, এবার খানিকটা চেঁচিয়ে বলে উঠলো, —"স্যার, আজ এই সমস্ত ফাইলের মধ্যে রাখা সার্কুলার আর চিঠিগুলো বের করছি, আবার নতুন করে ঠিকমত সাজাব বলে, আমার অনেক সময় লাগবে, আপনার আপত্তি নেইতো?" বেশ চলছিল এতক্ষণ, ওদের নজরেও ছিলনা এক কোনায় দাঁড়িয়ে হরিলাল কাজ করছে, কিন্তু ওর এই কথাগুলো শোনার সঙ্গে সঙ্গে বৈশালীর হুঁশ হল যে ঘরে একজন চতুর্থ ব্যক্তি রয়েছে এবং ওর গোপন কথাগুলো সেও নিশ্চয় শুনেছে, তাই আমাকে বলল, —"স্যার আমাকে একটু জল খাওয়াতে বলবেন?"

আমার কিছু বলার আগেই হরিলাল ঘরের দরজা খুলে অরবিন্দ বলে আর একটি চাপরাসিকে রীতিমত চেঁচিয়ে আদেশ করলো দু'গ্লাস ঠাণ্ডা জল ম্যানেজার সাহেবের ঘরে দিয়ে যাওয়ার জন্য। এবার উদ্দেশ্য ব্যর্থ হচ্ছে বুঝতে পেরে বৈশালী অসহায় ভাবে বলল, —"স্যার আমি কিন্তু একটু একা আলোচনা করতে চাইছিলাম। ওনাকে আমার কথা শেষ না হওয়া পর্যন্ত যদি একটু বাইরে যেতে অনুরোধ করেন তাহলে খুব ভালো হয়।"

—"হরিলাল তুমি"— আমার কথা শেষ হওয়ার আগেই হরিলাল একটু বিরক্ত মুখে ওদের দিকে চেয়ে উত্তর দিল, —"ঠিক আছে, ঠিক আছে, আমি বাইরে রইলাম, আপনারা

তাড়াতাড়ি কথা সারুনতো, এসময় সাহেব নিজের দরকারী কাজ সারেন, আপনারা এসেছেন তাই, না হলে কাউকে আসতে দেন না এই সময়।"

হরিলাল বেরিয়ে যাবার পর দু' গ্লাস জল নিয়ে অরবিন্দ ঢুকতেই হরিলাল আবার ভেতরে এসে ওকে দাঁড়াতে বলল, তারপর আমার ঘরের ডান দিকে যে টাইপিস্টের ছোট ঘর আছে সেখানে দেওয়ালে লাগানো কাঁচের শোকেসে রাখা সুন্দর বোন চায়নার ক্রকারির মধ্যে থেকে চাবি খুলে দু'খানা প্লেট এনে অরবিন্দের হাতে দিয়ে বলল, "নে ধর, গ্লাস গুলো এই প্লেটে বসিয়ে ওনাদের দে, আর এবার থেকে সাহেবের ঘরে যখনই চা বা জল কাউকে দিবি ঐ আলমারিতে রাখা ভাল কাপ প্লেট নিয়ে দিবি, বুঝেছিস?"

হরিলালের অভিভাবক সুলভ আচরণে খানিকটা ব্যাজার মুখে অরবিন্দ বেরিয়ে গেল।

২

বৈশালী এবার নিশ্চিন্ত হয়ে শুরু করলো নিজের কথা শোনাতে।

—"আমার বাবা একটা জয়েন্ট লকার খুলেছিলেন মায়ের সাথে আপনার এই ব্র্যাঞ্চে, তা প্রায় বছর সাত আট আগে, মা কোনও দিন ঐ লকার অপারেট করার জন্য আসতেন না, যা কিছু করার বাবাই করতেন। আমার মায়ের বিবাহের সময় আমার দাদামশায় প্রচুর সোনার গয়না দিয়েছিলেন যৌতুক হিসেবে। দাদামশায়রা জমিদার মানুষ ছিলেন, তাই আমার মা একমাত্র কন্যা বলে দাদামশায় মা কে একদম ঢেলে সাজিয়ে দিয়েছিলেন। ওই অতো গয়নাগাটি বহুদিন পর্যন্ত আমাদের কালনার বাড়িতেই একটি খুব সুরক্ষিত লোহার আলমারিতে রাখা থাকতো, আর তার চাবিটা সর্বদাই মায়ের কাছেই থাকতো। কিন্তু দিনকাল পাল্টানোর সঙ্গে সঙ্গে অনেক শুভাকাঙ্ক্ষী বাবাকে বোঝালো যে এখন অনেক ব্যাঞ্চে অত্যন্ত সুরক্ষিত সেফ ডিপোজিট লকার খুব অল্প টাকায় ভাড়া দিচ্ছে, তাই কেউই এখন দামী গয়নাগাটি দলিলপত্র আর বাড়িতে অসুরক্ষিত ভাবে রেখে দেয়না। এটা শোনার পরেই বাবা আপনার ব্যাঞ্চে মা কে সঙ্গে করে এনে দু'জনের নামে একটা লকার খুলে মায়ের সব গয়নাগাটি ঢুকিয়ে রেখে গেছেন। এখানে বলি, আমার বিয়ের গয়নাও মায়ের ওই অতো গয়নার মধ্যে থেকেই খানিকটা ভেঙ্গে বাবা করতে দিয়েছিলেন। বাকি যে গয়নাগুলো আছে সেটা মা আমার এই ছোট বোনের বিয়ের জন্য রেখে দিয়েছেন, কারণ বাবার তেমন ভাল ইনকাম নেই বলে মা জানতেন, আর তাছাড়া ছোট বোন হওয়ার পর বাবা খুব হতাশায় ভুগেছিলেন, আশা করেছিলেন ছেলে হবে। এমনকি মাকে ডেলিভারী হওয়ার জন্য বাপের বাড়ি দিয়ে এসেছিলেন বটে কিন্তু মেয়ে হওয়ার সংবাদ পেয়ে বাবা মাকে বা নবজাতক কন্যাকে আর দেখতেও যাননি বা তাদের ফিরিয়ে আনতেও যাননি। প্রায় ছ'মাস পরে মাকে যখন আনতে গেলেন তখন মা বাবাকে বলেছিলেন, —'তুমি মেয়ের বিয়ে দিতে হবে বলে চিন্তিত হয়ে মন খারাপ করছো তো? ওর বিয়ে নিয়ে একদম চিন্তা কোরো না, আমার বাকি সব গয়নাগুলো তো রয়েছে? তাতেই আমি ওর বিয়ে দিয়ে দিতে পারবো দেখে নিও।'

—“তোমার বাবা কি করেন একচুয়ালি?” আমি বৈশালীকে থামিয়ে প্রশ্ন করলাম।

গ্লাসের জলটা খানিকটা খেয়ে বৈশালী বলল, —“বাবা এখানকার বয়েস হাইস্কুলে টিচার, বাংলা আর ইতিহাস পড়ান, আর দু'বছর পর রিটায়ার করবেন।”

—“ও আচ্ছা, কি নাম বলতো?” আবার প্রশ্ন করলাম।

—“হ্যাঁ বলা হয়নি, বাবার নাম অচিন্ত্য কুমার চট্টোপাধ্যায়।”

—“কিন্তু সমস্যাটা কোথায়?” জিজ্ঞাসা করলাম।

এবার গোলাপী ফাইল খুলে বৈশালী একটি লকার নাম্বার বার করল।

—“স্যার এই তিনশো সাতাশ নম্বরের লকারটি আমার বাবা অচিন্ত্য কুমার চট্টোপাধ্যায় আর মা পূর্ণিমা চট্টোপাধ্যায়ের নামে এখানে রয়েছে। কিন্তু সমস্যা হচ্ছে ছ'মাস আগে আমার মা মারা গেছেন। এখন আমরা ভাই বোনেরা সবাই বুঝতে পারছি যে, মায়ের সমস্ত গয়নাগাটি যা লকারে রাখা আছে সেগুলো কখনই বাবা আমার এই ছোট বোনের বিয়ের জন্য ব্যবহার করবেন না।”

—“সেকি! তোমাদের এই অদ্ভুত ধারণার কারণ?” আমার প্রশ্ন।

—“কারণ,” বেশ খানিকটা থেমে, “বাবা প্রায় দু আড়াই বছর ধরে একেবারে বদলে গেছেন, আমাদের সমস্ত ব্যাপারেই উদাসীন হয়ে গেছেন। মা মারা যাওয়ার পর ছোট বোনের বিয়ের ব্যাপারে উনি কোনও দায়িত্ব নিতে পারবেন না বলে তো একদিন ঘোষণাই করে দিলেন। তাই আপনার কাছে অনুরোধ বাবা লকার খুলে মায়ের গয়না বের করতে এলে আপনি যদি আটকে দেন আর আমাদের একটু খবর দেন তাহলে এই মেয়েটার ভবিষ্যৎ বেঁচে যায়, না হলে মেয়েটা ভেসে যাবে স্যার। ওর মুখের দিকে তাকিয়ে আপনি যদি এটুকু দয়া করে করেন স্যার তাহলে আমরা চির কৃতজ্ঞ থাকবো আপনার কাছে।”

—“আরে দাঁড়াও দাঁড়াও, ও ভাবে বললেই তো আর সব কিছু করা যায়না, ব্যাঙ্কের তো একটা নিয়ম কানুন আছে? তাছাড়া আইনও তো আছে?” বলে আমি বিরক্ত আর অস্থির ভাবে ইন্টারকমটা তুলে বাইরের হলে বসা লকার ইনচার্জ চক্রবর্তী সাহেবকে ফোন করলাম। উনি “হ্যাঁ স্যার বলুন” বলতেই আমি বললাম, “আচ্ছা দেখুনতো লকার নাম্বার” —বলেই আমি থেমে ইশারায় বৈশালীকে নাম্বারটা আবার বলতে বললাম, বৈশালী ফাইলের কাগজটা ঘুরিয়ে আমাকে দেখতেই বললাম, “হ্যাঁ তিনশো সাতাশ, এটা কার কার নামে এক্সিস্ট করছে আর অপারেশন ইন্সট্রাকশনটা কি আছে?”

—“ওকে স্যার আমি জানিয়ে দিচ্ছি একটু পরে,” বলে চক্রবর্তী সাহেব ফোনটা নামিয়ে রাখলেন।

—"আমার মনেহয় মনে মনে তোমরা অনেক কিছু আজগুবি বাবার সম্বন্ধে ভেবে নিয়ে এরকম একটা অসম্ভব অনুরোধ করতে এসেছো, তোমার কি মনে হয় যে তোমাদের নিজের বাবা যিনি তোমাদের সবচেয়ে শুভাকাঙ্ক্ষী, তিনি নিজের ছোট মেয়ের অনিষ্ট করবেন, তার বিয়ে দেবেন না, গয়না ফাঁকি দেবেন?"

এবার ইন্টারকমটা বেজে উঠতেই তুলে বললাম —"হ্যাঁ বলুন?"

—"স্যার ঐ লকারটা অচিন্ত্য কুমার চট্টোপাধ্যায় আর শ্রীমতী পূর্ণিমা চট্টোপাধ্যায়ের নামে রয়েছে, মোড অফ অপারেশন ইদার অর সারভাইভর, লাস্ট সাত মাস কোনও অপারেশন হয়নি, কারেন্ট রেন্ট দুমাস আগে ওনাদের জয়েন্ট সেভিংস ব্যাঙ্ক এ্যাকাউন্ট থেকে কেটে নেওয়া হয়েছে।"

—"এক্সেলেন্ট, থ্যাঙ্ক ইউ," বলে ফোনটা রেখেই একটু রেগে গিয়ে বৈশালীকে বললাম, "আমি দুঃখিত, যেখানে মা বাবা লকার খোলার সময়ে ওনাদের মধ্যে যে কোনও একজন বা যদি একজন মারা যান তাহলে অপরজন লকার অপারেট করার অধিকারী থাকবেন বলে ইন্সট্রাকশান আগে থেকেই দিয়ে রেখেছেন সেখানে আমি এ ব্যাপারে কোনও রকম বাধা দিলে আমার নিজের চাকরি নিশ্চিৎ হারাব। তাছাড়া আইনের প্যাঁচেও ফেলে দেবেন তোমার বাবা।"

কথা গুলো বলেই ছোট বোনের দিকে চোখ গেলো, মিষ্টি ঢলঢলে মুখটা অল্প ঝুকিয়ে বসে আছে, কিন্তু হঠাৎ মনে হল ওর সুন্দর মায়াবী চোখ দুটো থেকে ফোঁটা ফোঁটা জল গড়িয়ে পড়ছে, নিজের শাড়ীর আঁচলটা ধরে পাকাচ্ছে হয়তো।

—"অঞ্জলি, কিছু খাবে তুমি?"

আমার এ হেন প্রশ্নে হঠাৎ সম্বিৎ ফিরলো যেন, তাড়াতাড়ি করে হাতের উল্টো পিঠ দিয়ে নিজের গালটা মুছে নিয়ে একটু হেসে লজ্জিত হয়ে বলল "না না, ঠিক আছে, আমার খ্বিদে পায়নি।"

তবুও ওর মুখের দিকে তাকিয়ে কোথাও আমার মনের মধ্যে একটা অসম্ভব স্নেহের টান অনুভব করছিলাম, আবার হতে পারে ওরা দুই বোনই যে বিরাট একটা প্রত্যাশা নিয়ে আমার কাছে সাহায্যের জন্য এসেছিল সেটা এতটুকুও পূরণ করতে না পারার জন্য একটা অসহায়তা আমাকে মনে মনে পীড়া দিচ্ছিল, তাই আর দ্বিধা না করেই বেলটা বাজালাম, হরিলালকে ডাকার জন্য।

—"স্যার আমরা কি তাহলে উঠবো?" বৈশালীর ধারণা হল আমি হয়তো ওদের চলে যাওয়ার কথা মুখে না বলে বেলটা বাজিয়ে পরোক্ষ ভাবে বোঝাতে চেয়েছি। —"না না একটু বসো তোমরা," হাতের ইঙ্গিতও করলাম।

হরিলাল ঢুকে এসেই ওদের দিকে তাকিয়ে জিজ্ঞেস করল, "হয়ে গেছে তো?"

—"না হয়নি, শোন তুমি এদের জন্য একটু মিষ্টি আর সিঙাড়া এনে দাও, তুমি নিজে খেলেও নিয়ে এসো, এই নাও টাকাটা নিয়ে যাও, আর ব্যাঙ্কের ক্যান্টিন খোলা থাকলে একটু চা ও দিয়ে যেতে বোলো এখানে।"

হরিলালের ভেতরে যে একটা অসম্ভব পিতৃস্নেহ নিহিত ছিল সেটা মাঝে মাঝেই প্রকাশ হয়ে পড়তো। খাবার এনে খাওয়াতে বলতেই হরিলাল অঞ্জলির দিকে চেয়ে সস্নেহে জিজ্ঞাসা করল— "মায়ের খুব ক্ষিদে পেয়ে গেছে, না?"

লজ্জা পেয়ে ওরা দু'জনেই হেসে ঘাড় নেড়ে না জানাল।

—"স্যার আপনার জন্যেও নিয়ে আসি?"

—"না না আমার লাগবে না।"

আসলে হরিলাল আমার খুব খেয়াল রাখে, দুপুর দু'টো বাজলেই রোজ আমি ব্যাঙ্কের উপরে তিন তলায় আমার কোয়ার্টারে লাঞ্চ সারতে চলে যাই, কিন্তু প্রায়ই আমার ঘরে ওই সময়ে গ্রাহকরা এসে কথা বলতে শুরু করে, তাই খেতে যেতে অনেক দেরী হয়ে যায়। কিন্তু হরিলাল তাদের সামনেই আমাকে তাড়া দিতে থাকে, "যান যান এখন আপনার খাওয়ার সময়, দেরী করলে শরীর খারাপ হয়ে যাবে।" তারপর আগন্তুকদের উদ্দেশ্যে বলবে, "আচ্ছা আপনারা পরে আসুন তো, মানুষটা না খেয়ে রয়েছেন এত বেলা অবধি, দেখছেন না ওনার মুখটা কেমন শুকিয়ে গেছে?" আমার ওই ব্যাঙ্কে থাকাকালীন হরিলাল হাতে গোনা কয়েক দিন ছুটি নিয়েছিল। জিজ্ঞেস করলে বলতো, "আর আপনি হয়তো বছর খানেক পরেই বদলি হয়ে কোথাও চলে যাবেন, আমি তারপরেই লম্বা ছুটি নিয়ে বসে থেকে রিটায়ার করব একবারে।"

৩

বৈশালী এবার বুঝতে পেরেছে যে আমি যখন ওদের খাওয়ার জন্য ব্যবস্থা করতে বলেছি তখন হয়তো আরও খানিকটা সময় আমি দিতে পারবো ওদের কথা শোনার জন্য। তাই দ্বিধা না করে বলল,

—"স্যার আমার বাবার সম্বন্ধে পুরো কাহিনীটা শুনলে আপনি হয়তো বুঝতে পারতেন কেন আমি ধানবাদ থেকে ছুটে এসেছি আপনার কাছে কাতর মিনতি নিয়ে। আমাদের এ ব্যাপারে সাহায্য করারও কেউ নেই।"

—"কেন আরও কিছু বলবার মতো আছে তোমার?" তাহলে বলতে পারো আমি শুনতে প্রস্তুত আছি।"

—"একটু খুলেই বলি তাহলে স্যার, খুব কনফিডেন্সিয়াল বলে বলতে সঙ্কোচ হচ্ছে, দয়া করে এটা সম্পূর্ণ আপনার কাছেই গোপন রাখবেন।"

—"কোনও সঙ্কোচ কোরনা, যদি মনেহয় অনায়াসে খুলে সব কিছু বলতে পার।"

—"হ্যা, আমার ভাইও বলেছিল যে ব্যাঙ্কের ম্যানেজার সাহেব খুবই উপকারী, ভাল একজন মানুষ বলে শুনেছি, দিদি তুই গিয়ে একবার ওঁর সঙ্গে দেখা করে সবকিছু বলে দেখ, নিশ্চয় কিছু করতে পারবেন উনি।"

—"তাই নাকি? তোমার ভাই আমাকে এতোটা জানে? কবে এসেছিল আমার কাছে?"

—"না, ও এখনও দেখা করেনি আপনার সঙ্গে, তবে আপনি আমাদের এখানে আসার পর থেকেই আপনার সম্বন্ধে এখানকার লোকজনের কাছে অনেক সুখ্যাতি শুনেছে, তাই বলেছে।" হেসে বলল বৈশালী।

—"আমার বাবা খুবই কর্তব্যপরায়ণ একজন ভালো লোক ছিলেন। বছর চারেক আগে থেকে বাবা একটু একটু করে কেমন বদলে যেতে থাকেন, বাড়িতে আমাদের সঙ্গে খুব কম কথা বলতেন, অল্পেতেই রেগে যেতেন, বিশেষ করে মায়ের সাথে খুব খারাপ ব্যবহার করতে শুরু করেন। কখনও কখনও অনেক রাত্রে বাড়ি আসতেন, জিজ্ঞেস করলে মায়ের ওপর রেগে বলতেন তোমাদের জন্যেই আমাকে অনেক খেটে রোজগার করতে হয়, ছাত্রদের বাড়িতে গিয়ে পড়াতে হয়, বুঝেছো? এইভাবে চলছিল তবু, কিন্তু হঠাৎ বছর খানেক আগে একদিন বাবা বাড়ি ফিরলেন সঙ্গে একজন ভদ্রমহিলা, বয়েস দেখে মনে হয় পঁয়েত্রিশ ছত্রিশ, স্লিম এবং খুবই সুশ্রী, বেশ মডার্ণ দেখতে। ভেতরে নিজের ঘরে নিয়ে গিয়ে বাবা বসালেন, তারপর মাকে এসে বললেন, 'আমাদের দু'জনের জন্য একটু চা আর ঘরে কিছু থাকলে দিয়ে পাঠিয়ে দাও তো।' মা কোনও প্রশ্ন না করে বলল,—'ঠিক আছে, যাও বসো, আমি করে নিয়ে যাচ্ছি।'

চা আর একটু সাবুর পাঁপর ভাজা করে নিয়ে ভায়ের বৌয়ের হাত দিয়ে না পাঠিয়ে মা নিজেই নিয়ে গেল ঘরে, হয়তো মায়ের খুব কৌতূহল হচ্ছিল বলেই। ঢোকার সঙ্গে সঙ্গেই বিছানা থেকে নেমে এসে সেই মহিলা মায়ের হাত থেকে চা আর পাঁপর ভাজার প্লেটটা নিয়ে ছোট একটা গোল টেবিলের ওপর রেখে মায়ের দিকে তাকিয়ে হাসলো।

—'পূর্ণিমা, এ হচ্ছে সুতপা, সুতপা সেন, আমাদের গার্লস স্কুলে প্রাইমারী সেকশনের ইংলিশ টিচার। অরিজিনাল বাড়ী কোলকাতা, এখানকার স্কুলে চাকরি করার জন্যে বাড়ী থেকে চলে এসে এখন এখানেই থাকে। এখানে সব ব্যাপারে ও একমাত্র আমার সঙ্গে পরামর্শ করেই চলে।' কথাগুলো বলে বাবা মায়ের মুখের প্রতিক্রিয়া একটু লক্ষ্য করে নিয়েই জিজ্ঞেস করলো, 'রুমি কোথায়, বাড়ী নেই?'

রুমি আমার ভায়ের বৌ, ডাক নাম রুমি, ভালো নাম মধুছন্দা। মা সুতপার দিকে তাকিয়ে হেসে বলল, 'হ্যাঁ, তোমরা খাও, আমি রুমিকে পাঠিয়ে দিচ্ছি।'

—'আমি কিন্তু আপনাদের সম্বন্ধে সব কিছু জানি, অচিন্ত্যদার সঙ্গে অনেক কথা হয়, বাড়ীর কথা সব বলেন আমার কাছে। অঞ্জলি কোথায়? পড়ছে বোধহয় এখন?'

মা একটু বিস্মিত হয়ে বলল, 'আশ্চর্য! কিন্তু তোমার অচিন্ত্যদা আমাদের সঙ্গে তো কোন কথাবার্তাই বলেন না? এমনকি তোমার সঙ্গে যে অচিন্ত্যদার এতো ঘনিষ্ঠতা আছে সেটাও তো এই প্রথম তোমার মুখ থেকেই শুনছি!'

—'তাই? ঈশ অচিন্ত্যদা এটা কিন্তু খুব অন্যায় করেন, আপনি, এবার থেকে আমার পেছনে এতো টা সময় খরচ না করে পূর্ণিমাদির জন্য কিছুটা অন্তত রেখে দেবেন, বুঝলেন?'

বাবার দিকে তাকিয়ে হাসি হাসি মুখে সুতপার এই শ্লেষযুক্ত উত্তরে মায়ের কাছে সমস্ত পরিষ্কার হয়ে গিয়েছিল। মনের মধ্যে হয়তো একটা জ্বালা অনুভব করে তক্ষুণি ঘর থেকে বেরিয়ে এসেছিল।

—"নাও মা, তোমার ক্ষিদে পেয়েছে বলে আগে তোমারটা নিয়ে এলাম," —খাবারের প্লেটটা আর চা টা অঞ্জলির সামনে রাখতে রাখতে হরিলাল বলল, "তুমি খেতে শুরু কর মা, আমি জল আনছি।"

আশ্চর্য হয়ে দেখছিলাম এই হরিলালই প্রথমে এরা যখন দেখা করতে এসেছিল, তখন অত্যন্ত বিরক্তি প্রকাশ করছিল প্রতি হাবেভাবে, আর এখন সেই লোকই এদের প্রতি বিশেষ করে অঞ্জলিকে দেখার পর থেকে এতো টা স্নেহশীল পিতার মতো ব্যবহার করছে যে মেলানো মুশকিল হয়ে যাচ্ছে।

ওদের দু'জনকে খাবার দেওয়ার পর হরিলালকে জিজ্ঞাসা করলাম, "তোমার খাবারটাও এনেছো তো?"

—"না আমি দোকানেই খেয়ে নিয়েছি।" হরিলালের উত্তর।

কিন্তু আমি জানি হরিলাল নিজের খাবারটা বাড়ী নিয়ে যাবে, অঞ্জলির মতোই ওর নিজের একটি মেয়ে আছে তাকে খাওয়াবে বলে।

—"ঠিক আছে তোমরা খাও, আমি ততক্ষণ ব্যাঞ্জের নিচে থেকে একটু কি হচ্ছে দেখে আসি, অনেক্ষণ হয়ে গেছে, দেখা হয়নি।" বলে ওদের বসিয়ে আমি ঘর থেকে বেরিয়ে এলাম।

4

ঘরে ফিরে এসে দেখি হরিলাল দু'জনকে খাইয়ে কাপ প্লেট সব সরিয়ে দিয়ে ওদের সঙ্গে গল্প করছে। আমি ঢোকার সঙ্গে সঙ্গে হরিলাল হেসে আমাকে বলল, "একটু জেনে নিচ্ছিলাম কোন পাড়ায় থাকে ওরা।"

—"ঠিক আছে, তুমি এখন বাড়ী যেতে পারো, নিচেও ওদের সব মিলে টিলে গেছে দেখলাম, কাল সকালে আমি আজকের চিঠিপত্র গুলো দেখে তোমাকে দিয়ে দেবো, ফাইল করে দিও। এখন আমার অনেক দেরী হবে। ওদের সঙ্গে কথাটা সেরে নিই আগে।"

হরিলাল 'ঠিক আছে স্যার' বলে চলে যেতেই আমি বললাম— "হ্যাঁ তারপর শুরু কর।"

—"বাবা সুতপাকে বাড়ীতে আনার পর থেকেই সমস্ত ব্যাপারটা অনেকটা প্রকাশ হয়ে গিয়েছিল। সেদিনের পর আরও দু একবার সন্ধ্যার দিকে সুতপা বাড়ীতে এসেছে বাবার সঙ্গে গল্প করতে। কিন্তু আর কারুর সঙ্গে কোনও কথাবার্তা হোত না। বাবা সুতপাকে বাড়ীতে আনার পর থেকে তার সঙ্গে মেশামেশির ব্যাপারে অনেকটাই নির্লজ্জ হয়ে গিয়েছিল। মায়ের সঙ্গে আড়ালে এ সম্বন্ধে কোন কথা কাটাকাটি হোত কিনা আমরা বুঝতে পারতাম না। ভাই তো একদিন সাহস করে জিজ্ঞেসা করে ফেলেছিল বাবাকে, —'এসব কি হচ্ছে আপনার? বাড়ীতে আপনি প্রায় থাকেনই না এখন, যেদিন ঐ ভদ্রমহিলা আসেন সেই দিনই খালি সন্ধ্যা থেকে আপনাকে বাড়ীতে পাওয়া যায়। আপনি একজন যথেষ্ট বয়স্ক শিক্ষক, আপনার একটা বিরাট সম্মান রয়েছে এখানে। আমাদের রাস্তায় ঘাটে আপনার সম্বন্ধে কেউ কিছু উল্টো পাল্টা বললে ভীষণ মাথা নিচু হয়ে যায়। আর মায়ের কথাটা কি একবারও ভেবে দেখেছেন কখনও? মায়েরও তো একটা জীবন আছে, তারও শখ শৌখিনতা আছে?'

ভাইকে মাঝখানে চুপ করিয়ে দিয়ে বাবা খুব কঠিন কণ্ঠে উত্তর দিয়েছিলেন,—'শোন, আমার ব্যাপারে তোমার বা তোমাদের যদি কোনও অসুবিধে থাকে বা আমার জন্যে যদি তোমাদের সম্মানহানি হচ্ছে বলে মনে হয়ে থাকে তাহলে অনায়াসে তোমরা অন্যত্র চলে যেতে পারো। এই বাড়ী আমার। তোমাদের জন্য আমি অনেক করেছি। আর তোমার মায়ের সম্বন্ধে যা কিছু চিন্তা করার সেটা আমি নিশ্চয় করবো, তোমার না ভাবলেও চলবে। আজকে যা বললে বললে, এনিয়ে আর কখনও কিছু বলতে এসো না আমায়।'

ভাই তখন ছোট বোনের কথা তুলেছিলো, —'আপনাকে তো ছোট বোনের বিয়েও দিতে হবে? এসব শুনলে কেউ কখনও আমাদের ফ্যামিলির সঙ্গে কোনও সম্পর্কে জড়াতে আসবে?'

—'তারা কি ভাববে না ভাববে আমার কিছুই যায় আসেনা, তোমার বোনের বিয়ের ব্যাপার নিয়ে আমি কিছু ভাবছিও না বা কোনও দায়িত্বও নিচ্ছিনা।' এই হোল আমার বাবার উত্তর।

তবে ভাইয়ের সঙ্গে এইসব কথাবার্তা হওয়ার পর থেকে বাবার মধ্যে খানিকটা পরিবর্তন এসেছিল। মাঝে মাঝেই মাকে ডেকে দরকারি কথাবার্তা বলতেন। অনেক সময়ে সন্ধ্যার সময়ে বাড়ী এলেও সুতপা আগের মতো এসে হাজির হয়ে যেতো না। ছোট বোনের পড়াশোনার ব্যাপারেও জিজ্ঞেস করতেন।

বছর খানেক মোটামুটি এই ভাবে চলার পর হঠাৎ একদিন বাড়ী ফিরে মা'কে ঘরে আসতে বললেন। তারপর একটু হেসে মা'কে বললেন, —'আজ তোমার জন্যে এমন একটা আশ্চর্যজনক উপহার এনেছি যে ভাবতেই পারবে না,'— বলেই পকেট থেকে একটা রেলের টিকিট বের করে বললেন, 'খোকন একদিন অভিযোগ করছিল যে ওর মা'য়ের কথা আমি নাকি কখনও ভাবিনা, মা'য়ের শখ শৌখিনতার ও কোনও খেয়াল রাখিনা। ভেবে দেখলাম হয়তো ও ঠিকই বলেছে, কিন্তু কি ভাবে সেটা পূরণ করবো বুঝতে পারছিলাম না, সুতপাকে জানাতে ওই বুদ্ধিটা দিল। তোমাকে নিয়ে কখনোই কোথাও বিদেশে বেড়াতে যাওয়া হয়নি, সন্তানদের বড়ো করতে করতেই কোথা দিয়ে সময় চলে গিয়েছে বুঝতে পারিনি। সেটা জেনে সুতপা বলল তোমাকে নিয়ে একবার বেনারস ঘুরতে যেতে, খুব আনন্দের জায়গা, ভালো লাগবে আমাদের দু'জনেরই। তা আজকে আমাকে একটা বিশেষ কাজে বর্ধমান যেতে হয়েছিল। ফেরার সময় স্টেশনে ভাবলাম চেষ্টা করা যাক কোনও ট্রেনের রিজার্ভেশন পাওয়া যায় কিনা। পেয়েও গেলাম আসছে রবিবারের পরের রবিবার দুন এক্সপ্রেসের। রাত ন'টা কুড়িতে ব্যাণ্ডেল থেকে ছাড়ছে, বেনারস পৌঁছোবে পরদিন সকাল সওয়া দশটা নাগাদ। তুমি যথেষ্ট সময় পাবে সব গুছিয়ে নিয়ে বের হওয়ার।'

—'খোকন যা বলেছে সেটা শুনেই বা তুমি এতো কাণ্ড করতে গেলে কেন? আমি তো কখনই তোমার কাছে কোনও অভিযোগ করিনি। অনেক খরচাও তো হবে? তাছাড়া অঞ্জলিকে রেখে গেলে ও কি করে থাকবে?'— বিস্মিত মা এই কথাগুলো বলে বাবার মুখের দিকে তাকালো।

—'কেন রুমিতো আছে, আর খোকনও রয়েছে, অতো চিন্তার কি আছে, এক সপ্তাহের তো ব্যাপার?'

মা মনে মনে খুবই আনন্দিত হয়েছিল কারণ পরের দিন প্রতিবেশী এক কাকুর বাড়ী থেকে ধানবাদে আমাদের কোয়ার্টারের পাশের বাড়ীতে ফোন করে আমাকে ডেকে সব কথা বলে জিজ্ঞেস করলো তোর কি মত। আমি তো ভীষণ খুশি হয়ে বললাম দারুণ সুখবর, তুমি একদম আর কিছু চিন্তা না করে যাওয়ার ব্যাবস্থা কর মা, আমি তোমার কাছে যাওয়ার তিন দিন আগে না হয় পৌঁছে যাবো, আর তুমি না ফিরে আসা অবধি ওখানেই থেকে যাবো অঞ্জলিকে দেখাশোনার জন্য।

৫

আমি শুক্রবারই এখানে চলে এসেছিলাম বাচ্ছাদের নিয়ে। মা'য়ের সে কি উৎসাহ আর খুশি খুশি ভাব। বলল, 'জানিস তোর বাবা খোকনের কথা শুনে হঠাৎই পাল্টে গেছে, যদিও আমাদের এই বাইরে বেড়াতে যাওয়ার পরিকল্পনা নাকি সুতপাই করে দিয়েছে। তবে তোর বাবা এই কথাটা বলে আগের মতো সরলতার পরিচয় দিয়েছে আবার।'

যেদিন যাত্রা অর্থাৎ রবিবার আমি এবং রুমি আলমারির মাথা থেকে বড় সুটকেসটা নামিয়ে ঝেড়ে ঝুড়ে বাবার পাঞ্জাবী ধুতি পায়জামা, মায়ের কিছু ভালো শাড়ী ব্লাউজ আর নিত্য প্রয়োজনীয় সবকিছু গুছিয়ে ঢুকিয়ে দিয়ে রেডি করে দিলাম। বিকেল বেলা অঞ্জলি আবার বলল, 'তোমরা আমাকে নিয়ে যাচ্ছ না, কিন্তু আমার না বেনারস যাওয়ার খুব ইচ্ছে, জয় বাবা ফেলুনাথ দেখার পর থেকে।' এই কথা শুনেই মা কেঁদে ফেললো, চোখ মুছতে মুছতে আমার দিকে ফিরে বললো, 'কি বলবো বল, তোর বাবা হুট্ করে দু'জনের টিকিট কেটে আনলো বলা নেই কওয়া নেই, আমি যে কখনো অঞ্জলিকে ফেলে কোথাও যাইনি সে কথা একবারও চিন্তা করল না।' মায়ের এই কথা শুনে অঞ্জলিও এসে মা'কে জড়িয়ে ধরে বলল, 'না না তুমি মন খারাপ করবে না একদম, আমি এমনি বললাম কথাটা, আমার জন্য একটুও চিন্তা কোর না, দিদি রুমিবৌদি দাদা সবাই তো রইলো, আমার পরীক্ষার পড়া সারতে হবে আগে, তারপর বেড়ানোর কথা ভাবা যাবে।'

এবার আমি একটু হেসে অঞ্জলির দিকে তাকালাম, দেখলাম বিমর্ষ মুখে চোখটা নামিয়ে বসে আছে। হেসে বললাম, "জানো অঞ্জলি আমারও জয় বাবা ফেলুনাথ দেখার পর বেনারস যাওয়ার ইচ্ছেটা খুব প্রবল হয়েছিল, কিন্তু এতো বছর বয়েস হয়ে গেলেও আমার বেনারস যাওয়ার সুযোগটা এখনও আসেনি।" এবার আমার মুখের দিকে তাকিয়ে অঞ্জলি একটা ঝকঝকে হাসি হাসল।

—"হ্যাঁ তারপর বলো," আমি বৈশালীর দিকে চেয়ে বললাম।

—"সন্ধ্যার সময় বাবা মাকে একবারে রাতের খাবার খাইয়ে নিয়ে তিনটে রিকশা ডেকে একটাতে আমি আর মা, আর একটাতে ভাই আর ছোট বোন আর শেষেরটা তে বাবাকে সুটকেশ দিয়ে কালনা স্টেশন পৌঁছোলাম। ব্যাণ্ডেল অবধি যাওয়ার লোকাল ট্রেনটা সাড়ে সাতটা নাগাদ আসতে দুজনকে তাড়াতাড়ি করে তুলে দিয়ে আনন্দ আর বিষণ্নতা নিয়ে আমরা তিন ভাই বোন বাড়ী ফিরে এলাম। অঞ্জলিতো কেঁদেই ফেলল বাড়ী এসে।

রাত ন'টা কুড়িতে ব্যাণ্ডেল থেকে দুন এক্সপ্রেস ছাড়বে জানতাম, কিন্তু ওরা ঠিকমত ট্রেনে উঠলো কিনা জানার কোনও উপায় ছিল. না। বাবা অবশ্য বলেছিলেন পরদিন বেনারস পৌঁছেই কোনও টেলিফোন বুথ থেকে প্রতিবেশী কাকুদের বাড়ী ফোন করবে, তাই সকাল সাড়ে দশটার আগে কোনও ভাবেই কিছু খবর পাওয়া যাবে না। আমি আর অঞ্জলি তাই ঠিক করে রাখলাম যে সকালে ওই সময় কাকুদের বাড়ী পৌঁছে ফোনের জন্য অপেক্ষা কোরবো।

বাড়ী ফিরে বেশির ভাগ সময়টা আমরা বাবা মাকে নিয়ে আলোচনা করে কাটিয়ে শেষে খেয়ে দেয়ে রাত্রে শুয়ে পড়লাম। ভোর বেলা তখনও ভালো করে সকাল হয়নি, সদর দরজায় কেউ ধাক্কা দিচ্ছে মনে হোল, আমার রাত্রে পাতলা ঘুম হয়েছিলো বলে চট্ করে সজাগ হয়ে উঠে বসলাম, হ্যাঁ ঠিক শুনেছি আবার কারুর ধাক্কা দেওয়ার শব্দ। তাড়াতাড়ি শাড়ীটা ঠিক করে নিয়ে ঘর থেকে বের হওয়ার সময় অঞ্জলির দিকে চেয়ে দেখলাম ও

অগাধে ঘুমোচ্ছে। তাই ওকে আর না ডেকে একাই উঠোনে নেমে গিয়ে দরজাটা এক ঝটকায় খুলে ফেললাম। বিস্ফারিত চোখে দেখলাম বাবা!! একা, একদম খালি হাতে দাঁড়িয়ে! উস্কখুস্ক চুল, চোখের মধ্যে একটা ভয়ার্ত ভাব, ধপধপে সাদা পাঞ্জাবীটা ভীষণ মলিন হয়ে গেছে, অল্প অল্প কাঁপছে মনে হচ্ছে। আঁতকে উঠে ভয়ঙ্কর চিৎকার করে জিজ্ঞাসা করলাম —একি? তোমরা যাওনি? কান্না কান্না গলায় আবার প্রশ্ন করলাম —তুমি একাই বা কেন, মা কোথায়?

আমার চিৎকারে সকলের ঘুম ভেঙে গিয়েছিল নিশ্চয়। কিন্তু ওরা উঠে এসে সামনে দাঁড়াবার আগেই বাবা ধীরে ধীরে ঘরের ভেতর এসে খাটে ঝপাস্ করে বসে পড়ল। তারপর ইশারায় আমার কাছে জল চাইলো। ঘুম চোখে রুমি এসে সবে দাঁড়িয়েছিল, আমি চিৎকার করে বললাম, রুমি শিগগির এক গ্লাস জল নিয়ে আয়, মনে হচ্ছে সর্বনাশ হয়েছে, তার পরে অধৈর্য হয়ে বাবাকে জিজ্ঞেস করলাম —মা'য়ের কি হয়েছে? এখন কোথায় রেখে এসেছো মা'কে?

জলটা এক চুমুকে খেয়ে গ্লাসটা আমার হাতে দিতে দিতে বাবা শ্বাস টেনে টেনে বলতে শুরু করল,—'ব্যাঙেলে পৌঁছতে আমাদের একটু দেরি হয়ে গিয়েছিল, যে প্ল্যাটফর্মে দুন এক্সপ্রেস আসার কথা সেটা আমাদের প্ল্যাটফর্ম থেকে ওভার ব্রিজে উঠে পৌঁছাতে হোত, কিন্তু ওভার ব্রিজে পূর্ণিমাকে নিয়ে উঠেই দেখলাম দুন এক্সপ্রেস ঢুকছে। প্রায় দৌড়ে গিয়ে হাঁপাতে হাঁপাতে নিজেদের রিজার্ভেশন অনুযায়ী এস ফোর কামরায় নিজের সুটকেসটা তুলে ওঠার আগে পূর্ণিমার দিকে তাকিয়ে দেখি ও হাঁপিয়ে হাঁপিয়ে আসছে। ঠিক সেই মূহুর্তে ট্রেন ছেড়ে দিয়ে অল্প অল্প চলতে শুরু করেছে। চলন্ত ট্রেন ধরে খানিকটা হাঁটতে হাঁটতে পূর্ণিমার দিকে হাত বাড়ালাম, আমার হাতটা ও ধরতেই আমি চলন্ত ট্রেনে লাফিয়ে উঠে ওকেও হাত ধরে তুলে নিতে গেলাম। ও কয়েক বার পা টা ট্রেনের ফুট বোর্ডে রাখার চেষ্টাও করেছিল কিন্তু ট্রেনটা তখন বেশ খানিকটা গতি সঞ্চয় করে নিয়েছে। হঠাৎ পা পিছলে স্টেশন আর চলন্ত ট্রেনের মাঝখান দিয়ে আমার হাত ছেড়ে গলে গিয়ে পূর্ণিমা যেন মিলিয়ে গেল। চিৎকার করে উঠলাম, পূর্ণিমা! পূর্ণিমা! শিগগির আপনারা কেউ চেন টানুন দয়া করে, আমার স্ত্রী উঠতে পারেনি, চলন্ত ট্রেনের নিচে পড়ে গেছে। কেউ একজন চেন টানার ফলে ট্রেনটা থামলো অনেক পরে, ততক্ষণে আউটার পেরিয়ে গিয়ে স্টেশন থেকে প্রায় দু কিলোমিটার দূর এগিয়ে গেছে বর্ধমানের দিকে। হুড়মুড় করে নেমেই আমি ট্রেন লাইন ধরে উল্টা দিকে দৌড়োতে লাগলাম ব্যাঙেল স্টেশনে পৌঁছাতে। যখন এসে পৌঁছালাম তখন রেলওয়ে পুলিশ পূর্ণিমাকে তুলে নিয়ে চলে গেছে। দৌড়ে স্টেশন মাস্টারের ঘরে গিয়ে সব বলতেই উনি বললেন হ্যাঁ, একটু আগে একজন ভদ্রমহিলাকে স্টেশনের নিচ থেকে উদ্ধার করে আনা হয়েছিল। ওনার অবস্থা খুবই সিরিয়াস ছিল, তখনও প্রাণ ছিল, তাই আর দেরি না করে বর্ধমান মেডিকেল কলেজ হসপিটালে পাঠিয়ে দিয়েছি। আপনার স্ত্রী বলছেন যখন, তখন সব পার্টিকুলার্স দিয়ে এই ফর্মটা ফিল আপ করুন ততক্ষণ, আমি আপনাকে বর্ধমানের হসপিটালে পাঠানোর ব্যবস্থা করছি। প্রায় ঘন্টাখানেক অধৈর্য ভাবে অপেক্ষার পর একটা পুলিশের গাড়িতে আমাকে বর্ধমান পাঠিয়ে দিল। ওখানে পৌঁছাতে

একজন পুলিশ অফিসার হাসপাতালের ইমার্জেন্সি ওয়ার্ডে আমাকে নিয়ে গিয়ে একটা টেবিলের সামনে যে ডাক্তারটি বসেছিলেন তাকে জিজ্ঞেস করল ব্যাঙুল স্টেশন থেকে যে এ্যক্সিডেন্ট কেস এসেছিলো সেটার স্ট্যাটাস কি এখন?

—হ্যাঁ, একজন আন আইডেন্টিফায়েড মাঝ বয়সী মহিলাকে ব্রড ডেড অবস্থায় আনা হয়েছিল। বডি মর্গে পাঠিয়ে দেওয়া হয়েছে। কাল পোস্টমর্টেম করা হবে, বডি পেতে পেতে কাল বিকেল।

বাবার এই কথা শেষ হওয়ার সঙ্গে সঙ্গে আমরা সবাই ভয়ঙ্কর একটা চিৎকার করে কান্নায় ভেঙে পড়লাম। দু'হাতে মুখ চেপে ধরে বাবাও তখন বিড় বিড় করে প্রলাপ বকার মতো 'হ্যাঁ আমিই অপরাধী, আমিই অপরাধী রে তোদের মা'য়ের মৃত্যুর জন্য' বলে বার বার আক্ষেপ করে চলেছেন। আশপাশের লোকজন সবাই কান্নার চিৎকারে ছুটে এলো। হঠাৎ এই সময় আমার ভাই কাঁদতে কাঁদতে বাবাকে প্রশ্ন করলো, 'তুমি তো বললে ওরা একজন আন আইডেন্টিফায়েড মহিলার বডি মর্গে পাঠিয়েছে? তা সেটা যে মায়ের শরীর তুমি বুঝলে কি করে?'

সবাই আমরা এই প্রশ্নটা শুনে কান্না থামিয়ে অনেক আশা নিয়ে বাবার মুখের দিকে তাকালাম উত্তর খুঁজতে।

—'হ্যাঁ সেটা আমার মনে হওয়ার আগেই পুলিশ অফিসার আমাকে বললেন, তাহলে আপনি এখন চলুন মর্গে নিয়ে যাবো, আপনি বডিটা আইডেন্টিফাই করলে পোস্টমর্টেমে বডির নাম বয়েস ঠিকানা ইত্যাদি পার্টিকুলার্স দিয়ে করা হবে, তাতে আপনাদেরই সুবিধে হবে। তাই সেই রাত একটার সময়ে আমাকে নিয়ে পুলিশ মর্গে ঢুকে ওখানকার ইনচার্জকে বলল রেল এ্যক্সিডেন্টের বডিটা বের করুন তো, সনাক্ত করণ করতে হবে। সে রেজিস্টার দেখে বলল একটু আগে একটি মাঝ বয়সী মহিলার বডি ঢোকনো হয়েছে, আসুন দেখিয়ে দিচ্ছি।

লোহার একটা ক্যাবিনেট টেনে বের করে কাপড়টা সরাতেই আমি চমকে উঠলাম, পূর্ণিমার মুখটা দেখে মনে হচ্ছিলো ট্রেনে উঠে ঘুমিয়ে পড়েছে। কাল সকাল হলেই উঠে পড়বে।' বলেই বাবা কাঁদতে লাগলেন, সঙ্গে আমরাও।"

বৈশালী যখন এই কথাগুলো বলছিল, সেই সময় অঞ্জলি হঠাৎ ফুঁপিয়ে কেঁদে উঠল। আমি তখন বৈশালীর দিকে তাকিয়ে বললাম, —"যাইহোক ওর খুব কষ্ট হচ্ছে, তুমি পরবর্তী কি হোল সেটা বল।"

—"কাঁদিস না রে বোন, এখন আমাদের সব কিছু সামলে চলতে হবে। সেদিন ভাই আর তার কয়েক জন পাড়ার বন্ধু চলে গিয়েছিল মায়ের কাটা ছেঁড়া করা বডিটা আনতে। অনেক রাত্রে মা'কে বাড়ী নিয়ে এলো ওরা, চুলের খোঁপাটা যাওয়ার সময়ে আমিই করে দিয়েছিলাম। কিন্তু সেটা খুলে গিয়ে এলো চুলগুলো মায়ের পেছনে চার দিকে ছড়িয়ে

পড়েছিল, ভারি সুন্দর লাগছিল তাতে, মুখটায় কিচ্ছু হয়নি, আরও ফর্সা লাগছিল খালি।"
এটুকু বলে বৈশালী একটা দীর্ঘশ্বাস নিয়ে রুমাল দিয়ে চোখদুটো ঢাকল।

৬

সন্ধ্যা অনেকটা গড়িয়ে গেছে, সবকটা আলো জ্বলা সত্ত্বেও আমার ঘরটা কেমন যেন অন্ধকারাচ্ছন্ন মনে হচ্ছিল। বাতাসটাও ভীষণ ভারি হয়ে উঠেছিল ঘরের। বিষণ্ণ মুখ নিয়ে আমরা তিন জনেই কিছুক্ষণ মাথা নামিয়ে বসে রইলাম।

কয়েক মিনিট পর নিরবতা ভেঙ্গে আমি প্রশ্ন করলাম,

—"আমি কিন্তু এখনও বুঝতে পারছি না, কেন তোমার বাবা লকারের গয়না গুলো নিজের মেয়ের বিয়ে দিতে কাজে লাগাবেন না, তোমার মা মারা গেছেন বলেই কি এই ধারণা?"

বৈশালী গোলাপী ফাইলের মধ্যে থেকে মায়ের ডেথ সার্টিফিকেটের জেরক্স কপিটা আমার হাতে দিয়ে বলল, —"দেখুন তো এই ডেথ সার্টিফিকেটের কপি কি বাবা আপনাদের ব্যাঙ্কে দিয়েছেন? না দিয়ে থাকলে আমার প্রশ্ন ছ'মাসের ওপর মা মারা গিয়ে থাকলেও কেন উনি এটা না দিয়ে চেপে গেছেন?"

ডেথ সার্টিফিকেটের কপিটা হাতে নিয়ে দেখলাম আন ন্যাচারাল ডেথ ওপরে লেখা। ভেতরে লেখা শ্রীমতী পূর্ণিমা চট্টোপাধ্যায়, এজ—ফিফটি টু, ফিমেল, ওয়াইফ অফ শ্রী অচিন্ত্য কুমার চট্টোপাধ্যায়, তারপর বাড়ির ঠিকানা, কজ অফ ডেথ—ডায়েড অফ মালটিপল্ ইনজুরি ইন ভেরিয়াস পার্টস অফ দি বডি উইথ ব্রেন হেমারেজ ডিউ টু সাডেন এ্যক্সিডেন্টাল ফল ইন দি রেলওয়ে ট্র্যাক হোয়াইল বোর্ডিং দি রানিং আপ দুন এক্সপ্রেস এ্যাট ব্যাঙেল ষ্টেশন। তারপর ডেট অফ ডেথ লেখা। আর টাইম লেখা আছে — বিট্যুইন টেন থারটি-টেন থারটি সিক্স পি এম।

দেখে বৈশালীর হাতে ফেরত দিতে ও আবার বলতে শুরু করলো,

—"ঠিক পরের পরের দিন সকালে পুলিশের একটা গাড়ি এসে দাঁড়ালো আমাদের দরজায়। দু'জন পুলিশ অফিসার নেমে এসে জিজ্ঞেস করলেন, 'ভেতরে আসতে পারি? আমরা মিসেস পূর্ণিমা চ্যাটার্জির মৃত্যুর ব্যাপারে অচিন্ত্য বাবুর সঙ্গে একটু কথা বলতে চাই।'

ঘরে বসিয়ে বাবাকে ডেকে আনলাম, লক্ষ্য করলাম বাবা পুলিশের কথা শুনে খুব নার্ভাস হয়ে পড়েছেন।

—'নমস্কার মিস্টার চ্যাটার্জি, আমি ইনভেস্টিগেটিং অফিসার বার্ডওয়ান পুলিশ হেড-কোয়াটার্স থেকে আসছি, আর ইনি আপনাদের এখানকার সার্কেল ইন্সপেক্টর। প্রথমেই আমরা দুঃখিত আপনাদের পরিবারের এতো বড় একটা অপূরণীয় ক্ষতির জন্য। আপনার কাছ থেকে সেদিনের দুর্ঘটনাটার ব্যাপারে কয়েকটা প্রশ্নের উত্তর খুঁজতে এসেছি। সঠিক

বলুন তো আপনি এবং আপনার স্ত্রী রবিবার রাতে ব্যাঙুল স্টেশনে গিয়ে পৌঁছান ক'টার সময়?'

—'প্রায় ন'টা হবে।'

—'কালনা স্টেশন থেকে ক'টার ট্রেনে উঠেছিলেন সেদিন?'

—'সাতটা দশের ট্রেন কিন্তু লেট করে এখানে এলো বোধহয় সাতটা চল্লিশ।'

—'ব্যাঙুলে পাশের প্ল্যাটফর্মেই তো দুন এক্সপ্রেস এসেছিল, তাহলে আপনি নিজে একজন বয়স্ক লোক তার সঙ্গে নিজের বয়স্কা স্ত্রীকে নিয়ে রানিং ট্রেনে উঠতে হোল কেন? তাছাড়া ট্রেনটা যদি ছেড়ে দিয়েও থাকে, তাহলে ম্যাডামকে নিয়ে এতোবড়ো একটা রিস্ক নিতে গেলেন কেন?'

—'আমাদের আসলে রিজার্ভেশন ছিল এস ফোর কামরায়, ওই কামরাটা খুঁজতে দেরি হয়ে গিয়েছিল, মাত্র পাঁচ মিনিট ট্রেনটা থামে ব্যাঙুলে। হাত থেকে ট্রেনটা বেরিয়ে যাচ্ছে দেখে দৌড়ে ওঠার চেষ্টা করেছিলাম।'

—'বেশ তো, তাহলে আগে তো আপনার ম্যাডামকে ওঠানো উচিত ছিল, কথাতেই আছে লেডিজ ফার্স্ট।'

—'হ্যাঁ ঠিক, আমার বোধহয় সেটাই করা উচিত ছিল, তাহলে আর এই ভয়ঙ্কর দুর্ঘটনাটা ঘটত না।'

—'আপনার হাত ছেড়েই উনি পড়ে গেছেন বলে আপনার স্টেটমেন্টে বলেছিলেন। এটাও আমাদের কাছে খুব আশ্চর্য লাগছে।'

—'আমি ব্যালেন্স রাখতে পারিনি, হঠাৎ হাতটা ফস্কে গেল।'

—'ঠিক আছে, রুটিন প্রশ্ন, আপনার উত্তর পেলাম সব, এখন চলি, দরকার হলে আপনাকে আবার আমরা বর্ধমানে ডেকে পাঠাবো।'

চলে যাওয়ার সময় একজন অফিসার পকেট থেকে একটা কাগজ বের করে বাবার হাতে দিয়ে বলল, —'আপনার সুটকেসটা বোধহয় ট্রেনে ছেড়ে এসেছিলেন, একজন যাত্রী সেটা পেয়ে বর্ধমান স্টেশন মাস্টারের ঘরে জমা দিয়েছিল, বেওয়ারিশ লাগেজ হিসেবে স্টেশনের ক্লোক রুমে রাখা আছে। এই রিসিটটা, রেলের টিকিট আর ওই সুটকেসের চাবি নিয়ে গিয়ে দেখালে লাগেজটা মালবাবু দিয়ে দেবেন, চাবি খুলে দেখে নেবেন সুটকেসটা আপনাদেরই কিনা।"

আমরা আড়াল থেকে সব শুনছিলাম, পুলিশের প্রশ্ন গুলো থেকে আমাদের সন্দেহ হতে শুরু করল। বাবা আমাদের বলেছিলেন ওভার ব্রিজ ক্রশ করে ট্রেন ধরতে হয়েছিল, কিন্তু

পুলিশের কথায় জানলাম ঐ একই প্ল্যাটফর্মে দুন এক্সপ্রেস এসেছিল, তাহলে কি বাবা সময়ের হিসেব মেলানোর জন্য আমাদের কাছে মিথ্যে কথা বলেছিলেন? অর্থাৎ বাবা হয়তো ব্যাপারটা ঘটাবার জন্য ইচ্ছে করেই সময় নষ্ট করে ট্রেনটা ছেড়ে দিতে সুযোগ করে দিয়েছিলেন, যাতে চলন্ত ট্রেনে উঠতে যাওয়ার অভিনয় করে মা কে হাত ছেড়ে দিয়ে ট্রেনের নিচে ফেলে দিতে পারেন । উফ্, কল্পনা করা যায়না! আমরা নিশ্চিত এই প্ল্যানটা সুতপা বাবাকে দিয়েছিল। ঠাণ্ডা মাথায় খুন করাও হল অথচ দেখে লোকে এ্যক্সিডেন্ট ভাবল।

সুটকেসটা পরের দিনই খোকন আর একটি ছেলে গিয়ে এনেছিল। খুলে আরও একপ্রস্থ কান্নায় ভেঙে পড়লাম আমরা। বাবা মা'কে হত্যার চক্রান্ত করছিলেন যখন, তখন মা বাবার দৈনন্দিন টুকিটাকি যা লাগে এমন কি খেয়ে উঠে বাবা যে শিশি থেকে মৌরি খান সেটাও সুটকেসে গুছিয়ে ঢোকাতে ভোলেনি, আশ্চর্য!

যাই হোক, এর চার পাঁচ দিন পরেই পুলিশ আবার এলো, এসে এবার বাবাকে বর্ধমানে নিয়ে গেল। সেখানে বসিয়ে আট দশ ঘন্টা ধরে জেরা করে শেষে এ্যরেস্ট করল। জানা গিয়েছিল যে ট্রেনটায় আমরা এখান থেকে চড়িয়ে দিয়েছিলাম মা বাবাকে, সেটা রাত সাড়ে আটটার মধ্যেই ব্যাণ্ডেল পৌঁছেছিল। ওখানে মা'কে স্টেশনে বসিয়ে পাশে সুটকেসটা রেখে বাবা নাকি কোথায় চলে গিয়েছিলেন। অনেকক্ষণ অপেক্ষা করার পর যখন মা'য়ের সামনে প্ল্যাটফর্মের ওপর হুড় হুড় করে দুন এক্সপ্রেসটা ঢুকে পড়ল, তখন মা অস্থির ভাবে এদিক ওদিকে তাকিয়ে নাকি বাবাকে খুঁজতে শুরু করেছিল। কিন্তু বাবা ইচ্ছে করে প্রায় ট্রেন ছেড়ে দেওয়ার মূহূর্তে এসে হাজির হয়ে মাকে বললেন 'চল চল শিগ্গির, এক্ষুনি ট্রেন ছেড়ে দিল বলে।'

যাইহোক, বাবাকে বর্ধমান কোর্টে পরের দিন উপস্থিত করে কাস্টডিতে চেয়েছিল পুলিশ, কিন্তু বিশেষ কোনও এভিডেন্স্ বা উইটনেস্ প্রডিউস করতে পারেনি নাকি পুলিশ, তাই বেল পেয়ে বাড়ী ফিরে এলেন বাবা। মনে হয় সুতপাই উকিল দিয়ে বেল পেতে সাহায্য করেছিল। তবে আমরা নিশ্চিত ভাবে সবাই বিশ্বাস করি যে আমার বাবা একজন খুনী। মা'কে হত্যা করেছেন। আমরা তারপর থেকে কেউ আর বাবার সঙ্গে বিশেষ কথাবার্তা বলি না, ঘৃণা হয়।"

—"তাহলে কেসটা এখনও ডিজলভড্ হয়নি?" প্রশ্ন করলাম।

—"না, তবে কিভাবে জানিনা এটা নিয়ে পুলিশও আর বিশেষ কিছু এগোয়নি।

যাইহোক, যেটা আমাদের খুব দুশ্চিন্তায় ফেলেছে সেটা এই যে, সম্ভবতঃ বাবা কিছু দিনের মধ্যেই সুতপাকে বিয়ে করবেন।"

—"এটা কি উনি বলেছেন তোমাদের?" প্রশ্ন করলাম।

—"হ্যাঁ, কয়েকদিন আগে। বাবা বলেছেন উনি সুতপার সঙ্গে একত্রে থাকার কথা চিন্তা করছেন। অর্থাৎ এই বয়েসে উনি প্রায় কন্যার বয়সী একজন মেয়েকে বিয়ে করতে চলেছেন লোকলজ্জার মাথা খেয়ে। আর এটাও নিশ্চিত যে বাবাকে ভবিষ্যতে ভীষণ ভাবে অনুতাপ করতে হবে মাকে পরিকল্পনা করে মেরে ফেলে ওকে বিয়ে করলে। সুতপা আমার বয়স্ক বাবাকে বিয়ে করবে শুধু মা'য়ের ওই অতো গয়নাগাটি হাতাবে বলে, আর বাবার সমস্ত সম্পত্তি নিজের নামে করে নেবার লোভে। এখন তার মানে সবচেয়ে বড় বিপদ আমার এই অসহায় ছোট বোনটার। সর্বনাশ হয়ে যাবে ওর।"

৭

গুরুপদ বাঁড়ুজ্জে খুব নাম করা দুঁদে উকিল এই সাব ডিভিশনাল টাউনে। আমাদের ব্যাঙ্কের সমস্ত আইনী কাজকর্ম ওনার দায়িত্বে। রোগা, লম্বা অত্যন্ত সাদাসিধে একজন বৃদ্ধ। মুখে একটা অত্যন্ত বুদ্ধিদীপ্ত ভাব, নাকের নিচে কাঁচি দিয়ে প্রায় ছেঁটে ফেলা অল্প পাকা গোঁফ। কপালে একটা সর্বদাই চন্দনের টিপ, মুখের মধ্যে ছোট একটা পান আর গলায় সরু একটা তুলসীর মালা। বয়েস প্রায় সত্তরের কাছাকাছি। সর্বদাই ভীষণ ব্যস্ত।

ফোনটা তুলে নাম্বার টিপে খানিকটা ধরে রইলাম।

—"গুরুপদদা? আমি ব্যাঙ্কের ম্যানেজার মুখার্জি বলছি।"

—"কিন্তু ছোটভাই আমি তো তোমার ওই চার লাখ না কতো যেন লোনের ডিফল্টারের নামে লিগাল নোটিসটা এখনও তৈরি করে উঠতে পারিনি, কাল সিওর করে পাঠিয়ে দেব।"

—"না না, সেটার জন্যে ফোন করিনি।"

—"তবে?"

—"এক্ষুনি আমি দু'জন মেয়েকে আপনার কাছে পাঠাচ্ছি, ভীষণ আরজেন্ট, টপ প্রায়ারিটি দিয়ে সব কথা ওদের কাছ থেকে শুনলেই বুঝতে পারবেন। আমি জিস্টে বলে দি, স্বামী স্ত্রীর একটা জয়েন্ট লকার আছে আমার এখানে, ইদার অর সারভাইভরসিপ মোডে, স্ত্রী'র সমস্ত গয়না স্বামী ঢুকিয়ে রেখেছেন লকারে। স্ত্রী অপঘাতে ছ'মাস আগে মারা গেছেন এবং স্বামীর এ ব্যাপারে জড়িত থাকার যথেষ্ট সন্দেহ আছে কারণ তাঁর অপর একটি মহিলার সংগে সম্পর্কের কথা জানা যাচ্ছে। স্বামী এখন তাঁর নিজের ছোট মেয়ের বিয়ের জন্য ঐ স্ত্রীধন ব্যবহার না করে সেই মহিলাটিকে বিয়ে করে তাকে দিয়ে দেবেন বলে আশঙ্কা হচ্ছে। এখন আমি যেটা এক্সপেক্ট করছি আপনার কাছ থেকে সেটা হচ্ছে, যেহেতু ব্যাঙ্কের নিয়ম অনুযায়ী স্বামীর লকার অপারেশন আমি আটকাতে পারবো না এবং এখন যে কোনও দিন উনি এসে সব গয়না লকার থেকে বের করে নিয়ে চলে যেতে পারেন, আপনি ওনার কন্যাদের অর্থাৎ যাদের পাঠাচ্ছি আপনার কাছে তাদের প্লেইনটিফ হিসেবে ধরে

কালই কোর্টে একটা কেস ফাইল করে লকার অপারেশনের ব্যাপারে একটা ইনজাংশান বের করে দিন। আর যদি ইনজাংশানটা কাল নাই বের করা যায়, তাহলে মেয়েদের পক্ষের ল'ইয়ার হিসেবে আমার কাছে একটা উকিলের চিঠি কাল সকালেই পাঠিয়ে দিন, যাতে বলা থাকবে কোর্ট থেকে নির্দেশ না পাওয়া পর্যন্ত ব্যাঙ্ক যেন ওই লকার অপারেশন বন্ধ রাখে। ব্যাস, এই টুকু আপাততঃ আপনি যেমন করে হোক করে দিন দয়া করে।"

—"ওরেঃ বাবা, ছোট ভাই এতো এখন বিরাট কাজ, আমার যে এখন ভীষণ বিজি শিডিউল চলছে, দেখছ তো তোমার কাছ থেকে পাঁচ দিন আগে ওই লোনের ডিফল্টারের কাগজপত্র এনেও আমি এখনও তার লিগাল নোটিশটা তৈরি করে উঠতে পারিনি।"

—"প্লিজ প্লিজ গুরুপদদা, এটা যেমন করে হোক করে দিন, না হলে একটা অসহায় অবিবাহিত মেয়ে একদম ভেসে যাবে। ওদের সঙ্গে কথা বললেও বুঝতে পারবেন। আমি এক্ষুনি পাঠাচ্ছি।"

ফোন রেখে বৈশালীকে বললাম, "আমি ঠিকানা আর ফোন নাম্বার লিখে দিচ্ছি, একটা রিক্সা নিয়ে দু'জনে চলে যাও, ঠিকানা না বললেও চলবে, গুরুপদ বাঁড়ুজ্যের নাম বললেই বাড়ী দেখিয়ে দেবে লোকে। চিন্তা নেই আমি দেখছি যাতে তোমাদের ব্যাপারটার একটা ফেভারেবল্ সমাধান পাওয়া যায়। গুরুপদদা আমাকে খুবই স্নেহের চোখে দেখেন, আমার অনুরোধ ফেলতে পারবেন না।"

—"আপনাকে স্যার ধন্যবাদ দিয়ে ছোট করব না, যা করলেন তা চিরদিন কৃতজ্ঞতার সঙ্গে মনে রাখব।"

তারপর চেয়ার থেকে উঠে দাঁড়িয়ে বলল,

—"তাহলে আজ আসি স্যার? উকিলবাবুর সঙ্গে দেখা করে কি হোল না হোল পরে আপনাকে জানিয়ে যাবো?"

—"দরকার হবে না, আমি ওনার কাছ থেকে জানতে পারবো। আর এমন লোকের কাছে পাঠাচ্ছি যে আমি প্রায় নিশ্চিত কাজটা হয়ে যাবে। তবে হ্যাঁ, যদি আর কোনও পরামর্শের দরকার হয় আসতে পার।"

—"কাকু, আমি কি আপনার পায়ে একটা প্রণাম করতে পারি?" অঞ্জলি এতক্ষণ পরে একটা কথা বলল।

—"তোমার জন্য আমার অনেক শুভকামনা আর আশীর্বাদ রইলো, প্রণাম করতে হবে না। মন খারাপ কোর না একদম, মন দিয়ে পড়াশোনা করে ভাল রেজাল্ট করার চেষ্টা কর, তখন এসে প্রণাম করে মিষ্টি খাইয়ে যেও।"

অঞ্জলি এবার তার ঝক ঝকে সুন্দর দাঁত গুলো বের করে বেশ বড়ো করে হেসে ফেলল, সপ্রতিভ হয়ে উত্তর দিল, "নিশ্চয় কাকু, এইবার আমি মন দিয়ে পড়াশোনা করব।"

ওরা চলে যেতে আমি ঘরের বাইরে বেরিয়ে দেখলাম চক্রবর্তী সাহেব তখনও অফিসে আছেন। ওনাকে লকার রুমে একবার আসতে বললাম। সেখানে ঢুকে তিনশ সাতাশ নম্বরের লকারটার দরজায় একটা স্টিকার লাগিয়ে অপারেশন স্টপড় কথাটা লিখে রাখতে বলে দিলাম চক্রবর্তী সাহেবকে। আর অচিন্ত্য বাবু এসে লকারটা খুলতে চাইলেও এখন এটা খোলা যাবেনা কথাটা জানিয়ে আমার কাছে পাঠিয়ে দিতে বললাম।

৮

পরের দিন বেলা বারোটা নাগাদ একটি খুব স্বল্প দৈর্ঘ্যের যুবক, পাঁচফুটের নিচেই হবে, আস্তে দরজা খুলে ভেতরে আসার অনুমতি নিয়ে এসে সামনের চেয়ারে বসল, তারপর হাতজোড় করে বলল,

—"স্যার নমস্কার, আমার নাম প্রশান্ত, আমার দিদি কাল আপনার কাছে ছোট বোনকে নিয়ে এসেছিলো, আপনি আমাদের সমস্ত ব্যাপারটা শোনার জন্য নিজের দরকারি সময় থেকে অনেকখানি দিয়েছেন। আমি এবং আমার পরিবারের সকলে আপনার কাছে ভীষণ কৃতজ্ঞ। সব জানেন আপনি তাই আমার আর কিছু বলার নেই। শুধু একটা কথা বলবো স্যার, আমার বাবা একজন বিশিষ্ট ব্যক্তি হিসেবে সকলের কাছে অত্যন্ত শ্রদ্ধার পাত্র ছিলেন এক সময়, প্রকৃত রুচিশীল, শিক্ষিত, বিবেচক, স্নেহশীল একজন পিতা হিসেবে বাবাকে আমরা সবাই ঈশ্বরের মত ভক্তি করতাম। সেই বাবার সঙ্গে এখনকার এই অচিন্ত্য চট্টোপাধ্যায়েকে কিছুতেই মেলাতে পারছিনা আমরা।

আপনি এতো বড়ো একজন সম্মানীয় ব্যক্তি, তাই লকার খুলতে এসে বাধা পেলে বাবা আপনার সঙ্গে হয়তো পশুর মতো ব্যবহার করে অসম্মান করবেন। আর সেটা ভেবেই খুব আশঙ্কিত হয়ে পড়ছি। আমার ধারণা দু'এক দিনের মধ্যেই উনি এসে লকার থেকে মা'য়ের গয়নাগুলো সব সরিয়ে নেবেন কারণ খুব শীঘ্রই বাবা নতুন করে অপর একজন মহিলা যার সঙ্গে কয়েক বছর ধরে অবৈধ সম্পর্ক স্থাপন করেছেন তাকে বিয়ে করবেন।"

—"আমি কোর্টের ইনজাংশানটা আশা করছি তিন চার দিনের মধ্যে পেয়ে যাব, তার আগে কিছু হলে বুঝে নেবো না হয়। আজ আর এর বেশী কিছু বলার নেই আমার। ঠিক আছে?" একথা বলে যুবকটির দিকে তাকালাম।

—"হ্যাঁ স্যার, শুধু এইটুকুই বলার ছিল আর, —" বলে উঠে দাঁড়িয়ে, "আপনাকে দেখার আর আলাপ করার ইচ্ছেটাও খুব হচ্ছিল।" এটা বলে হাতজোড় করে একটু হেসে ঘর থেকে বেরিয়ে গেল।

প্রশান্ত চলে যেতে আমি গুরুপদদাকে ফোন করলাম, ওনার স্ত্রী ফোন ধরে বললেন উনি কোর্টে বেরিয়ে গেছেন। কিন্তু বিকেল সাড়ে তিনটে নাগাদ গুরুপদদা নিজেই এসে খুব ব্যস্ত হয়ে আমার ঘরে ঢুকে একটা লম্বা মুখবন্ধ খাম আমার হাতে দিতে দিতে বললেন,

—"নাও, আমার কপিটায় ব্যাঙ্কের স্ট্যাম্প দিয়ে একটা সই করে এই খামটা নিয়ে নাও, উফ্ যা একখানা কাজ পাঠিয়েছো না, কাল রাত প্রায় এগারোটা পর্যন্ত ওদের সঙ্গে বসে সব কাগজপত্র তৈরি করলাম। আমার চিঠি ব্যাঙ্কে করে দিলাম যাতে কোর্টের রায় না বের হওয়া অবধি কোনও ভাবেই ওই লকারটা খুলতে না দেওয়া হয়, আর এর একটা কপি কালই রেজিস্টার্ড পোস্টে অচিন্ত্য বাবুর বাড়ির ঠিকানাতেও পাঠিয়ে দেবো। আজ কোর্টে এই কেসটা এনলিস্ট করিয়ে নিয়েছি পরশু হিয়ারিংয়ের জন্য, তখন ইনজাংশনটা বের করিয়েই তোমার কাছে পাঠিয়ে দেবো, ব্যাস তুমি নিশ্চিন্ত থাকতে পারবে।"

—"অশেষ ধন্যবাদ গুরুপদদা, একটু চা খান?"

—"আরে না রে ভাই, আমার এখন মরারও সময় নেই বলতে গেলে।"

জিব কেটে বললাম, "ছি ছি কি বলছেন? আপনি না থাকলে এই ব্যাঙ্কের প্রায় পঁয়ষট্টিটা লোনের ডিফল্টাররা সব নৃত্য করতে করতে রাস্তায় বেরিয়ে পড়বে, তাদের কোর্টকেস গুলো গোল্লায় যাবে। যাইহোক অন্তত একটা মিঠে পান আনিয়ে দি?"

—"ওরে ভাই কিচ্ছু লাগবেনা, আমি এখন পালাই, পরে আবার কথা হবে। আর হ্যাঁ ঐ লোনটার পেন্ডিং নোটিস টা কালই পাঠিয়ে দিচ্ছি।"

—"লাস্ট কথা গুরুপদদা, এই লকারের কেসটা কি মনে করছেন?"

—"মেয়ে দু'টোর বাবাকে ঘোল খাইয়ে ছাড়বো দেখে নিও, ওকে বাধ্য করাব স্ত্রীর গয়না বড়ো মেয়ের বিয়েতে যেমন দিয়েছে তেমনি বাকি গয়না ছোট মেয়ের বিয়ের জন্যও দিতে।"

৯

এরপর প্রায় দু'দিন কেটে গেছে। ইতিমধ্যে গুরুপদদার আইনী নোটিসের একটা কপি দিয়ে জোনাল অফিসে চিঠি পাঠিয়ে ব্যাপারটা জানিয়ে দিলাম। তবে বৈশালী এবং অঞ্জলির সংগে আমার সাক্ষাতকার এবং তাদের গুরুপদদার কাছে গিয়ে আইনী সাহায্য নেওয়ার জন্য যে আমিই পরামর্শ দিয়েছিলাম সে কথা জোনাল অফিসের কাছে সম্পূর্ণ গোপন রাখলাম। এর কারণ যদি জানাতে হয় তাহলে বলবো, আমাদের ব্যাঙ্কের পলিসি হচ্ছে যে, নিজের কাস্টমারের স্বার্থ আগে দেখতে হবে, কোনও ভাবেই তাদের সেই স্বার্থ যাতে ক্ষুণ্ণ না হয় তা নিশ্চিত করাই আমাদের প্রধান দায়িত্ব। সেখানে কাস্টমারের চরিত্র, অপরাধ বা তার ব্যবহারিক জীবনযাত্রা আমাদের পারস্পরিক সম্পর্কের মাঝে কখনো কোনও বাধা সৃষ্টি করার কথা নয়। অচিন্ত্য বাবু আমাদের কাস্টমার, কিন্তু তাঁর পরিবারের সদস্য হলেও

ব্যাঙ্কের অলিখিত চুক্তি অনুযায়ী তাদের মধ্যে কেউই অচিন্ত্য বাবু আর আমাদের এই সম্পর্কের মধ্যে কোনও ব্যাঘাত ঘটাতে চেষ্টা করলে তা মানার কথা নয়। তবুও অবস্থা পর্যালোচনা করে মনুষ্যত্ব এবং হৃদয়ের ডাকে সাড়া দিয়ে এক্ষেত্রে সেটা ভাঙতে বাধ্য হলাম এবং সরকারি ভাবে কথাটা গোপন করে রাখলাম।

বেলা একটা নাগাদ হঠাৎ লকার ইনচার্জ চক্রবর্তী সাহেব আমার ঘরে হন্তদন্ত হয়ে ঢুকলেন,

—"স্যার অচিন্ত্য চট্টোপাধ্যায় এসেছেন আমার টেবিলে। নিজের লকার অপারেট করতে চাইছেন।"

—"হ্যাঁ তা আপনি কি বলেছেন?"

—"আমি বললাম আপনার লকারের ব্যাপারে কিছু ডিসপিউট রয়েছে বলে আপাতত অপারেশন স্টপ করে দেওয়া হয়েছে। কিছুদিন অপেক্ষা করতে হবে। একথা শুনে উনি ভীষণ ক্ষেপে গিয়ে আমাকে বলেছেন, ওসব আমি শুনতে চাইনা, আজই আমি খুলবো, এ ব্যাপারে কারুর বাধা দেওয়ার কোনও এক্তিয়ার নেই। লকার এ্যাক্সেস রেজিস্টার দিন এক্ষুনি। আমি বসতে বললেও এখনও দাঁড়িয়ে আছেন রেগে।"

—"ঠিক আছে পাঠিয়ে দিন আমার ঘরে।"

একটু পরেই কোনও রকম পরোয়া না করে বেশ জোরে দরজাটা খুলে আমার সামনে এক অতি সুদর্শন, ঝকঝকে করে দাড়িগোঁফ কামানো, গৌর বর্ণ, মাঝারি উচ্চতার পঞ্চাশোর্ধ এক প্রৌঢ় এসে দাঁড়ালেন। দু'দিকের কপালে অনেক দূর পর্যন্ত চুল উঠে গেলেও মাঝখানের কাঁচাপাকা চুলগুলো পেছনের দিকে পরিপাটি করে আঁচড়ানো। দুধ সাদা পাটভাঙা ধুতি পাঞ্জাবি পরা। দেখলেই উচ্চ শিক্ষিত এবং একজন শৌখিন বাঙ্গালী ভদ্রলোক বলে মনে হয়।

—"হ্যাঁ বসুন, আপনিই মিস্টার অচিন্ত্য কুমার চট্টোপাধ্যায়?"

—"আমি এখনই আমার লকারটা খুলতে চাই, কিন্তু বাইরে আপনার অফিসার অদ্ভুত কথা শোনাচ্ছেন! ওটায় নাকি কি ডিসপিউট আছে, তাই আমার খোলার অধিকার নেই।" না বসে আমার সামনে দাঁড়িয়ে দাঁড়িয়ে কথাগুলো রাগত ভাবে বললেন।

—"আপনি বসুন আগে দয়া করে, আমারও আশ্চর্য লাগছে কেন আপনি নিজের লকার খুলতে পারবেন না, আপনার কাছেই আমাকে জানতে হবে।"

এবার কাজ হোল, একটা চেয়ারে বসলেন তারপর অবাক হয়ে জিজ্ঞাসা করলেন,

—"সেটা আমি জানাবো আপনাকে?"

—"হ্যা, তার কারণ হঠাৎ একটা উকিলের নোটিস এসেছে ব্যাঙ্কের কাছে আমাদের সতর্ক করে বলেছে যে আপনাদের স্বামী স্ত্রীর নামে যে তিনশো সাতাশ নম্বরের লকারটা আছে সেটা যেন কোনও ভাবেই অপারেট করতে না দেওয়া হয়, কোর্টে কেস করা হয়েছে লকারের কনটেন্টস্ এর ব্যাপারে। হয়তো আপনার ছেলে মেয়েদের মধ্যে থেকেই কেউ কেস করেছে। কিন্তু কোর্ট কেসের জন্য আমি অসহায় হলেও আপনার স্বার্থের কথা চিন্তা করে এ ব্যাপারে আমি আমাদের জোনাল অফিসে সব জানিয়ে সাজেশন চেয়েছি। তাই নিশ্চয় এই ব্যাপারটার গাম্ভীর্য উপলব্ধি করতে পারছেন। একটু ধৈর্য ধরে অপেক্ষা করুন। তবে আমার প্রশ্ন আপনার ফ্যামিলির মধ্যে কে এটা করেছে?"

এবার দেখলাম ভদ্রলোক খুব শান্ত হয়ে গেছেন, আমার টেবিলের কাঁচের ওপর ডান হাতের তর্জনীটা ধীরে ধীরে ঘষতে ঘষতে অন্যমনস্ক ভাবে উচ্চারণ করলেন, "আমার ছেলে, ওই এইসব করেছে আমার পেছনে।" তারপর আমার দিকে তাকিয়ে জিজ্ঞাসা করলেন, "আচ্ছা আপনার কাছে কি খুব বেঁটে মতন একটি ছেলে এসে এ ব্যাপারে কিছু বলেছে আপনাকে?"

—"হ্যাঁ হ্যাঁ, ঐ রকম একটি ছেলে এসে বলল আমার বাবা যেন এখানকার লকার খুলতে না পারেন, কারণ কোর্টের ইনজাংশন আছে।"

—"জানতাম, ওর মাথাতেই যতো বদ্ বুদ্ধিগুলো খেলে। আর ওই ছেলের জন্যেই আমি কিই না করেছি! জানেন ও ডোয়ার্ফ? যাকে বামন বলে। মাত্র ছ'সাত বছর বয়েসেই ধরা পড়ে যে ওর হাড়ে সমস্যা আছে, সেটার জন্য স্বাভাবিক গ্রোথ হয়না। এটা জানার পর দিনের পর দিন ওকে এখান থেকে কলকাতা মেডিকেল কলেজে নিয়ে গিয়ে লাইন দিয়ে চিকিৎসা করিয়ে কিছুটা উন্নতি করিয়েছি। একবার তো হঠাৎ সব বন্ধ্ ডেকেছিল, কিন্তু সেদিন মেডিকেল কলেজে ওকে দেখানোর ডেট ছিল। সেদিন এখান থেকে ভোর পাঁচটার ট্রেনে উঠে কলকাতা পৌঁছে দেখলাম ছ'টা বেজে গেছে, তাই গাড়ি ঘোড়া সব বন্ধ, শুনসান্ রাস্তা। তখন করেছিলাম কি, হাওড়ার স্টেশনের একটা কুলির মাথায় ঝুড়িতে ওই ছেলেকে বসিয়ে হাওড়া থেকে মেডিকেল কলেজ অবধি দীর্ঘ রাস্তা অতিক্রম করে চিকিৎসা নিতে হাজির হয়েছিলাম। ওর এখানকার মিউনিসিপ্যালিটির চাকরিটাও আমার ধরাধরিতেই হয়েছিল। আর আজ আমার পেছনেই সেই ছেলে বাঁশ দিচ্ছে!"

—"আপনার স্ত্রী কোথায়?" প্রশ্ন করলাম।

—"স্ত্রী আপাততঃ নেই।"

—"কোথাও গেছেন?"

—"না, উনি পরলোক গমন করেছেন।"

—"ওঃ আই এম এক্সট্রিমলি সরি। কিন্তু আপনি তো ব্যাঙ্কে উনি মারা যাওয়ার ব্যাপারটা কিছু জানান নি?"

—"না আমাদের মধ্যে যে কোনো একজন তো অপারেট করতে পারি, তাই ওটা দেওয়ার আর প্রয়োজন মনে হয়নি।"

—"সেকি ? এটা একটা ভীষণ দরকারি তথ্য, যে কোনও দিন আপনার স্ত্রী সেজে ওনার সই নকল করে লকার থেকে সব কিছু বের করে নিয়ে যেতে পারে যে কেউ, যদি অবশ্য খুব দামি জিনিস ভেতরে থাকে। সেরকম কিছু নেই বোধহয়?"

—"না না, আমার স্ত্রীর সব দামি দামি সোনার গয়নাই ওর ভেতর পড়ে আছে। সেগুলোই এখন আমার খুব দরকার বলে নিতে এসেছিলাম।"

—"ঠিক আছে, কিছু দিন অপেক্ষার পর আসুন না হয় তাহলে, দেখি কি করা যায়। আর স্ত্রীর ডেথ সার্টিফিকেটের কপি দিয়ে কালই একটা চিঠি জমা দিন ব্যাঙ্কে, আপনার নিজেরই স্বার্থে, কেমন?"

—"আচ্ছা তাহলে উঠলাম, তবে হ্যাঁ, আমার ছেলে প্রশান্ত, নাম বলেছে নিশ্চয় আপনাকে, যখনই এসে কিছু বলুক একদম পাত্তা দেবেন না, ভয়ানক শয়তান ছেলে।"

অচিন্ত্য বাবু চলে যেতে আমি বৈশালীর থেকে শোনা কথাগুলো চিন্তা করছিলাম, কোনও সাযুজ্য নেই ওনার বাহ্যিক চেহারাটার সাথে। এই সময় চক্রবর্তী সাহেব ঘরে ঢুকে বললেন, —"আরে স্যার ভদ্রলোককে আপনার ঘর থেকে বেরিয়ে চুপচাপ সিঁড়ি দিয়ে নেমে যেতে দেখলাম। যেরকম রেগে গিয়ে চিৎকার করে লকার খুলতে দেওয়ার জন্য জেদ করছিলেন তাতে ঘাবড়ে গিয়েছিলাম। কিন্তু আপনি কি এমন বললেন যে উনি কোনও রকম চেঁচামেচি বা রাগ না করে শান্ত হয়ে চলে গেলেন?"

—"আরে মশাই, এইটাই তো আমাদের কাজ?" হাসতে হাসতে বললাম।

পরের দিন কোর্টের ইনজাংশন অর্ডারটা বেরিয়ে যেতেই গুরুপদদা কোর্ট থেকে ফোন করে জানিয়ে দিয়ে বলল, —"ছোট ভাই, অর্ডার বেরিয়ে গেছে আজ, সময় মত তোমার কাছে পাঠিয়ে দেবো। এখন আর কোনও চিন্তা করতে হবেনা।"

—"খুব নিশ্চিন্ত করলেন গুরুপদদা, গতকালই অচিন্ত্য চট্টোপাধ্যায় এসেছিল, প্রচণ্ড রাগ দেখিয়ে এক্ষুনি লকার খুলতে দিতে হবে বলে জেদ করছিল, অনেক কষ্টে বুঝিয়ে ম্যানেজ করেছি।"

—"না না ও কিছু করতে পারবে না, আমি ওকে দেখাচ্ছি, ডিবচড় ক্রিমিনাল একটা।"

১০

কয়েকদিন পর দুপুরে বসে কাজ করছি, দরজা খুলে অনুমতি নিয়ে প্রশান্ত ঢুকলো। তারপর ধীরে ধীরে আমার টেবিলের পাশ দিয়ে আমার একদম কাছে চলে এসেই রিভলভিং চেয়ারটা ধরে আমাকে ঘুরিয়ে সটান আমার পা টা ছুঁয়ে "স্যার আপনি ঈশ্বর" বলেই কেঁদে ফেললো। হতভম্ব হয়ে গিয়ে তাড়াতাড়ি ওকে ধরে তুলে একটু তিরস্কারের সুরে বললাম, "একি করছো তুমি? এভাবে আমার পাশে এসে চেয়ার ঘোরাতে তো ভয় পেয়ে গিয়েছিলাম? যাও যাও ওদিকে গিয়ে চেয়ারে বসো।"

এবার চোখ মুছতে মুছতে বসে বললো,

—"কোর্টের নোটিস পেয়ে বাবা খুব নার্ভাস হয়ে গেছেন, আগামী মাসে চার তারিখে শুনানীর তারিখ আছে। কোর্ট বাবার নামে অর্ডার ইস্যু করেছে যে, সমস্ত ফ্যাক্ট দিয়ে এবং লকারের গয়নার হিসেব ইত্যাদি ইত্যাদি দিয়ে এ্যফিডেভিট সাবমিট করতে হবে ওই দিন। এখন কেমন মনে হচ্ছে মা'য়ের সব গয়না বাবা ছোট বোনকে দিয়ে কোর্ট কেস থেকে রেহাই পেতে চাইছে। আর যদি সেটা হয়, তবে আপনার জন্যেই হবে। কোনও কিছুতেই আপনার এই ঋণ শোধ করতে পারবো না আমরা। দিদি ধানবাদে চলে গেলেও আমাকে আপনার সঙ্গে দেখা করে কৃতজ্ঞতা জানাতে বলেছে। তাই আজ ছুটে এলাম এটা জানাতে আর আপনার একটু পায়ের ধূলো নিতে।" কথাগুলো বলে হাসলো।

—"খুব ভালো কথা, এবার বোনের বিয়েটা পড়াশোনা শেষ হলেই নিশ্চিন্তে দিয়ে দিতে পারবে।"

—"হ্যা স্যার, একটা সম্বন্ধ প্রায় পাকা হয়েও আছে, ছেলেটি ডি,ভি,সি'র ইঞ্জিনীয়ার, আমার বন্ধু। দু'বছর চাকরিতে ঢুকেছে সবে, নিজের কোয়ার্টার আছে দুর্গাপুরে। অঞ্জলির পরীক্ষা হয়ে গেলেই বিয়েটা হবে। বাবা এ ব্যাপারে কোনও দায়িত্ব নেবেন না বলে দিয়েছিলেন। তবে এখন জানিনা ওনার মনের পরিবর্তন হবে কিনা।"

—"বাঃ খুবই আনন্দের কথা, সব ঠিক হয়ে যাবে দেখো, বাবা হয়তো কেস না লড়ে নিজেদের মধ্যে সেটল্ করে মা'য়ের গয়নাগুলো দিয়ে খুব ভালো করে ছোট বোনের বিয়ে দেবেন।"

—"আপনার আশীর্বাদে তাই যেন হয়।"

প্রশান্ত উঠে "তাহলে আজ আসি স্যার?" বলে চলে গেল।

১১

উপসংহারে বলি, এই ঘটনার প্রায় মাস ছ'য়েক পরে এরকমই এক দুপুর বেলা কেউ একজন অল্প দরজাটা খুলে ভীতরে আসার অনুমতি চাইল। তাকিয়ে দেখলাম বৈশালী। সঙ্গে আরও একজন পুরুষ।

—"হ্যাঁ এসো এসো, কি ব্যাপার?"

হাতের বড়ো বাক্সটা আমার টেবিলে রাখতেই জিজ্ঞাসা করলাম, —"কি এটা?"

—"আমি ধানবাদ থেকে একটু মিষ্টি এনেছি আপনার জন্য। অঞ্জলির বিয়ে আগামী রবিবার ঠিক হয়েছে, তারজন্য নিমন্ত্রণও করতে এলাম, গিয়ে পায়ের ধুলো দিয়ে আশীর্বাদ করতে হবে কিন্তু, না বললে শুনবোনা।" একথা বলে আমার নাম লেখা একটা বিয়ের কার্ড হাতে দিল।

—"মনে আছে আপনি সেদিন অঞ্জলিকে যাওয়ার সময় বলেছিলেন যে ভালো রেজাল্ট করলে তখন এসে প্রণাম করে মিষ্টি খাইয়ে যেতে? তাই আজ ও এসেছে আপনাকে প্রণাম করতে। ও ফার্স্ট ডিভিশন পেয়ে উচ্চ মাধ্যমিক পাশ করেছে।"

এবার আমি সচকিত হয়ে বললাম, —"আরে তোমরা দাঁড়িয়ে কেন, বসো? আর অঞ্জলি কোথায়?"

—"ও খুব লজ্জা পাচ্ছে আসতে, নিজের বিয়েতো? বাইরে অপেক্ষা করছে তাই।"

—"কি আশ্চর্য?" বলে আমি চেয়ার ছেড়ে উঠে গিয়ে দরজাটা খুলে ধরতেই একটু চমকে হেসে অঞ্জলি তাকালো আমার দিকে, —"একি তুমি বাইরে দাঁড়িয়ে কেন? ভেতরে এসো?"

অঞ্জলি ঢুকেই আমি চেয়ারে বসার আগে ঝট করে আমার পা ছুঁয়ে প্রণামটা সেরে নিয়ে দিদির পাশে এসে বসলো।

—"আমি ভীষণ খুশি হয়েছি, কিন্তু এতো ভালো রেজাল্ট করেও আর পড়াশোনা না করে বিয়ে হয়ে যাবে, এটা শুনে আমার একটু মন খারাপ হয়ে যাচ্ছে যে?"

—"না স্যার, ওর যার সঙ্গে বিয়ে হচ্ছে সে নিজেও পড়াশোনায় খুব ভালো। ডি,ভি,সির ইঞ্জিনীয়ার। ছেলেটি নিজেই বলেছে দুর্গাপুরে ওর কোয়ার্টারে গেলে অঞ্জলির একঘেয়ে লাগবে হয়তো, তাই ওখানে থেকেই পড়াশোনা চালিয়ে যেতে," বৈশালী উত্তর দিল।

—"এনার পরিচয় পেলাম না।" বৈশালীর পাশে বসা ছেলেটির দিকে তাকিয়ে বললাম।

—"আমি হলাম বৈশালীর হাজব্যান্ড, সৌরভ রায়চৌধুরী। অঞ্জলির বিয়ে উপলক্ষে ছুটি নিয়ে এখানে এসেছি। আপনার কথা আমাদের মধ্যে রোজই প্রায় হয়। আজ সুযোগ পেয়ে

দেখা করতে এলাম।" মৃদু হেসে বলল সৌরভ। দেখেই মনে হল ছেলেটি বেশ কর্মঠ্য এবং বুদ্ধিমান।

অঞ্জলির মুখের লাবণ্য আরও অনেকটা বেড়েছে দেখলাম। ওর সেই বিমর্ষ ভাবও এখন আর নেই। হয়তো মা'কে হারাবার পর ভয়ঙ্কর অসহায়তা আর অনিশ্চিত ভবিষ্যতের দুশ্চিন্তায় ভোগার পর একটা অবলম্বন পেতে চলেছে বলে মুখের ঔজ্জ্বল্য বেড়ে গেছে। আমার অবশ্য ওর বিয়ের অনুষ্ঠানে আর যাওয়া হয়ে ওঠেনি কারণ রবিবার কলকতায় অনেক দিন পর নিজের পরিবারের সঙ্গে দেখা করতে বাড়ি ফিরতে হয়েছিল। তবে আমার একটা ছোট উপহার আর শুভেচ্ছা বার্তা হরিলালকে দিয়ে অঞ্জলির কাছে পাঠিয়ে দিয়েছিলাম। ও হ্যাঁ, বলতে ভুলে গেছি, হরিলালকেও ওরা বিয়েতে সাদর আমন্ত্রণ জানিয়ে ছিল।

প্রতাপ নারায়ণের আর্ট গ্যাল্যারি

বিশাল জেম স্টোন এণ্ড ডায়মন্ড মার্চেন্ট প্রতাপ নারায়ণ উপাধ্যায় নিজের ব্যবসার জন্য যতটা না পরিচিত তার থেকে অনেক বেশী বিখ্যাত এবং আলোচিত ছিলেন উত্তরাধিকার সূত্রে পাওয়া এলাহাবাদ শহরের সিভিল লাইনস্‌ এলাকার কাছাকাছি ওনার প্রাসাদতুল্য বাড়িটির জন্য। কারণ, ওনার ওই প্রাসাদের একতলায় বৈঠকখানা লাগোয়া এক অতি বিশাল হলঘর রয়েছে, যেটিকে সোজা ভাষায় একটি অত্যন্ত দামী আর্ট গ্যাল্যারি বললে ভাল মানায়। আসলে যৌবন বয়েস থেকেই ধনী প্রতাপ নারায়ণ এক অদ্ভূত ব্যয়বহুল নেশায় আসক্ত হয়ে পড়েছিলেন। ব্যবসার দায়িত্ব অনেক সময়েই নিজের এক অত্যন্ত বিশ্বস্ত ম্যানেজার রাজেশ কুমার শর্মার ওপর ছেড়ে দিয়ে প্রতাপ নারায়ণ সারা ভারতের বিভিন্ন শহরে শহরে সস্ত্রীক বা একলা ঘুরে বেড়াতেন। আসলে দ্রষ্টব্য স্থান গুলোর থেকে কিউরিও বা এ্যন্টিকসের দোকান, আর্ট গ্যাল্যারি বা বিখ্যাত আর্টিস্টদের পেইন্টিং এক্সিজিবিশন ঘুরে নানা রকম ছবি এবং দুষ্প্রাপ্য জিনিসপত্র সংগ্রহ করে নিয়ে আসাই ওনার একমাত্র উদ্দেশ্য হয়ে দাঁড়িয়েছিল। অনেক সময় খবর পেয়ে বিভিন্ন শহরে চলে গিয়ে নীলামে অংশ নিয়ে বিশাল অর্থ ব্যয় করে দুষ্প্রাপ্য অয়েল পেন্টিং কিনে নিতেন আর তারপর এসে নিজের সংগ্রহশালায় রেখে দিতেন। সময়মত নিজের ঐ হলঘরে সেগুলো টাঙ্গিয়ে গর্বিত হতেন। তবে নিজের পরিচিত বা আপন জন ছাড়া অন্য কাউকে বৈঠকখানা থেকে ঐ হলঘরে যাবার অনুমতি দিতেন না। বিশাল হলঘরের দেওয়ালে ক্যানভাসের ওপর অতি দর্শনীয় বড় বড় অয়েল পেন্টের ছবি গুলো খুব উঁচু থেকে টাঙ্গান থাকতো। বেশী দিন হয়ে গেলেই আবার ছবির সংগ্রহশালা থেকে নতুন ছবি বার করে ঐ টাঙ্গিয়ে রাখা পুরোনো ছবির সঙ্গে পরিবর্তন করে দিতেন। এই ব্যাপারে যা কিছু করণীয়, ঝাড়া মোছা, ছবির মাপ অনুযায়ী সঠিক জায়গায় টাঙ্গান এবং এই সংগ্রহশালাটির দরজা জানলা ঠিকমত বন্ধ করা ইত্যাদি সব কিছুর দায়িত্ব ছিল প্রতাপ নারায়ণের একমাত্র ভৃত্য যোগেশের ওপর। হলঘরের ছাদ থেকে ঝোলানো ঝকঝকে সুদৃশ্য ঝাড়বাতি দুটিও কোনও এক বিখ্যাত এ্যন্টিকস্‌ সেলারের দোকান থেকে কিনে আনা। প্রত্যেকটি ছবির ওপরে রাখা স্নিগ্ধ আলোর ফোকাশ গুলো যখন জ্বলে উঠতো তখন সমস্ত হলঘরটায় এক মোহময় আমেজের সৃষ্টি হোত যেন। হলঘরের চারদিক অত্যন্ত দামি সোফা দিয়ে সাজানো আর তার সাথে রাখা থাকতো হুইল লাগানো একটি দামী মেহগনি কাঠের খুব মজবুত সিঁড়ি। এটিকে অল্প আয়াসেই ইচ্ছেমত ঠেলে হলঘরটির যেকোনো দিকে নিয়ে যাওয়া যায়। শিল্পকলা প্রেমিক অতিথি অভ্যাগতদের এইসব ছবিগুলো খুটিয়ে দেখতে সুবিধা করে দেওয়ার জন্যই এই ব্যবস্থা করা ছিল। প্রতাপ নারায়ণের পছন্দসই দেশী অতিথি ছাড়াও বহু বিদেশী অতিথিও এই আর্ট গ্যাল্যারি দেখতে আসতেন আর দেখার পরে ভূয়সী প্রশংসা করতেন। কোনও কোনও সময় বহু বিদেশী দর্শক আবার এখানকার পছন্দসই ছবি দেখে

প্রচুর মূল্য দিয়ে কিনে নিতে চেয়েছেন, কিন্তু এ ব্যাপারে প্রতাপ নারায়ণকে কিছুতেই রাজী করানো যায়নি। বরং অতিথিদের এই ধরণের ইচ্ছা প্রকাশটা ওনার নিজের সযত্নে রক্ষিত অমূল্য আর্ট গ্যাল্যারিটির মর্যাদাকে অনেক গুণ বৃদ্ধি করতো বলে উনি মনে করতেন, আর সেটাই ছিল ওনার সবচেয়ে বড় গর্বের কারণ।

২

প্রতাপ নারায়ণের একমাত্র পুত্র প্রকাশ নারায়ণ মুম্বাইয়ের ইন্ডিয়ান ইনস্টিটিউট অফ জেমস্ এণ্ড জুয়েলারি থেকে ডিগ্রী নিয়ে ফিরে পিতার কারবার সব বুঝে নিতে শুরু করতে না করতেই প্রতাপ নারায়ণ মাত্র পঁচিশ বছর বয়সী ছেলের বিয়ের সম্বন্ধ দেখতে আরম্ভ করলেন। উদ্দেশ্য যাতে পুত্র এবং পুত্রবধূর হাতে সব ভার তুলে দিয়ে আরও অনেকখানি সময় তিনি নিজের শখের জন্য নিশ্চিন্তে ব্যয় করতে পারেন। ওনার স্ত্রী সুমিত্রা দেবীও এ ব্যাপারে খুব উৎসাহী ছিলেন। স্বামী কারবার আর নিজের আর্ট গ্যাল্যারি নিয়ে চব্বিশ ঘন্টা এতোই ব্যস্ত থাকেন যে সারাদিন এই বিশাল বাড়ির তিন চারজন কাজের লোক আর ওনার সাহায্যকারী দুই মহিলা ছাড়া সুমিত্রা দেবীর আর কেউ নেই। ছেলের বিয়ে হলে তবু পুত্রবধূকে নিজের কথাবলার একজন অন্তরঙ্গ সঙ্গী হিসেবে পাবেন সুমিত্রা দেবী।

কয়েক মাস চেষ্টা করার পর সুমিত্রা দেবীর পরিজনদের মধ্যে থেকে কোনও এক সম্ভ্রান্ত এবং অত্যন্ত প্রতিষ্ঠিত ব্যবসায়ী পরিবারের একটি উপযুক্ত শিক্ষিত সুন্দরী কন্যার সন্ধান পাওয়া গেল। জয়পুর শহরে তাঁদের নিজস্ব গৃহসম্পত্তি এবং ব্যবসা। পুত্র প্রকাশ, স্ত্রী সুমিত্রা আর বিবাহিত মেয়ে জামাইকে সংগে করে প্রতাপ নারায়ণ জয়পুরে গিয়ে হাজির হলেন মেয়ে দেখতে। দুপুরের মধ্যে মেয়ের বাড়ি পৌঁছাতেই মেয়ের মা বাবা খুব খাতির যত্ন করে সবাইকে বসিয়ে মেয়েকে ডেকে সবার খাবার পরিবেশন করালেন। খুব স্মার্ট ফর্সা এবং মিষ্টি মুখের মেয়ে নম্রতাকে দেখেই পুত্র প্রকাশ সমেত ওনাদের সকলেরই ভীষণ পছন্দ হয়ে গেল। তাই ঐ দিনই স্ত্রীর সঙ্গে কথা বলে বিয়েটা একবারে পাকা করে ফেললেন প্রতাপ নারায়ণ। তারপর শগুন দিয়ে মেয়েটিকে কাছে ডেকে পাশে বসিয়ে নিজের বিশেষ শখের কথা বলে বললেন, —"বেটা আমার বাড়ি গিয়েই কিন্তু সব কিছু দেখভালের দায়িত্ব নিতে হবে। কারণ সুমিত্রা একদম একা পড়ে গেছে। আমি কোনও সাহায্যই করতে পারিনা ফ্যামিলিতে।" এটা শুনে নম্রতাও খুব বড় করে ঘাড় নেড়ে বলল, —"জী বাবুজী, তবে আমি কিন্তু আরও একটা ব্যাপারে আপনাকে সাহায্য করতে পারি।" বলেই এক ঝলক মিষ্টি হাসি হাসলো।

—"হ্যাঁ বেটা, বলো আর কি ভাবে?" প্রতাপ নারায়ণ বিস্মিত হয়ে জিজ্ঞাসা করলেন। ও দিকে ওনার পুত্র প্রকাশও অসম্ভব অবাক হয়ে গেছে নম্রতা প্রথম দিনই বাবুজীর সঙ্গে এত সহজ ভাবে কথা বলছে দেখে।

—"বাবুজী আপনার আর্ট গ্যাল্যারির সমস্ত দেখা শোনা আর ঠিকঠাক রাখার দায়িত্বটাও আমি ভাগ করে নেব আপনার সাথে। আর আপনি হয়তো শুনলে অবাক হবেন যে কাল

থেকে আমাদের এই জয়পুরে একটা বিরাট আর্ট এক্জিবিশন শুরু হয়েছে, অনেক বড়ো বড়ো আর্টিস্টের ক্যানভাসের ওপর চিত্রকলা, অয়েল পেন্টিং, মার্বেল স্ট্যাচু এইসব সেখানে প্রদর্শিত হচ্ছে। বাবুজী আপনি এখানে এসেছেন যখন একবার দেখে যান, মনে হয়ে খুব মজা পাবেন।"

বিস্ময়ের ঘোর কাটিয়ে ছেলে প্রকাশ নারায়ণ আর চুপ করে থাকতে না পেরে এবার জিজ্ঞেস করে ফেলল, —"কিন্তু আপনি এতো জানলেন কি করে?"

—"বাবুজী মাফ করবেন, আমার নিজেরও এই আর্ট এবং পেন্টিং সম্বন্ধে খুব আগ্রহ আছে, তাই গতকাল প্রথম দিনই আমি ঐ প্রদর্শনীটা গিয়ে দেখে এসেছি। তাছাড়া পুরোনো অয়েল পেন্টের ছবি গুলো কি ভাবে রক্ষণাবেক্ষণ করতে হয় সে ব্যাপারেও আমার একটা ছোট কোর্স করা আছে।" কথাগুলো নম্রতা প্রশ্ন কর্তার দিকে তাকিয়ে না বলে বাবুজীর দিকে ফিরে উত্তর দিল। যথেষ্ঠ প্রভাবিত এবং মুগ্ধ করে ফেলেছে নম্রতা এটা খুব ভাল ভাবেই বুঝতে পেরেছিলেন নম্রতার সারা বাড়ির লোকজন। প্রতাপ নারায়ণ তো বলেই দিলেন যে "আপনাদের কন্যা একমাত্র আমার ঘরের বউ হয়ে যাওয়ার জন্যেই এতোদিন অপেক্ষা করছে, আমার বাড়িই ওর একমাত্র উপযুক্ত ঘর এবার সেটা বুঝতে পারলাম।"

৩

জয়পুরের হোটেলে সেদিন সন্ধ্যায় ফিরে আর সবাইকে রেখে প্রতাপ নারায়ণ গাড়ি নিয়ে নম্রতার বলা শিল্প মেলায় চলে এলেন ঘুরে দেখতে। ঘুরতে ঘুরতে একটি পুরাতন পেন্টিং প্রদর্শনীর তাঁবুতে ঢুকে অত্যন্ত আগ্রহ সহকারে ঝোলানো বিভিন্ন চিত্রগুলো দেখতে লাগলেন এক এক করে। তাঁবুর একবারে শেষের দিকে অত্যন্ত অবহেলায় রাখা ক্যানভাসের ওপর আঁকা অয়েল পেন্টের একটি ছবি দেখে হঠাৎ ওনার চোখ আটকে গেল। প্রায় পাঁচ ফিট বাই চার ফিটের ক্যানভাসে আঁকা ছবিটি কেমন যেন অসম্পূর্ণ। ছবির মধ্যে একটি অত্যন্ত সুসজ্জিত ঘর দেখা যাচ্ছে, একদম বাঁ দিকে একটি দামি মেহগনি কাঠের খাটে একজন দোহারা চেহারার মাঝ বয়সী পুরুষ ছবির ডান দিকে ফিরে বসে মনোযোগ দিয়ে একটি মোটা বই পড়ছে। বইটি প্রায় অর্ধেক পড়া হয়ে গেছে দেখে বোঝা যাচ্ছে। পাশে অত্যন্ত সাদা একটি তাকিয়ার অর্ধেকটা দেখা যাচ্ছে। ভদ্রলোকটির গায়ের রঙ মাঝামাঝি, না বরং কৃষ্ণবর্ণই বলা ভালো। খুব যত্ন করে মোটা গোঁফ জোড়ার ডগা গুলো সরু করে পাকান, চোয়ালের হাড় দুটো চোখের নিচে সামান্য উঁচু হওয়াতে মুখের মধ্যে একটা কাঠিন্য প্রকাশ পাচ্ছে। সাদা ধুতির ওপর একটি হাল্কা নীল রঙের কুর্তা গায়ে। মাথায় অগোছালো ভাবে পরা হালকা হলুদ রঙের পাগড়ি। খাটের সামনে ডান দিকে একটি সুদৃশ্য কাঠের গোল টেবিলে রাখা অত্যন্ত ঝকঝকে সোনালি রঙের প্রায় দেড় হাত লম্বা একটি গড়গড়া থেকে সামান্য ধোঁয়া নির্গত হচ্ছে মনে হচ্ছে, গড়গড়ার রবারের পাইপটা সোনালি তার দিয়ে জড়ানো, আর তার কাঠের মুখটা খাটে বসা লোকটি ডান হাতে ধরা আছে মাঝে মধ্যে ধোঁয়া সেবন করার জন্য। খাটের নিচেই অত্যন্ত স্বাস্থ্যবান একটি ধূসর রঙের কুকুর বুক পেট মেঝেতে দিয়ে নিজের সামনের দুটো থাবায় মাথাটা ঝুকিয়ে রেখেছে, কিন্তু

তাকিয়ে রয়েছে জানলার দিকে। কুকুরের গলার চেনটি খাটের ওপরের বাজুতে বাঁধা আছে। খাটের শেষে অনেকটা জায়গা ছেড়ে দিয়ে ছবিটির একদম ডানদিকে ওপর থেকে নিচ অবধি লোহার শিক দেওয়া বিশাল লম্বা চওড়া একটা জানলা খোলা অবস্থায় দেখা যাচ্ছে। জানলার দুদিকের হলদে পাল্লা দুটো ঘরের ভীতরের দিকে খোলা রয়েছে। খাটের ভদ্রলোকটির মাথার ওপরে দেওয়ালে একটি গোল বড় ঘড়িতে ছ'টা তিপ্পান্ন সময় নির্দেশ করছে। ঘড়িটার দুপাশের দেওয়ালে দু'খানা হলুদ কাঁচের ওপর হালকা সাদা ফুল দেওয়া ল্যাম্প শেড জ্বলে আছে। জানলার বাইরে কিছু গাছ পালার সাথে সন্ধ্যার হালকা অন্ধকার নেমেছে বলে তেমন কিছু দেখা যাচ্ছেনা। জানলার খুব কাছেই একটা লম্বা আয়না দেওয়া ড্রেসিং টেবিল রাখা যেটার আয়না দিয়ে পরিস্কার ভাবে খাটের বিপরীত দিকে ঘরের খোলা দরজাটা দেখা যাচ্ছে। মেঝেটা কালো সাদা চৌকো চৌকো মার্বেল দিয়ে তৈরি দেখা যাচ্ছে। তবে ঘরটা যে একতলায় তা জানলার বাইরের গাছগুলো থেকে অনুমিত হচ্ছে।

বেশ কিছুটা সময় নিয়ে নিবিষ্ট মনে প্রতাপ নারায়ণ চিত্রটিকে লক্ষ্য করতে করতে বুঝতে পারছিলেন যে এটিকে একটি অত্যন্ত সাধারণ ছবি প্রথমে মনে হলেও এর মধ্যে কোথাও একটা অস্বাভাবিক আকর্ষণ করার ক্ষমতা রয়েছে যেটা ওনাকে ছেড়ে চলে যেতে বাধা দিচ্ছে। সামান্য একটু চিন্তা করে নিয়ে ওই শপের ম্যানেজারকে খুঁজে বার করে ছবিটার সম্বন্ধে জানতে চাইলেন। কিন্তু ম্যানেজার ওই অয়েল পেন্টের ছবিটি রাজস্থানেরই কোনও এক ধনী ব্যবসায়ীর পরিবার থেকে কেউ এসে বিক্রী করে দিয়ে গেছে এইটুকু তথ্য ছাড়া আর কিছুই বলতে পারল না। মনস্থির করে ফেলে প্রতাপ নারায়ণ ছবিটির মূল্য জেনে নিয়ে তৎক্ষণাৎ চেক লিখে দিয়ে কিনে নিলেন। তবে অতো বড়ো ক্যানভাসের ছবিটা সঙ্গে নিয়ে যাওয়া যাবেনা বলে ওনার এলাহাবাদের বাড়ির ঠিকানাতে তাড়াতাড়ি পাঠিয়ে দেওয়ার নির্দেশ দিয়ে হোটেলে ফিরে এলেন। আর এর পরদিনই ওনারা সবাই জয়পুর থেকে ফিরে প্রকাশের বিয়ের ব্যবস্থা করতে উঠে পড়ে লেগে গেলেন।

৪

প্রকাশ নারায়ণ আর নম্রতার বিয়েটা খুব ধুমধাম করে একমাসের মধ্যেই সম্পন্ন হল। যেদিন ওদের দু'জনের রিসেপশন অনুষ্ঠান এলাহাবাদের বাড়িতে, ঠিক সেদিনই প্রকাশ নারায়ণের কাছে জয়পুর থেকে ছবির পার্শেলটা এসে পৌঁছালো। অতিথি অভ্যাগতদের ভীড়ে ভর্তি বাড়িতে প্রতাপ নারায়ণ যোগেশকে আদেশ করলেন হলঘরের চাবি খুলে প্যাকিং করা অবস্থায় ছবিটি হলঘরের সংলগ্ন ভাঁড়ারঘরে সযত্নে রেখে দিতে। এরপর প্রকাশ নারায়ণ প্রায় ভুলেই গিয়েছিলেন ঐ ছবিটির কথা। কিন্তু রিসেপশন হয়ে যাওয়ার প্রায় দশদিন পর সবকিছু চুকে যেতে প্রকাশ নারায়ণ নম্রতাকে নিয়ে লণ্ডনে হানিমুনে চলে যেতেই বাড়িটা আবার শান্ত হয়ে গেল আর তখনই প্রতাপ নারায়ণের নিজের আর্ট গ্যাল্যারির কথা মনে পড়ে গেল। সকলবেলা হলঘরে ঢুকে যোগেশকে প্যাকিং বাক্স থেকে বার করে নতুন ছবিটিকে টাঙ্গানোর ব্যবস্থা করতে বলে বাড়ির ভেতরে চলে গেলেন।

ঘন্টা খানেক পর প্রতাপ নারায়ণ ফিরে এসে ছবিটি টাঙান দেখে প্রথমে আলো জ্বালিয়ে নিচে থেকে দাঁড়িয়ে আর তারপর কাঠের সিঁড়ি দিয়ে বেশ খানিকটা ওপরে উঠে ছবিটিকে মনোযোগ দিয়ে পর্যবেক্ষণ করতে লাগলেন। কেমন যেন মনে হচ্ছিল যে, সেদিন সন্ধ্যায় মেলার তাঁবুতে যে ছবিটি বহুক্ষণ ধরে দেখে এসেছিলেন, এই ছবিটিতে তার থেকে কোথাও যেন একটা সামান্য তফাৎ রয়েছে। কিন্তু সেটা কিছুতেই ধরতে পারছিলেন না। এরপর আরও প্রায় ঘন্টা খানেক সময় ধরে একবার কাছে থেকে আবার একবার দূরে গিয়ে ছবিটা দেখতে দেখতে হঠাৎ মনে পড়লো, আরে! ছবিতে খোলা জানলার বাইরেটা যেন আরও অনেকটা অন্ধকার লাগছে? সেদিনের ছবিতে হাল্কা অন্ধকার ছিল বলে গাছের গাঢ় সবুজ পাতা গুলো ভালই বোঝা যাচ্ছিল, কিন্তু এই ছবিতে সেটা অন্ধকারের মধ্যে ঠিক বোঝাই যাচ্ছেনা! ভয়ঙ্কর রাগ হল প্রতাপ নারায়ণের, তাহলে নিশ্চয় দোকানের মালিক আসল ছবিটা রেখে দিয়ে আমার কাছে ওটার নকলটা পাঠিয়ে দিয়েছে! তরতর করে কাঠের সিঁড়ি থেকে নেমেই বাড়ির দোতলায় নিজের ঘরে গিয়ে খুঁজে বার করলেন জয়পুরের ওই দোকানের ঠিকানা আর ফোন নম্বর দেওয়া ছবির রসিদটা। কাল বিলম্ব না করে ফোন তুলে নম্বরটা ডায়াল করতেই "হ্যালো, ওয়েল কাম টু রয়্যাল আর্ট গ্যাল্যারি জয়পুর, হাউ ক্যান উই হেল্প ইউ স্যার?" বলে উঠলো ওপার থেকে। —"হ্যাঁ, আমি একমাস দশদিন আগে জয়পুরের মেলায় আপনাদের টেন্ট থেকে একটা খুব বড়ো অয়েল পেন্টের ছবি পুরো দাম দিয়ে কিনে আপনাদের পাঠিয়ে দিতে বলে এসেছিলাম। কিছুদিন আগে সেটা আমার এলাহাবাদের বাড়িতে এসে পৌঁছেছিল,"

—"ও ইয়েস ইয়েস স্যার, বুঝতে পেরেছি, কেন ছবিটা কি ড্যামেজ হয়ে গেছে ট্রানজিট পিরিয়ডে স্যার? তাহলে আমরা ঠিক করে দিতে পারবো।" দোকানের মালিক উত্তর দিল।

—"না আমার মনে হচ্ছে, যে আসল ছবিটা আমি কিনে ছিলাম এটা সেটা নয়।"

—"তাহলে?"

—"এটা নকল।" অত্যন্ত দৃঢ় ভাবে উত্তর দিলেন প্রতাপ নারায়ণ।

—"কি বলছেন স্যার? আমাদের এই ব্যবসা বহু বছরের পুরানো, আজ পর্যন্ত কখনও কেউ এই রকম কমপ্লেন করতে পারেন নি। কি ভাবে আপনি এতো বড়ো দোষ আনছেন আমাদের ওপর?"

এইবার প্রতাপ নারায়ণ ছবিতে যে পরিবর্তনটা হয়েছে সেটা বর্ণনা করলেন। সব শুনে দোকানের মালিক বলল, —"এটা কোনও ব্যাপার নয় স্যার, আমাদের অভিজ্ঞতা থেকে দেখেছি বহুদিন হয়ে গেলে পুরানো অয়েল পেন্টে কেমিক্যাল রিএক্সান হয়ে ছবির রঙে তফাৎ হয়ে যায়। তাছাড়াও আর একটা ব্যাপার, আপনি সেদিন এক্সিজিবিশনে আমাদের টেন্টে ভীষণ পাওয়ারফুল লাইটের আলোয় ছবিগুলো দেখেছেন, আর এখন আপনি বাড়িতে অনেক কম পাওয়ারের আলোতে দেখছেন বলেই ছবির হালকা রঙের জায়গা গুলো অনেক ডিপ কালার দেখতে লাগছে। ফিরভি, আমরা হানড্রেড পারসেন্ট গ্যারান্টি

দিয়ে বলছি কোনও চিন্তা নেই, দরকার হলে ছবি পাঠিয়ে দিতে পারেন, যে দাম দিয়েছেন তা ফেরৎ পেয়ে যাবেন। কিন্তু দয়াকরে আমাদের বদনাম করবেন না।"

৫

টেলিফোনে কথা বলার পর অনেকটা আশ্বস্ত হয়ে প্রতাপ নারায়ণ ঠিক করলেন যে ছবিটা কখনোই ফেরৎ দেবেন না। তাই ব্যাপারটা মন থেকে ঝেড়ে ফেলে দিয়ে অন্য কাজে ব্যস্ত হয়ে পড়লেন। সময় পেরিয়ে প্রায় সাত আট দিন কেটে যাওয়ার পর প্রতাপ নারায়ণ একদিন সন্ধ্যায় হলঘরের সব লাইট জ্বালিয়ে টাঙ্গানো ছবি গুলো লক্ষ্য করছিলেন, এটা ওনার একটা অভ্যাস ছিল বলা ভাল। দেখা হয়ে গেলে যে ছবিটা অনেক দিন টাঙ্গানো আছে বলে মনে হোত, যোগেশকে দিয়ে সেটা পাল্টে নতুন একটা ছবি সেখানে টাঙ্গানোর ব্যবস্থা করতেন। পর্যবেক্ষণ করতে গিয়ে রাজস্থানের ওই ছবিটির দিকে চোখ পড়তেই ভয়ঙ্কর চমকে উঠলেন প্রতাপ নারায়ণ, একি! ছবিতে আঁকা জানলার দিকে ফিরে থাকা গোঁফওয়ালা পাগড়ি পরা লোকটি এখন বই থেকে মুখ তুলে সামনের জানলাটার দিকে তাকিয়ে! অসম্ভব! নিশ্চয় কোথাও কিছু ভুল হচ্ছে! চেঁচিয়ে ডাকলেন, "যোগেশ, জলদি আও," তারপর যোগেশ ঢুকতেই জিজ্ঞাসা করলেন, "ছবিতে যে আদমী দেখা যাচ্ছে সে কোন দিকে তাকিয়ে আছে বলতে পারবি?"

—"জী সাব, ও তো খিড়কি দেখছে সাব?"

—"ঠিক করে দেখ ভালো করে?"

—"হ্যাঁ সাব ও খিড়কিই দেখছে, বললাম তো।"

বিস্ময়ের ঘোর যেন কাটতেই চাইছেনা, কিন্তু এটা জানাজানি হলে ভয়ানক হৈ হৈ পড়ে গিয়ে লোকজন ভিড় করে দেখতে ছুটে আসবে এটা মনে হতেই যোগেশকে কড়া করে বলে দিলেন, —"ঠিক আছে, এখানে কি দেখছিস না দেখছিস বাইরে গিয়ে কারুর কাছে বলবি না কখনও, বললে কিন্তু ভয়ানক শাস্তি পেতে হবে, বুঝেছিস?"

—"কভি নেহি বোলেঙ্গে সাব।"

যোগেশ চলে যেতে কাঠের সিঁড়িটা দিয়ে উঠে খুব কাছ থেকে ছবিটা দেখে বুঝতে চেষ্টা করতে লাগলেন এর রহস্যটা কি, সত্যিই অয়েল পেন্টের কোনও কেমিক্যাল প্রতিক্রিয়ার ফলে ছবিতে এতো বড়ো একটা পরিবর্তন সম্ভব? কখনোই না। তাহলে?

প্রতাপ নারায়ণের মনের মধ্যে যে ঝড়, বিস্ময় আর রহস্যের সঞ্চার হয়েছিল তা থেকে কিছুতেই যেন নিষ্কৃতি পাচ্ছিলেন না। এজন্য রাতের ঘুমও ঠিকমতো হচ্ছিল না। দিনের মধ্যে বেশীর ভাগ সময়টাই ঐ একটি ছবির দিকে তাকিয়ে থাকতে থাকতে সময় প্রায় আরও সাত দিন কেটে গেলেও ছবিতে আর কোনও পরিবর্তন লক্ষ্য করা গেল না। অগত্যা

মানসিক শান্তি পেতে যোগেশকে ডেকে নির্দেশ দিলেন ছবিটাকে উল্টে সামনে দিকটা দেওয়ালের দিকে করে টাঙ্গিয়ে রাখতে।

ইতিমধ্যে নম্রতা ফিরে খুব আগ্রহ নিয়ে প্রতাপ নারায়ণের আর্ট গ্যাল্যারি দেখার আবদার করল। প্রতাপ নারায়ণ নম্রতাকে সব ঘুরিয়ে দেখাবার জন্য হলঘরে নিয়ে গেলেও একবারও কিন্তু জয়পুর থেকে কেনা ঐ ছবিটির সম্বন্ধে কিছু প্রকাশ করলেন না। তবে পিছন ফিরিয়ে টাঙ্গানো ছবিটা দেখেই নম্রতা বলে উঠলো, —"বাবুজী এই ছবিটা ভুল করে উল্টা লাগিয়ে দিয়েছে যোগেশ ভাই, সিধা করে দেবো?"

—"না না, ওটায় একটা ডিফেক্ট আছে, আমি তাই উল্টা করে রাখতে বলেছি, সময় মতো ঠিক করে দেব।"

—"কি ডিফেক্ট?"

একটু উদ্বিগ্ন হয়ে প্রতাপ নারায়ণ উত্তর দিলেন,

—"বেটা, যেটা আছে তা এখনই ডিসকাস্ করতে চাই না, সময় মতো বলবো তোমাকে, এখন ওটা ঐ রকমই রাখা থাক, কেমন?"

একথা শুনে নম্রতা কৌতূহল দমন করে অন্য সব পেইন্টিং গুলো দেখে বাবুজীকে দরকার মতো সব রকম সাহায্য করার প্রতিশ্রুতি দিয়ে ওপরে চলে গেল।

এর দু'একদিন পরে এক সন্ধ্যায় প্রতাপ নারায়ণ যোগেশকে ছবিটিকে আবার সিধা করে দিতে বললেন। এবার যেন আরও চমক অপেক্ষা করছিল! অবাক বিস্ময়ে লক্ষ্য করলেন মেঝে থেকে কুকুরটি উঠে দাঁড়িয়ে পড়ে খানিকটা এগিয়ে গিয়ে গলার চেনটা টান টান করে জানলার দিকে অবাক হয়ে তাকিয়ে আছে, আর খাটের ওপর তার মালিকও সামনের দিকে একটু ঝুঁকে জানলায় কিছু একটা দেখার চেষ্টা করছে। এই দু'টি ছাড়া চেষ্টা করেও আর কোনো পরিবর্তন চোখে পড়ছে না বলে প্রতাপ নারায়ণ এবার যোগেশকে ভালো করে ছবিটা দেখতে বললেন। কিন্তু যোগেশ ছবির দিকে তাকিয়েই বলে উঠল, —"সাব এখন তো কুত্তাটা উঠে দাঁড়িয়ে খিড়কির দিকে ছুটে যেতে চাইছে দেখছি, আর ঐ আদমিটাও একটু সামনের দিকে ঝুকে খিড়কিতে কি আছে দেখছে!"

—"আরে ওটা তো আমিও দেখতে পাচ্ছি, অওর কুছ?"

এবার যোগেশ ছবির দিকে চুপ করে কিছুক্ষণ তাকিয়ে রইল, তারপর হঠাৎ একটু চেঁচিয়ে বলে উঠল, —"আরে! সাব দেখুন খিড়কির বাইরে দূরে অন্ধকারের মধ্যে মনে হচ্ছে যেন একটা কিছু দেখা যাচ্ছে!"

এবার যোগেশের নির্দেশ করা জানলার বাইরের দিকে ভালো করে লক্ষ্য করেই প্রতাপ নারায়ণ একটা ভয় মিশ্রিত আওয়াজ করে বলে উঠলেন, "হ্যাঁ হ্যাঁ, ঠিক বলেছিস, একটা

লোক! কি তাজ্জব ব্যাপার সব ঘটছে রে বাবা, দেখে তো ভয় লেগে যাচ্ছে!" অন্ধকার জানলা থেকে বেশ খানিকটা দূরে যেন ধোঁয়ার মতো কোনও মানুষের অবয়ব দেখা যাচ্ছে মনে হচ্ছে। প্রতাপ নারায়ণ এরকম রোমহর্ষক ঘটনায় বেশ বিহ্বল হয়ে পড়লেন। মনে হচ্ছে কোনও এক অশরীরী শিল্পী নিরিবিলি দেখে এসে অলৌকিক ভাবে ছবির এই পরিবর্তন গুলো করে কিছু বোঝাতে চাইছে! যাইহোক, ছবিটিকে আবার উল্টে দিতে বললেন প্রতাপ নারায়ণ।

সারারাত ছবির রহস্যের কথা চিন্তা করে ঘুমোতে পারছিলেন না প্রতাপ নারায়ণ। স্ত্রী সুমিত্রা দেবী বেশ কিছুদিন ধরেই স্বামীর আচার আচরণে কিছু অস্বাভাবিকতা লক্ষ্য করছিলেন। রাতে অনেক সময়েই ঘুম ভাঙলে স্বামীকে জেগে থাকতে দেখছিলেন। সেদিন সকাল হতেই চায়ের টেবিলে সুমিত্রা দেবী খোলাখুলি জিজ্ঞাসা করলেন প্রতাপ নারায়ণকে কিছু সমস্যা হয়েছে কিনা। সেরকম কিছু নয় বলে প্রতাপ নারায়ণ শুধু বললেন, —"সুমিত্রা আজ তোমাকে একবার হলঘরে নিয়ে গিয়ে একটা ছবি দেখাব আমি আর তারপর কি হয়েছে সেটা বলব। দশটার সময় তুমি ওখানে একবার চলো।"

সুমিত্রাকে হলঘরে নিয়ে এসে প্রতাপ নারায়ণ ছবিটা আবার সোজা করে টাঙাতে বললেন যোগেশকে। তারপর ছবিটা দেখিয়ে সমস্ত রহস্য গুলো সুমিত্রাকে বলতে বলতেই আবার চিৎকার করে বলে উঠলেন, —"আরে! দেখ্ দেখ্ যোগেশ বাইরের লোকটা জানলার আরও কাছে এসেছে, কিন্তু ওর মুখে ওটা কি?"

—"সাব ঐ লোকটা মালুম হচ্ছে একটা মুখোটা পরে আছে।"

এবার সুমিত্রা দেবী বিস্মিত হয়ে ছবিটা দেখে বললেন, —"কেন ওই লোকটা ওখানে ছিল না?"

এবার প্রতাপ নারায়ণ পুরো ব্যাপারটা হলঘরের সোফায় বসে সুমিত্রার কাছে বর্ণনা করলেন। তারপর সুমিত্রা কি ভাবছে এই ব্যাপারটা নিয়ে জানতে চাইলেন। সুমিত্রা দেবী বেশ ভয় পেয়ে গেছেন বোঝা গেল যখন উনি ছবিটা দেখতে দেখতে বললেন যে, এইকম ভৌতিক কার্যকলাপ শুরু হওয়া খুব অমঙ্গলজনক, তাই ওটা কালই যাদের কাছ থেকে কেনা হয়েছিল তাদের কাছে ফেরৎ পাঠানোই ভাল।

৬

আশাকরি বলার অপেক্ষা রাখেনা যে স্ত্রী অভিশপ্ত ছবিটিকে পত্রপাঠ ফেরৎ পাঠানোর উপদেশ দিলেও প্রতাপ নারায়ণ সে কথায় একবারেই কান দেননি। ছবিতে ঘটে চলা রহস্যময় পরিবর্তন গুলোর রোমাঞ্চ প্রতাপ নারায়ণ তারিয়ে তারিয়ে উপভোগ করতে চাইছিলেন। তাই মনের মধ্যে ব্যাপারটাকে কিছুটা সহজ করে নিয়ে আবার তিন দিন অপেক্ষার পর যোগেশকে সংগে নিয়ে হলঘরে ঢুকে ছবিটাকে সোজা করালেন। কি আশ্চর্য, আবার! এখন অন্ধকার জানলায় পরিস্কার দেখা যাচ্ছে লাল-হলুদ রঙের অদ্ভূত মুখোশ পরা

একটা লোক দাঁড়িয়ে ঘরের ভেতরটা উঁকি মেরে দেখছে। তার হাতে মনে হচ্ছে একটি আগ্নেয়াস্ত্র। আর আগন্তুকটির পাশেই কোমরের কাছ থেকে একটি আট ন'বছরের ছেলেও যেন উঁকি দিয়ে দেখছে। তবে বাচ্চাটির মুখটা অন্ধকারে কিছু বোঝা যাচ্ছেনা। এর সংগে আর একটা বড় পরির্তনও হয়েছে, কুকুরটা সটান বিছানায় উঠে পড়ে মনিবের কাঁধে সামনের থাবা দুটো রেখে জানলায় রহস্যজনক আগন্তুকদের উদ্দেশ্যে হয়তো চিৎকার করছে কারণ কুকুরে মুখটা বিরাট হাঁ করা, দাঁতও দেখা যাচ্ছে তার। অনেকটা সময় নিয়ে ছবিটা দেখছিলেন প্রতাপ নারায়ণ। হঠাৎ যোগেশের দিকে চোখ পড়তেই দেখলেন ভুরু কুঁচকে সেও খুব মনোযোগ দিয়ে ছবির দিকে তাকিয়ে রয়েছে। তাই একটু তাচ্ছিল্য করে জিজ্ঞাসা করলেন, —"কেয়া হুয়া যোগেশ, কোই বদলাও দেখা?"

—"জী সাব, বহুত কুছ।" বলে যে গুলো প্রতাপ নারায়ণ দেখেছিলেন সেই গুলো সব বলে গেল। তারপর ছবির দিকে আরও একটু দেখে নিয়ে বলল, —"সাব, সীসা পর ভী কুছ দেখ রাহা।"

—"কেয়া?"

—"এক অওরত্।"

—"অওরত্?" বলে প্রতাপ নারায়ণ কাঠের সিঁড়িটার দু'ধাপ ওপরে উঠে ভাল করে ছবির মধ্যে আঁকা দর্শকদের দিকে ফিরিয়ে রাখা আয়নাটার দিকে তাকিয়ে বুঝতে পারলেন হ্যাঁ, ঠিক! ঘরের দরজাটা যেটা আয়নার বিপরীতে রয়েছে এবং যেটা ঐ আয়নাটি ছাড়া আর কোনও ভাবেই দেখতে পাওয়ার উপায় নেই, সেই দরজায় অস্পষ্ট ভাবে একটি বেশ লম্বা তন্বী নারী মূর্তির আবির্ভাব হয়েছে দেখা যাচ্ছে। মানতেই হবে যোগেশ বাবাজীর তীব্র অনুবীক্ষণ করার ক্ষমতা।

—"সাবাস! কাম আচ্ছা শিখলিয়া।" বলে যোগেশের দিকে তাকিয়ে মুচকি হেসে সিঁড়ি থেকে নেমে এলেন। আর যোগেশও সাহাবের কাছ থেকে তারিফ শুনে হাতে চাঁদ পাওয়ার মত খুশি হয়ে গলে পড়লো।

নিজের ঘরে ফিরে সেদিনের পুরো ঘটনাটা স্ত্রীকে বর্ণনা করলেন। সুমিত্রা দেবী সব শুনে বললেন, —"তুমি তো আমার কথা আর শুনলে না, ওটা ফেরৎ দিলেই সব ঝঞ্ঝাট থেকে বাঁচা যেতো। যাইহোক, এবার উচিত প্রকাশ আর নম্রতাকে ব্যাপারটা জানানো। ওরা কিছুই জানেনা, কিছু হলে পরে শুনে রাগ করবে।

—"ঠিক আছে, প্রকাশকে আজ ডিনারের সময় বলবো ভেবেছি।" প্রতাপ নারায়ণ রাজী হয়ে বললেন। তারপর সেইদিন রাত্রেই খেতে বসে নম্রতা আর প্রকাশকে প্রথম থেকে পুরো ঘটনা বললেন। বিস্ময়, ভয় আর রোমাঞ্চ জাগানো ঘটনাটা শুনতে শুনতে ওরা দু'জনেই প্রায় খেতে ভুলে যাচ্ছিল। নম্রতা একবার হেসে বলল, "আচ্ছা, এবার বুঝেছি

বাবুজী কেন সেদিন ছবিতে কিছু সমস্যা আছে বলে ওই উল্টা ছবিটা নিয়ে পরে ডিসকাস্ করবো বলেছিলেন।"

—"বাট নম্রতা, ইউ কান্ট ইগ্নোর দ্যাট ইউ আর সোললি রেসপন্সবল্ ফর অল দিজ, তুমি সেদিন না বললে বাবুজী জয়পুরে আর্ট এক্জিবিশনে যেতেনই না।" একটু রাগত হয়ে প্রকাশ নিজের স্ত্রীকে বলে ফেলল।

—"সিওরলি, আই কান্ট শ্রাগ অফ্ মাই রেসপন্সবিলিটি এণ্ড সো, আই এ্যসুওর ইউ বাবুজী দ্যাট আই'ল সলভ্ দিস মিস্ট্রি।" একটু হেসে নম্রতা বাবুজীর দিকে তাকিয়ে বলেই আবার প্রশ্ন করলো, "কাল তাহলে ছবিটা দেখতে যাই বাবুজী?"

—"কাল না বেটা, কাল আমার অনেক কাজ বাকি পড়ে গেছে। পরশু দিন সন্ধ্যায় দেখতে নিয়ে যাবো।"

—"ঠিক আছে বাবুজী।"

৭

দু'দিন পর সন্ধ্যা ঠিক সাতটা নাগাদ নম্রতা আর প্রকাশকে ডেকে নিয়ে হলঘরে এসে যোগেশকে ছবিটা সোজা করে দিতে আদেশ করলেন। এবার যেটা দেখা গেল সেটার জন্য কেউই প্রস্তুত ছিল না। মুখোশ পরা আগন্তুক নিজের পিস্তল থেকে গুলি ছুঁড়েছে নিশ্চয় কারণ আগন্তুকের হাতের পিস্তলের নল থেকে যে অল্প অল্প ধোঁয়া বের হচ্ছে সেটা জানলায় পৌঁছানো ঘরের আলোর রেশ থেকে বোঝা যাচ্ছে। খাটে বসা মধ্য বয়সী লোকটির বুক থেকে রক্ত বেরিয়ে হালকা নীল কুর্তার খানিকটা জায়গা গাঢ় পার্পল রঙের হয়ে গেছে। যন্ত্রণাকাতর আর ভয়ার্ত মুখ নিয়ে লোকটি পাশের তাকিয়াতে ঢলে পড়ছে যেন। কুকুরটা হাঁ করে চেঁচাতে চেঁচাতে চেন ছিঁড়ে জানলার দিকে ছুটে যেতে চাইছে বোঝা যাচ্ছে। আয়নায় যে স্ত্রীলোকের মূর্তিটা হাল্কা দেখা গিয়েছিল, সেটি আর নেই।

—"ভয়ংকর ব্যাপার!! একটা কোল্ড ব্লাডেড মার্ডার হয়েছে বোঝা যাচ্ছে। কিন্তু এই সাংঘাতিক খুনের ঘটনাটা ভূতুড়ে ক্যানভাসে পর পর যে ভাবে অশরীরী শিল্পী ফুটিয়ে তুলল তাতে বোঝা যাচ্ছে কোনও উদ্দেশ্য নিয়েই এটা করা হয়েছে।" প্রতাপ নারায়ণ কথাটা শেষ করতেই এবার যোগেশ মন্তব্য করল, —"সাব, টাইম দেখিয়ে, উওভী বদলা।"

প্রতাপ নারায়ণ প্রথমে "নেহি, কাঁহা বদলা?" বলেই সংগে সংগে ভুল স্বীকার করে আবার বলে উঠলেন, —"আরে! ঠিক তো! ঘড়ির টাইমটা একদম পাল্টে গেছে!"

সবাই তখন ছবিতে আঁকা ঘড়ির দিকে ভালো করে নজর করল, সময় দশটা বেজে প্রায় তেত্রিশ মিনিট। আগে সময় দেখানো ছিলো ছ'টা বেজে তিপ্পান্ন মিনিট, অর্থাৎ এখন ঘড়ির ছোটো কাঁটার স্থানে বড়ো কাঁটা আর বড়ো কাঁটার স্থানে ছোটো কাঁটাটা এসে গেছে।

আর এই একই জায়গায় দুটি কাঁটার নিখুঁত স্থান পরিবর্তনের জন্যই পরিবর্তিত সময়টা দৃষ্টিগোচর হয়নি প্রতাপ নারায়ণের।

নম্রতা আর প্রকাশ এতটাই বিস্মিত হয়ে পড়েছিল যে একটিও কথা না বলে অত্যন্ত মনোযোগ দিয়ে ছবিটার দিকে তাকিয়ে রইলো অনেকক্ষণ। তারপর নীরবতা ভেঙে নম্রতা বলে উঠলো, —"বাবুজী মনে হচ্ছে এই মার্ডার মিস্ট্রিটার মধ্যে একটা খুব বড়ো কোনও ষড়যন্ত্র আছে যেটা এখনও আনসলভড় আছে। তবে ছবিটা দেখতে দেখতে আমি যতটুকু বুঝতে পারছি সেটা বলি, এই ঘটনাটা রাজস্থানের কোন একটা জায়গায় ঘটেছে, কারণ জানলায় যাকে দেখা যাচ্ছে তার মুখোশটা হচ্ছে কোকোভি হ্যাণ্ড পেন্টেড রাজস্থানী ট্রাইবাল মুখোশ, কাঠের বা মেটালের হয়, অনেকে এই ধরণের মুখোশ নিজেদের বাড়ির বৈঠকখানা ঘরে ডেকরেশন পিস হিসেবে দেওয়ালে টাঙ্গিয়ে রাখে। অনেক রকম রঙের হয়, তবে লাল হলুদ আর সবুজ পেন্ট করা মুখোশ গুলোই বেশি পছন্দ করে লোকে, তাকিয়ে দেখুন যে মুখোশটা দেখা যাচ্ছে সেটাতে ঐ তিনটে রঙই দেখতে পাওয়া যাচ্ছে। আর মোটা মোটা ভুরু, বিরাট গোঁফ, লম্বা সরু নাক এবং মাথায় যেন অনেক পালক লাগান যুদ্ধে যাওয়ার শিরস্ত্রাণ, এই গুলো সবই রাজস্থানের ট্রাইবালদের মধ্যে দেখতে পাওয়া যায়। দু'নম্বর হচ্ছে যে মার্ডার করতে এসেছিল সে নিশ্চয় খাটের ওপর বসে থাকা লোকটির পরিচিত, আর সেইজন্যই অতো অন্ধকারের মধ্যেও খুনী মুখোশ পরে মুখ ঢেকে এসেছিল। বাচ্ছাটা যেটা আমি এখন দেখতে পাচ্ছিনা কিন্তু আপনারা বলছেন আগে নাকি খুনীর পাশে ছিল সেও কিন্তু খুনীর পরিচিত এবং কোনও কারণে সে ওই সময়ে খুনীর পিছনে এসে পড়েছিল। যে মহিলা দরজায় এসে গিয়েছিল বলে আগে আপনারা আয়নায় দেখেছিলেন সে নিশ্চয় খুনটা দেখতে পেয়েই ভয়ে পালিয়ে গিয়েছিল। আর তাই এখন আর তাকে দেখা যাচ্ছেনা। মার্ডারটা হয়তো রাত দশটা তেত্রিশ মিনিটে হয়েছিল, তাই ছবিতে সেই সময়টাই দেখা যাচ্ছে। বাবুজী আপনি এই পেন্টিংটার একটা ফোটো তুলিয়ে নিন এক্ষুনি, না হলে পরে আবার কোনও সময় দেখা যাবে ছবির সবকিছু মুছে সাফ হয়ে গেছে। আজ রাত্রি হয়ে গেছে, কাল বরং আমি আপনার সঙ্গে বসে এই ব্যাপারে কি করা যেতে পারে আলোচনা করব।" নম্রতা যখন ছবি দেখে দেখে বিশ্লেষণ গুলো করছিল তখন প্রতাপ নারায়ণ খুব আগ্রহ নিয়ে সব শুনছিলেন আর বুঝতে পারছিলেন যে ওর একটা গোয়েন্দাদের মতো অদ্ভূত অন্তর্দৃষ্টি আর বিশ্লেষণ করার ক্ষমতা আছে। হেসে বললেন, —"তু তো ডিটেক্টীভ বন্ শকতি থি বেটা, ঠিক আছে আমি আজ এই ছবিটার একটা ফোটো তুলিয়ে নিচ্ছি আর কাল সকাল বেলা আমরা বসে আলোচনা করে নেব কি করা যায়।"

৮

নিজের আর্ট গ্যাল্যারির কোনও পেন্টিংএর ফটো তোলাটা প্রতাপ নারায়ণ একবারেই পছন্দ করতেন না। এই ব্যাপারে উনি এতোটাই রক্ষণশীল ছিলেন যে অতিথিদের, তা সে দেশী হোক বা বিদেশী, আর্ট গ্যাল্যারিতে প্রবেশ করানোর সময়ে পরিস্কার ভাবে বলে দিতেন যে শিল্পকলার মর্যাদা রক্ষার জন্য তিনি ফোটো তোলার অনুমতি দিতে পারছেন না। কিন্তু

এই বিশেষ ছবির ক্ষেত্রে ফোটো নিয়ে রাখা অত্যন্ত জরুরি বলে একজন অতি পরিচিত ফোটোগ্রাফারকে ফোন করে ডেকে ছবিটির বেশ কয়েকটি ফোটো তুলিয়ে পরের দিনই বড়ো বড়ো কয়েকটা প্রিন্ট দিয়ে যেতে অনুরোধ করলেন। তারপর সন্ধ্যা বেলায় সুমিত্রা, নম্রতা আর প্রকাশকে ডেকে নিয়ে এসে হলঘরের সোফায় বসলেন আলোচনা করতে।

সুমিত্রা দেবী শুরুতেই বলে দিলেন, —"কোনও কিচ্ছু না করে উচিত হবে ভূতে পাওয়া ঐ ছবিটাকে এক্ষুনি বিদায় করা। আমার ভীষণ ভয় করছে, বাড়ির যদি কোনও অমঙ্গল হয়?"

প্রতাপ নারায়ণ এই কথা শুনে প্রকাশকে জিজ্ঞাসা করলেন, "তোমার কি মত?"

—"বাবুজী মায়ের মনের শান্তির জন্য আপনি ছবিটা ফেরৎ পাঠিয়ে দিতে পারেন, তবে ইচ্ছে করলে তার আগে গুরুজীকেও একবার ব্যাপারটা বলে কি করা যায় জেনে নেওয়া যায়।"

—"নম্রতা বেটা, তুই এই সমস্যাটার কি সুরাহা করা যায় ভাবছিস?" বলেই প্রতাপ নারায়ণ হাসি হাসি মুখে খুব আগ্রহ নিয়ে নম্রতার মুখের দিকে চেয়ে রইলেন।

—"আমি বাবুজী অন্য জিনিস ভাবছি, এটা একটা জঘন্য মার্ডার কেস, হয়তো ভিক্টিমের আত্মা চাইছে আমরা যাতে এটা রিভিল করার ব্যবস্থা করি, তাহলে কালপ্রিট ধরা পড়ে শাস্তি পেতে পারে।"

—"সেটা কি ভাবে সম্ভব? এই ব্যাপারটা নিয়ে পুলিশের কাছে গেলে তারাই বা ছবির ঘটনা বিশ্বাস করে অনুসন্ধান শুরু করবে কেন?" প্রকাশ বিরক্ত হয়ে নিজের স্ত্রীকে বলল।

—"আগে আমি বাবুজীকে সঙ্গে নিয়ে জয়পুরে যাবো, কারণ আমি নিশ্চিত এটা রাজস্থানেরই কোথাও হয়েছে, তারপর ফোটো দেখিয়ে একটা প্রিলিমিনারী অনুসন্ধান আমরা নিজেরাই করে নেবো। যা কিছু তথ্য জোগাড় করতে পারবো তা পুলিশের হাতে তুলে দিয়ে তাদের পাশাপাশি সাহায্য করব। তুমি বোধহয় ভুলে গেছো, আমার জ্যাঠার বড়ো ছেলে আই,পি,এস, এখন রাজস্থান পুলিশে ডি,এস,পির দায়িত্ব নিয়ে একটা ডিসট্রিক্টে পোস্টেড রয়েছে। আমার বিয়ের সময় তোমার সঙ্গে আলাপ হয়েছিল, মনে আছে?"

—"হ্যাঁ হ্যাঁ, বুঝতে পেরেছি এবার। কিন্তু সরি, নামটা কি বলেছিলেন ভুলে গেছি।" প্রকাশ উত্তর দিয়ে নম্রতার দিকে তাকালো।

—"আমরা বান্টি ভাইয়া বলে ডাকি, ভাল নাম আদেশ কুমার চৌধরী, বাবুজী চিনতে পেরেছেন?"

—"একটু একটু মনে পড়ছে, তবে ও বোধহয় এখানকার রিসেপশনে আসেনি।"

—"না, কিছু দরকারি কাজে আটকে গিয়েছিল, আমার মা আর বাবার কাছে তারজন্য ক্ষমা চেয়ে নিয়েছিল। এই ব্যাপারটা নিয়ে বান্টি ভাইয়ার কাছে সাহায্য চাইলে ও নিশ্চয় কিছু একটা করতে পারবে।"

—"ঠিক আছে তাহলে কাল ফোটো গুলো পেয়ে যাবো, আমরা বরং পরশু জয়পুর রওনা হই?" প্রতাপ নারায়ণ উৎসাহীত হয়ে জানতে চাইল।

—"নো প্রবলেম বাবুজী, আই এ্যম অলওয়েজ রেডি।"

৯

জয়পুরে প্রথম দিন পৌঁছেই নম্রতা বাবুজীকে নিয়ে বাড়ির গাড়িতে করে রয়্যাল আর্ট গ্যালারিতে গিয়ে মালিককে ডেকে পাঠালো। একটু পরে ম্যানেজার স্টোরের মালিক মিস্টার প্রেম সিংকে সঙ্গে করে এনে হাজির করলো। ফোটোটা না দেখিয়ে নম্রতা পেইন্টিংএর রসিদটা দেখিয়ে ছবিটা কার কাছ থেকে ওরা কিনেছিলো জিজ্ঞাসা করলো। কিন্তু কিছুতেই প্রেম সিং মনে করতে পারলোনা কে ছবিটা বিক্রি করতে এসেছিল। এসম্বন্ধে কোনও রেকর্ড রাখেনা কেন তাই নিয়ে নম্রতা বেশ ধমকে প্রেম সিংকে জানিয়ে দিল যে ব্যাপারটা এখন পুলিশ কেস, তাই সে যেন পরবর্তী অনুসন্ধানের জন্য প্রস্তুত থাকে। নম্রতাকে পুলিশেরই প্রতিনিধি ভেবে নিয়ে এবার প্রচণ্ড ঘাবড়ে গিয়ে প্রেম সিং জানালো, —"ম্যাডামজী যতদূর মনে পড়ছে একজন মুসলিম ছেলে ঐ ছবিটা এনে ছিল বিক্রি করার উদ্দেশ্যে। বলল ঈদের সময় কিছু টাকার খুব প্রয়োজন হয়ে পড়েছে বলেই অয়েল পেন্টিংটা হাতছাড়া করতে হচ্ছে। কিন্তু ওটা একটা সাধারণ ছবি, তাই দাম খুব বেশি দিতে পারব না শুনেও রাজি হয়ে বিক্রি করে ক্যাশ নিয়ে চলে গেল।"

—"নাম কিছু বলেছিল?" নম্রতার প্রশ্ন।

প্রেম সিং তখন ম্যানেজারকে ডেকে ঐ ছেলেটির নাম কিছু মনে আছে কিনা জিজ্ঞাসা করতে সে একটু সময় নিয়ে বলল, —"বোধহয় ইউসুফ আলি। ওদের বাড়ি ঝুনঝুনু না কি যেন বলেছিল।"

নম্রতা পয়েন্টস গুলো লিখে নিয়ে আবার প্রশ্ন করল,—"ছেলেটার একটু বিবরণ দিতে পারবেন?"

—"বয়েস বোঝা মুশকিল তবে ত্রিশ বত্রিশ হতে পারে। অল্প দাড়ি আছে, দেখতে সুন্দর, অভিজাত চেহারা, মনেহয় ঐ আর্টিস্ট।" ম্যানেজার উত্তর দিল।

—"ম্যাডাম এটা কি কোনও চুরি করা পেন্টিং বলে জানতে পেরেছেন?" প্রেম সিং এবার ভয় ভয় জিজ্ঞাসা করলো।

—"সিক্রেট ব্যাপার, বলা যাবেনা এখন।"

—"কাইণ্ডলি একটু সামলে নেবেন ম্যাডাম, আমাদের দোকানের একটা বিরাট গুডউইল আছে মার্কেটে।"

—"ঠিক আছে আজ উঠলাম, দরকার হলে আবার আসব।"

প্রতাপ নারায়ণ যত দেখছিলেন নম্রতাকে, তত অবাক হচ্ছিলেন। অত্যন্ত নিখুঁত এবং পেশাদার গোয়েন্দার মত ওর কার্যকলাপ দেখে স্টার থেকে বেরিয়ে প্রতাপ নারায়ণ তো উচ্ছসিত হয়ে বললেন, —"বেটা, এখন আমি নিশ্চিত এই রহস্যটা একমাত্র তুইই পারবি সমাধান করতে। তুই চালিয়ে যা বেটা, আমি পাশে আছি।" জয়পুরে নিজের বাড়িতে ফিরেই নম্রতা বাবুজীর বিশ্রামের ব্যবস্থা করে ফটোটা বের করে দেখতে লাগলো। লক্ষ্য করলো ফটোটার একদম নিচে ডান দিকের কোনায় খুব ছোট্ট একটা কিছু লেখা। নিশ্চয় শিল্পীর নাম কিন্তু পড়া মুশকিল, প্রথমত উর্দুতে লেখা তার ওপর ভীষণ ছোট ছোট। তবে আন্দাজ শিল্পীর নাম ইউসুফ আলি অর্থাৎ যে ছবিটা দোকানে বিক্রি করে গেছে। এবার নম্রতা নিজের বাবার কাছে জানতে চাইল বান্টি ভাইয়া এখন কোথায় পোস্টেড। তারপর টেলিফোন তুলে বলল, —"হ্যালো, বান্টি ভাইয়া? নম্রতা হিয়ার।"

—"আরে! কেমন কাটছে তোর নতুন জায়গা নতুন লোকজনদের সঙ্গে?"

—"ভীষণ ভাল, আজ আমি জয়পুরে এসেছি। এখানে এসে ড্যাডের কাছে খবর পেলাম তুমি এখন চুরুতে পোস্টেড।"

—"হ্যাঁ বোন, তোর রিসেপশনের দিন যাওয়া হয়নি তো ঐ জন্যই, সেদিন এখানে আর্জেন্টলি চলে এসে দায়িত্ব বুঝে নিতে হয়েছিল।"

—"নো ইস্যু, আমি যেটার জন্য ফোন করেছি সেটা একটা ক্যোয়ার ঘটনা, আনবিলিভেবল্। তোমার হেল্প চাই এই মিস্ট্রিটা সলভ্ করতে। কখন সময় দিতে পারবে?"

—"সেরকম হলে আমি আজকেই গাড়ি পাঠিয়ে দিচ্ছি জয়পুরে, প্রকাশকে নিয়ে কাল সকালেই চলে আয় আমার কোয়ার্টারে, সব শুনে ব্যবস্থা করে দেব।"

—"সরি,বলতে ভুলে গেছি, প্রকাশ আসেনি, আমি বাবুজীকে নিয়ে এসেছি, উনিও আমার সাথে থাকবেন তাহলে।"

—"বিউটিফুল! আমারও ওনার সঙ্গে ভাল করে আলাপটা সেরে নেওয়া যাবে। তাহলে আজ রাত্রেই জয়পুরে গাড়ি পৌঁছে যাবে। কাল তোরা দু'জনে খুব ভোর ভোর স্টার্ট করিস তাহলে সাড়ে তিন ঘন্টার মধ্যে আমার এখানে পৌঁছে যেতে পারবি, ঠিক আছে?"

১০

পরদিন ভোর ছ'টার মধ্যে আদেশের পাঠানো গাড়িতে নম্রতা বাবুজীকে নিয়ে চুরুর উদ্দেশ্যে রওনা দিল। ঘন্টা দেড়েক পর পালসানা পৌঁছাতে নম্রতা একটা খুব বড়ো রেস্টুরেন্টের

সামনে গাড়ি দাঁড় করিয়ে বাবুজী আর ড্রাইভারকে সঙ্গে নিয়ে চা আর ব্রেকফাস্টটা সেরে নিল।" তারপর আবার যাত্রা শুরু করে কাঁটায় কাঁটায় দশটায় আদেশের কোয়ার্টারে পৌঁছোতেই আর্দালি এসে দুজনের সুটকেস নামিয়ে নিয়ে গিয়ে ঘরে রেখে বলল, "সাহাব আপনাদের ব্রেকফাস্ট করে ওনার অফিসে চলে যেতে বলেছেন।" কিন্তু জলখাবার সারা হয়ে গিয়েছিল বলে নম্রতা বাবুজীকে গাড়িতে বসিয়ে মাত্র তিন মিনিটের মধ্যে আদেশের অফিসে পৌঁছে গেল। বাইরের সিকিউরিটিকে ঘরে কাউকে না পাঠাতে বলে আদেশ ওদের দু'জনের কাছ থেকেই যা কিছু ঘটেছে অসম্ভব বিস্মিত হয়ে সব শুনল। এবার ফোটোটা বার করে আদেশকে দেখালো নম্রতা। আদেশ ছবিটা ভাল করে দেখে নিয়ে টেবিলের ড্রয়ার থেকে একটা ম্যাগ্নিফাইং গ্লাস বার করে আরও খুঁটিয়ে দেখে বলল, —"আঙ্কেল, এই অয়েল পেন্টিংটা যে শিল্পীর তার নাম ইমতিয়াজ আলি, নিচে উর্দুতে লেখা রয়েছে।"

—"তাই? আমি ভাবছিলাম ইউসুফ আলি, মানে যে ওটা সেল করে গিয়েছিল। কিন্তু ভাইয়া তুমি উর্দু শিখলে কবে?" নম্রতা জিজ্ঞাসা করল।

—"আই,পি,এস হওয়ার পর হিন্দী ইংলিশ ছাড়া আরও তিন চারটে ভাষা শিখে নিতে হয়েছিল," বলে আদেশ একটু হাসলো। তারপর বলল, "ইউসুফের বাড়ি কোথায় বলেছিল বললি?"

—"ঝুনঝুনু হতে পারে ভাইয়া, তবে ওরা সিওর করে বলেনি।"

—"ওকে লেটস্ ট্রাই আওয়ার লাক, ঝুনঝুনুর ডি,এস,পি আমার ব্যাচ মেট বশিষ্ঠ কুমার মীনা, খুব পছন্দ করে আমায়, ভেরী হেল্পফুল।" তারপর ফোন করেই একটু হাসি ঠাট্টা করে নিয়ে জিজ্ঞাসা করল, —"বশিষ্ঠ এবার সিরিয়াস কথায় আসি, একজন খুব বড়ো আর্টিস্ট মানে ক্যানভাসের ওপর দারুণ অয়েল পেন্টিং করতে পারে, নাম ইমতিয়াজ আলি, আর একটা নামও জানিয়ে রাখি, ইউসুফ আলি, দু'জনেই চুরুতে বাস করে বলে আন্দাজ, তুই একটু খবর নিয়ে ঝটপট জানিয়ে দিতে পারবি? ব্যাপারটা ভীষণ আরজেন্ট কারণ এটা জানলে একটা মার্ডার কেস হয়তো সলভড্ হয়ে যাবে।"

—"সিওর, আই'ল গেট ব্যাক টু ইউ সুন। তুই চলে আয়না একদিন, আড্ডা মারা যাবে।"

—"নিশ্চয়, মওকা পেলেই হাজির হয়ে যাব। বাই।"

ফোন শেষ করে আদেশ নম্রতাকে বলল, —"আঙ্কেলকে নিয়ে তুই এখন আমার কোয়ার্টারে চলে গিয়ে স্নান টান করে রেস্ট নে, তারপর আমরা দুপুরে একসাথে লাঞ্চ করব।"

—"ও কে বান্টি ভাইয়া" বলে নম্রতা বাবুজীকে নিয়ে উঠে পড়ল।

দুপুর দেড়টার সময়ে আদেশ ফিরে এসে ওদের দু'জনের সঙ্গে লাঞ্চ করতে করতে খবর দিল যে বশিষ্ঠ মীনা একটু আগে ফোন করেছিল। ঝুনঝুনুতে ইউসুফ আলি খান বলে একজন বাস করে বলে জানা গেছে, যে ইমতিয়াজ আলি খানের ছেলে। ইমতিয়াজ

আলি খুব নাম করা শিল্পী ছিল, শুধু ঝুনঝুনু নয়, রাজস্থানের অন্যান্য অনেক শহরের ধনী ব্যবসায়ীদের কাছ থেকে ডাক পেয়ে সেখানে বেশ কিছুদিন থেকে তাদের অর্ডার মাফিক ক্যানভাসের ওপর ওয়াটার কালার বা অয়েল পেন্ট দিয়ে ছবির যাদু তৈরি করে খুশি করে দিত। কিন্তু প্রায় বছর পনের আগে ইমতিয়াজ আলির ইন্তেকাল হয়েছে। এখন ছেলে ইউসুফ বাবার মত না হলেও ক্যানভাসে ভালই শিল্প কর্ম ফুটিয়ে তুলে রোজগার করে।

—"ওঃ, ভাইয়া উনি তো অনেকটা কাজ করে দিয়েছেন এই দু তিন ঘন্টার মধ্যে?"

—"হ্যাঁ, বশিষ্ঠ কাজে খুবই এফেক্টিভ। আমরা দু'জনেই ইন্ডিয়ান পুলিশ ট্রেনিং এ্যাকাডেমি হায়দ্রাবাদে যখন ছিলাম তখন ও হাইয়েস্ট স্কোর করে মেডেল পেয়েছিল। তুই একটা কাজ কর, আমি বশিষ্ঠ কে বলে রাখছি, আজ রাত্রিটা আমার এখানে থেকে কাল সকলবেলা তুই ব্রেকফাস্ট সেরে আঙ্কেলকে নিয়ে আমার গাড়িতে ঝুনঝুনু পৌঁছে বশিষ্ঠের সঙ্গে দেখা কর। দরকার মতো ওখানে ইউসুফ আলির বাড়িতে গিয়ে কথা বলে দেখ। কিছু ক্লু পাওয়া গেলেই আমাকে জানা, বশিষ্ঠ ও দরকার মতো হেল্প করবে। তবে মনে হয় এটা একটা বেশ পুরানো কেস, হয় এতোদিনে সলভড় হয়ে গেছে, না হয় এখন আর কোনও কিছুর ট্রেস পাওয়া যাবেনা।"

প্রতাপ নারায়ণ এবার আদেশকে উদ্দেশ করে বলল, —"থ্যাঙ্ক ইউ আদেশ বেটা, এতোটা যে হয়েছে সেটা একমাত্র নম্রতার জন্যই হল, আমি তো ওকে যত দেখছি তাজ্জব বনে যাচ্ছি, ওর মধ্যে ভালো গোয়েন্দা হওয়ার একটা বিরাট সম্ভাবনা লুকিয়ে রয়েছে টের পাচ্ছি।"

—"অবশ্যই আঙ্কেল, সেটা আমারও মনে হয়েছে। নম্রতা ইজ এক্সিডিংলি ইন্টালিজেন্ট।" নম্রতার দিকে তাকিয়ে হাসতে হাসতে আদেশ আঙ্কেলকে সাপোর্ট করল।

১১

চুরু থেকে ঝুনঝুনু গাড়িতে দেড় ঘন্টাও লাগেনা। সকাল সাড়ে দশটার মধ্যে ঝুনঝুনু পুলিশের ডিস্ট্রিক্ট হেড্-কোয়াটার্সে পৌঁছে নম্রতা বশিষ্ঠ কুমার মীনা, আই,পি,এস ফলক লাগান ঘরের সামনে আসতেই বন্ধ দরজার সামনে ছোট একটি টেবিল চেয়ার নিয়ে বসে থাকা স্মার্ট পুলিশ অফিসারটি কার সঙ্গে দেখা করবেন জিজ্ঞাসা করল। নম্রতা দরজায় লাগান বশিষ্ঠের নামের ফলকটার দিকে অঙ্গুলি নির্দেশ করে দেখাতেই সে প্রশ্ন করলো, —"আপকা নাম?"

—"নম্রতা উপাধ্যায়।"

সঙ্গে সঙ্গে পুলিশ অফিসারটি বলল, —"অন্দর যাইয়ে, সাহাব আপহিকা ইন্তজার মে হ্যায়।"

বশিষ্ঠকে দেখতে খুব ভারিক্কি গোছের, মোটা গোঁফ আর খানিকটা জোড়া ভুরু, মাথার চুলে মিলিটারি ছাঁট। দেখেই এক জাঁদরেল পুলিশ অফিসার মনে হয়। আদেশের থেকে অনেকে বড়ো মনে হয় ওর এই ভারিক্কি চেহারার জন্য।

—"আইয়ে স্যার, বৈঠিয়ে।" হেসে বলল বশিষ্ঠ। তারপর ইন্টারকম তুলে কাউকে আদেশ করলো দুটো ঠান্ডা দিয়ে যেতে। এরই মধ্যে একটা বাইরের ফোন আসতে অনেকক্ষণ ধরে একটু উঁচু গলায় কথাবার্তা সেরে নিয়ে বলল, —"সরি, এবার বলুন কি করতে চান, আমি ইউসুফ আলির বাড়ির ঠিকানাটা পেয়ে গেছি, ওর বাবা ইমতিয়াজ আলি খান ঐ বাড়িতেই থাকতো, পনেরো বছর আগে মারা গেছে।" ইতিমধ্যে একটি আর্দালি এসে দু গ্লাস স্যাফ্রন ম্যাঙ্গো লস্যি দিয়ে গিয়েছিল। সেটাতে একটা চুমুক দিয়ে নম্রতা জিজ্ঞাসা করলো, —"আদেশ ভাইয়া কি আমাদের মিস্টেরিয়াস অয়েল পেন্টিংটার কথা আপনাকে কিছু বলেছে?"

—"ও ইয়েস্, আনবিলিভেবল! আপনি কি ফোটোটা এনেছেন?"

নম্রতা অল্প হেসে ঘাড় নেড়ে বাবুজীর ফোল্ডার থেকে ফোটোটা বার করে বশিষ্ঠের হাতে দিল। কিছুক্ষণ ছবিটা খুব মনোযোগ দিয়ে দেখে নিয়ে জিজ্ঞাসা করলো, —"আঙ্কেল এটা তো চেঞ্জ হয়ে হয়ে লাস্ট এইরকম হয়েছে, প্রথম যখন কিনে ছিলেন তখন বা তার পরের চেঞ্জ হওয়া ছবির কোনও ফোটো উঠিয়ে রাখেন নি?"

—"না, আসলে আমার আর্ট গ্যাল্যারির কোনও পেন্টিং-এর ছবি উঠিয়ে রাখা আমার পছন্দ হয়না, তাতে শিল্পীর মর্যাদাহানি হয় বলে মনে করি।" প্রতাপ নারায়ণ উত্তর দিলেন।

—"কোই বাত নেহি, এতেই হবে।"

—"তবে বলে রাখি, এই ছবিতে দু'জন মিসিং আছে যাদের আগে দেখতে পাওয়া গিয়েছিল। কিলারের পাশেই জানলায় একটি বাচ্ছা আর আয়নার মধ্যে দিয়ে ঘরের দরজায় একজন স্লিম লম্বা মহিলাকে আগের ছবিতে ফায়ার করার আগে দেখেছিলাম।" প্রতাপ নারায়ণ জানিয়ে রাখলেন।

—"তাহলে এখন আপনারা ইউসুফের ঘরে যাবেন কি? আমি আমার একজন অফিসারকে তাহলে সিভিল ড্রেসে আপনাদের সঙ্গে দিয়ে দেব। যা কিছু জানার আগে ইউসুফকে প্রশ্ন করে নম্রতা বেহেন জেনে নিক, পুলিশ রয়েছে দেখলে ঘাবড়ে গিয়ে ও হয়তো অনেক কিছু চেপে যাবে। সুবিধা না হলে তখন ওকে এখানে এনে চেষ্টা করবো বলাতে।"

নম্রতা রাজি হয়ে যেতেই বশিষ্ঠ ইন্টাকমে কাউকে ডাকল, তারপর বলল, —"আপনারা গাড়িতে গিয়ে বসুন, আমি আমার অফিসারকে পাঠিয়ে দিচ্ছি। খালি গাড়ির নম্বরটা দিয়ে যান।"

বেশ কিছুটা গিয়ে ড্রাইভার একজনের কাছে ঠিকানাটা দেখিয়ে জিজ্ঞাসা করতেই সে তর্জনী দিয়ে যে বাড়িটি দেখাল সেটির সামনেই ওরা এসে থেমেছিলো। নেমে নম্রতা পুলিশ অফিসারটিকে জিজ্ঞাসা করলো উনি কি করবেন। অফিসারটি বাড়ির বাইরে অপেক্ষা করবে বলাতে নম্রতা বাবুজীকে নিয়ে চার ধাপ সিঁড়ি দিয়ে উঠে প্রায় তিন ফুট উঁচু পাঁচিল দিয়ে ঘেরা বাড়ির সামনের বড়ো দালানে এসে হলদে কাঠের বন্ধ দরজায় আওয়াজ করল। সিঁড়ি দালান সবটাই সাদা শ্বেত পাথরের। একটি ফুটফুটে ন'দশ বছরের মেয়ে এসে দরজা খুলেই অবাক হয়ে কাকে চাই জিজ্ঞাসা করল।

—"ইউসুফ ভাইয়া আছে?" নম্রতা জানতে চাইল।

—"কাঁহাসে আয়ে আপলোগ?" মেয়েটি জিজ্ঞাসা করতেই ভিতর থেকে একটি খুব সুন্দর চেহারার, গালে হাল্কা দাড়ি, সাদা কুর্তা পাজামা পরা পুরুষ এগিয়ে এসে মেয়েটিকে জিজ্ঞাসা করল কাকে চাইছেন ওনারা।

—"আপনি কি ইউসুফ আলি?" নম্রতা নিশ্চিত বুঝেও প্রশ্ন করল।

—"হ্যাঁ , কিন্তু কি চাই বলুন?"

—"একটু বসতে পারি ইউসুফ ভাইয়া, কিছু কথা ছিল আপনার সঙ্গে।"

—"কিউ নেহি, আইয়ে আইয়ে।"

একটি মাঝারি মাপের ঘরে ওদের নিয়ে গেল যেখানে অনেক গুলো সুন্দর সুন্দর পেন্টিং ঝোলানো রয়েছে দেওয়ালে।

—"এই সব পেন্টিংগুলো আপনার আঁকা?" নম্রতা জিজ্ঞাসা করল।

—"না না, আমার আব্বুর। খুব নাম ছিলো ওনার।"

—"কি নাম?"

—"ইমতিয়াজ আলি খান। আল্লার কাছে চলে গিয়েছেন পনের বছর আগে।"

—"তাহলে আমরা ঠিক জায়গায় এসেছি। ইনি হচ্ছেন আমার বাবুজী, এলাহাবাদের একজন বড় জেম স্টোন এণ্ড ডায়মণ্ড মারচেন্ট। কিন্তু ওনার আসল পরিচয় সেটা নয়, উনি একজন বিখ্যাত আর্ট গ্যাল্যারির মালিক। বহু অমূল্য ছবির সংগ্রহ রয়েছে ওনার ঐ আর্ট গ্যাল্যারিতে। আপনি অবাক হবেন শুনে যে আপনার বাবা ইমতিয়াজ আলির আঁকা অয়েল পেন্টিংও বাদ যায়নি সেখানে।"

এটা শুনেই ইউসুফের মুখটা উজ্জ্বল হয়ে উঠলো। সেটা লক্ষ্য করে নম্রতা আবার বলতে লাগলো, —"বাবুজী মহম্মদ ইমতিয়াজ আলির আঁকা আরও কয়েকটি পেন্টিং কিনতে চান। ওনার আঁকা আর কিছু ছবি দেখাতে পারবেন?"

—"হ্যাঁ আছে, তবে বাড়িতে বেশি নেই, এই দেওয়ালে যেগুলি রয়েছে সেগুলি ছাড়া কয়েকটি মাত্র দেখাতে পারি। একটু আমার সঙ্গে আসবেন?"

ইউসুফ অন্দর মহলে নিয়ে গিয়ে একটা অপরিচ্ছন্ন স্টোর রুমে ঢুকে পাঁচ ছ'টা বড়ো বড়ো অয়েল পেন্টিং বার করে নিয়ে এলো। হঠাৎ নজরে পড়লো প্রতাপ নারায়ণ যে ভূতুড়ে পেন্টিংটা কিনেছিলেন সেই পেন্টিংএ আঁকা খাটে বসে বই পড়া লোকটির আর একটি ছবি এখানে রয়েছে, তবে এখানে দেখা যাচ্ছে সুন্দর ফুলের বাগানের মধ্যে প্রচুর গোলাপ ফুল ফুটে আছে এমন একটি গাছের পাশে ঐ লোকটি চেয়ারে বসে আছে আর ওনার ঐ একই কুকুর ঘাসের ওপর জিবটা অল্প বার করে বসে রয়েছে।

—"বাবুজী, এই পেন্টিংটা দেখুন তো?" নম্রতা বলল।

—"হ্যাঁ এটা এখানকার বিখ্যাত সিংহানীয়া পরিবারের। আব্বুকে ওদের বাড়িতে অনেক দিন গিয়ে এই সব ছবি আঁকা শেষ করতে হয়েছিল।" ইউসুফ জানাল।

—"ছবির এই ব্যক্তিটি কে চেনেন?" নম্রতার প্রশ্ন।

—"উনি হলেন পরিবারের বড়ো ভাই রাজেন্দ্র কিশোর সিংহানীয়া। আব্বুর মৃত্যুর দু বছর আগে মারা গেছেন। খুব শৌখিন ছিলেন, যে কোনও শিল্পী আর তার শিল্প কাজের ভীষণ কদর করতেন। আব্বুকে নিজের ভাইয়ের মত ভালবাসতেন। প্রচুর টাকা দিয়ে অনেক পেইন্টিং করিয়েছিলেন আব্বুকে দিয়ে। ওনাদের বাড়িতে রাখাও আছে সেই সব পেইন্টিং।"

—"রাজেন্দ্র কিশোরের কি হয়েছিল?" প্রতাপ নারায়ণ জিজ্ঞাসা করলেন।

—"বলতে পারবোনা, তবে আব্বু বলেছিলেন কেউ ওনাকে মেরে দিয়েছিল নাকি।"

—"এখন তাহলে কে আছে ওখানে?" নম্রতার প্রশ্ন।

—"ওনারা তিন ভাই, বড়ো ভাই মারা যাওয়ায় এখন আর দুই ভাই আছেন। বিশাল হাভেলী ওনাদের আর বিরাট কারবার। এখানকার কয়েকজন মস্ত বড়ো ধনী পরিবারের মধ্যে ওনারা একজন।"

এইটুকু শুনে প্রতাপ নারায়ণ বললেন, —"ঠিক আছে ইউসুভ মিয়া, আমি তোমার বাবার এই ছবিটা নিতে চাই, কেমন দাম পড়বে?"

—"আপনার যখন অতো বড় আর্ট গ্যাল্যারি রয়েছে তখন এই রকম পেন্টিং কেমন দাম হওয়া উচিত তাতো জানেন, আপনি চাচাজী যা দেবেন ঠিক দিচ্ছেন ভেবে নিয়ে নেব।"

—"বুঝতে পারলাম তুমি খুব চালাক ছেলে। ছবিটা আমার গাড়িতে তুলে দাও, আমি একটা চেক লিখে দিচ্ছি তোমার নামে।" প্রতাপ নারায়ণ একথা বলে হাত ব্যাগ থেকে

একটা বড়ো অঙ্কের চেক লিখে দিয়ে গাড়িতে ফিরে এলেন। তারপর পুলিশ অফিসারটিকে বললেন, —"আমাদের একটা খুব ভাল হোটেলে নিয়ে যেতে পারেন?"

—"হ্যাঁ চলুন, এখানকার খুব নাম করা একটি স্টার হোটেলে আপনাদের থাকার ব্যবস্থা করে দিচ্ছি তাহলে।"

১২

হোটেলের কাছে গাড়ি থেকে নেমেই প্রতাপ নারায়ণ পুলিশ অফিসারটিকে লাঞ্চ করার অনুরোধ করতে সে সবিনয়ে জবাব দিল যে হেড কোয়ার্টার্সে তাকে ফিরে যেতে অনুমতি করলে সবচেয়ে ভাল হয় কারণ ফিরেই তাকে আর একটি কেসের তদন্তে যেতে হবে। অগত্যা, ধন্যবাদ দিয়ে পুলিশটিকে বিদায় জানিয়ে প্রতাপ নারায়ণ হোটেলের দু'খানা ঘর বুক করে চেক্‌ ইন করলেন। তারপর স্নান করে নম্রতার সঙ্গে লাঞ্চ সারতে বসলেন। নম্রতা খেতে খেতে জানালো যে হোটেলের ঘরে ঢুকেই ওর আদেশের সঙ্গে কথা হয়ে গেছে। সব বিবরণ শুনে আদেশ বিকেল হলে এ্যপয়েন্টমেন্ট করে বশিষ্ঠের সঙ্গে দেখা করতে বলেছে বলল।

বিকেল হতে বশিষ্ঠকে নম্রতা ফোন করতেই সন্ধ্যায় নিজের কোয়ার্টারে চা খাওয়ার আমন্ত্রণ জানালো বশিষ্ঠ। তাই ঠিক সময়ে প্রতাপ নারায়ণকে সঙ্গে করে বশিষ্ঠের কোয়ার্টারে গাড়ি নিয়ে পৌঁছে গেল নম্রতা। কোয়ার্টারে ঢুকতেই বশিষ্ঠের স্ত্রী হাসি মুখে ওনাদের নমস্তে বলে অভ্যর্থনা করে সোফায় বসিয়ে নিজে স্বামীর পাশে এসে বসল। বেশ কিছুক্ষণ আলাপ করার পর ওর স্ত্রী চা খাবার আনতে চলে যেতে বশিষ্ঠ বলল, —"আদেশের সঙ্গে ডিটেইলড় আলোচনা হয়েছে আজ। দেখুন ইউসুফের কাছে যা শুনেছেন আপনারা তাতে বুঝতে পারছি এখানকার বিশাল ইন্ডাসট্রিয়ালিস্ট সিংহানীয়া পরিবারের ঘটনা এটা। ওনাদের মিনিস্ট্রি পর্যন্ত যাতায়াত আছে। কতটা কি করতে পারা যাবে জানিনা। এস‚পি সাহেবেরও মতামত জানতে হবে। আমি কাল চেষ্টা করবো এই মার্ডার কেসেটার আঠার বছর আগের রেকর্ড বার করার, পেলে এস‚পি সাহেবকে জানিয়ে নেক্সট্‌ কোর্স অফ এ্যকশান ঠিক করা যাবে। সে রকম কিছু এদিক ওদিক হলে মিডিয়াও ঝাঁপিয়ে পড়বে খবর করতে।"

—"ওনাদের কি কারবার আছে এখানে?" নম্রতা জিজ্ঞাসা করলো।

—"এখান থেকে কিছু দূরে ক্ষেত্রী নগর বলে একটা জায়গা আছে যেটা কপার মাইনস্‌ এর জন্য প্রসিদ্ধ। ওখানকার কপার মাইনস্‌ অধিগ্রহণ করে সরকারী পরিচালনায় ক্ষেত্রী নগরে হিন্দুস্থান কপার লিমিটেডের বিশাল ফ্যাক্টরী তৈরি হয় নাইনটিন সিক্সটি সেভেনে। ওই ফ্যাক্টরীতে তৈরি কপার রড, কপার শিট ইত্যাদি সাপ্লাই নিয়ে ওনাদের নিজস্ব কারখানায় ইলেকট্রিক ওয়্যার, ইউটেনসিলস্‌ আর নানারকম জিনিস তৈরি করে মার্কেটে বিক্রি করাই সিংহানীয়াদের মেইন কারবার। রপ্তানিও হয় ওনাদের প্রোডাক্টস। এছাড়া ওনাদের

গারমেন্টস্ ফ্যাক্টরীও আছে। বিশাল ব্যাপার। কাছেই সিংহানীয়া এস্টেট রয়েছে, সেখানে বেশ কয়েক বিঘা জমির ওপর ওনাদের বিরাট হাভেলী রয়েছে।"

এই সময় খাবার নিয়ে বশিষ্ঠের স্ত্রী ঢুকে সবাইকে গরম গরম খেয়ে নিতে অনুরোধ করলো।

খাওয়া দাওয়া শেষ হতে বশিষ্ঠ হেসে আদেশ কবে বিয়ে করছে জানতে চাইল। নম্রতাও হেসে বশিষ্ঠকে অনুরোধ করলো যাতে বন্ধুকে সে এব্যাপারে তাড়াতাড়ি রাজি করাতে পারে। তারপর বিদায় নেওয়ার আগে নম্রতা জিজ্ঞাসা করল, —"আচ্ছা বশিষ্ঠ ভাইয়া আমরা দু'জনে কাল সিংহানীয়াদের হাভেলীতে জাস্ট একবার ভিজিট করতে যেতে পারি না?"

—"নিশ্চয় পারেন, তবে ঢুকতে গেলে কিছু তো একটা উদ্দেশ্য থাকা চাই, নাহলে দরজা থেকেই ভাগিয়ে দেবে হয়তো।" বলে হাসলো বশিষ্ঠ।

—"ঠিক আছে আমি দেখছি কি করা যায়, আপনি তাহলে ওই মার্ডার কেসের ফাইলটা কাল বার করাবার চেষ্টা করুন। আজ চললাম তাহলে, কাল আবার কথা হবে?" নম্রতা বাবুজীকে নিয়ে উঠে পড়ে বলল। তারপর বশিষ্ঠের স্ত্রীকে বলল, —"ভাবীজী খুব ভাল খেলাম। এলাহাবাদে গেলে বাবুজীর আর্ট গ্যাল্যারিটা দেখে যেও একবার। অবাক হবে নিশ্চয়।"

১৩

সকালবেলা হোটেলে ব্রেকফাস্ট সেরে নম্রতা বাবুজীকে নিয়ে বেরিয়ে পড়ল। তারপর গাড়িতে উঠে ড্রাইভারকে বলল, —"ভাইয়া আগে ইউসুফ আলি কা ঘর চলিয়ে।"

প্রতাপ নারায়ণ একটু অবাক হয়ে জিজ্ঞাসা করল, —"ফির আজ? কি ব্যাপারে?"

—"বাবুজী ইউসুফকে সঙ্গে নিলে আমাদের সিংহানীয়াদের হাভেলীতে ঢুকতে সুবিধা হবে। কারণ ও অনেক ছোট বয়েস থেকে ওই বাড়িতে আব্বুর সঙ্গে যাতায়াত করেছে, তাই ওদের সকলের কাছেই ইউসুফ খুব পরিচিত মুখ।"

ইতিমধ্যে ইউসুফের বাড়ির সামনে গাড়িটা পৌঁছে গেল। বাবুজীকে গাড়িতে বসিয়ে রেখে নম্রতা একা ইউসুফকে ডাকতে গেল। ইউসুফ দরজা খুলে নম্রতাকে আবার আসতে দেখে খুব অবাক হয়ে গেল।

—"ইউসুফ ভাইয়া, আবার আসতে হোল, আমরা একটা বিশেষ কারণে একটু সিংহানীয়াদের হাভেলীতে যেতে ইচ্ছুক, কেন সেটা সময় মতো পরে আপনাকে জানাবো, তবে এইটুকু জানিয়ে রাখি যে আপনার আব্বুর সম্মান রাখতেই আমরা এখানে ছুটে এসেছি সব কাজ ফেলে। আমার বাবুজীকে দেখেছেন, উনি শিল্পী এবং তাদের সৃষ্টি করা শিল্পকলার ভীষণ

কদর করেন, তাদের সম্মান অটুট রাখতে কখনও তাদের আঁকা কোনও ছবির ফোটো পর্যন্ত তুলতে দেন না। আপনি সিংহানীয়া পরিবারের খুবই পরিচিত, তাই ওখানে আপনি আমাদের নিয়ে গিয়ে একটু পরিচয় করিয়ে দেবেন এই বলে যে বিখ্যাত হীরা জহরত ব্যবসায়ী প্রতাপ নারায়ণ উপাধ্যায় এলাহাবাদে বিশাল একটি আর্ট গ্যাল্যারিও মালিক, উনি নানারকম আর্ট আর চিত্রকলা দেখতে দেশ বিদেশ ছুটে বেড়ান। আর সেই কারণে এখানে আপনার আব্বুর কয়েকটি পেন্টিং দেখতে এবং পছন্দ হলে কিনতে এসেছেন। আপনি গতকাল বলেছিলেন যে ঐ হাভেলীতেও আপনার আব্বুর আঁকা অনেক ছবি রয়েছে, তাই না?"

—"কিন্তু ওনারা কোনও ছবি বিক্রি করবেন বলে তো কখনও বলেন নি?"

—"তা বলেন নি তবে বাবুজীর ইচ্ছা শুধু দেখার, ওখানে নানা ধরণের যতো পেন্টিংস্‌ আছে সব কিছু দেখতে খুব কৌতূহলী।"

—"ঠিক আছে, তাহলে আপনি গিয়ে গাড়িতে বসুন, আমি একটু প্রস্তুত হয়ে চলে আসছি।"

ইউসুফ আগের দিন সামান্য একটা ছবির জন্য প্রতাপ নারায়ণের কাছ থেকে দরাজ হাতে দেওয়া বড়ো অঙ্কের একটা মূল্য পেয়ে খুব অভিভূত হয়ে গিয়েছিল, তাই কোনও দ্বিধা না করে এই দায়িত্বটা নিয়ে নিল। গাড়িতে ওঠার সময় প্রতাপ নারায়ণকে দেখে খুব বড় করে একটা কুর্নিশ জানিয়ে হেসে গাড়ির সামনের সীটে উঠে বসল।

অতি সুদৃশ্য বিশাল পাঁচিল ঘেরা সিংহানীয়াদের হাভেলীর প্রধান ফটকে গাড়ি আসতেই উর্দি-পরা গার্ড এগিয়ে এলো। কিন্তু ইউসুফ আলিকে দেখতে পেয়ে হেসে কোথায় যাবে জানতে চাইল। ইউসুফ 'বড়ী আন্টির সঙ্গে একবার দেখা করার দরকার আছে' বলতে গার্ড পুরো গেট ঠেলে খুলে দিয়ে গাড়ি নিয়ে ঢুকে যাওয়ার ইঙ্গিত করল। ঢুকে ভেতরের অর্ধচন্দ্রাকার রাস্তা দিয়ে খানিকটা ঘুরে গিয়ে অপূর্ব সুন্দর দেখতে হাভেলীর দরজায় এসে গাড়ি দাঁড়ালো। ইউসুফ নেমে গাড়িতে ওদের একটু বসতে বলে হাভেলীর ভিতরে চলে গেল। মিনিট দশেক পরে সঙ্গে একটি যুবককে নিয়ে ফিরে এলো। যুবকটি হেসে গাড়ির দরজাটা খুলে ধরে প্রতাপ নারায়ণকে নেমে আসতে বলে বাড়ির অভ্যন্তরে যেতে অনুরোধ জানাল।

—"আঙ্কেল ইনি হচ্ছেন যুগল কিশোর, বড়ে মালিকের ছেলে, আমরা দু'জনে প্রায় একই বয়সী, ছোটোবেলায় এক সঙ্গে অনেক খেলাধূলা করেছি। আব্বু যখন এখানে ছবি আঁকতে আসতো, আমাকেও নিয়ে আসতো।"

—"আচ্ছা তুমি তাহলে লেট রাজেন্দ্র কিশোরের পুত্র? বাবার মুখের সঙ্গে মিল আছে।" প্রতাপ নারায়ণ হেসে জিজ্ঞাসা করলেন।

—"জী আঙ্কেল।"

—"বাবুজী দেখুন এইগুলো হচ্ছে ফ্রেস্কো পেন্টিং, কি অপূর্ব!" হাভেলীর বাইরের দেওয়ালে করা এই পেন্টিংস গুলো যুগ যুগ ধরে একই রকমই থাকে। প্রাকৃতিক আবহাওয়ার ক্ষয় এদের কাবু করতে পারেনা। সেখোয়াতী পেন্টিং ও রয়েছে এখানে একই সঙ্গে। আগে দেওয়ালে লাইম ওয়াটারের সঙ্গে প্লাস্টার মিশিয়ে নানা ধরনের মুরালস তৈরি করে রাজমিস্ত্রি, তারপর সম্পূর্ণ প্রাকৃতিক জিনিস ব্যবহার করে, যেমন কাজল এবং কাঠকয়লার ভুসি কালো রঙের জন্য, চুন, সাদা রঙের জন্য, তুঁত, নীলের জন্য, লাল পাথর গুঁড়া লাল রঙের জন্য, কেশর পাউডার আর হলদি পাউডার কমলা বা হলুদ রঙের জন্য, এইরকম নানা ভেষজ জিনিস ব্যবহার করে ঐ মুরালস্ গুলো পেইন্ট করার কাজটাই হচ্ছে ফ্রেস্কো আর্ট। এই ধরণের ফ্রেস্কো আর্ট পেইন্টিং রাজস্থানের অনেক জায়গায় বিশেষ করে এই সেখোয়াত রিজিয়নের অনেক ধনী ব্যক্তিদের হাভেলীতেই দেখতে পাবেন।" নম্রতার এই আর্টের সম্বন্ধে এতো জ্ঞান আছে দেখে ওরা তিনজনেই প্রচণ্ড অবাক। যুগল কিশোর এবার খুব উৎসাহী হয়ে হাভেলীর ভিতরে আরও অনেক ভালো ভালো আর্টের কাজ দেখতে যাওয়ার অনুরোধ করল। হাভেলীর বাইরের দেওয়ালে চোখ ধাঁধানো সব হরিণ, ময়ূর, হাতি, ট্রাইবাল যোদ্ধা ইত্যাদি ফ্রেস্কো আর্টের মুরালস আর চিত্রকলা দেখা হতে যুগল কিশোর ওনাদের হাভেলীর ভিতরে নিয়ে গিয়ে নিজের মায়ের সঙ্গে দেখা করাল। রাজেন্দ্র কিশোরের স্ত্রী বিধবা হলেও সাধারণ অথচ বেশ সুন্দর সাজগোজ করা একটি মাতৃ মূর্তি যেন। নম্রতা এবার নিজেদের পরিচয় দিয়ে প্রতাপ নারায়নের আর্ট গ্যাল্যারির কথা তুলতেই সংগে সংগে প্রতাপ নারায়ণ নমস্তে বলে জানালেন যে উনি জয়পুরের একটা আর্ট এক্সিবিশন থেকে ইমতিয়াজ আলি খানের আঁকা রাজেন্দ্র কিশোরের খুব সুন্দর একটা ছবি নিয়ে গিয়ে ওনার আর্ট গ্যাল্যারিতে রেখে দিয়েছেন। কিন্তু রাজেন্দ্র কিশোরের একটা অস্বাভাবিক মৃত্যুর কথা এখানে এসে জানতে পেরে খুব দুঃখ পেয়েছেন।

—"হ্যাঁ, উনি প্রত্যেক দিন বিকেল থেকে অনেক রাত্রি অবধি আমাদের হাভেলীর থেকে একটু দূরে বড়ো বাগানটার পিছনে যে আউট হাউসটা আছে সেখানে পড়াশোনা করে বা ইমতিয়াজকে দিয়ে ছবি আঁকানোর জন্য সময় কাটাতেন। এইরকমই একদিন বেশ রাত্রের দিকে ঐ ঘরে একা বসে পড়াশোনা করছিলেন উনি। সেই সময় বাগানের দিকের জানলার বাইরে থেকে কেউ এসে হঠাৎ ওনাকে গুলি করে দিল। আওয়াজ পেয়ে আমরা যখন ছুটে গেলাম তখন সব শেষ। কাউকে দেখতেও পাওয়া যায়নি। কি উদ্দেশ্য ছিল তার জানিনা, এমনিতে অত্যন্ত ভালো মানুষ ছিলেন, বই পড়া, আর্টিস্ট দিয়ে ছবি আঁকানো আর নিজের পোষা কুকুর নিয়েই বেশি সময় কাটাতেন।"

—"কে খুন করলো জানতে পারেন নি?" নম্রতার প্রশ্ন।

—"নাঃ।"

—"আপনাদের হাভেলীর কমপাউণ্ডের চারিদিকে যেরকম উঁচু পাঁচিল দেখলাম তাতে বাইরের কারুর পক্ষে ওটা টপকে ঢোকা খুব মুশকিল। তাহলে কি ভেতরের কেউ এই কাজটা করেছে বলে কখনও সন্দেহ হয়েছে?" নম্রতা জানতে চাইল।

—"বলতে পারব না। যখন ঘটনাটা ঘটেছিল সেই সময় আমাদের হাভেলীতে প্রচুর আত্মীয় স্বজনও ছিলেন। আপনারা রাণী সতী মন্দির দর্শন করেছেন?"

—"না এখনও যাইনি, যাবো।" নম্রতার উত্তর।

—"দেখে আসবেন একবার, বিশাল মন্দির। প্রত্যেক বছর এখানকার বিখ্যাত রাণী সতী দাদীজীর মন্দিরে ভাদো আমবস্যায় সতীমা'র পূজা উপলক্ষে উৎসব হয়, বিশাল মেলা বসে, সারা ভারতের বিভিন্ন জায়গা থেকে হাজার হাজার ভক্ত আর টুরিস্ট আসে। ওই সময়ে ঝুনঝুনুর কোনও হোটেল খালি পড়ে থাকেনা। আমাদের অনেক আত্মীয়ও তাই ঐ সময় এসে এখানে থাকে।"

—"আঙ্কেল হাভেলীটা ঘুরে অন্য সব পেন্টিংয়ের কাজ গুলো দেখবেন তো?" ইউসুফ জিজ্ঞাসা করলো।

—"হ্যাঁ নিশ্চয়, চলুন।" নম্রতা উত্তর দিয়ে উঠে দাঁড়াল, তারপর প্রতাপ নারায়ণকে নিয়ে অন্দর মহলের দেওয়ালে রঙিন বিভিন্ন রকমের আঁকা সুন্দর সুন্দর কারুকার্য গুলো দেখতে দেখতে বলল, —"বাবুজী দেখুন, এই সবগুলো হচ্ছে সেখোয়াতি আর্ট। এখানে বিখ্যাত। অনেকের বাড়িতেই দেখতে পাবেন এই আর্ট। সাদা মার্বেলের ওপর ফ্লোরাল এবং নানা রকম জানোয়ারের প্রতিকৃতি করা এই পেন্টিং গুলো এখানকার শিল্পীদের বিস্ময়কর সব সৃষ্টি।" অবাক হয়ে আর্ট গুলো দেখতে দেখতে ওরা একটা খুব বড়ো ঘরের সমনে এসে দাঁড়াল। যুগল কিশোর দরজা থেকে ডাকলো, "চাচীজী একটু ভিতরে আসবো?"

বেশ ভাল লম্বা, স্লিম, খুব ফর্সা, টিকোলো নাক এবং আকর্ষণীয় দেখতে এক মাঝ বয়সী মহিলা বেরিয়ে এসে ওদের সামনে দাঁড়ালো। যুগল চাচীকে ওনাদের পরিচয় দিয়ে নম্রতাদের বলল, —"ইনি আমার চাচী, বাবার পরের ভাইয়ের স্ত্রী। নাম সুপ্রিয়া।"

—"নমস্তে জী, ভিতরে আসুন।" তারপর ঘরে নিয়ে যেতে যেতে সুপ্রিয়া আবার জানাল, "আমার বড়ো ভাই নৈনীতে থাকে। আর্মি অফিসার, ও তাহলে নিশ্চয় আপনার আর্ট গ্যাল্যারি দেখেছে বা নাম শুনেছে।"

—"তাই? তাহলে আপনি এবার ভাইয়ের কাছে গেলেই আমাদের বাড়ি চলে আসবেন, বাবুজীর আর্ট গ্যাল্যারি দেখলে অবাক্ হয়ে যাবেন।" নম্রতার উত্তর।

হলঘরের দেওয়ালে প্রচুর অয়েল পেন্টিংস, সাধারণ ওয়াটার কালার করা চিত্র, এমনকি সিংহানীয়া পরিবারের অনেক ফোটো ঝুলিয়ে রাখা রয়েছে। সুপ্রিয়া ছবিগুলোর সম্বন্ধে নানা তথ্য দিতে দিতে বলল, —"এই কয়েকটি অয়েল পেন্টের ছবি আমাদের ইউসুফের বাবা ইমতিয়াজজীর আঁকা," বলেই ইউসুফের দিকে তাকিয়ে একটু হাসল। তারপর বলল, —"আমার ভাসুর এই সব আর্ট ওয়ার্কের বিরাট ভক্ত ছিলেন, আমিও এগুলো খুব যত্ন করে রাখবার ব্যবস্থা করতাম বলে আমাকে উনি খুব স্নেহ করতেন। আর্টিস্টের ছবি

আঁকা শেষ হয়ে গেলেই আমাকে ডেকে দেখিয়ে জিজ্ঞাসা করতেন কেমন হয়েছে। আমার মতামতকে খুব গুরুত্ব দিতেন। ভীষণ ভালো মানুষ ছিলেন একজন।" কথা গুলো বলতে বলতে শেষের দিকে সুপ্রিয়ার গলাটা যেন বুজে এলো।

হলঘরের শেষে একটি দরজার ওপাশে আরও একটা বেশ প্রশস্ত ঘর দেখা যাচ্ছে। নম্রতা জিজ্ঞাসা করল, —আন্টি ওই ঘরেও কিছু সুন্দর সুন্দর সব জিনিস রয়েছে মনে হচ্ছে?"

—"আসুন দেখাচ্ছি," বলে সুপ্রিয়া দ্বিতীয় ঘরে ঢুকে ওনাদের দেখাতে লাগল। দেওয়ালে খুব সাজিয়ে ঝোলানো দু'খানা বন্দুক, একটা কাঁচের মাঝারি সাইজের আলমারিতে রাখা বেশ কয়েকটি ছোট বড় নানা আকারের পুরাতন এবং নতুন পিস্তল বা রিভলবার রাখা। আর একদিকের দেওয়ালে একটা গোল বড়ো দারুণ কারুকার্য করা তামার ঢাল রাখা যার দু'পাশে ভীষণ চকচকে আর অত্যন্ত দর্শনীয় হাতীর দাঁতের বাঁটওয়ালা দু'খানা তরোয়াল ঝুলিয়ে রাখা আছে। এছাড়াও বেশ কিছু মার্বেলের মুরালস্, তামা, রুপো, ব্রোঞ্জ ইত্যাদি দিয়ে তৈরি নানা ধরনের সুন্দর সুন্দর স্ট্যাচু ঘরের বিভিন্ন স্থানে টেবিলের ওপর রাখা রয়েছে।

—"এই সব জিনিস কি আপনার ভাসুরের কালেকশন?" প্রতাপ নারায়ণ জিজ্ঞাসা করলেন।

—"সব নয়, কিছু আছে যেগুলো আমি বিয়ে হয়ে এসে থেকে দেখছি। তবে এই অস্ত্রশস্ত্র যা কিছু সব আমার হাজব্যাণ্ডের কালেকশন।"

এই সময়ে হঠাৎ নম্রতা প্রতাপ নারায়ণের কাছে একটু এগিয়ে এসে বলল, —"বাবুজী ওই দিকের ওয়ালে একটা জিনিস রয়েছে দেখুন," বলে ঘরের দরজার পাশের দেওয়ালটা দেখাল। দু'জনেই পিছন ফিরে দরজার পাশের বড়ো দেওয়ালটার দিকে তাকাল। চমকে উঠলেন প্রতাপ নারায়ণ! কি আশ্চর্য!! রাজেন্দ্র কিশোরের মুখোশধারী খুনী যে মুখোশটা পরেছিল ঠিক একই রকম একটি মুখোশ দেওয়ালে টাঙ্গানো, আর তার চারদিকে আরও অনেকগুলি মুখোশও সুন্দর করে সাজিয়ে রাখা রয়েছে। তবে একমাত্র মাঝখানে রাখা ওই কোকোভি হ্যাণ্ড পেইন্টেড ট্রাইবাল মুখোশটিই কোনও লোক সুন্দর করে নিজের মুখে পরে নিতে পারে কারণ বাকি মুখোশ গুলো নানা আকারের বিরাট লম্বা লম্বা সব রাজস্থানী মুখোশ, মুখে পরে নিতে অসুবিধা হবে। অবাক্ বিস্ময় নিয়ে প্রতাপ নারায়ণ তাকিয়ে রয়েছেন দেখে নম্রতা ব্যাপারটা সহজ করতে তাড়াতাড়ি বলে উঠল, —"বাবুজী এই মুখোশের কথাই আমি সেদিন আপনাকে বলেছিলাম, মনে আছে?"

—"ও এই গুলো? এসব আমার হাজব্যাণ্ডের, ওনার আবার পেন্টিং বা আঁকা ছবি নয়, এই সবের খুব শখ, মুখোশ, অস্ত্রসস্ত্র, পুরান বিদেশী গাড়ি।"

—"কি নাম ওনার?" প্রতাপ নারায়ণ জিজ্ঞাসা করলেন।

—"বীরেন্দ্র কিশোর সিংহানীয়া।" একটু লজ্জা জড়ানো গলায় উচ্চারণ করল সুপ্রিয়া।

—"উনি কোথায়, দেখলাম না তো?" প্রতাপ নারায়ণ জানতে চাইলেন।

—"উনি এখন ব্যবসার কাজে একটু মিডল্ ইস্ট গেছেন। সৌদি আরব, বাহারিন, ইরান, ইরাক এই সব দেশেই আমাদের কপার প্রোডাক্টস্ এক্সপোর্ট হয়। আমার ছোট দেওর ও দিল্লীতে। ওখানেও আমাদের গারমেন্টসের ব্যবসা আছে। তাই ছোট দেওর নিজের পরিবার আর আমার শাশুড়ীমাকে নিয়ে বেশী সময় দিল্লীতেই কাটায়।"

—"ঠিক আছে, অনেক বেলা হয়ে গেল, এবার আমরা আপনাদের অনুমতি নিয়ে হোটেলে ফিরবো।" নম্রতা বলল।

—"এখন কি? কুসুমজী আপনাদের দুপুরে খেয়ে যাওয়ার ব্যবস্থা করেছে। আমাকে আপনাদের নিয়ে ডাইনিং হলে চলে যেতে খবর পাঠিয়েছে।"

—"আরেঃ, কিছু দরকার ছিলনা কষ্ট করার। আমরা ফিরে গিয়ে লাঞ্চ করেই রাণী সতী মন্দির দেখতে যাবো ঠিক করেছিলাম।" নম্রতা বলল।

—"তাতে কি, এখানে লাঞ্চ সেরেই দেখতে যান। মন্দির এখন দুপুরবেলা দু'ঘন্টা বন্ধ থাকে, আবার বিকেল তিনটে থেকে রাত দশটা পর্যন্ত খোলা থাকে।"

১৪

সবার খাওয়া হতে কুসুমদেবী আর সুপ্রিয়াদেবী খুব খাতির করে প্রতাপ নারায়ণ আর নম্রতাকে বিদায় জানালো। সুপ্রিয়াদেবী শীঘ্রই নৈনীতে ভাইয়ের বাড়ি একবার যাবে বলল আর তখন প্রতাপ নারায়ণের আর্ট গ্যালারিও দেখতে যাওয়ার প্রতিশ্রুতি দিল। ইউসুফকে বাড়ি ফিরিয়ে দিয়ে নম্রতা আর প্রতাপ নারায়ণ একবারে রাণী সতী মন্দিরে চলে এলো। ঝুনঝুনুর এই মন্দিরের স্থাপত্য এবং বিশালত্ব ভারত বিখ্যাত। মন্দিরের ভিতর কোনও নারী বা পুরুষ দেবতার মূর্তি বা পেন্টিং নেই, একটা ত্রিশূলকে শক্তি এবং ক্ষমতার প্রতীক হিসেবে ভক্তরা পূজা করে। প্রধান মণ্ডপে রাণী সতী দাদীজীর একটা প্রতিকৃতি করে রাখা রয়েছে। মন্দিরের সমস্তটা মার্বেল পাথরের। বিশাল মন্দির চত্বরে শিব, গনেশ, হনুমান, সীতা, ঠাকুরজী ইত্যাদি সব মন্দিরের সাথে আরও বারো খানা ছোট ছোট সতীর মন্দিরও বিরাজ করছে। সমস্তই শ্বেত পাথরের তৈরি। পুরো চত্বরটার চারিদিকে নিখুঁত ভাবে কাটা বিস্তীর্ণ কার্পেটের মত সবুজ ঘাসের বাগান আর তার মাঝখানে মার্বেলের বিরাট এক শিবের মূর্তি পরিবেশের শোভা বৃদ্ধি করেছে।

—"বাবুজী এই রাণী সতী দাদীজী মন্দিরের যে আয় হয় সেটা দক্ষিণ ভারতের তিরুপতি মন্দিরের ঠিক পরেই, জানেন কি?"

—"আমি তো কিছুই জানিনা বেটা?"

মন্দিরের ভিতরে ঢুকে চোখ ধাঁধিয়ে গেল, সব দেওয়াল গুলোয় অপূর্ব গ্লাস মোজাইক আর সেখোয়াতী ফ্রেস্কো মুরালসের পেন্টিংস দিয়ে ওই স্থানের ঐতিহাসিক মাহাত্ম্য বর্ণনা করা হয়েছে।

সন্ধ্যার পর হোটেলে ফিরে নম্রতা আদেশকে ফোন করল, তারপর যা যা হয়েছে সমস্ত বর্ণনা দিয়ে বলল, —"বান্টি ভাইয়া একটা ব্যাপারে আমি নিশ্চিত যে সুপ্রিয়াদেবীর ঘরে যে মুখোশটা দেখলাম সেটাই ছিল যে খুন করতে এসেছিল তার মুখে। আমাদের ছবির সংগে ওটা হুবহু মিলে গিয়েছে। কিন্তু তিনি কে, ওনার মেজোভাই বীরেন্দ্র কিশোর না কি ছোটভাই জীতেন্দ্র কিশোর, না কি সুপ্রিয়াদেবী? আর ছোট বাচ্ছাটাই বা কে যে খুনীর পাশে ওই সময় এসে গিয়েছিল?"

—"নম্রতা শোন, এটাতে যেহেতু সম্ভবত ওদের ফ্যামিলির ভেতরের কেউ জড়িত আর এখন দীর্ঘ আঠারো বছর কেটে গেছে, মনে হয় সে রকম কোন ক্লু বা সাক্ষী পাওয়াও মুশকিল হবে। তাই আমি সাজেস্ট করবো বশিষ্ঠকে পুরো ঘটনাটা জানিয়ে দিয়ে তোরা বাড়ি ফিরে যা। এখন যদি কিছু করা যায় তাহলে সেটা পুলিশই করবে। কাল ভোরেই আমার গাড়ি নিয়ে জয়পুর রওনা হলে দুপুরের মধ্যে পৌঁছে যেতে পারবি। তারপর আমার গাড়িটা আবার চুরুতে পাঠিয়ে দিয়ে এলাহাবাদে ব্যাক কর। ফারদার কিছু ডেভলপমেন্টের খবর বশিষ্ঠের কাছ থেকে পেলেই তোদের জানিয়ে দেব।" আদেশের কথা শুনে নম্রতা বশিষ্ঠকেও ফোন করে পুরো ব্যাপারটার বিবরণ দিয়ে জিজ্ঞাসা করল কি করা যায় এখন। বশিষ্ঠ জানালো যে ওই সংক্রান্ত ফাইলটা পাওয়া গেছে, কিন্তু সেটা একটা ক্লোজড্‌ কেসের ফাইল। কারণ ইনভেস্টিগেশন কিছুদিন হওয়ার পর সিংহানীয়া ফ্যামিলি আর এগোতে চায়নি এটা নিয়ে। তখন নাকি রাজেন্দ্র কিশোরের পিতাও বেঁচে ছিলেন এবং তিনি নিজে পরিবারের কর্তা হিসেবে একটা সই করা চিঠি পাঠিয়ে ব্যবসার খাতিরে এবং সময়ের অভাবের কারণে কেসটাকে আর এগিয়ে নিয়ে যেতে ইচ্ছুক নন বলে জানিয়ে দিয়েছিলেন। আসলে ওনাদের পরিবারের ভাবমূর্তি নষ্ট হতে পারে বলে মনে হওয়ায় হয়তো এটা করতে বাধ্য হয়েছিলেন। তাই এই মুহূর্তে বশিষ্ঠের দুঃখিত হওয়া ছাড়া আর কিছু করণীয় নেই।

নম্রতাকে এবার বেশ খানিকটা মনঃক্ষুন্ন হতে দেখে প্রতাপ নারায়ণ বললেন, —"নম্রতা বেটা একটা ব্যাপারে আমাদের এই প্রচেষ্টটা সফল হয়েছে মনে করে আমি কিন্তু খুবই খুশি। আমরা সুপ্রিয়ার ঘরে হত্যাকারীর মুখোশটা রয়েছে দেখে মোটামুটি বুঝে গেছি যে, কাজটা ওদের পরিবারেরই কারুর, হয়তো মেজ, ছোট বা তাদের স্ত্রীদের মধ্যেই কেউ করেছে। কিন্তু কেন করেছে জানা নেই। আর সবচেয়ে বড়ো কথা এখানে না এলে ওই অপূর্ব শিল্পকর্ম গুলো সম্বন্ধে আমার কোনও অভিজ্ঞতাই হোত না। তবে ইউসুফকে জানাতে পারলাম না যে ওর আব্বু মৃত্যুর পরেও তার শিল্পের যাদু দেখিয়ে আমাদের অভিভূত করে দিয়েছে।"

—"একদম ঠিক বলেছেন বাবুজী, আমিও আপনার এই কথা গুলো শুনে উৎসাহীত হলাম।" এর পরের দিনই নম্রতা প্রতাপ নারায়ণকে নিয়ে জয়পুর ফিরে এলো আর তার পরদিন এলাহাবাদে ফিরে গেল।

১৫

ইমতিয়াজ আলি খানের অমর সৃষ্টি প্রতাপ নারায়ণের আর্ট গ্যাল্যারিতে একটি অবিশ্বাস্য ভৌতিক বস্তু হিসেবে প্রদর্শিত হতে রইল। কিন্তু শিল্পীর অন্তরের বেদনার কথা অনুচ্চারিতই রয়ে গেল। আর প্রতাপ নারায়ণের কাছেও সময় অতিক্রান্ত হওয়ার সাথে সাথে ছবির ব্যাপারটা অনেকটই স্বাভাবিক হয়ে গেল। ইতিমধ্যে সুমিত্রাদেবীও পরিবারের পুরোহিতকে ডাকিয়ে বাড়ির শান্তি স্বস্ত্যায়ণ করিয়ে নিয়েছেন। নম্রতা মাঝে মাঝেই বাবুজীর সঙ্গে এসে ছবিটার দিকে তাকিয়ে থেকে আরও কিছু পাওয়া যায় কিনা লক্ষ্য করতে থাকে।

মাস তিনেক কেটে যাবার পর একদিন সকাল দশটার সময় প্রতাপ নারায়ণের প্রাসাদের দরজায় একটি মিলিটারি জীপ্ এসে দাঁড়াল। আর্মির ইউনিফর্ম পরিহিত এক বিশেষ লম্বা যুবক নেমে এসে প্রতাপ নারায়ণের নাম করে দেখা করতে চাইল। অনুমতি পেয়ে বাড়ির ভেতরে গিয়ে কিছুক্ষণ বৈঠকখানা ঘরে অপেক্ষা করার পর প্রতাপ নারায়ণ এসে কৌতূহলী হয়ে যুবকটির কাছে জানতে চাইলেন কি প্রয়োজন।

—"প্রণাম আঙ্কেল, আমি কর্ণেল অর্জুন সিং, আমার বড়ী দিদি সুপ্রিয়াদেবী এসেছেন আপনার সঙ্গে দেখা করতে। সিংহানীয়া পরিবারের, চিনতে পারছেন নিশ্চয়?" দাঁড়িয়ে উঠে যুবকটি বলল।

প্রতাপ নারায়ণ লক্ষ্য করলেন যুবকটির বুকের পকেটে 'কর্ণেল অর্জুন সিং' লেখা ব্যাজ রয়েছে।

—"হ্যাঁ হ্যাঁ, চিনতে পারব না কেন? ওনাদের বাড়ি গিয়ে আমি তো খুব খাতির যত্ন পেয়েছি আর তার সাথে অনেক কিছু সংগে করে নিয়েও এসেছি।"

—"সংগে এনেছেন? কি সেটা?"

—"বিরাট অভিজ্ঞতা, ওখানে না গেলে হোত না।" জোরে হেসে উঠে এই কথা শেষ করেই জানতে চাইলেন —"দিদি কোথায়?"

যুবকটি বেরিয়ে গিয়ে কিছুক্ষণ পর সুপ্রিয়াদেবীকে নিয়ে ঢুকল। প্রতাপ নারায়ণ নমস্কার জানিয়ে খুব খাতির করে দু'জনকে বসতে অনুরোধ করে যোগেশকে ডেকে নিজের স্ত্রী সুমিত্রাদেবী আর নম্রতাকে মেহমান এসেছে বলে খবর দিতে বললেন।

—"দেখলেন তো ভাইসাব, আমি আসবো বলেছিলাম, ঠিক এসেছি।" বলেই একগাল হাসলেন সুপ্রিয়া দেবী।

—"এই হচ্ছে আমার ভাই অর্জুন, আলাপ হয়েছে?"

—"হ্যাঁ, ওকে তো তাই বলছিলাম যে আপনাদের হাভেলী থেকে আমি অনেক কিছু এনেছি।"

—"কি বলুন তো ভাইসাব?"

হেসে প্রতাপ নারায়ণ বললেন, —"অভিজ্ঞতা, সত্যি না গেলে অনেক জিনিস অজানা থেকে যেতো।"

এবার নম্রতা সুমিত্রাদেবীকে নিয়ে বৈঠকখানায় ঢুকে সুপ্রিয়াদেবীকে দেখে খুব উচ্ছসিত হয়ে পড়ল। শাশুড়ীর সঙ্গে পরিচয় করিয়ে দিল। তারপর আবদার করে বলল, —"আন্টিজী আজ আমাদের এখানে থেকে যান। কাল ফিরে যাবেন। অনেক গল্প করা যাবে, আর তা ছাড়া আর্ট গ্যাল্যারিটাও ভালো করে দেখবেন।"

কিন্তু সুপ্রিয়াদেবী আপত্তি করতেই ওনার ভাই বলল, —"ঠিক আছে দিদি থাকো না এখন, আমি বিকেলে অফিস থেকে ফেরার সময় নিয়ে যাবো না হয়।"

—"কিন্তু--" সুপ্রিয়ার কথা শেষ হওয়ার আগেই অর্জুন উঠে পড়ে বলল, —"আর কিছু কিন্তু নেই, ওনারা এতো অনুরোধ করছেন, বিকেল পর্যন্ত থাকো না? আমি চললাম, বিকেলে আসছি।" তারপর সবাইকে বাই বলে চলে গেল।

সুপ্রিয়াদেবী প্রতাপ নারায়ণের জন্য একটা দুধ সাদা মার্বেল পাথরের রাণী সতী দাদী মন্দিরের রেপ্লিকা উপহার এনেছিলেন। সেটা হাতে দিতে খুলে দেখেই প্রতাপ নারায়ণ ভীষণ খুশি হয়ে বললেন, —"আরে! এতো দারুণ জিনিস! সুপ্রিয়া বহেন আমি এতো ভালো গিফ্ট কখনও কারুর কাছ থেকে পাইনি। অনেক ধন্যবাদ। আপনার এই উপহার পছন্দ করা দেখেই এখন পরিস্কার বুঝতে পারছি কেন আপনাকে আপনার ভাসুর রাজেন্দ্র প্রসাদজী এতো স্নেহ করতেন।"

সুপ্রিয়াদেবী একটু লজ্জিত হয়ে হেসে মাথাটা নামিয়ে রইলেন। তারপর কিছুক্ষণ চুপ করে থেকে বললেন, —"হ্যাঁ আমার ভাসুরের অনুপস্থিতিটা প্রতি মুহূর্তে অনুভব করি।"

হঠাৎ প্রতাপ নারায়ণ বললেন, —"আচ্ছা বহেনজী, একটা কথা জিজ্ঞাসা করবো? ব্যক্তিগত মনে হলে জবাব দেবেন না।"

—"বলুন না ভাইসাব।"

—"আমরা কেউ কেউ এমন কিছু আকস্মিক ঘটনা অনেক সময়ে চোখে দেখে ফেলি যেটা বহু বছর পার হয়ে যাওয়ার পরও মনের মধ্যে মোটা দাগ কেটে বসে থাকে, কিন্তু কখনও প্রকাশ করতে পারিনা। আপনার এমন কোনও ঘটনার অভিজ্ঞতা কখনও হয়েছে?"

—"হঠাৎ এই কথা জিজ্ঞাসা করছেন?"

—"এমনি কোনও কারণ নেই।"

একটু চুপ করে থেকে সুপ্রিয়াদেবী উত্তর দিলেন, "হ্যাঁ আমার ভাসুরের রক্তাক্ত শরীরটা যখন দেখলাম তখন যে ভয়ঙ্কর অভিজ্ঞতাটা হয়েছিল সেটা হয়তো কোনও দিন মন থেকে মুছবেনা।"

সুমিত্রাদেবী ভেতরে চলে গেলেও নম্রতা তখন সামনেই ছিল। খুব কৌতূহল নিয়ে সুপ্রিয়াদেবীর দিকে তাকিয়ে ওনার উত্তর শুনছিল, এবার বলল, —"আন্টিজী আর্ট গ্যাল্যারিটা দেখবেন এখন?"

—"না বেটা, ওটা আমরা লাঞ্চ করে নিয়ে দেখবো, এখন ওনাকে বাড়ির ভেতর নিয়ে যাও, উনি স্নান টান করে ফ্রেস হয়ে নিন," প্রতাপ নারায়ণ বললেন।

খাওয়া দাওয়া হয়ে গেলে প্রতাপ নারায়ণ সুপ্রিয়াদেবীকে নিয়ে নিচে আর্ট গ্যাল্যারি দেখাতে এলেন। নম্রতাও সঙ্গে এলো। প্রত্যেকটি পেন্টিং সুপ্রিয়াদেবী খুব খুঁটিয়ে দেখছেন দেখে প্রতাপ নারায়ণও উৎসাহী হয়ে ছবিগুলি সম্বন্ধে তথ্য দিতে থাকলেন। সুপ্রিয়াদেবী যে সত্যিই শিল্পের সমঝদার বোঝা যাচ্ছিল যখন উনি বিশেষ ভালো লাগা ছবি দেখলেই কাঠের সিঁড়ি ব্যবহার করে সামান্য একটু ওপরে উঠে বা দূরে গিয়ে গভীর ভাবে অবলোকন করছিলেন। সমস্ত পেন্টিং প্রায় দেখা হয়ে যেতে প্রতাপ নারায়ণ একটু রহস্যময় হাসি দিয়ে বললেন, —"সুপ্রিয়া বেহেন, এবার হয়তো আপনি এমন একটা অভিজ্ঞতার ভাগীদার হবেন যেটা আর কোনও দিন ভুলতে পারবেন কিনা সন্দেহ।"

—"সেকি ভাইসাব? আপনি তো আমাকে ভয় পাইয়ে দিচ্ছেন?"

এবার প্রতাপ নারায়ণ চিৎকার করে যোগেশকে আসতে বললেন। তারপর আদেশ করলেন, যে ছবিটা সকালে খুলে সরিয়ে রাখতে বলেছিলেন সেটা এখন গ্যাল্যারির একদম সামনে টাঙ্গিয়ে দিতে। এবার সুপ্রিয়াকে বললেন, —"আসুন, যোগেশ কাজ করুক, ততক্ষণ আমরা ড্রইং রুমে বসে একটু চা খেয়েনি।"

নম্রতা আর প্রতাপ নারায়ণ সুপ্রিয়াদেবীকে নিয়ে বৈঠকখানায় বসে খানিকটা গল্প করতে করতে চা খেয়ে আবার ছবি দেখাবার জন্য হলঘরে ফিরে এলেন। উজ্জ্বল আলো ফোকাশ করা রাজেন্দ্র কিশোরের হত্যা হওয়ার অয়েল পেইন্টিংটা একেবারে সামনের দিকেই টাঙ্গিয়ে দিয়েছে যোগেশ। সুপ্রিয়া প্রথমে ঢুকে খুব স্বাভাবিক ভাবে ছবিটার দিকে এগিয়ে গেলেন। কিন্তু বিদ্যুতের কারেন্ট লাগার মতো চমকে উঠে খানিকটা পিছিয়ে এসে প্রতাপ নারায়ণের দিকে ঘুরে তাকিয়ে অস্ফুটে উচ্চারণ করলেন, —"একি? এটা কোথা থেকে এলো?"

—"অবাক্ হচ্ছেন তো? আপনি বিশ্বাস না করলেও জেনে রাখুন যে এই ছবি মৃত ইমতিয়াজ আলীর আঁকা। আমার এই আর্ট গ্যাল্যারিতেই এসে দিনের পর দিন নিভৃতে বসে ধীরে ধীরে ছবিটা এঁকেছেন।" প্রতাপ নারায়ণ এইটুকু বলার পরেই সুপ্রিয়াদেবী একটু যেন অসুস্থ বোধ করছেন বুঝতে পেরে নম্রতা জিজ্ঞাসা করল, —"আন্টিজী জল খাবেন?"

—"হ্যাঁ প্লিজ, আমি একটু হাওয়ার নিচে বসছি এখন।"

যোগেশকে দিয়ে ঠাণ্ডা জল আনিয়ে নম্রতা সুপ্রিয়াদেবীর হাতে দিতেই উনি ঢক ঢক করে সব জলটা খেয়ে নিয়ে বললেন, —"কি আশ্চর্য! ইমতিয়াজ ভাইয়া তো হত্যাকাণ্ডের সময় ছিলেনই না?"

এবার প্রতাপ নারায়ণ জিজ্ঞাসা করলেন, —"বেহেনজী আমি কি কিছু বলতে পারি আপনাকে?" তারপর একটু থেমে আবার বললেন, —"যদিও আন্দাজ করছি এটা।"

—"নিশ্চয় পারেন। আমি সব কিছু খুলে বলতে রাজি আছি।"

—"আমি জানি রাজেন্দ্র কিশোরের হত্যাটা আপনার চোখের সামনেই হয়েছে এবং ওই মুখোশ পরা হত্যাকারীকে আপনি দেখেছেন সেদিন। আমি ছবিতে আঁকা আয়নার মধ্যে দিয়ে আপনাকে ঐ ঘরের দরজায় ঠিক যখন হত্যাটা সংঘটিত হচ্ছে তখন দাঁড়িয়ে থাকতে দেখেছিলাম, যদিও এই ছবিতে এখন সেটা দেখা যাচ্ছে না।"

এবার সুপ্রিয়াদেবী অনেকটা সামলে নিয়ে বললেন, —"হ্যাঁ, আসলে ইমতিয়াজ ভাই রোজ সন্ধ্যা অবধি ভাইয়াজীর আউট হাউসে বসে ছবি আঁকতেন বা গল্প করতেন। যেদিন ঘটনাটা ঘটেছিল সেদিনও বিকেল হতে বাড়ি ফিরে গিয়েছিলেন। পরে আমি ওনাকে সেদিনের ওই ভয়ঙ্কর ব্যাপারটা কি ভাবে ঘটেছিল বর্ণনা করেছিলাম কারণ ইমতিয়াজ ভাইও আমাকে খুব স্নেহ করতেন। শিল্পীর মন খুব সহজ সরল হয়, তাই আমার কাছ থেকে বিবরণ শুনে খুব ভেঙে পড়েছিলেন। আর তাই হয়তো নিজের মৃত্যুর পর এই ছবি আঁকার মধ্যে দিয়ে ওনার ব্যাথাটা প্রকাশ করেছেন। যাইহোক, এবার একটু খুলে বলি আপনাদের কাছে, তবে দয়াকরে ব্যাপারটা গোপন রাখবেন, এটাতে আমার নিজের আর সেই সঙ্গে সিংহানীয়া পরিবারের সম্মান জড়িত।"

১৬

সুপ্রিয়াদেবী তারপর কিছুক্ষণ ধরে ঐ ছবিটার দিকে তাকিয়ে থেকে বলতে শুরু করলেন, —"আমার বাবাও ছোট ভাইয়ের মতো আর্মি অফিসার ছিলেন। যার ফলে আমাদের বাবার সঙ্গে সঙ্গে অনেক জায়গায় ঘুরে বেড়াতে হোত। পড়াশোনাও করতে হয়েছে অনেক স্কুল পাল্টে পাল্টে। কলেজে পড়ার সময়েই আমার বিয়ে হয়ে যায় বীরেন্দ্র কিশোরের সঙ্গে। এতো বড়ো ধনী নামকরা ব্যবসায়ী পরিবার দেখে আর আমার বাবারও রিটায়ারমেন্ট হয়ে

যাচ্ছে বলে পড়াটা শেষ না করিয়েই বিয়েটা জোর করে দিয়ে দিলেন বাবা মা। আমি বিয়ের আগে শৃঙ্খলার চাদরে ঢাকা খুব স্বাধীনচেতা একটি মেয়ে ছিলাম। বাবা তো আর্মি কালচারে নিজেকে তৈরি করেছিলেন তাই খুবই উদার ছিলেন সব ব্যাপারে, তবে শৃঙ্খলা মেনে। আমি সব কিছু পারি, ড্রাইভিং, সুইমিং, পেন্টিং, গল্ফ্ খেলতে, বিলিয়ার্ড খেলতে বা টেনিস্ খেলতে। আর পারি ইংলিশে কথা বলতে। হয়তো এতো কিছু জানি বলেই আমার শ্বশুর আর ভাসুরের আমাকে দেখে খুব পছন্দ হয়ে গিয়েছিল।

বিয়ের পর কিন্তু আমার দুনিয়াটা একদম বদলে গেল। ঝুনঝুনুর হাভেলীর ওই গণ্ডীর মধ্যে শুধু বীরেন্দ্র কিশোরের স্ত্রীর পরিচয়ে দিনের পর দিন, বছরের পর বছর কাটিয়ে যাওয়া ছাড়া আর কিছুই করার নেই। এর মধ্যে একমাত্র আমার ভাসুর রাজেন্দ্র কিশোর খুব শৌখিন মানুষ ছিলেন, অনেক কিছু জিনিসে যেমন পেইন্টিং, ফুলের বাগান, সাহিত্য, সঙ্গীত ইত্যাদির ব্যাপারে ওনার খুব আকর্ষণ ছিল। আমার নিজেরও এই সব ব্যাপারে খুব আগ্রহ ছিল বলে ভাইয়াজী আমাকে অসম্ভব স্নেহ করতেন। ওনার সান্নিধ্যে এসে আমার মনেরও অনেকটা বিকাশ হোত। এদিকে আমার স্বামী বীরেন্দ্র কিন্তু শুধু ব্যবসা, অর্থ উপার্জন আর কখনো কখনো শিকার করতে যাওয়া বা একটু আধটু বেড়াতে যাওয়া ছাড়া আর কিছুতেই আকর্ষিত হোতনা। আমাদের প্রধান ব্যবসা কপার ইন্ডাস্ট্রির ম্যানেজিং ডাইরেক্টর ছিলেন রাজেন্দ্র কিশোর, আর বীরেন্দ্র কিশোর ডেপুটি ম্যানেজিং ডাইরেক্টর। কিন্তু এটা বীরেন্দ্র কিশোর মানতো না। প্রায়ই বীরেন্দ্র নানা ব্যাপারে ভাইয়াজীর সঙ্গে ভীষণ বিরোধে জড়িয়ে পড়ে চুড়ান্ত অশান্তি করতো। আমার স্বামীর থেকে তিন বছরের বড়ো ছিলেন ভাইয়াজী। কিন্তু বীরেন্দ্র এমন ব্যবহার করতো ওনার সংগে যে মনে হোত ওই বড়ো ভাই। যাইহোক, জানিনা ঠিক কি হয়ে থাকতে পারে, যেদিন ওই ভয়ঙ্কর ঘটনাটা ঘটলো সেদিন রাণী সতী দাদীজীর মন্দিরের বাৎসরিক উৎসবে যোগদান করতে আমাদের হাভেলীতে আত্মীয় স্বজন ভর্তি, এরা সব ভাইরা ছাড়াও শ্বশুর শাশুড়ীও ছিলেন ঐ হাভেলীতে। রাত প্রায় সাড়ে দশটার সময়ে আমি ভাইয়াজীকে আউট হাউসে গিয়ে ডিনার খেতে আসার কথা বলতে সবে ঢুকেছি," এইটুকু বলেই সুপ্রিয়াদেবী ঝর ঝর করে কেঁদে ফেলল।

—"শান্ত হোন বেহেনজী, আমি বুঝতে পেরেছি তারপর কি হয়েছিল।" প্রতাপ নারায়ণ একটু সান্ত্বনা দেওয়ার চেষ্টা করলেন।

রুমাল দিয়ে চোখটা মুছে সুপ্রিয়াদেবী একটু চুপ করে বসে রইলেন। তারপর আবার শুরু করলেন, —"ভাইয়াজী গুলি লেগে পড়ে গেল দেখেই আমি তক্ষুণি ঘর থেকে বেরিয়ে ওই মুখোশ পরা খুনীকে ধরতে দৌড় লাগালাম। সেদিন ভাদো অমাবস্যা ছিলো বলে অন্ধকার বাগানে কিছু দেখা যাচ্ছিল না। কিন্তু হঠাৎ কিছু একটা পায়ে লেগে ভীষণ জোর হোঁচট খেয়ে পড়ে গেলাম। হাত দিয়ে সেটা তুলে নিয়ে দেখি খুনীর মুখোশটা! ওই মুখোশ নিয়ে হাভেলীর আলোয়ে এসে চমকে উঠলাম, একি এটা যে আমার ঘরে টাঙ্গান বীরেন্দ্র কিশোরের মুখোশটা! তাহলে কি---!! বীরেন্দ্রকে ধরার জন্য একছুটে নিজের ঘরে গিয়ে দেখলাম নেই! সারা হাভেলীতে ওকে কোথাও পেলাম না। এদিকে

হাভেলীর প্রায় সবাই গুলির শব্দ পেয়ে কি হয়েছে খুঁজতে বেরিয়ে গেছে। হঠাৎ দেখলাম আমাদের ঘরের বাথরুম থেকে বীরেন্দ্র বেরিয়ে এলো হাত মুখ মুছতে মুছতে। আমাকে খুব সহজ ভাবে জিজ্ঞাসা করল ডিনার দেওয়া হয়ে গেছে কিনা। সোজাসুজি তাকিয়ে প্রশ্ন করলাম, 'ভাইয়াজীকে তুমি গুলি করে মেরে ফেললে? আমি দেখেছি তোমাকে। এই নাও, তোমার এই মুখোশটা বাগানে ফেলে এসেছিলে, এটা ঠিক জায়গায় রেখে দাও। আমি বাবুজীর কাছে যাচ্ছি সব কিছু বলতে।' ঝট করে ও আমার হাতটা টেনে ধরে বলে উঠল, 'আমি কিচ্ছু করিনি, এতক্ষণ বাথরুমে স্নান করছিলাম। রাজেন্দ্র ভাই যদি খুন হয়ে থাকেন তাহলে তুমিই করেছো, মুখোশে আঙ্গুলের ছাপও তোমার হাতের। বহুদিন ধরে লক্ষ্য করছি রাজেন্দ্র ভাইয়ের সঙ্গে তোমার একটা অবৈধ সম্পর্ক তৈরি হয়েছে। আমি নিশ্চিত ওই সম্পর্ক স্থাপন করে তুমি নিজের কোনও স্বার্থ সিদ্ধির চেষ্টায় ছিলে, কিন্তু কোনও কারণে তাতে ব্যাঘাত ঘটায় তুমি ভাইয়াজীকে হত্যা করেছো। এই সব যদি আমি বাবুজীকে বলি বুঝতে পারছো কি হবে?'

ছিঃ, বীরেন্দ্রর জঘন্য নোংরা আর হিংস্র চেহারাটা আমার সামনে বিকট ভাবে প্রকাশ হয়ে পড়ল। কিছুই করতে পারিনি চুপচাপ থেকে যাওয়া ছাড়া। রাণী সতীমা মন্দিরে মহিলারা গিয়ে শক্তি আর সাহস সঞ্চয় করার প্রার্থনা করে, আমিও করেছিলাম, কিন্তু প্রকৃত ক্ষেত্রে সেটা বিফল প্রমাণিত হল।"

—"সুপ্রিয়া বেহেন, আমি ছবিতে দেখেছিলাম মুখোশধারী খুনীর পাশেই একটি দশ এগার বছরের ছেলে ছিল। সে কি আপনার ছেলে?" প্রতাপ নারায়ণ প্রশ্ন করলেন।

—"না, যাকে দেখেছেন সে আমাদের বাগানের মালী জিতুর ছোট ছেলে। ভাইয়াজীর আউট হাউসের কাছেই একটা ছোট কুটীর আছে মালীদের থাকার জন্য, জিতু নিজের পরিবার নিয়ে ঐ কুটীরেই থাকতো বিশাল বাগানটা আর তার গাছপালা দেখভাল করার জন্য। ওর ছেলেটা অন্ধকার বাগানের মধ্যে মুখোশধারী কাউকে দেখে জানলার কাছে চলে এসেছিল। কিন্তু মুখোশধারী হঠাৎ রিভলবার বের করে বড়ে মালিককে গুলি করেছে দেখেই ভয়ে দৌড়ে ঘরে পালিয়ে গিয়েছিল।"

—"আচ্ছা তাহলে তো ওই ছেলেটিও একজন সাক্ষী?" নম্রতা প্রশ্ন করল।

—"জিতু এই ঘটনা ঘটার কয়েক দিনের মধ্যে চাকরি ছেড়ে নিজের দেশে চলে গেল। জানিনা ওকে ভয় দেখিয়ে কেউ কাজ ছাড়তে বাধ্য করেছিল কিনা।"

বেলা যে কখন গড়িয়ে গিয়ে সন্ধ্যা নেমেছে বোঝা যায়নি হলঘরে বসে। যোগেশ এসে খবর দিল মিলিটারি সাহাব এসে গেছেন। সবাই বৈঠকখানা ঘরে ফিরে এল। সুপ্রিয়াদেবী অর্জুনকে দেখে হেসে বললেন, "জানিস ভাইয়া, আজ আমি এখানে এসে জীবনের সমস্ত গ্লানি, দুঃখ, পাপ ঝেড়ে ফেলে দিয়ে মনে শান্তি নিয়ে ফিরে যাচ্ছি। আমার বাবুজী চিরদিন শিখিয়েছিল সাহসী না হলে মনুষ্যত্বহীন হয়ে বেঁচে থাকতে হয়। আমি সত্যিই এতদিন তাই ছিলাম। কারুর কাছে যে কথা গুলো বলার সাহস পাইনি, আজ সেটা পেয়ে নিজের

মনকে হাল্কা করলাম।" তারপর সবার দিকে তাকিয়ে হেসে বললেন, —"আমি আসি তাহলে? আপনাদের অনেক ধন্যবাদ, এখন আমাকে তাড়াতাড়ি ঝুনঝুনুতে ফিরতে হবে ইমতিয়াজ আলি খান ভাইয়ার মকবরার ওপর মার্বেলের দারুণ সুন্দর একটা স্মৃতিসৌধ বানিয়ে দিতে হবে না?"

রেখেছি মনের মাঝে

শিক্ষকদের প্রতি ছোট থেকে আমি বিশেষ শ্রদ্ধাশীল। আর সেই কারণে পরবর্তী কালে ব্যাঙ্কের উচ্চ পদে কাজ করার সময় যখনই কোনও শিক্ষক বা শিক্ষিকা আমার কাছে প্রয়োজনবশতঃ এসেছেন, চেষ্টা করেছি যথাসম্ভব সাহায্য করতে। উনিশ'য় নব্বই সালের মধ্যবর্তী সময়ে আমাকে কলকাতা থেকে শ'খানেক কিলোমিটার দূরে এক মহকুমা শহরে স্টেট ব্যাঙ্কের খুব বড় এবং অত্যন্ত ব্যস্ত একটি শাখার ব্রাঞ্চ ম্যানেজারের দায়িত্বে প্রায় সাড়ে তিন বছর কাটাতে হয়েছিল। ওই শহরের এবং কাছাকাছি স্টেশন গুলির সমস্ত স্কুল কলেজের শিক্ষক, শিক্ষিকা এবং অশিক্ষক কর্মচারীদের বেতন এই ব্রাঞ্চের মাধ্যমে হোত। ফলে প্রতি মাসের সাত তারিখ থেকে বার তারিখ পর্যন্ত প্রায় হাজার খানেক শিক্ষক শিক্ষিকা বেতন তোলার জন্য ব্যাঙ্কে উপস্থিত হতেন। সকলেই যে সন্তুষ্টি নিয়ে ফিরে যেতেন তা নয়, অনেকেই কিছু না কিছু অভিযোগ জানাতে আমার ঘরে ঢুকে আসতেন। এমনকি ডি,আই অফিস থেকে কারও বেতন কম এলেও সেই অভিযোগের জবাবদিহি আমার কাছ থেকে আশা করে ছুটে আসতেন কেউ কেউ। অত্যন্ত ঠাণ্ডা মস্তিষ্কে তাঁদের সব সমস্যা গুলির উপযুক্ত সমাধান করার চেষ্টা করে যেতাম। আজ অবসর গ্রহণ করার পর সুদীর্ঘ বছর পার হয়ে গেলেও শিক্ষকতার সঙ্গে জড়িত ওখানকার দু'জনকে এখনও বিশেষভাবে মনে পড়ে।

ইন্দিরা মুখার্জীকে আমি বড়দি বলে ডাকতাম। আমাদের ব্যাঙ্কের থেকে ঢিল ছোঁড়া দূরত্বে ওই শহরের সবচেয়ে নামকরা যে উচ্চ মাধ্যমিক বালিকা বিদ্যালয় ছিল, ইন্দিরা মুখার্জী ছিলেন সেই স্কুলের প্রধান শিক্ষিকা। সরু পাড়ের ধপধপে সাদা শাড়ি পরিহিতা, ছিপছিপে, কাঁচাপাকা চুলের ইন্দিরা মুখার্জী যেদিন প্রথম আমার ঘরে একটি বিশেষ দরকারে দেখা করতে এলেন, সেদিন ওনাকে দেখে এবং কথাবার্তা শুনেই আমার মনটা শ্রদ্ধায় ভরে উঠেছিল। অত্যন্ত বিচক্ষণ, মিষ্টভাষী আর শান্ত স্বভাবের ইন্দিরাদেবী অচিরেই আমার নিজের বড়দি হয়ে গিয়েছিলেন। একদিন আমার ঘরের বয়স্ক হেড চাপরাসি অমরনাথ একটি বার-তের বছরের মেয়েকে সঙ্গে নিয়ে এসে কাঁদোকাঁদো হয়ে জানাল যে ওর ছোট ভাইয়ের প্রায় এক বছর হল চাকরি চলে গিয়ে পরিবার নিয়ে খুব দুঃস্থ অবস্থায় দিন কাটাচ্ছে। ফলে ভাইয়ের এই মেয়েটির স্কুলে বহুদিন কোন মাইনে জমা দিতে পারেনি। এখন তাই মেয়েটিকে ওরা যেখানে থাকে সেখানকার স্কুল থেকে নাম কেটে দিয়ে বের করে দিয়েছে। অতএব, আমাকে অনুরোধ করল যেমন করে হোক এখানকার মেয়েদের স্কুলের সপ্তম শ্রেণীত ওকে একটু ভর্তি করার কিছু ব্যবস্থা করে দিতে। আমি তো মুশকিলে পড়ে গেলাম কারণ সাধারণত শহরের কোনও স্কুলই হঠাৎ একজন ছাত্রীকে সপ্তম শ্রেণীতে ভর্তি করে না। তাছাড়া আমি একজন ব্যাঙ্কের ম্যানেজার হয়ে মেয়েটির স্কুলে ভর্তি হওয়ার

ব্যাপারে কি ভাবে সাহায্য করতে পারি সেটাও বুঝতে পারছিলাম না। যাইহোক, আমার বড়দির কথা মনে পড়ল। ওনার স্কুলে ভর্তি করে নেওয়ার জন্য অসহায় মেয়েটির ব্যাপারে সব জানিয়ে একটা চিঠি করে অমরনাথকে দিয়ে পাঠিয়ে দিলাম। তিন চার দিন পরেই অমরনাথ অত্যন্ত আনন্দিত হয়ে এসে জানালো যে, আমার সুপারিশের খাতিরে নাকি বড়দি ওই মেয়েটিকে সঙ্গে সঙ্গে ভর্তি করে নিয়েছেন, তার সাথে বলে দিয়েছেন যে ওর পড়াশোনার সব দায়িত্ব বড়দি নিজে বহন করবেন! বিস্মিত হয়ে গিয়েছিলাম বড়দির এহেন মহানুভবতা দেখে, শুধুমাত্র আমাকে সম্মান জানাতে!

এরপর বহুদিন আর বড়দির সঙ্গে আমার কোনও দেখা সাক্ষাৎ হয়নি। আমার ওই শাখা থেকে বদলি হয়ে চলে আসার মাস দু'য়েক আগে হঠাৎ একদিন বেলা এগারটা নাগাদ বড়দি আমার ঘরে এলেন, তারপর বসতে বসতে হেসে জিজ্ঞাসা করলেন, "কেমন আছেন ভাই?" আমি হেসে বললাম, "আরকি, এবার আমার আপনাদের ছেড়ে চলে যাওয়ার সময় হয়ে গেল বড়দি। শুনেছি কলকাতার কোনও অফিসে পোস্টিং হচ্ছে আমার।" কথাটা শুনেই বড়দির মুখে একটা বিষণ্নতা ফুটে উঠল, বললেন —"আপনি চলে গেলে মনের সুখ দুঃখের কথা বলার মত লোক পাব না ভাই, তাছাড়া যখনই কোনও সমস্যা হয়েছে, কেবল আপনার কাছেই ছুটে এসেছি সঠিক সমাধান পেতে। দেখুন না আপনার হেড অফিসে একটু কথা বলে, যদি আরও কয়েক বছর এখানে আপনাকে রেখে দেয়?" হেসে বললাম, "না বড়দি, সে আর হবার নয়, ব্যাঙ্ক অফিসারদের এক জায়গায় তিন চার বছরের বেশী রাখেনা, তাই অনুরোধ করলেও কিছু হবেনা। তা সে যাক্, এখন আপনার প্রয়োজনটা বলুন।" এবার বড়দি একটু চুপ করে থেকে বললেন, "আমি জানেন তো ভাই গত মাসে রিটায়ার করে গেছি।" চমকে উঠে বললাম, "সেকি, এরমধ্যে আপনার অবসর গ্রহণের বয়স হয়ে গেল?" বিষণ্ন মুখে বড়দি বললেন, "হ্যাঁ ভাই, দীর্ঘ আটত্রিশ বছর মেয়েদের মানুষ করতে করতে কোথা দিয়ে যে সময়টা পেরিয়ে গেল টেরই পেলাম না। যাইহোক, এবার একটা ব্যক্তিগত ব্যাপার নিয়ে আপনার কাছে এসেছি ভাই। স্কুল থেকে কিছুটা দূরে আমার নিজের একটি বাসস্থান আছে। সেখানেই আমি থাকি। প্রায় বছর পনের আগে একটি ছেলেকে আমার বাড়ির একতলার একটি ঘর, রান্নাঘর আর বাথরুম ভাড়া দিয়েছিলাম। ছেলেটি পরে বিয়ে করে এবং স্ত্রীকে নিয়ে এখনও আমার বাড়িতেই থাকে। ওর একটি মেয়ে আছে বছর দশেকের। এই ছেলেটি এখন আমার নিজের ছেলেই হয়ে গেছে। আমি রিটায়ারমেন্ট বেনিফিট হিসেবে যে টাকা পেয়েছি তার থেকে পাঁচ লাখ টাকা এই ছেলেটিকে দিয়ে যেতে চাই। তবে এমন ভাবে যাতে ও এখন জানতে না পারে, আমার মৃত্যুর পর হাতে পায়। আর সেই জন্যেই আপনার কাছে এসেছি, কি ভাবে সেটা সম্ভব জানতে।" আমি বললাম, "আপনি টাকাটা নিজের নামে পাঁচ, সাত বা দশ বছরের জন্য একটা ফিক্সড ডিপজিট করে ওই ছেলেটিকে তার নমিনি হিসেবে রাখতে পারেন। সুদটা আপনি তিন মাস বা ছ'মাস বা বছরে একবার করে তুলে নিতে পারেন। আসল টাকাটা পড়ে থাকল, সময় উত্তীর্ণ হলে আবার রিনিউ করে দিতে পারেন। এ ছাড়া অন্য যে পন্থা আছে তাতেও আপনার মৃত্যুর পর ওই ছেলেটির পাওয়ার ব্যবস্থা করে দেওয়া

যায়, কিন্তু তাতে ছেলেটি জানতে পারবে যে আপনি ওর জন্যে টাকা রাখছেন। তবে বড়দি আমার একটু অবাক লাগছে, তাই কৌতূহল প্রকাশ না করে থাকতে পারছি না। আপনার ছেলে মেয়ে কেউ নেই? যদি থেকে থাকে তাহলে তাদের নামে না রেখে আপনি একজন অনাত্মীয় ছেলে যে নাকি আপনার ভাড়াটে আবার, তাকে এতগুলি টাকা দিতে চাইছেন কেন?" এবার বড়দি একটু কুণ্ঠিত হয়ে বললেন,—"হ্যাঁ, আমার নিজের ছেলে আছে, তার জন্য বাকি যা কিছু সবই তো রইল। জন্ম না দিলেও এই ছেলেটি আমার নিজের ছেলের চেয়েও অনেক বেশি। আমাকে ওরা স্বামী স্ত্রী দু'জনেই খুব যত্ন করে, মা বলে ডাকে, আর ছেলেটি তো আমার ভীষণ খেয়াল রাখে। ওর মেয়েটি আবার আমার কাছেই সর্বক্ষণ থাকে, যখন তখন ছুটে এসে ঠাম্মা বলে জড়িয়ে ধরবে। রাতে শুতে যাওয়ার আগে আমার কাছ থেকে ইতিহাসের বা পৌরাণিক যাহোক কিছু কাহিনী না শুনলে ঘুমোতে যাবে না। আমার নিজের নাতিও ওর বয়সী, কিন্তু তাকে আমি কোনও দিন কাছে পাইনি ভাই। আমার ছেলে ইঞ্জিনীয়ার, টাটায় বেশ বড় পোস্টে কাজ করে। ওখানেই বৌ আর ছেলেকে নিয়ে থাকে। বছরে একবার হয়তো আসে। একটা ঘটনা বলি ভাই, বছর সাতেক আগে একবার আমি খুব অসুস্থ হয়ে পড়েছিলাম। পেটে বুকে এতো যন্ত্রণা দেখা দিল যে কাজকর্ম মাথায় উঠল। পাড়ার ডাক্তারের ওষুধ খেয়ে খানিকটা উপশম হলেও একদিন হঠাৎ প্রচণ্ড যন্ত্রণায় জ্ঞান হারিয়ে ফেললাম। মনে হল মৃত্যু যেন আমার শিয়রে এসে দাঁড়িয়েছে। এই ভাড়াটে ছেলেই আমাকে সঙ্গে সঙ্গে হাসপাতালে নিয়ে গিয়েছিল। সেখানকার বড় সার্জন পরীক্ষা করে বলল গল ব্লাডারে স্টোন হয়েছে, চব্বিশ ঘন্টার মধ্যে অপারেশন করতে হবে, না হলে বাঁচানো মুশকিল। আমার ছেলেকে ফোন করে খবর দিতে বললাম। কিন্তু সে আসতে পারল না। আমার এই ভাড়াটে ছেলেটিই তখন সব ব্যবস্থা করে নিজে দাঁড়িয়ে থেকে আমার অপারেশন করিয়েছিল। নিজের ছেলে অবশ্য টাটানগরে থেকে এই ভাড়াটে ছেলেটিকে প্রত্যহ ফোন করে সব খবরাখবর নিত, কেমন আছি না আছি জানতে। আমি সাত দিন হাসপাতালে ছিলাম, আমার এই ছেলেটিও কিন্তু বাড়ি যেত না, ওই সাত দিন ধরে হাসপাতালেই বসে থাকত চব্বিশ ঘন্টা।" বড়দির কথা শুনতে শুনতে ভাবছিলাম সত্যি এই মিষ্টভাষী সুন্দর মানুষটি এইরকমই শ্রদ্ধা, সম্মান এবং ভালবাসা পাওয়ার যোগ্য।

—"কি ভাবছেন ভাই?" বড়দির প্রশ্ন শুনে একটু হাসলাম। তারপর বললাম, —"ঠিক আছে বড়দি, তাহলে কবে করতে চান পাঁচ লাখ টাকার ফিক্সড ডিপজিট?" বড়দি বললেন, "আজকেই করতে পারি যদি বলেন, চেক-বুক তো আমার সঙ্গেই রয়েছে।" এরপর আমি বড়দিকে ফর্ম আর যা দরকার ভর্তি করতে দিয়ে জিজ্ঞাসা করলাম, —"আচ্ছা বড়দি, আপনি ওই ছেলেটির কাছ থেকে ভাড়া নেন?" বড়দি একটু অবাক হয়ে বললেন, —"ওমা, ভাড়া কেন নেবো না? যদিও ছেলেটি একটি স্বল্প বেতনের চাকরি করে, কিন্তু সে জন্য আমি ভাড়া নেওয়া বন্ধ করলে ওর তো মর্যাদা হানি করা হবে, তাই নয় কি? তবে আমি কিছু দিন আগে ওকে বা আমার ছেলেকে কোনও রকম কিছু না জানিয়ে আমার উকিলবাবুকে দিয়ে গোপনে একটি উইল করিয়ে নিয়েছি, যাতে আমার অবর্তমানে বাড়ির

নিচের তলার দু'খানা ঘর, একটা বাথরুম আর ছোট রান্নাঘরটা এই ছেলেটি পায়। বাদ বাকি অংশ নিজের ছেলের জন্য রইল।"

আজকাল আমরা প্রায়ই শুনি বাড়িওয়ালা ভাড়াটের ঝগড়ার কথা, সামান্য কারণে বাড়িওয়ালার ভাড়াটেকে উঠে যাওয়ার নোটিস দেওয়া, বা জল বন্ধ করে দেওয়া, বা কোথাও অনেক পুরোনো হওয়ার অজুহাতে ভাড়াটের সগর্ব ঘোষণা যে তারাও বাড়ির মালিক। এরই পাশাপাশি ভাড়াটে ছেলেটির সঙ্গে বড়দির এমন মা-ছেলের মধুর সম্পর্ক তৈরী হওয়া আর বড়দিরও অপরিসীম মাতৃস্নেহে তার ভবিষ্যৎ সুরক্ষিত করার প্রচেষ্টায় গোপনে তার জন্য যে অর্থ এবং স্থায়ী বাসস্থানের ব্যবস্থা করে যাওয়া সেটি অবশ্যই একটি অতি-বিরল ঘটনা। তাই বড়দির মনের প্রকৃত পরিচয়টা পাওয়ার পর ওনার প্রতি আমার শ্রদ্ধা অনেক গুণ বেড়ে গিয়েছিল, আর সেই কারণেই হয়তো এতো বছর পরেও আমি প্রধান শিক্ষিকা ইন্দিরা মুখার্জী বা আমার বড়দিকে ভুলে যেতে পারিনি।

দুই

পরেশ নাথ বিশ্বাস নিজের একটি বাসস্থান তৈরি করার জন্য দীর্ঘদিন ধরে চেষ্টা করেও অর্থ জোগাড় করতে না পেরে শেষে হতাশায় ভুগছিলেন। এদিকে ওনার স্কুল থেকে অবসর নেওয়ার সময়ও দ্রুত এগিয়ে আসছিল। স্কুলেরই এক শিক্ষক সহকর্মী পরেশবাবুকে স্টেট ব্যাঙ্কে গিয়ে চেষ্টা করে দেখতে উপদেশ দিলেন। একদিন দুপুরে মনযোগ দিয়ে কাজ করছি, এমন সময় আমার ঘরের দরজাটা সামান্য ফাঁক করে একজন চুপচাপ উঁকি দিচ্ছিলেন। নজর পড়তেই ভিতরে আসতে বললাম। দেখলাম একজন লম্বা, শ্যাম বর্ণ, সাদা বুশ শার্ট আর সাদা ফুলপ্যান্ট পরা চল্লিশোর্ধ্ব ব্যক্তি ভিতরে চলে এলেন। সঙ্গে আর একজন বয়স্ক, কৃষ্ণ বর্ণ, খানিকটা মোটাসোটা, উষ্কখুষ্ক চুল, হলদেটে চোখ আর ধুতি পাঞ্জাবী পরা লোক। দেখে মনে হচ্ছিল বয়স্ক ভদ্রলোকটি খুব দ্বিধাগ্রস্ত এবং বিভ্রান্ত। হেসে দু'জনকে সামনের চেয়ারে বসতে বললাম। লম্বা ভদ্রলোক এবার নিজেকে স্কুলের অঙ্ক শিক্ষক বলে পরিচয় দিয়ে নাম বললেন, দিবাকর রায়। তারপর বয়স্ক ভদ্রলোকটিকে দেখিয়ে বললেন, —"ইনি আমার বন্ধু পরেশ নাথ বিশ্বাস, আমার স্কুলেরই ফিজিক্সের শিক্ষক। আমার নিজের দাদার মত। ভীষণ ভাল মানুষ, খুব সঙ্কোচ করছিলেন আপনার কাছে আসতে, আমিই জোর করে নিয়ে এলাম। ওনার একটা জমি কেনা আছে, কিন্তু বাড়ি করার মত টাকা নেই, তাই আমিই পরামর্শ দিলাম এই ব্যাঙ্কে এসে আপনার সঙ্গে কথা বলতে যদি কিছু করা যায়।" এবার আমি পরেশবাবুর দিকে তাকিয়ে দেখলাম উনি চুপ করে বসে শুধু বন্ধুর কথা শুনে যাচ্ছেন, কিন্তু নিজে কিছু বলছেন না। তাই আমি হেসে পরেশবাবুকে বললাম, —"কি হল, মাস্টারমশাই আপনার বাড়ি করার টাকার প্রয়োজন তো আপনি কিছু বলছেন না কেন?" আমার কথা শুনে পরেশবাবু কিছু না বলে শুধু একটু হাসলেন, আর সঙ্গে সঙ্গে দিবাকর ভদ্রলোক বলতে শুরু করলেন, —"না স্যার, পরেশদা আসলে খুব কম কথা বলেন তো, আর লজ্জা পাচ্ছেন তাই---" এবার আমি দিবাকরকে মাঝপথে থামিয়ে দিয়ে বললাম, —"আপনি একটু চুপচাপ থাকুন প্লিজ, যাঁর

লোনের প্রয়োজন আমি তাঁর সাথে ছাড়া অন্য কারও সাথে কথা বলব না। হ্যাঁ, এবার বলুন মাস্টারমশাই আপনি কোন স্কুলের শিক্ষক, কতদিন বাকি অবসর নিতে, পরিবারে কে কে আছেন, কোথায় জমি আর কত টাকা হলে বাড়ি তৈরি করতে পারবেন।" এবার পরেশবাবু মুখ খুললেন, —"আমি স্যার এই স্টেশনের আগের স্টেশনে থাকি। এখান থেকে সাত আট কিলোমিটার দূরে। আপনি গাড়িতে গেলে মিনিট পনের লাগবে। ওখানকারই একমাত্র বয়েজ হাইস্কুলে পদার্থবিদ্যার শিক্ষক। আমার রিটায়ার করতে আর ছ'বছর আছে। আজ থেকে দশ বছর আগে আমি এখন যে বাড়িতে ভাড়া থাকি তার কাছেই একটা সাড়ে পাঁচ কাঠা ভাল জমি কিনে ছিলাম। তারপর সেই জমির চারদিক ইটের পাঁচিল দিয়ে ঘিরে নিয়ে জমি থেকে প্রায় তিনফুট উঁচু করে ভিত তৈরি করিয়ে ছিলাম। এতেই আমার সব সঞ্চিত টাকা শেষ হয়ে গিয়েছিল স্যার। টাকার অভাবে সেই থেকে ওই পাঁচিল ঘেরা জমিটা আমার পড়ে আছে বলে এখন আগাছা জন্মে জঙ্গল হয়ে গেছে। বাড়ি করা আমার আর আমার স্ত্রীর স্বপ্নই রয়ে গেছে। আমি জানতামই না ব্যাঙ্কের থেকে বাড়ি তৈরি করার লোন পাওয়া যেতে পারে, জানলে অনেক বছর আগেই আসতাম।"

—"কিন্তু আপনার বাড়িটা করতে কত টাকা লাগতে পারে এখন সে ব্যাপারে কি কোন অভিজ্ঞ ব্যক্তিকে দিয়ে হিসেব করিয়েছেন?" আমি প্রশ্ন করলাম।

—"হ্যাঁ স্যার, সম্পূর্ণ ভিত তো প্ল্যান অনুসারে করাই আছে, এখন আর ন'লাখ মত লাগবে। আমার পরিচিত একজন ইঞ্জিনীয়ারকে দিয়ে হিসেব করিয়েছি। এটুকু হলেই এক তলাটা সম্পূর্ণ আর দোতলায় অন্তত আমার কোচিং ক্লাস করার জন্য একটা বড় হল ঘর হয়ে যাবে। একটা দিন একটু কষ্ট করে আমার বাড়ি আসুন না স্যার, আপনাকে জমি এবং দলিল সমেত সব কাগজপত্র দেখিয়ে দেব।"

এবার আমি পরেশবাবুকে বললাম, —"ঠিক আছে আমার ঘরের বাইরে আমাদের এডভান্স সেকশনের অফিসার মিস্টার বি,কে,দত্ত আছেন, আমি ওনাকে বলে দিচ্ছি, আপনি ওনার সঙ্গে দেখা করুন। উনি আপনাকে সাহায্য করবেন যা যা লাগবে সে ব্যাপারে। আর সব ঠিক থাকলে কবে আমরা আপনার জমি দেখতে যেতে পারব তাও জানিয়ে দেবেন।" এরপর আমি ইন্টারকম মারফৎ দত্ত সাহেবকে বলে দিলাম যাতে পরেশ নাথ বিশ্বাসকে বাড়ি করার জন্য হাউসিং লোনটা তাড়াতাড়ি দেওয়া যায় তার ব্যবস্থা করতে। কিন্তু মিনিট পনের পরেই মিস্টার দত্ত পরেশবাবুকে নিয়ে আমার ঘরে এসে বললেন, —"স্যার উনি তো আর পাঁচ ছ'বছর পরেই রিটায়ার করবেন, ন'লাখ টাকা আর তার ইনটারেস্ট নিয়ে যেটা হচ্ছে তার ইনস্টলমেন্ট মাসে মাসে ওনার স্কুলের মাইনের প্রায় পঞ্চাশ শতাংশ হয়ে যাবে। স্বামী স্ত্রী আর তিন মেয়ে নিয়ে ওনার পাঁচ জনের সংসার, কি ভাবে চালাবেন?" আমি এবার পরেশবাবুর দিকে তাকিয়ে জিজ্ঞাসা করলাম, "আপনি বলুন মাস্টারমশাই, কি করা যেতে পারে।"

—"স্যার আমি বাড়ি হয়ে গেলেই একটা কোচিং সেন্টার খুলব, তার থেকে কম করেও আট দশ হাজার টাকা তো আসবেই। এখনই আমি ভাড়া বাড়িতে জায়গা নেই বলে বাড়ির

বাগানে খোলা আকাশের তলায় কিছু ছাত্র পড়াই, তাতে আমি চার হাজার টাকা রোজগার করি। অনেক ছাত্রই আমার কাছে পড়তে আসতে চায়, শুধু স্থান নেই বলে পারিনা, তাদের ফিরিয়ে দিই। আর আমি মার্জিন মানি হিসেবে দেড় লাখ টাকা স্ত্রীর গয়না বিক্রী করে দিয়ে দেব, তাহলে তো লোনের টাকাটাও কমে সাড়ে সাত লাখ মত হবে? আমি কথা দিচ্ছি স্যার, প্রত্যেক মাসে লোনের যে ইনস্টলমেন্ট হবে তা মাসের দশ তারিখের মধ্যে এসে ব্যাঙ্কে জমা দিয়ে যাব। কোনও রকম অন্যথা হবে না।" মাস্টরমশাইয়ের আকুল মিনতি শুনে আমি দত্ত সাহেবকে বললাম, —"অন্যান্য সব কিছু ঠিক থাকলে জমিটা দেখে নিয়ে লোনটা ছেড়ে দিন, আমি অনুমোদন করে দেব। তবে ওনার স্কুল কতৃপক্ষের থেকে একটা সম্মতি চিঠি আনিয়ে নিতে হবে যাতে পরেশবাবু মান্থলী ইনস্টলমেন্ট ঠিক সময় মত জমা দিতে না পারলে স্কুল সেটা স্যালারি থেকে কেটে জমা দেওয়াটা সুনিশ্চিত করে।"

—"অনেক ধন্যবাদ স্যার, পরশুই আমি যে সব কাগজপত্র দত্তসাহেব লিখে দিয়েছেন, সেগুলো সমস্ত জোগাড় করে এনে দেব, আর আপনারা কবে জমি দেখতে যাবেন জেনে যাব।" হাত জোড় করে পরেশবাবু বললেন। এর দু'দিন পরেই মাস্টরমশাই জমির দলিল এবং প্রয়োজনীয় সব কাগজপত্রই ব্যাঙ্কের চাহিদা মত নিয়ে এলে আমরা তিন দিন পর বিকেল চারটের সময় ওনার জমি দেখতে যাব বলে জানালাম। মাস্টরমশাই খুব খুশি হয়ে আমাদের রাস্তা চিনিয়ে নিয়ে যাওয়ার জন্য বন্ধু দিবাকর রায়কে পাঠিয়ে দেবেন বলে জানালেন।

সেদিন ছিল বুধবার, দুপুর তিনটে থেকেই দিবাকর রায় ব্যাঙ্কে এসে বসেছিলেন আমাদের নিয়ে যেতে। ব্যাঙ্কের গাড়িতে দিবাকর রায়কে সামনে বসিয়ে আমি আর এডভান্স সেকশনের অফিসার দত্ত সাহেব চারটে নাগাদ আমাদের মহকুমা শহরের আগের স্টশনের দিকে রওনা দিলাম। পনেরো মিনিটের মধ্যেই আমরা পৌঁছে গেলাম মাস্টরমশাইয়ের জমির কাছে। রাস্তায় একটা গাছতলায় দাঁড়িয়ে মাস্টারমশাই অধীর অপেক্ষা করছিলেন। দৌড়ে এলেন আমাদের গাড়ি থেকে নামতে দেখে। খুব মজবুত আর উঁচু পাঁচিল ঘেরা জমিটার ভেতরে বেশ ভাল ঝোপঝাড়ে ভর্তি হয়ে গেছে। ভিতটাও জমি থেকে বেশ উঁচু করে করা রয়েছে। মাস্টারমশাই দেখিয়ে দিলেন প্ল্যান অনুযায়ী কোথায় কোথায় কি হবে। বললাম, —"মাস্টারমশাই আপনি এতবড় জমি কিনতে গিয়ে আর জমির চারদিকে এতখানি উঁচু পাঁচিল গাঁথতে গিয়ে তো অনেকটা অর্থই ব্যয় করে ফেলেছেন? কিছু মনে করবেন না, এটা কিন্তু বেশ অবিবেচকতার কাজ করেছেন। তবে বাড়ি তৈরি হয়ে গেলে সামনের এতটা খোলা জমিতে ভাল সবজি বাগান করার সুযোগ থাকবে।" আমাদের জমি দেখা হয়ে যেতেই মাস্টারমশাই অনুরোধ করলেন কাছেই ওনার বাড়িতে গিয়ে বসে একটু চা খেয়ে যেতে। অগত্যা গাড়িতে মাস্টারমশাইকে বসিয়ে উনি যে বাড়িতে ভাড়া থাকেন সেখানে পৌঁছলাম। একতলা ছোট বাড়ির বাইরে খানিকটা খোলা

জমিতে দেখলাম লম্বা দু'খানা স্কুলের ছড় বেঞ্চ আর চার পাঁচখানা ফাইবারের চেয়ার পড়ে আছে। আমাদের ঐ চেয়ারে বাইরেই বসালেন। অত্যন্ত কুষ্ঠিত হয়ে মাস্টারমশাই ক্ষমা

চেয়ে নিলেন বাইরে বসানোর জন্য। বললেন, —"বাড়িটা খুবই ছোট স্যার, দু'টি শোবার ঘর আর একটু খানি খাওয়ার জায়গা ছাড়া আর কিছুই নেই। তাই এইখানেই ছেলেদের কোচিং করি, আবার আপনাদের মত বিশিষ্ট ব্যক্তিরা এলে বাধ্য হয়ে এখানেই বসাই।" এই সময় দু'হাতে দু'খানা কাঁচের গ্লাস নিয়ে একজন মোটাসোটা, গিন্নীবান্নী, শ্যামবর্ণা, ঘোমটা মাথায়, মাঝ বয়সী মহিলা এসে আমার আর দত্ত সাহেবের হাতে দিয়ে বললেন, —"একটু ডাবের সরবৎ বানিয়েছি আপনাদের জন্য, কেমন হয়েছে জানিনা।" সঙ্গে সঙ্গে মাস্টারমশাই পরিচয় করালেন, —"ইনি হচ্ছেন ব্যাঙ্কের ম্যানেজারসাহেব আর পাশে ইনি দত্তসাহেব, লোন অফিসার।" তারপর আমার দিকে তাকিয়ে বললেন, —"আমার স্ত্রী, বন্দনা। আপনারা আসবেন শুনে সকাল থেকেই প্রহর গুনছে। বাড়ি করার স্বপ্নটা ওরই বহু বছরের। ইদানীং আশাই ছেড়ে দিয়েছিল, মাঝে মাঝে হতাশায় কেঁদে ফেলত।" আমি সরবতে চুমুক দিয়ে বললাম, —"খুব চমৎকার হয়েছে আপনার তৈরি সরবৎ। এখন মনে আর একদম দুঃখ রাখবেন না, আমরা আপনার বাড়ি তৈরির স্বপ্ন সফল করতেই এখানে এসেছি।"

—"কত কষ্ট করে থাকি আমরা এখানে দেখুন স্যার। আমি জানি, ঈশ্বর একদিন মুখ তুলে চাইবেন। আর তাই আপনিই সেই ঈশ্বরের দূত হয়ে এসেছেন।" বলেই আঁচল দিয়ে চোখ মুছতে মুছতে ভদ্রমহিলা বাড়ির ভেতরে চলে গেলেন। মাস্টারমশাইকে জিজ্ঞাসা করলাম, —"বর্ষা কালে বা হঠাৎ বৃষ্টি এলে ছাত্রদের খোলা আকাশের তলায় পড়ান কি ভাবে?" বললেন, —"সম্ভব হয়না, অনেক সময় বেশ কয়েক দিন পড়ানো বন্ধ রাখতে হয়।" এবার ওনার বন্ধু দিবাকর রায় বললেন, —"আসলে পরেশদা ফিজিক্সের খুবই ভাল শিক্ষক বলে পরিচিত, তাই ওনার কাছে পড়ার জন্য বহু ছাত্রই উদগ্রীব হয়ে অপেক্ষা করে আমি দেখেছি।" হঠাৎ দেখি মাস্টারমশাইয়ের স্ত্রী আর উনিশ কুড়ি বছরের একটি মেয়ে দু'জনে দু'খানা বড় কাঁসার থালায় করে প্রচুর খাবার দাবার নিয়ে আসছেন। আর ওনার পিছন পিছন আরও দুটি মেয়ে হাতে করে দু'খানা মোড়া এনে রাখল। টেবিল না থাকায় আমাদের খাবারের থালা গুলো মোড়ার ওপরেই রাখা হল। ওনার স্ত্রী আমাকে আর দত্ত সাহেবকে বললেন, —"সামান্য জলখাবারের ব্যবস্থা করেছি আপনাদের জন্য, আস্তে আস্তে খান, আমি চা নিয়ে আসছি।" থালাটার দিকে তাকিয়ে চমকে উঠলাম, এক গোছা গরম লুচি, কাঁসার একটা বাটিতে করে একটা সবজি আর আর একটায় হয়তো ক্ষীর কিংবা পায়েস, টুকরো করে কাটা প্রচুর পাকা আম বা পেঁপে আর একটা প্লেটে দুটো বড় সন্দেশ।

—"কি করেছেন এতো! আমি অনেক বেলায় দুপুরের আহার সারি, তাই এসব এখন খেতে পারা যাবে না, আমাকে শুধু এক কাপ চা দিলেই চলবে।" আমার বক্তব্য শেষ হতে না হতেই মাস্টারমশাইয়ের স্ত্রী বলে উঠলেন, —"তা হয়না ম্যানেজার সাহেব, সব বাড়ির জিনিস, আমি নিজে হাতে বানিয়েছি আপনাদের জন্য, না খেলে চলবে না।" ভদ্রমহিলার আন্তরিকতা আর পরিশ্রমের মূল্য দেওয়ার জন্য শেষে বললাম, —"ঠিক আছে, আমি আপনার অনুরোধ ফেলতে পারছিনা বলে এর থেকে আপাততঃ একটি লুচি আর অল্প সবজি খাচ্ছি, তবে পরে আপনার নিজের গৃহ তৈরি হয়ে গেলে কথা দিচ্ছি একদিন

এসে ভাল করে আপনার হাতের খাবার খেয়ে যাব।" এবার দত্তসাহেবের দিকে তাকিয়ে আমি হেসে বললাম, —"দত্তসাহেব চন্দননগরে ফিরবেন, উনি নিশ্চয় খেতে পারবেন।" দত্তসাহেব একটু পেটুক লোক বলে আমি জানি, উনিও হেসে বললেন, —"ঠিক আছে ম্যাডাম, আমার সাহেব না খেলেও আমি আপনার খাবার সব খেয়ে নিচ্ছি।" বলেই নিজের থালাটা হাতে তুলে নিলেন। একটা অসম্ভব তৃপ্তির হাসি দিয়ে ভদ্রমহিলা দত্তসাহেবকে বললেন, —"নিশ্চয়, খান আপনি, আমি আরও লুচি দেব আপনাকে।" তারপর আমার দিকে ফিরে বললেন, —"আপনিও কিন্তু মনে রাখবেন স্যার, নতুন বাড়িতে এসে আমার হাতের রান্না খেয়ে যাবেন বলে কথা দিয়ে যাচ্ছেন। এবার বলি, এই হল আমার তিন মেয়ে, এটি বড়, আর এই মেজ আর ছোট।" দেখলাম তিনজনেই খুব লজ্জা পাচ্ছে। বড়টিকে দেখে পঁচিশ ছাব্বিশ মনে হল, অবিবাহিতা। প্রত্যেক বোনের মধ্যে বয়সের ব্যবধান তিন চার বছর করে মনে হল।

মাস্টারমশাইয়ের লোন অনুমোদন করার পর থেকে কিস্তিতে টাকা দেওয়া হচ্ছিল যতটুকু তৈরি হল সেই আনুসারে। মাঝখানে আরও দু'বার দত্ত সাহেব নিজে গিয়ে কাজের অগ্রগতি পরিদর্শন করে এসেছিলেন। মাস পাঁচেক পর যখন বাড়ি তৈরি প্রায় শেষ কেবল ভিতর বাইরে রঙ করা ছাড়া, একদিন দুপুরের পরে মাস্টারমশাই এসে ধরলেন একবার গিয়ে কেমন হয়েছে দেখে আসার জন্য। সেদিন কাজের বিশেষ চাপ না থাকায় মাস্টারমশাইকে খানিকটা অপেক্ষা করতে বলে হাতের কাজ গুলো সেরে নিলাম, তারপর অফিসের গাড়িতে করে দত্তসাহেব আর মাস্টারমশাইকে নিয়ে বেরিয়ে পড়লাম। সাইটে যখন পৌঁছলাম তখন বিকেল বেলা। খানিকটা দূরের মাঠে দেখলাম বেশ কয়েকজন কিশোর হৈ চৈ করে ফুটবল খেলছে। মাস্টারমশাইয়ের বাড়ি দেখে খুব তৃপ্তি বোধ হল। খালি পড়ে থাকা আগাছায় ভরা জমিটা হারিয়ে গিয়ে এক অসচ্ছল, নিরীহ, সরল এবং শিক্ষকতায় নিবেদিতপ্রাণ সাদাসিধে মানুষের কাছে প্রাসাদ হয়ে দাঁড়িয়ে যেন এই দ্বিতল বাটীটি। মাস্টারমশাই অত্যন্ত উৎসাহ নিয়ে বাড়ির ভেতরটা ঘুরিয়ে ঘুরিয়ে দেখাতে লাগলেন। ঢুকেই প্রশস্ত একটা সুন্দর বৈঠকখানা ঘরের এক দিকে পাশাপাশি দু'খানা শোবার ঘর, ছোট একটা ভাঁড়ার বা ঠাকুরঘর। আর অপর দিকে আরও একটি শোবার ঘর, রান্নাঘর এবং বাথরুম। বাড়িতে ঢোকার সদর দরজার পাশ দিয়েই সিঁড়ি উঠে গেছে দোতলায়। সেখানে উঠে একটা প্রায় কুড়ি ফিট লম্বা আর পনের ফিট চওড়া হলঘর তৈরি হয়েছে, হলঘরের শেষে আরও একটি বাথরুম-পায়খানা। মাস্টারমশাই জানালেন এই হলঘরটি শুধু কোচিং সেন্টার করবেন বলে করেছেন। প্রয়োজন হলে পঞ্চাশ জন ছাত্রকে একসাথে বসিয়ে পড়াতে পারবেন। এই দোতলায় ওঠার সিঁড়ির নিচেও একটা বেশ লম্বা বড় জায়গা তৈরি হয়েছে, সেখানে কোলাপ্সিবল্ গেট লাগিয়ে তাতে তালা চাবি দিয়ে বাড়ির জানলা দরজার কাঠ রেখেছেন। জানালেন বাড়ি তৈরি শেষ হলে সিঁড়ির নিচেটা একদম খালি হয়ে যাবে। তখন প্রয়োজন মত কোনও কিছু রাখবার দরকার হলে এখানে ঢুকিয়ে রাখা যাবে। বললাম, —"চমৎকার হয়েছে আপনার অট্টালিকা, যেটুকু টাকা পেয়েছেন তাতে অবিশ্বাস্য রকম ভাল করতে পেরেছেন। বাইরে আর ভেতরে রঙ করাবেন টাকা

রেখেছেন?" মাস্টারমশাই কোনও দ্বিধা না করে বললেন, —"পরে যখন আবার সুযোগ আসবে, চেষ্টা করব রঙের কাজটা করাতে। আপাততঃ দরজা জানলা হয়ে গেলেই ভাবছি আগামী বিশে এপ্রিল শনিবার অক্ষয় তৃতীয়র দিন গৃহপ্রবেশ করব। আপনাদের দু'জনকেই সেদিন আসতে হবে কিন্তু।" আমি এবং দত্তসাহেব দু'জনেই সম্মতি জানালাম। এবার মাস্টারমশাই হেসে বললেন, —"জানেন স্যার, বাড়ি তৈরির শুরু থেকে আমার স্ত্রী প্রতি দিন সকাল সকাল ভাত খেয়ে এখানে দশটার মধ্যে চলে আসেন, বিকেল পাঁচটা পর্যন্ত দাঁড়িয়ে থেকে মিস্ত্রীদের দিয়ে কাজ করিয়ে বাড়ি ফেরেন। ওই সবচেয়ে খুশি হয়েছে আপনাদের সাহায্য পেয়ে বাড়িটা করে ফেলতে পেরেছি বলে।"

বিশে এপ্রিল, শনিবার মাস্টারমশাইয়ের বাড়ির গৃহপ্রবেশ হলেও আমার যাওয়া সম্ভব হয়নি কারণ অফিসের ছুটির পর কলকাতায় নিজের বাড়িতে ফেরার কথা ছিল। দত্তসাহেব অবশ্য গিয়েছিলেন সেদিন অফিসের পর। এরপর থেকে প্রত্যেক মাসে ঠিক সাত বা আট তারিখে মাস্টারমশাই নিজে ব্যাঙ্কে এসে লোনের ইনস্টলমেন্টের টাকা জমা করতেন। কখনও কখনও আবার আমার কাছে এসে দেখা দিয়ে যেতেন। কিন্তু ছ'মাস ধরে ঠিকঠাক টাকা জমা দিয়ে গেলেও হঠাৎ সপ্তম মাস থেকে মাস্টারমশাইয়ের ব্যাঙ্কে আসা বন্ধ হয়ে গেল। অসুস্থ হয়েছেন চিন্তা করে অপেক্ষা করলাম। কিন্তু তিন মাস ধরে টাকা বাকি পড়ে যেতে দুশ্চিন্তা শুরু হল, ওপরওয়ালার কাছে জবাবদিহি করতে হবে হাউসিং লোনটা অনাদায়ী ঋণ হয়ে দাঁড়িয়ে গেল। শেষে দত্তসাহেবকে একদিন ডেকে ওনার স্কুলে চিঠি দিতে বললাম যাতে মাস্টারমশাইয়ের মাইনে থেকে টাকাটা কেটে পাঠায়। কিন্তু এর ঠিক দু'দিন পরই হঠাৎ মাস্টারমশাই আমার ঘরে এসে হাজির হলেন। চেহারা দেখে অবাক হলাম। সাদা পাঞ্জাবীটা অত্যন্ত মলিন, চুলগুলো রুক্ষ, উষ্কখুষ্ক, ঘোলাটে লাল চোখ, খানিকটা বিভ্রান্ত ভাব। এসে চেয়ারে বসার সঙ্গে সঙ্গে বেশ চড়া গলায় বললাম, —"আমি শিক্ষকদের অত্যন্ত শ্রদ্ধা করি কারণ তাঁরা সমাজের আদর্শ, তাঁদের কথায় সম্পূর্ণ বিশ্বাস এবং আস্থা রাখি। কিন্তু আমি অত্যন্ত দুঃখিত, আপনি একজন শিক্ষক হয়ে আমার এই সমস্ত ধারণা গুলো একদম ভেঙ্গে দিয়েছেন। এ ব্যাপারে আপনার কি কিছু বলার আছে?" মাস্টারমশাই চুপ করে আমার দিকে কিছুক্ষণ তাকিয়ে রইলেন, তারপর আমার হাতে ওনার বাকি থাকা চারটে ইনস্টলমেন্টের মধ্যে মাত্র একটার টাকা দিয়ে বললেন, —"স্যার এই একটা এখন রাখুন আর দয়াকরে একবারটি আমার বাড়ি চলুন।" এবার বেশ রাগত হয়ে বললাম, —"কি আরম্ভ করেছেন বলুন তো? আমরা আপনার স্কুল কতৃপক্ষকে চিঠি দিচ্ছি আপনি ব্যাঙ্ক থেকে হোম লোন নিয়ে ডিফল্টার হয়ে গেছেন বলে। তাই আপনি না চাইলেও আপনার মাইনে থেকে ডাইরেক্ট টাকা কেটে আমাদের পাঠাতে বলছি। আর আমি আপনার বাড়ি গিয়ে করব টা কি? কিছু একটা অজুহাত খাড়া করে রেখে এসেছেন নিশ্চয়, গেলেই সেটা দেখিয়ে এক্সকিউজ চাইবেন, এই তো?" এবার মাস্টারমশাই ছলছল চোখে আমাকে বললেন, —"না না স্যার, আমার নিজের একজন অত্যন্ত আপনজন হিসেবে আপনাকে অনুরোধ করছি, একটু দয়া করে আসুন আমার বাড়ি, তাহলেই বুঝতে পারবেন।" ইন্টারকমটা তুলে দত্তসাহেবকে ডাকলাম ঘরে। তারপর মাস্টারমশাইয়ের

দেওয়া টাকাটা দত্তসাহেবকে দিয়ে জমা করতে বললাম আর ওনার বাড়ি আমাদের একবার যেতে হবে বলে জানালাম। ঠিক হল পরের দিন বিকেল চারটে নাগাদ যাওয়া হবে। মাস্টারমশাইকে সে কথা বলতে নমস্কার জানিয়ে উঠে চলে গেলেন।

পরের দিন কারেন্ট একাউন্টস্‌ সেকশনের অফিসারটি অনুপস্থিত হয়ে পড়ায় দত্তসাহেবকে আমার নির্দেশ অনুযায়ী এডভান্স সেকশনের সাথে সাথে কারেন্ট একান্টস্‌ এর কাজটাও দেখতে হচ্ছিল। তাই কাজের চাপের ফলে দত্তসাহেবকে নিয়ে মাস্টারমশাইয়ের বাড়ির উদ্দেশ্যে রওনা হতে হতে বিকেল প্রায় পাঁচটা হয়ে গেল। যখন পৌঁছালাম তখন অন্ধকার নামছে। সেদিনও দেখলাম খেলা শেষ হয়ে গেলেও উৎসাহী ছেলেগুলো সামনের মাঠটায় ফুটবল নিয়ে জটলা করছে। ফেব্রুয়ারি মাস হলেও ফাঁকা জায়গা বলে বেশ শীত শীত ভাব আছে। বাড়ির সামনে এসে গাড়ি থেকে নামতেই একটি শাড়ি পরা মেয়ে দরজা খুলে দাঁড়াল। দত্তসাহেব তাকে জিজ্ঞাসা করলেন, —“বাবা আছেন? গিয়ে বল ব্যাঙ্ক থেকে ম্যানেজার সাহেব এসেছেন।” মেয়েটি ভেতরে নিয়ে গিয়ে আমাদের বসিয়ে চলে গেল। সিমেন্ট বালির দেওয়ালগুলো রঙ করা হয়নি বলে বিকেল হতেই ঘরের ভেতরটা যেন বড্ড বেশী অন্ধকার লাগছে। বাড়িটা যেন অসম্ভব নিস্তব্ধও লাগছে। কিন্তু আশ্চর্য, মাস্টারমশাইয়ের দেখা নেই। আমি আর দত্তসাহেব মুখ চাওয়াচাওয়ি করলাম একবার। বোঝাতে চাইলাম, হল কি মাস্টারমশাইয়ের? হঠাৎ দেখলাম, একটা ঘর থেকে মাস্টারমশাই গায়ের পাঞ্জাবীটার বোতাম লাগাতে লাগাতে বেরিয়ে এলেন। মনে হল যেন ঘুমিয়ে ছিলেন। এসেই আমাদের বললেন, —“স্যার একবার আমার সঙ্গে এখানে আসুন।” বাইরে ওনার বাড়ির পাশ দিয়ে যে সিঁড়ি করেছেন ওপরে হলঘরে যাওয়ার, তার নিচের স্বল্প পরিসর কিন্তু অনেকটা লম্বা জায়গাটা ব্যবহার করার জন্য ঢোকার দরজাটা করেছেন বাড়ির ভেতরের দিকে। সেখানে আমাদের নিয়ে গেলেন। ওপরের ছাদটা একদিকে অনেকটা উঁচুতে থাকলেও ওটা সিঁড়ির নিচতলার ঘর বলে আর একটা দিকের ছাদ ক্রমশ ঢালু হয়ে নিচে নেমে এসেছে। প্রায় অন্ধকার ঘরটায় কেমন যেন একটা গন্ধ লাগছে নাকে। প্রশ্ন করলাম, —“এখানে কিছু করেন? একটা যেন ভ্যাপসা আর অদ্ভূত গন্ধ লাগছে। দত্তসাহেব কি পাচ্ছেন?” উত্তরটা পেলাম মাস্টারমশাইয়ের কাছ থেকে। আমাদের ভেতরে দাঁড় করিয়ে উনি বাইরে চলে গিয়ে কোলাপ্সিবল্‌ গেটটা টেনে বন্ধ করতে করতে প্রলাপ বকার মত চেঁচিয়ে বলতে শুরু করলেন,—“জানেন স্যার? চোখের সামনে ঠিক এই রকম বাইরে দাঁড়িয়ে থেকে তালাবন্ধ এই ঘরটার ভেতরে নিজের স্ত্রীকে দাউ দাউ করে জ্বলতে জ্বলতে পুড়ে ছাই হয়ে যেতে দেখেছি! ওঃ, ঈশ্বর! কি ভয়ঙ্কর সে দৃশ্য, সম্পূর্ণ অসহায় হয়ে আমাকে সুস্থ জল্‌ জ্যান্ত একটা মানুষকে পুড়ে একবারে ছাই হয়ে যেতে দেখতে হল।” কথাগুলো বলতে বলতে গেটের গায়ে চাবিসুদ্ধ ঝোলান পেতলের তালাটা খুলে নিয়ে বন্ধ গেটে লাগিয়ে দিলেন আমাদের ভেতরেই রেখে। তারপর বলে যেতে লাগলেন, “ঠিক এই ভাবে, হঠাৎ এক ছুটে বন্দনা এখানে এসেই গেটটা ভেতর থেকে বন্ধ করে তালাটা লাগাল আগে, তারপর চাবিটা ওই যে সিঁড়ির নিচে যেদিকের ছাদটা খুব নেমে এসেছে দেখছেন, ঐ দিকটায় ছুঁড়ে ফেলে দিল যাতে আমরা নাগাল না পাই। আমি

প্রথমে অবাক হয়ে দেখছিলাম, তখনও অবধি বুঝতে পারিনি কি ভয়ানক কাণ্ড করতে যাচ্ছে বন্দনা। ভেতরের ওই ক্যানটায় ভর্তি পাঁচ লিটার কেরোসিন রাখা ছিল হ্যারিকেন জ্বালানোর জন্য, এখানে ঘনঘন লোড শেডিং হয় বলে। চক্ষের নিমেষে সেই কেরোসিন পুরো খালি করে নিজের গায়ে ঢেলে দিয়েই দেশলাই জ্বালিয়ে আগুন ধরিয়ে দিল। অসহ্য যন্ত্রণায় তারপর সারা ঘরময় দাপাদাপি, ছুটাছুটি করে আর্ত চিৎকার করতে লাগলো। তখন বন্দনাকে আর দেখা যাচ্ছিল না, ঠিক মনে হচ্ছিল একটা আগুনের গোলা মানবের অবয়বে ঘরটার মধ্যে দৌড়াদৌড়ি করছে! তালাটা ভেতরের দিকে ছিল বলে সবাই মিলে আমরা বহু চেষ্টা করেও ভাঙতে পারলাম না।" এবার মাস্টারমশাই আমাদের তালা এবং কোলাপ্সিবল্ গেটটা খুলে দিয়ে আবার বলতে শুরু করলেন, —"আমার সব শেষ হয়ে গেছে স্যার! যে বেশি বাড়ি বাড়ি করে পাগলের মত হয়ে গিয়েছিল, সেই যখন এই ভাবে চলে গেল তখন কি হবে আর আমার এই বাড়ি? আমি তো তার জন্যই বাড়ি করেছিলাম স্যার?" বলতে বলতে কান্না এসে যাওয়ায় গেটটা দু'হাতে চেপে ধরে মাথাটা ঝুঁকিয়ে দাঁড়িয়ে রইলেন। বিস্মিত, ভীত এবং কিংকর্তব্যবিমূঢ় হয়ে আমি ওই ঘরটার চারিদিক নিরীক্ষণ করতে লাগলাম। ঘরটা অন্ধকারাচ্ছন্ন বলে দত্ত সাহেব পকেট থেকে নিজের সিগারেট লাইটারটা বার করে জ্বালাতেই ভয়ঙ্কর দেওয়ালটা প্রকট হয়ে পড়ল। এ প্রান্ত থেকে ও প্রান্ত সমস্ত দেওয়ালটা মনে হল কেউ যেন কাল কাল ভুসি মাখিয়ে দিয়েছে। মেঝেতেও জ্বলে যাওয়ার চিহ্ন। কোনার দিকে পাঁচ লিটারের একটা কেরোসিন রাখার জেরিক্যান আগুনের তাপে গলে কাল হয়ে তাল পাকিয়ে গেছে। কিছু নারকেল দড়ি, ছোট ছোট কাঠের তক্তা ইত্যাদি কোনায় রয়েছে, কিন্তু সবই আধ পোড়া। উফ্, কি ভয়ঙ্কর একটা অভিজ্ঞতা, সেই মুহূর্তে চোখের সামনে যেন ভদ্রমহিলাকে জ্বলন্ত অবস্থায় ছুটাছুটি করতে দেখতে পাচ্ছিলাম আর শুনতে পাচ্ছিলাম ওনার আর্ত চিৎকার। ভয়ে আমার সমস্ত লোমকূপ খাড়া হয়ে জিভটা শুকিয়ে গিয়েছিল। এক গ্লাস জল চাইলাম। শকটা থেকে বের হওয়ার জন্য আমরা বৈঠকখানা ঘরে এসে বসতে মাস্টারমশাই বললেন, —"মাফ করবেন, সেদিন আমার অবস্থাটা কিছুটা বোঝাবার জন্য আপনাদের এইভাবে হেনস্থা করতে হল।" একটি মেয়ে এসে আমাদের দু'গ্লাস জল দিল। এবার দত্তসাহেব জিজ্ঞাসা করলেন, —"কি হয়েছিল বলুন তো যার জন্য আপনার স্ত্রী এমনটা করলেন?" কিছুক্ষণ নিশ্চুপ হয়ে মেঝের দিকে তাকিয়ে থেকে মাস্টারমশাই বলতে শুরু করলেন —"আমার তিনটি মেয়ে, তিন জনেরই বিয়ের বয়েস হয়েছে। বড় মেয়ে তো ছাব্বিশ বছরের হয়ে গেছে। হায়ার সেকেণ্ডারি পাশ করে আর এগোতে পারেনি। বিয়ের সম্বন্ধ বেশ কিছু এলেও পাত্রপক্ষের হয় মেয়ে পছন্দ হয়নি আর নয় অনেক পণের দাবি জানিয়ে ফিরে গেছে। কোথায় টাকা পাব আমি? সব সঞ্চয় দিয়ে তার ওপর ব্যাঙ্ক থেকে লোন নিয়ে তো এই বাড়ি। বিয়ে হচ্ছেনা বলে মেয়ে হতাশায় ভুগছে, তাই এর জন্য নিজের মা'কেই সব সময় দায়ী করে রোজই ঝগড়াঝাঁটি অশান্তি করছিল। ঘটনাটার দিন বিকেলেও বন্দনার সঙ্গে ঝগড়া হচ্ছিল বড় মেয়ের। মনেহয় বলছিল বাবার সব টাকা খরচ করিয়ে তার ওপর বিশাল টাকা লোন করে বাড়ি করা হয়েছে। এখন নিজে জমিদার গিন্নী হয়ে খালি হাতে ঘুরছে আর কেউ এলেই বলছে আমার টাকা নেই, মেয়ের বিয়ে দিতে পারব না। টাকা পয়সা কিছুই যদি না

থাকে তাহলে তিন তিনটে মেয়ের জন্ম দিয়েছিলে কেন? লজ্জা করে না? আরও কি সব বলেছে মেয়ে জানিনা, কোনও কারণে হয়তো মনের গভীরে খুব আঘাত লেগে গিয়েছিল, তাই রাগে, অভিমানে, হতাশায় হঠাৎ ছুটে গিয়ে নিজেকে শেষ করে দেওয়ার মত এমন চরম সিদ্ধান্ত নিল। মা চলে যেতে বড় মেয়েও পাঁচদিন পর হঠাৎ বাড়ি থেকে উধাও হয়ে গেল। সে আর এক বিপদ! এই রকম মনের অবস্থায় আবার থানা পুলিশ করতে হয়েছিল কয়েক দিন ধরে। শেষে দশ বার দিন কেটে যাওয়ার পর আমার এক পিসতুত ভাই পরিবার নিয়ে রাউরকেল্লায় থাকে, তার কাছ থেকে খবর এল যে মেয়ে নাকি তার বাড়িতে গেছে। এখনও মেয়ে ফিরে আসেনি। হয়তো নিজেকে মায়ের আত্মহত্যার কারণ ভেবে এখন অনুশোচনায় কাতর হয়ে পড়েছে।" ইতিমধ্যে কথার ফাঁকে মাস্টারমশাইয়ের একটি মেয়ে আমাদের চা দিয়ে গিয়েছিল। চা খাওয়া হতে বিষাদ মনের অন্তরে অনেক দুঃখ এবং বেদনা নিয়ে আমরা বিদায় নিতে উঠে পড়লাম কারণ বেশ সন্ধ্যা হয়ে গিয়েছিল, দত্তসাহেবের চন্দননগরে ফেরার কথা ছিল। আসার সময় মাস্টারমশাই আমাদের কথা দিয়েছিলেন পরের তিন মাসের মধ্যে উনি লোনের বকেয়া ইনস্টলমেন্ট গুলো সব শোধ করে দেবেন। বলতে দ্বিধা নেই ওনার প্রতি আমার শ্রদ্ধা আরও অনেকগুণ বাড়িয়ে ওই বকেয়া টাকাগুলো তিন মাস নয়, পরের মাসেই শোধ করে দিয়েছিলেন মাস্টারমশাই ।

ব্রিফকেস রহস্য

প্লেনটা ঘন্টা চারেক ওড়ার পরেই এয়ার হোস্টেসের মিষ্টি গলা ভেসে এলো —"লেডিজ এণ্ড জেন্টলমেন মে আই হ্যাভ ইয়োর এটেনশন প্লিজ, উই হ্যাভ নাও স্টার্টেড টু ডিসেন্ট ইন টু নেতাজী সুভাষ ইন্টারন্যাশানাল এয়ারপোর্ট কলকাতা, প্লিজ এনসিওর ইয়োর সিট বেল্ট ইজ ফার্মলি ফাসেণ্ড, ইয়োর সিট ইজ ইন আপরাইট পজিশন এণ্ড ইয়োর ট্রে টেবল হ্যাজ বিন সিকিওর্ড, অল ব্যাগেজ মাস্ট নাও বি স্টাওড আণ্ডার দা সিট ইন ফ্রন্ট অফ ইউ, অল ইলেকট্রনিক ডিভাইসেস মাস্ট বি টার্নড অফ এণ্ড রিমেইন অফ আনটিল ইউ আর ওয়েল ইনসাইড দ্যা টারমিনাল।" সুদর্শন জানলার দিকে তাকিয়ে দেখল প্লেনটা কাত হয়ে উড়ছে আর নিচের নানা রঙের বাড়িঘর গুলো যেন আস্তে আস্তে বড় হতে হতে প্লেনটার জানলার দিকে এগিয়ে আসছে। বাবার মুখটা মনে পড়ল সুদর্শনের, অত্যন্ত কর্তব্যপরায়ণ, সময়নিষ্ঠ, সৎ আর স্নেহশীল একজন ব্যক্তি। আজও মনে আছে লণ্ডন যাওয়ার দিন খুঁটিনাটি যা কিছু নেওয়ার সব বাবাই গুছিয়ে দিয়েছিলেন। এয়ারপোর্টের গেট অবধি পৌঁছে সি অফ করার সময় প্রথম দেখেছিল বাবার চোখ ভিজে, সেটাকে লুকিয়ে তাড়াতাড়ি "সাবধানে থাকিস আর নিজের শরীরের দিকে খেয়াল রাখিস" বলেই পেছন ফিরে চলে গিয়েছিলেন। আজ ছ'বছর পরও সেই দৃশ্যটা মনে গেঁথে আছে। একটা ছোট গোঁত্তা লাগতেই দেখল প্লেনটা রানওয়ে টাচ করে ছুট লাগিয়েছে। কিছুক্ষণ পর টার্মিনালে পৌঁছে নিজের বড় সুটকেসটা কনভেয়ার বেল্ট থেকে নিয়ে আস্তে আস্তে গেট দিয়ে বের হয়েই চমকে উঠল সুদর্শন!

—"একি তুমি কলকতায়?" প্রাচী গাড়ি নিয়ে অপেক্ষা করছে দেখে সুদর্শনের কৌতূহলী প্রশ্ন।

—"হ্যাঁ, তোমাকে একটা প্লেজান্ট সারপ্রাইস দেওয়ার ইচ্ছে ছিল, আর——"

—"আর কি?" গাড়ির ডিকিতে সুটকেসটা রাখতে রাখতে জিজ্ঞাসা করল সুদর্শন।

প্রাচী সুদর্শনের প্রশ্নের উত্তর না দিয়ে গাড়ির দরজাটা খুলে ধরে বলল, —"তাড়াতাড়ি উঠে এসো এখানে পার্কিং এলাওড নয়।"

গাড়িতে উঠে আবার প্রশ্ন করল, —"তুমি কবে এসেছ, গতকাল?"

—"না না, আমি এসেছি তিন দিন হয়ে গেছে।"

সুদর্শন এবার বেশ বিস্মিত হয়ে জিজ্ঞাসা করল, —"তাই নাকি? কই বাবাও তো কিছু বলল না? কালই তো দুবাই এয়ারপোর্ট পৌঁছে বাবার সঙ্গে কথা হল।"

হেসে ফেলল প্রাচী, —"বাবাকে আমি বলে দিয়েছিলাম আমি এখানে এসেছি তোমাকে না জানাতে।"

—"এনি প্রবলেম দেয়ার? তুমি তো কাজ ফেলে এই ভাবে চলে এসে তিন চার দিন ধরে আমার বাবা মা'র কাছে বসে থাকার পাত্রী নও?"

—"ঠিক বলেছ," তারপর ড্রাইভারের দিকে তাকিয়ে দেখে নিয়ে বলল, "উই উইল ডিসকাস ইট লেটার।" এবার কিছুক্ষণ চুপ করে থেকে সুদর্শনকে বাইরের দিকে তাকিয়ে থাকতে দেখে জিজ্ঞাসা করল, —"তুমি তো বহুদিন পর কলকাতা ফিরলে, কিছু পরিবর্তন হয়েছে বলে মনে হচ্ছে?"

—"হ্যাঁ, কিছু কিছু জিনিস বৃদ্ধি পেয়েছে বলে এই মুহূর্তে দেখতে পাচ্ছি।" সুদর্শন হেসে বলল।

—"তাই? কি বৃদ্ধি পেয়েছে শুনি?"

—"স্কাইস্ক্র্যাপার, ফ্লাইওভার, পোস্টার, হকার আর সরকার।"

প্রাচী এবার জোরে হেসে উঠল, তারপর প্রশ্ন করল, —"অন্যগুলো তো বুঝলাম, কিন্তু সরকার মানে?"

—"মানে এখানকার সরকারই যে এই উন্নতিসাধন গুলো করেছে সেটা রাস্তায় কিছুটা দূরত্ব অন্তর অন্তর বুঝিয়ে দেওয়া হয়েছে।"

কিছুক্ষণের মধ্যেই সুদর্শনের বাড়ির গেটে এসে থামল গাড়িটা। সুদর্শন লক্ষ্য করল মেন গেটটা সুন্দর করে ফুল দিয়ে সাজানো হয়েছে। প্রাচীকে জিজ্ঞাসা করল, —"কি ব্যাপার, এখানে কারুর বিয়ে?"

—"বিয়ে নয়, একচুয়ালি একজনের পুত্র ইউরোপ থেকে সর্বোচ্চ ডাক্তারী ডিগ্রী নিয়ে ফিরছে আজ।"

—"বুঝেছি, এইগুলো সবই প্রাচীন মতে হয়েছে।"

প্রাচী হেসে ফেলে বলল, —"অবশ্যই, সি ইজ দি প্রাউড ওয়াইফ অফ দ্যাট ডক্টর, এমনি নাকি?"

সিক্সথ্ ফ্লোরে পৌঁছে লিফট থেকে নামতেই দেখল অন্য সব ফ্ল্যাটের দরজা খোলা। কয়েকজন প্রতিবেশী সুদর্শনকে মালা পরিয়ে স্বাগত জানালেন। ধন্যবাদ জানিয়ে নিজেদের ফ্ল্যাটে আসতেই বাবা হাসতে হাসতে এগিয়ে এসে জড়িয়ে ধরে বললেন, —"আজ তুই আমাদের সবাইকে গর্বিত করেছিস।"

—"কিন্তু তোমার শরীরটা তো খুব ভাল নেই মনে হচ্ছে, বেশ খানিকটা রোগা হয়ে গেছ দেখতে পাচ্ছি।" সুদর্শন নিচু হয়ে বাবাকে প্রণাম করতে করতে বলল।

—"তেমন কিছু নয়, সুগার লেভেলটা হয়তো একটু বেড়েছে, তবে আমি তোর ওষুধ আর ডায়েট ঠিক মত মেনটেইন করে যাচ্ছি, তাই আপাতত কনট্রোলড, চিন্তা করিস না।"

—"আরে! মা কই? মা'কে দেখছিনা যে?"

—"মা বাড়ির কাছের শিবমন্দিরটায় গেছে, একটু পরেই এসে যাবে। তুই বোস, ব্রেকফাস্ট করেছিস?"

—"হ্যাঁ হ্যাঁ, ব্রেকফাস্ট তো সেই কোন সকাল বেলা ফ্লাইটেই সেরে নিয়েছি।"

প্রাচী এসে বলল, —"বাথরুমে সব দিয়ে দিয়েছি, তুমি আগে স্নানটা সেরে নিয়ে একটু ফ্রেশ হয়ে নাও। তারপর লাঞ্চ খেয়ে খানিকটা ঘুমিয়ে নিতে পারবে।"

সুদর্শন স্নান সেরে বেরিয়ে দেখল মা বাড়ি ফিরে অপেক্ষা করছে, প্রণাম করতেই চোখে জল নিয়ে মাথায় হাত বুলিয়ে দিতে দিতে বলল, —"কতদিন তোকে দেখিনি বলতো?"

—"সেকি? আমি তো মা প্রায় রোজই ভিডিও টকে তোমাকে দেখেছি আর তুমিও আমাকে দেখেছ? এখন এই টেকনোলজির কল্যাণে তো দূরত্ব বলে আর কিছু নেই, যখনই ইচ্ছা হয়েছে ঘরের ভেতর চলে এসে তোমাদের সাথে গল্প করেছি।"

—"দূর! ছবিতে দেখা আর চোখের সামনে দেখা কি এক হয় কখনও?"

দুপুরের লাঞ্চ খেতে খেতে বাবা বলতে লাগলেন —"প্রাচী তো দিন তিনেক ধরে আমাদের কাছে এসে রয়েছে, কিন্তু তোকে কিছু না জানাতে বলেছিল, সারপ্রাইজ দেবে বলে। তবে কিছু একটা হয়তো অন্য কারণও আছে যেটা নিয়ে মনে হয় ও একটু চিন্তার মধ্যে দিয়ে যাচ্ছে।"

সুদর্শন প্রাচীর দিকে তাকিয়ে চোখের ইশারায় জিজ্ঞাসা করল কি হয়েছে। কিন্তু প্রাচী সুদর্শনকে উত্তর না দিয়ে বাবাকে বলল, —"না ড্যাড আমার সেরকম কিছু সমস্যা হয়নি, আর যদি হয়ও আমি নিজেই সামলে নিতে পারব।"

—"তোর মুম্বাই ফেরার প্ল্যান কবে?" বাবা সুদর্শনকে জিজ্ঞাসা করলেন।

—"আমাকে হসপিটাল থেকে জানিয়েছে আগামী সোমবার থেকে যেন ডিউটিতে জয়েন করি।"

—"ওমা তাহলে তো পরশু দিনই তোকে রওনা হতে হবে?" মা বলল।

—"হ্যাঁ মা, কয়েক সপ্তাহ ডিউটি করে তারপর আবার দিন সাতেকের ছুটি নিয়ে আসা যাবে না হয়। কিন্তু যেহেতু আমার ইউরোপে গিয়ে ডিগ্রী নেওয়ার ব্যাপারটা অনেকটাই আমার হসপিটাল স্পনসর করেছে, তাই এখন ওদের প্রয়োজনকে অগ্রাধিকার দিতেই হবে।"

কথা শেষ করে মা'য়ের মুখের দিকে তাকিয়ে সুদর্শন বুঝতে পারল মা একটু মনঃক্ষুণ্ণ হয়েছে, তাই বলল —"এক কাজ কর, তোমরা দু'জনেও চলোনা আমাদের সঙ্গে?"

—"না না, এক্ষুনি যেতে পারব না, তোর মাসীমনিদের ফ্ল্যাটটা তো তৈরী হয়ে হ্যাণ্ড ওভার করে দিয়েছে, এই মাসেই আর ক'দিন পরে ওদের গৃহপ্রবেশ। আমাদের অনেক আগে থেকে ওদের গৃহপ্রবেশের অনুষ্ঠানে যাওয়ার জন্য বলে রেখেছে। বলেছে দিদি জামাইবাবু না এলে আমরা নতুন বাড়িতে ঢুকব না। এখন তোরা আগে ওখানে গিয়ে ঘরদোর গুছিয়ে নে, তারপর না হয় যাব।

২

মুম্বাই এমন একটা শহর যেখানে পদার্পণ করার সঙ্গে সঙ্গেই শুধু ডিউটি আর ডিউটি। আন্ধেরী ওয়েস্টে সুদর্শনদের পঞ্চম তলার ফ্ল্যাটটা প্রাচীর বাবার এক ঘনিষ্ঠ গুজরাটী বন্ধুর ছিল। বন্ধুটি বছর দশেক আগে হঠাৎ মারা যেতে ওনার স্ত্রী খুব একা হয়ে পড়েছিলেন। তাই ভদ্রমহিলা এই ফ্ল্যাটটা বিক্রী করে দিয়ে সুরাটে নিজের ছেলের কাছে চলে যেতে ইচ্ছা প্রকাশ করতেই প্রাচীর বাবা ওদের ফ্ল্যাটটা কিনে নিতে বললেন। ফলে অনেকটা কম দামেই পাওয়া গিয়েছিল এত সুন্দর একটা ফ্ল্যাট। এই ফ্ল্যাটটা কেনার পরেই সুদর্শনের ইউ,কে তে পড়তে যাওয়ার সুযোগ আসে। প্রাচী একাই কয়েক বছর ধরে এই ফ্ল্যাটে থাকত, তবে ও বেশীর ভাগ সময় নিজের ব্যবসা নিয়ে বাইরে কাটায়। ইনসিগ্নিয়া নামটা এখন মুম্বাই ফিল্ম স্টুডিওতেও বিশেষ পরিচিত হয়ে পড়েছে। প্রাচীর নিজের হাতে তৈরি অনেক পরিশ্রমের ফসল এই ইনসিগ্নিয়া বুটিক। অনেক সময়ই নানারকম ফ্যাশান এ্যাপারেল ফিল্ম বা টিভি সিরিয়ালের সুটিং এর কাজে সরবরাহ করার জন্য ডাক আসে এই ইনসিগ্নিয়াতে। মাঝে মাঝেই ফিল্মের ডাইরেক্টর বা এক্সট্ররা সন্ধ্যার সময় বাড়িতে এসে প্রাচীর সঙ্গে পরামর্শ করে। ফলে প্রাচীকে ইদানীং নিজের কাজ নিয়ে সকাল থেকে খুব ব্যস্ত থাকতে হয়। এ ব্যাপারে ওর বিশেষ সঙ্গী এবং বিজনেস পার্টনার মিস সিসিল বার্নেস অবশ্য বেশির ভাগটাই সামলায়। কাস্টমারদের সঙ্গে কথাবার্তা থেকে শুরু করে ইন-হাউসের যা কিছু দেখাশোনা সব সিসিলের দায়িত্ব। প্রাচী ফ্যাশন ডিজাইনিং কোর্স করে এই লাইনে কাজ শুরু করেছে। ড্রেস মেটেরিয়াল পছন্দ করে কাস্টমারের মাপ অনুযায়ী আকর্ষণীয় ডিজাইনিং করার পুরো কাজগুলো প্রাচীর ইচ্ছামত হয়।

সকালে ডাইনিং টেবিলে বসে ব্রেকফাস্ট করতে করতে টিভিতে খবর শোনাটা সুদর্শনের একটা অভ্যাসে দাঁড়িয়ে গেছে। আসলে নিউজ পেপার পড়ার সময় পায়না বিশেষ, তাই এই সময়টায় টিভির খবর শুনে নিজেকে খানিকটা আপডেটেড রাখার চেষ্টা করে সুদর্শন। ব্রেকফাস্ট করার সময় প্রাচীর সঙ্গে কথা বলতে বলতে হঠাৎ একটা ব্রেকিং নিউজের

দিকে চোখ চলে গেল সুদর্শনের, ফিল্ম পরিচালক পবন দেশমুখের অন্তর্ধান রহস্য নিয়ে মুম্বাই পুলিশ তদন্ত শুরু করেছে! মনে পড়ল প্রাচী পবন দেশমুখের একটি ফিল্মে কস্টিউম ডিজাইনার হিসেবে কাজ করছে বলে জানিয়ে ছিল। এই ব্যাপারে বেশ কয়েক বার পবন দেশমুখ ওদের এ বাড়িতে আসা যাওয়াও করেছে বলে শুনেছে। তাই টিভির খবরের দিকে প্রাচীর দৃষ্টি আকর্ষণ করিয়ে প্রশ্ন করল, —"এই সেই পবন দেশমুখ না যিনি তোমাকে কস্টিউম ডিজাইনার হিসেবে নিজের ফিল্মে কাজ দিয়েছেন?"

—"হ্যাঁ তাই তো দেখছি।" নির্লিপ্ত উত্তর প্রাচীর।

—"ভদ্রলোক অন্তর্ধান হয়েছেন তুমি জানতে?"

—"হ্যাঁ, আমি কলকাতা যাওয়ার আগের দিন থেকে পবনকে খুঁজে পাওয়া যাচ্ছে না। পুলিশ বাড়ির লোকদের আগে বলেছিল নিশ্চয় নিজেই সুটিংয়ের কাজে কোথাও গিয়ে থাকবেন, অপেক্ষা করে দেখুন একটু, দু'একদিনের মধ্যে হয়তো ফিরে আসবেন। তবে যদি কোনও ফোন পান মুক্তিপণ চেয়ে তাহলে সংগে সংগে আমাদের জানাবেন।"

মনে মনে একটু অবাক হল সুদর্শন, এত বড় একটা ঘটনা অথচ প্রাচী কিছুই বলেনি। এবার মনে পড়ল প্রাচীকে এয়ারপোর্টে দেখে সুদর্শন খুব অবাক হয়ে যখন প্রশ্ন করেছিল তুমি হঠাৎ কেন কলকাতা এসেছো তখন ও বলেছিল দু'টো কারণে, কিন্তু প্রথম কারণটা সুদর্শনকে সারপ্রাইজ দেওয়া হবে বললেও দ্বিতীয় কারণটা আর বলা হয়ে ওঠেনি, অন্য কথায় চলে গিয়েছিল। তাই জিজ্ঞাসা করল, —"এটাই কি তোমার কলকাতায় হঠাৎ চলে যাওয়ার দ্বিতীয় কারণ ছিল?"

—"হ্যাঁ, একটা ভাল সুযোগ পেয়েও হাতছাড়া হয়ে যাচ্ছে তো, এতো বড় একটা কাজ পেলাম অথচ---- সিসিলের পরিচিত বলে ও অনেক চেষ্টা করে এই কাজটা এনেছিল। তাই ও নিজেও খুব আপসেট হয়ে পড়েছে।"

—"তোমার সংগে শেষ কবে দেখা হয়েছিল?"

—"যে দিন থেকে ওকে পাওয়া যাচ্ছে না তার তিন দিন আগে একটু রাত করে পবন আমাদের ফ্ল্যাটে এসেছিল, কিন্তু কিছু দরকারি আলোচনা সেরেই আধ ঘন্টার মধ্যে চলে গেল।" প্রাচী কথাটা শেষ করতেই ওর মোবাইলটা বেজে উঠল, ব্রেকফাস্ট খেতে খেতে ফোনের দিকে তাকিয়ে বলল —"জাস্টিন ফোন করছে, কি হল আবার?"

সুদর্শন প্রশ্ন করল, —"জাস্টিন আবার কে?"

প্রাচী কথার উত্তর না দিয়ে বাঁ হাতে ফোনটা তুলে বলল, —"ইয়েস জাস্টিন?" তারপর ধীরে ধীরে ব্যালকনিতে চলে গিয়ে কথা বলতে লাগল ঘরে টিভি চলছে বলে। একটু পরেই ফিরে এসে বলল, —"জাস্টিন বার্নেস ফোন করেছিল, সিসিলের দাদা। বলছিল

সিসিলকে দেখতে পাওয়া যাচ্ছেনা, আমার কাছে এসেছে কিনা বা আমি কিছু জানি কিনা জিজ্ঞাসা করছিল।"

—"জাস্টিন কি করে?"

—"ওর গাড়ির বিজনেস আছে, টুরিস্টদের ভাড়া দেয়। বেশ কিছু গাড়ি আছে ওর কাছে, প্রয়োজন মত গোয়া, পুনে, নাসিক, সিরডি ইত্যাদি যাওয়ার জন্য টুরিস্টরা ওর কাছ থেকে ভাড়ায় গাড়ি নেয়। নাম দিয়েছে ক্লাউড নাইন ট্রাভেলস। ওরা গোয়ার বাসিন্দা, ওখানে নিজেদের পৈতৃক বাড়িও আছে।"

হসপিটালে যেতে দেরি হয়ে যাচ্ছে বলে সুদর্শন উঠে পড়ে বলল, —"ঠিক আছে, আমি চললাম, কোনও দরকার পড়লে ফোন কোরো।"

৩

হসপিটাল থেকে ফিরতে একটু দেরী হয়েছিল, অল্প অল্প বৃষ্টি শুরু হয়েছিল, তাই গাড়ি থেকে নেমে সুদর্শন ড্রাইভারকে বলল, —"গাড়ি তুলে দিয়ে তুমি বাড়ি চলে যাও, আজ আর কোথাও বের হওয়ার নেই।" তারপর নিজের ব্রিফকেসটা নিয়ে লিফ্ট এ করে সোজা ফিফথ্ ফ্লোরে উঠে এল। দেরী করে ফিরেছে বলে ভাবল প্রাচী নিশ্চয় এতক্ষণ বাড়ি এসে গেছে, তাই আগে ফ্ল্যাটের দরজার বেলটা টিপল। কিছুক্ষণ অপেক্ষা করেও দরজা খুলল না দেখে ব্রিফকেস থেকে চাবি বের করে দরজা খুলে অন্ধকার ড্রইংরুমে ঢুকে সুইচ অন করল। কিন্তু আশ্চর্য! লাইট জ্বলল না। পরপর আরও কয়েকটা সুইচ অন করে বুঝল নিশ্চয় ফিউজ উড়ে গেছে অথবা অন্য কিছু গণ্ডগোল হয়েছে। মোবাইলের টর্চ জ্বেলে একটু এগিয়ে গিয়েই থমকে দাঁড়াতে হল, মনে হল বাড়িতে অন্য কেউ রয়েছে!

—"কে?" চেঁচিয়ে জানতে চাইল। কোনও উত্তর বা শব্দ না পেয়ে আবার চেঁচাল, —"কে ওখানে?" নিস্তব্ধ, কোনও সাড়া নেই কারুর। এবার মনের ভুল ভেবে ফ্ল্যাট থেকে বেরিয়ে দরজা লক করে লিফটে করে আবার নিচে চলে এল। ওয়াচম্যানটার বয়েস হয়েছে, দূরে চেয়ারে বসে ঝিমোচ্ছে মনে হল, একটু চেঁচিয়ে ডাকল —"পরশুরাম?" তাড়াতাড়ি উঠে দাঁড়িয়ে উত্তর দিল, —"জী সাব?"

—"জারা মিটার বক্স চেক করকে দেখো তো, মেরা ঘরমে ইলেকট্রিক নেহি হ্যায়।"

—"আভি দেখতা সাব।" বলেই একটা টর্চ নিয়ে পরশুরাম ইলেকট্রিক মিটার রুমে ঢুকে দেখতে গেল। একটু পরে ফিরে এসে বলল, —"ডক্টর সাব, লাগতা হ্যায় মিটার বক্সকা ফিউজ জ্বল গিয়া। মিস্ত্রি কো খবর করনা পড়েগা।"

বাইরে তখন বেশ জোরে বৃষ্টি শুরু হয়েছে। মোবাইল বের করে প্রাচীকে কল করল। —"তুমি কোথায়? আমি তো বাড়ি ফিরে এখন খুব ঝামেলার মধ্যে পড়ে গেছি।"

—"কেন কিসের ঝামেলা?"

—"চাবি খুলে ফ্ল্যাটে ঢুকে দেখি প্রচণ্ড অন্ধকার, কারেন্ট নেই। নিচে আসতে ওয়াচম্যান আমার মিটার বক্স চেক করে বলছে ফিউজ উড়ে গেছে নাকি, এক্ষুনি একটা ইলেকট্রিশিয়ানকে খবর দিতে হবে। আমার তো কাউকে জানা নেই, তুমি কি কিছু করতে পারবে?"

—"সেকি! এটা হল কি করে? আমি এক্ষুণি ফোন করে ইলেকট্রিশিয়ানকে ডাকছি, তুমি মিনিট পনের ধৈর্য্য ধর, আমি নিজেও পৌঁছে যাচ্ছি, আজ একটা ম্যারেজ পার্টির অর্ডারের ডেলিভারি ডেট ছিল। তাই কাজটা শেষ করে ডেলিভারি দিতে সময় লেগে গেল অনেক।"

সুদর্শন প্রাচীকে 'ঠিক আছে, তাড়াতাড়ি এসো' বলে নিচেই অপেক্ষা করতে লাগল। সন্দেহ হচ্ছিল এই বৃষ্টি জলঝড়ে কোনও ইলেকট্রিশিয়ান আসতে রাজী হবে কিনা। মোবাইল খুলে হোয়াটস্অ্যাপ গুলো চেক করল, তারপর নীলামকে একটা ফোন করল। নীলাম দীক্ষিত সুদর্শনের এম,বি,বি,এসের ব্যাচমেট, অসম্ভব মেধাবী ছিল। পরে ডি,জি,ও, এম,এস এবং এম,সি,এইচ পাশ করে মুম্বাইতেই একটা নামকরা হসপিটালে গায়নাকোলজি ডিপার্টমেন্টে কাজ করছে। ওর স্বামীও ডক্টর, অর্থপেডিক সার্জন, একই হসপিটালে রয়েছে। নীলামের মোবাইলটা বেশ কিছুক্ষণ বেজে যাচ্ছে দেখে ভাবল নিশ্চয় ব্যস্ত আছে, কিন্তু শেষ মুহূর্তে ও ফোনটা ওঠাল, —"হাই সুড, এতদিন পরে মনে পড়লো আমায়?" নীলাম সুদর্শন নামটা ছোট করে নিয়ে সুড বলে ডাকে মেডিকেল কলেজের ফার্স্ট ইয়ার থেকেই।

—"সরি ডিয়ার, এসেই এতো চাপের মধ্যে পড়ে গেছি যে বলার কথা নয়। তারপর লণ্ডনবাসী হয়ে এতদিন কাটিয়ে এখানে এসে এক্লাইমেটাইজড় হতে একটু বেশি সময় লেগে যাচ্ছে। ছাড়ো এইসব, কেমন চলছে তোমাদের বল?"

—"আর কি, আমি তো সকাল থেকেই ইণ্ডিয়ার পপুলেশন বাড়িয়ে যাচ্ছি রোজ, আর নিখিল হাড়ভাঙ্গাদের সেবা করতে ব্যস্ত। একটা গুড নিউজ দিচ্ছি---"

সুদর্শন সঙ্গে সঙ্গে বলল, —"নিখিল বাবা হতে যাচ্ছে, ঠিক?"

—"আজ্ঞে না, সে সব কিছু নয়, আমি গত মাসে বাড়ির থেকে দেড় কিলোমিটার দূরে একটা নিজের চেম্বার করেছি। কিনতে প্রচুর টাকা খরচ হয়ে গেল, তাই এখনও ঠিকমত সাজিয়ে নিতে পারিনি।"

এবার দেখল প্রাচী গাড়ি থেকে নামছে, সঙ্গে মনে হয় ইলেকট্রিশিয়ান। সুদর্শন নীলামকে বলল, —"আরে, এতো দারুণ গুড নিউজ, কনগ্র্যাচুলেশন! হঠাৎ একদিন চলে গিয়ে দেখে আসব, কিন্তু পার্টি চাই, সেটা কবে হচ্ছে?"

—"নিখিলকে জিজ্ঞাসা করে তোমাদের জানিয়ে দেব। রেডি থাকতে বলো প্রাচীকে।"

—"ঠিক হ্যায়, এখন ছাড়ছি কেমন? আমার ঘরে কারেন্ট নেই, এই মাত্রে প্রাচী একজন ইলেকট্রিশিয়ানকে নিয়ে এসেছে, দেখি কি করা যায়।"

প্রাচী ওয়াচম্যানকে বলে দিল দাঁড়িয়ে থেকে মিস্ত্রীকে দিয়ে লাইনটা ঠিক করিয়ে নিতে। তারপর জানতে চাইল কার সঙ্গে ফোনে কথা বলছিল। নীলামের খবরটা দিল সুদর্শন আর বলল —"ও একটা পার্টি দেবে শীঘ্রই, আমাদের দু'জনকে ডাকবে।"

—"ম্যাডাম লাইন ঠিক হয়ে গেছে, আপনার ফ্ল্যাটে নিশ্চয়ই শর্ট-সার্কিট হয়ে ফিউজটা জ্বলে গিয়েছিল।" ইলেকট্রিশিয়ানটা এসে প্রাচীকে জানাল।

—"ঠিক আছে, অনেক উপকার করলে ভাই, কত দিতে হবে তোমায়?" মিস্ত্রীর চাহিদা মত টাকাকড়ি মিটিয়ে দু'জনে ওপরে এসে দরজা খুলে ফ্ল্যাটে ঢুকল। কিন্তু লাইট জ্বালিয়েই চমকে উঠল, একি? ড্রয়িং রুমের সমস্ত কিছু লণ্ডভণ্ড হয়ে পড়ে রয়েছে। প্রাচী বেডরুমে ঢুকতে যাচ্ছিল, সুদর্শন চেঁচিয়ে বলল, —"ওয়েট, ওয়েট, ঘরে এখনও কেউ থাকতে পারে কারণ আমি যখন প্রথম অন্ধকার ফ্ল্যাটে ঢুকেছিলাম তখন মোবাইলের টর্চ জ্বেলে এই ঘরের এরকম অবস্থা দেখিনি, তবে আমার কেমন যেন সিক্সথ্ সেন্স তখনই বলে দিচ্ছিল বাড়ির ভেতর কেউ রয়েছে। অনুমানটা যে সঠিক বুঝতে পারছি ড্রয়িং রুমের ওলট পালট হওয়া জিনিস পত্র দেখে। আমি অন্ধকার ফ্ল্যাটের দরজা লক করে নিচে ওয়াচম্যানের কাছে যাওয়ার পর এই অবস্থা করা হয়েছে ড্রয়িং রুমের। একটু দাঁড়াও পরশুরামকে ডাকি আগে। ইন্টারকম তুলে পরশুরামকে ডাকতে গিয়ে বুঝল ফোন ডেড। প্রাচী সঙ্গে সঙ্গে মোবাইল বের করে বলল, —"দাঁড়াও, আমি ওর সেলফোনে কল করছি।"

পরশুরাম একটা টর্চ্ আর একটা লোহার ডাণ্ডা নিয়ে হাজির হল। প্রাচী ওকে ঘর, বাথরুম, ব্যালকনি সমস্ত জায়গায় গিয়ে তন্নতন্ন করে খুঁজে দেখতে বলল কেউ লুকিয়ে আছে কিনা। অল্প কিছুক্ষণ পরেই পরশুরাম এসে খবর দিল যে কাউকে খুঁজে না পেলেও ওদের শোবার ঘরের আলমারি, বিছানা সব একদম লণ্ডভণ্ড করেছে কেউ। শুনেই ওরা দু'জনেই ছুটে গিয়ে শোবার ঘরে ঢুকল। ঠিকই, দু-দুটো আলমারির সমস্ত কাপড়-চোপড় এবং অন্যান্য সব কিছু মেঝেতে ফেলেছে কেউ ছুঁড়ে ছুঁড়ে, এমন কি বেডের ম্যাট্রেশ বালিশ পর্যন্ত উল্টে ফেলেছে। তবে বাকি ঘর দু'টো এবং অন্যান্য জায়গা একদম ঠিকঠাক রয়েছে। সুদর্শন এরকম অবস্থা দেখে প্রচণ্ড রাগান্বিত হয়ে পরশুরামের কাছে জানতে চাইল, —"আভি তুম বাতাও মেরা ফ্ল্যাটমে কৈসে চোর ঘুস কর আয়া, নিচে তুম পাহারামে থে, ফির ভি তুমহারা আঁখোকে সামনে সে কোই ফিফথ্ ফ্লোর চলা আয়া আওর সব কুছ চোরি করকে আরাম সে নিকল গয়া, আভি হাম পুলিশ বোলায়েঙ্গে, ফির দেখো তুমহারা কেয়া হাল করকে ছোড়তা।"

প্রচণ্ড ভীত হয়ে পরশুরাম কাঁচুমাচু হয়ে জিজ্ঞাসা করল, —"লেকিন সাব, আপকা ঘরকা চাবি চোরকো কেইসে মিলা?" সত্যি তো? দরজার চাবি একটা সুদর্শনের কাছে আর একটা প্রাচীর কাছে থাকে, দু'জনেই দেখে নিল চাবি সঙ্গে রয়েছে। কিন্তু তৃতীয় একটা

চাবিও আছে যেটা ওদের পাশের ফ্ল্যাটে রাখা থাকে। গীতা অর্থাৎ যে মেয়েটি রান্না এবং বাড়ির অন্য সমস্ত কাজ করে সে খুব ভোরে এসে সব কিছু করে দিয়ে বেলা ন'টার মধ্যে চলে যায়। প্রাচী তারপর ইনসিগ্নিয়াতে চলে যায়। কিন্তু যেদিন গীতা আসতে দেরী করে সেদিন ওরা দু'জনেই কাজে বেরিয়ে গেলেও পাশের ফ্ল্যাট থেকে চাবি চেয়ে নিয়ে বাড়িতে ঢুকে গীতা সব কাজ শেষ করে আবার পাশের ফ্ল্যাটে চাবি রেখে চলে যায়। মেয়েটি মারাঠি বটে কিন্তু আমিষ রান্না করার ব্যাপারে কোনও সংস্কার নেই। বছর তিনেক ধরে কাজ করছে প্রাচীদের ফ্ল্যাটে। ওর মা বহু বছর ধরে প্রাচীর মা বাবার বাড়িতে কাজ করছে। সুদর্শনদের পাশের ফ্ল্যাটে গোয়েঙ্কা পরিবার বাস করেন। মিস্টার প্রকাশ গোয়েঙ্কা একজন বিশিষ্ট ব্যবসায়ী এবং রোটারি ক্লাবের প্রেসিডেন্ট। সুদর্শনকে অন্তত মাসে দু'দিন ওনাদের মেডিকেল ক্যাম্পে গিয়ে হার্ট পেসেন্টদের ফ্রি চেক-আপ করার জন্য অনুরোধ করেছেন। কিন্তু বিদেশ থেকে ফিরে একবারও যাওয়ার সুযোগ করে উঠতে পারেনি সুদর্শন, তাই একটু লজ্জিত হয়ে রয়েছে। এগিয়ে গিয়ে গোয়েঙ্কার দরজায় বেল টিপল। ভিতরে বেশ জোরে টিভি চলার আওয়াজ পাওয়া যাচ্ছে। একটি লম্বা বেশ স্বাস্থ্যবান ছেলে এসে দরজা খুলে দিল। সুদর্শন জিজ্ঞাসা করল, —"গোয়েঙ্কাজি ঘরমে হ্যায়?" সঙ্গে সঙ্গে পিছনে প্রাচীকে দেখে ছেলেটি হেসে বলল, —"আইয়ে আন্টিজি, অন্দর আইয়ে।" সুদর্শন বুঝতে পারল প্রাচীর সাথে ছেলেটির ভালই পরিচিতি আছে। প্রাচী ইতস্ততঃ করে বলল, —"নেহি আভি নেহি, মেরে ফ্ল্যাটমে চোর আয়া থা," কথাটা শেষ হওয়ার আগেই বিরাট চেহারা নিয়ে মিস্টার গোয়েঙ্কা এসে হাজির হলেন, চোর কথাটা ঠিক শুনতে পেয়েছেন। পিছন পিছন হাউসকোট পরা, আনুমানিক ত্রিশ বত্রিশ বছরের বেশ ফর্সা আর ছিপছিপে চেহারার এক মহিলা। গোয়েঙ্কার সঙ্গে বয়েসের অনেকটা তফাৎ হলেও আন্দাজে মনে হল প্রকাশ গোয়েঙ্কার স্ত্রী। মায়ের পাশে দু'টি ছেলে, একটি দশ বারো বছরের আর একটি বছর ছয়েকের। ছোট ছেলেটির হাতে একটা মস্ত বড় খেলনা হেলিকপটার। গোয়েঙ্কাকে ফ্ল্যাটে যা যা ঘটেছে সব জানাল সুদর্শন, শুনে ওনারা সবাই খুবই আতঙ্কিত হয়ে পড়লেন বোঝা গেল। প্রাচী নিজের ফ্ল্যাটের দরজার তৃতীয় চাবিটা ওনার কাছে ঠিকমত আছে কিনা জিজ্ঞাসা করল। সঙ্গে সঙ্গে ভদ্রমহিলা ভিতর থেকে চাবিটা এনে প্রাচীর হাতে দিয়ে বললেন, —"আপনাদের গীতাবাঈ তো সপ্তাহ খানেক হল চাবি চেয়ে নিয়ে কাজ করতে ঢোকেনি আপনার ফ্ল্যাটে।" মিস্টার গোয়েঙ্কা বললেন, —"আমি কি একবার দেখতে পারি আপনার ফ্ল্যাটে গিয়ে?"

—"নিশ্চয়, আসুন না?" সুদর্শনের কথায় মিস্টার গোয়েঙ্কা ওদের ফ্ল্যাটে চলে এসে ঘরের অবস্থা দেখতে লাগলেন, বড় ছেলেটাও সঙ্গে এলো। ছেলেটা প্রাচীকে জিজ্ঞাসা করল কখন চুরিটা হয়েছে বলে মনে হচ্ছে। সুদর্শন তখন মিস্টার গোয়েঙ্কাকে যা যা হয়েছে সব বলল। সুদর্শনের কথা শেষ হতেই ছেলেটা দৌড়ে ফ্ল্যাটের মধ্যে ঢুকে খুঁজে দেখতে গেল কেউ যদি লুকিয়ে বসে থেকে থাকে। কিন্তু কয়েক মিনিটের মধ্যে ফিরে এসে সবাইকে জানাল ভিতরে কেউ নেই। মিস্টার গোয়েঙ্কা নিজের ফ্ল্যাটে ফিরে যাওয়ার সময় পরামর্শ দিয়ে

গেলেন ভালো করে দেখে যা যা চুরি গেছে তার একটা লিস্ট তৈরি করে খুব তাড়াতাড়ি পুলিশকে জানাতে, আর যদি কোনও সাহায্যের প্রয়োজন হয় তাহলে ওনাদের ডাকতে।

4

ফ্ল্যাটের ছড়িয়েছিটিয়ে থাকা জিনিসপত্র পুলিশ ইনভেস্টিগেশনে না আসা অবধি সুদর্শন যেমন আছে তেমনি রেখে দিতে বলল প্রাচীকে। তারপরে পুলিশকে খবর দেওয়ার জন্য ফোনটা বের করল, প্রাচী সঙ্গে সঙ্গে একটু উদ্বিগ্ন হয়ে জিজ্ঞাসা করল, —"কাকে ফোন করছ এখন?"

—"কেন? পুলিশকে জানাতে হবে তো এতো বড়ো একটা ঘটনা ঘটেছে?"

—"একটু দাঁড়াও প্লিজ, এক্ষুণি কোরনা, আমাকে একটা জিনিস একটু দেখে নিতে দাও আগে।"

বিস্মিত হয়ে সুদর্শন বলল, —"কি দেখবে বলতো?"

—"এক মিনিট ধৈর্য্য ধর, আমি এক্ষুণি আসছি, তারপর বলছি।"

প্রাচী সুদর্শনকে ড্রয়িংরুমে বসিয়ে রেখে নিজে বেডরুমে চলে গেল। বেশ কিছুক্ষণ ফিরছে না দেখে সুদর্শন উঠে গিয়ে বেডরুমে ঢুকল। দেখল প্রাচী আঁতিপাঁতি করে আলমারি গুলো হাঁটকাচ্ছে, বেশ ঘেমে গেছে, চোখেমুখে আতঙ্ক। জিজ্ঞাসা করল, —"কি হয়েছে, দামী কিছু চুরি গেছে?"

—"সর্বনাশ করেছে, এখন বুঝতে পারছি, যে এসেছিল সে কোনও সাধারণ চোর নয়!" প্রাচী চাপা গলায় উত্তর দিল।

—"কেন বলতো?"

—"দেখ না, আমার কিছু সোনার গয়না আর টাকাকড়ি ছিল, সেগুলো কিন্তু যেমন ছিল তেমনি আছে!"

—"তাহলে কি চুরি গেছে? একটু পরিস্কার করে খুলে বলো না আমায়?" সুদর্শন অধৈর্য হয়ে চেঁচিয়ে বলল।

প্রাচী এবার ড্রয়িং রুমে চলে এসে একইরকম ভাবে ঘাঁটাঘাটি করে খুঁজতে শুরু করল, আর মুখে বিড়বিড় করে বলতে লাগল, —"আমি কি করি এখন হে ভগবান, কি মহা বিপদে পড়ে গেলাম!"

এবার কঠোর ভাবে প্রাচীর একটা হাত ধরে টেনে এনে সোফায় প্রায় ধাক্কা দিয়ে ঠেলে বসিয়ে দিল সুদর্শন। তারপর বলল, —"চুপ করে বস কিছুক্ষণ এখানে, কি এমন জিনিস যেটা চুরি গেছে বলে তোমার সর্বনাশ হয়ে যাবে? সোজাসুজি উত্তর দাও আমায়।" ডাইনিং

টেবল থেকে ওয়াটার বটলটা এনে প্রাচীর হাতে দিয়ে বলল —"আগে জল খেয়ে নাও খানিকটা, তারপর শান্ত হয়ে বসে সব বল কি চুরি হয়েছে।"

তেষ্টা পেয়েছিল নিশ্চয়ই, ঢকঢক করে অনেকটা জল খেয়ে বোতলটা বন্ধ করতে করতে প্রাচী বলল, —"আমি তোমাকে একটা ব্যাপার জানাইনি, আমার খুব অন্যায় হয়ে গেছে। পবন দেশমুখ যেদিন থেকে নিরুদ্দেশ হয়ে গেল তার তিন দিন আগে রাত ন'টার সময় হঠাৎ আমার ফ্ল্যাটে এসেছিল। তুমি তখন লণ্ডনে। ঘরে তখন অন্য দু'জন ক্লায়েন্ট ছিল। তাদের সঙ্গে যা আলোচনা করার ছিল সব শেষ হয়ে গিয়েছিল, তাই পবন ঘরে ঢুকতেই ওকে বসতে বলে তাদের আমি বিদায় জানাবার ইঙ্গিত দেওয়ার জন্য বললাম 'ওকে দেন, উই উইল মিট আফটার এ উইক, অর আই উইল কল ইউ এজ সুন এজ দা ট্রায়াল আইটেমস আর রেডি।' ওরা চলে যেতেই পবনকে জিজ্ঞাসা করলাম, কি ব্যাপার, একা এতো রাত্রে?"

—"তখন ক'টা?" সুদর্শন প্রশ্ন করল।

—"হ্যাঁ তা প্রায় রাত ন'টা হবে? পবন এর আগে যখনই এসেছে একজন কি দু'জন চেলা সঙ্গে এনেছে আর কখনই সন্ধ্যা সাতটা সাড়ে সাতটার পরে আসেনি। শুধু তাই নয়, আসার আগে আমি বাড়ি আছি কিনা ফোনে জেনে নিয়ে তবে এসেছে। যাইহোক, আমাকে বলল, 'আমি তোমার কাছে আমার এই ব্রিফকেসটা রাখতে এসেছি, এটা আমার বাড়িতে রাখতে চাই না, এ্যকচুয়ালি আমার বাড়িতে সবকিছু খোলামেলা, কোথাও সেরকম কোনও সুরক্ষিত জায়গা নেই, আর সবচেয়ে সমস্যা সেখানে প্রচুর লোকজন আসা যাওয়া করে।' কথাগুলো বলতে বলতেই ওর মোটা ব্রিফকেসটা নিয়ে আমার হাতে ধরিয়ে দিল। আমি বিব্রতভাবে বললাম, কিন্তু আমার কাছে কেন? পবন বলল 'ওর ভেতর বেশ কিছু দামী জিনিস আছে। লক করা আছে কোনও ভয় নেই। তুমিই একমাত্র ব্যক্তি যার কাছে যে কোনও দামী জিনিস বিশ্বাস করে রেখে দিয়ে নিশ্চিন্তে থাকা যায়। তাছাড়া কেউ আন্দাজ করতে পারবে না এটা তোমার বাড়িতে রেখেছি। কিছু দিন একটু সামলে কোনও জায়গায় রেখে দাও প্লিজ, তারপর সময় মত আমি ফিরিয়ে নেব।' আমি খানিকটা আপত্তি করলেও বিশেষ কর্ণপাত না করে গুড নাইট পরে দেখা হবে বলে বেরিয়ে চলে গেল পবন। আসলে ও আমাকে নিজের ফিল্মে কস্টিউম ডিজাইনারের মত এতবড় একটা কাজ দিয়েছে বলে আমি খুব ওব্লাইজ়ড় ছিলাম, তাই বিশেষ আপত্তিও করতে পারিনি। পবন চলে যেতেই ওর ব্রিফকেসটা আমাদের আলমারির ভিতরের দিকে ঢুকিয়ে রেখে দিয়েছিলাম। কিন্তু তার তিন দিন পরেই দুপুরে খবর পেলাম পবন দেশমুখ নিরুদ্দেশ, খুঁজে পাওয়া যাচ্ছে না। শুনে প্রথমে বিশেষ আমল দিইনি কারণ সুটিংএর কাজে কাউকে কিছু না জানিয়ে কোথাও যেতেই পারে। কিন্তু পবন পরের দিনও যখন ফিরল না আর ওর আত্মীয়-স্বজন বন্ধুবান্ধব সবাই ওকে কিডন্যাপ করা হয়েছে বলে আশঙ্কা করতে লাগল, তখন আমিও নিজের নতুন কস্টিউম ডিজাইনের কাজটার অনিশ্চিত ভবিষ্যতের কথা চিন্তা করে বেশ আপসেট হয়ে পড়লাম। ঠিক করলাম কলকাতা চলে যাই, তাহলে মনটা অনেকটা হাল্কা

হয়ে যাবে, তাছাড়া দিন তিনেক পরেই তুমি নতুন ডিগ্রী নিয়ে কলকাতা ফিরছো। আমি ওখানে গেলে সেটা একসাথে সেলিব্রেটও করা যাবে আর তোমাকে একটা প্লেজান্ট সারপ্রাইসও দেওয়া যাবে। সিসিলকে সব বুঝিয়ে আমি সেদিন বিকেলেই কলকাতার ফ্লাইট ধরলাম। হ্যাঁ, ফ্ল্যাট বন্ধ করে যাওয়ার আগে আমার পরিষ্কার মনে আছে আলমারিতে রাখা পবনের সেই ব্রিফকেসটা আমি আমাদের বেডের ম্যাট্রেস তুলে নিচের চেম্বারে ঢুকিয়ে রেখে গিয়েছিলাম। আর আশ্চর্যজনক ভাবে সেই ব্রিফকেসটাই এখন উধাও। অন্য কোনও জিনিস চুরি না করে চোর শুধু ওই ব্রিফকেসটা হাতানোর জন্যই এসেছিল এখন পরিষ্কার বোঝা যাচ্ছে।" কথা শেষ করে প্রাচী অসহায় ভাবে তাকিয়ে সুদর্শনের মুখের প্রতিক্রিয়া লক্ষ্য করতে লাগল।

—"দেখ এটা বোঝা যাচ্ছে যে পবনের ব্রিফকেসে অত্যন্ত দামী কিছু জিনিস ছিল, তবে কতটা দামী সেটা জানা নেই। বাড়ির দলিলপত্র হলে একরকম, সে ক্ষেত্রে ওদের ফ্যামিলির মধ্যে কেউ করে থাকতে পারে এটা। কিন্তু গয়নাগাটি হিরে জহরৎ বা অন্য কিছু হলেই সমস্যা। এখন প্রশ্ন হচ্ছে, পবন যে ওটা তোমার কাছে রেখে দিয়েছিল সেটা তো একমাত্র পবন ছাড়া আর কেউ জানতো না, তাই যদি হয় তাহলে চোর কি করে নিশ্চিত হয়ে এখানে হানা দিয়ে ওটা হাতিয়ে নিল? দ্বিতীয় প্রশ্ন হল আমাদের ফ্ল্যাটের চাবি চোর কোথায় পেল? আর শেষ কথা হল, এরকম একটা দায়িত্ব নিয়ে তুমি যে ভয়ংকর একটা ফাঁদে পা দিয়েছো সেটা বলার অপেক্ষা রাখে না।" সুদর্শনের বলা শেষ হতেই প্রাচী বেশ আতঙ্কিত হয়ে জিজ্ঞাসা করল, —"আচ্ছা, পুলিশকে জানালে আরও বিপদ হবে না তো?"

—"হতেই পারে, পুলিশ পবনের ব্রিফকেস চুরির কথা জানলেই, পবনের নিরুদ্দেশ হওয়ার ব্যাপারেও সমস্ত সন্দেহ আমাদের ওপর এসে পড়বে।" তারপর একটু চিন্তা করে সুদর্শন প্রাচীকে জিজ্ঞাসা করল, —"আচ্ছা, প্রকাশ গোয়েন্দার বাড়িতে যে যুবকটি রয়েছে দেখলাম ওতো তোমার পরিচিত দেখলাম, ওকে কি এ ব্যাপারে কোনও রকম সন্দেহ করা যায়? কারণ, চিন্তা করে দেখ তৃতীয় চাবিটা ওদের বাড়িতেই রাখা ছিল। একমাত্র ওর পক্ষেই সম্ভব চাবি খুলে আমাদের ফ্ল্যাটে ঢুকে চট করে কাজটা সেরে ফেলে আবার অনায়াসেই পাশে নিজের বাড়িতে ঢুকে নিরীহ ভান করে বসে থাকা।"

প্রাচী এবার অসহায় ভাবে বলল, —"সব সম্ভব, আমার মাথায় এখন আর কিছু ঢুকছে না, শুধু মনে হচ্ছে কাল সকালেই যদি পবন দেশমুখ ফিরে আমার কাছে নিজের ব্রিফকেসটা ফেরত চাইতে আসে তাহলে কি হবে?" তারপর খানিকটা থেমে বলল, —"ওই ছেলেটা মিস্টার গোয়েন্দার প্রথম পক্ষের ছেলে, আকাশ। যে মহিলাটি দু'টি ছোট ছেলেকে নিয়ে বেরিয়ে এলেন তখন, উনি হলেন মিস্টার গোয়েন্দার দ্বিতীয় স্ত্রী।"

—"ওহ্ তাই? আমি অবশ্য ভদ্রমহিলার বয়েস দেখে বুঝতে পেরেছিলাম যে ওনার কখনই এতবড় ছেলে হতে পারে না, তাই ছেলেটিকে প্রকাশ গোয়েন্দার ভাই অথবা ভাইপো হবে ভেবে ছিলাম। তা, ও কি করে?"

—এখানে কম থাকে, ও নিজের মায়ের কাছে বেশী সময় থাকে। কি করে-টরে জানিনা।"

—"হুঁ, তাহলে তো সন্দেহটা বাড়ছে। যাইহোক, আপাতত এত রাতে আর কিছু করার দরকার নেই, কাল না হয় পুলিশের কাছে এফ আই আর করা যাবে, তবে ডোর লকটা ইমিডিয়েটলি চেঞ্জ করে ফেলতে হবে।" রাত অনেক হয়ে গেছে, দু'জনেই ডিনার সেরে ঘরের অবস্থা যেমন ছিল তেমনি রেখে অন্য বেডরুমে শুয়ে পড়ল। তবে রাতে সুদর্শনের ভাল ঘুম হল না, নানান ভাবনা মাথায় এসে ভীড় করছিল, প্রাচীও বেশ কয়েকবার বিছানা থেকে উঠে এদিক ওদিক ঘুরে দেখে এসেছে লক্ষ্য করেছে, নিশ্চয় ওর মনের মধ্যে একটা আতঙ্ক চেপে বসে রয়েছে বলে।

৫

ভোর ছ'টায় দরজার বেল বাজতে ঘুম ভাঙল সুদর্শনের। দুধের প্যাকেট নিয়ে গীতা দাঁড়িয়ে, ঢুকেই ঘরের অবস্থা দেখে চমকে উঠে কি ব্যাপার জিজ্ঞাসা করল। চোর ঢোকার কথা জানাল সুদর্শন। তবে দরজার চাবি খুলে রাত্রে চোর ঢুকেছিল শুনে মেয়েটা খুব ভয় পেয়ে গেল। ওকে ছড়িয়ে থাকা জিনিসপত্রে হাত দিতে বারণ করে দিল। একটু বেলা হতে প্রায় সাতটা নাগাদ পুলিশকে ফোন করে নিজের পরিচয় আর ঠিকানা দিয়ে সুদর্শন রাত্রে ফ্ল্যাটে চোর আসার কথা জানাল। ওরা নোট করে নিয়ে বলল লোকাল থানার ডিউটি অফিসার যাবে। প্রাচীকেও জানিয়ে রাখল সুদর্শন যে পুলিশ আসছে একটু পরে। হঠাৎ দরজার বেল বাজল, ভাবল পুলিশ এসে গেছে বুঝি, কিন্তু খুলে দেখে গোয়েঙ্কা আর ওর ছেলে আকাশ দাঁড়িয়ে। গোয়েঙ্কা জানতে চাইলেন কি কি চুরি গেছে আর পুলিশকে জানানো হয়েছে কিনা। তাছাড়া উনি খবর দিলেন যে, এপার্টমেন্টের সি সি টিভি কয়েকদিন ধরেই খারাপ হয়ে পড়ে রয়েছে, ওনার সন্দেহ এটাও হয়তো চোরের কাজ, নিশ্চয় আগে থেকে প্ল্যান করে তবেই এসেছে। এও বললেন যে পরশুরাম একবারেই অকাজের, ওকে ডিউটিতে রাখা না রাখা সমান। গোয়েঙ্কার কথা শুনতে শুনতে সুদর্শন কিন্তু মাঝে মাঝেই আকাশকে লক্ষ্য করছিল। ছেলেটা সুদর্শনদের ফ্ল্যাটের ভেতর কিছু দেখার জন্য চনমন করছিল, হতে পারে প্রাচীকে খুঁজছিল, সুদর্শন ওকে চট করে প্রশ্ন করল, —"আকাশ, তুমি কি কাউকে খুঁজছ?"

একটু চমকে গিয়ে কথা ঘুরিয়ে বলল, —"নো ডক্টর আঙ্কেল, আই ওয়ান্টেড টু টেল ইউ দ্যাট ওয়ান অফ মাই ফ্রেন্ডস ফাদার ইজ সাফারিং ফ্রম এ সিরিয়াস হার্ট প্রবলেম, ইফ ইউ কুড স্পেয়ার সাম টাইম টু সি হিজ ফাদার।"

সুদর্শন সহানুভূতি জানিয়ে বলল, —"ইয়েস, হোয়াই নট? ইটস্ মাই প্রফেশন, ইউ টেল হিম টু ব্রিং হিজ ফাদার ইন মাই হসপিটাল এনি ডে।"

—"থ্যাঙ্ক ইউ ডক্টর আঙ্কেল।" বলেই নিজের বাবার দিকে তাকিয়ে বলল, —"ড্যাডি ডক্টর আঙ্কেলকা মোবাইল নম্বর আপ মুঝে দে দিজিয়েগা।"

প্রায় সাড়ে আটটার সময় দু'জন পুলিশ এসে বেল বাজাল। দরজা খুলতেই একজন মারাঠী ভাষায় বলল, —"মী অন্ধেরী পুলিশ স্টেশনচা বিনীত কাম্বলে, দুসরা অধিকারী আহে।" অর্থাৎ আমি অন্ধেরী পুলিশ স্টেশনের সেকেণ্ড অফিসার বিনীত কাম্বলে। সঙ্গে সঙ্গে মারাঠীতেই উত্তর দিল সুদর্শন, —"হোয়ে, স্বাগত আহে।" দু'জনেই চারদিক দেখতে দেখতে ড্রয়িং রুমের ভেতর এসে খুব সন্তর্পণে সব কিছু পরীক্ষা করে দেখতে লাগল, তারপর সেখান থেকে ওদের বেড রুম এবং বাকি সব জায়গা ঘুরে দেখতে দেখতে আবার মারাঠীতে প্রশ্ন করল, —"কায় বস্তু চোরি আহেত?" এবার পরাজয় স্বীকার করে সুদর্শন বলল, —"মাফ করা, মী মারাঠী চাঙ্গলে বোলু শকত নাহি। মী হিন্দী কিংবা ইংলিশ বোলু শকতো?"

—"জী জী, আপ হিন্দী ইংলিশ কুছ ভি বোল শকতে" সেকেণ্ড অফিসারটি হেসে উত্তর দিলেন।

সুদর্শন এবার প্রাচীর দিকে তাকিয়ে বলল, —"কি কি চুরি গেছে জানতে চাইছেন।" সঙ্গে সঙ্গে প্রাচী ওদের উত্তর দিল, —"সে রকম কিছু চুরি গেছে বলে এখনও ধরতে পারিনি।"

—"সেকি? আশ্চর্য! আপনার টাকা পয়সা গয়না সব ঠিক আছে?" সেকেণ্ড অফিসারের চোখে সন্দেহ। দ্বিতীয় পুলিশ অফিসারটি সোফায় বসে সবকিছু ডায়েরিতে লিখে নিচ্ছিল, ওর দিকে চেয়ে সেকেণ্ড অফিসার মারাঠীতে বলল, —"গুড, আমাদের কাজটা অনেক সহজ হয়ে গেল। ঠিক আছে, তুমি ঘটনার পুরো বিবরণ দিয়ে চোর কোনও কিছু চুরি করে নিয়ে যায়নি বলে লিখে স্টেটমেন্টের তলায় ওনাদের দিয়ে সই করিয়ে নাও।"

সুদর্শন এবার বুঝল এখনই খুলে সব বলে না রাখলে পরে আরও গভীর সমস্যা তৈরি হতে পারে, তাই প্রাচীকে ইশারা করে পবন দেশমুখের ব্রিফকেসের কথাটা জানাতে বলল।

—"সরি অফিসার, উই ফরগট টু টেল ইউ ওয়ান থিঙ্।" প্রাচী পুলিশ অফিসারকে বলল।

—"কায় মেডাম?"

—"ফিল্ম প্রডিউসার এণ্ড ডাইরেক্টর পবন দেশমুখ নিজের একটা ফিল্মে আমাকে কস্টিউম ডিজাইনারের দায়িত্ব দিয়েছেন। নিরুদ্দিষ্ট হওয়ার দিন তিনেক আগে পবন আমাদের ফ্ল্যাটে এসে একটা হাল্কা স্টীল কালারের লক করা ব্রিফকেস আমার কাছে রেখে গিয়েছিলেন, বলেছিলেন কিছু দামী জিনিস ওর মধ্যে আছে। নিজের বাড়িতে সব খোলামেলা, রাখার তেমন কোনও জায়গা নেই তাই কিছুদিনের জন্য ওটা একটা সুরক্ষিত স্থানে রেখে দিতে বললেন। কিন্তু কি আছে আমাকে জানাননি। ওই ব্রিফকেসটা আমাদের বেডের ভিতরকার চেম্বারে রেখে দিয়েছিলাম। আর সব কিছু ঠিক থাকলেও ওই ব্রিফকেসটা এখন নেই দেখছি, অর্থাৎ বুঝতে পারছি চোর একমাত্র ওই ব্রিফকেসটা চুরি করার উদ্দেশ্যেই এসেছিল। কাল সন্ধ্যায় নকল চাবি ব্যবহার করে আমাদের ফ্ল্যাটে ঢুকে প্রথমে ইলেকট্রিক ফিউজ উড়িয়ে দিয়েছিল, তারপর কাজ সেরেছে। এখন আমার দুশ্চিন্তা হচ্ছে মিস্টার

দেশমুখ ব্রিফকেসটা ফেরত নিতে এলে আমরা কি বলবো?" সেকেণ্ড অফিসার বিনীত কাম্বলে কিছুক্ষণ প্রাচীর দিকে তাকিয়ে থাকল। তারপর নিশ্চিত হওয়ার জন্য আবার জিজ্ঞাসা করল, —"পবন দেশমুখ? আপনার কাছে ব্রিফকেস জমা রেখে ছিলেন? কবে এসেছিলেন বলুন তো?"

—"যে দিন রাত্রে ব্রিফকেস দিতে এসেছিলেন, ঠিক তার তিন দিন পর থেকেই উনি নিখোঁজ হয়ে গেছেন।" বেশ উদ্বিগ্ন কণ্ঠে উত্তর দিল প্রাচী।

—"কতদিন পরিচয় ওনার সাথে?"

—"প্রায় সাত আট মাস হবে।"

—"বাট ডু ইউ নো দ্যাট পবন দেশমুখ ইজ এ সাসপেকটেড কন্ট্রাব্যাণ্ড স্মাগলার? উনি পুলিশের নজরে রয়েছেন?"

—"স্মাগলার? বাট আই হ্যাড নো আইডিয়া!" প্রাচীর বিস্মিত জবাব।

—"ইয়েস ম্যাডাম, এণ্ড ইউ আর সেইং দ্যাট হি ডেপজিটেড এ ব্রিফকেস উইথ ইউ হুইচ ইজ সেইড টু কনটেইন সাম হাই ভ্যালু গুডস্, মতলব স্টোলেন ব্রিফকেস মে এইসা হি কুছ থা। এনি ওয়েজ, আপ দোনো ইস স্টেটমেন্ট পর সাইন কিজিয়ে, ফির দেখতা বাদমে।"

সুদর্শন পুরো স্টেটমেন্টটা চট করে একবার পড়ে নিয়ে সই করে প্রাচীর হাতে দিয়ে একটু বিরক্ত স্বরে বলল, —"দেখে নাও একবার ঠিক আছে কিনা, তারপর সাইন করে দাও।" প্রাচীর পড়া হলে মিস্টার কাম্বলেকে জিজ্ঞাসা করল, —"আচ্ছা, পবন দেশমুখের ব্রিফকেসটা পাওয়া গেল সত্যি যদি ওর ভিতর থেকে কিছু বে-আইনী বস্তু উদ্ধার হয়, তাহলে কি আমরাও জড়িয়ে পড়বো?"

—"আই এম এফ্রেড, ইয়েস, কনট্রাব্যাণ্ড ট্রাফিকার হিসেবে।" নির্লিপ্ত জবাব বিনীত কাম্বলের।

প্রাচী এবার সুদর্শনের দিকে তাকাল, সঙ্গে সঙ্গে হাতের ইশারায় স্টেটমেন্টটায় সই করতে বলল সুদর্শন। এরপর কাম্বলে আর তার সঙ্গী নিচে গিয়ে ওয়াচম্যানকে জিজ্ঞাসাবাদ করতে লাগল, বিশেষ করে সি সি টিভি বেশ কয়েকদিন ধরে কাজ করছে না জানা গেলেও এখনও কেন ঠিক করা হয়নি জানতে চাইছিল।

৬

পুলিশের কাছে পবন দেশমুখ সম্বন্ধে ভয়ংকর তথ্য পেয়ে একটা ব্যাপারে নিশ্চিত হয়ে গেল সুদর্শন যে কপালে আরও দুর্ভোগ আছে। প্রাচীর ওপর ভয়ানক রাগ হতে লাগল, জেনে বুঝে এমন বিপদ ডেকে আনার জন্য। সুদর্শনের মুখের চেহারা দেখে প্রাচীও সেটা

বুঝতে পেরেছে। মাঝে মাঝেই সুদর্শনের মনে হয় যে, প্রাচী ঠিক ওর নিজের উপযুক্ত স্ত্রী নয়। একদম ভিন্ন পেশার একজন মেয়েকে বিয়ে করে হয়তো ভুল করে ফেলেছে। এম,ডি পাশ করেই মুম্বাইয়ের হসপিটালে ভাল সুযোগ পেয়ে গিয়েছিল। জয়েন করার কয়েক মাসের মধ্যে প্রাচীর সঙ্গে সুদর্শনের পরিচয় হয়। ওর ড্যাডির ভয়ংকর চেষ্ট-পেন হওয়ায় হসপিটালের এমার্জেন্সীতে নিয়ে এসেছিল। প্রায় জ্ঞান ছিলনা। সুদর্শন তখন ডিউটিতে, পরীক্ষা করেই বুঝতে পেরেছিল এ্যাকিউট মায়োকার্ডিয়াল ইনফার্কশন, এখনই ব্লক ক্লিয়ার করে স্টেন্ট বসানোর প্রয়োজন। প্রাচীকে বলল সে কথা। এটাও বলল যে সুদর্শনের নিজের ডিউটি শেষ হয়ে যাচ্ছে, তাই অপর একজন স্পেশালিস্ট অপারেশনটা করবেন। কিন্তু প্রাচীর সুদর্শনের প্রতি একটা আস্থা ততক্ষণে তৈরি হয়ে গিয়েছিল, তাই ওকেই এটা করার জন্য বিশেষ করে অনুরোধ করতে লাগল। সুদর্শনও প্রাচীর সুন্দর ছিপছিপে লম্বা চেহারা এবং তার সাথে মানানসই সাজপোষাক, বুদ্ধিদীপ্ত মুখ আর ভারী মিষ্টি কথাবার্তা শুনে বেশ একটু আকর্ষিত হয়ে পড়েছিল। হসপিটাল কর্তৃপক্ষের অনুমতি যোগাড় করে এক্সট্রা টাইম থেকে অপারেশনটা শেষ পর্যন্ত সুদর্শনই করেছিল। এরপর বলা বাহুল্য প্রাচীর ড্যাডি সম্পূর্ণ সুস্থ হয়ে বাড়ি ফিরে যাওয়ার চার পাঁচ মাস পরেই সুদর্শনের শ্বশুরের স্থান দখল করলেন। বিয়ের আগে বেশ কয়েক বার প্রাচী নিজের নতুন ইনসিগ্নিয়াতে এবং ফ্যাশন-শোয়ে প্রাচীর ডিজাইন করা পোশাক দেখাতে সুদর্শনকে নিয়ে গিয়েছিল। বাঙালি মেয়েকে বিয়ে করায় বাবা মাও খুব খুশি হয়েছিলেন। বিয়ের পরের বছরেই সুদর্শনদের এই ফ্ল্যাট কেনার আর ইউ,কে তে গিয়ে এম,আর,সি,পি পড়ার সুযোগ আসে। তবে অস্বীকার করার উপায় নেই যে মেডিকেল কলেজে থাকতে নীলাম দীক্ষিতের প্রতি সুদর্শনের একটা বিশেষ আকর্ষণ তৈরী হয়েছিল। ইউ,পির মেয়ে কিন্তু বাংলাটা মোটামুটি ভালই বলতে পারে। সুদর্শনের মনে পড়ল ফোর্থ ইয়ারে পড়ার সময় একদিন ছুটির পরে দু'জনে হাঁটতে হাঁটতে কলেজ স্ট্রিট বাস স্ট্যাণ্ডের দিকে আসছিল, একটু আসার পর হঠাৎ ঝেঁপে বৃষ্টি নামল। সুদর্শনের কাছে ছাতা না থাকলেও গোছানো মেয়ে নীলাম কিন্তু ঠিক একটা ছোট্ট লেডিজ ছাতা নিজের ব্যাগ থেকে বের করে সুদর্শনের মাথার ওপর মেলে ধরল। চলতে চলতে সুদর্শন রোমান্টিক মুডে গান ধরল 'হম তুম এক ছতরীকে নিচে হ্যায়, অওর বারিস না রুকে।' নীলাম হেসে ফেলে উত্তর দিল, —"আচ্ছা? খুব মুড আগয়া দেখতা, পর জনাব, মেরা ছাতা ছোটা হ্যায়, অওর তুম ভীগ গয়ে।" সেই সময় সামনেই ইণ্ডিয়ান কফি হাউস এসে যেতে সুদর্শন বলল, —"নীলাম চল বসে একটু চা পান করা যাক, ততক্ষণে বৃষ্টি হয়তো থেমে যেতে পারে।" এরপর দৌড়ে গিয়ে দু'জনে কফি হাউসে ঢুকল। বিকেলের সময় আর তার ওপর বাইরে বৃষ্টি বলে ভেতরে বেশ ভীড়, প্রায় সব চেয়ার টেবিলে ছেলে মেয়েরা বসে আড্ডা দিচ্ছে। ওদের দাঁড়িয়ে থাকতে দেখে একজন ওয়েটার এসে বলল, —"ওই কোনের দিকের টেবিলে দু'জনের খাওয়া হয়ে গেছে, টাকার ব্যালেন্স পেলেই উঠে যাবেন।" —"থ্যাঙ্ক ইউ" বলেই সুদর্শন এগিয়ে গিয়ে ওনাদের প্রায় ঘাড়ের ওপর দাঁড়াল। কিন্তু পয়সা ফেরৎ পাওয়ার পরও মিনিট দশেক ধরে দু'জনে কথা চালিয়ে যাচ্ছেন দেখে সুদর্শন ওনাদের জিজ্ঞাসা করল, —"এক্সিউজ মি, আপনাদের

কি হয়ে গেছে? আসলে আমার মিসেস হঠাৎ একটু অসুস্থ বোধ করছেন।" নীলাম তখন বিস্ফারিত চোখে সুদর্শনের দিকে তাকিয়ে।

—"হ্যাঁ হ্যাঁ, বসুন এখানে, আমাদের হয়ে গেছে।"

—"থ্যাঙ্ক ইউ" বলেই ওরা দু'জনে বসে পড়ল মুখোমুখি।

—"ভেরী স্মার্ট, বাট হোয়াট ডিড ইউ সে?" নীলাম কপট রাগ দেখিয়ে সুদর্শনকে প্রশ্ন করল।

—"হোয়াই? নট পসিবল্?" প্রশ্নের উত্তরে পাল্টা প্রশ্ন সুদর্শনের।

—"ইউ আর কিডিং" নীলাম হেসে হাল্কা করতে চাইল।

—"নো, আইম সিরিয়াস।" বলেই সুদর্শন দেখল পিছনে ওয়েটার দাঁড়িয়ে, সঙ্গে সঙ্গে দু'প্লেট ভেজ কাটলেট্ আর দু'টো কফির অর্ডার দিয়ে দিল। তারপর নীলামকে বলল, —"নীলাম, একটা কথা বলবো? টু বি ভেরি ফ্রাংক, আই লাভ ইউ। এটা কিছুদিন ধরেই মনে হচ্ছিল কিন্তু কিছুতেই বলতে পারছিলাম না, তাই আজ সুযোগ পেয়ে বলে ফেললাম। ভাবলাম এম,বি,বি,এসের টপার বলে কথা, যদি অন্য কেউ রিজার্ভ করে নেয়?"

কথাটা শুনেই ভীষণ গম্ভীর হয়ে গেল নীলাম। সুদর্শনও আর কিছু না বলে অন্যমনস্ক হয়ে কাছাকাছি টেবিলের ছেলেমেয়েদের লক্ষ্য করতে লাগল। খাবার এসে গেল। ছুরি আর কাঁটা চামচ দিয়ে একটুকরো কাটলেট মুখে দিয়ে গম্ভীর নীলামের দিকে তাকিয়ে বলল, —"সরি নীলাম, ইফ আই হ্যাভ সেড এনিথিং ডিস্টার্বিং টু ইউ।"

—"নো, নট দ্যাট, ট্রুলি স্পিকিং, আমি এখন এই ব্যাপারটা নিয়ে একদম মাথা ঘামাচ্ছি না, পড়াশোনাটা অনেকটাই এখনও বাকি। আরও একটা কথা সুড, আমি ইউ,পির একটা ব্রাহ্মণ পরিবারে জন্মেছি, আর তুমি নিশ্চয় জান, ইউ,পি তে বেশির ভাগ পরিবার এ ব্যাপারে ভয়ংকর গোঁড়া। আমার গ্র্যাণ্ড পেরেন্টস্, বাবা এবং দুই কাকার পরিবার মিলিয়ে একটা বড় যৌথ পরিবার, সেখানে কোনও নন-ব্রাহ্মণ বাঙালি ছেলেকে বিয়ে করতে চাই শুনলে মরণ পণ লড়াই করে বাধা দেবে। কিছুতেই হতে দেবেনা।"

সেই প্রথম আর সেই শেষ, সেদিনের পর থেকে আর কক্ষনো নীলামের সংগে এসব নিয়ে কথা তোলেনি সুদর্শন। তবে বন্ধুত্ব অটুট রয়েছে।

৭

সন্ধ্যা ছ'টার মধ্যে হসপিটাল থেকে বেরিয়ে পড়ল সুদর্শন। সারাদিনব্যাপী পেসেন্ট দেখা, অপারেশন করা ছাড়াও মনটার মধ্যে মাঝে মাঝেই নানারকম ভাবনা চিন্তা এসে ভীড় করে শরীরটাকে ভীষণভাবে ক্লান্ত করে দিয়েছে। প্রাচী আজ কাজে বের হয়নি তাই বাড়িতেই ছিল। অগোছালো ঘরদোর আবার ঠিকঠাক করে সাজিয়ে ফেলেছে। ডোর লকও মিস্ত্রি

ডেকে চেঞ্জ করে ফেলেছে দেখল। সুদর্শন হাতমুখ ধুয়ে সোফায় বসার একটু পরে প্রাচী দুজনের চা নিয়ে এসে বসল। সুদর্শন জিজ্ঞাসা করল, —"পুলিশের কাছ থেকে কোনও ফোন এসেছিল আর?" প্রাচী একটু চুপ করে থেকে বলল, —"পুলিশের তরফ থেকে কোনও ফোন না এলেও দুপুরে অচেনা নম্বর থেকে দু'জন ফোন করেছিল।"

—"কি বলছে তারা?"

—"বলেছে, পবন দেশমুখ একটা ব্রিফকেস রেখেছেন আপনার কাছে, সেটা নিয়ে গিয়ে একটা ঠিকানায় পৌঁছে দিতে হবে। আমি জিজ্ঞাসা করলাম আপনি কে বলছেন আর পবনই বা কোথায়? বলল পবন আমাকে ব্রিফকেসটা আপনার থেকে চেয়ে নিতে বলেছেন। এইটুকু বলেই ফোনটা কেটে দিল। পরে আবার বিকেল চারটের সময় আরও একটা নম্বর থেকে ফোন এসেছিল, যে করেছিল সে শুধু বলল 'আজ রাত আটটার সময় ব্রিফকেসটা নিয়ে আন্ধেরী স্টেশনে পৌঁছে যেতে, আর সঙ্গে কাউকে আনা চলবেনা বা পুলিশকেও জানানো চলবে না। এদিক ওদিক হলে ভয়ানক বিপদে পড়ে যাবে।' বলেই ফোনটা কেটে দিল।"

—"কাল বাড়িতে চোর ঢুকে ব্রিফকেস চুরি করে নিয়ে গেছে বলে পুলিশ ডাকা হয়েছিল এবং তার জন্য থানায় ডায়েরিও করা হয়েছে, এ সব বললে না কেন তুমি?" সুদর্শন একটু উত্তেজিত হয়ে বলল।

—"আরে আমাকে তো কথা বলার কোনও সুযোগ দেয়নি লোকটা।"

—"এবার পরিস্কার বুঝতে পারছ নিশ্চয় তুমি একটা ভয়ংকর আন্ডার ওয়ার্ল্ডের ট্র্যাপে পড়ে গেছ? তবে আমার মনে হচ্ছে তুমি নিশ্চয় জেনেই ওই নারকোটিক্স ভর্তি বেআইনী ব্রিফকেসটা নিজের কাছে রেখে ছিলে। এখন তো আমাকেও ড্রাগ ট্রাফিকিং এর অপরাধে জেলে যেতে হবে?" উত্তেজিত হয়ে সুদর্শনের গলার স্বর চড়ে গিয়েছিল। প্রাচী তৎক্ষণাত সতর্ক করে বলল, —"চেঁচিয়ে বলে তো আরও চারিদিকের লোককে জানিয়ে দিচ্ছো তুমি? তোমার কোনও ভয় নেই, সব দোষ আমার নিজের ঘাড়ে নেব কথা দিচ্ছি।"

—"অফকোর্স! আমি তখন ইণ্ডিয়াতেই ছিলাম না, কোনও দিন তোমার ওই পবন দেশমুখকে চোখেও দেখিনি, পুলিশ বলছে হি ইজ আ ড্রাগ স্মাগলার, তার সাথে তোমার কি ধরণের ব্যবসায়িক সম্পর্ক তাও জানি না, তাছাড়া আমি নিজে একজন চিকিৎসক, অত্যন্ত রেসপেক্টেবল্ একটা পজিশন সমাজে। আই কমপ্লিটলি ডিজওন মাই রেসপন্সিবিলিটি ইন দিস কেস। এখন এই সমস্ত ইন্টারন্যাশানাল মাফিয়া ডনেরা তোমার মোবাইল নম্বর যোগাড় করে ফেলে থ্রেট করতে শুরু করে দিয়েছে।"

এরপর রাত আটটা বেজে গেলেও ব্রিফকেস নিয়ে আন্ধেরী স্টেশনে না যাওয়ার জন্য আর কোনও ফোন আসেনি। মাঝখানে সিসিল একবার ফোন করেছিল প্রাচীর কাছে কি হল না হল জানার জন্য।

পরদিন সকালে ব্রেকফাস্ট করছিল সুদর্শন, ওপাশে প্রাচীও বসে খাচ্ছিল, টিভির লোকাল নিউজে দেখাচ্ছে ফিল্ম ডাইরেক্টর পবন দেশমুখের বিরুদ্ধে লুক আউট নোটিস জারি করা হয়েছে। ওর সেল ফোনটাও যেদিন থেকে উধাও হয়েছে সেদিন থেকেই সুইচড অফ করা রয়েছে। সুদর্শনের সঙ্গে প্রাচীর আর কোনও কথাবার্তা হয়নি রাত্রি থেকে। হঠাৎ সুদর্শনের মোবাইলটা বেজে উঠল। হ্যালো বলতেই ওপাশ থেকে একজন মারাঠীতে বলল, —"মি বোলত আহে মুম্বাই ক্রাইম ব্রাঞ্চ, কোন বোলত আহেস?" সঙ্গে সঙ্গে প্রাচীর দিকে তাকিয়ে সুদর্শন আস্তে করে বলল, —"মুম্বাই ক্রাইম ব্রাঞ্চ থেকে করছে, কথা বলবে?" প্রাচী হাতের ইশারায় সুদর্শনকেই কথা বলতে বলল।

—"ডক্টর সুদর্শন চৌধুরী স্পিকিং, আপ হিন্দী ইয়া ইংলিশ মে কাইন্ডলি বলিয়ে কেয়া চাহতে হ্যায়।"

—"ডি,সি ক্রাইম, মুম্বাই এন্টি নারকোটিক্স ব্রাঞ্চ ইজ গোইং টু ইওর এপার্টমেন্ট নাও, প্লিজ স্টে হোম এণ্ড কোঅপরেট।"

ফোনের বার্তাটা প্রাচীকে বলতেই ও সঙ্গে সঙ্গে বলল, —"তুমি হসপিটাল চলে যাও, আমি রয়েছি অসুবিধে হবে না।"

হসপিটালে সময় মতো না গেলে স্কেডিউল্ড অপরেশন গুলো আটকে যাবে, তাই সুদর্শন বলল, —"হ্যাঁ আমাকে যেতেই হবে কারণ আমার বেশ কয়েকটা ওটির কেস রয়েছে সকালে।" কথা শেষ করার সঙ্গে সঙ্গে ডোর বেলটা বাজল। গীতা রান্নাঘর থেকে বেরিয়ে গিয়ে সদর দরজা খুলেই চেঁচিয়ে বলল, —"মোটা ভাউ, পুলিশ এসেছে।"

এগিয়ে যেতে লম্বা ছিপছিপে চেহারার ইউনিফর্ম পরা এবং আই,পি,এস ব্যাজধারি একজন খুব স্মার্ট মহিলা পুলিশ অফিসার সুদর্শনকে বলল, —"নমস্তে, আমি শিবানী রানে, ডিসি, ক্রাইম, মুম্বাই এন্টি নারকোটিক্স ব্রাঞ্চ, আমার কাছে আপনার বাড়িটা সার্চ করার ওয়ারেন্ট আছে। প্লিজ কোঅপারেট আস।" বলেই পকেট থেকে একটা ম্যাজিস্ট্রেটের অর্ডার বের করে দেখাল। এক ঝলক তাকিয়ে দেখল সুদর্শন অর্ডারটা। পেছনে আরো তিনজন পুলিশ, একজনের কাছে চেইনে বাঁধা একটি ধূসর রঙের জার্মান শেফার্ড স্নিফার ডগ। বিরাট আয়োজন করেই পুলিশ বাহিনী এসেছে। ফলে আশপাশের বেশ কিছু প্রতিবেশী কৌতূহলী হয়ে এক এক করে দেখতে চলে আসছে। মাটির সঙ্গে মিশে যেতে ইচ্ছে করছে সুদর্শনের। লজ্জা, ঘৃণা এবং অসহায়তার মুখ নিয়ে প্রাচীর দিকে একবার দেখে দরজা থেকে সরে এল সুদর্শন। এই ধরনের ভাগ্য যে সুদর্শনের জন্য অপেক্ষা করছিল কোনও দিন স্বপ্নেও ভাবেনি। ডিসি শিবানী রানে বাড়ির ভেতর ঢুকে ওদের তিনজনকে এক জায়গায় বসে অপেক্ষা করতে বলল। তারপর সঙ্গী পুলিশ তিনজনকে কিছু আদেশ দিয়ে সুদর্শন আর প্রাচীকে বলে দিল কোনও আলমারি এবং কাবার্ডে চাবি দেওয়া থাকলে একটু খুলে রাখতে আর পবন দেশমুখের ব্রিফকেসটা যেখানে রাখা হয়েছিল সেই জায়গাটা ওনাদের দেখিয়ে দিতে। কুকুরটা বাড়ির ভেতর ঢুকেই অস্বাভাবিক তৎপরতায় যা সামনে

পাচ্ছে শুঁকে শুঁকে দেখে নিচ্ছে। সামনের ঘরের আর রান্না ঘরের সব গন্ধ যাচাই করে কুকুরটা নিজের মাস্টারকে নিয়ে বেড রুমে ঢুকল। ডি,সি,পি শিবানী এবার এসে ওদের ডেকে নিয়ে গেল শোবার ঘরে, তারপর চুরি যাওয়া ব্রিফকেসটা কোথায় রাখা ছিল দেখিয়ে দিতে বলল। সুদর্শন লক্ষ্য করল কুকুরটা ইতিমধ্যেই বেডের কাছে গিয়ে একবার গন্ধ শুঁকেই ঘেউ ঘেউ করে দু'বার ডেকে উঠল। প্রাচী একটু হতচকিত হয়ে এগিয়ে গিয়ে বেডটা শিবানীকে দেখিয়ে বলল, —"এই বেডের ম্যাট্রেসটার নিচে যে বক্সটা আছে তার মধ্যে রাখা ছিল।" শুনেই চট করে দু'জন পুলিশ এগিয়ে এসে ম্যাট্রেসটা নামিয়ে ফেলল, তারপর খাটের পাটাতনটা সরিয়ে দিতেই চকিতের মধ্যে কুকুরটা ভিতরে ঢুকে গন্ধ শুঁকে শুঁকে ডাকতে লাগল। আশ্চর্য! ব্রিফকেসটা নেই ওখানে তাও মনে হচ্ছিল কুকুরটা যেন চেঁচিয়ে চেঁচিয়ে জানিয়ে দিতে লাগল নিজের প্রভুকে —"হ্যাঁ ছিল ছিল, এখানেই ছিল ওদের সেই মাদক ভর্তি অমূল্য সুটকেসটা।" কি অস্বাভাবিক ঘ্রাণশক্তি! কুকুরকে বের করে এবার ওরা ভেতরটা তন্নতন্ন করে খুঁজে দেখল আর কিছু আপত্তিকর আছে কিনা। তারপর অন্যান্য সমস্ত জায়গার অনুসন্ধান শেষ হলে ডি,সি,পি শিবানী ওদের বলল, —"এখন আমরা কনফার্মড যে আপনারা কন্ট্রাব্যাণ্ড ড্রাগ লুকিয়ে রেখেছিলেন, তা সে যেই আপনাদের দিয়ে থাকুক। ফলে এন,ডি,পি,এস অ্যাক্ট অনুসারে আপনাদের এগেনস্টেও প্রসিডিংস্ শুরু করা হতে পারে। আপাততঃ আসল কালপ্রিট ধরার ব্যাপারে আপনি আমাদের সাহায্য করুন।" এবার মোবাইলে আগের দিন যে অচেনা ফোন দুটো এসেছিল সেটার ব্যাপারে শিবানীকে জানাল প্রাচী, সঙ্গে সঙ্গে শিবানী প্রাচীর ফোন থেকে ওই নম্বর গুলো নোট করে নিল। তারপর জিজ্ঞাসা করল, —"দু'জনের ভয়েস শুনে আপনার নিজের চেনাশোনা কেউ অথবা পবন দেশমুখের নিজের ভয়েস বলে কিছু সন্দেহ হয়েছিল?" প্রাচী না বলতেই শিবানী সতর্ক করে দিয়ে বলল, —"ঠিক আছে, আপনি একবারও জানাবেন না যে ব্রিফকেসটা আপনার কাছে নেই। বোঝা যাচ্ছে আবার এই রকম ফোন আসবে। আমার নাম্বারটা দিচ্ছি, এই রকম ফোন আসার সঙ্গে সঙ্গে আমাকে জানিয়ে দেবেন।"

—"ম্যাডাম, আপনাকে একটা রিকোয়েস্ট করব?" প্রাচী ডি,সি শিবানীকে প্রশ্ন করল।

—"কি ব্যাপারে?"

—"আমার হাজব্যাণ্ডের কিন্তু এই ব্যাপারটার সঙ্গে এতটুকুও কোনও কানেকশন নেই। উনি তখন লণ্ডনে ছিলেন, যখন পবন দেশমুখ আমার কাছে ব্রিফকেস রেখে গিয়েছিল। তাই আমার অনুরোধ এই কেসটায় কাইণ্ডলি ডক্টর সুদর্শন চৌধুরীর নামটা একবারে ডিলিট করে দিন। ওনাকে অত্যন্ত বিজি থাকতে হয় সারাদিন হসপিটালের পেসেন্টদের নিয়ে। এখন এই মুহূর্তে ওনার কয়েকটা অপারেশন করার কথা, কিন্তু দেখুন আটকে রয়েছেন বাড়ি সার্চ করা হচ্ছে বলে।"

এবার শিবানী সুদর্শনের দিকে একবার তাকিয়ে দেখল, তারপর প্রাচীকে বলল, —"সরি, নাম একদম ডিলিট করার ক্ষমতা আমার নেই, তবে চেষ্টা করা যাবে ওনাকে যতটা সম্ভব

ডিস্টার্ব না করতে। তবে যখনই দরকার হবে ইউ হ্যাভ টু কোঅপারেট উইথ আওয়ার ডিপার্টমেন্ট।"

—"অলওয়েজ ম্যাডাম, থ্যাঙ্ক ইউ।" প্রাচী উত্তর দিল। গীতা এতক্ষণ জড়সড় হয়ে ওদের কার্যকলাপ দেখছিল, শিবানী টিম নিয়ে চলে যাওয়ার জন্য এগিয়ে যেতেই গীতা খুব তৎপরতার সঙ্গে ছুটে গিয়ে সদর দরজা খুলে দিল। বাইরে তখন ভীড় করে দাঁড়িয়ে বহু লোক। ওদের মধ্যে মিস্টার প্রকাশ গোয়েঙ্কাও ছিলেন, তবে আকাশকে দেখতে পাওয়া গেল না। পুলিশ টিম আর সঙ্গের কুকুরটার দিকে তাকাতে তাকাতে মিস্টার গোয়েঙ্কা সুদর্শনের কাছে এসে নিচু স্বরে প্রশ্ন করলেন, —"নারকোটিক্স কন্ট্রোল ব্যুরো থেকে মনে হচ্ছে? আপনাদের ফ্ল্যাটে কি কিছু লুকিয়ে রাখা আছে সন্দেহ করে খুঁজতে এসেছিল?" সুদর্শন তখন এতটুকুও আর কথা বলার মত মানসিক অবস্থায় ছিলনা, তাই বলল, —"প্লিজ মিস্টার গোয়েঙ্কা, আমার এখন একটুও কথা বলার সময় নেই, ওটি'র পেসেন্টরা অপেক্ষা করে রয়েছে হসপিটালে।" কথাটা বলেই ভীড় ঠেলে লিফ্টে গিয়ে উঠল, কিন্তু নিচে এসে দেখল একই অবস্থা। ডি,সি, শিবানী তখন পরশুরামেকে এবং আসপাশের দু'একজনকে কিছু জিজ্ঞাসাবাদ করছে। অন্য আরও অনেকে চারপাশে ঘিরে দাঁড়িয়ে যেন মাদারির খেল দেখছে। ড্রাইভার গাড়িটা বের করতেই তাড়াতাড়ি উঠে জোরে ঝপাৎ করে দরজাটা বন্ধ করে সুদর্শন বলল —"জলদি চলো।"

৮

আগের দিনের মত আবার দুপুরের দিকে অচেনা একজন প্রাচীকে ফোন করে কোঙ্কনী হিন্দীতে নোংরা গালাগাল দিয়ে বলল, —"গতকাল ব্রিফকেসটা নিয়ে স্টেশনে যাস নি কেন? খুব সাহস দেখাচ্ছিস, না? কথা না মানলে জেনে রাখ পুলিশের বাপও পারবেনা তোকে বাঁচাতে। তবে এবার মাফ করলাম, ইধার উধার হোনেসে তেরা আওর তেরা শৌহর দোনোকা জান খতরেমে পড় যায়গা।" ব্যাস এই কথাগুলো বলেই ফোন কেটে দিল। এই সময় প্রাচী ইনসিগ্নিয়াতে একজন ক্লায়েন্টের সঙ্গে কথা বলছিল। ফোনে কথা বলার সময় প্রাচীর আতঙ্কিত মুখ দেখে সে কিছু একটা আন্দাজ করে জিজ্ঞাসা করল, —"এনি প্রবলেম ম্যাম?" প্রাচী ক্লায়েন্টকে 'এক্সকিউজ মি' বলেই চেয়ার থেকে উঠে বুটিকের নিরিবিলি একটা কোণে গিয়ে ডি,সি,পি শিবানী রানের ফোন নাম্বারে কল করল। শিবানী ফোন ধরতেই প্রাচী আতঙ্ক আর উত্তেজনা সামলে ফোনে অচেনা ব্যক্তিটি যা যা বলেছে সব জানাল, তারপর বলল, —"ম্যাডাম আমার খুব ভয় করছে, নিজের জন্য নয়, আমার স্বামী ডক্টর সুদর্শন চৌধুরী সম্পূর্ণ নির্দোষ এবং ডেডিকেটেড একজন ডক্টর। তার যদি কিছু হয় তাহলে আমি কিছুতেই নিজেকে ক্ষমা করতে পারব না।"

—"প্রাচী, ডোন্ট গেট নার্ভাস, ইউ উইল ডেফিনিটলি গো উইথ দ্যাট ব্রিফকেস ওবেইং দেয়ার ইনস্ট্রাকশন। ওনলি ওয়েট ফর দেয়ার নেক্সট কল। কোথায়, ক'টার সময় যেতে হবে তোমাকে, সেটা ভাল করে জেনে নাও, মিন হোয়াইল আমরা তোমার ওপর নজর রাখছি। তবে আমাদের ঠিক একই রকমের একটা ব্রিফকেস জোগাড় করতে হবে, আর

তার জন্য এখনই আমাদের একজন ইনস্পেক্টরকে মার্কেটে পাঠাচ্ছি, ও তোমাকে ভিডিও কল করবে দোকান থেকে, তখন ব্রিফকেসের কালার আর সাইজটার ব্যাপারে গাইড করে দিও।" ডি,সি শিবানীর কথা শুনে প্রাচী একটু ভরসা পেল মনে। ফিরে গিয়ে খানিকটা শান্ত হয়ে ক্লায়েন্টদের এ্যটেণ্ড করতে লাগল। মিনিট পনেরোর মধ্যে একটা ফোন এল, প্রাচী হ্যালো বলতেই ওপাশের লোকটি বলল, —"প্রাচী ম্যাডাম?"

—"ইয়েস স্পিকিং"

—"আমি এস,আই জীতেন্দ্র সিং বলছি, আপনাকে ভিডিও কল করছি এক্ষুণি, একটু দেখিয়ে দিন কোন ব্রিফকেসটা ঠিক আছে।"

কিছুক্ষণের মধ্যে জিতেন্দ্র ভিডিও কল করতেই প্রাচী খুলে দেখতে পেল বেশ কয়েকটা ব্রিফকেস পড়ে রয়েছে সামনে, হাল্কা স্টীল কালার দেখতে পেয়েই জীতেন্দ্রকে বলল, —"জীতেন্দ্র ভাইয়া, হাল্কা স্টীল কালার কা এক হ্যায়, উসিকো উঠা কর জারা দিখাইয়ে।" জিতেন্দ্র প্রাচীর কথামত ব্রিফকেসটা তুলে দেখাতেই প্রাচী বলল, —বিলকুল এইসা হি, লেকিন ইসকা উপরকা সাইজ।" ব্রিফকেস পর্ব শেষ হওয়ার ঘন্টা খানেক পরেই শিবানীর ফোন, —"প্রাচী?"

—"ইয়স ম্যাম,"

—"নাও লিসেন কেয়ারফুলি, আই'ম সেণ্ডিং ইওর ব্রিফকেস স্টাফড় উইথ সাম ফেক নারকোটিক্স প্যাকেটস। যেই ওটা নিয়ে গিয়ে কোনও জায়গায় ডেলিভারীর জন্য ফোন আসবে আমাকে সঙ্গে সঙ্গে জানাবে। ব্রিফকেস নিয়ে জিতেন্দ্র তোমার বুটিকের বাইরে অপেক্ষা করছে দেখ, ওটা এখন তোমার গাড়িতে ঢুকিয়ে রেখে দাও।"

—"ওকে ম্যাম।" প্রাচী উত্তর দিয়ে বাইরে এসে দেখল একজন সিভিল ড্রেস পরা লম্বা চওড়া স্মার্ট যুবক হাতে একটা স্টীল কালারের ব্রিফকেস নিয়ে অপেক্ষা করছে। যুবকটির বাঁ দিকের ভ্রুর ওপর একটা বেশ বড় পুরোনো কাটার দাগ যেটা দেখলেই ওকে খুব ডানপিটে আর সাহসী বলে মনে হয়। প্রাচী কাছে যেতেই জিজ্ঞাসা করল, —"আপনার নাম ম্যাডাম?" নাম বলতেই ব্রিফকেস হাতে দিয়ে আবার যাচাই করার জন্য জিজ্ঞাসা করল —"এটা কে পাঠিয়েছে জানেন আপনি?"

—"ডি,সি শিবানী ম্যাডাম?" শুনেই যুবকটি ডান হাত তুলে থামস্আপ দেখিয়ে চলে গেল। মোটামুটি ভারী লক করা ব্রিফকেসটা অবিকল পবন দেশমুখের চুরি হয়ে যাওয়া ব্রিফকেসটার মতই।

৯

সন্ধ্যা সাড়ে ছ'টার মধ্যেই বাড়ি ফিরে প্রাচী সুদর্শনকে একটা ফোন করল। সব ঘটনার বর্ণনা দিয়ে সুদর্শন কখন ফিরবে জিজ্ঞাসা করল।

—“ঠিক নেই, প্রচুর পেসেন্ট এখনও অপেক্ষায়, আটটা ন’টা হয়ে যাবে হয়ত।” সংক্ষিপ্ত জবাব দিয়ে ফোনটা কেটে দিল সুদর্শন। মনের মধ্যে একটা অনিশ্চিত আশঙ্কা ক্রমশ যেন শরীরটাকে অবসন্ন করে তুলছে প্রাচীর। বড় বাড়িটার ভিতর নিজেকে ভীষণ একা লাগছে এখন। কি করা যায় ভাবতে ভাবতে নিজের জন্য একটু চা তৈরি করতে রান্নাঘরে গেল প্রাচী। হঠাৎ মনে হল ঘরে রেখে আসা মোবাইলটা বাজছে। সঙ্গে সঙ্গে ঘরে গিয়ে ফোন তুলে হ্যালো বলতেই ও পাশ থেকে নির্দেশ এল,—“এক্ষুণি পবনের ব্রিফকেসটা নিয়ে ভিলে পার্লে স্টেশন চলে এস, একদম একা আসবে, আর পুলিশের সঙ্গে যদি কোনও রকম সম্পর্ক করেছ এই ব্যাপারে তাহলে জেনে রেখো তার আনজাম ভয়াবহ হবে।” ফোন কেটে যেতেই ঘড়ি দেখল প্রাচী, সাতটা দশ। একটু দ্বিধা নিয়ে শিবানীর নম্বরে কল করল, —“ইয়েস প্রাচী, উই আর ওয়েটিং ফর ইউ। কোথাও যাওয়ার কথা বলেছে?”

—“ইয়েস ম্যাম, এক্ষুণি ভিলে পার্লে স্টেশনে ব্রিফকেস নিয়ে পৌঁছাতে বলেছে, কিন্তু আমার ভীষণ ভয় করছে, পুলিশ বা কাউকে জানালে ভয়াবহ ফল হবে বলেছে।”

—“বি আ ব্রেভ গার্ল, আমরা ছদ্মবেশে এমবুশ করে থাকবো, ঠিক সময় মত অ্যাকশান নেব, কোনও চিন্তা কোর না। ব্রিফকেস আর মোবাইল সঙ্গে নিয়ে জলদি বেরিয়ে পড়।”

নিজের গাড়িতে না গিয়ে প্রাচী ঠিক করল একটা ট্যাক্সি নিয়ে যাবে। গাড়িতে রাখা ব্রিফকেসটা বের করে নিয়ে রাস্তায় নেমে এদিক ওদিক একবার তাকাল যদি কোনও ট্যাক্সি দেখতে পাওয়া যায়। কিছু নেই দেখে আস্তে আস্তে হেঁটে সামনের বড় রাস্তায় পৌঁছাতেই একটা ট্যাক্সি দেখতে পেয়ে উঠে পড়ল। অল্প কিছুক্ষণের মধ্যেই ভিলে পার্লে স্টেশন গেটের কাছে পৌঁছে গেল। ট্যাক্সির ভাড়া মিটিয়ে গেটের পাশে এসে কিছুক্ষণ দাঁড়াল, তারপর চারদিকে তাকিয়ে দেখতে চেষ্টা করল পুলিশের লোকজন বা গাড়ি কিছু রয়েছে কি না। স্টেশন গেট থেকে অনেকটা দূরে মনে হল একটা সাদা রঙের মাহিন্দ্র স্করপিও ভ্যান পার্ক করা রয়েছে। বোঝার কোনও উপায় নেই ওটা পুলিশেরই কি না। এই সময় হঠাৎ মোবাইলটা বেজে উঠল, প্রাচী অন করে ‘হ্যালো’ বলতেই ওপাশের লোকটা বলল, —“তোর খুব সাহস বেড়েছে, পুলিশকে জানিয়ে এসেছিস এখানে তাই না? এখন যা যা বলছি শোন, চট করে চার্চগেট যাওয়ার একটা টিকিট কেটে চার নম্বর প্ল্যাটফর্মে যে ট্রেন এক্ষুণি ঢুকছে তার মাঝখানকার লেডিজ কামরায় উঠে পরের নির্দেশের জন্য অপেক্ষা কর। জলদি।”

প্রাচী স্টেশনে ঢুকে দেখল ইলেকট্রনিক ডিসপ্লে বোর্ডে তখন চার্চগেট যাওয়ার ট্রেন সাতটা পঞ্চাশে চার নম্বর প্ল্যাটফর্মে আসছে দেখাচ্ছে। অর্থাৎ হাতে মাত্র ছ’মিনিট রয়েছে। কোনও কিছু আর চিন্তা না করে টিকিট কাউন্টারে গিয়ে চারজনের পেছনে লাইন দিল। একবার ভাবল খবরটা শিবানীকে জানানো উচিত, কিন্তু সাহস হল না, চিন্তা করে দেখল মাফিয়াদের কেউ যদি ওকে খুব কাছে থেকে নজরে রেখে থাকে তাহলে পরিণাম ভয়ঙ্কর হতে পারে। টিকিট হাতে পেতেই দৌড়ে চার নম্বর প্ল্যাটফর্মে পৌঁছে যেখানে লেডিজ কম্পার্টমেন্ট দাঁড়ায় সেখানে আরও বেশ কয়েকজন মহিলার সঙ্গে অপেক্ষা করতে লাগল।

এক মিনিটের মধ্যেই লোকাল ট্রেনটা ঢুকে পড়ল, কামরা গুলোয় বেশ ভীড়, যদিও বোরিভিলি থেকে আসছে আর ডাউন ট্রেন বলে হয়তো অফিস যাত্রীদের ঠাসাঠাসি ভীড়টা নেই। প্রাচীর সামনেই নিয়ন লাইট দেওয়া ঝকঝকে লেডিজ কামরাটা দাঁড়াল। চট করে উঠে পড়ল বাকি দশ-পনের জন মেয়েদের সঙ্গে। বহুদিন হল প্রাচীর মুম্বাইয়ের লোকাল ট্রেনে চড়া হয়নি। যেখানেই যাওয়ার প্রয়োজন হয়েছে গাড়ি নিয়েই গেছে। ব্রিফকেসটা হাতে নিয়ে দরজার কাছেই দাঁড়িয়ে ছিল, এই সময়ে আবার মোবাইল বেজে উঠল, ধরার সঙ্গে সঙ্গে সেই অসভ্য লোকটা বলে উঠল, —“আরে ওখানে দাঁড়িয়ে কি করছিস, সামনে সিটের দিকে এগিয়ে যা কুত্তী।” প্রাচী অবাক হয়ে চারদিকে নজর করে দেখতে লাগল মহিলা কামরাটার মধ্যে কোনও পুরুষ যাত্রী রয়েছে কিনা যে প্রাচীকে দেখতে পাচ্ছে আর এরকম আদেশ দিচ্ছে! একটু একটু করে ভীড় ঠেলে সামনের দিকে এগিয়ে যেতেই জানলার সামনের সিট থেকে একটি বয়স্কা মহিলা উঠে দাঁড়িয়েই প্রাচীকে বলল, —“তু ইথে বসা, মি সান্তাক্রুজ স্টেশনভর খালি এইনা।” প্রাচী বসার সঙ্গে সঙ্গে সান্তাক্রুজ স্টেশনে এসে ট্রেনটা দাঁড়াতেই মহিলাটি হন্তদন্ত হয়ে নেমে গেল। যে মেয়েটির পাশে প্রাচী বসল সে প্রাচীর কোলের ওপর রাখা ব্রিফকেসটা দেখিয়ে বিরক্ত মুখে হিন্দিতে বলল, —“বাচ্চা সিটকা নিচে রাখিয়ে।”

পুরুষ কণ্ঠ মেয়েটির মুখের দিকে তাকিয়ে প্রাচীর মনে হল একজন ট্রানসজেণ্ডার। প্রাচী আস্তে করে ব্রিফকেসটা নামিয়ে নিজের সিটের তলায় দাঁড় করিয়ে রেখে দিল। কিছুক্ষণ পরেই আবার মোবাইলটা বেজে উঠল, এক নজর দেখে নিয়ে প্রাচী বলল, —“ইয়েস ম্যাম?”

শিবানী চাপা গলায় বলল, —“আমদের চারজন অফিসার তোমার কম্পার্টমেন্টের চারদিকে রয়েছে। নিশ্চিন্ত থাক।”

—“থ্যাঙ্ক ইউ ম্যাম।”

মাঝে মনে হল আরও তিনটে স্টেশন পার হয়ে গেছে। প্রাচী জানলার দিকে তাকিয়ে দেখল মাতুঙ্গা রোড স্টেশনে ঢুকছে ট্রেনটা। আবার বাজছে মোবাইলটা। আশ্চর্য! প্রত্যেকবার ভিন্ন ভিন্ন নম্বর থেকে ফোন আসছে। ফোন তুলে ‘হ্যালো’ বলতেই ওদিক থেকে সেই অসভ্য লোকটা বলে উঠল, —“তোর সামনের সিটের নিচে একটা ব্রিফকেস রাখা আছে, এবার ওটা বের করে নিয়ে আগের দাদার ওয়েস্টার্ন স্টেশনে নেমে চলে যা তাড়াতাড়ি।” প্রাচীর সামনের সিটে একটি মোটাসোটা মহিলা বসে চোখ বুঝিয়ে ঝিমোচ্ছিল। মাঝে মাঝেই সে পাশে বসা অল্প বয়সী মেয়েটির কাঁধের ওপর ঢুলে পড়ছিল। প্রাচী মোটা মহিলার হাঁটু ঠেলে নিচে থেকে ব্রিফকেসটা টেনে বের করতেই ঘুম ভেঙে মহিলাটি তাকিয়ে একবার দেখল, তারপর হেসে মারাঠীতে জিজ্ঞাসা করল, —“হা তুমচা ব্রিফকেস আহে কা?”

ছোট্ট করে ঘাড় নেড়েই একই রকমের হাল্কা স্টীল কালারের ব্রিফকেসটা নিয়ে প্রাচী দরজার দিকে এগিয়ে গেল। দাদার ওয়েস্টার্নে থামতেই প্রাচী নেমে পড়ে একটু দূরে

গিয়ে প্ল্যাটফর্মে অপেক্ষা করতে লাগল। মিনিট দশেক অপেক্ষার পরও কোনও নির্দেশ না আসায় প্রাচী স্টেশনের বাইরে এসে চারদিক একবার দেখে নিয়ে শিবানীকে ফোন করল, —"ম্যাম আমি দাদার ওয়েস্টে নেমেছি।"

—"হ্যাঁ আমি জানি, তোমার ঠিক পিছনেই আমাদের তিনজন অফিসার লক্ষ্য রাখছে।"

—"কিন্তু ম্যাম আপনার দেওয়া ব্রিফকেস তো ওদের নির্দেশ অনুযায়ী ট্রেনের সিটের তলায় রেখে চলে এসেছি। পুলিশের নজর এড়ানোর জন্য ওরা আমাকে ঠিক একই রকমের অন্য একটা ব্রিফকেস নিয়ে নেমে যেতে আদেশ দিয়েছিল।"

কিছুক্ষণ চুপ করে থেকে শিবানী বলল, —"দেখ, এই ড্রাগ মাফিয়ারা একটা বিশাল সংগঠিত গ্রুপ নিয়ে কাজ করছে, এরা আমাদের নজর এড়ানোর জন্য নিত্য নতুন পন্থা বের করে। শুধু মুম্বাই শহরেই হাজার হাজার কোটি টাকার হেরোইন পাচার হয়ে আসছে নানা উপায় অবলম্বন করে। প্রথম একটা উদাহরণ দিচ্ছি, গত বছর অগাস্ট মাসে শুধু একদিনেই মুম্বাই কাস্টমস এবং ডি,আর,আই মিলে আফগানিস্তান থেকে স্মাগলড় হয়ে আসা হান্ড্রেড নাইনটি ওয়ান কেজি হেরোইন কনফিসক্রেট করেছিল, যার মার্কেট ভ্যালু এক হাজার কোটি টাকা! লাস্ট উইকে ইরাণ থেকে স্মাগলড় হয়ে আসা দু'হাজার কোটি টাকার দু'শ তিরাশি কেজি হেরোইন ধরা পড়েছে! তাই বলে কি কেউ ধরা পড়ছে না? নিশ্চয় পড়ছে, দাউদের চেলা বিশাল গ্যাঙ্গস্টার চিক্কু পাঠান এই বছরের জানুয়ারী মাসে আর তার এক নম্বর সাকরেদ সোনু পাঠান রিসেন্টলি আমাদের হাতে এরেস্টেড হয়ে জেলে রয়েছে। তাই বলছিলাম, অনেক সময় ধরা পড়লেও বেশীর ভাগ ক্ষেত্রেই পাচার করতে সফল হয়ে যায়। ওরা প্ল্যান করেই তোমাকে ভীড় লেডিজ কম্পার্টমেন্টে উঠতে বলেছে যাতে পুরুষ পুলিশ অফিসাররা ফলো করতে না পারে। শুধু তাই নয়, ওই কম্পার্টমেন্টে অনেকেই মাফিয়াদের দলের মহিলা হয়তো ছিল। এখন তুমি বাড়ি ফিরে যাও, এক্ষুনি তোমার কাছে আর কিছু ফোন আসবে বলে মনে হয়না। তবে আমাদের ব্রিফকেস খুলে ফেক আইটেমস আবিষ্কার হওয়ার পর আসবে নিশ্চয়। বাট রেস্ট এসিওর্ড, উই উইল হ্যাণ্ডল্ ইট।"

১০

স্টেশন থেকে বেরিয়ে রাস্তার ভীড় ঠেলে একটু এগিয়ে একটা ট্যাক্সি দেখে ডাকতে যাবে এমন সময় একজন প্রাচীর পাশে এসে হাঁটতে হাঁটতে নিচু গলায় বলল, —"একটু এগিয়ে চলুন ম্যাডাম, সামনেই আমাদের গাড়িটা রয়েছে, আপনাকে পৌঁছে দেব।" চমকে উঠে ভয়ে ভয়ে লোকটির মুখের দিকে তাকিয়ে দেখল কাঁচাপাকা গোঁফ আর মাথায় একটা ক্রিকেট ক্যাপ ঘুরিয়ে পরা এক প্রৌঢ় প্রাচীর সঙ্গে সঙ্গে হাঁটছে। প্রাচী হাঁটার স্পীডটা একটু বাড়িয়ে উত্তর দিল, —"আমি ট্যাক্সিতে যাব, অন্য কারও গাড়িতে যাব না।" এবার লোকটি জামার পকেট থেকে নিজের আই,ডি কার্ডটা বের করে দেখাতেই প্রাচী নিশ্চিন্ত হয়ে বলল, —"কত দূরে গাড়িটা?" লোকটি এবার পা চালিয়ে এগিয়ে গিয়ে রাস্তা পার হয়ে একটা সাদা ইনোভার সামনে দাঁড়িয়ে প্রাচীকে হাতছানি দিয়ে ডাকল। গাড়ির সামনে

পৌঁছে প্রাচী দেখল আরও দু'জন মহিলা একদম ব্যাক সিটে মুখোমুখি করে বসে। প্রৌঢ় লোকটি দরজা খুলে প্রাচীকে উঠিয়ে নিজে ওপাশের দরজা খুলে ড্রাইভারের সিটে বসে গাড়ি স্টার্ট করে বলল, —"ম্যাডাম আন্ধেরীতে পৌঁছালে আমাকে একটু গাইড করে দেবেন আপনার বাড়ির রাস্তাটা।" পুলিশের গাড়িতে যেতে যেতে হঠাৎ প্রাচীর মনে হল ডি.সি.পি শিবানী রানে আজ ভয়ানক ভাবে পরাজিত হয়েছে। একটা নিশ্ছিদ্র জাল পেতে বিশাল আয়োজন করা হলেও ড্রাগ পাচারকারীদের সুচতুর কৌশল মুম্বাই ক্রাইম ব্রাঞ্চ আর এ্যন্টি নারকোটিক্স ডিপার্টমেন্টের সব অধিকারিকদের মুখে চূণ কালি মাখিয়ে বোকা বানিয়ে দিয়েছে। গাড়ি থেকে নামার সময় প্রাচী সিটের ওপর রাখা ব্রিফকেসটা দেখিয়ে ড্রাইভারকে বলল, —"শিবানী ম্যাডামজীকে এই ব্রিফকেসটা দিয়ে দেবেন।"

বাড়ি ফিরতে প্রাচীর রাত সাড়ে ন'টা বেজে গেল। সুদর্শন তখনও হসপিটাল থেকে ফেরে নি দেখে চিন্তিত হয়ে ফোন করল, ফোনটা বেজে গেল। ঘন্টা খানেক অপেক্ষা করার পরও যত বার ফোন করছে একই ভাবে বেজে যাচ্ছে। এবার ভীষণ ভয় করতে লাগল প্রাচীর। পবনের ব্রিফকেস হিসেবে যে ব্রিফকেসটা রেখে আসতে হয়েছে ট্রেনে সেটা খোলার পর ভেতরের ফেক জিনিস গুলো হয়তো ধরতে পেরেছে স্মাগলাররা। তারপর ওই ভয়ঙ্কর অন্ধকার জগতের লোকগুলো প্রতিশোধ নেওয়ার জন্য সুদর্শনের সঙ্গে যে কি করবে সেটা ভেবেই বুকের রক্ত হিম হয়ে যাচ্ছে প্রাচীর। অস্থির হয়ে এবার সুদর্শনের হসপিটালে ফোন করল। একটি মহিলা রিসেপশনিস্ট ফোন ধরে হসপিটালের নাম বলেই জিজ্ঞাসা করল, —"হাউ ক্যান আই হেল্প ইউ স্যার?"

—"আই ওয়ান্টেড টু স্পিক টু ডক্টর সুদর্শন চৌধুরী প্লিজ।" প্রাচীর কথা শেষ হওয়ার সঙ্গে সঙ্গে মহিলাটি লাইনটা ট্রান্সফার করে দিল, সেখানে আবার কিছুক্ষণ বাজতেই অপর একটি মহিলার কণ্ঠস্বর শোনা গেল, —"হ্যালো কার্ডিওলজি ডিপার্টমেন্ট।" তক্ষুণি প্রাচী বলল, —"আই ওয়ান্টেড ডক্টর সুদর্শন চৌধুরী, ইজ হি দেয়ার?"

—"মে আই নো হু ইজ স্পিকিং প্লিজ?"

—"আই এম হিজ ওয়াইফ, মিসেস প্রাচী।"

—"জাস্ট এ মোমেন্ট" বলে মহিলাটি কিছুক্ষণ লাইনটা ধরে রইল, নিশ্চয় খবর নিল, তারপর জানাল, —"সরি ম্যাম, ডক্টর চৌধুরী হ্যাজ অলরেডি লেফ্ট দা হসপিটাল, এরাউণ্ড এইট ও ক্লক।"

বুকের মধ্যে হাতুড়ি পিটতে শুরু হল। কি করবে ভেবে ঠিক করতে পারছিল না। বার বার মনে হতে লাগল জেনেশুনে পবন দেশমুখের ওই অবৈধ জিনিসটা রাখা কত বড় ভুল হয়েছে। হ্যাঁ জেনেশুনেই তো! সুদর্শন ঠিকই আন্দাজ করেছিল, পবন বলেই দিয়েছিল প্রাচীকে ওই ব্রিফকেসের মধ্যে সাত থেকে আট কোটি টাকার বেআইনী মাল রাখা আছে। ফিল্ম প্রডাকশনের টাকার খানিকটা অংশ এই ধরণের বেআইনী ঝুঁকির কাজ করেই তুলতে হয়, শুধু পবন একা নয়, অনেক প্রডিউসারকেই করতে হয় বলে জানিয়েছিল।

তবে পবন হয়তো সন্দেহ করেছিল যে গোপনে পুলিশ ওর ওপর নজর রাখতে শুরু করেছে। তাই বাড়িতে সুরক্ষিত স্থানের অভাবের বাহানা করে একা বাস করা প্রাচীর ফ্ল্যাটটা অনেক নিরাপদ হবে বলে রেখে গিয়েছিল। পুরস্কার স্বরূপ কথা দিয়েছিল পবনের সব ফিল্মেই আকর্ষণীয় অঙ্কের পারিশ্রমিক নিয়ে প্রাচী কস্টিউম ডিজাইনার হিসেবে কাজ পাবে। মোবাইলের দিকে তাকাল প্রাচী, রাত প্রায় পৌনে বারটা ঘড়িতে। কি করবে ভাবতে লাগল, বাবাকে কি একবার জানানো উচিত? কিন্তু এই বয়েসে বাবাই বা কি করবে? বরং খবরটা শুনে দুশ্চিন্তা বাড়িয়ে নিজের হার্টের আরও দু'একটা আর্টারির ব্লক বাড়িয়ে ফেলবে। ভীষণ অপরাধী মনে হচ্ছে নিজেকে এখন, চোখ দিয়ে জল এসে যাচ্ছে প্রাচীর। ঠিক এই সময় ভীষণ চমকে দিয়ে ডোর বেলটা বেজে উঠল। দৌড়ে গিয়ে দরজা খুলে দেখল সুদর্শন দাঁড়িয়ে।

—"কোথায় ছিলে? এতবার ফোন করছি কিন্তু বেজে যাচ্ছে?" কাঁদো কাঁদো স্বরে প্রাচী প্রশ্ন করলেও সুদর্শন কোনও উত্তর না দিয়ে ভেতরে এসে সোফায় বসে নিঃশব্দে জুতো মোজা খুলতে লাগল। সদর দরজা বন্ধ করে ঘরে এসে প্রাচী একটু অভিমান আর রাগ মেশানো কণ্ঠে বলল, —"আমার যে কি গেল সারাটা দিন তা ঈশ্বরই জানেন, তোমার তো একবারও প্রয়োজন মনে হল না স্ত্রী বাঁচল কি মরল তার একটা খবর নেওয়ার। সম্পূর্ণ একা আমাকে ওই ভয়ঙ্কর মাফিয়াদের সঙ্গে মোকাবিলা করতে হয়েছে।" কথা শেষ হওয়ার আগেই সুদর্শন বাথরুমে ঢুকে গেল। মিনিট দশেক পর স্নান সেরে বের হতেই প্রাচী বলল, —"খেয়ে নাও আগে, অনেক রাত হয়ে গেছে।"

—"তুমি না খেয়ে থাকলে খেয়ে নাও, আমি খাব না।" সুদর্শন আয়নায় দাঁড়িয়ে ভিজে চুল আঁচড়াতে আঁচড়াতে উত্তর দিল।"

—"সে কি? তুমি খাবেনা কেন, আমি তো তোমার জন্যই এতক্ষণ না খেয়ে বসে ছিলাম? কোথাও থেকে খেয়ে এসেছ?"

—"হ্যাঁ। আজ আর কথা বলতে ভাল লাগছে না, খুব টায়ার্ড। আমি শুয়ে পড়ছি।" সুদর্শনের এই গাম্ভীর্য আর হিমশীতল ব্যবহার প্রাচীর কাছে একটা সম্পূর্ণ নতুন অভিজ্ঞতা, তাই অবাক হয়ে সুদর্শনের কার্যকলাপ লক্ষ্য করতে লাগল। স্লিপিং ড্রেসটা পরে বেডরুমে ঢুকে সুদর্শন দরজাটা বন্ধ করে দিল। একটা অদ্ভুত অনুভূতি আর নিঃসঙ্গতা যেন মনটাকে নিঙড়াতে লাগল প্রাচীর। রাতের খাবারদাবার যেমন ছিল তেমনই পড়ে রইল, অবসন্ন শরীরটা টেনে নিয়ে অন্য বেডরুমের বিছানায় গিয়ে ঝাঁপিয়ে পড়ল, সঙ্গে সঙ্গে চোখের জলও বাঁধ ভাঙা স্রোতের মত উপচে পড়তে লাগল। একটু পরেই বাইরে বেশ জোর বৃষ্টি নামল, খোলা জানলার পর্দা উড়িয়ে ঝোড়ো হাওয়ার সাথে জলের ঝাট আসা শুরু হতেই প্রাচী উঠে গিয়ে জানলার কাছে দাঁড়িয়ে চোখ বন্ধ করে সেই হাওয়ায় ভেসে আসা জলকণায় নিজেকে সিক্ত করতে লাগল।

ভোর ঠিক ছ'টায় গীতার বেলের শব্দে সুদর্শনের ঘুম ভাঙতে উঠে গিয়ে দরজা খুলে দিল। বাড়িতে ঢুকে টেবিলের ওপর দু'জনের ডিনার সুন্দর করে সাজানো অথচ একটুও খাওয়া হয়নি দেখে গীতা ভীষণ অবাক হয়ে খানিকটা তাকিয়ে রইল, তারপর কিছু একটা হয়েছে আন্দাজ করে সুদর্শনকে জিজ্ঞাসা করল, —"মোটা ভাউ, তোমাদের শরীর খারাপ? পুরো ডিনার তো সাজিয়ে রাখা রয়েছে, কেউ খাওনি কেন?"

—"আমি বাইরে খেয়ে এসেছিলাম, আর দিদি কেন খায়নি জানিনা। তুমি খাবার ফেলে দিয়ে বাসন গুলো পরিস্কার করে ফেল।" সুদর্শন জবাব দিয়ে ঘরে চলে গেল।

সাড়ে আটটার সময় নিয়ম মত টিভির খবর খুলে দিয়ে ব্রেকফাস্ট টেবিলে এসে বসল সুদর্শন। গীতা দু'জনের ব্রেকফাস্ট বানিয়ে এনে টেবিলে রাখতে প্রাচী এসে বসল। সকাল থেকে দু'জনের একবারও মুখোমুখি দেখা হয়নি বা কথা হয়নি। সুদর্শন রিমোট নিয়ে টিভির আওয়াজ কমিয়ে প্রাচীকে বলল, —"কাল তোমার কোনও কথা শুনতে পারিনি কারণ শরীরটা অত্যন্ত ক্লান্ত আর অবসন্ন হয়ে পড়েছিল। সংক্ষেপে এবার বল ব্রিফকেসটার ব্যাপারে কিছু জানা গেল?" প্রাচী খানিকটা অন্যমনস্ক ভাবে টিভির দিকে তাকিয়ে বলল, —"কাল অত রাত্রি অবধি তুমি কোথায় ছিলে আর কেনই বা ডিনারটা খেলেনা সে প্রশ্নের কিন্তু কোনও উত্তর পাইনি এখনও। এদিকে আমাকে ওই ভয়ংকর মাফিয়াদের লোকেরা ফোনে শাসিয়েছে যে পবনের মাল ফেরৎ না পেলে আমার স্বামীর জান নিয়ে তার বদলা নেবে। এই অবস্থায় রাত বারটা পর্যন্ত তোমার কোনও খবর নেই, বার বার তোমাকে ফোন করেও কোনও সাড়া পাচ্ছি না। হসপিটালে ফোন করতে তারা বলল তুমি রাত আটটার সময় বেরিয়ে চলে গেছ। একা বাড়িতে বসে অসহায় ভাবে ছটফট করেছি দুশ্চিন্তায়, আমি কিছুতেই----" প্রাচী কথা শেষ করার আগেই সুদর্শন বলতে আরম্ভ করল, —"আমার এক পেসেন্ট গ্রাঙ হায়াত হোটেলের হাউজ কিপিং ম্যানেজার, উনি কাল নিজে এসে বেশ কিছুক্ষণ অপেক্ষা করে বসেছিলেন আমাকে ওনার হোটেল নিয়ে যাওয়ার জন্য। ওখানে একটা বিখ্যাত ইন্টারন্যাশানাল অর্কেস্ট্রা পার্টির প্রোগ্রাম ছিল। হোটেলে গিয়ে আমার ড্রিঙ্ক করার অভ্যাস না থাকলেও কেমন যেন মনের মধ্যে ভীষণ ড্রিঙ্ক করার ইচ্ছা হচ্ছিল কাল। আর তাই হয়তো একটু বেশীই খাওয়া হয়ে গিয়েছিল। সারা রাতের অনুষ্ঠান হলেও কিছুক্ষণ পর আমার আর ভাল লাগছিল না। শান্তিতে একটু ঘুমবার জন্য তাড়াতাড়ি ফিরে এলাম। কিন্তু শান্তি কোথায়? এখানেও তো আমার প্রাণ নেওয়ার জন্য ড্রাগ মাফিয়ারা ওৎ পেতে বসে আছে বলছ তুমি? তাই না?"

প্রাচী চুপ করে বসে নিজের প্লেটে আঙুল দিয়ে আঁকিবুকি কাটতে রইল। সুদর্শন দাঁড়িয়ে উঠে বলল, —"আমি চললাম, দেরি হয়ে যাচ্ছে।" তারপর নিজের মোবাইলটা টেবিল থেকে তুলে নিয়ে কাউকে একটা কল করে ফোনটা ঘাড় দিয়ে কানের কাছে চেপে ধরে জুতো মোজা পরতে লাগল। ওদিক থেকে সাড়া পেতেই বলল, —"মিস্টার রেহমান? ডক্টর সুদর্শন চৌধুরী স্পিকিং, ক্যান ইউ কাম টু মাই হসপিটাল নাও? ইয়েস ইট'স ভেরি

আরজেন্ট----" কথা বলতে বলতে সুদর্শন সদর দরজা বন্ধ করে বেরিয়ে চলে গেল। শুধু একটা হাল্কা মিষ্টি বিদেশী পারফিউমের সুগন্ধ সারা ঘরময় ছড়িয়ে রেখে গেল।

১১

নিচে নেমে গাড়িতে উঠে ফোনে কথা বলার ফাঁকেই সুদর্শন এক ঝলক লক্ষ্য করল বিল্ডিংয়ের মেইন গেটে তিন জন পুলিশ কনস্টবল বসে পাহারা দিচ্ছে। কথা শেষ হয়ে যেতে ফোন রেখে সুদর্শন নিজের ড্রাইভার শশাঙ্ককে জিজ্ঞাসা করল —"ইধার পুলিশলোগ কেয়া কর রাহা?"

—"স্যার, গুসতাখী মাফ করনা, শুনা হ্যায় কি আপহিকা ফ্ল্যাট পর নজর রাখনেকে লিয়ে ইন লোগোকা ডিউটি দিয়া গয়া।" সুদর্শন যেন চাবুক খেল ড্রাইভারের কাছে, একবারেই আশা করেনি এই রকম উত্তর। তবে ড্রাইভারের জবাব থেকেই পরিস্কার হয়ে গেল সবাই জেনে গেছে ব্যাপারটা। হসপিটালে পৌঁছে গিয়েই সুদর্শন যেন নতুন একটা জগতে প্রবেশ করে। সারাক্ষণ পেসেন্ট দেখা, অপারেশন, মেডিকেল রিপ্রেজেন্টেটিভদের সাথে দেখা করা ইত্যাদি করতে করতে সময় কোথা দিয়ে বয়ে যায় জানাই যায় না। এরই মধ্যে সকাল দশটার সময় রিসেপশনিস্ট ফোন করে সুদর্শনকে বলল, —"স্যার ওয়ান মহম্মদ সফিকুল রেহমান ওয়ান্টস টু সি ইউ। হি সেড ইটস্ প্রাইভেট।"

—"লেট হিম কাম।"

এক মিনিট পরেই রেহমান এসে সুদর্শনের চেম্বারে ঢুকল। কিন্তু পেসেন্ট ঘরে ছিল বলে রেহমানকে পাঁচ মিনিট বাইরে বসতে বলল। তারপর পেসেন্ট পার্টি চলে যেতে সুদর্শন বাইরে এসে হসপিটালের একটা নিরালা ঘরে রেহমানকে নিয়ে গিয়ে খুব মৃদু স্বরে কিছু গোপন আলোচনা করতে রইল। প্রায় আধ ঘন্টা পর রেহমান 'খুদা হাফিজ' বলে চলে যেতেই সুদর্শন আবার নিজের রুমে ফিরে এসে পেসেন্ট দেখা শুরু করল।

সকালে সুদর্শন চলে যাওয়ার ঘন্টা খানেক বাদেই গীতার কাজ হয়ে যেতে প্রাচীও একসঙ্গে বেরিয়ে পড়ল। ইনসিগ্নিয়ায় পৌঁছে সিসিলের সঙ্গে কিছু ব্যবসায়িক কথাবার্তা সেরে সবে কাজে বসেছে এমন সময় একটা ফোন এল। প্রাচী ফোন তুলে হ্যালো বলতেই অপর প্রান্ত থেকে জঘন্য গালাগাল করে সেই অসভ্য লোকটা চেঁচিয়ে বলল, —"পুলিশের সঙ্গে হাত মিলিয়ে আমার সঙ্গে চালাকি করেছিস, তাই না? তবে জেনে রাখ পবন আমাদের কাছেই রয়েছে, মালটা তোর কাছে লুকিয়ে রেখে ভেবে ছিল পার পেয়ে যাবে। কিন্তু মালটা ফেরৎ না পেলে ওরও জান যাবে আর তার সাথে তোর স্বামীরও। মনে রাখিস মুস্তফার সঙ্গে খেলছিস, মানে জীবন নিয়ে খেলছিস।" প্রাচীকে কোনও কিছু বলার সুযোগ না দিয়েই চট করে লাইনটা কেটে দিল লোকটা। বুকের ভেতর হৃদপিণ্ডটা যেন ভীষণ জোরে ধক্ ধক্ করতে শুরু করেছে, কি করবে এবার প্রাচী বুঝতে পারছে না। ঠিক করল লোকটাকে পরিস্কার জানিয়ে দেবে যে নকল চাবি দিয়ে খালি বাড়ির দরজা খুলে পবনের ব্রিফকেসটা

কেউ চুরি করে নিয়ে গেছে। মরিয়া হয়ে যে নম্বর থেকে মুস্তফার ফোন এসেছিল সেই নম্বরটা ভয়ে ভয়ে ডায়াল করল, সঙ্গে সঙ্গে অটো ভয়েস জানিয়ে দিল এই নম্বরটির কোনও অস্তিত্ব নেই। এবার ডি.সি.পি শিবানীকে কল করে পুরো ব্যাপারটা জানিয়ে কাঁদো কাঁদো গলায় অনুরোধ করল অন্তত সুদর্শনের সুরক্ষার জন্য কিছু একটা করতে। শিবানী আশ্বস্ত করে বলল, —"ভয় পেয়ে যেওনা, তাহলে কোনও দিনই অপরাধীরা ধরা পড়বে না, তোমার জন্য দু'জন আর তোমার হাজব্যাণ্ডের জন্য দু'জন প্লেন ড্রেসের আর্মড পুলিশ নিঃশব্দে নজর রেখে যাচ্ছে আড়াল থেকে। এক্ষুণি তুমি বাইরে বেরিয়ে একটু নজর করলেই দেখতে পাবে। এখন নিশ্চিন্ত থাক, ফোন পেয়ে নার্ভাস হয়ে যেও না।" খানিকটা ভরসা পেয়ে প্রাচী আবার কাজে মন দিল। দুপুরের লাঞ্চ হয়ে যাওয়ার পর প্রাচী চিন্তা করল সুদর্শনকে একটা ফোন করা উচিত সকালের ঘটনাটা জানানোর জন্য। নম্বরটা ডায়াল করতেই বেজে বেজে থেমে গেল। এই এক ঝামেলা, কি যে সব সময় পেসেন্ট নিয়ে ব্যস্ত থাকে সুদর্শন কে জানে, ফোনে পাওয়া এক ভাগ্যের ব্যাপার। একটু পরেই প্রাচী হসপিটালের নম্বরে ফোন করল, রিসেপশনেও ফোনটা বেজে যাচ্ছে বেশ কিছুক্ষণ ধরে, শেষ মুহূর্তে একটি মেয়ে ফোন ধরেই বলল, —"প্লিজ ডায়াল আফটার হাফ এন আওয়ার, দেয়ার ইজ এন ইমার্জেন্সী ইন দা হসপিটাল নাও।" বলেই লাইনটা কেটে দিল। অসম্ভব রকমের বিস্ময়, ভয়, আর কৌতূহল নিয়ে প্রাচী আবার সুদর্শনকে কল করল, কিন্তু বৃথা চেষ্টা, বেজে বেজে থেমে গেল। হঠাৎ সুদর্শন নিজেই কল করল, প্রাচী ফোন ধরেই বলল, —"কি হয়েছে হসপিটালে?"

—"কেউ ফোন করে জানিয়েছে হসপিটালে বম্ব প্ল্যান্ট করা রয়েছে, যে কোনও সময় এক্সপ্লোড করতে পারে। তুমি কি করে জানলে?"

—"আমাকে আজ সকালে মাফিয়াদের লোক ফোনে থ্রেট করে বলেছে পবনের রেখে দেওয়া মাল ফেরৎ না দেওয়ার ফল স্বরূপ আমার হাজব্যাণ্ডকে জানে মেরে ফেলা হবে। তাই দুপুরে তোমাকে ফোন করেছিলাম, কিন্তু ফোন বেজে যেতে হসপিটালে ফোন করতে রিসেপশনিস্ট আধ ঘন্টা পরে ফোন করতে বলল, কারণ হসপিটালে নাকি একটা ইমার্জেন্সী সিচুয়েশন হয়েছে।" প্রাচীর বলা হয়ে যেতেই সুদর্শন বলল, —"দূর এটা হোকস্, পুলিশ আর বম্ব স্কোয়াডের লোকজন সবাইকে বাইরে বের করে তন্নতন্ন করে সারা হসপিটাল খুঁজেও কোনও বম্ব পায়নি। আমি রাখছি এখন, আবার সব নর্মাল হয়ে গেছে।"

মানসিক অস্থিরতা নিয়ে প্রাচী আবার শিবানীকে ফোন করতেই শিবানী নিজেই শুরু করল, —"তুমি নিশ্চয় হসপিটালে বম্ব রাখার নিউজটা টিভিতে দেখে ফোন করছ?"

—"না ম্যাম, আমি জানিই না ওটা টিভি নিউজে দেখাচ্ছে, আমি এমনি আমার হাজব্যাণ্ড ডক্টর সুদর্শন চৌধুরীকে ফোন করেছিলাম হসপিটালে, তখন জানলাম।"

—"তুমি তখন মুস্তফা নাম নিয়ে কেউ ফোন করেছিল বললে, মুস্তফা কে জান? মুস্তফা হচ্ছে একজন কুখ্যাত ইন্টারন্যাশানাল ড্রাগ স্মাগলার। গোয়ায় মেইনলি অপারেট করে,

তবে সব সময় এক জায়গায় থাকে না, আফগানিস্তান, বাহামা, বার্মা, ইস্তানবুল ইত্যাদি অনেক দেশের সঙ্গে যোগাযোগ রেখে হেরোইন বা ক্যানাবিস ইণ্ডিয়াতে স্মাগলিং করে আনে। মুম্বাই এখন বিরাট একটা ড্রাগ বিক্রির বাজার হিসেবে খ্যাতি লাভ করেছে। প্রচুর দাম দিয়ে ফিল্ম জগতের বহু নামী দামী ব্যক্তি, বড় বড় ব্যবসায়ী, নাইট ক্লাবস, হোটেলস, রেড লাইট এরিয়ার বাসিন্দারা এমনকি সাধারণ ঝোপড়ি পট্টির বাসিন্দারাও ড্রাগ কেনার বড় খদ্দের। পবন ইজ ওয়ান অফ দা ড্রাগ ট্রাফিকারস, হি হ্যাজ কানেকশন উইথ মুস্তফা এণ্ড হিজ পিপল। গোয়ায় প্রায়ই সুটিং বা ফিল্মের কাজে গিয়ে ড্রাগ মাফিয়াদের কাছ থেকে মাল নিয়ে নিরাপদ রাস্তা খুঁজে মুম্বাই চলে আসে, তারপর কয়েকদিনের মধ্যে পুরো মালটা মার্কেটে বিশাল টাকার বিনিময়ে হাত বদল করে। সব টাকা মুস্তফার দুবাই, শারজা, কুয়োয়েত এইসব জায়গার ব্যাঙ্ক একাউন্টে হাওয়ালা মারফৎ ট্রান্সফার হয়। পবনদের মত বহু লোক ড্রাগ ট্রাফিকিং করে কমিশন হিসেবে একটা মোটা অঙ্কের টাকা উপার্জন করে। এবার মনে হয় লোভ বেড়ে গিয়েছিল তাই মুস্তফার পুরো মালটাই ঝেড়ে দেবার মতলবে পবন তোমার বাড়িতে লুকিয়ে রেখে ছিল, ভেবে ছিল নিজের বাড়ি থেকে ওটা রাতারাতি চুরি হয়ে গেছে বলে দিয়ে রেহাই পেয়ে যাবে। তারপর সময় বুঝে তোমার কাছ থেকে মাল নিয়ে চুপি চুপি বাজারে বেচে পুরো সাত আট কোটি টাকা কামিয়ে নেবে। এখন আমরা একটা ব্যাপারে নিশ্চিত, তোমার কাছে যে পবন মালটা লুকিয়ে রেখে ছিল সেটা আরও একজন জানত। আর সে-ই তোমার সদর দরজার চাবি যোগাড় করে চোরের ওপর বাটপাড়ি করে এখন নিশ্চিন্তে বসে আছে। আশা করছি খুব তাড়াতাড়ি এই ব্যাপারটার ব্রেক-থ্রু হয়ে যাবে।"

১২

ইনসিগ্নিয়া থেকে বের হতে প্রাচীর সন্ধ্যা সাড়ে ছ'টা বাজল। সিসিল জানে প্রাচীর ফ্ল্যাটে চোর ঢুকেছিল চুরি করতে, কিন্তু জানে না যে পবন দেশমুখ একটা ব্রিফকেস জমা রেখেছিল প্রাচীর কাছে, আর চোর সেইটাই চুরি করে নিয়ে গেছে। তবে প্রাচী যে একটা ভয়ানক সমস্যার মধ্যে রয়েছে সেটা ভালই আন্দাজ করতে পারছে। তাই সিসিল নিজেই প্রাচীকে বলল ম্যাডাম আপনি বরং বাড়ি যান, আমি ঠিক ম্যানেজ করে নেব। মেয়েটা সত্যিই খুব হেল্পফুল। বাড়ি ফেরার সময় গাড়ি ড্রাইভ করতে করতে প্রাচী লক্ষ্য করল বেশ খানিকটা দূরত্ব বজায় রেখে দু'জন বাইক নিয়ে পিছনে ফলো করে আসছে। বুঝতে পারল শিবানীর কথা অনুযায়ী আর্মড পুলিশের লোক নজরে রাখছে। গাড়ি পার্কিং করে লিফ্‌ট নিয়ে ওপরে এসে নিজের ফ্ল্যাটের দরজার চাবি খুলতে খুলতে দেখল দু'জন খুব লম্বা আর রীতিমত ব্যায়াম করা চেহারার লোক সিঁড়ি দিয়ে ওপর তলা থেকে নেমে আসছে। লিফ্‌ট থাকলেও সিঁড়ি দিয়ে নেমে আসছে দেখে খানিকটা সন্দেহ আর ভয় মিশ্রিত চোখে একবার দেখেই তাড়াতাড়ি চাবি খুলে ঢুকতে যাবে তক্ষুণি দু'জনের একজন জিজ্ঞাসা করল, —"ম্যাডামজী, কেয়া ইয়ে ডক্টর চৌধরীকা ফ্ল্যাট হ্যায়?"

চমকে উঠে প্রাচী উত্তর দিল, —"হাঁ, তো? আভি ডক্তর সাহাব ঘরমে নেহি হ্যায়। আপকা কেয়া কাম হ্যায় উনসে?"

—"আভি নেহি ম্যাডামজী, যব ডক্তর সাহাব আয়েঙ্গে, তো হম উনসে বাত করেঙ্গে। সালাম ম্যাডামজী।" বলেই দু'জনে লিফ্টে চড়ে নেমে গেল। সর্বনাশ! সুদর্শন যে কোনও সময় ফিরবে হস্পিটাল থেকে। আর নিচে অপেক্ষারত এই ভীষণ ষণ্ডামার্কা চেহারার লোক দুটো ওর ফেরার পর কি করবে? অসম্ভব দুশ্চিন্তা শুরু হয়ে গেল। ঘড়ি দেখল, প্রায় আটটা। আগেই কি সুদর্শনকে একটু সতর্ক করে দেওয়া উচিত? ভাবার সঙ্গে সঙ্গে ফোন তুলে সুদর্শনের নম্বর ডায়াল করল। যথারীতি বেজে গেল। একটু অধৈর্য হয়ে এবার হস্পিটালের নম্বরে ফোন করল, সেখানে বাজতে শুরু করতেই প্রাচীর ডোর বেলটা বেজে উঠল। সুদর্শন এসে গেছে বুঝতে পেরে সঙ্গে সঙ্গে মোবাইলটা অফ করেই দৌড়ে গিয়ে সদর দরজাটা খুলে দিল। সুদর্শন নয়, দু'জন পুলিশ অফিসার সামনে দাঁড়িয়ে। —"ম্যাডাম আপনার সঙ্গে কিছু কথা ছিল, ভেতরে আসতে পারি?"

—"অফকোর্স, প্লিজ কাম।"

দু'জনে ভেতরে ঢুকে সদর দরজাটা বন্ধ করে দিল। প্রাচী হাত দিয়ে ওদের সোফায় বসার ইশারা করে বলল, —"আপনারা এসে আমাকে অনেকটা নিশ্চিন্ত করেছেন। একটু পরেই আমার হাজব্যান্ড হয়তো চলে আসবেন, আর এই সময় দু'জন অপিরিচিত লোক এসে ওনার খোঁজ করছিল কিছুক্ষণ আগে। ওরা হয়তো এখনও নিচে বা রাস্তায় অপেক্ষা করছে, উনি এলেই ঝাঁপিয়ে পড়ে হামলা করার বা প্রাণে মেরে ফেলার চেষ্টা করবে। আপনারা থাকলে তবু খানিকটা ভরসা। কাইণ্ডলি আপনারা নিচে গিয়ে একটু ভাল করে নজর রাখুন।"

কথা বলার সময় প্রাচী লক্ষ্য করল একজন পুলিশ অফিসার নিজের রিভলবারটা বের করে সোফার সাইড টেবিলে রেখে অপর সঙ্গীর দিকে তাকিয়ে একটা ইঙ্গিতপূর্ণ হাসি হাসল। তারপর হঠাৎ নিজেদের রূপ বদলে দু'জনেই উঠে দাঁড়িয়ে প্রাচীকে বলল, —"অনেক ধোকা দিয়েছিস, আজ শেষ, চল এখনই মালটা বের করে দে, নাহলে তোর হাজব্যান্ড ফ্ল্যাটে ঢুকলেই নিঃশব্দে খুন হয়ে যাবে আর খুনের সব ইলজাম তোর ওপর আসবে।"

ভয়ঙ্কর হতভম্ব হয়ে প্রাচী আগন্তুক দু'জনেকে আপাদমস্তক জরিপ করে দেখে বোঝার চেষ্টা করতে লাগল। তারপর টেবিল থেকে নিজের মোবাইলটা ওঠাবার জন্য হাত বাড়াতেই একজন রিভলবার তাক করে সতর্ক করে দিয়ে বলল, —"খবরদার, মোবাইল ফোনে হাত নয়, ওটা এদিকে দিয়ে দে জলদি।" প্রাচী বাধ্য মেয়ের মত মোবাইলটা এগিয়ে দিতেই ওরা সুইচ অফ করে দিয়ে টেবিলে রাখলো। প্রাচী অসহায় ভাবে হাত জোড় করে ওদের কাছে কাতর মিনতি করতে লাগল, —"আপনারা প্লিজ আমার কথাটা শুনুন, পবন দেশমুখ আমার কাছে একটা ব্রিফকেস রেখে গিয়েছিলেন ঠিক কথা, কিন্তু সেটা ডিজিটালি লক করা ছিল। পবন দেশমুখ আমাকে কিছুই বলেননি ওর মধ্যে কি আছে না আছে। হঠাৎ

একদিন আমি রাত্রে বাড়ি ফিরে দেখি পরচাবি দিয়ে দরজা খুলে আমার বাড়িতে চোর ঢুকে সব লণ্ডভণ্ড করে রেখে ওই ব্রিফকেসটাই চুরি করে নিয়ে চলে গেছে।"

—"চুপ, একদম টুপি পরাবার চেষ্টা করিস নি, একই নাটক পবনও করেছিল, বলে কিনা আমার বাড়ি বহু লোকের আসা যাওয়া, চোর কখন ঢুকে আসল মালটা ঝেড়ে নিয়ে চলে গেছে। এখন যদি তুইও একই কথা বলিস তাহলে তোরও পবনের মত হাল হবে, আজ তোর চোখের সামনেই তোর স্বামীকে খতম করব, তারপর তোর পালা। ভাল চাস তো এখনই বল মালটাকে কোথায় রেখেছিস।" রিভলবার হাতে ভীষণ চিৎকার করে ওদের মধ্যে একজন যখন এই ভাবে শাসাচ্ছিল, অপর সঙ্গী তখন ফ্রিজ খুলে খাবার দাবার বের করে খেতে শুরু করেছিল। প্রাচী আর থাকতে না পেরে হাউ হাউ করে কাঁদতে কাঁদতে বলতে শুরু করেছে —"আপনারা সারা বাড়ি খুজে দেখুন ওটা কোথাও আছে কিনা, অথবা ইচ্ছা করলে আমার বাড়ির যা কিছু আছে সব নিয়ে যান, কিন্তু দয়া করে আমার স্বামীকে ছেড়ে দিন, উনি এসবের কিছুই জানেন না, পবনকেও চেনেন না। সব থেকে বড় কথা আমার স্বামী তখন ইণ্ডিয়াতেই ছিলেন না-----" প্রাচী কথা বলতে বলতেই দেখতে পেল হঠাৎ সদর দরজাটা নিঃশব্দে খুলে গেল, চমকে তাকিয়ে দেখল সেই ভয়ঙ্কর ষণ্ডা মার্কা লোক দু'জন, যাদের সিঁড়ি দিয়ে নেমে আসতে দেখে ভীষণ ভয় পেয়ে গিয়েছিল প্রাচী, বিদ্যুৎ বেগে ঘরে ঢুকে পিছন থেকে পুলিশের দু'জনকে জাপটে ধরল। এক ঝটকা মারল রিভলভরধারী পুলিশটির ডান হাতে, তৎক্ষণাত রিভলবারটা ছিটকে গিয়ে একটা সোফার তলায় ঢুকে গেল। প্রাচী এবার বিস্মিত হয়ে দেখল অপর একজন খুব লম্বা আরবীয় স্টাইলের দাড়ি আর পাজামা কুর্তা পরিহিত লোক হাতে আগ্নেয়াস্ত্র নিয়ে ঢুকে আসছে, পিছন পিছন সুদর্শন।

—"আইয়ে রেহমান ভাই, ইয়ে লোগ নে কুছ দিন সে পরেশান করক্ ছোড় দিয়া আপকা ভাবীজীকো। অব শুরু হুয়া জানলেবা হামলা।"

প্রাচী এবার ব্যাপারটা বুঝতে পেরে দৌড়ে গিয়ে সুদর্শনকে জাপটে ধরে বলতে লাগল, —"তুমি এসে গেছ? আমি ভীষণ ভয় পাচ্ছিলাম, এরা দু'জন পুলিশের ছদ্মবেশে বাড়ির মধ্যে ঢুকে তোমাকে খুন করার জন্য অপেক্ষা করছিল।" কথা বলতে বলতে চোখ দিয়ে জলের ধারা নেমে আসছিল প্রাচীর। জড়িয়ে ধরা অবস্থায় প্রাচীর পিঠে হাত রেখে সামান্য চাপড়ে দিতে দিতে সুদর্শন বলল, —"নেলসন ম্যাণ্ডেলা কি বলেছিলেন জান? —দি ব্রেভ ম্যান ইজ নট হি হু ডাজ নট ফিল এ্যফ্রেইড, বাট হি হু কঙ্কারস দ্যাট ফিয়ার। কোনও ভয় নেই, আমার জীবন কেউ নিতে পারবে না, কারণ আমি লোকের জীবন বাঁচাই, আমি না থাকলে তারা বাঁচবে কি ভাবে?"

কথাগুলো বলেই এবার দরজার দিকে ফিরে ডাকল, —"ইনস্পেক্টরসাব, প্লিজ কাম এণ্ড সি দা ড্রামা।" প্রাচী লক্ষ্য করল চার পাঁচ জন পুলিশের লোক ঢুকে যে দু'জন ক্রিমিন্যালকে রেহমানের লোকেরা জাপটে ধরে রেখে ছিল তাদের হাতকড়া লাগিয়ে বের করে নিয়ে গেল। ইনস্পেক্টর চন্দ্রশেখর পাটিল এবার সামনে এগিয়ে আসতেই রেহমান সেলাম করে

বলল, —"ইনস্পেক্টর সাহাব, মেরা ইয়ে দোনো লোগ দুপহরসে ইঁহা ডিউটি কর রহা হ্যায়। মুঝে ডক্টর সাহাব সে পতা চলা কি কুছ লোগ উনহে মারনে কি কৌশিশ কর সকতে হ্যায়। আপকে পুলিশ মেইন গেটকে বাহার নিগরানী কর রহী হ্যায় ম্যায়নে দেখা হ্যায়। লেকিন মেরে লোগ ছাত পর বৈঠ গ্যায়ে অউর ডক্টর সাহাবকে দরয়াজে পর নজর রখ রহে থে। জইসে হি উনহোনে দেখা কী পুলিশকী উর্দি মে ইয়ে দো লোগ উনকে ফ্ল্যাট মে দাখিল হুয়ে, মেরে আদমিও নে চুপচাপ দরয়াজে কে বাহর সে উনকী বাতচিত শুনি অউর তুরন্ত সমঝ গ্যায়ে কি মাজরা কেয়া হ্যায়। ফির উনহো নে মুঝে সুচিত কিয়া। ম্যায়নে আপকো অউর ডক্টর সাহাবকো ফোন কিয়া অউর জলদি সে ইঁহা পহুঁচ গয়া।"

এতক্ষণ অবাক হয়ে প্রাচী মিস্টার রেহমানের কথাগুলো শুনছিল। এবার বুঝতে পারল সকালে সুদর্শন বাড়ি থেকে বের হওয়ার সময় ফোনে মিস্টার রেহমানকে কেন আর্জেন্টলি হসপিটালে এসে দেখা করতে বলছিল। সুদর্শনের বিচক্ষণতা, দূরদর্শিতা আর ক্ষমতার পরিচয় পেয়ে প্রাচী শ্রদ্ধাবনত হয়ে যেন নতুনভাবে চিনতে চেষ্টা করছিল ডক্টর সুদর্শন চৌধুরীকে। ইনস্পেক্টর চন্দ্র শেখর পাটিল সামান্য হেসে রেহমানের দিকে তাকিয়ে বলল, —"সাবাস!" তারপর নিচু হয়ে সোফার পাশে পড়ে থাকা রিভলবারটা একটা রুমাল দিয়ে ধরে বার করে নিয়ে প্লাস্টিক থলিতে ঢুকিয়ে যাবার সময় রেহমানের দিকে তাকিয়ে বলল, —" আজকাল কামধাম সব ঠিক চল রাহা কি নেহি?"

—"জী স্যার, আপ সভী কী কৃপা সে সব ঠিক চল রাহা হ্যায়।"

প্রাচী বুঝতে পারল রেহমান নামের ব্যক্তিটি বেশ ভালই পুলিশ ডিপার্টমেন্টের পরিচিত এবং যথেষ্ট ক্ষমতাবান।

—"সো ডক্টর চৌধুরী, বোথ অফ ইউ হ্যাভ টু কাম টু দা পুলিশ স্টেশন নাও, উই নিড এ রিটেন রিপোর্ট অফ এভরিথিং সাইনড় বাই ইউ এণ্ড ইয়োর মিসেস, ফির আপ দেখেঙ্গে কি উন দো বদমাশো সে সচ্ কেইসে নিকালা যাতা হ্যায়।"

—"সিওর, উই আর কামিং টু ইয়োর পুলিশ স্টেশন উইদিন হাফ এন আওয়ার।" সুদর্শন উত্তর দিতে ইনস্পেক্টর পাটিল বেরিয়ে চলে গেল। প্রাচী মুগ্ধ দৃষ্টিতে সুদর্শনের দিকে কিছুক্ষণ চেয়ে থেকে বলল, —"তুমি যে এই রকম একটা ব্যবস্থা করতে পার তা আমার ধারণার অতীত। কে তোমার এই এতো ক্ষমতাবান রেহমান বলে লোকটি, যাকে পুলিশ ডিপার্টমেন্টও বেশ সমীহ করে বলে মনে হল?"

হাসতে লাগল সুদর্শন, তারপর বলল, —"ওর কত ক্ষমতা তা আমারও জানা ছিল না। ওর সাত বছরের একমাত্র পুত্রের হার্টে একটা ভ্যালভ্ ঠিকমত কাজ করছিল না, মাঝে মাঝেই ছেলেটা ভীষণ অসুস্থ হয়ে পড়ছিল, পড়াশোনাও করতে পারছিল না। সাধারণ ডাক্তারের চিকিৎসায় কোনও সাড়া না পেতে হসপিটালে আমার কাছে এনেছিল। ছেলেটাকে ভর্তি করিয়ে কিছুদিন চিকিৎসা করার পর সম্পূর্ণ সুস্থ করে বাড়ি পাঠিয়ে দিয়েছিলাম। এখন একদম নর্মাল লাইফ লীড করছে। রেহমান ছেলের জীবন ফিরে পেতে আমার প্রতি ভীষণ

কৃতজ্ঞ হয়ে পড়েছিল, বলেছিল 'ডক্তর সাহাব, মেরে পাস আপকো দেনে কে লিয়ে কুছ নেহি হ্যায়, লেকিন মেরা জান হমেশা আপকো দেনে কে লিয়ে তৈয়ার রহেগা।' এখন কথা হচ্ছে কে এই সফিকুল রেহমান। আমি পরে জানলাম, যে রেহমান একজন সাংঘাতিক ক্রিমিন্যাল ছিল এককালে। মোম্বাই পুলিশের ক্রাইম ব্রাঞ্চ ওকে ধরার জন্য নাকি বিশাল টাকা পুরস্কার ঘোষণা করেছিল। ভাল ইংলিশ, উর্দু, হিন্দী, আরবী ইত্যাদিতে অনর্গল কথা বলতে পারে। পরবর্তী পর্যায় যে ভাবেই হোক রেহমান একজন নির্ভরযোগ্য সোর্স হয়ে যায় মুম্বাই পুলিশের, তাই ওর খুব খাতির ওখানে। ওর নিজের একটা বেশ ট্রেইণ্ড এবং অত্যন্ত অনুগত দল আছে, যারা অসম্ভব শক্তিধর এবং শার্প সুটার। বড় বড় ব্যবসায়ী, ফিল্ম স্টার এবং রাজনীতির সঙ্গে জড়িত ব্যক্তিদের গোপনে বা সামনে থেকে নিরাপত্তার জন্য ভাড়া দেয়। তোমার এই ঘটনার পর আমার বা তোমার জান নিয়ে নেওয়ার মত থ্রেট কল আসছে শুনে রেহমানকে হসপিটালে ডেকে সমস্ত ব্যাপারটা বলেছিলাম। আর তার ফল তুমি আজ নিজের চোখেই দেখলে।"

১৩

দুই অপরাধী ধরা পড়ার পরের দিন সুদর্শন যথারীতি ব্রেকফাস্ট খাওয়ার সময় প্রাচীকে টিভিটা অন করে দিতে বলল। খবরের চ্যানেলে কিছু রাজনৈতিক খবর শেষ হয়ে যেতেই একটা ভয়ানক চমকে দেবার মত খবর দেখাতে শুরু করল, গোয়ার বোগমালো সী বীচের একটি নির্জন স্থানে ফিল্ম প্রডিসার ডাইরেক্টর পবন দেশমুখের মৃতদেহ আজ ভোরে পাওয়া গিয়েছে। পুলিশ সন্দেহ করছে অন্য কোথাও খুন করে কাল গভীর রাতে মৃতদেহ বোগমালো সমুদ্র সৈকতে এনে ফেলে দেওয়া হয়েছে। এটি একটি সংগঠিত ড্রাগ মাফিয়াদের পরিকল্পিত হত্যাকাণ্ড বলে মনে করা হচ্ছে। পবন দেশমুখ নিষিদ্ধ ড্রাগ পাচারের সঙ্গে জড়িত ছিল সন্দেহ করে পুলিশ ওনার ওপর গোপনে নজর রাখছিল। এরপরই বেশ কিছুদিন ধরে পবন দেশমুখ হঠাৎ নিরুদ্দেশ হয়ে গিয়েছিলেন। মুম্বাই পুলিশ বিভিন্ন স্থানে সন্ধান চালিয়ে পাওয়া না গেলেও আজ ভোরে গোয়ার নির্জন বোগমালো সমুদ্র সৈকতে পবনের গুলিবিদ্ধ মৃতদেহ আবিষ্কৃত হয়। গোয়া পুলিশ তদন্ত শুরু করেছে। খবর চলাকালে মাঝেমাঝেই পবন দেশমুখের আগেকার ছবি এবং গোয়ার পুলিশ সাদা চাদর ঢাকা দেওয়া পবনের বডি সমুদ্র সৈকত থেকে স্ট্রেচারে তুলে গাড়িতে ঢোকানোর ভিডিও ক্লিপ দেখিয়ে যাচ্ছে। প্রাচী খবরটা দেখতে দেখতে ভীত মুখে সুদর্শনকে বলল, —"আমার খুব অন্যায় হয়ে গেছে এরকম একজন ব্যক্তির সংস্পর্শে আসা এবং তার কোনও জিনিসের দায়িত্ব নিওয়া। একটা বড় শিক্ষা হল আমার জীবনে। সুদর্শন কফির কাপে শেষ চুমক দিয়ে ব্রেকফাস্ট টেবিল থেকে উঠে যেতে যেতে প্রাচীর দিকে তাকিয়ে বলল, —"মনে রেখ মিসটেকস্ মেড ইন লাইফ আর আওয়ার লেসনস্ ইন ডিসগাইজ, এণ্ড সামটাইমস দা বেস্ট লেসনস্ লার্নড, কেম ফ্রম দা ওয়ার্স্ট মিসটেকস্ মেড।" প্রাচী হঠাৎ আবেগতাড়িত হয়ে টেবিল থেকে উঠে গিয়ে সুদর্শনকে জড়িয়ে ধরে ঠোঁটের ওপর ঠোঁট চেপে ধরল। সঙ্গে সঙ্গে সুদর্শন সতর্ক করে দিয়ে বলল, —"কি হচ্ছে, গীতা রান্নাঘরে রয়েছে ভুলে গেছ?"

—"যেই থাক, কোনও বাধাই আটকাতে পারবে না আমাকে আজ, আমার ভীষণ, ভীষণ গর্ব হচ্ছে এমন একজন উচ্চশিক্ষিত, মহান, ব্যক্তিত্বপূর্ণ ডাক্তারকে আমার নিজের স্বামী হিসেবে পেয়েছি বলে।"

—"আরে আরে! তুমি তো দেখছি ভীষণ ভাবে আবেগপ্রবণ হয়ে পড়ছ? শোন, অনেক গুলো অসুস্থ লোক আমার প্রত্যাশায় ভোর থেকে লাইন দিয়ে বসে আছে হসপিটালে। এখন তাহলে আমি যাই?" হেসে বলল সুদর্শন।

সন্ধ্যায় প্রাচী গাড়ি ড্রাইভ করে নিজের ইনসিগ্নিয়া থেকে ফিরছিল, স্টিরিও মিউজিক সিস্টেমে সেই সময় প্রাচীর খুব পছন্দের কিশোর কুমারের একটা গান এফ,এম চ্যানেলে শুরু হল—উও শাম কুছ আজীব থী, ইয়ে শাম ভী আজীব হ্যায়, উও কাল ভী পাস পাস থী, উও আজ ভী করীব হ্যায়--- প্রাচীর মোবাইলটা বেজে উঠল ঠিক এই সময়। তাকিয়ে দেখল ডি,সি,পি ক্রাইম ব্রাঞ্চের ফোন। তুলেই তাড়াতাড়ি বলল, —"ইয়েস শিবানী ম্যাম?"

—"যে দু'জন ক্রিমিন্যাল ধরা পড়েছে তাদের ইন্টারোগেট করে আমরা আরও দু'জন সাসপেক্টকে এ্যরেস্ট করেছি। পবন দেশমুখের মার্ডারের ব্যাপারেও কিছু তথ্য রিভিলড় হচ্ছে। বাই দি বাই, ডু ইউ হ্যাভ এনি কানেকশন উইথ ক্লাউড নাইন ট্রাভেলস?"

—"কানেকশন? নো ম্যাম, আই নো ইটস্ ওনার মিস্টার জাস্টিন বার্নেস ওনলি, হিজ সিস্টার ইজ মাই বিজনেস পার্টনার সিসিল বার্নেস। হোয়াই ম্যাম?"

—"আই উইল কল ইউ ব্যাক হোয়েন নেসেসারি।" শিবানী ফোন রেখে দিল। কি হল আবার? বেশ খটকা লাগল প্রাচীর মনে। বাড়ি ফিরে খানিকটা ফ্রেস হয়ে এককাপ কফি বানিয়ে নিয়ে সোফায় এসে বসল। তারপর সুদর্শনকে ফোন করতে সেই একইরকম ভাবে বেজে গেল। আগে এরকম সুদর্শনের ফোন বেজে বেজে থেমে গেলে ভয়ানক বিরক্ত হোত প্রাচী, কিন্তু আজ এই সন্ধ্যা বেলাতেও সুদর্শন নিজের স্ত্রীর ফোন ধরার মত সময় পাচ্ছে না বলে প্রাচীর মনে বেশ গর্ব এবং সমবেদনা হতে লাগল। সত্যি, লোকটা সকাল থেকে রাত অবধি নিজের সব সুখস্বাচ্ছন্দ্য পরিবার ভুলে পরার্থে জীবনটা উৎসর্গীকৃত করে রেখেছে। রাত ন'টা নাগাদ সুদর্শন বাড়ি ফেরার পর প্রাচী বলল, —"তুমি স্নান সেরে নাও, আমি ডিনার সাজাচ্ছি ততক্ষণ।" মিনিট পনেরোর মধ্যে সুদর্শন ডিনার টেবিলে এসে বসে জিজ্ঞাসা করল, —"আর কিছু ডেভেলপমেন্ট হল আজ?" প্রাচী উত্তর দিতে যাওয়ার আগেই মোবাইলটা বাজতে শুরু করল। সোফার টেবিলে গিয়ে ফোনের দিকে তাকিয়ে দেখল সিসিল কল করছে। তাড়াতাড়ি তুলে বলল, —"ইয়েস সিসিল?"

—"ম্যাডাম জাস্টিনকে পুলিশ এ্যরেস্ট করেছে আজ সন্ধ্যা বেলা।" সিসিলের গলায় উদ্বেগ।

—"সেকি? কি চার্জে এ্যরেস্ট করেছে?" ভয়ানক বিস্মিত হয়ে প্রাচী জিজ্ঞাসা করল।

—"ড্রাগ স্মাগলিং, ইললিগাল পজেশন অফ কনট্রাব্যাণ্ড ড্রাগস ইত্যাদি। আমি খুব বিপদে পড়ে গেছি, কি যে করি বুঝতে পারছি না। আপনার কি কোনও ভাল ল'ইয়ার জানা আছে?"

—"এই মুহূর্তে তো কাউকে মনে পড়ছে না, দেখছি যদি পেয়ে যাই জানিয়ে দিচ্ছি।"

ফোন রেখে সুদর্শনকে জানাল ব্যাপারটা। তার সঙ্গে ডি,সি শিবানীর ফোন করার কথাটাও বলল। সুদর্শন একটু চিন্তা করে বলল, —"আচ্ছা! তুমি বলেছিলে মনে আছে পবন দেশমুখ সিসিলের পরিচিত আর ওর মাধ্যমেই তোমাদের কাস্টমার হয়েছিল? তাহলে হতে পারে পবন দেশমুখ জাস্টিনেরও বন্ধু অথবা ভালরকম পরিচিত। যাইহোক, আমার মনে হয় এই মুহূর্তে তুমি বিশেষ কিছু কোর না, দেখ কি জানা যাচ্ছে।"

—"ঠিক বলেছ, আমিও সেই চিন্তা করছিলাম।" প্রাচী সন্তুষ্ট হয়ে উত্তর দিল। রাত্রে আর সিসিলকে ফোনও করল না প্রাচী।

১৪

সকাল সাতটার সময় প্রাচীর ঘুম ভেঙে গেল বেড সাইড টেবিলের ওপর রাখা মোবাইল বাজার শব্দে। অলসভাবে হাতটা বাড়িয়ে ফোন ধরতে ধরতে চিন্তা করল সিসিল নিশ্চয় এ্যডভোকেট খোঁজার তাগাদা দিতে এই ভোরে ফোন করেছে। কিন্তু ফোনটা কাছে আনতেই চোখে পড়ল ডি,সি শিবানী। বেশ একটু চমকে গিয়ে তাড়াতাড়ি ফোন ধরে "গুড মর্নিং ম্যাম" বলার সাথে সাথে বেশ দৃঢ় স্বরে শিবানী বলল, —"প্রাচী হাউ কুইকলি ইউ ক্যান কাম টু সি মি এ্যট এন্টি নারকোটিক্স সেল, ক্রাইম ব্রাঞ্চ, বান্দ্রা?"

খুব ভয় পেয়ে গিয়ে একটু ইতস্ততঃ করে প্রাচী জিজ্ঞাসা করল, —"কেন ম্যাম, আমার এগেইনস্টে কি কোনও ওয়ারেন্ট ইস্যু হয়েছে?"

—"প্রাচী ডোন্ট কোয়েশ্চেন মি, আই ওয়ান্ট ইউ টু বি হিয়ার বাই এইট ও ক্লক, আণ্ডারস্টুড?" শিবানীর কণ্ঠে বিরক্তি।

—"ও কে ম্যাম, আই এ্যম কামিং।"

ঠিক আটটার সময় সুদর্শনের গাড়ি প্রাচীকে সঙ্গে নিয়ে বান্দ্রা পুলিশ স্টেশনে এসে থামতেই সুদর্শন নিজের ড্রাইভার শশাঙ্ককে বলে দিল পার্কিংয়ে গাড়ি নিয়ে গিয়ে অপেক্ষা করতে। তারপর প্রাচীকে নিয়ে ভেতরে ঢুকে ডিসি শিবানী রানের সঙ্গে দেখা করতে চাইল। প্রাচী নিজের নাম বলে বলল, —"ম্যাডামনে মুঝে সুবহ ফোন পর তুরন্ত মিলনে কে লিয়ে কহা।"

দূত গিয়ে খবর দেওয়ার সঙ্গে সঙ্গে শিবানী ঘরে ডেকে পাঠাল। তারপর দু'জনকে দেখে বসতে বলে গম্ভীর ভাবে টেবিলের ওপর পড়ে থাকা একটা ফাইল খুলতে লাগল। শিবানীর

চোখে মুখে একরাশ ক্লান্তি, দেখেই বোঝা যাচ্ছে সারারাত ঘুমায় নি। প্রাচী বেশ নার্ভাস হয়ে পড়েছিল, জিজ্ঞাসা করল, —"ম্যাম, ক্যান আই গেট সাম ওয়াটার?"

শিবানী বেল দিয়ে একজনকে ডেকে বলল, —"ম্যাডামকো পানি পিলাও।"

প্রাচীর জল খাওয়া হয়ে যেতে শিবানী সিট থেকে উঠে পড়ে বলল, —"আমার সঙ্গে এস।" দু'জনেই উঠে পড়ে শিবানীকে অনুসরণ করল। বাইরে এসে অফিসের একপ্রান্তের লক-আপের কাছে গিয়ে দাঁড়াতেই দেখতে পেল ব্লু জীনস্ আর ব্ল্যাক টি সার্ট পরনে জাস্টিন বার্নেস ভেতরের মেঝেতে বসে। প্রাচী কাছে যেতেই দাঁড়িয়ে উঠে গরাদের সামনে চলে এল। মুখে একরাশ হতাশা। সারারাত ধরে পুলিশের জেরা এবং শারিরীক নির্যাতনের স্পষ্ট ছাপ শরীরে। অসহায় ভাবে দু'হাত দিয়ে গরাদের রড ধরে বলল, —"আমি সম্পূর্ণ নির্দোষ, বিলিভ মী ম্যাডাম, এরা আমাকে শুধু শুধু এ্যরেস্ট করেছে। প্লিজ আমাকে একটু হেল্প করুন, আপনি তো আমাকে বহুদিন ধরেই চেনেন, কখনও কি দেখেছেন বা শুনেছেন যে আমি কনট্রাব্যাণ্ড ড্রাগ নিয়ে পাচার করছি? আমার গাড়ি ভাড়া নিয়ে কেউ যদি চুপি চুপি বেআইনী মাল ব্যাগ বা ব্রিফকেসে ভরে আনে আমার পক্ষে তো জানাও সম্ভব নয় সেটা।"

প্রাচীর মনটা বেশ খারাপ হয়ে গেল, বলল, —"আমি দেখছি জাস্টিন কি করতে পারি, তুমি চিন্তা কোরনা।"

শিবানী ওদের দু'জনকে নিয়ে ঘরে ফিরে এসে প্রাচীকে বলল, —"জাস্টিন বার্নেস, যাকে তুমি সাহায্য করবে বলে প্রতিশ্রুতি দিয়ে চিন্তা করতে বারণ করলে, তুমি কি জান যে সে কাল গভীর রাত্রে জেরা করার সময় আমাদের কাছে বেশ কিছু ব্যাপার স্বীকার করেছে? গোয়া যাতায়াত করার জন্য বেশ কয়েকবার পবন দেশমুখ জাস্টিনের ক্লাউড নাইন থেকে গাড়ি নিয়েছে। পবন অন্য সময় নিজের গাড়ি ব্যবহার করলেও কেবল গোয়া যাওয়ার সময় জাস্টিনের কাছ থেকেই গাড়ি নেওয়ার একমাত্র কারণ হল ব্যবসার জন্য নিষিদ্ধ ড্রাগ নিয়ে ফেরার সম্পূর্ণ ঝুঁকিটা পবন জাস্টিনকে দিত আর তার বিনিময়ে জাস্টিন মোটা টাকা কামিয়ে নিত। পবন যখনই গোয়া গেছে ওর রেকর্ড দেখাচ্ছে জাস্টিন নিজে ওকে ড্রাইভ করে নিয়ে গেছে, কারণ গোয়ার বাসিন্দা বলে জাস্টিনের ড্রাগ স্মাগলারদের সঙ্গে ভাল পরিচিতি আছে। আর কায়দা করে লুকিয়ে ড্রাগস নিয়ে নিরাপদে মোম্বাই ফেরার সমস্ত গোপন রাস্তাঘাটও পুঙ্খানুপুঙ্খ ভাবে জাস্টিনের জানা। সুটিং এর বাহানা করে গোয়া গিয়ে পবন যে দিন শেষ ফিরেছিল, সে দিন রাত ন'টার সময় প্রথমে তোমার বাড়ি এসে নেমেছিল। প্রায় কুড়ি পঁচিশ মিনিট তোমার বাড়িতে কাটিয়ে তারপর আবার ফিরে এসে গাড়িতে উঠে নিজের বাড়ি পৌঁছে ছিল। এখানে সবচেয়ে ইন্টারেস্টিং এণ্ড ইম্পর্টান্ট পয়েন্টস হচ্ছে গাড়ির ড্রাইভার সেদিনও জাস্টিন নিজে ছিল, আর নাম্বার টু, পবনের কাছে একটা স্টীল কালারের ব্রিফকেস ছিল যেটা গাড়ি থেকে নেমে তোমার বাড়িতে যাওয়ার সময় হাতে ছিল দেখেছে বলছে। কিন্তু সামনে ড্রাইভারের সিটে বসে জাস্টিন মোবাইল দেখছিল বলে ফেরার সময় সেটা নিয়ে ফিরেছিল কি না তা নাকি খেয়াল করেনি বলছে। আসলে জাস্টিন খুব ভালই লক্ষ্য করেছিল যে পবন ব্রিফকেস নিয়ে ফেরেনি। এবার

তোমার বুঝতে নিশ্চয় অসুবিধে হচ্ছে না যে ওই প্রচণ্ড দামী ব্রিফকেসটা তোমার বাড়ি রেখে দিয়ে পবন যতই তোমাকে এসিওরেন্স দিয়ে থাক যে কেউ জানতে পারবেনা এটা তোমার বাড়ি রয়েছে, সেটা একেবারেই সঠিক নয়?"

—"তাহলে কি জাস্টিনই আমার বাড়িতে ঢুকে ব্রিফকেস নিয়ে পালিয়ে গিয়েছিল? আমার ফ্ল্যাটের চাবিও তো ওর কাছে ছিল না?" প্রাচী অসম্ভব হতভম্ব হয়ে গিয়ে জিজ্ঞাসা করল।

ডি.সি.পি ক্রাইম শিবানী রানে এতক্ষণ পর একটু হাসল প্রাচীর দিকে তাকিয়ে। তারপর বেল দিতেই একজন পুলিশ ঘরে ঢুকে সেলাম ঠুকে দাঁড়াল। —"ইন্সপেক্টর সাহাবকো বোলাও।" শিবানী আদেশ দিল তৎক্ষণাত।

ইন্সপেক্টর ঘরে ঢুকে শিবানীকে পা ঠুকে সেলাম করতেই প্রাচী মুখের দিকে তাকিয়ে দেখল সেই চন্দ্র শেখর পাটিল। অসম্ভব গাম্ভীর্য আর কর্তব্যপরায়ণতার ছাপ চোখে মুখে। শিবানী এবার বলল, —"উও দো লড়কো কো লাও।"

—"ও কে ম্যাডাম।" আবার পা ঠুকে সেলাম জানিয়ে বেরিয়ে গেল পাটিল।

একটু পরেই প্রাচী এবং সুদর্শনকে ভয়ঙ্কর রকম চমকে দিয়ে ইন্সপেক্টর পাটিল দু'জন প্রায় সমান বয়সী যুবককে নিয়ে ঘরে ঢুকল, একটা হাতকড়ার একদিক আকাশ গোয়েন্দার হাতে লাগান আর অপর দিক অচেনা যুবকটির হাতে। আকাশের মাথা লজ্জায় নামান দেখে শিবানী খুব জোর ধমকে বলে উঠল, —"হোয়াট আর ইউ লুকিং ডাউন? স্পিক আউট এভরি থিঙ ট্রুলি টু দেম। লেট দেম আন্ডারস্ট্যাণ্ড হাউ বেনেভোলেন্ট এ নেইবার ইউ আর।"

ছ'জোড়া চোখের দৃষ্টি তখন প্রচণ্ড আগ্রহ নিয়ে আকাশ আর অপর যুবকটির দিকে আটকে আছে। সামান্য মাথা তুলে প্রাচীর দিকে একবার তাকিয়ে খুব মৃদু স্বরে আকাশ উচ্চারণ করল, —"আই এম সরি আন্টি।"

শিবানী এবার নিজেই বলল, —"কাল রাত্রে আমরা ধৃতদের জেরা করে পওল নামের এই ছেলেটির কথা জানতে পারি। সঙ্গে সঙ্গে ওকে ওর বাড়ি থেকে ধরে আনতে সক্ষম হই। এও গোয়ার ছেলে এবং জাস্টিনের ক্লাউড নাইনে কাজ করে। জাস্টিনের অত্যন্ত বিশ্বস্ত এবং ভীষণ সাহসী ছেলে। পবন যখন তোমার বাড়ি ড্রাগ সমেত ব্রিফকেসটা লুকিয়ে ফেলে মুস্তফার কাছে মিথ্যে করে খবর পাঠায় যে সাত আট কোটি টাকার ড্রাগ ভর্তি ব্রিফকেসটা ওর বাড়ি থেকে চুরি করে নিয়ে কেউ পালিয়েছে, মুস্তফা তখন সেটা একবারেই বিশ্বাস করে নি। তাই নিজের লোকজনের সাহায্যে পবনকে খুব কৌশলে কিডন্যাপ করে গোয়া নিয়ে চলে যায়। ওকে টর্চার করে সত্যিটা জানার চেষ্টা করছিল। শেষ পর্যন্ত পবনের কাছ থেকে সঠিক তথ্যটি পাওয়া মাত্রেই মুস্তফার লোকজন তোমার পিছনে ধাওয়া করে প্রাণের ভয় দেখিয়ে মালটা উদ্ধার করতে চেষ্টা চালাচ্ছিল। তবে মুস্তফা হয়তো গতকাল খবর পেয়েছিল যে তোমার বাড়ি থেকে ওটা সত্যিই আর এক ওস্তাদ চুরি করে ভেগেছে, ফল

স্বরূপ পবনের হত্যা। আবার জাস্টিন যেহেতু জেনে গিয়েছিল পবন ব্রিফকেসটা কোথায় লুকিয়ে রেখেছে, মুস্তফার লোকেরা পবনকে কিডন্যাপ করতেই জাস্টিন সেই সুযোগটা কাজে লাগিয়েছিল। নিজের অত্যন্ত অনুগত এবং বিশ্বস্ত এই পওলকে তোমার বাড়ি থেকে যে কোনও উপায় ব্রিফকেসটা চুরি করে নিয়ে আসতে বলেছিল, আর সেই কাজের জন্য ওকে বেশ মোটা টাকার টোপ দিয়েছিল। আরও শুনলে অবাক হবে, তোমার পাশের ফ্ল্যাটের এই আকাশ গোয়েন্দা এক সময় পওলের ক্লাস মেট ছিল এবং এখনও ওদের মধ্যে ঘনিষ্ঠ বন্ধুত্ব অটুট রয়েছে। ফলে আকাশের থেকে ডুপ্লিকেট চাবিটা নিয়ে তোমার ফ্ল্যাটে ঢুকে মূল্যবান ব্রিফকেসটি যথার্থ স্থান থেকে খুঁজে নিয়ে বেরিয়ে যেতে পওলের মোটেই অসুবিধে হয়নি।"

তারপরেই পওলের দিকে তাকিয়ে শিবানী হেসে জিজ্ঞাসা করল, —"কি পওল তাই না? কোনও অসুবিধে হয়েছিল কি?"

পওল নামের যুবকটি তখন চুপ করে মাথা ঝুঁকিয়ে দাঁড়িয়ে খানিকটা এগিয়ে রাখা নিজের ডান পায়ের সাদা আডিডাসের স্নিকারটার দিকে এক দৃষ্টে তাকিয়ে রইল।

টু-লেট

প্রায় সাড়ে পাঁচ বছর রাঁচিতে থাকাকালীন আমার কোনও ধারণাই ছিল না যে নিজের জন্মস্থান কলকাতা শহরটা কতখানি বদলে যেতে পারে। দক্ষিণ কলকাতার এক অত্যন্ত শান্তিপূর্ণ, জনবহুল এবং সর্ব সুবিধাযুক্ত স্থান হাজরা রোডে একদম ট্রাম রাস্তার ওপরেই একটি বহুতল ভাড়া বাড়িতে জন্ম থেকে প্রায় একুশ বছর কাটিয়ে ব্যাঙ্কের চাকরিতে যোগ দিতে আমাকে রাঁচি চলে যেতে হয়েছিল। যাওয়ার সময় যখন এল, তখন মনটা অত্যধিক বিষণ্নতায় ভরে গিয়েছিল। তবুও একটা বিরাট আশা সব সময়েই আমাকে উজ্জীবিত করে রাখতো যে কয়েক বছর পর বদলি নিয়ে নিশ্চয় ফিরে আসবো, আর তখন নিজের শহর এই দক্ষিণ কলকাতাতেই কোথাও না কোথাও একটা ছোট বাসস্থান ঠিক আবার ভাড়ায় পেয়ে যাবো। সেটা ছিল ষাটের দশকের মাঝামাঝি সময়। জিনিসপত্রের দাম, বাড়িভাড়া কোনওটাই তখনও লাগাম ছাড়া হয়ে যায়নি। অতি স্বল্প উপার্জনকারি মানুষের জীবনেও সচ্ছলতা ছিল। রাঁচিতে ব্যাঙ্কের যে শাখায় আমার পোস্টিং হয়েছিল সেটা রাঁচি শহর থেকে প্রায় আট কিলোমিটার দূর, ধূরুয়া শহরে। এখানে ভারত বিখ্যাত হেভি ইঞ্জিনিয়ারিং কর্পোরেশন বা এইচ,ই,সি'র তিনখানা অতি-বিশাল ফ্যাক্টরী রয়েছে। আমাদের ব্যাঙ্ক ওই পুরো প্রজেক্টের ফাইনান্সার ছিল এবং তাদের সমস্ত কর্মচারীদের মাইনেও এই ব্যাঙ্কের মাধ্যমেই হোত। প্রতিদান হিসাবে এইচ,ই,সি যে হাজার হাজার স্টাফ কোয়ার্টারস্ বানিয়েছিল বিশাল জায়গা জুড়ে সেখান থেকেই চুক্তিমত ব্যাঙ্কের ম্যানেজার এবং অন্য সব অফিসারদের ছাড়াও যে যে কর্মচারীদের বাসস্থানের প্রয়োজন ছিল তাদের নাম মাত্র ভাড়ায় থাকার জন্য বিতরণ করত। ফলে রাঁচিতে গিয়ে বাড়ি বা বাড়ি ভাড়া নিয়ে আমাকে বিশেষ মাথা ঘামাতে হয়নি। এইচ,ই,সি'র এই বিশাল প্রজেক্ট এরিয়া যেটা প্রায় ত্রিশ স্কোয়ার কিলোমিটার জুড়ে বিস্তৃত ছিল তার মধ্যে কারুর কোনও প্রাইভেট বাড়ি তৈরি করার অনুমতি ছিলনা। তাই কোয়ার্টারই একমাত্র ভরসা এই ধূরুয়া শহরে থাকতে হলে। ওখানে চাকরিতে জয়েন করার পর প্রথম একটা বছর নিজস্ব কোনও কোয়ার্টার পাইনি বটে তবে হেভি ইঞ্জিনীয়ারিংএ কর্মরত এক সহৃদয় প্রৌঢ় ইঞ্জিনীয়ার ভদ্রলোক, মিস্টার সরকার, একা থাকতেন বলে ওনার বিশাল কোয়ার্টারের একটি শোবার ঘর আর রান্নাঘরটা আমাকে সাবলেট করেছিলেন। তারকেশ্বরে সরকারবাবুর প্রচুর জমিজমা বাড়ি আর আলুর চাষ ছিল। যে কারণে পরিবার এবং পুত্র কন্যাদের সেখানেই রেখে দিয়ে রাঁচিতে উনি একা থাকতেন। নির্ঝঞ্ঝাট, অত্যন্ত মিতব্যয়ী আর ভোজন রসিক সরকারবাবু বলতে গেলে একটি মাত্র শয়নঘর নিজের জন্য রেখে দিয়ে ওনার কোয়ার্টারটারের বাকি পুরোটাই প্রায় আমাদের ছেড়ে দিয়েছিলেন। ছোট একটা স্টোর রুম ছিল রান্নাঘরের পাশে, যেটা উনি নিজের রান্নাঘর হিসেবে ব্যবহার করতেন। আমার সঙ্গে আমার বিধবা মা ও ছিলেন। মা অত্যন্ত রন্ধনপটিয়সী ছিলেন, যে কোনও সাধারণ রান্নাও মা'য়ের হাতের

ছোঁয়ায় অমৃত হয়ে যেত। তাই পেটুক সরকারবাবু মা'কে অত্যন্ত ভক্তিশ্রদ্ধা করতেন। মা ও মাঝে মাঝেই নানারকম পদ রেঁধে সরকারবাবুকে খেতে দিতেন, আর উনি সেই সব রান্না বিশেষ তৃপ্তি সহকারে খেয়ে নিজের সযত্নে লালিত ভুঁড়িতে হাত বোলাতে বোলাতে উদ্গার তুলে খোসামুদি গলায় বলতেন, "আহঃ, কি অপূর্ব যে খেলাম, মাসীমা আপনার হাতটা সোনা দিয়ে বাঁধিয়ে দিতে ইচ্ছা করছে।" মাংস রান্নার গন্ধ পেলেই আর থাকতে পারতেন না, বলেই ফেলতেন, "মাসীমা একটু বেশী করে রাঁধছেন তো? আপনার আর একটি ছেলেও খাবে বলে বসে রয়েছে কিন্তু।" মা এতে খুব খুশি হতেন, কারণ কাউকে রেঁধে কিছু খাওয়াতে মা'য়ের মধ্যে অনাবিল এক সুখের আর পরিতৃপ্তির অনুভূতি হোত। তবে আমার ব্যাঙ্ক থেকে এইচ,ই,সি কে বার বার তাগাদা দেওয়ার ফলে এক বছরের মধ্যেই আমি একটা খুব সুন্দর চারদিক খোলা এবং সামনে কাঁটা তারের বেড়া দেওয়া বাগান সমেত নিজের কোয়ার্টার পেয়ে গেলাম। সরকারবাবুর কোয়ার্টারে থাকতে আমার মা খুব অল্প সময়ের মধ্যেই ওখানকার অন্যান্য ইঞ্জিনীয়ার্স কোয়ার্টারের সব বাঙালি গৃহিণীদের অত্যন্ত কাছের মানুষ হয়ে গিয়েছিলেন। যে কোনও দরকারি পরামর্শের জন্য, তা সে কোনও পূজার নিয়ম বিধি হোক, বা অন্নপ্রাশন বা বিবাহের প্রয়োজনীয় উপকরণ, নিয়ম বা স্ত্রীয়াচার হোক, বা কোনও ব্রত পালন পদ্ধতি হোক অথবা বিশেষ কোনও পদের রন্ধন প্রণালী হোক, গৃহিণীরা সবাই ছুটে আসতো তাদের অত্যন্ত আপন এবং প্রাজ্ঞ মাসীমার কাছে। এমতাবস্থায়, ওই পাড়া থেকে মা'য়ের নতুন কোয়ার্টারে চলে আসাটা তাদের সকলের কাছেই বিশেষ দুঃখের কারণ হয়ে গিয়েছিল। কিন্তু সকলকে অতিক্রম করে খুবই বিষণ্ণ হয়ে পড়েছিলেন আমাদের সরকারবাবু। স্ব-পাকে আহার করা ভোজন প্রিয় সরকারবাবুটি মাসীমার হাতের অতি লোভনীয় রান্নার আস্বাদ থেকে বঞ্চিত হবেন, এটা ভেবেই নিকটস্থ প্রতিবেশী বন্ধু বান্ধব সবার কাছে মাসীমার চলে যাওয়া নিয়ে বার বার দুঃখ প্রকাশ করতে লাগলেন। সত্যি কথা বলতে কি আসার সময় মা'য়ের মনটাও খুব খারাপ হয়ে গিয়েছিল, ছল ছল চোখে সবাইকে বলে এসেছিলেন "বেশী দূরে তো আর নয়, মাত্র দশ মিনিটের হাঁটা পথ, মাঝে মাঝে মাসীমার খোঁজ নিতে এসো কিন্তু তোমরা"।

নতুন কোয়ার্টারে গিয়ে মনে হল ভীষণ আলো বাতাস। হয়তো আমার কোয়ার্টারটাই শেষ ছিল এবং বাঁদিকে আর কোনও কোয়ার্টার ছিলনা তাই। ঘরের বাঁ দিকের জানলা খুললে বা বাইরের ব্যালকনিতে দাঁড়ালে বাঁ দিকের বিস্তীর্ণ অঞ্চল ফাঁকা দেখা যেত, ওই দিকে তাকালে বহু দূর অবধি, বলতে গেলে প্রায় তিন চার কিলোমিটার বিস্তৃত ধূ ধূ করছে বন্ধুর মাঠ আর তার শেষে সুবৃহৎ ধুরুয়া ড্যামের উঁচু প্রাচীর দেখা যেত। রাতে ওই ড্যামের প্রাচীরের ওপর পিচ ঢালা পথে যখন সারি দিয়ে শক্তিশালী মার্কারি ভেপার লাইট গুলো জ্বলে উঠতো, তখন আমার কোয়ার্টার থেকে মনে হোত ড্যামটাতে যেন মুক্তোর মালা পরানো হয়েছে। কোয়ার্টারের পিছন দিকে খুব উঁচু পাঁচিল দেওয়া অনেক বড় একটা বাঁধান উঠান ছিল। কিন্তু যেটা এই কোয়ার্টারের একটা মস্ত বড়ো সম্পদ ছিল তা হল উঠানের কোনার দিকে একটি বিরাট ঝাঁকড়া পেয়ারা গাছ। অপর্যাপ্ত পেয়ারার ফলন হতো এই গাছে। প্রতিদিন ভোরে ঘুম ভেঙে উঠানে নেমে দেখতাম গাছের নিচে বিশাল

সংখ্যায় পেয়ারা ছড়িয়ে পড়ে রয়েছে, হয়তো অতো পেয়ারা গাছটির ধরে রাখার ক্ষমতা ছিলনা, তাই। অপূর্ব মিষ্টি আর ভীতরটা রক্তের মতো লাল এই পেয়ারা ঝুড়ি ভর্তি করে তুলে অনেক সময়েই স্থানীয় প্রতিবেশীদের মধ্যে বিলিয়ে দিতে বাধ্য হতাম। দুষ্টু ছেলের দল অনেক সময় দুপুরের দিকে চুপিসারে পাঁচিল ডিঙ্গিয়ে এসে গাছে চড়ে বসতো আর টপাটপ পেয়ারা পেড়ে থলি ভর্তি করে নিয়ে পালাত। মা'য়ের কিন্তু একটা অস্বাভাবিক ষষ্ঠ ইন্দ্রিয় কাজ করতো, দেখে আমি অবাক হতাম। ছেলের দল যতই নিঃশব্দে আক্রমণ করুক, মা ঠিক বুঝতে পেরে একটা লাঠি নিয়ে তক্ষুণি পৌঁছে যেতেন উঠানে তাদের তাড়াতে। আমার কোয়ার্টারের ব্যালকনির সামনে গাছের ডালের খুঁটিতে কাঁটাতার দিয়ে বেড়া দেওয়া অনেকটা ঘেরা জমি বাগান করার জন্য দেওয়া ছিল। কিন্তু সেটা অব্যবহৃতই থাকতো। আমি জন্ম থেকেই শহরের বুকে মানুষ হওয়ায় বেলপাতা আর তুলসীপাতা ছাড়া কোনও গাছই চিনতাম না। তাছাড়া নানারকম ফল ফুলের বাগান করার অভিজ্ঞতার অভাবও আমার বাগান করতে না পারার অন্যতম কারণ। আর সব অনেক কোয়ার্টারের বাসিন্দারা কিন্তু তাদের নিজেদের এই সামনের বাগানে অনেকরকম গাছ লাগিয়ে পুরো জমিটা সুন্দরভাবে ব্যবহার করত। মাঝে মাঝেই পুরোনো পাড়া থেকে কোনও কোনও ইঞ্জিনীয়ারের স্ত্রী মা'য়ের সংগে দুপুরের দিকে দেখা করতে চলে আসতেন। তবুও নতুন কোয়ার্টারে এসে মা বেশ একা হয়ে গিয়েছিলেন। এখানে সারিবদ্ধ কোয়ার্টার গুলোর সব বাসিন্দাই বিহারী ছিল, যদিও তাদের মধ্যে অনেকেরই স্ত্রী পরবর্তী সময় আমার অসাক্ষাতে মা'য়ের সঙ্গে কথা বলতে আসত। নতুন কোয়ার্টারে এসে মা একাকিত্ব কাটাতে একটা ব্যাপারে খুব মনোযোগ নিবেশ করেছিলেন। সারা দুপুর ধরে নানা রকম জিনিস তৈরি করা। গাছের পেয়ারা দিয়ে প্রায়ই অপূর্ব জ্যাম তৈরি করতেন, নিজেদের জন্য দরকার মত রেখে শিশি ভর্তি করে অনেককে আবার দিয়ে দিতেন খেতে। আমার কোয়ার্টারের সামনে ভোর বেলায় গরু এনে এক গোয়ালা পুরো গরুর খাঁটি দুধটা দুয়ে মা'কে দিয়ে যেত। খাওয়ার পর বাকি পুরো দুধ দিয়ে মা রসগোল্লা বা সন্দেশ বানাতেন। খেয়ে কলকাতার মিষ্টির অভাব ভুলে যেতাম। আবার কোনও কোনও সময় সাধারণ কয়লার উনুনে ভারী সুন্দর ফ্রুট কেক বা প্লাম কেক বানিয়ে তাক লাগিয়ে দিতেন। ওখানে থাকার সময় বেশ কয়েক বার আত্মীয় পরিচিতরাও রাঁচি বেড়াতে আমার কাছে এসে থেকে গেছেন। ষাটের দশকের একদম শেষের সময় কলকাতাবাসী এক ভয়ঙ্কর সামাজিক অস্থিরতার ছবি প্রত্যক্ষ করল। অতি উগ্র এক রাজনৈতিক আন্দোলন যেটা নকসাল আন্দোলন নামে পরিচিত ছিল, সারা কলকাতায় বিশেষ বিশেষ কিছু জায়গায় ভয়ানক হিংস্র ভাবে সক্রিয় হতে শুরু করল। প্রচুর মেধাবী ছাত্র ছাত্রী এই রাজনৈতিক দলের মতাদর্শে অনুপ্রাণিত হয়ে দলে দলে যোগ দিয়ে তথাকথিত বুর্জোয়া শক্তির বিরুদ্ধে হাতে অস্ত্র তুলে নিল। পরিস্থিতির ভয়াবহতা বুঝে পুলিশও যত্রতত্র বন্দুক চালিয়ে অপরিণামদর্শী যুবকদের হত্যা করতে পেছপা হচ্ছিল না। প্রচুর তরুণদের নিছক সন্দেহবশে অনেক সময় বাড়ি থেকে তুলে নিয়ে গিয়ে কারাগারের কুঠরির মধ্যে অকথ্য অত্যাচার চালাচ্ছিল পুলিশ। নকসাল অধ্যুষিত বলে চিহ্নিত জায়গায় যে সমস্ত শান্তিপ্রিয় পরিবার তরুণ সন্তান নিয়ে বসবাস করতেন তাঁরা বিভ্রান্ত হয়ে কলকাতার শান্ত এলাকাগুলিতে চলে আসার চেষ্টা করতে

লাগলেন, অথবা যাদের সুযোগ ছিল, নিজেদের প্রাপ্তবয়স্ক পুত্র সন্তানদের অন্যত্র নিরাপদ স্থানে পাঠিয়ে দেওয়ার চেষ্টা করতে লাগলেন। আমার দিদি-জামাইবাবু পুত্র কন্যা নিয়ে টালিগঞ্জে বাস করতেন। কিন্তু ক্রমশই নকশাল বিপ্লবীরা এইসব অঞ্চলে ভয়ঙ্কর ভাবে সক্রিয় হয়ে পড়ল। প্রতিদিন রাত বাড়লেই নির্জন পাড়ায় গুলি বোমার শব্দে প্রতিবেশীরা ভয়ে সন্ত্রস্ত হয়ে থাকত, আর মাঝে মধ্যেই আশপাশের বাড়িতে রাত্রে পুলিশ ঢুকে পড়ে সন্দেহভাজন বিপ্লবীদের খোঁজে তল্লাসি চালাত। তাই এই সময়ে দুই তরুণ পুত্রদের বাড়িতে রাখা বিপজ্জনক বুঝে দিদি জামাইবাবু ওদের রাঁচিতে আমার কাছে পাঠিয়ে দিয়ে কিছু দিনের জন্য নিশ্চিন্ত হয়েছিলেন।

চাকরিতে ঢোকার এক বছর পরেই আমি কিছু গ্রহণ যোগ্য কারণ দেখিয়ে কলকাতায় বদলির জন্য ব্যাঙ্কের হেড অফিসে আবেদন পত্র পাঠিয়েছিলাম। কিন্তু দীর্ঘদিন তার কোনও জবাব পাইনি। দেখতে দেখতে প্রায় চার বছর কেটে যাওয়ার পর হঠাৎ একদিন অপ্রত্যাশিতভাবে কলকাতার বালিগঞ্জ ব্রাঞ্চে আমার বদলির অর্ডার এসে পৌঁছাল। সেটা উনিশশো একাত্তর সালের মার্চ এপ্রিল হবে। কলকাতায় ফেরার আনন্দে বিভোর থাকলেও কোথায় বাড়ি পাব, এইবার সেই চিন্তাটা পেয়ে বসল। তখনও কলকাতায় নকশাল বিপ্লবের আগুন সম্পূর্ণ নিভে যায়নি, তাই হাতে গোনা কয়েকটি দক্ষিণ কলকাতার জায়গা ছাড়া অন্য কোথাও থাকা নিরাপদ নয় জানতাম। ইতিমধ্যে দিদিরাও সবাই ভয়ে টালিগঞ্জের বাসস্থান ছেড়ে দিয়ে কালীঘাটে, চন্দ্র মণ্ডল লেনে অনেক টাকা ভাড়ায় একতলার একটা ছোট দু'ঘরের বাসা পেয়ে খুব কষ্ট করে কোনও রকমে দুই পুত্র এবং দুই কন্যা নিয়ে বাস করছিলেন। কলকাতায় এসে পৌঁছাতে আমাদেরও সবকিছু নিয়ে দিদিদের ওই ছোট বাড়িতেই উঠতে হোল। তবে ভাগ্য ভাল ছিল, কয়েক দিনের মধ্যেই দেশপ্রিয় পার্কের কাছে, বিপিন পাল রোডে, দোতলার ওপরে তিন ঘরের একটি ফ্ল্যাটের সন্ধান নিয়ে এলেন আমার জামাইবাবু। বাড়িওয়ালা জামাইবাবুর বন্ধু-বিশেষ, বলতে গেলে উনি কালীঘাটের একজন ধনী, জমিদার স্বরূপ। বিপিন পাল রোডের চারখানা ফ্ল্যাটের এই দোতলা বাড়িটি ছাড়াও কালীঘাটে শ্যামাপ্রসাদ মুখার্জী রোডে একদম ট্রাম রাস্তার ওপরে ওনার আরও ছয় সাত খানা বাড়ি এবং বেশ কয়েকটি দোকান ভাড়ায় দেওয়া রয়েছে। বিপিন পাল রোডের বাড়ির দোতলায় যে ফ্ল্যাটটি খালি ছিল বহুদিন, সেটি ওনার সেজ পুত্রকে থাকতে দেওয়ার জন্য রাখা ছিল। কিন্তু সেজ পুত্র কর্মসূত্রে কলকাতার বাইরে বাস করছিল। এদিকে ওই ডামাডোলের বাজারে একটি অত্যন্ত নিরিবিলি শান্ত জায়গার ফ্ল্যাট দীর্ঘদিন খালি পড়ে আছে বুঝতে পেরে দক্ষিণ কলকাতার যুব কংগ্রেসের এক প্রথম সারির নেতা ওই ফ্ল্যাটটি পার্টির অফিস করার প্রস্তাব দিয়ে লোক পাঠালেন বাড়িওয়ালার কাছে। শান্তিপ্রিয় এবং নিরীহ বাড়িওয়ালা এবার ভীত হয়ে পড়ে তাড়াতাড়ি করে ওই এলাকার তিন রুম ফ্ল্যাটের যা ভাড়া হওয়া উচিত তার চেয়ে বেশ কিছুটা কম ভাড়াতেই আমার জামাইবাবুকে এই সুন্দর ফ্ল্যাটটা তিন দিনের মধ্যে দখল নিতে বললেন। আর অনুরোধ করলেন যে, ওই রাজনৈতিক নেতার তরফ থেকে কেউ কিছু জিজ্ঞাসা করতে এলে বলতে যে, আমরা বাড়িওয়ালার খুব নিকট আত্মীয়, ভাড়াটে নই। অসম্ভব পছন্দসই জায়গা আর

এতো ভাল ফ্ল্যাটটা তখন পাছে হাতছাড়া হয়ে যায় তাই আমরা এবং দিদিরা একসাথে থাকার পরিকল্পনা করে বাড়িটা নিয়ে নিলাম। তবে পরবর্তী সময়ে ধীরে সুস্থে আমি আলাদা বাড়ি খুঁজে নেব বলেও মনস্থির করলাম। ফ্ল্যাটের পুরো ভাড়ার অর্ধেকটা আমি বহন করতাম। নতুন ফ্ল্যাটে এসে কিছুটা গুছিয়ে নেওয়ার পর জানতে পারলাম আমাদের ঠিক নিচের ফ্ল্যাটেই যে পরিবারটি বাস করছেন, তাঁরাও টালিগঞ্জের বাসিন্দা ছিলেন কিন্তু পরিস্থিতির চাপে পরিবার নিয়ে এক বছর আগে এই শান্তিপূর্ণ স্থানে এসে উঠেছেন। তাঁদের বড় পুত্রটি শিবপুর ইঞ্জিনীয়ারিং কলেজে বি,ই পড়ছিল। আমরা আসার মাস ছয় সাত আগে ছুটির সময় ছেলেটি বাড়িতে মা বাবার কাছে এখানে ফিরে নিজের পুরোনো পাড়া টালিগঞ্জ জুবিলী পার্কের গ্রাহামস্ ল্যাণ্ডে এক অন্তরঙ্গ বন্ধুর সঙ্গে দেখা করতে গিয়েছিল। কিন্তু কোনও কারণ ছাড়াই চরমপন্থী বিপ্লবীরা স্পষ্ট দিনের আলোয় তাকে ক্ষত বিক্ষত করে খুন করে দেহটা ওখানকার একটা নালায় ফেলে দিয়ে চলে গিয়েছিল। দুঃখের বিষয়, সদ্য ইঞ্জিনীয়ারিং কলেজে ঢোকা মেধাবী পুত্রের এই ভয়াবহ পরিণতি বৃদ্ধ পিতা নিতে পারেন নি, সাংঘাতিক এক স্নায়ু রোগে আক্রান্ত হয়ে গভীর অবসাদে চলে গিয়ে সম্পূর্ণ অকর্মণ্য এবং পরনির্ভরশীল হয়ে পড়েছিলেন।

বিপিন পাল রোডের বাড়িতে থাকতে থাকতেই আমি নিজের আলাদা একটা ফ্ল্যাট খুঁজতে শুরু করে দিলাম। বিশেষ করে মা'য়ের তাগাদায়। মা জামাইয়ের সঙ্গে একসাথে থাকতে লজ্জিত বোধ করছিলেন। তাছাড়া আমার বিয়ে দেওয়ার জন্যও ব্যস্ত হয়ে পড়েছিলেন তাই। আমি মানসিক ভাবে কিছুতেই কালীঘাট, ভবানীপুর, হাজরা, গড়িয়াহাট, বালিগঞ্জ ইত্যাদি অঞ্চল ছাড়া অন্য কোনও এলাকায় থাকার জন্য প্রস্তুত ছিলাম না। কিন্তু আমার জানা ছিল না যে, নকশাল আন্দোলনের ফলে এই সব শান্তিপূর্ণ এলাকায় বাড়ি ভাড়া পাওয়া কতটা দূরুহ হয়ে গিয়েছিল। প্রচুর পরিবার উপদ্রুত অঞ্চল থেকে নিশ্চিন্ত জীবন যাপনের জন্য অনেক বেশি ভাড়া দিয়ে এখানে থাকতে চলে এসেছিল। সুযোগ বুঝে বাড়িওয়ালারা যে কোনও ধরণের ফ্ল্যাট দেবৎ এই সব এলাকায় খালি হলেই আকাশ চুম্বী ভাড়া হাঁকছিল। তবুও অনেক আশা নিয়ে সপ্তাহান্তে বাংলা খবরের কাগজের 'বাড়ি ঘর ফ্ল্যাট ভাড়া' আর ইংরেজী কাগজের 'ফ্ল্যাটস টু লেট' কলাম গুলো নজর রাখতাম। কোনও কোনও সময় পছন্দসই ফ্ল্যাটের বিবরণ দেখে ফোন করে জানতে পারতাম হয় অস্বাভাবিক ভাড়া না হয় বিশাল একটা মোটা অঙ্কের অফেরতযোগ্য টাকা আগে বাড়িওয়ালার হাতে তুলে দিতে হবে! এই ভাবে নিরন্তর প্রচেষ্টা চালাতে চালাতে হঠাৎ একটি ফ্ল্যাটের সন্ধান পেয়ে আমি ভীষণ উৎসাহিত হয়ে পড়লাম। আমাদের বিপিন পাল রোডের বাড়ি থেকে দু'মিনিট রাস্তার দূরত্বে দেশপ্রিয় পার্ক রোডে একটি দু'কামরার ফ্ল্যাটে এক দক্ষিণ ভারতীয় ভদ্রলোক তাঁর স্ত্রী আর একটি দশ বছরের পুত্রকে নিয়ে ভাড়া থাকতেন। প্রায় সাত বছর ছিলেন এখানে। আমারই ব্যাঙ্কের চৌরঙ্গী রোডের ফরেইন ডিপার্টমেন্টে কাজ করতেন। আমার সাথে আলাপ হয়েছিল তাই অনেক সময়ই যাতায়াতের পথে আমার সাথে দেখা হলে হেসে কথা বলতেন। নাম মিস্টার আইয়েঙ্গার। একদিন হঠাৎ রাস্তায় দেখা হতে হ্যাণ্ড-শেক করে হাসি মুখে আমাকে জানালেন উনি নিজের দেশ অর্থাৎ চেন্নাইয়ে ফিরে

যাওয়ার বদলির অর্ডার পেয়ে গেছেন। তাই সপরিবারে তিনদিন পরেই কলকাতা থেকে চলে যাচ্ছেন। আমি সঙ্গে সঙ্গে ভীষণ উৎসাহ নিয়ে ওনাকে ধরে বসলাম যাতে ওনার ফ্ল্যাটটা বাড়িওয়ালাকে বলে আমাকে ভাড়া দেওয়ার ব্যবস্থা করে দেন। উনি বললেন, "ঠিক আছে আপনি সানডে মর্নিং দশটা নাগাদ আসুন, ঐ দিনই বিকেলে আমার ট্রেন, আমি বাড়িওয়ালার সঙ্গে আপনার কথা বলিয়ে দেব।" খুশি হয়ে বাড়ি ফিরে সবাইকে জানালাম, দিদিরাও শুনে সবাই ভীষণ আনন্দিত হয়ে বলল, "খুব সৌভাগ্য এখানেই এতো কাছে বাড়ি পেয়ে গেলে"।

রবিবার সকাল ঠিক দশটায় ফ্ল্যাটটা খুঁজে নিয়ে বাইরে থেকে ডাকলাম মিস্টার আইয়েঙ্গার বলে। পুরোনো তিনতলা বাড়ির একতলায় রাস্তার ওপরে বড় বড় দু'খানা খড়খড়ি দেওয়া জানলা বন্ধ ছিল। মনে হয় বন্ধ রাখতে হয়েছিল, কারণ কোনও ভারী পর্দা দেওয়া ছিলনা বলে। বড় বড় জানলাগুলো খোলা রাখলে রাস্তা থেকে ফ্ল্যাটের অভ্যন্তরের সবকিছু দৃশ্যমান হয়, তই বেয়াক্রু হয়ে যায়। একটু অপেক্ষার পর একটা জানলা খুলে গেল, "আরে! আসুন মিস্টার মুখার্জী, পাশের রাস্তাটা দিয়ে ঢুকে আসুন।" বাঁ দিকের গলি দিয়ে ঢুকেই দেখলাম সবুজ রঙের ভারী দু'পাল্লার দরজা খোলাই রয়েছে। মিস্টার আইয়েঙ্গার ভেতরে ডাকলেন। চলে যাচ্ছেন তাই ঘর একদম ফাঁকা। ঢুকেই যে ঘরটা সেটা বেশ বড়, আবার এই ঘরের ভেতর দিয়েই দ্বিতীয় একটা ঘরে যেতে হয়, এটার সাইজও ভালই। দ্বিতীয় ঘর থেকে আরও একটা মাঝারি সাইজের শোবার ঘরে যেতে হয়। অর্থাৎ এই শেষ ঘরের ব্যক্তিকে রাত্রে বাথরুম যেতে হলে মাঝের এবং প্রথম ঘরের ভেতর দিয়ে যেতে হবে। ফলে মাঝের এবং প্রথম ঘরটির কোনও প্রাইভেসি থাকছে না। সব ঘরেই ফুটপাতের দিকে জানলা। "ভালই, আপনার ফ্ল্যাটটা, একটু বাড়িওয়ালার সঙ্গে কথা বলি তাহলে?" আমি আইয়েঙ্গারের দিকে তাকিয়ে বললাম। "হ্যা নিশ্চয়ই, চলুন তিন তলায় যাই, আমি অবশ্য আপনার কথা আগেই বলে রেখেছি ল্যাণ্ডলর্ডকে।" উপরে গিয়ে প্রৌঢ় এক ভদ্রলোকের সঙ্গে আইয়েঙ্গার পরিচয় করিয়ে বললেন, "ইনি আমাদের ব্যাঙ্কেই আছেন, খুব ভাল মানুষ, শান্তিপ্রিয় আর নির্ঝঞ্ঝাট ব্যক্তি, মা আর ছেলে থাকবে। আপনি এনাকে বাড়িটা দিলে খুব উপকার হবে।" এবার প্রৌঢ় লোকটি আমি কোথায় এখন থাকি, কেন আবার একই জায়গায় এই ফ্ল্যাটে চলে আসতে চাইছি, কয় ভাই-বোন ইত্যাদি ইত্যাদি বেশ কিছু প্রশ্ন করলেন। ইতিমধ্যে আইয়েঙ্গার "আপনি কথা বলুন" বলেই নিচে নেমে চলে গেছেন। এবার উনি ভাড়ার অঙ্ক আর দু'মাসের অগ্রিম কত হবে জানিয়ে বললেন, "যদি রাজী থাকেন তাহলে বুধবার সন্ধ্যায় টাকা নিয়ে এসে এগ্রিমেন্টে সই করে ফাইন্যাল করে নেবেন।" বাড়িতে ফিরে জানালাম সব, ফ্ল্যাটের দিক থেকে বেশ কিছু অসুবিধে থাকলেও এরকম জায়গায় থাকতে পারা অনেক সৌভাগ্যের ব্যাপার বলে আর কোনও চিন্তা না করে সবাই ফ্ল্যাটটা নিয়ে নিতে উপদেশ দিল। অধীর আগ্রহে দু'টো দিন অপেক্ষা করে তৃতীয় দিন বুধবার সন্ধ্যায় টাকা নিয়ে গেলাম। ফ্ল্যাটটার কাছে পৌঁছে দেখলাম রাস্তার দিকের জানলাগুলো সব খোলা রয়েছে। কিন্তু রাস্তা থেকেই অবাক্ হয়ে খোলা জানলা দিয়ে লক্ষ্য করলাম ঘরের ভিতরটা অন্ধকার, হয়তো লোড শেডিং চলছে, আর মোমবাতি

হাতে নিয়ে পুরুষ মহিলা মিলিয়ে তিন জন ব্যস্ত হয়ে ঘরের মধ্যে আসবাবপত্র ঠিক মত সাজিয়ে গুছিয়ে রাখছে। এবার পাশের গলিতে ঢুকে ফ্ল্যাটের দরজায় কড়া নাড়লাম। অল্প দরজাটা খুলে একটি লোক অন্ধকারে মুখ বাড়াতেই আমি বললাম "আমি তো এই ফ্ল্যাটটা ভাড়া নিয়েছি, এখন টাকা দিতে যাচ্ছি ওপরে বাড়িওয়ালার কাছে, আপনারা কি করছেন এখানে?" সম্পূর্ণ মাদ্রাজী উচ্চারণে ইংরেজীতে লোকটি উত্তর দিল, "ওহ্ ইউ আর মিসটেকেন স্যার, আই হ্যাভ টেকেন দিস ফ্ল্যাট অন রেন্ট। ডে বিফোর ইয়েস্টারডে আই সাইনড্ দা এগ্রিমেন্ট উইথ দা ল্যাঙ্গলর্ড স্যার। টুডে উই হ্যাভ অলরেডি শিফ্টেড, ইউ ক্যান সি।" কি আশ্চর্য! এই ভাবে আমাকে মিথ্যা প্রতিশ্রুতি দিয়ে আর একজনকে ভাড়া দিয়ে দিলেন বাড়িওয়ালা? চোখে জল এসে গেল প্রায়। তরতর করে অন্ধকার সিঁড়ি দিয়ে ওপরে উঠে গিয়ে বাড়িওয়ালার দরজায় কড়া নাড়লাম। ভেতর থেকে একজন মহিলা চিৎকার করে জানতে চাইল, "কে?" কিছু না বলে অপেক্ষা করতে লাগলাম। একটু পরে আবার কড়া নাড়তেই মহিলাটি এসে দরজা খুলে কাকে চাই জিজ্ঞাসা করল। বাড়িওয়ালার নাম করে বললাম আমাকে উনি আজ আসতে বলেছিলেন। এবার মহিলা ভেতরে গিয়ে খবর দিতে সেই প্রৌঢ় ব্যক্তিটি বেরিয়ে এলেন। বললাম, "আপনার কথামত আমি টাকাটা এনেছি, ফ্ল্যাটের এগ্রিমেন্টটা করে ফেলার জন্য।" একটু কুণ্ঠিত হয়ে হাত জোড় করে ভদ্রলোক বললেন, "মাফ করবেন, আমার ফ্ল্যাটটা সোমবার দিনই ভাড়া হয়ে গেছে। এই ফ্ল্যাটে আমার সব সময় ম্যাড্রাসী ভাড়াটে থেকে এসেছে তো। তাই ম্যাড্রাসীকেই ভাড়া দিলাম। সাউথ ইণ্ডিয়ার লোকেরা খুব নিরীহ, শান্তিপ্রিয় মানুষ হন, ভাড়া নিয়ে বা অন্য কোনও কারণে কখনও ঝামেলা করেন না। বললেই এক কথায় বাড়ি ছেড়ে দেন। তাই এসে বলার সঙ্গে সঙ্গে ম্যাড্রাসী দেখে ওনাদেরই ভাড়া দিয়ে দিলাম।" কিছু না বলে আমি চুপচাপ আস্তে আস্তে নেমে চলে এলাম।

বুঝে গেলাম যে আমি যে অঞ্চলে থাকি সেখানে ফ্ল্যাট ভাড়া পাওয়া অসম্ভব। বিশেষ করে বাঙ্গালী বলে। লেক মার্কেট এরিয়া থেকে দেশপ্রিয় পার্ক পর্যন্ত এই পুরো অঞ্চল জুড়ে বিশাল সংখ্যায় তামিল সাউথ ইণ্ডিয়ানরা ফ্যামিলি নিয়ে বাড়ি ভাড়া করে থাকে। এই অঞ্চলে বাড়ি খালি হলেই বাড়িওয়ালারাও সাউথ ইণ্ডিয়ান ভাড়াটেরই খোঁজ করে, তাদের অগ্রাধিকার দেয় সর্বদা। আর যেহেতু এই অঞ্চলে নিজেদের দেশের লোক প্রচুর পাওয়া যায়, যে কোনও নবাগত দক্ষিণ ভারতের লোক খবরাখবর নিয়ে আসে যে এই এলাকাই তাদের পক্ষে থাকার জন্য সর্বশ্রেষ্ঠ। হতাশ হলেও আবার নতুন উদ্যম নিয়ে শুরু করলাম বাড়ি খোঁজা। এক রবিবার কাগজের বিজ্ঞাপনে দেখলাম টালিগঞ্জ রেল ব্রীজের পরেই চারু এ্যভিনিউতে একটি খুব ভাল ফ্ল্যাট ভাড়া আছে। একটি ফোন নম্বরও দেওয়া রয়েছে। পরদিন অফিসে পৌঁছেই নম্বর দেখে ফোন করলাম। যে ভদ্রলোক ফোন ধরেছিলেন তিনি একজন বাড়ির দালাল, বললেন ফ্ল্যাট দেখলেই পছন্দ হয়ে যাবে। তবে ভাড়া নিলে ওনাকে এক মাসের ভাড়া দালালি হিসেবে দিতে হবে, আর না নিলে একশ টাকা চার্জ দিতে হবে। রাজি হলাম। ঠিক হল পরদিন বিকেল চারটের সময় উনি চারু মার্কেটের একটি পানের দোকানে সামনে সাদা পাঞ্জাবী পাজামা পরে দাঁড়িয়ে থাকবেন। সেদিন শনিবার ছিল, ব্যাঙ্ক

দু'টোর পর বন্ধ হয়ে যায়। তাই চারটের সময় সঠিক স্থানে পৌঁছে দেখি সাদা পাঞ্জাবী পরা খুব বেঁটে, চার পাঁচদিন না কামানো কাঁচা-পাকা দাড়িওলা একটি লোক বিড়ি হাতে দাঁড়িয়ে আছেন। কাছে এগোতেই বললেন, "মুখার্জীবাবু?" আমি ঘাড় নাড়তেই বললেন, "চলুন।" জ্বলন্ত বিড়িটা ছুঁড়ে ফেলে দিয়ে আমাকে নিয়ে চারু চন্দ্র এ্যাভেনিউ ধরে খুব হনহন করে হাঁটতে থাকলেন। প্রায় দশ মিনিট হাঁটার পর টালি নালার ওপরে কাঠের ছোট পুলটা এসে গেল। ওপারে চেতলা, নিউ আলিপুর শুরু হয়ে যাচ্ছে। সন্দেহ হল, জিজ্ঞাসা করলাম "কোথায় যাচ্ছেন, চারু এ্যাভেনিউ তো শেষ হয়ে গেল?" কথার জবাব না দিয়ে এবার পচা টালি নালার পাশ দিয়ে সরু রাস্তা ধরে একটু খানি হেঁটেই একটা একতলা বাড়ির বেশ প্রশস্ত উঠানে পৌঁছে ডাকলেন, "বৌদি?" এবার একজন ফর্সা মাঝ বয়সী ভদ্রমহিলা ঘর থেকে উঠানে এলেন। "আবার একটু কষ্ট দেব, ইনি এসেছেন একটু বাড়িটা দেখতে।" ভদ্রমহিলা আমার দিকে একটু ম্লান হেসে বললেন, "আমার শাশুড়ি ক্যানসার পেসেন্টতো, খুবই খারাপ অবস্থা এখন, উঠতে পারেন না, তাই বাইরে থেকেই একটু দেখে নিন। দু'খানা শোবার ঘর, একটা ডাইনিং রুম, রান্নাঘর আর বেশ বড় একটা বাথরুম আছে। এমনিতে খুবই ভাল বাড়িটা আর নিরিবিলি।" এবার দালাল ভদ্রলোক উঠানের শেষে ঘরের দরজার কাছে গিয়ে আমাকে ডাকলেন। এগিয়ে যেতেই ঘরের ভিতরটা দেখতে পেলাম, ঠিকই বলেছেন ভদ্রমহিলা, বেশ বড় সাইজের ঘর, মাঝখানে সাদা রঙের হসপিটালের মত একটা লোহার খাটে এক ভয়ঙ্কর রোগা, শীর্ণ চেহারার বৃদ্ধা শুয়ে রয়েছেন, পাশে একটা অক্সিজেন সিলিণ্ডার, স্ট্যাণ্ডের ওপর রাখা রয়েছে। বোঝা যাচ্ছে বৃদ্ধা দীর্ঘদিন ধরে ভুগছেন। "কেমন আছেন মাসীমা?" হেসে দালালটি প্রশ্ন করতেই বৃদ্ধা সামান্য ঘাড় নেড়ে ভাল বলতে চাইলেন। মনটা খুবই বিষণ্ণ হয়ে গেল, মধ্য বয়সী ভদ্রমহিলাকে প্রশ্ন করলাম, "এই অবস্থায় আপনারা বাড়ি ছেড়ে চলে যাচ্ছেন?"

—"যাওয়ার মোটেই ইচ্ছা ছিলনা, কিন্তু সামনের এই সরু রাস্তার ওপর কোনও এ্যম্বুল্যানস্ বা গাড়ি আসতে পারেনা, এই রকম পেসেন্টকে কেমো দিতে কোনও হাসপাতালে নিয়ে যাওয়া ভীষণ মুশকিল। তাই চেতলায় একটা রাস্তার ওপরে ফ্ল্যাট পেয়ে সামনের বুধবার চলে যাচ্ছি। আপনি এই বাড়িটা নিতে পারেন, যে সামনের ঘরটা দেখলেন পাশের বেড রুমটাও একই সাইজের, তবে ডাইনিং ঘরটা এর থেকে সামান্য ছোট, আর এই এতবড় বাঁধান উঠানটাও রয়েছে বলে খুব সুবিধা।" ঠিক আছে বলে দালালবাবুকে নিয়ে বেরিয়ে এলাম। বললাম "আমার বাড়ির লোকেদের কাল রবিবার একবার দেখিয়েনি, তাদের পছন্দ হলে নিয়ে নেব।" পরদিন সকাল দশটা নাগাদ মা আর দিদিকে নিয়ে একটা ট্যাক্সি করে এসে চারু এ্যাভেনিউয়ের শেষে কাঠের পুলটার কাছে নামলাম। আর ট্যাক্সিতে যাওয়া যাবেনা, তাই খালের পাশ দিয়ে রাস্তাটা ধরে একটু এগিয়েই বাড়িটায় পৌঁছে গেলাম। দেখলাম সেই ভদ্রমহিলা উঠানের তারে কাপড় শুকাতে দিচ্ছেন। বললাম, "আমার মা আর দিদি একটু বাড়িটা দেখতে এসেছেন।" ভদ্রমহিলা "ও আচ্ছা আচ্ছা, ঠিক আছে আসুন" বলে ওনাদের ভেতরে নিয়ে যেতে ডাকলেন। কিন্তু ঘরে ঢুকতে গিয়েই ওই রকম একজন মুমূর্ষু রোগী অক্সিজেনের নল লাগিয়ে শুয়ে রয়েছেন দেখে মা হঠাৎ থমকে দাঁড়িয়ে পড়ে

বললেন, "ওনার কি হয়েছে?" আসলে আমি এই ব্যাপারে কিছুই বলে আনিনি মা'কে। ওই ভদ্রমহিলা মা'য়ের কাছে তখন সব বিবরণ দিলেন এবং কেন এখান থেকে চলে যাচ্ছেন তাও বললেন। মা ও কৌতূহলী হয়ে ওই অসুস্থ বৃদ্ধার সম্বন্ধে আরও অনেক তথ্য খুঁটিয়ে খুঁটিয়ে জানতে লাগলেন, মনে হল আমার মা একজন ডাক্তার, বাড়ি দেখতে নয়, একজন ক্যানসার পেসেন্টকে দেখতে এসেছেন এখানে। সব জানা হয়ে যেতে আমাকে বললেন, "ঠিক আছে, আমার দেখা হয়ে গেছে, এবার ফিরে যাই।" রাস্তায় নেমে হাঁটতে হাঁটতে বললেন, "না বাবা, আমি কিছুতেই এখানে থাকব না। নির্জন জায়গা, আজ বাদে কাল ঐ বুড়ি মরে গিয়ে ভূত হয়ে আমাকে ভয় দেখাবে!" বুঝতে পারলাম মা'য়েরও বয়েস হয়েছে, তাই ওই রকম এক ভয়ঙ্কর চেহারার মৃত্যু পথযাত্রী বৃদ্ধাকে দেখে মনের মধ্যে খুব ধাক্কা লেগেছে।

এরপর ফ্ল্যাট খোঁজার উৎসাহে অনেকটাই যেন ভাঁটা পড়ে গেল। অন্তত মাস তিনেক আর খবরের কাগজে ফ্ল্যাটের বিজ্ঞাপনের দিকে নজর দিইনি। বাড়িতে কাগজ পড়ার সময় হোত না বলে অফিসে গিয়ে বিকেলের দিকে নিজের টেবিলে বসে কখনও কখনও খবরের কাগজটা দেখে নিতাম। হঠাৎ একদিন ভেতরের পাতায় নজর করলাম একটি ছোট্ট বিজ্ঞাপন। ভবানীপুরে রাস্তার ওপরে ফ্ল্যাট ভাড়া। একটা ফোন নম্বর রয়েছে তার নিচে। পাশেই ফোন ছিল, নম্বর ডায়াল করতেই একজন ধরে বললেন "পূর্ণ সিনেমা হলের থেকে দু'মিনিটের রাস্তা বলরাম বোস ঘাট রোডে একটা তিন রুমের খুবই চমৎকার ফ্ল্যাট আছে। ভাড়া খুব বেশী নয়। যে অঙ্কটা উনি বললেন সেটা ভবানীপুরের মত জায়গায় তিন রুমের ফ্ল্যাট হিসেবে খুব কমই মনে হল। বললাম "দেখা যাবে?" উত্তর দিলেন, "হ্যাঁ, আজ সন্ধ্যা সাতটার সময় পূর্ণ সিনেমার ফুটে রাস্তার মোড়ে যে পান, কোল্ড ড্রিঙ্কসের দোকানটা আছে, ওখানে চলে আসুন, আমি থাকব। আমার ছোটবেলাকার এক অন্তরঙ্গ বন্ধু হাজরা রোডে থাকত। তাকে বাড়ি থেকে ডেকে আমার সঙ্গে নিয়ে গেলাম বাড়িটা দেখতে। নির্ধারিত দোকানের সামনে দাঁড়িয়ে আধ ঘন্টা অপেক্ষা করে যখন প্রায় ফিরে আসব ভাবছি তখন দেখি ধুতি পাঞ্জাবী পরা, রোগা, লম্বা, ফর্সা বছর পঞ্চাশ বয়েসের এক প্রৌঢ় ভদ্রলোক খুব তাড়াতাড়ি করে হেঁটে আমাদের দিকে আসছেন। দেখে বেশ অভিজাত পরিবারের লোক বলে মনে হল। এসেই বললেন, "দুঃখিত, একজনের সঙ্গে কথা বলতে বলতে দেরি করে ফেললাম। আপনিই মুখার্জীবাবু?" আমার দিকে চেয়ে জিজ্ঞাসা করলেন। দেখলাম মুখে পান রয়েছে, কথা বলতেই সুন্দর মিষ্টি জর্দার সুগন্ধ নাকে এসে পৌঁছাল। বললাম, "হ্যাঁ, এতো দেরি দেখে তো চলেই যাচ্ছিলাম।"

—"ভাগ্যিস! চলে গেলে পস্তাতেন মশাই, এই জায়গায় এরকম ফ্ল্যাট দুর্লভ, দেখলেই বুঝতে পারবেন, আসুন আমার সঙ্গে। আমার নাম আশুতোষ মুখোপাধ্যায়।"

হেসে ফেলে বললাম, "ওহ্, বাবা বাংলার বাঘ?"

যেতে যেতে বললেন, "হ্যাঁ, আমরাও এই ভবানীপুরের আদি বাসিন্দা, বাংলার বাঘের মতই।" কিছুটা গিয়েই একটা অন্ধকার দোতলা বাড়ির সামনে এসে ওপরের বড় বড় বন্ধ

জানলাগুলোর দিকে তাকিয়ে বললেন, "এইরে! নেই বোধহয়।" তারপর নিচ থেকে খুব চেঁচিয়ে ডাকলেন, "মৃন্ময়, এই মৃন্ময়।" কারুর সাড়া না পেয়ে বললেন, "দাঁড়ান, ওপরে গিয়ে দেখে আসি। আশ্চর্য, থাকবে বলে আবার কোথায় চলে গেল?" কিন্তু কিছুক্ষণের মধ্যেই ফিরে এসে বললেন, "নাহঃ, নেই। ঠিক আছে এখন নিচে থেকেই দেখে নিন, রবিবার সকালে এগারটার সময় চলে আসুন, আমি এখানেই থাকব। সেদিন ফ্ল্যাটের মালিক নিজে থাকবেন। দেখে পছন্দ হলে একদম বুক করে ফেলবেন। নেক্সট মানথের এক তারিখেই চলে আসবেন। তবে ভাড়া কত তাতো শুনেছেন, এখন জানিয়ে রাখি, সঙ্গে ছ'মাসের ভাড়া এ্যডভান্স আর কারেন্ট মানথের ভাড়া অর্থাৎ সাত মাসের টাকা নিয়ে চলে আসবেন। এরকম জায়গায় এত কম ভাড়ায় এই ফ্ল্যাট নেওয়ার জন্য প্রচুর লোক ওঁৎ পেতে আছে, কিন্তু আমি মালিককে অনুরোধ করেছি যে আমার লোককে ছাড়া আর কাউকে না দিতে। আসলে বাড়িওয়ালা সম্পর্কে আমার খুড়তুত ভাই। তাই বলছি, যদি নিতে হয় বাড়িওয়ালার হাতে একবারে টাকা গুঁজে দিয়ে তৎক্ষণাৎ বুক করে ফেলবেন।" তারপর হাতের ঘড়ি দেখে নিয়েই বললেন, "ইশ্ দেরি হয়ে গেল! আমার জন্য আর একজন অপেক্ষা করে আছেন, আমি চলি ভাই, তাহলে ঐ কথাই রইল? রবিবার সকাল এগারটায় এইখানে আপনার সঙ্গে দেখা হচ্ছে।" বলেই যেমন এসেছিলেন তেমনি দ্রুত পায়ে হেঁটে মিলিয়ে গেলেন। আমি বন্ধুর দিকে তাকিয়ে জিজ্ঞেস করলাম, "কিরে, কি বুঝলি?"

—"আমাদের তো একটা কথাও বলতে দিল না, রবিবার একবার এসে দেখ, কি ব্যাপার। তবে গুরু, যদি এই অঞ্চলে সত্যিই পেয়ে যাস এই ফ্ল্যাটটা তাহলে বিশাল ভাগ্য। দু'মিনিটের মধ্যে ট্রাম রাস্তা, আশুতোষ মুখার্জী রোড। ভাবা যায়না।"

রবিবার সকাল এগারটার সময় একবারে মা, দিদি আর এক ভাগ্নীকে নিয়ে বলরাম বোস ঘাট রোডের ঐ বাড়ির সামনে এসে দেখলাম আশুবাবু এসে দাঁড়িয়ে রয়েছেন। আমাদের সবাইকে আশুবাবু দোতলায় নিয়ে গেলেন। দরজা দিয়ে ঢুকেই রঙীন মার্বেল দেওয়া প্রায় পাঁচ ফিট চওড়া আর কুড়ি পঁচিশ ফিট লম্বা বারান্দা। পুরো বারান্দায় আবার চার ফিট উঁচু ইঁট-সিমেন্টের পাঁচিল আর তার ওপরের অংশটায় সিলিং পর্যন্ত বিভিন্ন রঙের কাঁচ দেওয়া জানলা রয়েছে। আর এই বন্ধ জানলার বিভিন্ন রঙের কাঁচ ভেদ করে বাইরের কড়া রোদ অত্যন্ত স্নিগ্ধ হয়ে ভেতরে ঢুকে বারান্দায় যেন কোনও যাদুকরের রঙিন মায়াজাল বুনেছে। দেখেই আমরা সবাই মুগ্ধ হয়ে গেলাম। এই সময় একটি ঘর থেকে আন্দাজ বছর তিরিশেকের এক যুবক হাসিমুখে বেরিয়ে এল। আশুবাবু পরিচয় করিয়ে দিলেন বাড়ির মালিকের একমাত্র পুত্র মৃন্ময় বলে। যুবকটির চেহারায় খুব অভিজাত্য এবং শৌখিনতার ছাপ রয়েছে। দেখেই কোনও ধনী ব্যক্তির সন্তান বলে বোঝা যায়। একটু বেঁটে, নিখুঁত কামানো দাড়িগোঁফ, উজ্জ্বল গৌর বর্ণ আর পরনে ধপধপে সাদা লক্ষ্ণৌ চিকনের পাঞ্জাবী আর পাজামা। চোখে দামি সরু সোনালি ফ্রেমের রিমলেস চশমা আর চুলটা অনেকটা উত্তম কুমারকে নকল করে আঁচড়ানো। নমস্কার জানিয়ে আমাদের সঙ্গে সঙ্গে প্রতিটি ঘর ঘুরতে লাগলেন বিশেষ কথা না বলে। বারান্দার কোলে প্রথম আর দ্বিতীয় ঘরের দরজা।

তারপর রান্নাঘর। আর সদর দরজার মুখোমুখি বারান্দার অপর দিকে আরও একটি শোবার বা বসার ঘর এবং তার পাশে বাথরুম। প্রত্যেকটি ঘরের সাইজ বেশ বড়। তৃতীয়টি অবশ্য অপেক্ষাকৃত ছোট। প্রত্যেক ঘরে রঙিন দামি মার্বেলের মেঝে আর বিরাট বিরাট খড়খড়ি দেওয়া জানলা। জানলার ওপরদিকে অর্ধ গোলাকার স্কাইলাইট রয়েছে যেগুলি ঐ একইরকম নানা রঙের কাঁচ ঢাকা। প্রথম ঘর দুটির জানলা খুললেই নিচে বলরাম বোস ঘাট রোডের রাস্তাটা দেখা যাচ্ছে। অসম্ভব লোভনীয় ফ্ল্যাট দেখে সকলেই আমরা উচ্ছ্বাস যেন ধরে রাখতে পারছিলাম না। মা'য়ের অসম্ভব পছন্দ হয়েছিল তাই আস্তে করে আমাকে বললেন "এ বাড়ি যেন ছাড়িস নি, এই ফ্ল্যাটে থাকলে যে আসবে দেখে মুগ্ধ হয়ে যাবে।" ওদের এবার নেমে যেতে বলে আমি ওই যুবকটিকে বললাম, "ঠিক আছে, আমাদের খুব পছন্দ হয়েছে। ফ্ল্যাটটা আমি নিচ্ছি। শুধু মা আর আমি থাকব। দশ দিন পর অর্থাৎ সামনের মাসের দু তারিখে এখানে শিষ্ট করবো তাহলে। আমি পুরো টাকাটাই এনেছি, একবারে বুক করে ফেলার জন্য।" কথা বলতে বলতে পকেট থেকে টাকাগুলো বার করেছিলাম, আশুবাবুর কথামত এক মাসের ভাড়া আর ছ'মাসের টাকা এ্যডভান্স হিসেবে গুনে বাড়ির মালিকের পুত্রের দিকে এগিয়ে দিয়ে জিজ্ঞাসা করলাম "রসিদটা কি দেবেন আপনি?" যুবকটি হেসে বললেন, "ওটা আশুকাকার কাছে দিন।" সঙ্গে সঙ্গে আশুবাবু আমার হাত থেকে টাকাটা নিতে নিতে আপত্তি জানিয়ে বললেন, "আবার আমি কেন এ ব্যাপারে?" তারপর আমাকে বললেন, "ঠিক আছে, আপনি দিন, ওর বাবাকে দিয়ে দেব আর আপনার নামে রসিদটাও করিয়ে নেব।" টাকাটা নিয়ে আমার নাম, আমার ব্যাঙ্কের ঠিকানা এবং টাকার অঙ্ক সব হাতে ধরা একটা ডায়েরির পাতা খুলে এক এক করে লিখে নিলেন। তারপর বললেন, "একটু কষ্ট করে বুধবার সন্ধ্যার সময় এসে রসিদটা নিয়ে যাবেন তাহলে। এখানেই আমরা অপেক্ষা করবো।"

—"ঠিক আছে, আমি সন্ধ্যা সাতটার সময় আসব, একটা এগ্রিমেন্টও তো করার দরকার? আর বাড়ির চাবিটাও ওই দিন পেলে ভাল হয় কারণ শিষ্ট করার দু দিন আগে তাহলে মালপত্র এনে রেখে দিতে পারব।" কথাগুলো আমি মৃন্ময়বাবুকে বললাম। তখন আশুবাবু নিশ্চিন্ত করে বললেন, "হ্যাঁ, নিশ্চয় কোনও অসুবিধে নেই, ওই দিন সব পেয়ে যাবেন।"

বাড়ি ফিরে কোন ঘরটা শোবার ঘর করা হবে আর কোনটা বসার ঘর তাই নিয়ে খানিকটা আলোচনা হল। মা বললেন, "বাড়িতে ঢুকেই যে প্রথম ঘর, সেইটাই বৈঠকখানা ঘর হওয়া উচিত, কারণ বাইরের লোক এসে যদি সব ঘরগুলোর সামনে দিয়ে চলে গিয়ে শেষের ঘরে বসে বা বের হয় তাহলে শোবার ঘরের প্রাইভেসি নষ্ট হবে।" পরের দিন সন্ধ্যাবেলা হাজরা রোডে পৌঁছে আমার বন্ধুটিকে সঙ্গে নিয়ে আমার অত্যন্ত পরিচিত একটি কাঠের ফার্ণিচারের দোকানে গিয়ে চারজনের খাওয়ার একটা ডাইনিং টেবিল আর চেয়ার বানাতে কত লাগবে জানতে চাইলাম। দোকানদার তৈরি করা কয়েকটি দেখিয়ে বলল, "ডিজাইন অনুযায়ী দাম, তাই কোন সেটটা পছন্দ আগে দেখুন।" আমাদের দু'জনেরই একটা সেট দেখে পছন্দ হতে বলে দিলাম ওটার মত বানাতে। অগ্রিম টাকা বুধবার সন্ধ্যায় দিয়ে যাব বললাম। বুধবার সন্ধ্যা সাতটায় বলরাম বোস ঘাট রোডে বাড়িটার সামনে পৌঁছে

দেখলাম অন্ধকার। নিচে থেকে চিৎকার করে "মৃন্ময়বাবু মৃন্ময়বাবু" বলে চেঁচিয়ে ডাকলাম, কিন্তু সাড়া পেলাম না। অপেক্ষা করতে থাকলাম বাড়ির সামনের রাস্তায়। প্রায় এক ঘন্টা পরও কারুর দেখা না পেয়ে ফিরে এলাম। পরদিন সন্ধ্যায় আবার গেলাম, কিন্তু একই ছবি। এবার রবিবার দিন সকাল সাড়ে দশটার সময় বন্ধুটিকে নিয়ে আবার গেলাম। নিচে থেকে দেখলাম দোতলার সব জানলাই বন্ধ। সিঁড়ি দিয়ে ওপরে উঠে গেলাম, ঘন সবুজ রং করা দু'পাল্লার দরজায় একটা মস্ত বড় তালা ঝুলছে। বুঝতে পারলাম আমাকে খুব পরিকল্পিত ভাবে প্রতারণা করা হয়েছে। আশুতোষ মুখোপাধ্যায় বা ঐ মৃন্ময়বাবুর মত ব্যক্তিরা প্রতারক এ কথা বিশ্বাস করতেই খুব কষ্ট অনুভব করছিলাম। এদিক ওদিকের দোকানদারদের জিজ্ঞাসা করলাম, কেউ কিছু বলতে পারল না। বেলা সাড়ে বারটা পর্যন্ত ওখানেই দাঁড়িয়ে দাঁড়িয়ে অপেক্ষা করে শেষে অত্যন্ত ভারাক্রান্ত মন নিয়ে ফিরে এলাম। মা খুবই হতাশ হয়ে পড়লেন সব শুনে। এর পরের রবিবারই আমাদের ওই ফ্ল্যাটে শিফ্ট করার কথা ছিল। তাই রবিবার আসতেই আমি ক্ষীণ আশা নিয়ে সকাল এগারটা নাগাদ একা আবার ওই বাড়িটার সামনে গেলাম। যথারীতি জানলাগুলো বন্ধই ছিল। তাও খুব চেঁচিয়ে "আশুবাবু আশুবাবু" বলে ডাক দিলাম, কিন্তু কারও সাড়া না পেয়ে "মৃন্ময়বাবু আছেন" বলে ডাকতে লাগলাম। কয়েকবার ডাকতেই আমাকে অবাক্ করে দিয়ে ওপরের একটা বড় জানলা খুলে গেল! মৃন্ময়বাবু জানলার সামনে এসে দাঁড়ালেন! তারপর আমাকে দেখে হাত দেখিয়ে দাঁড়াতে বললেন। একটু পরেই নিচে নেমে আমার কাছে এসে একটু হেসে বললেন, "আপনি যে অত্যন্ত একজন নিরীহ, সরল আর ভালোমানুষ সেটা ওইদিন দেখেই বুঝে ছিলাম। তাই আর থাকতে পারলাম না। অপরাধী হয়েও মাথা নত করে আপনার কাছে সারেণ্ডার করতে এলাম। সব বলছি আপনাকে, চলুন মোড়ের পানের দোকানটার কাছে, কোল্ড ড্রিঙ্কস খেতে খেতে কথা বলি।"

—"না না, আমার এখন কোল্ড ড্রিঙ্ক খাবার ইচ্ছে নেই, আপনি বলুন কি বলবার আছে।" রাগ, ঘৃণা, অভিমান সব যেন আমার গলার স্বর দিয়ে ঝরে পড়ল।

—"আচ্ছা চলুন তো মোড়ের মাথায়, আপনি না খেলেও আমি খাব।" বলেই বড় রাস্তার দিকে হাঁটতে হাঁটতে বলতে লাগলেন, "জানেন আপনাকে দেখলেই আমার ভগ্নীপোতকে ভীষণ মনে পড়ে। খুব অল্প বয়সে আমার দিদি আর পাঁচ বছরের এক পুত্রকে রেখে ইহলোক ত্যাগ করে চলে গিয়েছেন। যাইহোক, আপনাকে ওই আশুতোষ মুখার্জী মশাই বেমালুম ঠকিয়েছেন।" কথা বলতে বলতেই আমরা মোড়ের পানের দোকানে পৌঁছে গিয়েছিলাম। মৃন্ময়বাবু পকেট থেকে টাকা বের করে দোকানদারকে দিয়ে বললেন "দুটো থামস্ আপ, ঠাণ্ডা হয় যেন।" সঙ্গে সঙ্গে আমি আপত্তি করে বললাম, "আমি বললাম তো, এখন কোল্ড ড্রিঙ্ক খাবনা, তাও কেন কিনছেন?"

—"ও আচ্ছা, ঠিক আছে ভাই, একটাই থামস্ আপ দাও।" তারপর আমাকে জিজ্ঞাসা করলেন, "মিঠে পাতার পান চলবে?"

—"না, আমি পান খাইনা, আপনি বলুন এখন যেটা বলতে চাইছেন।"

—"আচ্ছা আপনাকে আমি পরিষ্কার একটা কথা জিজ্ঞাসা করি, আপনার কি একবারও মনে হয়নি যে ভবানীপুরের মত একটা জায়গায়, দামি মার্বেল দেওয়া আর ইটালীয়ান মাল্টিকালার্ড কাট গ্লাস ঢাকা বারান্দা এবং জানলা, এমন একটা তিন রুমের ফ্ল্যাট ওই ভাড়ায় অসম্ভব? এই ফ্ল্যাটটা আসলে ভাড়া দেওয়ার জন্যই নয়, কখনও কোনও ভাড়াটে থাকেও নি। আর আমারও এই ফ্ল্যাটের মালিকের সঙ্গে কোনও সম্পর্ক নেই। আমাদের পরিবারের খুব পরিচিত এক ধনী ব্যক্তির ফ্ল্যাট। উনি কলকাতার বাইরে থাকেন। দেখাশোনা করার জন্য আমার কাছে চাবি রেখে দিয়েছেন। আশুতোষবাবু অনেক করে ধরেছিলেন আমাকে রবিবার সকালে আমি যাতে ফ্ল্যাটটা খুলে ভেতরে থাকি। এও বলেছিলেন পার্টির সঙ্গে কথাবার্তা যা কিছু সব উনিই বলবেন, আমাকে কোনও কিছু বলতে হবেনা, শুধু উপস্থিত থাকলেই হবে। কিন্তু যখন আপনাকে দেখলাম আর আপনি আমাকে বাড়িওয়ালার ছেলে ভেবে অগাধ বিশ্বাসে ওনার হাতে অত গুলো টাকা তুলে দিলেন তখন আমার মনে হচ্ছিল এক্ষুনি ওনার মুখোশ খুলে দিয়ে সব প্রকাশ করে দিই।"

এই অবধি শুনেই আমি রাগত স্বরে বললাম, "আমার তো মনে হয় আপনারা দু'জনে মিলে খালি বাড়ি দেখিয়ে মাঝে মধ্যেই লোক ঠকিয়ে রোজগার করেন। যদি বলি আপনি নিজে এই অপরাধীর একজন পার্টনার, অস্বীকার করতে পারবেন? ফোর টোয়েন্টির কেস করতে পারা যায় আপনার নামেও।"

—"নিশ্চয় পারেন, অস্বীকার তো করছি না, ওই জন্যেই তো আপনার কাছে এসে সারেণ্ডার করেছি ভাই। মনে করলে থানায় গিয়ে আমার নামে ডায়েরি করতে পারেন। তবে কি জানেন, আমার বাবাও বিশাল একজন ধনী ব্যক্তি, আমার এই ধরণের নোংরা কাজ করে পয়সা রোজগার করার প্রয়োজন হয়না। ঐ আশুবাবুর বাড়ির কাছেই আমাদের নিজেদের বিশাল তিনতলা বাড়ি। আশুবাবুও খুব অভিজাত বনেদি ফ্যামিলির লোক, কিন্তু বিশেষ পড়াশোনা করেন নি আর বিয়ে থাও করেন নি। ইদানীং ভীষণ পানাসক্ত হয়ে পড়েছেন। ওনার অন্যান্য ভাইরা অত্যন্ত সুপ্রতিষ্ঠ। পাড়ায় সবাই সম্মান করে ওনার ভাইদের। গিরিশ মুখার্জী রোডের ওপর বিরাট নিজেদের বাড়ি ওনাদের। মা বাবা গত হয়েছেন বহুদিন আগে। আশুবাবু একদম বেকার, নিজের কোনও রোজগারপাতি নেই। বেকার এবং নেশাখোর বলে বাড়িতে ওনার কোনও স্থানও নেই বলতে গেলে। ভাইরা বা তাঁদের স্ত্রীরা অত্যন্ত দুর্ব্যবহার করেন ওনার সঙ্গে, দু'বেলা শুধু একমুঠো করে খেতে দেন ওনাকে এই যা। আমাকে একদম ছোট্ট বয়েস থেকে দেখেছেন, আশুকাকা বলে ডাকি। স্নেহ করেন খুব। হাত খালি হয়ে গেলে মাঝে মাঝেই আমার কাছে এসে সাহায্যে চান। খারাপ লাগে খুব, এতবড় বাড়ির ছেলের এই অবস্থা দেখে। যাইহোক, আপনাকে ওনার বাড়ির ঠিকানাটা দিচ্ছি, সন্ধ্যার পর একবার ওনার বাড়িতে গিয়ে টাকাটা ফেরৎ চান, না পেলে ওনার ভাইদের কারুর সঙ্গে দেখা করে সব ঘটনা বলে আপনার টাকাটা আদায় করে দিতে বলুন। মনে হয় কাজ হবে।" এই বলে পানের দোকান থেকে একটা সিগারেটের খালি বাক্স চেয়ে নিয়ে তার ভেতরের সাদা খোলটা বের করে আশুবাবুর

বাড়ির ঠিকানাটা তাতে লিখে আমার হাতে দিলেন। ঠিক আছে বলে অত্যন্ত ব্যাজার মুখে বাড়ি ফিরে এলাম।

পরদিন সন্ধ্যায় প্রায় আটটা নাগাদ আমার বন্ধুটিকে সঙ্গে করে ঠিকানা খুঁজে খুঁজে ভবানীপুরে আশুবাবুর বাড়ি পৌঁছোলাম। নিচের সদর দরজা খোলাই ছিল, ভেতরে ঢুকেই ওপরে যাওয়ার সিঁড়ি। আমরা কাউকে না দেখতে পেয়ে আস্তে আস্তে দোতলায় উঠে দেখলাম বাড়ির ভেতরে ঢোকার দরজাটা খোলা, ভেতরে মহিলাদের গলা শোনা যাচ্ছে। জোরে ডাকলাম "আশুতোষবাবু আছেন?" কিন্তু কোনও উত্তর দিল না কেউ। তাই এবার বেশ চিৎকার করেই ডাকলাম। মহিলারা একই রকম ভাবে খোলা দরজার কাছেই বসে নিজেদের মধ্যে কথা বলে যেতে লাগলেন, শুনতে পেয়েও কেউ কোনও উত্তর দিচ্ছেন না দেখে অবাক লাগল। তখন খোলা দরজার কড়া ধরে জোরে নেড়ে আবার চেঁচালাম, "এই যে শুনছেন, একটু আশুতোষবাবুকে ডেকে দেবেন?" এইবার একজন মহিলা আড়াল থেকেই উত্তর দিলেন, "ওনার কোনও খোঁজ আমাদের এখানে করতে আসবেন না, আমরা চিনিনা ওই নামে কাউকে। যান, চলে যান। যত সব আপদ!" বন্ধুকে জিজ্ঞাসা করলাম, "কি করি বলতো?" ও তখন খোলা দরজা দিয়ে বাড়ির ভেতরে অনেকটা মুখ ঢুকিয়ে আস্তে করে বলল, "দেখুন, কাইণ্ডলি একটু বলবেন কি আশুবাবু রাতে কখন বাড়ি ফেরেন?" কাজ হল, সঙ্গে সঙ্গে উত্তর এল, "কোনও ঠিক নেই, এগারটা বারটা, কবে কখন ফিরবেন বলতে পারব না।" আমাকে এবার হাতের ইশারায় নামতে বলে বন্ধুটি বলল, "এখন চল, দু'এক দিন পরে হঠাৎ একটু বেশি রাত করে এসে চেষ্টা করব।" অগত্যা ফিরে এলাম। তারপর আবার তিনদিন পর রাত দশটার সময় বন্ধুকে সঙ্গে করে গেলাম। সেদিনও ঐভাবে দরজা খোলা রয়েছে দেখলাম। দোতলায় গিয়ে কিছু না বলে খোলা দরজার কড়াটা নেড়ে সিঁড়ি থেকে দু'ধাপ নিচে নেমে দাঁড়ালাম। কেউ না বেরিয়ে আবার এক মহিলা চেঁচিয়ে জিজ্ঞাসা করলেন "কাকে চাই?"

—"একটু আশুবাবুকে ডেকে দেবেন?" আমি বললাম।

—"বাড়ি নেই।" ভেতর থেকে মহিলার কণ্ঠস্বর।

—"তাহলে আশুবাবুর কোনও ভাইকে ডেকে দেবেন?"

এবার প্রচণ্ড রাগত গলায় মহিলা একজনের নাম ধরে ডেকে চিৎকার করে বললেন, "এই অনু, দেখ তো কয়েকদিন ধরে কারা বাড়িতে এসে এসে ভীষণ বিরক্ত করছে? বলছি আমরা ওর ব্যাপারে কিছু জানিনা, তাও ঘ্যানঘ্যান করছে।" বলার পরই এক ত্রিশোর্ধ যুবক বেরিয়ে এসে সিঁড়ির মাথায় দাঁড়িয়ে ভীষণ চিৎকার করে বলে উঠলেন, "এই, কে আপনারা? না বলে কয়ে ওপরে উঠে এসেছেন? শিগগির বেরিয়ে যান এক্ষুণি, একটা কথাও বলতে পারব না ওই অকাল কুষ্মাণ্ড মাতাল লোকটার সম্বন্ধে, আমাদের সঙ্গে কোনও সম্পর্ক নেই ওর। লাস্ট ওয়ার্নিং দিয়ে দিলাম আজ, আর যেন ওই লোকটার খোঁজ করতে এ বাড়িতে আসতে না দেখি আপনাদের কাউকে।" আমি তটস্থ হয়ে কথা

গুলো শুনলাম, তারপর ওই উদ্ধত লোকটিকে শান্ত গলায় বললাম, "আমাকে একটা বাড়ি দেখিয়ে এবং একজনকে তার বাড়িওয়ালা সাজিয়ে ভাড়া দেবেন বলে আশুবাবু প্রচুর টাকা ভাড়া আর অগ্রিম বাবদ জুয়াচুরি করে হাতিয়ে নিয়েছেন। আমি একজন ব্যাঙ্ক কর্মচারী, তেমন কিছু মাইনে পাইনা। এখন মাথায় হাত দিয়ে বসে পড়েছি, তাই এসেছিলাম আপনাদের কাছে যদি কোনও হদিশ দেন।"

—"আপনারা থানায় যাচ্ছেন না কেন? যান সেখানে গিয়ে নালিশ করুন, ওটাকে এসে এ্যরেস্ট করে ধরে নিয়ে যাক, আমরাও নিশ্চিন্ত হয়ে যাই।" এই কথা গুলোও ভীষণ চেঁচিয়ে বললেন যুবকটি। আর কথা না বলে নিচে নেমে এলাম দু'জনে, তারপর ওই বাড়ির সামনের ফুটপাতে এসে একটু অপেক্ষা করতে লাগলাম। এমন সময়ে আশুবাবুর বাড়ি থেকে একজন প্রৌঢ় ভদ্রলোক দরজার বাইরে বেরিয়ে আমাদের কাছে এসে দাঁড়ালেন। তারপর অল্প হেসে আমাকে বললেন, "আমি সব শুনেছি, খুব লজ্জিত যা কিছু হয়েছে তারজন্য। আমার ছোট ভাই একটু উদ্ধত, মান সম্মান রেখে কথা বলতে জানে না। আমি নিজে আপনার কাছ থেকে ক্ষমা চেয়ে নিচ্ছি।"

—"আপনি কেন ক্ষমা চাইছেন? আমি বুঝতে পারছি আপনাদের হয়ত প্রায়ই আশুবাবুর কীর্তি কলাপের জন্য নানা ঝঞ্ঝাটের সম্মুখীন হতে হয়। তাই আপনার ভাই আমাকে দেখেই এতটা উত্তেজিত হয়ে পড়লেন। আপনি কি আশুবাবুর ভাই?"

—"হ্যাঁ, আমি ঠিক ওর পরের, মেজ ভাই। দেখুন আমি একটা কথা বলতে পারি, আমার দাদা এই ভাবে বহু লোককে ঠকিয়ে নিয়েছে। সকলেই কিছুদিন ছুটোছুটি করে, তারপর বুঝে যায় টাকা আদায় করা যাবেনা। মারধোরও খেয়েছে বেশ কয়েক বার। আমার মনে হয় না আপনি যে টাকা খুইয়েছেন তা ওই নেশাখোর জোচ্চোর লোকটার কাছ থেকে শত দৌড়াদৌড়ি করেও আর আদায় করতে পারবেন বলে।"

—"মানে লোকসান মেনে নিয়ে ভুলে যেতে বলছেন।" আমার শ্লেষাত্মক উত্তর শুনে ভদ্রলোক বললেন, —"না, সিদ্ধান্ত আপনার, অবশ্যই পুলিশ কেস করতে পারেন। হয়তো কোর্ট পর্যন্ত গড়াবে। তাতে আপনার আরও অনেকগুলি টাকা আর সময় নষ্ট হবে, এটা বলতে পারি।" এবার আমি বললাম, "দেখুন, টাকাটাই বড় কথা নয়, উনি একজন ভদ্রলোক হয়ে আমার দুর্বলতা এবং বিশ্বাসের সম্পূর্ণ সুযোগ নিয়ে এই ভাবে ফাঁদ পেতে প্রতারণা করলেন, এইটাই কিছুতেই মেনে নিতে পারছিনা, তাই এসেছিলাম দেখা করে জানতে।"

যাইহোক, আমরা সেদিন ফিরে এসে পরে আর যাইনি। তবে এরপর দিদির পরিবারের সঙ্গে ওই একই বাসস্থানে আরও পাঁচ বছর কাটিয়ে আবার বদলি হয়ে রাণীগঞ্জে চলে যাওয়া পর্যন্ত আর কোনও ফ্ল্যাটের সন্ধানে ছুটে যাওয়া সম্ভব হয়নি।

প্রায় পাঁচ দশক পরে আজ নিজের জীবনের পিছন পানে যখন তাকাই, তখন বুঝতে পারি অল্প বয়েসের এই অভিজ্ঞতা গুলো অর্জন করার জন্য আর্থিক ক্ষতি হলেও জীবনে

চলার পথে সাফল্য এবং প্রতিষ্ঠা পাওয়ার জন্য অত্যন্ত প্রয়োজন। এমন বহু মানুষ আমাদের চারিদিকে অত্যন্ত শিক্ষিত ভদ্রলোক সেজে ঘুরে বেড়াচ্ছেন যাঁদের সঠিক পরিচয় পেতে নিজের অভিজ্ঞতা এবং অন্তরদৃষ্টির ভীষণ প্রয়োজন। এই অতি সুচতুর ব্যক্তিগণ আপাতদৃষ্টিতে শিক্ষিত, নিরীহ, ভদ্রলোকের মুখোশ পরে নিজের মনুষ্যত্বকে সম্পূর্ণ বিসর্জন দিয়ে যে কোনও মানুষের সারল্য, বিশ্বাস এবং দুর্বলতাকে কৌশলে নিজের স্বার্থসিদ্ধির কাজে লাগিয়ে গভীর খাদে ঠেলে ফেলে দিতে বিন্দুমাত্র কুণ্ঠিত হন না।

দুষ্মন্তের রূপে

বিক্রম চ্যাটার্জী এমন একজন ছেলে যাকে দেখেলেই অনুমান করা যায় যে সে একটি অত্যন্ত মেধাবী ছাত্র। প্রথম দিন যখন ছেলেটা অনুমতি নিয়ে আমার ঘরে ঢুকে "একটু বসতে পারি স্যার" বলল, তখন ওকে দেখেই আমার খুব ভাল লেগে গেল। একটু বেঁটে বটে কিন্তু অত্যন্ত ঝকঝকে সপ্রতিভ চেহারা এবং মুখের মধ্যে একটা বিশেষ সারল্য আর বুদ্ধিমত্তার ছাপ সুস্পষ্ট। চুলগুলো পরিপাটি করে আঁচড়ানো, বেশ ফর্সা রং আর হাল্কা আকাশী রঙের একটা ফুল স্লিভ শার্ট কলারের বোতাম পর্যন্ত বন্ধ করে গাঢ় ধূসর রঙের একটা ট্রাউজারে ভেতরে গুঁজে পরা। অনেকটা যেন কোনও ইন্টারভিউ দিতে উপস্থিত হয়েছে। তাকিয়ে দেখে হেসে বললাম, "হ্যাঁ বসুন।" তারপর আর কিছু বলার আগেই আমাকে বলল, "স্যার প্লিজ, আমাকে আপনি করে বলবেন না।"

—"বেশ, তাহলে তুমিই বলব, কি প্রয়োজন বল এবার, তবে তার আগে জিজ্ঞাসা করি, তুমি কলেজ স্টুডেন্ট?"

—"না স্যার, আমি খড়্গপুর আই,আই,টি থেকে ইলেকট্রনিকস নিয়ে বি,টেক পাশ করেছি এই বছর। আমার নাম বিক্রম চ্যাটার্জী।" হেসে উত্তর দিল ছেলেটি। এবার বেশ আশ্চর্য হয়ে বললাম "আরে! তোমাকে দেখে তো মনে হয়েছিল সবে কলেজে ঢুকেছ? খুবই ভাল ছেলে তুমি বুঝতে পারছি। তা এখন কি করবে ঠিক করেছো?"

—"হ্যাঁ স্যার, সেটার জন্যই আপনার কাছে এসেছি, যদি একটু সাহায্য করেন।"

—"আমার কাছে? কি রকম সাহায্য লাগবে?"

—"আমি ফ্যাইনাল পরীক্ষা দেওয়ার আগে ক্যাট পরীক্ষায় বসেছিলাম। রেজাল্ট বের হতে দেখলাম আমি মেরিট লিস্টে অনেকটাই ওপরের দিকে রয়েছি। এখন আমি ব্যাঙ্গালোর আই,আই,এম থেকে এম,বি,এ করার জন্য সিলেক্টেড। আমার বি,টেকের রেজাল্টও ভাল ছিল, ফার্স্ট ক্লাস পেয়েছিলাম। কিন্তু এখন একটাই বাধা। আই,আই,এম ব্যাঙ্গালোরে পড়াশোনার খরচ, হেলথ ইনসিওরেন্সের প্রিমিয়াম, সিকিউরিটি ডিপজিট, বইপত্র এবং হস্টেল খরচ বাবদ দু'বছরে কম করেও দশ লাখ টাকা লাগবে জানিয়েছে। এত টাকাতো চোখেই দেখিনি কোনও দিন। আমাকে আই,আই,এম থেকে বলেছে এম,বি,এ পড়ার সব খরচের জন্য ব্যাঙ্ক থেকে লোন পাওয়া যায়। তাই আপনার কাছে সেই ব্যাপারে জানতে এসেছি স্যার।" বলেই ছেলেটি আবার একটা সারল্যের হাসি হাসল। সত্যি, বিস্ময়াবিষ্ট হয়ে ছেলেটার মুখের দিকে আমি বেশ কিছুক্ষণ তাকিয়ে রইলাম, তারপর বললাম, "তুমি তো দেখছি হীরের টুকরো ছেলে! কোথায় থাকো?"

—“আমার বাড়ি এই কালনাতেই। তবে আমি কলকাতায় মামার বাড়িতে থেকে পড়াশোনা করেছি। বালিগঞ্জ গভর্নমেন্ট হাই স্কুলে পড়তাম। ওখান থেকেই উচ্চ মাধ্যমিক পরীক্ষার সাথে সাথে আই,আই,টি জয়েন্টও দিয়েছিলাম। জয়েন্টের ফল খুব ভাল হওয়ায় আই,আই,টি খড়্গপুরে ইলেকট্রনিক্স নিয়ে পড়ার সুযোগ পাই।”

—“তোমার বাবা কি করেন? তোমার মত একজন জুয়েল ছেলের পিতা হওয়ায় তাঁকে তো বিশেষ ভাগ্যবান মনে করি।” আমি হেসে বললাম।

—“বাবা এখানেই থাকেন, বর্ধমান ইউনিভার্সিটিতে ফিজিক্সের প্রফেসর।”

—“ঠিক আছে, নিশ্চিন্ত থাক, তোমার এম,বি,এ পড়ার প্রায় সমস্ত খরচই আই,আই,এম ব্যাঙ্গালোর থেকে যেমন যেমন চেয়ে পাঠাবে, আমরা ওদের কাছে পাঠাব। শুধু পুরো খরচের টেন পারশেন্ট, মানে ধর যদি দশ লাখ টাকা মোট খরচ হয়, তোমাকে মার্জিন মানি হিসেবে এক লাখ টাকা দিতে হবে। তোমার নামেই এই এডুকেশন লোনটা হবে, এরজন্য একটা দরখাস্ত ফর্ম আছে, সেটা ফিল আপ করা ছাড়াও আর যা যা লাগবে এ ব্যাপারে সব তোমাকে বলে দেবেন বাইরে আমাদের এ্যডভান্স সেকশনের অফিসার মিস্টার বি, কে, দত্ত। আমি ওনাকে তোমার কথা বলে দিচ্ছি। এবার আমি ইন্টারকমটা তুলে মিস্টার দত্তর নম্বরে ফোন করে বললাম, “শুনুন, একটি খুব স্কলার ছেলেকে আপনার কাছে পাঠাচ্ছি, এ্যডুকেশন লোনের জন্য। আই,আই,এম ব্যাঙ্গালোরে এম,বি,এ করার সুযোগ পেয়েছে। নাম বিক্রম চ্যাটার্জী। লোন এ্যপ্লিকেশন ফর্ম এবং যা যা দরকার জমা করার জন্য সুব বুঝিয়ে বলে দিন ওকে। দেখবেন যাতে লোনটা তাড়াতাড়ি প্রসেস করা হয়ে যায়।” ফোন নামিয়ে বিক্রমকে বললাম, “এবার তুমি যাও ওনার কাছে, আমার ঘর থেকে বেরিয়ে ডান দিকে ব্যাঙ্কিং হলে গিয়ে মিস্টার বি,কে দত্তর সঙ্গে দেখা করতে চাই বললেই যে কেউ দেখিয়ে দেবে। আর কোনও রকম অসুবিধা হলে আমাকে জানিও, কেমন?”

—“অনেক ধন্যবাদ স্যার। আমি তাহলে আসি এখন?” বলে ঘর থেকে বেরিয়ে গেল। ঘন্টা খানেক পর আবার আমার কাছে এসে বলল, “স্যার, মিস্টার দত্ত আমাকে ফর্ম দিয়ে দিয়েছেন আর যা যা ডকুমেন্ট লাগবে সবই বলে দিয়েছেন। আমার বাবার সইয়েরও প্রয়োজন হবে গ্যারন্টার হিসেবে বলেছেন। আমি সব কিছু নিয়ে তাহলে আগামী সপ্তাহে আসব। আপনাকে অনেক ধন্যবাদ স্যার।”

—“ঠিক আছে, ধন্যবাদের কিছু নেই, তোমার মত মেধাবী ছাত্রদের পড়ার জন্য লোন দিতে পারলে আমরাই খুশি হব। সব জোগাড় হয়ে গেলে চলে এসো, তাড়াতাড়ি করে দেব।”

এরপর এক সপ্তাহ পেরিয়ে গেলেও বিক্রম কিন্তু এল না। এ্যডভান্স সেকশনের অফিসার মিস্টার দত্ত একবার আমার কাছে এসে জানতে চেয়েছিলেন বিক্রম কোনও খবর দিয়েছে কিনা। আসলে এই লোনটা দেওয়ার জন্য আমরাই বিশেষ আগ্রহী ছিলাম কারণ বাৎসরিক যতগুলো এডুকেশন লোনের কোটা দেওয়া ছিল ব্যাঙ্কের এ্যনুয়াল বাজেটে, তার একটিও

পূরণ হয়নি তখনও। অতএব একটু হতাশ হলাম বিক্রম ফিরে না আসাতে। তারপর প্রায় মাস খানেক কেটে যাওয়ার পর হঠাৎ একদিন বিক্রম এসে হাজির। —"আসতে পারি স্যার?" আমার ঘরের দরজাটা অল্প খুলে জিজ্ঞাসা করল। তাকিয়ে দেখে ভেতরে এসে বসতে বললাম। কাজে ব্যস্ত ছিলাম খুব, তাই একটু অপেক্ষা করতে বললাম। কিছুটা হাতের কাজ সেরে নিয়ে জিজ্ঞাসা করলাম, —"কি ব্যাপার, এতদিন দেরি করে এলে?"

একটু হেসে বলল, —"ভেরী সরি স্যার, আপনাদের নেক্সট উইকে আসব বলেও আসতে পারিনি। আমি টোটাল খরচের লিখিত এস্টিমেট নিতে গিয়েছিলাম সব ডকুমেন্টস্ নিয়ে আই,আই,এম ব্যাঙ্গালোরে। ওখানে যেতেই বলে দিল আপনাদের এই ব্যাঙ্কেরই বাঙ্গালোর আই,আই,এম ক্যাম্পাস ব্রাঞ্চ রয়েছে সেখানে যেতে, ওদের সংগে টাই-আপ করা আছে, লোনের সব কিছু ওরা তক্ষুনি করে দেবে। আই,আই,এমে পড়তে আসা বেশীর ভাগ ছাত্রই নাকি ঐ ব্রাঞ্চ থেকে লোন নিয়ে পড়ছে। তাই ওখানে যেতেই আমার সব কাজ হয়ে গেল, পরের দিনই ভর্তি হয়ে গেলাম। তবে হ্যাঁ, আপনাদের কথা শুনে আমি মার্জিন মানিটা সঙ্গে নিয়ে গিয়েছিলাম। বাবাও সঙ্গে ছিলেন।"

—"বাঃ, খুব ভাল কথা, তোমার কাজ হয়ে গেছে এটাই আনন্দের খবর। ক্লাস শুরু হয়ে গেছে?" আমি জিজ্ঞাসা করলাম।

—"আসছে সোমবার থেকে শুরু। একটা ফ্রেশার্স ওয়েলকাম হবে শুনেছি। আমি স্যার মাঝে মাঝেই বাড়ি এলে আপনার কাছে আসব, ম্যানেজমেন্ট পড়ার কিছু টিপস্ নিতে, যদি আপনার অসুবিধা না থাকে।"

—"নিশ্চয়, কোনও অসুবিধে নেই, বরং আমার নিজেরও কিছু জ্ঞান অর্জন করা হবে, অনেক কিছু জানা যাবে তোমার থেকে। তুমি এসো, যখনই মনে হবে।" আমি হেসে বললাম।

—"না, আমি তো ইঞ্জিনীয়ারিং পড়া ছাত্র, ব্যাঙ্কিং এর ব্যাপারে কিছুই জানিনা, অথচ ফ্যাইনান্স এণ্ড ইনভেস্টমেন্ট ব্যাঙ্কিং নিয়ে ম্যানেজমেন্ট করতে গেলে খুবই অসুবিধা হবে। তাই আপনার কাছে এসে জেনে যাব।"

এরপর বিক্রম যখনই নিজের বাড়িতে আসতো, ব্যাঙ্কে চলে এসে আমার সঙ্গে দেখা করত। নানারকম আলোচনা করত, সবই ওর পড়াশোনা, আই,আই,এমের বাতাবরণ, হস্টেলে রুম এবং খাওয়া দাওয়া ইত্যাদি ঘিরে থাকত। ফ্যাকাল্টিদের বিষয়েও কথা হত। আবার ব্যাঙ্কিং এবং ফ্যাইনান্স সম্বন্ধেও আমাকে নানা প্রশ্ন করে নিজের জ্ঞানের পরিধি বাড়ানোর চেষ্টা করত। ছেলেটির সঙ্গে কথা বলে খুবই ভাল লাগত, তাই কাজ করার ফাঁকে ফাঁকেই ওর সঙ্গে বিভিন্ন বিষয় নিয়ে আলোচনা হত। একদিন কথায় কথায় জিজ্ঞাসা করলাম ওর সেরকম কোনও বান্ধবী আছে কিনা যাকে লাইফ পার্টনার করবে বলে ঠিক করেছে। মনে হল যেন একটু বেশ চমকে উঠল আমার প্রশ্ন শুনে। তাড়াতাড়ি সামলে নিয়ে বলল,"না তো? কেন বলুন তো?"

—"না, মনে হল তাই জানতে চাইলাম, আজকাল বেশির ভাগ ছেলে দেখি অল্প বয়েসেই একটা সম্পর্কে জড়িয়ে পড়ে নিজের কেরিয়ারের ক্ষতি করে।"

—"হ্যাঁ, ঠিকই বলেছেন স্যার, আপনি অত্যন্ত বিচক্ষণ। আমার রুম পার্টনারটি ইউ,পির ছেলে। নিজের ক্লাসমেট একটি মেয়ের সাথে জড়িয়ে পড়েছে। প্রায়ই সন্ধ্যার সময় আমাকে অনুরোধ করে ঘরটা ঘন্টা দু'য়েকের জন্য ছেড়ে দিতে। আমিও খুব একটা আপত্তি করি না। বাইরে অনেক জায়গা আছে, বইপত্র নিয়ে গিয়ে সেখানেই বসে পড়াশোনা করি।" কথাগুলো বলে বিক্রম হাসতে লাগল।

—"ও বাবা, বন্ধুটিতো নিজের সঙ্গে সঙ্গে তোমার কেরিয়ারেরও ক্ষতি করছে।" আমার কথায় খানিকটা সায় দিয়ে বিক্রম বলল, —"হ্যাঁ, আমি চেষ্টা করছি, সিঙ্গল্ অকুপ্যান্সি রুম পাওয়ার।"

প্রায় বছর দেড়েক এইভাবে কেটে যাওয়ার পর একদিন সকালে বিক্রম আমার কাছে এলো, তারপর চেয়ারে আমার সামনে বসে একটু হেসে বলল, —"স্যার একটা সারপ্রাইজ দেব," বলেই আমার হাতে একটা বেশ বড় লাল রঙের খাম দিল। ওপরে লেখা 'শুভ বিবাহ'। খামের ভেতরের কার্ডটা বার করতে করতে আড়চোখে বিক্রমের দিকে তাকিয়ে জিজ্ঞাসা করলাম, —"কার বিয়ে?" কোনও উত্তর না দিয়ে কার্ডটার দিকে হেসে তাকিয়ে রইল আমার পড়ার অপেক্ষায়। এবার কার্ডের মাঝখানটায় আগে চোখ পড়ে গেল, লেখা দেখলাম '----আমার জ্যেষ্ঠ পুত্র ডক্টর অরিন্দম চট্টোপাধ্যায়ের একমাত্র পুত্র শ্রীমান বিক্রম বাবাজীর সহিত মুম্বাই নিবাসী শ্রীযুক্ত প্রদ্যোৎ কুমার লাহিড়ী মহাশয়ের একমাত্র কন্যা কল্যাণীয়া পূর্বাশার শুভ পরিণয় অনুষ্ঠিত হইবে।'

—"কনগ্রাচুলেশন! তোমার বিয়ে?" আমি বাকিটুকু না পড়েই বিস্ময় প্রকাশ করে জিজ্ঞাসা করলাম। এবার মনে হল একটু লজ্জা পেল। হেসে বলল, —"বাড়ির চাপে এখনই বিয়েটা করতে হচ্ছে। আমার দাদু ভীষণ ব্যস্ত হয়েছেন আমার বিয়ের জন্য, মৃত্যুর আগে নাতবৌ দেখে যেতে চান। ঠাকুমারও একই সুর। অগত্যা আমাকে রাজী হতে হল। যাইহোক, আগামী বুধবার বিয়ে, কালনাতেই হবে, আর শুক্রবার প্রীতিভোজ। আপনাকে এই দু'দিনই আমার চাই। কোনও আপত্তি শুনবো না স্যার। আপনার সান্নিধ্যে এসে আমি অনেকটা উপকৃত হয়েছি, অত্যন্ত নিকট আত্মীয় মনে করি আপনাকে। আপনার উপস্থিতি আর আশীর্বাদ ছাড়া আমার এই শুভ অনুষ্ঠান অসম্পূর্ণ থেকে যাবে।"

—"ঠিক আছে, এখন বল মেয়েটি কি করে, মুম্বাইয়ের অধিবাসী দেখলাম, তাহলে কালনায় কি করে বিয়ে হচ্ছে?"

—"স্যার, পাত্রীর এক আত্মীয় এই কালনায় থাকেন। দাদু ওনাদের এখানে এসেই বিয়ে দেওয়ার জন্য জেদ করেছেন। তাই ওনারা সপরিবারে কালনায় এসে বিয়ে দিচ্ছেন। পরে মুম্বাই ফিরে গিয়ে ওখানকার সব পরিচিত আত্মীয়দের জন্য একটা রিসেপশনের আয়োজন

করেছেন। আমি মুম্বাইয়ের রিসেপশন হয়ে গেলেই বাঙ্গালোর ফিরে যাব, আমার এম.বি.এ শেষ করার জন্য। পূর্বাশা বি.টেক করেছে সবে, বিয়ের পর চাকরি করবে বলেছে।"

আমার অফিসের কাজে তখন ভীষণ ব্যস্ততা। তাই আর বেশী কথা না বলে বললাম, —"খুব ভাল খবর, আমি যেতে পারি আর না পারি তোমাদের দু'জনের জন্য আগাম অনেক শুভেচ্ছা রইল।"

—"না, স্যার অবশ্যই আসবেন, না হলে খুব কষ্ট পাব মনে। আর হ্যাঁ, বিয়ের অনুষ্ঠান আর রিসেপশনের ঠিকানা কার্ডের নিচে দেওয়া আছে। আমি আসি তাহলে?"

বিশেষ কাজের চাপ এসে যাওয়ায় আমার আর বুধবার সন্ধ্যায় বিক্রমের বিবাহ অনুষ্ঠানে যাওয়া সম্ভব হল না। কিন্তু বার বারই ওর কথা খুব মনে হচ্ছিল। বেশ খারাপ লাগছিল মনটা। ছেলেটি অত্যন্ত ভাল আর আমাকেও বিশেষ শ্রদ্ধার চোখে দেখে। তাই ঠিক করলাম শুক্রবার ওর রিসেপশনের দিন সন্ধ্যায় এক গোছা রজনীগন্ধা এবং কিছু স্মারক উপহার নিয়ে হাজির হব। কিন্তু বৃহস্পতিবার সকালে অফিসে গিয়ে নিজের ঘরে বসে ফাইল দেখছি, এমন সময় অসীম কুমার চ্যাটার্জী নামে একজন স্টাফ যে ব্যাঙ্কের নিচের তলায় সেভিংস্ ব্যাঙ্ক সেকশনে কাজ করে, আমার ঘরে এসে টেবিলের সামনে দাঁড়িয়ে জিজ্ঞাসা করল, —"স্যার, একটা কথা জিজ্ঞাসা করবো?" একটু অবাক হয়ে ওর মুখের দিকে তাকালাম, কারণ এই স্টাফটি সম্ভবত এই প্রথম আমার ঘরে ঢুকল। বললাম, "কিছু জিজ্ঞাসা করার থাকলে নিশ্চয় করতে পারেন।"

—"আপনাকে কি বিক্রম চ্যাটার্জী গতকাল ওর বিয়ের অনুষ্ঠানে আমন্ত্রণ জানিয়েছিল?"

—"হ্যাঁ হ্যাঁ, আপনি হঠাৎ এই প্রশ্ন করছেন?"

—"না, আসলে বিক্রম আমার সম্পর্কে ভাইপো হয়। গতকাল ওখানেই শুনলাম আপনিও নিমন্ত্রিত এবং নিশ্চয় আসবেন। কিন্তু আপনি না গিয়ে খুব ভাল করেছেন স্যার। ওই বিয়ে বাড়িতে কাল একটা ভয়ংকর কাণ্ড হয়ে গেছে।"

—"কি হয়েছিল বলুন তো? আপনি আগে বসুন, তারপর খুলে বলুন সব।" আমি অধৈর্য হয়ে বললাম।

—"বিক্রমের বিবাহ অনুষ্ঠান শুরু হয়েছিল রাত প্রায় আটটা নাগাদ। সবে মালা বদল হচ্ছে এমন সময় একদল পুলিশ এসে হাজির। একজন পুলিশ ইন্সপেক্টর এগিয়ে এসে বললেন, এক্ষুণি এ বিয়ে বন্ধ করুন, বিক্রম চ্যাটার্জীর নামে ওয়ারেন্ট আছে আমাদের কাছে, আমরা ওকে এ্যারেস্ট করতে এসেছি। আকাশ থেকে বাজ পড়ল যেন। বিয়ে বাড়ি তখন থিকথিক করছে অতিথিদের ভীড়ে। নিমন্ত্রিতরা প্রায় সবাই এসে গেছেন। এমনকি, একটা ব্যাচের খাওয়াও হয়ে গেছে। কি ব্যাপারে বিক্রমকে এ্যারেস্ট করা হচ্ছে জানতে চাইলেন ওর বাবা। পুলিশ অফিসার জানাল বিক্রম নাকি ইতিমধ্যেই একবার বিয়ে করেছে

একটি মেয়েকে এবং তার নাকি একটি বাচ্ছাও আছে বছর দেড়েকের। অরিন্দমদা মানে বিক্রমের বাবা অনেক করে বোঝালেন পুলিশ অফিসারকে যে এটা হতেই পারে না, অসম্ভব। সম্পূর্ণ ফলস্ এ্যলিগেশন, নিশ্চয় কেউ শত্রুতা করে এসব সাজিয়েছে। কিন্তু পুলিশ অফিসার মানতে চাইলেন না, বললেন থানায় মেয়েটি আর তার বাবা বাচ্ছাটিকে নিয়ে বসে আছে। ব্যাপারটা সঠিক কি ফলস্ তা কোর্টে দেখবে। কাল আমরা ওকে কোর্টে প্রডিউস করবো, তারপর ম্যাজিস্ট্রেট যা অর্ডার দেবেন সেই মত হবে। সমস্ত কিছু পণ্ড হয়ে গেল, নিমন্ত্রিতরা সকলেই প্রায় আহার না করেই ফিরে গেছেন। পাত্রীর বাবাও খুব ভেঙ্গে পড়েছেন। এতোটাই শক পেয়েছেন যে মেয়েকে নিয়ে আজই মুম্বাই ফিরে যাচ্ছেন বলে শুনেছি। অরিন্দমদাতো কিছুই বুঝতে পারছেন না কি করবেন। তাছাড়া উনি একজন সম্মানিত প্রফেসর, বাইরে মুখ দেখাতে পারছেন না।”

সব শুনে আমিও খুব আশ্চর্য হলাম, বিশেষ করে বিক্রমের মত এত সুন্দর একটা ব্রিলিয়ান্ট ছেলের পক্ষে এমন কার্যকলাপ সত্যিই বিস্ময়কর। বললাম, —“কোর্টে প্রথম বিবাহ প্রমাণ হলে তবেই না অপরাধী বলা যাবে? তার আগেই পাত্রীর বাবা মেয়েকে নিয়ে মুম্বাই ফিরে গেলেন কেন? যাইহোক, খুবই দুঃখের ব্যাপার। পরবর্তীকালে কি হয় জানতে আগ্রহী রইলাম।” এরপর অসীম চলে গেলেও বিক্রমের বিয়ের অনুষ্ঠান বাড়ির ঘটনাবলী যেন সিনেমার দৃশ্যপটের মত বার বার আমার মনের মধ্যে ফুটে উঠতে রইল সারাদিন। ছেলেটি যদি নির্দোষ হয়, তাহলে এতবড় ষড়যন্ত্রের শিকার হওয়ার ফলে মনের মধ্যে একটা গভীর ক্ষতের সৃষ্টি করবে নিশ্চয়, যেটা হয়তো কোনও দিনই মুছবে না।

এরপর অনেকবারই আমি অভ্যাসমত ব্যাঙ্কের কাজে তদারকি করতে নিচে নেমেছি এবং অসীম চ্যাটার্জীর সঙ্গে দেখা হয়েছে কিন্তু বিক্রমের ব্যাপারে অসীম আর কিছু জানায়নি আমাকে। আমিও নিজে থেকে কৌতূহল প্রকাশ করে বিক্রম সম্বন্ধে কিছু জিজ্ঞাসা করিনি। কিন্তু প্রায় মাস দেড়েক কেটে যাওয়ার পর, এক শনিবার আমার কলকাতায় বাড়ি ফেরার তাড়া ছিল না। তাই দু’টোর সময় ব্যাঙ্ক ছুটি হয়ে যাওয়ার পরেও আমি ঘরে বসে কিছু অসম্পূর্ণ কাজ করছি এমন সময় অসীম চ্যাটার্জী এসে আমার টেবিলের সামনে দাঁড়াল। বসতে বলে খানিকটা কাজ সেরে নিলাম, তারপর জিজ্ঞাসা করলাম কি খবর। অসীম একটু কুণ্ঠিত হয়ে বলল, —“স্যার, আপনি বিক্রমকে খুব স্নেহের চোখে দেখেন বলে জানি, তাই এতদিন আপনার কাছে সত্যটা উদ্ঘাটন হলেও বলতে দ্বিধা করছিলাম। যে কারণের জন্য পুলিশ বিক্রমকে এ্যরেস্ট করেছিল সেটা কোনও ফলস্ এ্যলিগেশন ছিল না। এটা প্রমাণ হয়ে গেছে।”

—“সে কি? তার মানে বিক্রম সত্যিই ঐ মেয়েটিকে বিয়ে করেছিল, তার আবার একটি বাচ্ছাও হয়েছিল, এসব ঠিক বলে প্রমাণ হয়ে গিয়েছে? আমার তো ভয়ানক অবিশ্বাস্য লাগছে। বিক্রমের নিষ্কলুষ মুখ, আচার আচরণ, মেধা সবকিছু দেখার পর এই ধরণের আচরণ ভাবাই যাচ্ছে না। ওকে আমি গত দেড় বছর ধরে দেখছি। যখনই বিক্রম

বাঙ্গালোর থেকে কালনায় নিজের বাড়ি এসেছে, আমার সঙ্গে দেখা করে বেশ কিছুক্ষণ পড়াশোনা নিয়ে আলোচনা না করে ফিরে যেত না।"

অসীম এবার বলল, —"হ্যাঁ স্যার, ঠিকই, সকলেই ওকে এই ভাবে চেনে, তাই ওর এই দুষ্কর্মটা ভয়ানক রকম চমকে দিয়েছে পরিচিত মহলকে। ও যখন খড়্গপুরে আই,আই,টিতে পড়াশোনা করতো, তখনই ঘটেছে। যে মেয়েটির সঙ্গে ওর সম্পর্ক হয় তার নাম শুনেছি সুজাতা মির্ধা। বিক্রমের অভ্যাস ছিল বিকেলে নিজের সাইকেল নিয়ে চারদিক ঘুরতে যাওয়ার। ওদের হস্টেল থেকে বেরিয়ে কিছুটা দূর গেলেই রাস্তায় একটা একতলা বাড়ি পড়ত। সেই বাড়ির রাস্তার দিকের জানলাটা খুলে সুজাতা নিজের টেবিল চেয়ারে বসে পড়াশোনা করত। বিক্রম সাইকেল নিয়ে ওদের বাড়ির কাছাকাছি এসেই বারবার বেল বাজাত, আর সুজাতাও সেটা শুনে পড়া ছেড়ে উঠে এসে জানলার সামনে দাঁড়াত। সুজাতাকে দেখতে বেশ ভালই, আকর্ষণীয় চেহারা। বিক্রম যেন নেশায় পড়ে গিয়েছিল। কিছু দিন ধরে এই ভাবে দু'জনের চোখের ইশারায় কোর্টশিপ চলার পর একদিন বিক্রম সাইকেল থেকে নেমে জানলার সামনে এসে আলাপ করে মেয়েটির সাথে। তারপর সুজাতার মা বাবাকে লুকিয়ে রোজ বিকেলে জানলার সামনে চলতে থাকে ওদের প্রেমালাপ। সুজাতা হায়ার সেকেণ্ডারী দেবে তখন। ওর বাবার একটা স্টেশনারির দোকান আছে খড়্গপুর স্টেশনের সামনে, মা একটা প্রাইমারী স্কুলের টিচার। সম্ভবত সুজাতার বাবা মায়ের অনুপস্থিতির সুযোগে মাঝে মধ্যেই বিক্রম ওদের ফাঁকা বাড়িতে গিয়ে মিলিত হত ওর সাথে। কিন্তু অসাবধানতায় এক সময় মেয়েটি অন্তঃসত্ত্বা হয়ে পড়ে। ফলে কয়েক মাসের মধ্যেই সুজাতার মা বাবা জানতে পারে ওদের এই ব্যাপারটা। কিন্তু মেয়ে এতবড় একটা সাংঘাতিক ঘটনা ঘটাবার পরেও বাবা মা রাগান্বিত না হয়ে বরং খুশি হয়েছিল। কারণ, বিক্রমের মত অত্যন্ত মেধাবী আই,আই,টির একটি হবু ইঞ্জিনীয়ারকে জামাই হিসেবে পাওয়া তাদের কাছে স্বপ্ন ছিল। তাই ওরা এটা একটা ঈশ্বরের আশীর্বাদ হিসেবে গ্রহণ করল। বিক্রমকে বাড়িতে ডেকে এনে সবাই মিলে জোর করল সুজাতাকে রাতারাতি বিয়ে করার জন্য, না হলে ভয় দেখাল যে ওরা সুজাতাকে নিয়ে কালনায় বিক্রমের বাবার কাছে এসে সব প্রকাশ করে এর বিচার চাইবে। বিক্রম এই ঝঞ্ঝাট থেকে বাঁচতে বিয়েতে রাজি হয়ে গিয়েছিল। ওদের বাড়িতেই একজন পুরোহিতকে ডেকে আর কিছু আত্মীয় স্বজনকে সাক্ষী রাখার জন্য নিমন্ত্রণ করে সুজাতার সঙ্গে বিক্রমের হিন্দু মতে বিয়ে হয়ে গেল। পরের বছরই বিক্রম ইঞ্জিনীয়ারিং পাশ করল আর ক্যাট পরীক্ষায় ভাল রেজাল্ট করে আই,আই,এম বাঙ্গালোরে এম,বি,এ পড়তে চলে গেল। সুজাতার সঙ্গে আর কোনও সম্পর্ক রাখেনি প্রায় এই আড়াই বছর। হয়তো ভেবেছিল ওর এই ব্যাপারটা চাপা থেকে যাবে, ওরাও ওকে আর কিছুতেই হদিশ করতে পারবেনা। ইতিমধ্যে পূর্বাশার মত এত ভাল, বি,টেক পাশ একটা পাত্রী পেয়ে ওর দাদু প্রচণ্ড জোর করে ওর বিয়ে দেওয়ার ব্যবস্থা করেছিলেন। সবই ঠিক মত হলেও ধর্মের কল বাতাসে নড়ে, সুজাতার বাবার কাছে বিক্রমের বিয়ের কার্ড যথা সময় নিশ্চয় কেউ পৌঁছে দিয়েছিল। কার্ডের ঠিকানা দেখে ঠিক

বিয়ের দিন ওরা কালনায় এসে হাজির হয়েছিল, আর তারপর থানায় গিয়ে সব নথি দাখিল করে বিক্রমের দ্বিতীয় বিয়ে আটকে দিতে সফল হয়েছিল।"

—"এখন বিক্রম কি তাহলে সুজাতাকেই স্ত্রী হিসেবে মেনে নিয়েছে?" আমি জানতে চাইতে অসীম বলল, —"এখন ওকেই বিবাহিত স্ত্রী হিসেবে মানতে বাধ্য কোর্টের অর্ডার অনুসারে। তবে ওই ঘটনার পর থেকে বিক্রম আর কালনায় আসেনি লজ্জায়, এখন ও ব্যাঙ্গালোরেই রয়েছে এম,বি,এ ফাইন্যাল পরীক্ষার জন্য। পাশ করার পর কি করবে না করবে জানিনা।"

বিক্রমের সঙ্গে এরপর আমার আর কোনও রকম সাক্ষাৎ হয়নি। প্রথম কারণ, এই ঘটনার চার পাঁচ মাসের মাথায় আমি কালনা ছেড়ে কলকাতায় বদলি হয়ে চলে আসি। আর দ্বিতীয় কারণ আমি বিক্রমের ব্যাপারে খুবই বীতশ্রদ্ধ এবং উদাসীন হয়ে গিয়েছিলাম। তাই ওকে আর মনে রাখার তাগিদ অনুভব করিনি। এরপর হয়তো প্রায় সুদীর্ঘ বার তের বছর কেটে গেছে। একদিন যাদবপুর বাস স্ট্যান্ডে আমি বাস আসার অপেক্ষায় রয়েছি এমন সময় সামনে দিয়ে মনে হল বিক্রম হেঁটে যাচ্ছে। তখন মোবাইল ফোন এসে গেছে, ওর হাতেও ধরা রয়েছে একটি মোবাইল ফোন। আমার মুখ দিয়ে বেরিয়ে গেল, "বিক্রম না?" চমকে তাকাল আর তারপর আমাকে দেখেই হেসে এগিয়ে এসে আমার পা ছোঁয়ার চেষ্টা করল। হাত দিয়ে আটকে হেসে বললাম, —"চেহারাটা অনেকখানি ভারী হয়ে গেছে তোমার, তাই চেনার ব্যাপারে একটু সন্দেহ ছিল। তা এদিকে কোথায়?"

—"এদিকে মানে সন্তোষপুর থাকি এখন। আপনার সব চুল সাদা গেছে স্যার।" বলে হাসল।

—"হবেনা? এখন তো রিটায়ার্ড লাইফ। তুমি কোথায় কাজ করছ?"

—"প্রাইস ওয়াটারহাউসে জয়েন করেছি। সল্ট লেক সেক্টর ফাইভে।"

—"অনেক দিন পর দেখা। বাড়ির খবর কেমন? বাচ্ছা টাচ্ছা হয়েছে?"

—"হ্যাঁ স্যার, একটি পুত্র, কামিং ইয়ারে মাধ্যমিক দেবে।"

—"ওরে বাবা, এতবড় হয়ে গেছে?"

হঠাৎ করে বিক্রম "আচ্ছা আমার বাস এসে গেছে, পরে দেখা হবে স্যার" বলেই একটা চাটার্ড বাসের দিকে দৌড়ে গিয়ে উঠে পড়ল। আমি বিক্রমের বাসের চলে যাওয়ার দিকে তাকিয়ে তাকিয়ে চিন্তা করলাম ও তাহলে নিশ্চয় সুজাতাকেই স্ত্রীর সম্মান দিয়েছে কারণ ওর পুত্রের বয়েস অন্তত তাই বলছে। আমি কি তবে এই আত্মতৃপ্তির অভাবেই এত বছর ধরে বিক্রমের প্রতি একটা ভীষণ রাগ আর ঘৃণা পোষণ করে আসছিলাম যেটা এখন আমার মনকে হাল্কা করে দিয়ে একদম অদৃশ্য হয়ে গেছে? হয়তো তাই হবে!

সুন্দরী অমনিবাস কথা

কলকাতায় অফিস যাতায়াত করার জন্য বহু লোক চার্টার্ড বাস ব্যবহার করেন। আমিও করতাম। সেক্সপিয়র সরণিতে ব্যাঙ্কের জোনাল অফিসে পোস্টেড থাকার সময় ১৯৯৭ থেকে ২০০০ পর্যন্ত টানা প্রায় তিন বছর যাদবপুরে নিজের বাড়ি থেকে অফিস পর্যন্ত এই চার্টার্ড বাসেই যাতায়াত করতাম। চার্টার্ড বাস একটু খরচ সাপেক্ষ হলেও মাঝ পথ থেকে উঠে আরামে, ভদ্রভাবে এবং সঠিক সময় পৌঁছে যাওয়া যায় বলে অতিরিক্ত অর্থব্যয়টা বিশেষ গায়ে লাগতো না। চার্টার্ড বাসে যাতায়াত করাটা আমার কাছে অত্যন্ত আকর্ষণীয় হয়ে উঠেছিল। কিছুদিন যাতায়াতের পরেই বাসের সব যাত্রীদের যেন নিজের পরিবারের লোকজন মনে হতে লাগল। উপরি পাওনা হিসেবে বাসের মধ্যে নানা রকম মুখরোচক আলোচনা, ব্রেকিং নিউজ, খেলার খবর, ধাঁধার প্রশ্ন, ইয়ারকি ঠাট্টা, যাত্রা-থিয়েটার এমনকি জন্মদিন বা বিবাহ বার্ষিকী পালন সব কিছুই চলতে থাকত বলে যাত্রার সময়টুকু খুব উপভোগ্য হয়ে যেত। প্রায় চল্লিশ পঞ্চাশ মিনিটের এই বাস ভ্রমনের সময়টা কোথা দিয়ে যেন কেটে যেত বুঝতেই পারতাম না। লক্ষ্য করতাম বেশ কিছু যাত্রী ছিল যারা শুধু এই বাসের আড্ডায় মজে থাকার নেশাতে অত্যন্ত প্রয়োজন না হলে অফিস কামাই করতো না। সবচেয়ে অবাক হয়েছিলাম যাত্রীদের মধ্যে একজন রিটায়ার্ড ভদ্রলোককে আবিষ্কার করে। শুনলাম উনি দীর্ঘকাল ধরে এই বাসে চড়ে রাইটার্স বিল্ডিং এ অফিস করে শেষে গত মাস ছ'য়েক আগে রিটায়ার করেছেন। কিন্তু অবসর নিয়ে এই বাসের টানে সকাল বেলায় কিছুতেই বাড়িতে মন বসাতে পারছিলেন না। তাই নিজের গাঁটের পয়সা খরচ করে অযথা গড়িয়া থেকে এই বাসে চড়ে আড্ডা দিতে দিতে রোজ বি,বা,দি বাগ পর্যন্ত যেতেন, তারপর নেমে সেখান থেকে আবার মিনি বাসে করে বাড়ি ফিরে আসতেন। অসম্ভব রসিক এবং আমুদে এই বৃদ্ধ সকলের কাছে ভীষণ প্রিয় ছিলেন। সবাই ওনাকে মুখার্জীদা বলে সম্বোধন করতো। এই মুখার্জীদার কথায় পরে আসব।

এই বাসের যাত্রী এবং ওঠার পর থেকে কেমন অভিজ্ঞতার মধ্যে দিয়ে যেতাম সেটার সম্বন্ধে একটু বর্ণনা দিই। রোজ গড়িয়া থেকে যাত্রা শুরু করে বি,বা,দি বাগ হয়ে স্ট্র্যাণ্ড রোড পর্যন্ত যেত বাসটা। সত্যি বলতে কি, হঠাৎ একদিন আমি আবিষ্কার করলাম যে আমার এই চার্টার্ড বাসটি বেশ সুন্দরী। বিশাল বড় এবং অন্য সব চার্টার্ড বাসগুলোর থেকে অনেক আলাদা। দূর থেকে দেখেই চিনে ফেলা যায় তার সামনের সাজসজ্জা আর বাহারী নীল হলুদ রঙের ছোট ছোট টুনি ল্যাম্প গুলোর জ্বলা নেভা দেখে। ভেতরের প্রত্যেকটি সিটে বেশ মোটা নরম ফোমের গদি আর সেগুলো ধপধপে সাদা কাপড় দিয়ে ঢাকা। টু বাই টু সিটের এই বাসে উঠে চট করে মনে হতো প্লেনে চড়েছি। আমার পরে আর একজন মাত্র ঢাকুরিয়া থেকে উঠত দেখতাম। অত্যন্ত শৌখিন ফ্যাশন-দুরস্ত, অল্প বয়সী, হ্যাণ্ডসাম

এই ছেলেটির নাম ছিল সুবীর। ইউ,বি,আইয়ের হেড অফিসে কাজ করতো। নিরীহ এবং লাজুক প্রকৃতির ছিল বলে বেচারাকে নিয়ে বেশ মজা করা হোত। সুবীর খুব বড় আর সুদৃশ্য একটি ফ্লাস্ক কাঁধে ঝুলিয়ে নিয়ে বাসে চড়তো। ওর সিট রাখা থাকতো বাসের একদম সামনে উইণ্ডস্ক্রীনের কাছে তিনজন মেয়ের পাশে। সেখানে বেচারা সঙ্কুচিত হয়ে বসে গম্ভীর ভাবে উইণ্ডস্ক্রীনের দিকে তাকিয়ে রাস্তা দেখতে থাকতো। এই বাসের মধ্যমণি বা লিডার ছিল ব্যাঙ্ক অফ ইণ্ডিয়ার কর্মী দেবব্রত চৌধুরী। বয়েস চল্লিশের কাছাকাছি হলেও অল্প বয়সী থেকে বৃদ্ধ বৃদ্ধা সব সহযাত্রীদের কাছেই উনি ছিলেন দেবুদা। দেবুদার কোনও সন্তানাদি ছিল না, তার ওপর স্ত্রী যাদবপুর বিশ্ববিদ্যালয়ের প্রফেসর হওয়ায় কিছু একটা ফেলোশিপ নিয়ে বছর চারেকের জন্য আমেরিকার একটা বিশ্ববিদ্যালয়ে রিসার্চ করতে চলে গেছেন শুনলাম। ফলে দেবুদা একদম ব্যাচেলর সেজে ফুরফুরে মেজাজে থাকত। বাসের দরজার ঠিক সামনের সিটেই রিটায়ার্ড মুখার্জীদাকে পাশে নিয়ে বসে সারা বাসের যাত্রীদের হাসি মস্করায় মাতিয়ে রাখত। দেবুদার চার পাঁচজন ঘনিষ্ঠ চেলাও এই মজা করার আসরে ভাল অংশ নিত। সুবীরকে দেবুদা বাবলু বলে ডাকতো, কারণ জানতাম না। ঢাকুরিয়া আসার ঠিক আগে দেবুদা সবাইকে সচেতন করে বলত, এই সবাই চুপ এক্ষুণি বাবলু উঠবে। অর্থাৎ একটা মুর্গী পাওয়া যাবে। সুবীর ওঠার সঙ্গে সঙ্গে অত্যন্ত অভ্যর্থনা করে মেয়েদের পাশের সিটে বসানো হতো। এরপর কিছুক্ষণ হয়তো রাজনীতির খবর বা খেলার খবর নিয়ে জোর আলোচনা বা তর্ক বিতর্ক চলল। বেশ একঘেয়ে হয়ে যাচ্ছে মনে করে দেবুদা একটা ধাঁধার প্রশ্ন ছাড়ল, —আচ্ছা কে বলতে পারে দেখি, বাবলু আজ যে পারফিউমটা মেখেছে সেটার নাম কি? প্রশ্ন শুনেই কেউ কেউ হাসতে শুরু করে দিল, তবু অনেকেই চেষ্টা করতে লাগল আন্দাজে নানা রকম সেন্টের নাম বলে বলে, কিন্তু যথারীতি সবগুলো নাকচ হয়ে গেল। এদিকে যার পারফিউম নিয়ে এতো গবেষণা চলছে সেই সুবীর কিন্তু কোনও কথা না বলে স্মিত হাস্যে সামনের উইণ্ডস্ক্রীন দিয়ে একভাবে রাস্তা দেখে যাচ্ছে। দেবুদা এবার সুবীরের দিকে চেয়ে বলল —না, এটা একটা সিক্রেট ব্যাপার তো, তাই বাবলুর পারমিশন না নিয়ে বলতে পারব না। কি রে বাবলু, বলে দিই তাহলে, কিছু মনে করবি না তো? সুবীর কোনও উত্তর না দিয়ে ঘাড় ঘুরিয়ে দেবুদার দিকে একবার তাকিয়ে শুধু একটু হাসল, বলতে চাইল যেন, তুমি যা ইচ্ছে কর, আমার কিচ্ছু যায় আসে না। এবার দেবুদা একটু চোখ মেরে বলল— আজ বাবলু লাগিয়ে এসেছে লেডি ডায়না, কি রে ঠিক তো? কয়েকজন বয়স্ক গম্ভীর প্রকৃতির যাত্রী ছাড়া বাকি সবাই জোরে হেসে উঠল দেবুদার উত্তর শুনে।

আমি বাসের মাঝামাঝি জায়গায় বেশিরভাগ দিন যার পাশে বসতাম তিনি আমাদের হেড অফিসের পারসোন্নেল ডিপার্টমেন্টের অফিসার। চ্যাটার্জীসাহেব বলতাম। ভদ্রলোক খুব উচ্চাকাঙ্ক্ষী ছিলেন, সারাক্ষণ শুধু অফিসের আলোচনা আর ওনার নিজের বিচক্ষণতা এবং ভাল কাজের জন্য বসদের থেকে কত প্রশংসা পেয়েছেন তাই নিয়ে সমস্ত সময়টা বকবক করে যেতেন। আমি নিরব শ্রোতা বলে খুব পছন্দ করতেন। বৈষ্ণবঘাটা থেকে উঠে বেশির ভাগ দিন নিজের পাশের জায়গাটা আমার জন্য আগলে রাখতেন, যাতে

যাদবপুরে উঠে আমি ওনার পাশে বসতে পারি। উনি বিপত্নীক ছিলেন, তাই এম,এ পাঠরতা অবিবাহিতা এক মাত্র কন্যাকে নিয়ে মাঝেমধ্যেই খুব দুশ্চিন্তা প্রকাশ করতেন। মাস ছ'য়েক যাতায়াতের পর এই চ্যাটার্জীসাহেব হঠাৎ বাসে ওঠা বন্ধ করে দিলেন। কারণ জানতে পারিনি। কিন্তু প্রায় তিন মাস কেটে যাওয়ার পর একদিন সকালে বাসে উঠে দেখি আমাদের চ্যাটার্জীসাহেব স্বস্থানে উপস্থিত। ভীষণ রোগা হয়ে গেছেন, চেনা মুশ্কিল । শুনলাম ওনার প্রস্টেট অপারেশন হয়েছিল, কিন্তু যে সার্জেন করেছিলেন তিনি কলকাতার একজন নামকরা ইউরোলজিস্ট হয়েও ইউরেটারের ভিতরে ভুল করে নাকি একটা এ্যাপারেটাস্ রেখে স্টিচ করে ফেলেছেন। ইউরিনের সাথে তাই অনবরত ব্লাড আসছে। আবার অপারেশন করতে হবে হয়ত। কিন্তু আর মাত্র এক সপ্তাহ কোনও রকমে আমাদের সঙ্গী হয়ে বাস যাত্রা করতে পারলেও আবার উনি অনুপস্থিত হয়ে পড়লেন। এরপর হয়ত মাস খানেকও হয়নি, একদিন সকালে বাসে উঠেই সেই ভীষণ দুঃসংবাদটা পেলাম, এই চ্যাটার্ড বাস ছেড়ে দিয়ে আমাদের চ্যাটার্জীসাহেব স্বর্গের চ্যারিয়টে চড়েছেন আগের দিন দুপুরে। আরও জানতে পারলাম যে আসলে ওনার মারণ ব্যাধি প্রস্টেট ক্যানসার হয়েছিল এবং সেটা অনেকটা ছড়িয়ে পড়েছিল। পাছে উনি সেটা জানতে পেরে শক্ পান তাই ওনার আত্মীয়স্বজন সবাই মিথ্যা করে ওনার কাছে সার্জেনের ভুল করে পেটের মধ্যে এ্যাপারেটাস্ রেখে দেওয়ার গল্প ফেঁদেছিল।

আমার ঠিক সামনের সিটে জানলার ধারে বসে রাইটার্সে কাজ করা বেশ বয়স্ক এক ভদ্রলোক সারাক্ষণ অসম্ভব মনোযোগ দিয়ে প্রত্যেক দিন গণশক্তি পড়তেন। বাসের গতিতে কাগজ পড়তে অসুবিধে হত বলে সঙ্গে একটা ম্যাগ্নীফাইং গ্লাস নিয়ে উঠতেন। গোল ম্যাগ্নীফাইং গ্লাসটা গণশক্তির ওপর বসিয়ে কাগজের প্রথম পাতা থেকে শেষ পাতা পর্যন্ত একবারে পুঙ্খানুপুঙ্খভাবে পড়ে যেতেন। আমি ওনাকে কখনও কারুর সঙ্গে কথা বলতেও দেখিনি অথবা একবারের জন্যও জানলার বাইরে বা বাসের ভিতরে কি হচ্ছে দেখার জন্য চোখ তুলে তাকাতে দেখিনি। আমার মনে হত উনি যেন একজন পরীক্ষার্থী, বাস থেকে নেমেই গণশক্তির ওপর পরীক্ষা দিতে বসবেন। এনার ছদ্মনাম দেওয়া হয়েছিল শক্তিদা। শক্তিদার পাকা গোঁফটা এতো নিখুঁত ভাবে ছাঁটা থাকত রোজ, যা দেখে আমার বদ্ধমূল ধারণা হয়েছিল নিশ্চয় সারা সকালটা ওনার নিজের গোঁফ ছাঁটতেই ব্যয় হয়ে যায়, আর তাই গণশক্তির এত নিষ্ঠাবান একজন পাঠক বাড়িতে কাগজের একটা পাতাও পড়ার সময় পান না। বাসে উঠেই ডান দিকে দরজার ঠিক পেছনে ছাল ঢাকা কঙ্কালের মত একজন গাল তোবড়ানো প্রৌঢ় জানলার ধারে বসতেন। কিন্তু সব সময় জানলার কাঁচ বন্ধ করে রাখতেন। ওনার পাশের সিট খালি পড়ে থাকলেও কেউ বসত না। একমাত্র যে দিন বাসের সব যাত্রীরা উপস্থিত থাকত কেবল সেইদিন ওই খালি সিটে বসতে হত। আমি যাদবপুর থেকে উঠতাম, প্রায় শেষ যাত্রী। তাই কখনও কখনও সব সিট ভর্তি রয়েছে দেখে বাধ্য হয়ে ওনার পাশেই বসতে হত। কিন্তু বসার পর বুঝতে পারতাম কেন খালি পড়ে থাকে ওনার পাশের স্থান। প্রথমত শত গরম হলেও উনি নিজের জানলার কাঁচ এতটুকুও সরাবেন না, আর দ্বিতীয়ত ভদ্রলোক ক্রনিক আমাশয় আর কোলাইটিসের

রোগী। সারা রাস্তা যে পাশে বসবে তাকে শুনতে হবে উনি কি ধরণের অসুখে ভুগছেন, দিনে রাতে অফিস আর বাড়িতে কতবার ওনাকে ল্যাট্রিন যেতে হয়, কলকাতায় কোন কোন ডাক্তার দেখিয়েছেন, কি কি ওষুধ খেয়েছেন, এছাড়াও হোমিওপ্যাথি, আয়ুর্বেদিক, আকুপাংচার ইত্যাদি কত রকমের যে চিকিৎসা করিয়েছেন তার হিসেব দেবেন এবং সেগুলো কোথায় করিয়েছিলেন বা তার ফল কি রকম হয়েছে তাও একদম বিস্তারিত ভাবে বলতে থাকবেন। পেট ভর্তি ভাত খেয়ে বাসে উঠে ওনার পাশে বসে এইসব শুনতে শুনতে আমার নিজেরও মনে হত যেন বাথরুম যাওয়ার দরকার। সবাই এনাকে দাসদা বলে ডাকলেও আড়ালে কিন্তু আন্ত্রিক বলে ডাকা হত।

একদিন হঠাৎ আবিস্কার হল সুবীর যে বেশ বড় আর দামী ফ্লাস্কটা কাঁধে ঝুলিয়ে বাসে ওঠে ওটার মধ্যে চা, সরবৎ কিংবা ডাবের জল নয়, কর্পূর দেওয়া সুন্দর ঠাণ্ডা জল থাকে। সুবীরের ঠাকুমা ব্যাঙ্কে চাকরি করা নাতি পাছে অফিসের জল খেয়ে অসুস্থ হয়ে পড়ে তাই রোজ সকালে মাটির কলসীর ঠাণ্ডা জলে অল্প কর্পূর মিশিয়ে ফ্লাস্কে ভরে অফিসে যাওয়ার সময় হাতে ধরিয়ে দেন। কিন্তু ঠাকুমা জানতেন না যে, আদরের নাতির স্বাস্থ্য রক্ষার্থে ওনার তৈরি করে দেওয়া জল ভর্তি ফ্লাস্কটা বাসের দেবুদা আবিস্কার করে ফেলার পর বেশির ভাগ দিনই বেচারা সুবীর নামার আগেই প্রায় খালি হয়ে যায়। সুবীর উঠলে দেবুদা মাঝে মধ্যেই বলত বাবলু তোর ওই কর্পূরমিশ্রিত জল একটু খাওয়া, গরমে গলা শুকিয়ে গেছে। নিজে তো খেলোই আবার অন্যদের বলত, —কারুর জল পিপাসা পেলে বলবেন, কর্পূর দেওয়া ঠাণ্ডা জল আছে এখানে। আশ্চর্য, শুনেই তক্ষুনি অনেকের জল খাওয়ার প্রয়োজন হয়ে পড়ত। দু'তিন ঢোঁক খেলেও ছ'সাত জন খাওয়ার পর প্রায় খালি হয়ে যাওয়া ফ্লাস্কটা বন্ধ করে সুবীরের কাছে আবার ফেরৎ দেওয়া হত। একদিন তো বাসে বিরাট তর্ক, সুবীর একটা নতুন গোল্ডেন ফ্রেমের গ্রীন গ্লাসের এভিয়েটর সানগ্লাস পরে বাসে চড়েছিল। ভারি সুন্দর দেখাচ্ছিল সুবীরকে। দেখার পরেই শুরু হল পেছনে লাগা, দেবুদা বাসে প্রশ্ন ছুঁড়ে দিল, বাবলুর সানগ্লাসটা কোন ব্র্যাণ্ডের কে বলতে পারে। সুবীর নিজেই তক্ষুনি উত্তর দিল, —এটার গ্লাসের ওপর তো লেখাই আছে রে ব্যান। সঙ্গে সঙ্গে তরফদার বলে দেবুদার এক চেলা বলে উঠল,—কিন্তু গতকাল দুপুরে টিফিনের সময় সুবীরকে আমি গ্রেট ইস্টার্ণ হোটেলের নিচে ফুটপাতে সানগ্লাসের দর করতে দেখেছি। দেবুদা মন্তব্য করল, —হ্যাঁ হতে পারে, এই রে ব্যান লেখা নকল সানগ্লাস ফুটপাতে প্রচুর পাওয়া যায়। কিনে পরলে কেউ ধরতে পারবে না। এইবার সুবীর চুপচাপ পকেট থেকে সানগ্লাসের ক্যাশ রিসিটটা বের করে তরফদারের হাতে দিল, —ওরেঃ বাবা! বলেই তরফদার দেবুদার হাতে দিল। এক ঝলক সেটা দেখে নিয়ে খুব করুণ সুরে দেবুদা সুবীরকে বলল, —বাবলু তুই আমাদের সবাইকে এত অবিশ্বাস করিস যে তোর রে ব্যান সানগ্লাসটা আসল সেটা জানানোর জন্য পকেটে করে রিসিটটাও নিয়ে ঘুরছিস? ইশ খুব দুঃখ পেলাম। এবার সবার দিকে ক্যাশ রিসিটটা তুলে ধরে দেবুদা ঘোষণা করল,—শুনুন সবাই, বাবলু যে নতুন সানগ্লাসটা পরে আছে সেটা একদম খাঁটি রে ব্যান, দাম চার হাজার সাতশো, গড়িয়াহাটের জি,কে,বি থেকে কেনা।

একদিন বাসে উঠে বসতে না বসতেই হাতে একটা চৌকো বেশ ভারী প্যাকেট ধরিয়ে দিল দেবুদার এক চেলা। কি ব্যাপার? জিজ্ঞাসা করতে জানতে পারলাম এটা আজ দেবুদার পাশে বসা রিটায়ার্ড মুখার্জীদা খাওয়াচ্ছেন নাকি। এবার লক্ষ্য করে দেখলাম সবার হাতেই একটা করে একই রকমের প্যাকেট রয়েছে। যাঁদের হাতে নেই তাঁরা আবার গুছিয়ে নিজের ব্রিফকেসের মধ্যে ঢুকিয়ে রেখে দিয়েছেন, অফিসে টিফিনের সময় খাবেন বলে। আমাকে আর প্যাকেট খুলে কি আছে দেখতে হল না, সামনেই কেউ কেউ প্যাকেট খুলে খাচ্ছেন দেখে বুঝে গেলাম কি কি খাবার রয়েছে ভিতরে। মনের মধ্যে যে প্রশ্নটা উঁকি দিচ্ছিল আমার সেটা আর করতে হল না, সুবীরের পাশে বসা রাইটার্সে চাকরি করা একজন মহিলা জিজ্ঞাসা করলেন —আচ্ছা মুখার্জীদা, এত সব ভাল ভাল খাওয়াচ্ছেন আমাদের সব্বাইকে, কিন্তু অকেশনটা তো জানালেন না? দেবুদা মুখার্জীদার হয়ে উত্তর দিল, আরে এ আর জানানোর কি আছে, আজকের দিনে মুখার্জীদা ছাঁদনাতলায় দাঁড়িয়েছিলেন। ব্যাস, সবাই হাততালি দিয়ে উঠল। এই সময় প্রণবেশ বলে দেবুদার আর এক চেলা হঠাৎ প্রশ্ন করে বসল, আচ্ছা মুখার্জীদা, আপনি তো ছিলেন পাবলিক ওয়ার্কস ডিপার্টমেন্টে, আপনি কোনও দিন ঘুষ খেয়েছেন? শুনেই দেবুদা জোরে বকে উঠল, —এই প্রণবেশ, কি হচ্ছেটা কি? এইসব প্রশ্ন চুপিচুপি করতে হয়, জানিস না? প্রণবেশ উত্তর দিল, আরে তাতে কি হয়েছে, মুখার্জীদা তো এখন রিটায়ার করে গেছেন? আর তাছাড়া বাসে তো শুধু আমরাই এই ক'জন। আমি বুঝতে পারলাম আজ মুখার্জীদাকে টার্গেট করেছে সবাই। এবার হাসতে হাসতে মুখার্জীদা উত্তর দিলেন —হ্যাঁ খেয়েছি রে। শুনে সবাই চমকে উঠল, আশাও করতে পারেনি এমন একটা জবাব আসবে মুখার্জীদার কাছ থেকে। —সে কি? সমস্বরে চেঁচিয়ে উঠলো কয়েকজন। —তাহলে প্লিজ সবার সঙ্গে একটু শেয়ার করুন আপনার ঘুষ খাওয়ার গল্পটা— তরফদারের মিনতি। আরে শোন তাহলে, আমি ঘুষ খেতে পারিনি বটে তবে জোর ঘুঁষি খেয়েছি একবার। বলেই হাসি মুখার্জীদার। এবার দেবুদা টেক-আপ করল, —এই সবাই চুপ একদম, মুখার্জীদা নিজের ঘুঁষি খাওয়ার গল্প শোনাচ্ছেন আমাদের। হ্যাঁ, তারপর বলুন তো আপনি। মুখার্জীদা শুরু করলেন, —আমি বহরমপুরের ছেলে, কৃষ্ণনাথ কলেজের ছাত্র তখন। আমাদের বাড়ির নাম হল সত্য ভবন, ঠাকুমা সত্যবালা দেবীর নামে বাড়ি। আমার ঠাকুর্দা ছিলেন ডাক্তার। গোরা বাজার এলাকায় একটা চেম্বার ছিল। সেই খাতিরে আমাদের পরিবার বেশ পরিচিত ছিল। সত্য ভবনের থেকে বেশ কিছুটা দূরত্বে একই পাড়ায় আর একটা বাড়ি ছিল যেটার নাম ছিল কনকলতা, চারিদিকে বেড়া দেওয়া সুন্দর সুন্দর নানান ফুলগাছওয়ালা ঝকঝকে একতলা বাড়িটা দেখতে অবিকল একটা বাংলো বাড়ির মত। এখানে একটি ফর্সা, আকর্ষণীয় চেহারার ষোলো-সতের বছর বয়েসের মেয়েকে প্রায় রোজই দেখতাম বাড়ির সামনের বাগানে ঘোরাঘুরি করে গাছের পরিচর্যা করছে। কখনও কখনও সংগে একটি ছোট ছেলে থাকত, হয়তো মেয়েটির ভাই হবে। যাতায়াত করার সময় আমি যেই ওই দিকে তাকাতাম, মেয়েটিও ঠিক একই সময় আমার দিকে দৃষ্টি নিক্ষেপ করত। এইটুকু বলার পরই দেবুদা চেঁচিয়ে বলে উঠল, —জমে গেছে গল্প, এবার বাকিটা শুনতে কিন্তু সবাইকে চাঁদা দিতে হবে। শুনে মুখার্জীদা হাসতে হাসতে বললেন, —আরে না না, সে রকম কিছু নয়। তারপর হল কি, এইভাবে চোখাচোখি হতে

হতে কিছুদিনের মধ্যে সদ্য যৌবনপ্রাপ্ত এক কলেজ ছাত্রের অন্তরে গভীর প্রেমের সঞ্চার হল। একলা নিজের ঘরে বসে সারা সন্ধ্যা ধরে রবীন্দ্রনাথ, শরৎচন্দ্র, মাইকেল মধুসূদন ইত্যাদি ঘেঁটে ঘেঁটে কোনওরকমে একটা প্রেম নিবেদন করে চিঠি লিখলাম। নাম জানতাম না, তাই আরম্ভ করেছিলাম ওগো আমার কনকলতা সুন্দরী বলে। আমার বড় বৌদির ঘরে ড্রেসিং টেবিলের একটা ড্রয়ারে বহুদিন আগের বেশ কিছু অজন্তা ইলোরার ছবি দেওয়া বিয়ের তত্ত্বে পাওয়া চিঠির খাম রাখা থাকত। সুযোগ বুঝে একসময় ঘরে গিয়ে চুপি চুপি একটা সেই খাম বের করে এনে তার মধ্যে প্রেমপত্রটা ঢুকিয়ে আঠা দিয়ে মুখটা বন্ধ করে দিলাম। তারপর সেটা নিয়ে সকালে কনকলতার সামনে পৌঁছে অপেক্ষা করতে রইলাম মেয়েটির বাগানে আসার জন্য। কিন্তু আশ্চর্য, ঠিক ওই দিনই বহুক্ষণ অপেক্ষা করেও তার দেখা নেই। অধীর হয়ে প্রায় যখন চলে যাব, ঠিক সেই সময় ওর বাচ্ছা ভাইটা দরজা খুলে বেরিয়ে এল বাগানে। আস্তে আস্তে এগিয়ে গিয়ে বাগানের দরজাটা খুলে ভেতরে ঢুকলাম, বুকের মধ্যে টিপটিপ শব্দ হচ্ছে শুনতে পাচ্ছি। হঠাৎ ছেলেটা আমাকে দেখতে পেয়ে এগিয়ে এলো, শুকিয়ে যাওয়া জিভে জিজ্ঞাসা করলাম তোমার দিদি আছে? উত্তর দিল, হ্যাঁ। বললাম একটু ডেকে নিয়ে আসতে পারবে? এমন বদমাস ছেলে, ছুট্টে চলে গেল বাড়ির ভেতর, আর তারপরেই মাঝ বয়সী, ভুঁড়িওয়ালা, কুস্তিগীরদের মত করে ধুতি পরা, আদুড় গায়ে এক ভদ্রলোককে ডেকে আনল বাচ্ছা ছেলেটা। দেখেই মনে হল লোকটা নিশ্চয় কালীপূজোয় পাঁঠা বলি দেওয়ার জন্য ডাক পায়। আমাকে দেখে ভুরু কুঁচকে কর্কশ কণ্ঠে জিজ্ঞাসা করলেন, কাকে চাই তোমার? ভেতরটা সব যেন শুকিয়ে কাঠ হয়ে গেছে, খুব অস্পষ্ট উচ্চারণে বললাম, না আমি বোধহয় ভুল বাড়িতে এসেছি। এবার লোকটা এগিয়ে গিয়ে বাগানের দরজাটা ভাল করে ছিটকিনি দিয়ে বন্ধ করে দিলেন, তারপর আবার ফিরে এসে আমাকে জিজ্ঞাসা করলেন, তোমার হাতে ওটা কি? তাড়াতাড়ি বাঁ হাতে ধরা খামটা পিছনে লুকানোর বৃথা চেষ্টা করতে যেতেই খপ করে আমার হাতটা টেনে এনে খামটা প্রায় ছিনিয়ে নিলেন, আর তারপর অত্যন্ত নির্মম ভাবে খামটা ছিঁড়ে ফেলে আমার লেখা জীবনের প্রথম প্রেমপত্রটা উঁচু করে ধরে পড়তে শুরু করলেন। লজ্জা, ভয়, ঘৃণা সব মিশ্রিত একটা অনুভূতি আমাকে যেন কুঁচকে ছোট করে দিচ্ছিল। চিঠিটা শেষ অবধি পড়ার পরেই একটা ভয়ঙ্কর হুঙ্কার দিয়ে উঠল লোকটা, —হারামজাদ, এতবড় সাহস তোমার? বাড়িতে ঢুকে মেয়েদের সঙ্গে প্রেম করতে এসেছ? বলতে বলতেই চক্ষের নিমেষে আমার কলার চেপে ধরে এক বিরাশি সিক্কার ঘুঁষি মারল আমার নাকে। গলগল করে গরম রক্ত বেরিয়ে আসতে লাগল, মাথাটা কেমন ঘুরে গেল যেন, জ্ঞান হারালাম। যখন জ্ঞান ফিরল তখন দেখলাম আমি একটা বেতের বড় সোফায় চিৎপাত হয়ে শুয়ে, নাকের ওপর ঠাণ্ডা জলে ভেজান একটা নেকড়া চাপা দেওয়া, মাথার কাছে হাতপাখা নেড়ে নেড়ে আমার চুলগুলো শুকিয়ে দিচ্ছেন একজন স্নেহময়ী নারী, প্রায় আমার মায়ের মত। চারপাশে উদ্বিগ্ন মুখে আরও কয়েকজন দাঁড়িয়ে। কিন্তু কোথাও আমার সেই ভালোলাগা সুন্দরী মেয়েটি বা সেই বদরাগী জল্লাদের মত নিষ্ঠুর লোকটিকে দেখতে পেলাম না। মেঝেতে বোধহয় অনেক রক্ত পড়েছিল, একজন বিধবা মহিলা, হয়তো বাড়ির চাকরানী হবে, ভালো করে ন্যাতা জল দিয়ে মুছে নিচ্ছে। উঃফ্ মা বলে একটা শব্দ বেরিয়ে গেল আমার মুখ দিয়ে।

তক্ষুণি সেই মায়ের মত মহিলা সস্নেহে মাথায় হাত বুলিয়ে দিতে দিতে জানতে চাইলেন, কি কষ্ট হচ্ছে বাবা? মাথার যন্ত্রণা হচ্ছে? বললাম, না আমি বাড়ি যাব। আর একজন মধ্য বয়সী মহিলা আমার পায়ের কাছে দাঁড়িয়ে ছিলেন, তিনি হঠাৎ জিজ্ঞাসা করলেন, আচ্ছা তুমি ডাক্তার কৃষ্ণেন্দু মুখার্জীর বাড়ির ছেলে না? অল্প ঘাড় নেড়ে বললাম, হ্যাঁ। সঙ্গে সঙ্গে মহিলাটি আমার মাথার কাছে বসা মহিলাকে বললেন, দেখলি ছোটো, আমি বলেছিলাম না? তুমি তাহলে কার ছেলে? আবার প্রশ্ন মহিলার। ক্ষীণ কণ্ঠে জবাব দিলাম, ডাক্তার কৃষ্ণেন্দু মুখার্জীর ছোট ছেলে পূর্ণেন্দু মুখার্জীর ছেলে আমি। ওহ্ আচ্ছা আচ্ছা, ঠিক আছে, ছোড়দা তুমি তাহলে ওকে সঙ্গে নিয়ে বাড়ি পৌঁছে দাও, আর ডাক্তারবাবু আর পূর্ণেন্দুবাবুর কাছ থেকে ক্ষমা চেয়ে নিও। বলবে আমার বড়দা একদম চিনতে পারেনি আপনার নাতিকে, তাই অনাহূত ভেবে একটা ঘুঁষি মেরে দিয়েছে। আমি এই কথা শুনেই সঙ্গে সঙ্গে চমকে উঠে বসে বলে উঠলাম, না না, আমি একাই চলে যাব, আমি একদম ঠিক আছি। সবাই এক সঙ্গে আপত্তি করে উঠলেও আমি আর অপেক্ষা না করে দাঁড়িয়ে উঠে একদম প্রায় দৌড়ে বাড়ি থেকে বেরিয়ে বাগানে চলে এলাম। তারপর একবার পিছন ফিরে দেখলাম যাঁরা যাঁরা ঘরে আমাকে দেখাশোনা করছিলেন সবাই দরজা দিয়ে বেরিয়ে এসে আমাকে দেখছেন। ঠিক এই সময় দোতলার ছাদের দিকে চোখ চলে গেল, দেখি আমার প্রেমিকা সেই সুন্দরী মেয়েটি ছাদের পাঁচিল দিয়ে ঝুঁকে আমাকে দেখছে। ওর মুখটা কেমন যেন খুব করুণ মনে হচ্ছিল। পরে জেনেছিলাম যিনি ঘুঁষি মেরে নাক ফাটিয়ে ছিলেন তিনি মেয়েটির জ্যেঠু, আর যে মহিলা আমাকে চিনতে পেরেছিলেন ডাক্তার কৃষ্ণেন্দু মুখার্জীর বাড়ির ছেলে বলে তিনি হলেন জ্যেঠিমা, যিনি আমার মাথার কাছে বসে সস্নেহে হাওয়া করছিলেন, তিনিই মেয়েটির মা। ঠিক এই সময় দেবুদা বলে উঠল, বাবলু দেখছিস তো? গুরুজনদের অভিজ্ঞতার দাম আছে। ভাল লেগেছে বলে হুটহাট করে যেন কোনও মেয়ের বাড়ির দরজায় চিঠি নিয়ে গিয়ে হাজির হয়ে যাস না, আমাদের আগে বলবি। এই বাসেও যদি কাউকে তোর মনে ধরে থাকে তাহলে খুলে বল আমাদের, বিনা মারধোর বা রক্তপাতে তোর বিয়ে দিয়ে দেবো সাতদিনে। এবার তরফদার জিজ্ঞাসা করল, মুখার্জীদা আমাদের বৌদি কি তাহলে আপনার প্রেমপত্রে লেখা সেই কনকলতা সুন্দরী? মুখার্জীদা হেসে ফেলে বললেন, অবশ্যই, ডাক্তার কৃষ্ণেন্দু মুখার্জীর নাতি বলে কথা, তার তো দাম আছে? তবে এই ঘটনার প্রায় তিন বছর পর আমার বিয়ে হয়েছিল। আমি তখন রাইটার্স বিল্ডিংএ সরকারী চাকরি পেয়ে কলকাতায় এসে উঠেছি। ঠিক এই সময় আমার স্টপেজ এসে গিয়েছিল, তাই অনিচ্ছা সহকারে এই রসাল আড্ডা ছেড়ে উঠে পড়লাম। নামার আগে আমি বললাম, মুখার্জীদা খুব ভাল লাগল আপনার প্রেম কাহিনী, ভীষণ ইন্টারেস্টিং, বহুদিন মনে থাকবে। ঈশ্বর আপনাদের দাম্পত্য জীবন সুখের এবং সুদীর্ঘ করুন। একটু ম্লান হেসে মুখার্জীদা ঠিক আমার নামার মুহূর্তে বললেন, কিন্তু ভাই, —বলেই একটু থেমে গিয়ে আবার বললেন, সে তো আজ দু'বছর হল আমাকে ছেড়ে অনন্তলোকে যাত্রা করেছে। ফুটবোর্ডে দাঁড়িয়ে আছি তবু আমার নামতে দেরি হচ্ছে দেখে বাসের চালক জোরে এয়ার হর্ণটা বাজাতেই চমকে বাসের দরজাটা খুলে তাড়াতাড়ি নেমে এলাম রাস্তায়।

মাঝে মাঝে অনেকেই নিজেদের নানা অনুষ্ঠান উপলক্ষে এই রকম বেশ খরচা করে বাসের সহযাত্রীদের খাওয়ানোর ব্যবস্থা করতেন। বিজয়া সম্মিলন করার জন্য আমাদের প্রত্যেকের থেকে চাঁদা তোলা হত। আবার প্রতি বছর একটা দিনে বাসের জন্মদিন পালন করা হত। সেই দিন মিষ্টি আর নোনতা খাবার ভর্তি একটা করে বক্স আর কিছু একটা স্যুভেনির যেমন লা-ওপালা বা বোন চায়নার একজোড়া কাপ ডিশ বা একটা সুন্দর ফুলদানি প্রত্যেক মেম্বারকে বাসের মালিক দিতেন। ফেরার সময় একই বাসে আসলেও সন্ধ্যার সময় বাসের ভিতরের পরিবেশ অনেকখানি বদলে যেত। বেশ কিছু সকলের যাত্রী সন্ধ্যার বাসের সুযোগ হয়তো নিতে পারতেন না অফিসের কাজের চাপে বা অন্য কোনও কারণে। সেই শূন্য স্থানগুলি নতুন কিছু যাত্রী পূরণ করতেন। সন্ধ্যার সময় আমার বাসে উঠে মনে হত যেন কোনও পানশালায় ঢুকেছি, বেশির ভাগ অফিস ফিরতি যাত্রীর চোখ ঢুলু ঢুলু, কেউ কেউ আবার অপর জনের কাঁধের ওপর বার বার ঘুমে ঢলে পড়ছেন। বাসের মধ্যে কোনও কথা-বার্তা বা সকালের মত হাসি মস্করা শোনা যাচ্ছে না। শুধু বাস চলার একটা যান্ত্রিক আওয়াজ, আর মাঝে মাঝেই যাত্রীদের ঘুমের রেশ কাটিয়ে দেওয়া কর্কশ হর্ণ বাজার শব্দ।

ঋতু পরিবর্তন

অনিমেষ সবে লাঞ্চ সেরে নিজের ডেস্কে ফিরে প্রজেক্টের বাকি কাজ গুলো কি ভাবে করা যায় তাই নিয়ে চিন্তা ভাবনা করছিল, এমন সময় বড় সাহেবের ঘরে ডাক পড়ল। একটু সন্ত্রস্ত আর সামান্য উদ্বিগ্ন হয়ে অনিমেষ যে চাপরাসিটি ডাকতে এসেছিল তাকে জিজ্ঞাসা করল, —"সাহেবের মেজাজ কেমন দেখলিরে শ্যামল, ঠিক আছে?"

—"না না, সারাক্ষণই তো খিটখিট করছে, বোনের বিয়ে তাই ছ'দিন ছুটি চাইলাম, উত্তর দিল একবারে ইস্তফা দিয়ে চলে যাও, আর আসতে হবেনা। সকালে কে একটা ফোন করেছিল জানিনা একদম ষাঁড়ের মতো চেঁচাচ্ছিল।"

—"সেকি রে, তুই তো আমায় ভয় পাইয়ে দিলি?" বলে চেয়ার ছেড়ে উঠে পড়ল অনিমেষ। তারপর করিডোরের শেষ প্রান্তে অপূর্ব কুমার চৌধুরী, জেনারেল ম্যানেজার লেখা ঘরের দরজাটা সন্তর্পণে ঠেলে ধরে জানতে চাইল, "স্যার আমাকে ডেকেছেন?" ক্ষীণ আশা মনে মনে যদি উনি বলেন 'না তো আপনাকে আমি ডাকিনি তো?'

এক ঝলক আগন্তুকের দিকে তাকিয়েই ভারিক্কি গলায় জি,এম বললেন, "হ্যাঁ আসুন, কোথায় গিয়েছিলেন, আমি প্রায় আধ ঘন্টা আগে আপনাকে কল করেছিলাম।"

—"স্যার আমি একটু লাঞ্চ করার জন্য বেরিয়েছিলাম, সরি স্যার।"

—"বসুন, যে প্রজেক্টটা হাতে রয়েছে সেটা কমপ্লিট হয়ে গেছে?"

—"প্রায় হয়ে গেছে, খালি ফিনিশিংটা একটু বাকি আছে স্যার, ওটা কালই কমপ্লিট করে দেব স্যার।"

—"ফিনিশিং আবার কি? আপনি কি মেকআপ আর্টিস্ট? মহিলাদের মেকআপ করতে করতে বলছেন চোখে কাজল পরানো বা মাথায় টিকলি পরানো খালি বাকি আছে, একটু পরেই হয়ে যাবে?" বেশ জোরে কথা গুলো বলেই জলের গ্লাসের ঢাকা খুলে আড়চোখে অনিমেষকে এক ঝলক দেখে নিয়ে কয়েক ঢোক জল খেয়ে নিলেন মিস্টার চৌধুরী।

একটু লজ্জিত হয়ে মাথাটা নামাতেই অনিমেষের শ্যামলকে মনে পড়ে গেল, বেচারা ছ'দিন ছুটি চেয়েছিল বলে এই ষাঁড়টা ওকে ইস্তফা দিতে বলেছিল।

—"এনি ওয়েজ মিস্টার রায়, আপনাকে আর ফিনিশিংটা করতে হবেনা, ওটা আপনি মিসেস সুনন্দা চ্যাটার্জীকে হ্যাণ্ডওভার করে দিন।"

ভয়ঙ্কর উদ্বিগ্ন হয়ে অনিমেষ জিজ্ঞাসা করল, —"কেন স্যার, আমার সার্ভিসের কি আর প্রয়োজন থাকছেনা?"

—"আপনাকে ম্যানেজমেন্ট প্রমোশন দিতে চাইছে, ফ্রম টুমরো অনোয়ার্ডস, ইউ উইল ওয়ার্ক এজ সিনিয়র প্রজেক্ট ম্যানেজার। মিস্টার ওম আগরওয়াল রিজাইন করে আমেরিকা চলে যাচ্ছেন নতুন চাকরি নিয়ে। আপনি আগরওয়ালকে রিপ্লেস করছেন। দায়িত্ব যেমন বাড়ল তেমনি স্যালারি এবং বেশ কিছু পার্কস্ ও বাড়বে। কাজটা বুঝে নিয়ে মন দিয়ে করার চেষ্টা করুন কারণ আপনি বোর্ড অফ ডাইরেক্টরসদের নজরে রয়েছেন। নাও ইওর পারফরম্যানস্ ক্যান ব্রিং ইউ এনিথিং, মাইণ্ড ইট। আর হ্যাঁ, এই মুহূর্তে অফিস থেকে আপনাকে কোন ফার্নিশড্ এ্যাকোমেডেশন দেওয়া যাচ্ছেনা, তাই ইচ্ছা করলে আপনি থার্টি থাউজেন্ড্ রেন্টের মধ্যে কোন ভাল এ্যাকোমেডেশন খুঁজে নিয়ে কম্পানীর স্পেসিফিকেশন অনুযায়ী সাজিয়ে নিতে পারেন, সব রিইমবার্সমেন্ট অফিস থেকে পেয়ে যাবেন। এনিথিং এলস্?"

—"থ্যাঙ্ক ইউ স্যার, আমার এক্সপেক্টেশনের বাইরে সব কিছু, তাই কি বলবো বুঝতে পারছিনা স্যার, খালি আপনার আশীর্বাদ দিন যাতে আমি সঠিক ভাবে আপনাদের সকলের এক্সপেক্টেশনটা পূরণ করতে পারি।"

—"ঠিক আছে, কনগ্র্যাচুলেশণস্। বাড়িতে কে কে আছেন?"

—"স্ত্রী, আমাদের একমাত্র পুত্র আর মা বাবা। বোনের বিয়ে হয়ে গেছে।"

—"গুড, এ্যপয়েন্টমেন্ট লেটারটা আপনার টেবিলে চলে যাবে। এখন আসুন।"

নিজের ডেস্কে ফিরে অনিমেষ সেল ফোন কানে লাগিয়ে খুব নিচু গলায় বলল, —"এই শোনো, ব্যস্ত আছো? বলছিলাম কি, আজকে হয়তো আমার তাড়াতাড়ি হয়ে যাবে, তাই ভাবছি ডিনারটা বাইরে করব, যাবে?"

—"কেন হঠাৎ? আমার আর যেতে আপত্তি কি থাকতে পারে, তবে তোমার তো আবার কাল ভোরে উঠেই অফিস, রাত্রে ক্লান্ত হয়ে ফিরে তোমার অসুবিধে হবেনা তো?"

—"না না, তুমি রেডি হয়ে থেকো, একটু আগে আগে বেরিয়ে পড়ে না হয় তাড়াতাড়ি ফিরে আসব।"

কথা শেষ করেই অনিমেষ চেয়ে দেখল চারদিকে বেশ ভীড় হয়ে গেছে। সবাই চেঁচিয়ে বলে উঠল, "কনগ্র্যাচুলেশনস্ অনিমেষদা, বিরাট ট্রিট দিতে হবে কিন্তু, এইমাত্র সুখবরটা পেলাম, আমরা খুব হ্যাপি। ওই গোমড়ামুখো কেরিয়ারিস্ট আগরওয়ালটা চলে যাচ্ছে আর সেই জায়গায় আপনি আসছেন শুনে ভীষণ খুশি আমরা।"

—"ঠিক আছে ভাই, আমাকে একটু সময় দিতে হবে, খানিকটা গুছিয়ে নিয়ে তোমাদের সবাইয়ের চাহিদা মিটিয়ে দেব।" অনিমেষ হেসে বলল।

সকাল সকাল ফেরার কথা বললেও অনিমেষের অফিস থেকে ফিরতে বেশ খানিকটা দেরীই হয়ে গেল। বাড়ি পৌঁছেই ঋতুকে বলল —"তুমি তৈরি? আমি দু'মিনিটে স্নান সেরেই বেরিয়ে পড়বো। টিনটিন যাচ্ছে আমাদের সংগে?"

—"না, ও ঠাম্মার কাছে থাকবে বলেছে।"

তাড়াতাড়ি তৈরি হয়ে, অনিমেষ ঋতুকে নিয়ে ট্যাক্সিতে করে পার্ক স্ট্রিটের মার্কো পোলোতে চলে এসে নিরিবিলি দেখে একটা টেবিল পছন্দ করে বসল। তারপর পছন্দসই খাবারের অর্ডার দিয়ে নিজের অফিসের সব ঘটনা এবং নিজের প্রমোশনের কথা স্ত্রীর কাছে প্রকাশ করে বলল, —"এবার আমাদের একটা বেশ বড়সড় ফ্ল্যাট খুঁজে নিতে হবে। আমি জানি এতো ছোট্ট একটা ফ্ল্যাটে থাকতে তোমার খুব কষ্ট হয়, মাঝে মাঝেই তুমি হয়তো হাঁপিয়ে ওঠো, আর সেটা খুব স্বাভাবিক, কারণ তুমি ছোটো থেকেই খুব বড় খোলামেলা বাড়িতে থেকে এসেছো।"

—"তা কেন, আমার সঙ্গে তুমিও তো রয়েছ, তোমার কষ্ট হয়না? মাত্র দু'খানা ঘর তাও একটা আবার দশ ফিট বাই ন'ফিটের। কোনও ব্যালকনির বালাই নেই, বৃষ্টি পড়লে ভিজে কাপড় ঘরে শুকাতে হয়, আত্মীয় স্বজন কেউ এসে পড়লে একফালি ডাইনিং স্পেসে শুতে দেওয়া ছাড়া উপায় নেই। আকাশের রঙ দেখতে ছাদে বা রাস্তায় যেতে হয়।"

—"জানি গো জানি প্রিয়ে, এবার মোরা সাজাবো আলয়, অনেক যতন নিয়ে।" অনিমেষের বানানো কবিতা শুনে ঋতু আর থাকতে না পেরে বেশ জোরে হেসে ফেলল, —"দ্যাখো, কাজের অতলে তোমার এতো বড়ো একটা কবি মন কোথায় ডুবে গেছে। এবার দায়িত্ব বাড়লে হয়তো কোনও দিনই আর তাকে খুঁজে পাওয়া যাবে না।"

—"ঠিক পাবে তবে সুযোগ মত জাল ফেলতে হবে। আচ্ছা ঋতু তোমার আর কি অভিযোগ আছে একটু খুলে বলবে আজ?"

—"ওমা অভিযোগ কেন থাকবে? সে সব কিছুই নেই, তবে চাহিদা থাকতে পারে।"

—"হ্যাঁ নিশ্চয়, বলো?"

—"পাঁচ বছর হলেই টিনটিনকে একটা খুব ভালো স্কুলে ভর্তি করতে চাই। আমাদের একটা গাড়ি থাকলে এদিক ওদিক যেতে সুবিধে হয় বিশেষ করে মা বাবা সঙ্গে থাকলে। আর----"

—"আর কি, বল?" অনিমেষ আগ্রহ নিয়ে জিজ্ঞাসা করল।

—"না, ভাবছিলাম আমি আবার যদি ওই এন,জিও তে জয়েন করি, তোমার খারাপ লাগবে?"

—"দেখ, আমার তো মাইনে পত্তর বেশ খানিকটা বাড়বে, তাই তোমাকে সেদিকটার জন্য কোনও চিন্তা করতে হচ্ছেনা, তবে বাড়িতে যতটা এখন সময় দিতে পারছি ততটা আর দিতে পারবো না হয়তো, তাই মা বাবা টিনটিন সবাইকে তো এখন থেকে তোমাকেই দেখতে হবে আরও বেশি করে। তুমি এখনই যদি এন, জিওতে জয়েন কর সবারই মনে হয় খুব অসুবিধা হবে। যাইহোক দেখা যাক কি করা যায়। আর কি আছে বল, মন হাল্কা করে।"

—"আর একটা ব্যাপার এমনই যে তোমাকে বলতে সঙ্কোচ হচ্ছে।" ডেসার্টের বোলটা কাছে নিয়ে ঋতু বলল।

—"আজ তুমি দ্বিধাহীন হয়ে সব বলে দাও।"

—"ব্যাপারটা বাবাকে নিয়ে।"

—"আরে বাবা ঠিক আছে, বললাম তো যা মনে আছে সব স্পষ্ট করে বলে ফেলো।"

—"তুমিতো দেখেছো বাবার ইদানিং হোমিওপ্যাথি চিকিৎসা করার নেশায় পেয়েছে। মুশকিল হচ্ছে উনি মর্নিং ওয়াকে গিয়ে বা বাইরে কোথাও গিয়ে কারুর কোনও অসুখের কথা শুনলেই হোমিওপ্যাথি চিকিৎসা শুরু করে দিচ্ছেন। বাইরে তবু ঠিক আছে, কিন্তু আজকাল প্রায়ই নানা ধরণের সব লোক, তা সে রিকশাওয়ালা হোক বা ফেরিওয়ালা, বাড়িতে এসে বলছে বাবা আমার এই হয়েছে সেই হয়েছে ইত্যাদি। আর বাবাও তাদের যত্ন করে ডাইনিং রুমটায় বসিয়ে সব রোগের বিবরণ শুনে পুরিয়া করে করে ওষুধ দিচ্ছেন। সেদিন হয়েছে কি, একটা লোক বোধহয় বাজারে সবজি বা মাছ বিক্রি করে, দেখে তাই মনে হল, এসে জিজ্ঞাসা করছে বাবা আছে? বাবা তো তাকে দেখেই 'আয় আয় ভেতরে এসে বোস' বলে খুব খাতির করে আমাদের একটা ডাইনিং চেয়ারে বসিয়ে বলল, 'হ্যাঁ এবার ভালো করে বল দেখি কি অসুবিধে আছে তোর।' আমি দূরে থাকলেও শুনলাম সে বলছে 'বাবা আমার খাওয়ার রুচি নেই, সারা শরীরে ক্লান্তি, দু'দিন মুখে অল্প রক্তও এসেছে সকালের দিকে।' হয়তো লোকটার যক্ষা হয়েছে। তাই ভয় হল, টিনটিন রয়েছে আর এই ধরণের সব রোগী বাড়িতে চলে আসছে। বাবাকে বললাম সে কথা, শুনে একটু হেসে বললেন 'কোনও ভয় নেই, তোমার টিনটিনও একদিন ডাক্তার হলে এই রকম সব রোগীদের নিয়ে কাজ করবে। আর এরা সব ভীষণ গরিব, মোটা টাকা ফি দিয়ে ডাক্তার দেখানোর এবং দামী দামী এলোপ্যাথি ওষুধ কিনে খাওয়ারও ক্ষমতা নেই। তাই চেষ্টা করি যতটা সাহায্য করা যায়।' বাবার এই ব্যাপারটা আমার মোটেই পছন্দ হয়না, কিন্তু উপায় নেই। তুমি বাবাকে যদি একটা চেষ্টার করে দিতে পারতে তাহলে হয়তো এটার খানিকটা সমাধান হতো।"

ঘড়ি দেখলো অনিমেষ, তারপর বিল মিটিয়ে দিয়ে বলল, —"চলো বেশ রাত হয়ে গেল কথায় কথায়, কাল আবার অফিসে পৌঁছেই নতুন দায়িত্ব বুঝে নেওয়ার ব্যাপার আছে।"

২

অফিসের এক সহকর্মী, ডেপুটি এইচ,আর,ডি ম্যানেজার কৌশিক মিত্রের কাছ থেকে বাড়ির ব্যাপারে পরিচিত একটি ব্রোকারের সন্ধান পেয়ে অনিমেষ ফোন করে তার সঙ্গে যোগাযোগ করে নিজের চাহিদার কথা জানালো। এদিকে ওম আগরওয়াল অনিমেষকে ওপর ওপর কোনও রকম বুঝিয়ে দিয়ে তৃতীয় দিনই এসে বলল, —"আমি চললাম ভাই, নেক্সট ফ্রাইডে আমাকে নিউ ইয়র্কের ফ্লাইট ধরতে হবে, হাতে একদম সময় নেই, আমার এই ঘর টেবিল চেয়ার টেলিফোন সব তোমাকে উপহার দিয়ে গেলাম, উইশ ইউ গুড লাক।"

এর একটু পরেই শ্যামল এসে খবর দিল, —"স্যার, বড় সাহেব ডাকছেন।"

—"কেমন দেখলি মুড?"

—"এখন ওনার জ্বর মাপলে নিশ্চয় একশো চার ডিগ্রী হবে।"

—"কেন রে? অসুস্থ?"

—"না না, ঘরের এ,সি গুলো সব ষোলোতে চালিয়ে রেখেছে, আমি ঘরে দু মিনিট দাঁড়িয়ে এতো কাঁপছিলাম যে মনে হলো নিউমোনিয়া হয়ে যাবে।"

বেশ খানিকটা উদ্বেগ নিয়ে অনিমেষ জি,এম এর ঘরে ঢুকে জিজ্ঞাসা করলো, —"স্যার ডেকেছেন?"

—"আপনি সব বুঝে নিয়েছেন?"

—"যতটা পেরেছি বুঝে নিয়েছি সার।"

—"যতটা পেরেছির মানে আমার জানা নেই, বি স্পেসিফিক, আমাদের মোস্ট ইম্পর্ট্যান্ট ফরেইন ক্লায়েন্টসদের নাম-ধাম আর তারা কি কি কাজের বরাত দিয়েছে সেগুলো জট্ ডাউন করে নিয়ে সেই অনুযায়ী একটা প্রায়টারাইজড লিস্ট করে নিয়েছেন?"

—"আমি ওটা এখন করে নিচ্ছি স্যার।" বলেই মনে মনে চিন্তা করলো সত্যি শ্যামলটা ঠিক বলেছিল, ষাঁড়টা গরমের চোটে নিজের ঘর এতো ঠাণ্ডা করে রেখেছে যে হাড় হিম হয়ে যাচ্ছে।

—"যদি কমপ্লিট না হয়ে থাকে তাহলে আগরলওয়ালকে যেতে দিলেন কেন?" বেশ বিরক্ত মুখ করে চেঁচিয়ে জানতে চাইলেন অপূর্ব চৌধুরী।

—"স্যার আমায় কিছু বলার সুযোগ না দিয়েই ও হঠাৎ এসে হ্যাণ্ড শেক করে বলল আমার ঘর টেবিল চেয়ার সব আপনাকে উপহার দিয়ে আমি চললাম, পরের শুক্রবার আমার ফ্লাইট, তাই তার সব ব্যাবস্থা করতে হবে।"

—"আমি তিন দিন সময় দিলাম আপনাকে, তার মধ্যে সব বুঝে নিয়ে আমার কাছে এসে কনফার্ম করে যাবেন। এখন আসতে পারেন।"

ঘরে ফিরে আসতেই মোবাইলটা বেজে উঠল। 'হ্যালো' বলতেই ওপার থেকে ব্রোকার সুশীল বাবু বললেন, —"স্যার আপাতত তিনটে ভালো ভালো ফ্ল্যাট আছে আমার হাতে, কিন্তু একটু তাড়াতাড়ি দেখে ঠিক করে ফেলতে হবে। এখন যেতে পারবেন?"

—"আরে দূর মশাই, আমার এখন শিরে সংক্রান্তি, চাকরি থাকে কিনা ঠিক নেই, রবিবার ছাড়া কোনও সময় দিতে পারবো না।"

—"তাহলে দেখি যদি ল্যাণ্ডলর্ডদের বলে রাজী করাতে পারি। আপনাকে রবিবার সকাল ন'টা দশটার সময় নিয়ে গিয়ে যে কটা দেখাবার দেখিয়ে ঐদিনই একবারে ফাইনাল করে ফেলব।"

—"সেই ভালো। তবে রবিবার আমার বাড়ি আসার আগে একবার ফোন করে জেনে নেবেন, কারণ ঐ দিনও কতটা ফ্রি থাকবো জানিনা।"

রবিবার আসতে সুশীলবাবু ফোন না করেই সকাল ন'টার সময়ে অনিমেষের বাড়িতে এসে হাজির হয়ে বলল, —"স্যার আজ না গেলে খুব সুন্দর একটা ফ্ল্যাট হয়তো হাত ছাড়া হয়ে যাবে। এখনই যেতে হবে আপনাকে।"

অনিমেষ ঋতুকে সঙ্গে যাওয়ার জন্য অনেক বলে কয়ে রাজী করাল, তারপর দু'জনে সুশীলবাবুর সঙ্গে বাড়ি দেখতে বেরিয়ে পড়লো। তিনটে বাড়ি দেখে শেষে হিন্দুস্থান পার্কে একটি মাল্টিস্টোরিড বিল্ডিং এর ছ'তলায় একটা এ্যাপার্টমেন্ট দেখে দু'জনের বেশ পছন্দ হয়ে গেল। বড়ো বড়ো দু'খানা শোবার ঘর ছাড়াও একটা মাঝারি সাইজের স্টাডি রুম আর রান্নাঘর লাগোয়া বেশ বড়ো ড্রইং কাম ডাইনিং রুম। দু'খানা টয়লেট এবং রাস্তার ওপর বেশ চওড়া একটা ব্যালকনি। সেলার পার্কিংয়ের সুবিধাও রয়েছে। অনিমেষ ঋতুর সঙ্গে একটু আলোচনা করে নিয়ে বাড়িটা ফাইনাল করে ফেলল। ভাড়াও ত্রিশ হাজার অর্থাৎ অফিস যা দেবে সেটাই তবে তিন বছর অন্তর টোয়েন্টি পারশেন্ট করে বাড়বে। বাড়ি ফেরার সময়ে অনিমেষ ঋতুকে জিজ্ঞাসা করল, —"আমরা তাহলে নেক্সট সানডে মানে সেকেণ্ড মে সিফ্ট করি?"

—"একবার মা আর বাবার সঙ্গে আলোচনা করে নাও।"

—"নিশ্চয়ই, মা অবশ্য সেদিন শুভদিন কিনা জানতে চাইবে। তাই ভাল হয় একবার পুরোহিত মশাইকে ফোন করে জেনে নিলে।"

বাড়ি ফিরে অনিমেষ মা বাবার সঙ্গে আলোচনা করে আর পুরোহিত মশাইয়ের সাথে কথা বলে পরের রবিবার নতুন ফ্ল্যাটে শিফ্‌ট করার ব্যাপারটা পাকা করে ফেলল। অনিমেষের বাবা সামান্য মনঃক্ষুন্ন হয়ে বললেন, —"অনেকদিন এ পাড়ায় রয়েছি, তাই সকলেই পরিচিত হয়ে গেছেন, বাড়ির বাইরে বেরিয়ে যার সঙ্গেই দেখা হয় জিজ্ঞাসা করে কেমন আছেন দাদা, কেউ বলে কাকু আবার কেউ কেউ বলে দাদু। অনেক সময় কেউ অসুস্থ হলে এসে বলে, যতটুকু পারি হোমিওপ্যাথিক ওষুধ দিয়ে সারাতে চেষ্টা করি। এগুলো সব নতুন জায়গায় গিয়ে খুব মিস করবো জানিস।

—"তুমি এই বাড়িটা রেখে দেবে? কারণ নতুন ফ্ল্যাটের ভাড়াতো আমার অফিস দিয়ে দেবে, তাই এর ভাড়াটা যেমন দেওয়া হচ্ছে তেমনি দিয়ে যেতে পারবো। তুমি তাহলে সকালে বা বিকেলে একবার করে এখানে চলে এসে ওদের চিকিৎসা করার অভ্যাসটা বজায় রাখতে পারবে?" অনিমেষ বাবার কাছে জানতে চাইল।

—"নাঃ, এতো গুলো টাকা আবার ভাড়া বাবদ খরচ করে নষ্ট করবি?"

—"নষ্ট চিন্তা করলেই নষ্ট, কিন্তু এইটুকু খরচা করে যদি তোমার মনের একটা শখ ভাল ভাবে পূরণ করতে পারি, তাহলে আমার নিজের মনেও অনেক শান্তি আর আনন্দ থাকবে। তাই এই বাড়িটা আমি ছাড়বনা এই সিদ্ধান্তটা পাকাপাকি ভাবে এখনই নিয়ে নিলাম।"

৩

সব রকমের আবশ্যিক ফার্নিচার এবং সংসারের প্রয়োজনীয় অন্যান্য সামগ্রী যা যা লাগে সবকিছু দিয়ে তিন দিনের মধ্যে অফিস সাজিয়ে দিয়েছিল অনিমেষের ফ্ল্যাটটা। পুরোনো ফ্ল্যাট থেকে তাই জামাকাপড় আর নিত্য প্রয়োজনীয় জিনিস ছাড়া কিছুই নিয়ে আসার দরকার পড়েনি শিফটিংয়ের সময়। অনিমেষ জি,এম, কে অনুরোধ করে কোনওরকমে দু'দিনের ছুটি ম্যানেজ করতে পেরেছিল শিফটিং করার জন্য। রবিবারের ঝামেলা চুকিয়ে সোমবার সন্ধ্যায় নতুন ফ্ল্যাটে অফিসের বিশেষ বিশেষ কয়েকজন সহকর্মী বন্ধু এবং জি,এম, অপূর্ব কুমার চৌধুরী সহ আরও দু'তিন জন সিনিয়ার অফিসারকে আমন্ত্রণ করে রেখেছিল। তাই ডেকরেটরকে দিয়ে ফ্ল্যাটটা খুব সুন্দর করে লাইট, ফুল আর সোফাসেট দিয়ে সাজিয়ে নিয়েছিল। খাওয়া দাওয়া এবং ড্রিঙ্কস্ পরিবেশনের সমস্ত দায়িত্ব একটা নামকরা কেটারারকে দেওয়া ছিল। বস অপূর্ব চৌধুরী এবং সহকর্মীদের অনেককেই সস্ত্রীক আসার আমন্ত্রণ জানিয়েছিল অনিমেষ।

সোমবার দুপুর গড়িয়ে বিকেল হতেই ঋতু পার্লার থেকে একটু মেকআপ করে আসার জন্য অনিমেষকে বলে বেরিয়ে পড়ল। অনিমেষ নিজেও খানিকটা সেজেগুজে অতিথিদের আগমনের প্রতীক্ষায় ব্যালকনিতে বসে থাকল। অনিমেষের বাবা মা ফ্ল্যাটের ভীড় থেকে নিজেদের সরিয়ে রাখতে পুরোনো ফ্ল্যাটে ফিরে গেলেন। সন্ধ্যা যত বাড়তে লাগল একে একে আমন্ত্রিতরা আসতে শুরু করে দিল। ঋতু বাড়ি ফিরতে অনিমেষ হেসে বলে উঠলো,

—"হেরি তব ঐ মুক্ত কটি, কাজল গভীর নয়ন দুটি, তরু লতা সম তনুতে তোমার, জড়ায়ে থাকিব সখী,"

—"ব্যাস ব্যাস, অনেক হয়েছে, প্রতিভাটা না হয় আপাতত লোকজনের সামনে গোপন থাক।" খুব অপ্রস্তুত হয়ে আর লজ্জা পেয়ে ঋতু হাসি মুখে অনিমেষের দিকে তাকিয়ে বলল।

—"না না অনিমেষদা, হোক্ হোক্, দারুণ শুরুটা হয়েছে রিয়েলি, আই'ম নট জোকিং," হাততালি দিতে দিতে মিসেস সুনন্দা চ্যাটার্জী কথাটা শেষ করে নিজের স্বামীকে বলল, —"দেখো দেখো, তুমি অনিমেষদার কাছ থেকে খানিকটা অন্তত শিখে নাও।" তারপর ঋতুর দিকে তাকিয়ে বলল, —"সত্যি ঋতুদি, আপনাকে ভীষণ সুন্দর লাগছে, আজকে আপনিই শো-স্টপার। শাড়িটাও যেমন দারুণ তেমনি চমৎকার পরার স্টাইল।"

—"এই ঋতুদি আবার কি, আমরা সবাই বন্ধু, ঋতু বললেই বেশী খুশি হবো। তোমাদের ড্রিঙ্কস্ দিয়েছে?"

ঋতু এটা বলেই অনিমেষের দিকে তাকালো।

—"হ্যাঁ, একপ্রস্থ দিয়েছে, কিন্তু বড় সাহেবের দেখা নেই কেন?" অনিমেষ অতিথিদের উদ্দেশ্যে বলল।

—"ফোন করো না একবার?" ঋতু উত্তর দিল।

—"পাগল? ফোনেই জানতে চাইবে কোনও নতুন ক্লায়েন্ট এলো কিনা, না এসে থাকলে তুমি তাহলে কি করছো ইত্যাদি নানা প্রশ্ন।"

সবাই হেসে উঠতেই ডোর বেলটা বেজে উঠলো। অনিমেষ দৌড়ে গিয়ে দরজা খুলে বলে উঠলো,—"আসুন স্যার, এই মাত্র আপনার আসতে দেরী হচ্ছে দেখে ফোন করতে যাচ্ছিলাম।" তারপর হাতজোড় করে ওনার স্ত্রীর দিকে তাকিয়ে বলল,—"নমস্কার ম্যাডাম, আপনি এসেছেন দেখে ভীষণ আনন্দিত হলাম। এই ঋতু, এদিকে একটু এসো, মিসেস চৌধুরী এসেছেন দেখ।"

বিশাল মেদবহুল এবং অত্যধিক ফর্সা পঞ্চাশোত্তর মিসেস চৌধুরীকে ভেতরে নিয়ে এসে ঋতু একটা সোফায় বসাল, তারপর জিজ্ঞাসা করলো, —"কাকীমা কি ড্রিঙ্কস্ খাবেন?"

—"তুমি তো অনিমেষের স্ত্রী? কি নাম তোমার?"

—"ঋতু"

—"তুমি বরং কাকীমা না বলে আমাকে মিসেস চৌধুরী বলো, আমার পুরো নাম শুভ্রা চৌধুরী।"

ঋতু খানিকটা থতমত খেয়ে গেলেও ম্যানেজ করে নিয়ে বলল, —"ঠিক বলেছেন, কাকীমা শুনলে কেমন বয়স্কা বয়স্কা লাগে।"

—"হ্যাঁ, তুমি ড্রিঙ্কস্‌ জিজ্ঞাসা করছিলে না? আমার সব চলে ভাই, আপাতত একটা ছোট্ট হুইস্কি দিতে পার, অসুবিধা থাকলে ককটেল।"

ইতিমধ্যে সব অভ্যাগতরাই এসে হাজির হয়ে গেছে। অপূর্ব চৌধুরীর সঙ্গে ঋতুর আলাপ করাতেই উনি ঋতুকে ভাল করে জরিপ করে মুচকি হেসে বললেন,—"আরে! আপনার স্ত্রীতো উর্বসী! আমি কিন্তু জানি ঋতু, আপনি যেমন খুব ভাল নাচতে জানেন তেমনি সুন্দর গান গাইতেও পারেন। কি? ঠিক বলেছি কিনা?" হাতে হুইস্কির গ্লাস নিয়ে মিস্টার অপূর্ব চৌধুরী ঋতুকে জিজ্ঞাসা করল। একটু সচকিত হয়ে বাঁদিকে শাড়ির আঁচলটা খানিকটা নামিয়ে খোলা কোমর আর নাভির অংশটা ঢাকা দিয়ে মিস্টার চৌধুরীর দিকে সোজা তাকিয়ে ঋতু উত্তর দিল, —"না, সামান্য ভুল জানেন, আমি ডান্স শিখিনি কোনওদিন।"

—"কিন্তু এতো সুন্দর ফিগার, নাচ শেখা উচিত ছিল। যাইহোক, তাহলে একটু গানই শুনি? কি বলেন আপনারা?"

সবাই এই সময় ড্রিঙ্কসের গ্লাস নিয়ে পছন্দমত বন্ধুর সাথে মিহি কণ্ঠে গল্পে ব্যস্ত থাকলেও অপূর্ব চৌধুরীর কথাটা কানে পৌঁছাতেই সবাই সমস্বরে বলে উঠলো, "হ্যাঁ নিশ্চয়, প্লিজ ঋতু ম্যাডাম, একটা গান হয়ে যাক, খুব ডাল লাগছে।"

মিসেস চৌধুরী ততক্ষণে বেশ কয়েক পেগ ঢুকিয়ে ফেলেছেন, তবুও গান শুরু হলে ওনার আরও কিছুটা এ ব্যাপারে সুবিধা হবে মনে করে সকলের আওয়াজ থেমে যেতে উনি হঠাৎ খানিকটা জড়ানো গলায় বলে উঠলেন, —"দেখ ঋতু, এতো লোক অনুরোধ করছেন যখন, শোনাও না ভাই একটা ভাল গান?"

কিন্তু ঋতু সে কথায় কান না দিয়ে মোবাইলটা বার করে বলল, —"এক্সকিউজ মি, এক মিনিট, এক্ষুনি আসছি।"

তারপর একটু পরে ফিরে অনিমেষের কাছে এসে চাপা স্বরে বলল, —"বাবাকে ফোন করে বলে দিয়েছি আজ রাত্রে ওখানেই থেকে যেতে, মা-বাবা আর টিনটিনের রাতের খাবারটা তুমি ওই বাড়িতে কেটারারের কোনও লোক দিয়ে পাঠিয়ে দাও এখনই, ন'টা বাজে প্রায়।"

—"গুড, খুব ভালো করেছ, ওনারা এখানে ফিরলে বেশ এমব্যারাসড ফিল করতেন হয়ত।" বলেই অনিমেষ বাইরে বেরিয়ে গেল খাবার পাঠানোর ব্যবস্থা করতে।

—"নিন ম্যাডাম, এবার শুরু হয়ে যাক প্লিজ।" এইচ,আর,ডি ম্যানেজার সঞ্জয় লাহিড়ী আগ্রহ নিয়ে অনুরোধ করল। সঙ্গে সঙ্গে ওনার স্ত্রী মিসেস লাহিড়ী উঠে এসে ঋতুর হাত ধরে টেনে এনে সোফায় নিজের পাশে বসিয়ে বলল, —"ঠিক আছে? এবার আরম্ভ করুন।"

ঋতু গলাটা একটু ঝেড়ে নিয়ে একটা রবীন্দ্র সঙ্গীত শুরু করল, 'যেতে যেতে একলা পথে, নিবেছে মোর বাতি, ঝড় এসেছে ওরে ওরে, ঝড় এসেছে ওরে এবার, ঝড়কে পেলেম সাথী--'

অনিমেষ বিস্মিত হয়ে একমনে শুনছিল দরজায় হেলান দিয়ে দাঁড়িয়ে। গান শেষ হতেই সবাই জোর হাততালি দিয়ে উচ্ছ্বসিত প্রশংসা করতে লাগল। অপূর্ব চৌধুরী খালি বললেন, —"আরে ম্যাডাম আপনি তো আসর তাতিয়ে দিলেন। আরও একটা হোকনা?"

ঋতু আরও একটা রবীন্দ্র সঙ্গীত শুনিয়ে সবাইকে বুফেতে অংশ নেওয়ার অনুরোধ জানাল। কিন্তু মিসেস শুভ্রা চৌধুরী হয়তো তখনও অতৃপ্ত ছিলেন তাই আরও খানিকটা সুরাপান করার জন্য বললেন, —"ঠিক আছে সবাই শুরু করুন ভাই, বাট ইটস্ টু আর্লি ফর মি।"

এটা শুনে হঠাৎ মেজাজ হারিয়ে অপূর্ব চৌধুরী চিৎকার করে বলে উঠলেন, —"সমানে গিলে যাচ্ছো, সুন ইউ উইল স্টার্ট ট্রিপিং, খেয়াল আছে মেয়েকে আনতে আমাদের এয়ারপোর্টে পৌঁছাতে হবে ভোর চারটেতে? এখন কি লোকের ঘাড়ে চেপে বাড়ি পৌঁছাবে?"

—"অপূর্ব, হোয়াট মেকস্ ইউ শাউট লাইক আ হাউণ্ড? হোয়াই নট ইউ অয়েল ইওর ওন স্পিনার ম্যান?"

—"আই নো ইউ আর হেল আউট অলরেডি।" বাজখাঁই গলায় অপূর্ব চৌধুরী বললেন।

এবার মিসেস চৌধুরী আরও গলা চড়িয়ে বলে উঠলেন, —"শাট আপ, যেখানে যাবে এইরকম সিন ক্রিয়েট করবে।"

—"অল রাইট, ইউ স্টে হিয়ার ওভারনাইট, আমি ডিনার করে চলে যাচ্ছি।" বলেই মিস্টার চৌধুরী রাগত হয়ে দাঁড়িয়ে পড়লেন।

—"হোয়াট দা ব্লাডি হেল ইউ আর সেইং? আমাকে ফেলে রেখে চলে যাবে তুমি? ডোন্ট ফরগেট ইউ গট আ হিউজ মানি ফ্রম মাই ফাদার জাস্ট ফর সেনডিং ইওর ডটার আউট টু ইউ,কে।"

—"মাই ডটার? ইজ শী মাই ডটার এলোন? ও যদি স্কলারশিপ নিয়ে ইউ,কে তে পড়তে যেতো তাহলেই ও তোমার ডটার হয়ে যেতো, তাই না?"

এতো চিৎকার হচ্ছে দেখে অনিমেষ ভয়ে ভয়ে চুপ করে ওদের ব্যাপার স্যাপার লক্ষ্য করছিল। কিন্তু এইচ,আর,ডি ম্যানেজারের স্ত্রী মিসেস লাহিড়ী এবার উঠে এসে শুভ্রাদেবীকে বললেন, —"ব্যাস ব্যাস, হয়ে গেছে, আপনি আসুন তো আমার সঙ্গে।" তারপর হাত ধরে উঠিয়ে ধীরে ধীরে বুফের টেবিলের কাছে নিয়ে গেলেন। কিন্তু অসুবিধা আছে বুঝে শুভ্রাদেবী কি কি খেতে চান জিজ্ঞাসা করে একটা প্লেটে সেগুলো তুলে ওনাকে অনিমেষের

শোবার ঘরে নিয়ে গিয়ে বসালেন। মিসেস লাহিড়ী নিজের প্লেটেও খাবারটা তুলে নিয়ে শুভ্রাদেবীকে সঙ্গ দিতে শোবার ঘরে এসে ওনার কাছে বসলেন।

৪

বাড়ি ফাঁকা হতে অনিমেষ স্নান সেরে পোষাক বদলে একটু ব্যালকনিতে এসে বসল। রাত প্রায় সাড়ে বারটা। নিচের রাস্তাটা ফাঁকা শুনশান, কখনও সখনও একটা গাড়ি বা মোটর সাইকেল ছুটে বেরিয়ে যাচ্ছে। সামনের প্রায় সব বাড়িরই আলো নিভে গেছে। নিঃশব্দে কখন যে ঋতুও হাল্কা হয়ে এসে দাঁড়িয়েছে বুঝতে দেয়নি। ঋতুকে দেখে অনিমেষ জিজ্ঞাসা করল, —"তাহলে? কি বুঝলেন ম্যাডাম? কেমন লাগলো আজকের পার্টিটা?"

—"বুঝলাম একটাই, তুমিও ওই সো কলড্ এলিট গ্রুপে ঢুকে পড়লে।"

—"তাতে খুশি হওনি তুমি?"

—"হ্যাঁ, না হওয়ার তো কোনও কারণ নেই? আরও জাঁদরেল হতে গেলে মিসেস শুভ্রা চৌধুরীর মত ভয়ঙ্কর এ্যলকোহলিক হওয়ার প্রয়োজনও হতে পারে হয়তো।"

—"সত্যি, এটাই ভাবছিলাম একটু আগে। কি অদ্ভূত ওনাদের স্বামী স্ত্রীর সম্পর্ক। ডিসেন্সি ডেকোরাম স্থান কাল কোনও কিচ্ছুর ধার ধারেননা ড্রিঙ্ক করে ঝগড়া করার সময়ে।"

—"তুমি আজ ড্রিঙ্ক করলেনা কেন, পাছে বাবা মা এসে পড়েন বলে?" ঋতু একটু মুচকি হেসে জিজ্ঞাসা করল।

—"খানিকটা তাই বলতে পার, তবে আমি তো হোস্ট, ঠিক উচিত হবে না মনে হল, যদিও মিস্টার লাহিড়ী, কৌশিক মিত্র, সুনন্দা চ্যাটার্জীর স্বামী এরা সবাই খুব সাধাসাধি করছিল।"

অনিমেষ কথা শেষ করেই শুনতে পেল ঋতু মোবাইল কানে লাগিয়ে কথা বলতে আরম্ভ করেছে, —"হ্যাঁ, মা তোমরা ঠিক মত খেয়েছো? টিনটিন কখন ঘুমালো?

—"আমরা খুব ভালো খেয়েছি, প্রত্যেকটা আইটেম ভীষণ টেস্টফুল হয়েছে। আশ্চর্য টিনটিনকে খাওয়াতে আজকে আর কোনও টিনটিন বই বা টিভিতে টম এণ্ড জেরি খোলার দরকার হয়নি, চটপট করে নিজেই ওই সব খাবার খেয়ে নিয়েছে।"

—"ও তোমাদের কাছে থাকলে খুব ভাল থাকে, আমার দরকারই হয়না, জেনে গেছে ঠাম্মা দাদুর কাছে যা চাইবো পাবো।" ঋতু বলল।

—"তোমরা শুতে যাওনি এখনও?" অনিমেষের মা জিজ্ঞাসা করলেন।

—"এবার যাবো। সব শেষ হতে হতে বারটা বেজে গেল। এখন তাহলে রাখি মা?" ফোনটা নামিয়ে ঋতু অনিমেষকে বলল, —"আমি এবার শুতে গেলাম।"

—"একটু বসো না, কালকেও তো ছুটি আছে? আজকে তোমার গান শুনতে শুনতে কি মনে হচ্ছিল জানো? তুমি এতো ভালো গান গাইতে পারো জানাই ছিল না। সত্যি বলতে গেলে, তোমার মুখের দিকে তাকিয়ে আমার মাঝে মাঝে মনে হয়, তোমার সম্বন্ধে আরও অনেক কিছুই আমার অজানা রয়ে গেছে। কি জানি হঠাৎ কবে আবার সেগুলোর কিছু আবিষ্কার করে আজকের মতোই অবাক হয়ে লজ্জিত হয়ে পড়ব।" অনিমেষ ঋতুর হাতটা নিজের হাতে নিয়ে মুখের দিকে তাকিয়ে একটু হাসল।

—"নাঃ, আজ আর নয়, রাত অনেক হয়ে গেছে। আমি ঘরে যাচ্ছি। তুমি বসে বসে ভাবতে থাক।"

দরজায় হঠাৎ বেল বাজার শব্দে অনিমেষ একটু বিরক্ত হয়ে পাশ ফিরে শুলো। কিন্তু মিনিট খানেক পরেই আবার বেলের শব্দ হতে মাথাটা তুলে একটু চেঁচিয়ে বলল, —"ঋতু একটু দেখবে প্লিজ?"

কিছুক্ষণ অপেক্ষার পর এবার দু'বার পর পর বেলের শব্দ। ঋতু তাহলে বাথরুমে নিশ্চয় চিন্তা করে অনিমেষ খানিকটা বিরক্তি নিয়ে বিছানা থেকে উঠে দরজা খুলতে গেল।

—"স্যার জিনিসপত্র গুলো নিতে এসেছি আর বিলটাও সঙ্গে এনেছি।" ডেকরেটরের দু'জন লোক বাইরে দাঁড়িয়ে বলল।

—"এতো সকালে?"

—"এখন তো বেশ বেলা স্যার?"

ঘরে ঢুকে ঘড়ির দিকে তাকিয়ে অনিমেষ অবাক হল, পর্দা টানা ছিলো বলে বোঝাই যায়নি, সকাল গড়িয়ে বেলা প্রায় সাড়ে দশটা বেজে গেছে।

—"ঠিক আছে, তোমরা জিনিসগুলো নিয়ে যাও আর বিলটা রেখে যাও, আমি সব চেক করে কাল পেমেন্ট দিয়ে দেবো।

ওরা জিনিসপত্র নিয়ে চলে যেতে অনিমেষ দরজা বন্ধ করে ঘরের এ্যাটাচড় বাথের বন্ধ দরজার সামনে এসে জিজ্ঞাসা করল, —"ঋতু, তুমি কি স্নানে গেছো?" কোনও সাড়া না পেয়ে দরজায় টোকা দিয়ে আবার বেশ জোরে ডাকল, —"ঋতু? এই ঋতু, শরীর ঠিক আছে?"

সমস্ত বাড়িটাই যেন কেমন নিস্তব্ধ, নিঝুম। ঝট্ করে বাথরুমের দরজার ল্যাচটা ঘোরাতেই খুলে গেল সংগে সংগে। খালি বাথরুম। তাহলে নিশ্চয় কমন বাথরুমে রয়েছে। কিন্তু গিয়ে দেখল দরজা খোলাই রয়েছে, কমন বাথরুমেও নেই। অনিমেষ এবার চিন্তা করল হয়তো ওর ঘুম না ভাঙ্গিয়ে সকালের ব্রেকফাস্টের জন্য ঋতু কাছাকাছি কোনও দোকান থেকে

কিছু কিনতে বেরিয়েছে, বাইরে থেকে নাইট ল্যাচের সদর দরজাটা টেনে বন্ধ করে দিয়ে গেছে। মোবাইলটা তুলে ঋতুকে ফোন করল।

—"হ্যালো, কে বলছেন?" একটা পুরুষ কণ্ঠ প্রশ্ন করল।

—"আপনি কে বলছেন আগে বলুন, আমি তো আমার ওয়াইফকে ফোন করেছি?" বিরক্তি নিয়ে অনিমেষ জানতে চাইল।

—"আচ্ছা, এটা আপনার ওয়াইফের ফোন? আমি তো এটা গড়িয়াহাটের ফুটপাথে আজ ভোরে পেলাম।"

—"হ্যাঁ হতে পারে, আপনি ক'টার সময় পেয়েছেন, ও সকালে বেরিয়েছিল একবার, তখন তাহলে ব্যাগ থেকে পড়ে গেছে। আপনি ওটা ফেরত দিয়ে দিন আমাকে। আমি হিন্দুস্থান পার্কে থাকি। আমিও অবশ্য গিয়ে নিয়ে আসতে পারি যদি আপনার ঠিকানাটা বলেন।"

—"না না, কোনও প্রমাণ নেই কিছু নেই, বললেই কি ওমনি ফেরৎ দেওয়া যায়? আমি ভোর ছ'টার সময় ফুটপাথ থেকে পেয়েছি। তা আপনার ওয়াইফ কোথায়, তাঁকে দিন কথা বলতে চাই।"

—"উনি এখনও ফেরেন নি। আর আপনি কি প্রমাণ চাইছেন বলুন আমি দিচ্ছি।"

—"উঁহু, উনি ফিরলে আমাকে ফোন করতে বলুন। সব কথা ওনার সঙ্গেই হবে।" বলেই লোকটি ফোন কেটে দিল।

অনিমেষ এবার বেশ চিন্তিত হয়ে পুরোনো ফ্ল্যাটে বাবার মোবাইলে ফোন করল, —"বলছি, ঋতু ওখানে রয়েছে?"

—"ঋতু? কই এখানে আসেনি তো? কেন তোকে বলে বাড়ি থেকে বের হয়নি?"

—"না আমি একটু বেলা পর্যন্ত ঘুমোচ্ছিলাম, তাই না বলে হয়তো কিছু কিনতে বেরিয়েছে। ঠিক আছে আমি দেখছি।"

এবার বেশ দুশ্চিন্তা শুরু হল অনিমেষের। ভোর ছ'টায় গড়িয়াহাটের রাস্তায় যদি ঋতুর মোবাইল ফোনটা পড়ে গিয়ে থাকে, তাহলে অতো সকালে ঘুম থেকে উঠে নিশ্চয় ব্রেকফাস্টের খাবার বা অন্য কিছু কিনতে ওখানে যায়নি। তাহলে কোথায় গেছে? এরমধ্যে তো প্রায় সাড়ে চার-পাঁচ ঘন্টা কেটেও গেছে অথচ এখনও ফিরলো না? হ্যাঁ হতে পারে, সম্ভবত নিজের মা বাবার সঙ্গে দেখা করতে গেছে। তক্ষুণি ফোন তুলে আমহার্স স্ট্রিটে অনিমেষ নিজের শ্বশুরবাড়ি ফোন করল। শাশুড়ি ফোন ধরতে বলল, —"মা আমি অনিমেষ বলছি, ঋতু কি ভোর বেলা আপনাদের কাছে গেছে?"

—"কই না তো? এইরে! ঋতুকে খুঁজে পাওয়া যাচ্ছেনা নাকি?"

—"না না চিন্তার কিছু নেই, হয়তো দোকান বাজারে কোথাও গেছে আমাকে না বলে।"

—"ওকে ফোন করে দেখো না?"

—"না ওর ফোনটা রাস্তায় পড়ে গেছে, একজন কুড়িয়ে পেয়েছে বলে জানতে পেরেছি। আমি দেখছি। আপনি একদম চিন্তা করবেন না।"

—"চিন্তা একটু হচ্ছে বৈকি, তুমি কিন্তু ঋতু ফিরলেই আমাকে সঙ্গে সঙ্গে জানিয়ে দিও।"

ফোন রেখে অনিমেষ খানিকটা অস্থির বোধ করতে লাগল। তাড়াতাড়ি করে নিজে ফ্রেশ হয়ে নিল। তারপর ব্যালকনিতে গিয়ে রাস্তার দিকে তাকিয়ে খানিকটা অপেক্ষা করতে লাগল। হঠাৎ ডোর বেলটা বেজে উঠল। তক্ষুণি খুব উৎসাহ নিয়ে অনিমেষ দরজা খুলতে ছুটে গেল। ঋতু বাড়ির কাজের জন্য একটি মেয়েকে ঠিক করেছিল। দরজা খোলার সঙ্গে সঙ্গে সেই মেয়েটি ছুটে বাড়ির ভেতরে চলে গিয়েই চেঁচিয়ে ডাকতে লাগল, "বৌদি? ও বৌদি, কোথায় তুমি?"

—"বৌদি কোথাও বেরিয়েছে, তুমি যা যা করার করে চলে যাও।" অনিমেষ জানাল।

এবার অনিমেষ অধৈর্য হয়ে সম্ভাব্য গন্তব্য স্থল গুলোয় ফোন করে করে সন্ধান নিতে শুরু করল যদি কোথাও গিয়ে থাকে ঋতু। কিন্তু কেউই কিছু বলতে পারল না।

৫

একটু পরেই অনিমেষের মা বাবা টিনটিনকে নিয়ে নতুন ফ্ল্যাটে চলে আসলেন। অনিমেষের মা দুপুরের আহার তৈরি করতে ব্যস্ত হয়ে পড়লেন। এদিকে ক্রমশ বেলা গড়িয়ে দুপুর হয়ে গেলেও ঋতুর কোনও খবর পাওয়া গেলনা। শেষে অনিমেষ আর অপেক্ষা না করে নিজের এক অন্তরঙ্গ বন্ধু চিন্ময়কে সঙ্গে নিয়ে গড়িয়াহাট থানায় গিয়ে ঋতুর ছবি আর সমস্ত বিবরণ দিয়ে একটা মিসিং ডায়েরি করল। ঋতুর মোবাইল নম্বরটা দিয়ে অফিসারকে জানাল, —"আজ ভোর ছ'টার সময় ঋতুর মোবাইলটা গড়িয়াহাটের ফুটপাথে একজন কুড়িয়ে পেয়েছে, আমি ফোন করতে সেই ধরে জানিয়েছে। তবে বলেছে ঋতু নিজে যদি ফোন করে প্রমাণ দিতে পারে তাহলেই ও মোবাইলটা ফেরৎ দেবে।"

—"ঠিক আছে, আমি দেখছি। আপনারা নিজেদের আত্মীয় স্বজন বন্ধু বান্ধবদের সঙ্গে যোগাযোগ করে দেখুন কেউ কিছু সন্ধান দিতে পারেন কিনা। আর ইতিমধ্যে যদি কিছু খবর পান আমাদের অবশ্যই জানাবেন। আপনাদের ফাইভ ইয়ার্সের ম্যারেড লাইফ বলেছেন, কি লাভ ম্যারেজ?"

—"না এ্যারেঞ্জড ম্যারেজ, নিউজ পেপারে আমার বাবা এ্যাড দিয়েছিলেন।"

—"হ্যাপিলি ম্যারেড নাকি খিটির মিটির লেগেই থাকত?"

—“ভেরী হ্যাপি ছিলাম।”

—“একটা কথা খুব পরিস্কার করে বলুন, আপনার স্ত্রীর বা আপনার নিজের কোনও এক্সট্রা ম্যারিটাল কানেকশন্?

—“কিচ্ছু না।”

অল রাইট, এখন আমাদের কাজ করতে দিন, যে কোনরকম খবর পাওয়া গেলেই জানিয়ে দেব।” পুলিশ অফিসারটি কথা শেষ করেই ঋতুর মোবাইল নম্বরটা একটা চিরকুটে লিখে থানার একজন এসিস্ট্যান্টকে দিয়ে বললেন, এই নম্বর থেকে লাস্ট ছ’মাসে যত কল এসেছে বা গেছে সব লিস্ট চাই আমার।”

অনিমেষ চিন্ময়কে নিয়ে বাড়ি ফিরেই দেখল প্রায় ভিড় হয়ে গেছে। ঋতুর মা বাবা ছাড়াও ওর এক মামা মামি এবং তাঁদের এক যুবক পুত্র, অনিমেষের নিজের এক মাসী মেসোমশাই, অফিস থেকে সুনন্দা চ্যাটার্জী সমেত আরও তিন চার জন সহকর্মী। এ ছাড়া ওদের পাশের এ্যাপার্টমেন্টে থাকে এক নেপালী মহিলা সেও এসে বসেছিল অনিমেষের ছেলেকে পাশে নিয়ে। ঋতুর সঙ্গে এই নেপালী মহিলা প্রথম দিনই আলাপ করেছিল। এয়ার হোস্টেস। ঋতুর কাজের মেয়েটিকে এই ঠিক করে দিয়েছিল। সবাই অধীর আগ্রহে অনিমেষের ফেরার জন্য অপেক্ষা করছিল।

—“কি বলল পুলিশ? কিছু সন্ধান পেয়েছে বলে জানিয়েছে?” ঋতুর বাবা খুব উদ্বেগ নিয়ে জিজ্ঞাসা করলেন।

—“সমস্ত বিবরণ আর ফটো দিয়ে মিসিং ডায়েরি করে এসেছি। ওরা এখন সব জায়গায় অনুসন্ধান চালাবে। তবে কোনও চিন্তা করতে বারণ করেছে।” অনিমেষ কথা শেষ করতেই ঋতুর মামা বেশ কঠিন কণ্ঠে জিজ্ঞাসা করলেন, —“তোমার সত্যিই জানা নেই ঋতু কোথায়? কাল ঝগড়া ঝাঁটি করে কিছু অপমানকর কথা বলেছো হয়তো, তাতেই ও চলে গেছে কোথাও?”

—“আমাদের মধ্যে কোনও ঝগড়া হয়নি, খুব ভাল সম্পর্ক ছিল।”

—“কাল সন্ধ্যায় তোমাদের এখানে মদের আসর বসেছিল না? সেখানে তো অনেক রাত পর্যন্ত চিৎকার চেঁচামেচি করে ঝগড়াও হয়েছে বলে জানতে পেরেছি। কি ঠিক কিনা?”

অনিমেষ অফিসের সহকর্মীদের দিকে অসহায় হয়ে তাকাতেই মিসেস সুনন্দা চ্যাটার্জী নেপালী মহিলার দিকে ইঙ্গিত করলেন। এবার অনিমেষের বুঝতে বাকি রইলো না নেকস্ট ডোর নেইবর এই নেপালী মহিলাই ও থানা থেকে ফেরার আগে সবাইকে গতকালের ঘটনা জানিয়ে দিয়েছে।

—"ব্যাপারটা হয়েছিল আমাদের অফিসের জেনারেল ম্যানেজার আর তাঁর স্ত্রীর সংগে। এনারা যারা দাঁড়িয়ে আছেন আমার অফিসের, সবাই কাল পার্টিতে উপস্থিত ছিলেন, জিজ্ঞাসা করলেই জানতে পারবেন।" কথাগুলো বলে অনিমেষ আর দাঁড়ালো না, নিজের শোবার ঘরে চলে গেল।

হঠাৎ মোবাইলটা বেজে উঠলো অনিমেষের পকেটে। বার করেই দেখল ঋতুর ফোন, —"হ্যালো, কে বলছেন?"

—"হ্যাঁ, সকালে আপনার সঙ্গে আমার কথা হয়েছিল মনে পড়ছে?" পুরুষ কণ্ঠ জিজ্ঞাসা করল।

—"খুব মনে পড়ছে, আপনিই তো আমার স্ত্রীর এই মোবাইলটা কুড়িয়ে পেয়েছেন বলেছিলেন?"

—"ঠিক, কিন্তু আপনার স্ত্রী কি এখনও ফেরেন নি? আমি তো ওনার সঙ্গে কথা বলে কিছু প্রমাণ নিয়ে ফোনটা ফেরৎ দিয়ে দেব বলেছিলাম?"

একটু উত্তেজিত হয়ে অনিমেষ বলল, —"আমার স্ত্রীকে খুঁজে পাওয়া যাচ্ছেনা, আমি পুলিশে ডায়েরি করেছি।"

—"ও আচ্ছা, তাই মনেহয় পুলিশ এই নম্বরে একটু আগে ফোন করে আমি কে, কোথায় ফোন পেয়েছি এই সব জানতে চাইছিল। বলেছে এটা যদি একটা মার্ডার কেস বলে জানা যায়, তাহলে পুলিশ নাকি আমাকে সঙ্গে সঙ্গে গ্রেফতার করবে। তাই আমি এখন ফোন ফেরৎ দিতে গড়িয়াহাট থানায় গিয়ে নিজের মুখটা দেখাতে চাইছি না, আপনি বরং একটু কষ্ট করে গোলপার্কে লাইফ লাইন মেডিক্যাল স্টোর্সের সামনে চলে আসুন, এসে এই ফোনটায় একটা কল করুন, আমি মোবাইলটা আপনার হাতে দিয়ে দেব। আর স্যার, আমরা খুব গরিব মানুষ, ছোট্ট একটা দোকান চালাই ফুটপাতে, তাই যদি বখশিশ বাবদ কিছু টাকা সাহায্য করেন খুব উপকার হয়।"

চট্ করে বিছানা থেকে উঠে দাঁড়িয়েই অনিমেষ উত্তর দিল, —"ঠিক আছে আমি পনের মিনিটের মধ্যে লাইফ লাইনে পৌঁছে এই নম্বরে ফোন করছি, আপনি একটু অপেক্ষা করুন ওখানে তাহলে।"

তাড়াহুড়ো করে অনিমেষকে বাড়ি থেকে বের হতে দেখে আগন্তুকদের ধারণা হল হয়তো কোনও সন্ধান পাওয়া গেছে, তাই ওদের মধ্যে অনেকেই সঙ্গ দিতে চাইল। কিন্তু কাউকে সঙ্গে না নিয়ে অনিমেষ একটু পরেই ফিরে আসছি বলে বাড়ি থেকে বেরিয়ে পড়ল। তারপর নির্দেশ মত জায়গায় পৌঁছে ঋতুর নম্বরে কল করতেই লাইফ লাইন মেডিক্যাল স্টোর্সের কাঁচের দরজা ঠেলে একটি পনের ষোলো বছরের ছেলে বেরিয়ে এসে ঋতুর

মোবাইলটা অনিমেষের হাতে দিয়ে বলল, —"কাকু পাঠিয়ে দিয়েছে, কিছু সাহায্য করবেন কি?"

—"কাকু কোথায়, আমার তো কাকুর সঙ্গেই কথা হয়েছিল?"

হেসে ছেলেটি বলল, —"পুলিশ কেস তো, তাই সামনে আসতে ভয় পাচ্ছে, পাছে মুখ চিনে ফেললে পুলিশ ধরে নিয়ে যায়?"

—"ঠিক আছে এই টাকাটা কাকুকে দিয়ে দিও।" এবার ফোনটা ঠিক আছে কিনা খুলে দেখে নিয়ে অনিমেষ তাড়াতাড়ি বাড়ি ফিরে এলো।

সবাই তখনও অপেক্ষা করছিল অনিমেষের জন্য। ফোন পাওয়া গেলেও ঋতুকে কেন এখনও খুঁজে পাওয়া গেলনা এটা বলতে বলতে ঋতুর মা হঠাৎ কাঁদতে শুরু করে দিলেন। সবাই বুঝিয়ে খানিকটা শান্ত করালো ওনাকে। এদিকে অনেকটা সময় মা অনুপস্থিত দেখে টিনটিনও মা কোথায় মা কোথায় বলে ঠাম্মাকে বার বার প্রশ্ন করতে শুরু করে দিল। সমস্ত বাড়িতে এক অদ্ভূত পরিস্থিতির সৃষ্টি হল। ঋতুর পরিবার কার্যত অনিমেষকেই ঋতুর এই রহস্যজনক উধাও হয়ে যাওয়ার জন্য সন্দেহ করতে শুরু করেছে বেশ বুঝতে পারা যাচ্ছে। অনিমেষ অফিসে আরও কয়েকটা দিন ছুটি চেয়ে দরখাস্ত লিখে কৌশিকের হাতে দিয়ে অপূর্ব চৌধুরীকে একটু বুঝিয়ে বলতে অনুরোধ করল। তারপর গড়িয়াহাট থানায় ফোন করে ঋতুর মোবাইলটা ফেরৎ পেয়ে যাওয়ার ঘটনাটা জানিয়ে রাখল।

৬

নানারকম দুশ্চিন্তা গুলো মাথার মধ্যে ভীড় করে আসছিল বলে রাত্রে বিছানায় শুয়ে ছটফট করছিল অনিমেষ। পাশে রাখা ঋতুর মাথার খালি বালিশটার ওপর হাত রেখে চিন্তা করছিল, কি হোল হঠাৎ যে ঋতুকে ভোর ছ'টার আগে উঠে বাড়ি থেকে বেরিয়ে পড়তে হল? গভীর রাতে মাঝে মাঝে একটু তন্দ্রাচ্ছন্ন হয়ে পড়লেও চটকা ভেঙ্গে উঠে পড়ছিল অনিমেষ, মনে হচ্ছিল যেন ডোর বেলটা বেজে উঠল। দু একবার ছুটে গিয়ে দরজাটা খুলেও দেখেছে, কোথাও কেউ নেই। ভয়ঙ্কর এক মানসিক অবস্থায় অস্থির থেকে হয়তো শেষ রাতের দিকে খানিকটা গভীর ঘুমিয়ে পড়েছিল অনিমেষ, কিন্তু খুব ভোরবেলা মোবাইল ফোনের আওয়াজে ঘুম ভেঙ্গে গেল। বিছানা থেকে নেমে গিয়ে ফোনটা তুলে দেখল অজানা নম্বর, —"হ্যালো কে বলছেন?"

—"অনিমেষ রায় বলছেন?" যেখান থেকে ফোন এসেছে সেখানে আরও কয়েকজন হৈ চৈ করে কথা বলছে শোনা যাচ্ছে।

—"হ্যাঁ কি ব্যাপার বলুন?"

—"আমি সোনারপুর থানার ওসি, একজন মহিলার বডি পাওয়া গেছে, সোনারপুর স্টেশনের কাছেই ভোরের দিকের ট্রেনে রান ওভার হয়েছে। আইডেন্টিফাই করতে এখনই চলে আসুন এই থানায়, আপনি তো স্ত্রীর মিসিং রিপোর্ট করেছেন গড়িয়াহাট পুলিশ স্টেশনে?"

পায়ের নিচের মেঝে যেন সরে যাচ্ছে, জিভটা এতো শুকিয়ে গেছে যে কোনওরকমে "ঠিক আছে আমি আসছি" কথাটা উচ্চারণ করতে পারল। তারপর প্রায় টলতে টলতে পাশের ঘরে গিয়ে "বাবা" বলে চিৎকার করে ডেকে উঠল। কমলেশবাবুর ঘুমটাও পাশের ঘরে ফোন বাজার শব্দে ভেঙ্গে গিয়েছিল। অনিমেষের ডাক শুনে ধড়মড় করে উঠে পড়ে জিজ্ঞাসা করলেন,—"কে ফোন করেছিল?"

আতঙ্ক আর বিহ্বলতা যেন আচ্ছন্ন করে ফেলেছে অনিমেষকে, শুষ্ক গলায় বলল, —"ঋতু সুইসাইড করেছে মনে হচ্ছে! সোনারপুর থানা আমাকে বডি আইডেন্টিফাই করতে ডেকেছে।"

—"হতেই পারেনা, ঠিক আছে চল, আমি যাচ্ছি তোর সঙ্গে, তৈরি হয়ে নে।"

একটা ট্যাক্সি নিয়ে দুজনে সোনারপুর থানায় পৌঁছাতে ওসি সোনারপুর স্টেশনে এনে স্ট্রেচারে ঢাকা দেওয়া একটা বডি রেলের শববাহকে খুলে দেখাতে বলল। অনিমেষ ভয়ে অন্যদিকে মুখটা ফিরিয়ে নিল। কিন্তু কমলেশবাবুর মন্তব্য শোনা গেল, —"না না অসম্ভব, এটা ঋতু নয়।"

বাবার মন্তব্য শোনার সঙ্গে সঙ্গে মুখ ঘুরিয়ে অনিমেষ তাকাল লাশটার দিকে, প্রায় ঋতুর বয়সী এবং ঋতুর মুখের সঙ্গে খুব সামান্য মিল আছে এমন একজন মহিলার লাশ শায়িত রয়েছে। তবে এই মহিলার গায়ের রঙ বেশ ময়লা। উফ্, অনেকটা হাল্কা অনুভব করতে লাগল অনিমেষ। বাবার দিকে চেয়ে হেসে বলল, —"তুমি ঠিক বলেছিলে, হতেই পারেনা ঋতু সুইসাইড করেছে।"

ঘটনার অভিঘাতে বিধ্বস্ত অবস্থায় বাড়ি ফিরেও শান্তি নেই, কিছুক্ষণ অন্তর অন্তরই অনিমেষের কাছে আত্মীয় বন্ধুদের ফোন আসতে শুরু করল। দুপুরের সময় গড়িয়াহাট থানা থেকে ফোন করে একজন অফিসার আবার ঋতুর ফোন থেকে পাওয়া কয়েকটা সন্দেহজনক কল লিখে নিতে বলল। তারপর অফিসারটি ওই নম্বরগুলি চেনা পরিচিতদের কারুর কিনা অনিমেষকে ভেরিফাই করে জানাতে বলল। এদিকে নতুন এ্যাপার্টমেন্টের বেশ কিছু ফ্ল্যাটেই অনিমেষের বৌ নিরুদ্দেশ হয়ে গেছে সংবাদটা ছড়িয়ে গেছে, অনেকেই নিজেদের মধ্যে আলোচনাও শুরু করে দিয়েছে এই নিয়ে। দু'একজন কমলেশবাবুর সঙ্গে যেচে আলাপ করে ঘটনাটা জানতে চেয়েছে। ক্রমশ যেন চাপটা বেড়েই চলেছে। অনিমেষের মা'কেও ঋতুর মা বাবা এবং অন্যান্য আত্মীয়রা ঘনঘন ফোন করে যাচ্ছে, এর সঙ্গে টিনটিনকে সামলানোর ঝামেলাতো আছেই। পরের দিন পুলিশের কাছ থেকে নির্দেশ পেয়ে ঋতুর ফোনে আসা নম্বর গুলো এক এক করে যাচাই করতে বসল অনিমেষ। দেখা গেল কোনওটাই সেরকম সন্দেহজনক নম্বর নয়। পুত্র হওয়ার আগে ঋতু যে এন,জি,ওতে

কাজ করতো সেখানকার এক সহকর্মীর নম্বরও এর মধ্যে ছিল, ফোন করে সেটাও যাচাই করে নিল।

দিন তিনেক একই ভাবে কেটে যাওয়ার পর হঠাৎ আমহার্স্ট স্ট্রিট থানা থেকে সকালের দিকে অনিমেষের কাছে একটা ফোন এলো, —"মিস্টার অনিমেষ রায়?"

—"বলছি।"

—"আপনার স্ত্রী শ্রীমতী ঋতু রায়কে লোপাট করার অভিযোগে আপনার এগেইন্স্টে একটা ওয়ারেন্ট ইস্যু হয়েছে। আপনি নিজে থানায় এসে সারেণ্ডার করবেন না আমাদের বাড়ি গিয়ে আপনাকে এ্যারেস্ট করতে হবে?"

—"কখন যেতে হবে?" নিস্পৃহ কণ্ঠে অনিমেষের প্রশ্ন।

—"আজ দুপুরের মধ্যে।"

ফোনটা নামিয়ে অনিমেষ বাবাকে বলল, —"ঋতুর বাড়ি থেকে আমার নামে কিডন্যাপের অভিযোগ করেছে থানায়। পুলিশ আমাকে এ্যারেস্ট করবে বলে ডেকে পাঠিয়েছে। আমি কিন্তু বিয়ে করতে রাজী ছিলাম না বাবা, তোমরাই আমাকে জোর করেছিলে। এখন আমি একদম ফেড আপ হয়ে গেছি। আর পারছি না, ধৈর্য্যের শেষ সীমায় এসে পৌঁছেছি।"

কমলেশ রায় অত্যন্ত ঠাণ্ডা প্রকৃতির লোক, অনিমেষকে পরিচিত একজন উকিলের নাম বলে বললেন, —"চিন্তা করিসনি, এই উকিলটি খুব ভদ্র এবং সুদক্ষ। আমার কলেজের বন্ধু ছিল, অনেক দিন যোগাযোগ নেই, তবে পাঁচ বছর আগে তোর বিয়েতে এসেছিল। ওকে একবার ফোন করে দেখি।"

এরপরে অবশ্য অনিমেষকে আর হাজত বাস করতে হয়নি, কমলেশবাবুর বন্ধু উকিল বেল ইস্যু করিয়ে একদিনের মধ্যেই অনিমেষকে খালাস করে নিয়েছিল। কিন্তু থানার অফিসার আরও তদন্ত চালাতে অনিমেষের যতো ব্যাঙ্ক এ্যাকাউন্ট আছে সবগুলোর স্টেটমেন্ট জমা দিতে বলল। শুধু অনিমেষ নয়, ওর বাবা বা মা'য়েরও ব্যাঙ্কে এ্যাকাউন্ট থাকলে তার স্টেটমেন্ট চাই বলে জানাল থানার অফিসার। সন্দেহ যদি কোন পেশাদার অপরাধীকে সুপারী দিয়ে অনিমেষ বা তার পরিবার ঋতুকে কিডন্যাপ বা মার্ডার করিয়ে থাকে।

৭

দিন থেকে মাস, তারপর মাস গড়িয়ে বছর। সময় এগিয়ে চলে কোনও কিছুর পরোয়া না করে। ইতিমধ্যে বেশ কয়েকবার সংবাদ পত্র, দূরদর্শন, রাস্তায় রাস্তায় ইস্তাহার সব রকমের প্রচার মাধ্যম ব্যবহার করে ঋতুর নিরুদ্দেশ হওয়ার খবর দিলেও কোনও সাড়া পাওয়া গেলনা। একজন জলজ্যান্ত তরুণী হঠাৎ এই ভাবে শহরের প্রাণকেন্দ্র থেকে উধাও হয়ে যাওয়ায় কিছু কিছু সংবাদ সংস্থা শহরের আইন শৃঙ্খলা নিয়ে প্রশ্ন তুলে দিল।

কিছুদিন ধরে অনেক আলোচনা, চর্চা ইত্যাদি চলে ধীরে ধীরে আবার সব থিতিয়ে গেল। এদিকে বাইরের লোকের কাছে অনিমেষের নতুন পরিচয় হল "ঐ যে ভদ্রলোক যার বৌ পালিয়েছে।"

অনিমেষের টিনটিনকে বালীগঞ্জে একটা বিখ্যাত স্কুলে ভর্তি করার সৌভাগ্য হল। এই ব্যাপারে ঋতুর একটা ইচ্ছা পূর্ণ হল ভেবে খানিকটা মানসিক শান্তি পেল। ঋতু থাকতে টিনটিনের সেরকম কোনও ভাল নাম রাখা হয়নি। অনিমেষ স্কুলে ভর্তি করার ফর্মে হঠাৎ ওর নাম লিখে দিল 'অরণ্য রায়'। আসলে বাড়িতে সকালে বাংলা কাগজটা এলেই টিনটিন ছুটে এসে ভেতরের পাতা খুলে অরণ্যদেবের কার্টুন চিত্র গুলো অনেকক্ষণ ধরে দেখতে থাকে, তারপর সারাদিন নিজে অরণ্যদেব সেজে হৈ হৈ করে ঘুরে বেড়ায়। অনিমেষ বেশ মজা পায় ওর এইসব কার্যকলাপ দেখে। মাতৃহারা নাতি যাতে কোনওরকম মানসিক কষ্ট না পায় সেদিকে ঠাম্মা আর দাদু সতর্ক দৃষ্টি দিয়ে সব সময় আগলে রাখেন, হয়তো একটু বেশিই প্রশ্রয় দিয়ে ফেলেন এখন। মা'কে এখন অনেকটা ভুলে থাকলেও মাঝে মাঝেই অনিমেষ বা ঠাম্মা দাদুর কাছে খেলা ফেলে ছুটে এসে প্রশ্ন করে —"মা কোথায় গেছে? এখনও ফিরে আসছে না কেন?" মিথ্যা কিছু একটা বলে আশ্বস্ত করেই অনিমেষের মা ভিজে চোখ আড়াল করে মুছে নেন।

বেশ কয়েক বছর পার হওয়ার পর ধীরে ধীরে অনেকেই অনিমেষের আবার বিয়ে দেওয়ার প্রস্তাব দিতে থাকে ওর মা বাবাকে। অফিসে মিসেস সুনন্দা চ্যাটার্জী একদিন প্রশ্ন করল, —"আচ্ছা অনিমেষদা, ঋতুর নিরুদ্দেশের পর তো অনেক গুলো বছর পেরিয়ে গেল, এবার নতুন করে কিছু সংসার পাতার কথা ভাবনা চিন্তা করছেন? অরণ্যরও তো একজন মা'য়ের প্রয়োজন, আর মাসীমা মেসোমশাইয়েরও বয়েস হচ্ছে? আমার একটি ননদ আছে, দেখতে বেশ এ্যাট্রাক্টিভ আর স্বভাবও খুব মিষ্টি। রবীন্দ্রভারতী থেকে সোসিওলজিতে মাস্টার করেছে। দেখবো নাকি?"

—"প্লিজ মিসেস চ্যাটার্জী, একবার বিয়ে করে আমার যা শিক্ষা হয়েছে এবং নানা ভাবে হেনস্থা হতে হয়েছে, সেই শকটা থেকে এখনও নিজে কাটিয়ে উঠতে পারিনি। এখন বেশ আছি, আর কোনও কিছুতেই জড়িয়ে পড়তে চাইনা। অরণ্যকে শুধু খুব ভাল করে মানুষ করে তুলতে পারলে সেটাই হবে আমার পরম প্রাপ্তি।" অনিমেষের এই উত্তরের পর সুনন্দা চ্যাটার্জীও আর কথা বাড়াননি। এরপর আরও কয়েক বছর পেরিয়ে যেতে একদিন রবিবার সকালে অনিমেষের সঙ্গে ওর নিজের স্কুলের হেড মাষ্টারমশাই প্রমথেশ সান্যালের সঙ্গে রাসবিহারী এ্যভিন্যুতে দেখা। বেশ বয়েস হয়ে গেছে, চোখে মোটা লেন্সের চশমা, ঠিক একই রকম পাঞ্জাবী পায়জামা পরা, চোখে উদাস দৃষ্টি নিয়ে হেঁটে আসছিলেন। স্কুলে ছাত্ররা আড়ালে প্রমথেশ সান্যালকে পিস পিস বলে ডাকতো। অঙ্ক ছাড়া বোধহয় জগতের আর কোনও ব্যাপারে ওনার ইনটারেস্ট ছিলনা। অনিমেষকে চিনতে পারেননি। —"স্যার ভালো আছেন? আমি অনিমেষ, অনিমেষ রায়, আপনার স্কুলে পড়তাম, মনে করতে পারছেন?"

—“কেন পারব না? তোমার স্ত্রীই তো বোধহয় হঠাৎ নিরুদ্দেশ হয়ে গেছিল না?” প্রমথেশ স্যারের এই অপ্রত্যাশিত উত্তর শুনে অনিমেষ চমকে উঠল।

—“হ্যাঁ স্যার, এখনও কোনও হদিস পাওয়া যায়নি।”

—“কি দুঃখের কথা! আমি তোমারই এক বন্ধু কি নামটা যেন, দাঁড়াও আজকাল চট্ করে কিছু মনে করতে পারি না, হ্যাঁ হ্যাঁ চিন্ময়, তার কাছেই শুনেছিলাম।”

—“ও চিন্ময়, আচ্ছা আচ্ছা বুঝেছি, ওকে নিয়েই আমি থানায় গিয়েছিলাম মিসিং ডায়েরি করতে। তা আপনি ভাল আছেন স্যার?”

—“ভাল আর কই, বেঁচে আছি বলতে পারি। তোমার খবর বল।”

—“আমার ছেলে তো এখন ক্লাস নাইনে পড়ছে, অঙ্কটা নিয়ে একটু সমস্যা হচ্ছে, আপনার মত একজন শিক্ষকের গাইডেন্স পেলে আমি নিশ্চিন্ত হতাম।”

—“ঠিক আছে, তোমার ঠিকানাটা দাও, আমি দেখতে যাবো তোমার ছেলেকে।”

একটা কাগজ যোগাড় করে খসখস করে ঠিকানা আর ফোন নম্বর লিখে অনিমেষ প্রমথেশবাবুর হাতে দিয়ে বলল, —“আপনি এলে খুবই আনন্দিত হব স্যার, তবে একটা অনুরোধ, যদি দয়া করে আসার আগে একটা ফোন করেন তাহলে আমি বাড়িতে থাকতে পারি।”

দিন তিনেক পরেই অনিমেষ অফিস থেকে ফিরে দেখে প্রমথেশবাবু চায়ের কাপ হাতে বাড়ির ড্রইং রুমে বসে আছেন, সামনে মা বাবা বসে। বাবা মাঝে মাঝেই অনিমেষের স্কুলে যেতেন বলে প্রমথেশবাবুকে ভালোই চিনতেন। অনিমেষকে দেখেই প্রমথেশবাবু হেসে বললেন, —“আরে তোমার ফোনে কয়েকবার চেষ্টা করেও পাইনি, তাই চলে এলাম। ব্রিলিয়েন্ট ছেলে তোমার, কথা বলে বুঝে গেছি।”

—“ও, অরণ্যর সঙ্গে দেখা হয়েছে? ও কোথায়?”

—“হ্যাঁ মাস্টারমশাই ওকে সব জিজ্ঞাসা করে নিয়েছেন, এখন ঘরে গিয়ে পড়ছে।” অনিমেষের বাবা উত্তর দিল।

—“অনিমেষ আমি তোমার অরণ্যের অঙ্কের ভার নিলাম, সপ্তাহে অন্তত দু’দিন এসে দেখবো।”

—“ভীষণ নিশ্চিন্ত হলাম স্যার। আপনাকে কি দেবো বলবেন স্যার?”

—“কিছুই দিতে হবে না, ও তো আমারও নাতি, নাকি?”

—"তা ঠিক, তবে কি জানেন, গুরুদক্ষিণা না দিলে শিক্ষা অসমাপ্ত থেকে যায়।" কমলেশবাবু হেসে বললেন।

—"ঠিক আছে, গুরুদক্ষিণা সময় মতো চেয়ে নেব না হয়।"

এরপর প্রায়ই প্রমথেশবাবু সন্ধ্যার সময় চলে এসে অরণ্যকে অঙ্ক শেখাতেন। এইভাবে সপ্তাহ তিনেক কেটে যাওয়ার পর একদিন সন্ধ্যায় অরণ্যকে অঙ্ক শেখাবার পর যাওয়ার সময় বাইরের ঘরে এসে অনিমেষকে ডাকলেন। অনিমেষের বাবাও ঘরে বসেছিলেন। তারপর বললেন, —"অনিমেষ, বাবা আমার কোনও পুত্র সন্তান নেই, একটি মাত্র মেয়ে। ইকনমিক্সে এম,এ পাশ করে একটা মার্চেন্ট অফিসে চাকরি করে। মাইনে পত্তর বেশ ভালই। কিন্তু কি যে মাথায় পোকা ঢুকল, বছর পাঁচেক আগে ওরই এক সহকর্মীকে ভালবেসে ঘর বাঁধলো। বিয়ে নয়, লিভ টুগেদার। কিন্তু তিন বছর পরেই ছেলেটি ওর সংগে সম্পর্ক ছিন্ন করে আর একটি অবাঙালি মেয়েকে বিয়ে করে ফেলল। মেয়ের বয়স প্রায় চল্লিশ এখন। আমার স্ত্রী দশ বছর আগে চলে গেছে। আমার নিজেরও এখন বয়েস হয়েছে, কবে আছি কবে নেই। মেয়েটার জন্যে খুব চিন্তা হয়, রাতে ভাল ঘুম হয়না আমার। তাই ভাবছিলাম, আমার এই মেয়েটার ভার তোমার হাতে দিয়ে যেতে পারলে আমি নিশ্চিন্তে চোখ বুজতে পারি।"

অনিমেষ বেশ কিছুক্ষণ প্রমথেশবাবুর চোখের দিকে তাকিয়ে হয়তো বুঝতে চেষ্টা করছিল তার শ্রদ্ধেয় প্রমথেশ স্যার তাহলে একটা বিশেষ স্বার্থ সিদ্ধির জন্যই অরণ্যকে যেচে বাড়িতে পড়াতে আসছেন। আর এইটাই হয়তো উনি গুরুদক্ষিণা হিসাবে আশা করছেন।

—"ঋতু, মানে আমার স্ত্রী যে কোনও দিন ফিরে আসতে পারে। তাছাড়া আমার আবার বিবাহ করার মতো কোনও রকম মানসিক প্রস্তুতি এখনও তৈরি হয়নি। তাই এব্যাপারে আমাকে ক্ষমা করবেন স্যার।" অনিমেষ উত্তর দিল।

বিষণ্ণ হয়ে ধীরে ধীরে উঠে "ঠিক আছে তাহলে, আমার দুর্ভাগ্য" বলে প্রমথেশবাবু বেরিয়ে গেলেন। তারপর দিন সাতেক চুপচাপ থেকে একদিন অনিমেষের মোবাইলে অফিসে ফোন করে বললেন, —"অনিমেষ, আমার শরীরটা ভাল যাচ্ছেনা ক'দিন ধরে, চোখেও একটা কি সমস্যা হয়েছে জানিনা, ঝাপসা দেখি। তাই আমি আর যেতেই পারছি না তোমার বাড়ি। তুমি বাবা অন্য কোনও অঙ্কের শিক্ষক একটু দেখে নাও, কেমন?"

৮

অরণ্য বড়ো হওয়ার সাথে সাথে মা'য়ের সম্বন্ধে আরও অনেক কৌতূহলী হয়ে গিয়েছিল। প্রায়ই এ্যলবাম গুলো খুলে মা'য়ের ছবির দিকে অপলক তাকিয়ে থাকতো। ঠাম্মা বা বাবাকে ছবিগুলো দেখিয়ে কোনও কোনও সময় প্রশ্ন করে মা'কে জানার চেষ্টা করত। এতদিনে সে ডক্টর অরণ্য রায়। কলকাতা থেকে এম,বি,বি,এস আর চণ্ডীগড় মেডিকেল কলেজ থেকে অপথাল্মোলজিতে এম,এস করে কলকাতায় ফেরার কয়েক দিনের মধ্যেই

পুনের একটা নামকরা আই হসপিটালে চাকরির সুযোগ এসে গেল। ডাক্তারী পড়ার শুরুতেই অরণ্যর দাদু পরলোক গমন করেছিলেন। তাই কলকাতায় খালি ঠাম্মা আর বাবাকে রেখে অরণ্য একটা দিন দেখে পুনের ফ্লাইট ধরল। এয়ারপোর্টে সকালে পৌঁছে, শহরের একটা ভাল হোটেল দেখে চেক-ইন করে নিল আগে। তারপর হসপিটালে গিয়ে পৌঁছাতেই সুপার অরণ্যর সব সার্টিফিকেট এবং অন্যান্য নথিপত্র চটপট পরীক্ষা করে নিয়ে সেদিন থেকেই রেটিনা ডিপার্টমেন্টে জয়েন করতে অনুরোধ করলেন ডাক্তারের সংখ্যা কম থাকায়।

অরণ্য পুনেতে স্বাধীন ভাবে বাস করার উদ্দেশ্যে ছোট একটা ফ্ল্যাট খুঁজে দেওয়ার জন্য অনেককে বলে রাখলেও দিন দশেকের মধ্যে কেউ সেরকম কিছু সন্ধান দিতে পারল না। তাই হোটেলে থেকেই হাসপাতালের ডিউটি করতে হচ্ছিল। ডাক্তারী পড়ার সময় উত্তর প্রদেশের একটি মেয়ের সঙ্গে অরণ্যর খুব অন্তরঙ্গতা তৈরি হয়। একই ক্লাসের হলেও মেয়েটি অবশ্য অঙ্কোলজি নিয়ে এম,এস করে ভেলোর মেডিকেল কলেজে সুযোগ পেয়ে গেল। নাম জিনিয়া গুপ্ত। অরণ্য সবে একজন রোগীকে ডেকে নিয়ে ঘরে বসিয়েছে এমন সময় মোবাইলটা বেজে উঠল, দেখল জিনিয়ার ফোন। —"হাই, হোয়াটস্ গোইং অন, এভরি থিং ওকে?" জিনিয়া জানতে চাইল।

—"কাঁহা ইয়ার? রহেনা কা কোই ঠিকানা নেহি, এক ভি ফ্ল্যাট নেহি মিলা অভি তক।"

—"হ্যাভ পেসেন্স ডিয়ার, মিল যায়গা জরুর। আই'ম অলসো ট্রাইং ফর ইউ হেয়ার ইন ভেলোর মেডিকাল কলেজ," জিনিয়ার কথার মাঝে অরণ্য একবার অপেক্ষারত পেসেন্টের দিকে তাকিয়ে নিয়ে বলে উঠল, —"সরি জিনিয়া আই এম উইথ আ পেসেন্ট নাও, আই উইল কল ইউ ব্যাক আফটার ফিফটিন মিনিটস্।"

—"ওকে বাই অরণ্য।"

এবার চেয়ার ঘুরিয়ে তাকিয়ে দেখল একজন সর্দারজী বসে আছেন, চোখে একটা গাঢ়, কাল, সোনালি ফ্রেমের বেশ দামী রোদ চশমা পরে। মাথায় নীল রঙের পাগড়ি, আর খুব পরিপাটি করে দাড়িটা একটা সুক্ষ্ম জাল দিয়ে বাঁধা। কালো ফুল প্যান্টের ওপর সুন্দর একটা টি-সার্ট। বেশ লম্বা আর বয়েস আন্দাজ ষাটের কাছাকাছি। সঙ্গে একটি লোক, ঘরের কর্ণার চেয়ারে বসে আছে।

—"বলিয়ে কেয়া প্রবলেম?"

—"ডক্টরসাব আমার বার তের বছর বয়েস থেকেই চোখের দৃষ্টি কমে যেতে আরম্ভ করে, ইন্টারমিডিয়েট পরীক্ষার সময় নাইন্টি পারশেন্ট দৃষ্টি চলে গিয়েছিল। তাই স্পেশাল পারমিশন নিয়ে ইন্টারমিডিয়েট আর গ্র্যাজুয়েশনের পরীক্ষা দিতে হয়েছিল আমার নিচের ক্লাসের এক ক্লাসমেটকে রাইটার হিসেবে নিয়ে। অনেক বার ডাক্তার দেখিয়ে ট্রিটমেন্ট

করিয়েও কোনও কাজ হয়নি। এখন মাঝে মাঝেই চোখে যন্ত্রণা হয় আর জল পড়তে থাকে।"

—"চশমাটা খুলে ফেলুন, আর এই মেশিনের উপর চিবুকটা দিয়ে তাকিয়ে থাকুন।" অরণ্য বলল।

তারপর ভাল করে নানারকম পরীক্ষা করে বলল, —"আপনার যেটা হয়েছে সেটাতে কোনও দিনই আর দৃষ্টি ফিরবে না, এটাকে বলা হয় ওয়েট ম্যাকুলার ডিজেনারেশন। আগে হয়তো ড্রাই ছিল, সেটা কম বিপজ্জনক। কিন্তু বয়েস হয়ে যেতে এখন ওয়েট ম্যাকুলার ডিজেনারেশন হয়ে গেছে, তাই জল আসছে, যন্ত্রণাও হচ্ছে। এটা একটা ক্রনিক ডিজিজ, কোনও ভাবেই সারানো যায়না। ট্রিটমেন্ট বলতে চোখে কিছু ইনজেকশন আর লেজার রে ব্যবহার করে জল পড়া এবং যন্ত্রণা কমাবার চেষ্টা করা ছাড়া আর কিছু করার নেই।"

—"আপনি যা বলবেন আমি করতে রাজী আছি।" সর্দারজী বলল।

—"ঠিক আছে, প্রেসক্রিপশন করে দিচ্ছি, ফোনে এ্যপয়েন্টমেন্ট করে আসবেন, ইনজেকশন গুলো দেওয়া শুরু করব।"

সর্দারজীর নাম কম্পিউটার স্ক্রিনে দেখা যাচ্ছে যশপাল অরোরা। ওনার নামে প্রেসক্রিপশন করে হাতে দিতেই একটু হেসে বললেন, —"ডক্টরসাব, আমি শুনছিলাম আপনি থাকার জন্য ফ্ল্যাট খুঁজছেন? আমার নিজের তিন তলা বাড়ি রয়েছে, গ্রাউও ফ্লোর আর ফার্স্ট ফ্লোর মিলিয়ে চার খানা ফ্ল্যাট আছে কিন্তু এখন চারটেতেই ভাড়াটে রয়েছে। আমি তিন তলায় থাকি, ওখানে আমার ফ্ল্যাটের মুখোমুখি একটা ছোট ইণ্ডিপেনডেন্ট ফ্ল্যাট রয়েছে, আপনি সেখানেই চলে আসুন আপাতত। পরে বড় ফ্ল্যাট খালি হলে ইচ্ছা করলে নিয়ে নেবেন।"

—"কত দূর এই হসপিটাল থেকে?"

—"ড্রাইভ করে গেলে ম্যাক্সিমাম দশ মিনিট, খুব পিসফুল জায়গা।"

—"রেন্ট?"

—"এসে দেখুন আগে, বেশী হবেনা।"

—"ঠিক আছে, আজই যাব তাহলে?"

এবার মিস্টার অরোরা ঘরের কর্নারে বসে থাকা সঙ্গীর উদ্দেশ্য বলল, —"সুখবীর, ডক্টরসাবকো আকর লেজানা।"

তারপরেই অরণ্যকে বলল, —"ডক্টরসাব সুখবীর মেরা ড্রাইভার, আপ টাইম বোল দিজিয়ে, উও আকর আপকো লে জায়গা।"

—“বিকেল পাঁচটার সময় আমি ফ্রি হয়ে যাব।”

—“ঠিক হ্যায়, সুখবীর পাঁচ বজে আ জানা ভাই।”

—“জী পাজী।” সুখবীর উত্তর দিয়ে কোনে রাখা সাদা লাঠিটা যশবন্তের হাতে দিল, তারপর ওনাকে ধরে নিয়ে আস্তে আস্তে ঘর থেকে বেরিয়ে গেল।

৯

ছোট হলেও খুব সুন্দর ফ্ল্যাটটা দেখে অরণ্য ঠিক করে ফেলল এখানেই থাকবে। শান্ত নিরিবিলি জায়গা, আর শোবার ঘরের জানলা খুললেই ছেলে মেয়েদের খেলার একটা ছোট্ট পার্ক দেখা যাচ্ছে। বাড়িতে লিফ্টও রয়েছে। ফ্ল্যাটটা বেশ সাজানো, খাট বিছানা, ড্রেসিং টেবিল, একটা ওয়ারড্রোব, ছোট একটা ডাইনিং টেবিলের সংগে দুখানা চেয়ার, বাইরের ঘরে সোফাসেট। এমনকি ফ্রীজ এসি পর্যন্ত দেওয়া রয়েছে। সিঁড়ি বা লিফ্ট থেকে ল্যান্ডিং-এ এলেই মুখোমুখি দুটো দরজা, একটায় যশপাল,এস, অরোরা লেখা নেমপ্লেট আর একটায় অর্থাৎ যেটাতে অরণ্য থাকবে সেটাতে মডার্ন ইলেকট্রনিক্স লেখা একটা নেমপ্লেট। তাহলে কি এই ফ্ল্যাটটা একটা অফিস ঘর? মনে মনে চিন্তা করল অরণ্য। সুখবীর অরণ্যকে ফ্ল্যাট দেখিয়ে অরোরার ফ্ল্যাটে নিয়ে গেল। ঢুকেই বোঝা গেল বিশাল ফ্ল্যাট, খুব শৌখিন ফার্ণিচার আর পর্দা দিয়ে সাজান। ড্রইং রুমের এক দিকে বিরাট একটা গোল টেবিল আর সেটা ঘিরে ছ’খানা সুন্দর গদি দেওয়া চেয়ার। মিস্টার অরোরা কালো রোদ চশমা পরে ওই টেবিলের একটা চেয়ারে বসেছিলেন। অরণ্য ঢুকতেই অরোরা হেসে বসতে বললেন। ওখানকারই আর একটা চেয়ার নিয়ে অরণ্য বসে জিজ্ঞাসা করল, —“আমাকে যে ফ্ল্যাট থাকার জন্য দিচ্ছেন সেটাতো মডার্ণ ইলেকট্রনিক্সের?”

এবার মুখটা নিচের দিকে নামিয়ে অরোরা কিছুক্ষণ চুপ করে রইলেন। তারপর মুখ তুলে বললেন, —“ওতে আপনার কোনও অসুবিধা হবে না, ওখানে যে কাজ করতো সে চলে গেছে ডক্টরসাব।” বলেই সর্দারজী কেঁদে ফেললেন।

খুব অপ্রস্তুত হয়ে তাড়াতাড়ি অরণ্য অরোরার কাছে উঠে গিয়ে কাঁধে হাত রেখে আশ্বস্ত করে বলল, —“সরি, না জেনে আপনাকে হয়তো দুঃখ দিয়ে ফেলেছি।”

—“না, আপনার কোনও কসুর নেই, এক বছরও হয়নি আমার একমাত্র ছেলেটা হঠাৎ করে চলে গেল, মাত্র আঠারো বছর বয়েসে। ওরই ছিল মডার্ণ ইলেকট্রনিক্স। কম্পুটার নিয়ে নানা এক্সপেরিমেন্ট করতো ওই ফ্ল্যাটে, খাওয়া দাওয়া ভুলে ওইসব করতো বসে বসে। আমার নিজের ইলেকট্রনিক্স গুডসের ব্যবসা, পুনেতে তিনখানা বড় বড় শপ রয়েছে অরোরা ইলেকট্রনিক্স নামে। ব্লাইণ্ড হলেও আমার স্ত্রী আর কিছু বিশ্বস্ত লোকজন রয়েছে বলেই এত বড় ব্যবসা চালিয়ে যেতে পারছি ডক্টরসাব।”

—“আপনার ছেলের কি হয়েছিল?”

—“একটা স্কুটার কিনে দেওয়ার জন্য বহু দিন ধরে রিকোয়েস্ট করছিল। সেটা যেদিন দিলাম তার সাতদিন পরেই হঠাৎ রোড এ্যক্সিডেন্ট হল। খুব ইনজিয়োর্ড হয়েছিল ছেলেটা, হসপিটালে ভর্তি করার পর দিনই এক্সপায়ার করে গেল। আমার স্ত্রী এখনও নর্মাল হতে পারেন নি।”

—“ভেরী স্যাড।”

—“আপনি ওই ফ্ল্যাটে থাকলে মনে হবে আমার ছেলেটাই রয়েছে ওখানে, আমরা দু’জনেই খুব শান্তি পাব।”

—“ঠিক আছে, আমি তো ফ্ল্যাটটা দেখেই সুখবীরকে বলেছি যে আমার পছন্দ হয়েছে। এবার কত ভাড়া দিতে হবে বলুন।”

—“খালি পড়ে রয়েছে ওটা, আমার টাকার প্রয়োজন নেই, আমি চাই ভাড়া না দিয়ে আপনি এমনি থাকুন ওখানে, জাস্ট লাইক আওয়ার সন। তাহলেই অনেক পাওয়া হয়ে যাবে।”

পেছনে একজন কেউ এসেছে অরণ্য বুঝতে পারেনি, মিস্টার অরোরা হঠাৎ বলে উঠলেন,
—“সুনয়না, আর ইউ হিয়ার?”

—“হাঁ জী, শুন রাহী হুঁ আপ লোগোকা বাতচিত।”

অরণ্য ঘুরে তাকিয়ে দেখল, দোহারা চেহারা, ছোট করে চুল কাটা, প্রৌঢ়া, এক পাঞ্জাবী মহিলা এসে দাঁড়িয়ে রয়েছেন। খুব গৌর বর্ণা না হলেও গায়ের রঙ বেশ উজ্জ্বল, দেখেই বোঝা যায় অল্প বয়সে বেশ সুন্দরীই ছিলেন। পরনে কুর্তা আর প্যারালাল।

—“আপনি কোথায় রয়েছেন এখন?” সুনয়না প্রশ্ন করলেন।

—“একটা হোটেলে।”

—“তাহলে এখনই সুখবীরকে নিয়ে চলে যান, হোটেলে যা জিনিসপত্র আছে সব নিয়ে চেক আউট করে চলে আসুন। আমাদের সঙ্গেই ডিনার করবেন আজ।”

রাতে ডিনার করার সময় অরণ্য লক্ষ্য করল মিস্টার অরোরা ব্লাইণ্ড হলেও সবকিছু এতো সুন্দর ম্যানেজ করছেন যে, নিজে চোখের ডাক্তার না হলে ওনার অন্ধত্ব সম্বন্ধে অবিশ্বাস জন্মাত।

—“মিস্টার অরোরা আপনি যে ভিজুয়ালি ইম্পেয়ার্ড আপনার কাজ কর্ম দেখে বোঝা যায়না।”

—“সুনয়নাই আমার চোখ, ওই জন্যই তো ওর নাম সুনয়না।” বলেই ঝকঝকে একটা হাসি দিল সর্দারজী। তারপরে আবার বলল, —“আমার নিচের ক্লাসে পড়তো, তাই ওই থাকত পরীক্ষার হলে আমার রাইটার হিসেবে, আমি বলে যেতাম ও লিখে যেতো।”

—"ও আপনি তাহলে লাভ ম্যারেজ করেছিলেন?" অরণ্য প্রশ্ন করল।

—"হ্যাঁ। সুনয়না স্কুলে পড়ার সময় আমার খুব অন্তরঙ্গ বন্ধু হয়ে গিয়েছিল। পরে কখন যে সেটা ভালবাসায় বদলে গিয়েছিল জানিনা। তবে সুনয়না যে আমাকে কতটা ভালবাসতো সেটা আগে আন্দাজ করতে পারিনি। পারলাম সেইদিন, যেদিন আমার মা মারা গেলেন।"

—"কেয়া যশপাল, ডক্টরসাবকো সামনে ইয়ে সব কেয়া শুরু কর দিয়া আজ?" একটু লজ্জা জড়ানো গলায় সুনয়না অভিযোগ করলেন।

—"আজ কুছ বোলনেদো জী," সুনয়নাকে উত্তর দিয়েই যশপাল আবার শুরু করলেন, —"জানেন, আমার পড়াশোনা শেষ হয়ে যাবার পরেই মা'য়ের ক্যানসার ধরা পড়ল। প্রায় দু'বছর শয্যাশায়ী থেকে একদিন বুঝতে পারলাম মা আমাকে ছেড়ে চলে যাচ্ছেন। আমি একা, তারওপর দৃষ্টিহীন, অসহায় অবস্থায় বসে শুধু কান্নাকাটি করছিলাম। সুনয়না মা'য়ের অসুস্থতার সময় প্রায় রোজই আসতো সাহায্য করতে, কিন্তু সেদিন খবর পেয়ে কাউকে না জানিয়ে নিজের পরিবার আত্মীয় স্বজন সবাইকে ছেড়ে সুনয়না ভোর বেলাতেই চলে এসেছিল আমার পাশে দাঁড়াতে। ওকে কাছে পেয়ে আমি সব অসহায়তাকে ঝেড়ে ফেলে দিতে পেরেছিলাম। ওর কোলেই মাথা রেখে মা চলে গেল সেদিন। যাবার আগে সুনয়নার হাত দু'টো চেপে ধরে মা বলে গিয়েছিল 'তুই আমার দৃষ্টিহীন ছেলেটাকে ছেড়ে চলে যাসনি মা, ও ভীষণ অসহায়, একা, তোকে ছাড়া ও একদম ভেসে যাবে।' এরপর সুনয়না নিজের পরিবারে আর ফিরে যায়নি, সব কিছু ত্যাগ করে, জীবনটা উৎসর্গ করে ও আমার দু'চোখ হয়ে গেল। আমি কি কোনও দিন পারবো সুনয়নার এতো বড় ত্যাগ আর ভালবাসার ঋণ শোধ করতে?"

—"যশপাল বহত হোগ্যায়া, আব রহেম করো, তুমহারা ডক্টরসাব থাক গ্যায়া, আভি রেস্ট করনা হ্যায়।" সুনয়নার কথা শুনে অরণ্য উঠে পড়ে বলল, —"হ্যাঁ ভোর বেলায় উঠেই তৈরি হয়ে আমাকে ডিউটিতে যেতে হবে, তাই আমি যাচ্ছি।"

ফ্ল্যাটে চলে এসে অরণ্য নিজের জিনিস গুলো একটু গুছিয়ে নিতে লাগল। বসার ঘরে সদর দরজার মুখোমুখি একটা অর্ধেক কাঁচ আর নিচের বাকি অংশ কাঠের তৈরি দেওয়াল আলমারি রয়েছে। সেটা খুলে নিজের কিছু দরকারী ডাক্তারী বই আর ম্যাগাজিন রাখতে গিয়ে চোখে পড়ল একটা সুন্দর করে ফ্রেমে বাঁধান ফোটো তাকের ওপর শুইয়ে রাখা রয়েছে। উঠিয়ে নিয়ে দেখল একটি কিশোর ছেলের ফোটো, সারা গালে নরম দাড়ি, মাথায় পাগড়ি নয়, ওপরের ঝুঁটিটা খালি একটা লাল কাপড়ে ঢাকা, হালকা লালচে ঠোঁট আর ভারি সুন্দর সারল্য ছেলেটির চোখে মুখে। আশ্চর্য! ছবিটা সোজা করে ধরতেই মনে হল ছেলেটি অরণ্যর চোখে চোখ রেখে হাসি মুখে তাকিয়ে আছে। তক্ষুনি অরণ্যর মুখেও ছেলেটির হাসির ছোঁয়াচ লাগলো। বুঝতে পারল, এই ছেলেটিই অরোরা দম্পতির নিশ্চয়, মা বাবাকে কাঁদিয়ে চিরদিনের জন্য পৃথিবী ছেড়ে চলে গেছে। কিছুক্ষণ ছবিটা দেখে আবার যেমন ছিল তেমনি রেখে শুয়ে পড়ল। মনের মধ্যে অনেক কিছু চিন্তা ঘুরতে লাগল,

যশপালের স্ত্রী সুনয়নাদেবী যেন অনেক দিনের চেনা, জিনিয়াকে ফোন করে জানানো হয়নি হঠাৎ এইরকম সুন্দর সাজানো ছোট একটা ফ্ল্যাট পাওয়ার কথা, সেও আবার বিনা ভাড়ায়। পরের দিন সকালে বেল বাজতে দরজা খুলে দেখে একটি মেয়ে। বলল, —"আপকো ব্রেকফাস্ট কে লিয়ে মালিক নে ঘর পর বুলায়া।"

—"নেহি, ম্যায় ব্রেকফাস্ট বাহার কর লেংগে, মালিক কো বোল দেনা।" কিন্তু কি ভেবে অরণ্য এগিয়ে গিয়ে অরোরার ফ্ল্যাটে ঢুকে নিজে বলতে গেল কথাটা। দেখল ডাইনিং টেবিলে ব্রেকফাস্ট নিয়ে ওনারা অপেক্ষা করছেন। অরণ্য টেবিলে বসে লজ্জিত হয়ে বলল, —"আপনারা আর আমার খাওয়ার ব্যবস্থা করবেন না প্লিজ। আমি বাইরে খেয়ে নেব, হসপিটালের ক্যান্টিন থেকেই ব্রেকফাস্ট আর লাঞ্চ করে নেব।"

—"তাহলে রাতের ডিনারটা করবেন আমাদের এখানে, যদি আসতে না চান আপনার ফ্ল্যাটেই দিয়ে আসবে।" অরোরা বলল। অগত্যা রাজী হতে হল অরণ্যকে।

১০

হসপিটাল থেকে ফেরার পরেই অরণ্য নানা কাজে ব্যস্ত হয়ে পড়তে লাগল। পেসেন্টদের আর আত্মীয় বন্ধুদের ফোন এলে অনেকটা সময় চলে যেতো কথা বলতে, এছাড়া নিজের ল্যাপটপ খুলে কিছু কাজ করা বা পড়াশোনা করা ইত্যাদির জন্য সময় মতো মিস্টার অরোরার ফ্ল্যাটে যাওয়া সম্ভব হচ্ছিল না। ওনারা ঠিক ন'টার সময় ডিনার করেন, তাই পরিচারিকা ঐ সময় ডাকতে এলে বলে দিত "একটু ব্যস্ত আছি, ডিনারটা তুমি এখানেই দিয়ে যাও।"

কিন্তু শনিবার আসতে সন্ধ্যার দিকে সুখবীর এসে দরজায় বেল দিয়ে বলে গেল পাজী আজ রাতে এক সাথে ডিনার করার জন্য অরণ্যকে অনুরোধ করেছেন। তাই তেমন কিছু কাজ হাতে না রেখে অরণ্য রাত ন'টা বাজার খানিকটা আগেই সামনের দরজায় গিয়ে বেল বাজালো। একটু অপেক্ষা করার পর মিসেস অরোরা স্বয়ং এসে দরজা খুলে "আ যাও বেটা" বলে ডেকে নিয়ে গিয়ে ডাইনিং টেবিলের সামনে একটা চেয়ারে বসালেন। মিস্টার অরোরা ঘরে ছিলেন না। মিসেস অরোরা অরণ্যর সামনে দাঁড়িয়ে থেকে কিছুক্ষণ ওর দিকে তাকিয়ে রইলেন, তারপর খুব স্নেহের সংগে জিজ্ঞাসা করলেন, —"তোমার কোনও অসুবিধা হচ্ছেনা তো?"

—"একটু হচ্ছে বৈকি।" মুচকি হেসে অরণ্য বলল।

অত্যন্ত সন্ত্রস্ত হয়ে পড়ে মিসেস অরোরা জানতে চাইলেন, —"সেকি? কিরকম অসুবিধা?"

—"আপনাদের বাড়িতে বিনা ভাড়ায় থাকছি, তাই।"

—"ও সেই জন্য? তুমি যে দিন থেকে এসেছো, সেই দিন থেকেই মনে হয়েছে যেন আমার ছেলে ফিরে এসেছে। এই অনুভূতিটা আমাকে যে কি মানসিক শান্তি দিয়েছে তা কি করে

বোঝাব, এটা কোনও আর্থিক মূল্যে পরিমাপ করা যায়না।" অরণ্যর সংগে চোস্ত হিন্দীতে কথাগুলো বললেও মিস্টার অরোরার সংগে সুনয়নাদেবী গুরমুখী মিশ্রিত হিন্দীই ব্যবহার করেন। এরপর বললেন, —"যাই যশপালকে নিয়ে আসি, এতক্ষণে পূজাপাঠ শেষ হয়ে গেছে নিশ্চয়।"

একটু পরেই রঙিন চশমা পরা যশপাল অরোরাকে ধরে ধরে এনে চেয়ারে বসালেন সুনয়না। তারপর টেবিলের ওপরে রাখা খাবার গুলোর ঢাকা খুলে সবার কাঁচের প্লেটে সার্ভ করতে লাগলেন। যশপাল একটু বিমর্ষ হয়ে চুপচাপ বসে আছেন লক্ষ্য করে অরণ্যই স্তব্ধতা ভেঙ্গে বলল, —"মিস্টার অরোরা, আপনার ফার্স্ট লেজার ট্রিটমেন্টটা আগামী বুধবার হবে, সকাল এগারোটায় হসপিটালে চলে আসবেন।"

—"থ্যাঙ্ক ইউ ডক্টরসাব।" ছোট্ট করে উত্তর দিয়ে আবার চুপচাপ হয়ে গেলেন।

—"চলো, খানা শুরু করো জী, ঠাণ্ডা হো জায়গা।" সুনয়না নিজের প্লেটটা নিয়ে চেয়ারে বসতে বসতে বললেন।

খাওয়া শুরু করে যশপাল অরোরা অরণ্যকে প্রশ্ন করল, —"ডক্টরসাব আপনার বাড়ি কি উড়িষ্যায়?"

—"না না, ওয়েস্ট বেঙ্গলে, কলকাতা।"

—"বাবা মা রয়েছেন ওখানে?"

—"বাবা আছেন খালি, মা নেই।"

ডিনারে বেশ কিছু স্পেশাল মেনু হয়েছে দেখে অরণ্য অবাক হয়ে এবার জিজ্ঞাসা করল, —"আজকে কি কোনও অকেশন্ আছে?"

যশপাল চুপচাপ থাকলেও সুনয়নাদেবী অরণ্যর দিকে তাকিয়ে ছল ছল চোখে বললেন, —"আজ থেকে ঠিক এক বছর আগে এই তারিখে বিট্টু আমাদের ছেড়ে চলে গিয়েছিল। ছেলেটা নানারকম রান্না করলে ভীষণ খুশি হোত, তাই আজ নিজের হাতে বিশেষ কিছু বানালাম তোমাকে খাওয়াবো বলে।" এবার সুনয়নাদেবীর চোখের জল বাধা ভেঙে গাল বেয়ে গড়িয়ে আসতে লাগল, কিন্তু তাড়াতাড়ি মুছে নিয়ে অসহায়ের মত বাঁ হাত দিয়ে অরণ্যর হাতটা চেপে ধরে বললেন, —"না না, আমি একদম কাঁদছিনা, বিট্টু না থাক তুমি তো আছো আমার আর এক ছেলে। তুমি ঠিক করে খাও বেটা।"

এক অদ্ভুত পরিস্থিতির মধ্যে পড়ে কোনও রকমে ডিনারটা শেষ করেই অরণ্য বিশেষ কাজ আছে বলে নিজের ফ্ল্যাটে ফিরে এল। এসেই আলমারি খুলে কোনও কারণ ছাড়াই বিট্টুর ছবিটা বের করে কিছুক্ষণ তাকিয়ে থাকল। আশ্চর্য এতো প্রাণশক্তি ছেলেটার মধ্যে, দেখে মনটা বেশ ভারাক্রান্ত হয়ে গেল। অরণ্যর নিজের মা'কে মনে পড়ল, বিট্টুর ছবিটা

আবার আলমারিতে রেখে শোবার ঘরে এসে সুটকেসটা টেনে বার করলো। আসার সময় সুটকেসে বাড়ির এ্যালবাম থেকে বেশ কয়েকটি ফোটো এনেছিল যার মধ্যে মা'য়ের ছবিও ছিল। কিন্তু কি আশ্চর্য! সুটকেসটা তন্ন তন্ন করে খুঁজেও কোনও ছবি পাওয়া গেলনা। অথচ পরিস্কার মনে আছে ছবি গুলো যত্ন করে আসার সময় সুটকেসের ফ্ল্যাপে ঢুকিয়ে এনেছিল। ভারি তাজ্জব ব্যাপার! খাটের ওপর বসে চিন্তা করতে লাগল কি হতে পারে! মনে পড়ল ওর ল্যাপটপেও ফ্যামিলির কিছু ছবি ঢোকানো আছে। সুটকেস উঠিয়ে রেখে ল্যাপটপটা খুলে ছবির গ্যালারি থেকে অরণ্য মা'য়ের একটা ভাল ছবি বের করে একটু বড়ো করলো। অদ্ভূত মিল সুনয়নাদেবীর মুখের সঙ্গে। সুনয়নাদেবী ঠিক যেন অরণ্যর মা'য়েরই বড় দিদি। অথচ মা'য়ের আর কোনও বোন বা দিদি নেই। আরও একটা জিনিসের ভীষণ মিল আছে। খাওয়ার সময় অরণ্য লক্ষ্য করেছিল সুনয়নাদেবীর বাঁ দিকের চিবুকে একটা হাল্কা ছোট কাটা দাগ আছে। মা'য়ের ছবিটা ল্যাপটপে খুব বড়ো করতেই মনে হল ঠিক একই রকম একটা অস্পষ্ট কাটা দাগ বাঁ দিকে রয়েছে। তাহলে? অনেক রাত পর্যন্ত বসে বসে সব ছবি গুলো দেখে ল্যাপটপ বন্ধ করে শুয়ে পড়ল অরণ্য। মাথায় অনেক গুলো চিন্তা ভিড় করে আসতে লাগল। কে এই সুনয়নাদেবী? ক্লান্ত শরীরে শেষে এক সময় ঘুমের অতলে তলিয়ে গেল।

১১

মাঝ রাত নাগাদ ঘুটঘুটে অন্ধকার ঘরে গভীর ঘুমে আচ্ছন্ন অরণ্য। অদ্ভূত একটা অনুভূতি খুব ধীরে ধীরে যেন অরণ্যকে জাগিয়ে তুললো। ঘুম জড়ানো চোখটা টেনে খুলে ফেলেই মনে হল অন্ধকার ঘরে কেউ রয়েছে। খুব সন্তর্পণে ধীরে ধীরে শোবার ঘরের দরজাটার কাছ থেকে আবছা একটি মহিলার ছায়ামূর্তি খাটের কাছে চলে এলো। সঙ্গে সঙ্গে মিষ্টি পরিচিত একটা সুগন্ধ নাকে এসে লাগল অরণ্যের। সমস্ত শরীর যেন অসাড় হয়ে গেছে, নড়াচড়া করার বা কথা বলার কোনও ক্ষমতাই নেই অরণ্যর। মাথার কাছে এসে বেশ খানিকটা ঝুঁকে মূর্তিটা অরণ্যর মুখের খুব কাছে নিজের মাথাটা নামিয়ে আনলো, তারপর আস্তে করে একটা হাত অরণ্যর কপালের ওপর রাখল। বিদ্যুৎ খেলে গেল অরণ্যর সারা শরীরে। প্রাণপণ চেষ্টা করেও গলা দিয়ে শুধু একটা অঁ অঁ করে অস্ফুট শব্দ ছাড়া আর কিছু বার হলনা। তৎক্ষণাৎ ছায়া মূর্তিটি অত্যন্ত দ্রুত ঘর থেকে বেরিয়ে চলে গেল বলে মনে হল। চেষ্টা করেও বিছানা থেকে উঠতে পারলো না অরণ্য, ঘামে ভেজা শরীরটা যেন বিশ মণ ভারী, গলাও শুকিয়ে কাঠ হয়ে গেছে। কোনও রকমে হাত বাড়িয়ে মোবাইল ফোনটা নিয়ে অন করতেই ঘরটা বেশ আলোকিত হয়ে গেল। ঘড়িতে রাত সওয়া দু'টো। সাহস সঞ্চয় করে এবার অরণ্য বিছানা ছেড়ে দৌড়ে গিয়ে নিজের ঘরের আর বাইরের ঘরের আলোটা জ্বেলে দিল। কেউ কোথাও নেই। ঢক ঢক করে জল খেয়ে নিয়ে সদর দরজার কাছে গিয়ে দেখল যে নাইট ল্যাচটা ঠিকমত বন্ধই আছে। তাহলে নিশ্চয় ডুপ্লিকেট চাবি ব্যবহার করে দরজা খুলেছে আগন্তুক। ঘটনার আকস্মিকতায় অরণ্য বাকি রাতটা আর ভাল করে ঘুমোতে পারল না। ওর ষষ্ঠ ইন্দ্রিয় যেন বার বার বোঝাতে চাইছিল এই ঘটনাটার সঠিক ব্যাখ্যা কি হতে পারে।

সকাল বেলা জিনিয়াকে ফোন করল অরণ্য, —"হাই, গুড মর্ণিং ডার্লিং, স্টিল ইন বেড?"

—"নো, নট ইন বেড, বাট ইন সানডে মুড ডেফিনিটলি। জাস্ট রিল্যাক্সিং উইথ আ কাপ অফ কফি নাও।" মিষ্টি গলায় জিনিয়া উত্তর দিল।

—"জিনিয়া আই'ম ফিলিং ক্লসট্রোফোবিক, বোথ ইন হসপিটাল এণ্ড হোম। আই ডোন্ট ওয়ান্ট টু কনটিনিউ মাই জব হিয়ার, আই ওয়ান্ট টু কুইকলি লিভ দিস সিটি অলসো। ক্যান ইউ প্লিজ হেল্প মি?"

—"ওয়েট ওয়েট, হোয়াটস্ রং ডিয়ার? এনি থিং সিরিয়াস?"

—"ইয়া, সামথিং ভেরি সিরিয়াস, আই'ল টেল ইউ লেটার। জিনিয়া আই লাভ ইউ, আই ওয়ান্ট ইউ অলওয়েজ উইথ মি, টুডে, টুমরো এণ্ড ফরএভার।"

—"ওহ্ সো হ্যাপি টু হিয়ার ইউ সে অল দিজ ফর দি ফার্স্ট টাইম টুডে। আই লাভ ইউ টু মাই ডিয়ার এণ্ড এ্যম ম্যাডলি ওয়েটিং ফর ইউ টু বি হিয়ার উইথ মি। ফর দ্যাট, আই হ্যাভ অলরেডি সাবমিটেড ইউর রিজিউমস্ ইন থ্রী ফেমাস হসপিটালস ইন ভেলোর, ইউ নো দ্যাট। জেসাহি ইন্টারভিউকা খবর মিলেগা, তুমহে ঝটসে বুলা লুংগি, ওকে?"

রবিবার ছুটি থাকলেও জিনিয়ার সঙ্গে কথা শেষ করে অরণ্য তৈরি হয়ে নিয়ে হসপিটালে চলে গেল। পেসেন্ট দেখার তাড়া না থাকায় হসপিটালে নিজের রুমে বসে লোকাল নিউজ পেপারটা নিয়ে চোখ বোলাতে লাগল। একটা বিজ্ঞাপন দেখে চোখ আটকে গেল। 'সিক্রেট আই ডিটেক্টিভ এজেন্সী' জানাচ্ছে সব ধরণের গোপন অনুসন্ধান অত্যন্ত দক্ষতা আর নির্ভরতার সংগে করা হয়ে থাকে। অরণ্য খানিকটা দ্বিধাগ্রস্ত হয়ে বিজ্ঞাপনে দেওয়া নম্বরে কল করল। অপর প্রান্ত তক্ষুণি ফোন তুলে হ্যালো বলেই জানতে চাইল কি প্রয়োজন। অরণ্য নিজের পরিচয় আর হসপিটালের নাম জানিয়ে বলল, —"বিশেষ একটা কনফিডেন্সিয়াল ব্যাপারে অনুসন্ধানের জন্য আমার একজন অভিজ্ঞ ইনভেস্টিগেটর প্রয়োজন।"

—"ঠিক জায়গায় ফোন করেছেন আপনি। কখন যেতে হবে বলুন?"

—"আমার হসপিটালে চলে আসতে পারেন এখন, আপনি নিজেই ইনভেস্টিগেট করবেন?"

—"হ্যাঁ, তাহলে আমি এক ঘন্টার মধ্যে আসছি।"

ঘন্টা খানেকের মধ্যেই একজন ছিপছিপে চেহারার প্রৌঢ় মারাঠি ভদ্রলোক এসে হাজির হল। নাম বলল ডি,কে,গোখলে। আর্ম ফোর্স থেকে রিটায়ার করে প্রাইভেট ইনভেস্টিগেটরের এজেন্সী খুলেছে। অরণ্য তাকে যশপাল অরোরার নাম বলতে চিনতে পারলো না।

—"ওনার ব্যাপারেই অনুসন্ধান করতে হবে?"

—"না, আমি ওনার স্ত্রী সুনয়না অরোরা সম্বন্ধে সব কিছু তথ্য জানতে চাই।"

—"ছবি আর ঠিকানা দিন।"

—"ছবি দিতে পারবো না তবে ঠিকানা দিচ্ছি। কিন্তু তার আগে দুটো জিনিস জানতে চাই, আপনার ফি কত আর এই ব্যাপারটা যেহেতু এক্সট্রিমলি কনফিডেন্সিয়াল, কতটা সিক্রেটলি আপনার বা আমার আইডেন্টিটি ডাইভালজ্ না করে করতে পারবেন?"

—"দ্বিতীয় প্রশ্নের জবাবটা আগে দিচ্ছি, আমরা অত্যন্ত প্রফেশনাল, নিত্য এই কাজ করেই পেট চালাই, একশো পারসেন্ট নিশ্চিন্ত থাকতে পারেন। আর ফি নির্ভর করবে কাজের ওপর। সুনয়না অরোরা রোজ কোথায় কোথায় যাচ্ছেন, কার কার সঙ্গে দেখা করে সময় কাটাচ্ছেন এই সব তথ্য কি ছবি সমেত চান?

—"না না, ওসব আমার কোনও প্রয়োজন নেই, কোনও ছবিও চাইনা। আমি ওই মহিলার ব্যাকগ্রাউণ্ড, ওনার সঠিক ব্যক্তিগত পরিচয় ইত্যাদি কিছু তথ্য খুব গোপনে পেতে আগ্রহী।"

—"ব্যাস? এইটুকু হলেই চলবে? সে ক্ষেত্রে অল্প ফি, এই ধরুণ হাজার পাঁচেক টাকা।"

—"তাও তো বেশী হয়ে গেল।" অরণ্য বলল।

—"বেশী যদি মনে হয় তাহলে চার হাজার টাকা দিয়ে দেবেন, তার কমে এসব কাজ করা যায়না। দেখবেন খুব ভাল ভাবে কাজটা করে দেব।"

—"হাজার টাকা এ্যডভান্স রাখুন, তবে যদি সঠিক তথ্য না দিতে পারেন তাহলে মাফ করবেন, কোনও টাকা পাবেন না।"

১২

রবিবার দিন সন্ধ্যার সময় নিজের ফ্ল্যাটে ফিরে আগের রাতের ঘটনার ব্যাপারে মিস্টার বা মিসেস অরোরার সঙ্গে কোনও আলোচনা করতে ইচ্ছা করল না অরণ্যর। তাই কলকাতা থেকে নিয়ে আসা যে ফোটো গুলো সুটকেসে পাওয়া যায়নি আগের রাতে সেগুলো আরও ভাল করে খুঁজে দেখতে লাগল। ড্রইং রুমের দেওয়াল আলমারিটা খুলে ওগুলো খুঁজতে গিয়ে আবিষ্কার করল বিট্টুর ছবিটাও উধাও হয়ে গেছে। তাছাড়া অরণ্যর বইপত্র নোটবই সব কিছুই যেন ঘাঁটাঘাটি করা হয়েছে মনে হচ্ছে। বিস্মিত হয়ে চিন্তা করতে লাগল কি করা যায় এই ব্যাপারটা নিয়ে। এমন সময় দরজার বেল বাজল। আলমারিটা বন্ধ করে সদর দরজা খুলতেই দেখল মিসেস অরোরা নিজে এসেছেন। হাসি মুখে বললেন,—"আজ ফির ডিনারকে সময় আজানা বেটা। হামসব একসাথ খায়েঙ্গে। ঠিক হ্যায়?"

—"আচ্ছা।" অরণ্য অনিচ্ছা সত্ত্বেও কিছুতেই না বলতে পারল না মিসেস অরোরার আগ্রহ দেখে। একদিকে যেমন শোকাতুর মাতা পিতা একমাত্র পুত্রের প্রস্ফুটন হওয়ার আগেই ঝরে যাওয়ার ফলে অরণ্যকে কাছে পেয়ে আঁকড়ে ধরে বাঁচতে চাইছে, অপরদিকে তেমন

অরণ্যও এই ঝামেলা থেকে তাড়াতাড়ি অব্যাহতি পাওয়ার জন্য ছটফট করছে। যাইহোক এরপর প্রায় প্রতিদিন রাত্রেই ডিনারের সময় মিসেস অরোরা নিজে এসে জোর করে অরণ্যকে ডেকে নিয়ে যেতে লাগলেন। মা'য়ের মত মাঝে মাঝে অরণ্যর পিঠে হাত বুলিয়ে স্নেহমাখা গলায় শরীর ঠিক রাখতে বেশি করে খাওয়ার জন্য অনুরোধ করতেন।

বুধবার আসতে চোখের লেজার চিকিৎসা করাতে মিস্টার অরোরা হসপিটালে পৌঁছে একজন সিস্টারকে দিয়ে ডক্টর অরণ্য রায়ের কাছে খবর পাঠালেন। ঠিক এগারোটায় অরণ্য সর্দারজীকে ডেকে নিয়ে লেজার রুমে ঢুকতেই মোবাইল বাজল। —"কে বলছেন?" অরণ্য জানতে চাইল।

—"প্রাইভেট ইনভেস্টিগেটর গোখলে বলছিলাম। আপনি কখন ফ্রি হবেন ডক্টর রয়?"

—"বিকেল সাড়ে পাঁচটা। তবে আপনি ছ'টার সময় আসুন।"

যথা সময় হসপিটালে মিস্টার গোখলে এসে অরণ্যর সঙ্গে দেখা করে বলল, —"আমি এ পর্যন্ত যেটুকু খবর যোগাড় করেছি আপনাকে জানাই। মিস্টার যশপাল অরোরা কলকাতায় থাকতেন এবং ওখানেই পড়াশোনা করেছেন। ওর বাবার খুব ছোটখাট একটা ব্যবসা ছিল কলকাতায়। কিন্তু খুব শিশু বয়সে বাবা মারা যান, মা'কে নিয়ে একলা থাকতেন, কিন্তু দু চোখের দৃষ্টি হারিয়ে খুব অসহায় হয়ে পড়েন। এদিকে ওই একই সময় ওনার মা ক্যান্সারে আক্রান্ত হন। পরে কলকাতাতেই মারা যান। ওনার একমাত্র অবিবাহিত কাকার পুনেতে একটি ইলেকট্রনিক্সের শোরুম ছিল। যশপালের বাবা না থাকাতে ঐ কাকাই ওকে কলকাতায় রেখে নিজের পুত্রের মত ছোটো থেকে মানুষ করেন আর তারপর যশপালের মা মারা যেতে এখানে এনে ওর হাতেই ইলেকট্রনিক্সের শোরুম তুলে দেন। কাকা পুনেতে নিজের বিরাট তিনতলা বাড়িও ওর নামে লিখে দেন। তারপর কাকা মারা যেতে যশপাল অরোরা নিজের স্ত্রীর সাহায্যে ব্যবসা আরও বাড়িয়ে তুলে এখন তিনখানা অরোরা ইলেকট্রনিক্সের শোরুম খুলে ফেলেছেন পুনেতে।"

—"আমি কিন্তু আপনাকে হায়ার করেছিলাম মিসেস সুনয়না অরোরার সম্বন্ধে জানার জন্য ওনার স্বামীর জন্য নয়।" অরণ্য বলল।

—"সুনয়না অরোরার অতীতের ব্যাপারটা একটু অস্পষ্ট, তবুও কিছুটা গুরুদ্বার থেকে জানা গেছে যে সুনয়নাদেবী পাঞ্জাবী নন, খাঁটি বাঙালি, হিন্দু। কলকাতায় ওনার পূর্ববিবাহিত স্বামী আছেন। যশপালের সঙ্গে নতুন করে ঘর বাঁধবেন বলে শিখ ধর্মে ধর্মান্তরিত হয়ে বিবাহসূত্রে আবদ্ধ হয়েছেন। দীর্ঘ দিনের ভালোবাসা ছিল যশপালের সঙ্গে। কলকাতায় মা'য়ের ক্যান্সারে মৃত্যুর কাছাকাছি সময় প্রায় সম্পূর্ণ অন্ধ যশপাল ভীষণ অসহায় হয়ে পড়েন। সেটা দেখেই হয়তো ওর পাশে সর্বদা থাকার জন্য বিয়ে করে চিরকালের সঙ্গিনী হয়ে যান সুনয়নাদেবী।"

—"হুম, তাহলে এই সুনয়নাদেবীর বাড়িও কলকাতায় নিশ্চয়?" অরণ্য প্রশ্ন করল।

—"হ্যাঁ, তবে কোথায় জানতে পারিনি। ওদের বিয়েটা কিন্তু পুনের একটা গুরুদ্বারেই হয়েছে, আর তাই আমার এতো সব জানতে সুবিধা হয়েছে।"

—"অথচ আশ্চর্য, বাঙালি হলেও সুনয়নাদেবী সবার সঙ্গে হিন্দী আর স্বামীর সঙ্গে গুরমুখী মিশ্রিত হিন্দী ছাড়া কখনও বাংলা ভাষা ব্যবহার করেন না, এমনকি আমি একজন বাঙালি, আমার সঙ্গেও নয়।"

—"হতে পারে উনি ওনার পূর্ব পরিচয়টা খুব গোপন রাখতে চান, তাই।"

—"ঠিক আছে আপনাকে ধন্যবাদ। আপাতত এতেই হয়ে যাবে। আপনার বাকি টাকাটা আমি এখনই দিয়ে দিচ্ছি।"

একটা অদ্ভূত মানসিক অবস্থা নিয়ে অরণ্য নিজের ফ্ল্যাটে ফিরে এসে খাটে অনেক্ষণ চুপচাপ শুয়ে সুনয়নাদেবীর কথা চিন্তা করতে লাগল। ভারি বিস্ময়কর ওনার এই পরিবর্তিত ব্যক্তিত্ব, চালচলন, আদবকায়দা সবকিছু। হঠাৎ জিনিয়ার ফোন, অরণ্য তক্ষুণি তুলে নিয়ে বলল, —"ওহ্ জিনিয়া, ইওর ফোনকল ব্রিংগস্ মি গ্রেট মেন্টাল রিলিফ।"

—"কনগ্র্যাচুলেশনস্ অরণ্য, আ গুড নিউজ ফর ইউ, কামিং স্যাটারডে সি,এম,সি ভেলোর হ্যাজ কলড ইউ ফর এ্যন ইন্টারভিউ। মেরা এ্যড্রেস পর হার্ড কপি ভেজা, পসিবলি দে হ্যাভ সেন্ট ওয়ান সফ্ট কপি টু ইওর ইমেল অলসো, জাস্ট ওপেন এণ্ড সি।"

—"ওহ্ জিনিয়া, ইউ হ্যাভ ডান আ গ্রেট জব, থ্যাঙ্ক ইউ ডিয়ার। মাই লাইফ ইজ হেল হিয়ার, আই কান্ট ওয়েট টিল স্যাটারডে, আই'ম গোইং টু ইউ অন ফ্রাইডে ইভনিং।"

রাতে আবার মিসেস অরোরা এসে অরণ্যকে ডিনারে ডেকে নিয়ে গেলেন। খেতে বসে মাঝে মঝেই অরণ্য সুনয়নাদেবীর দিকে তাকিয়ে কল্পনা করার চেষ্টা করছিল কি করে একজন বাঙালি মহিলা এতো নিখুঁত ভাবে ভোল পাল্টে পাঞ্জাবী গৃহিণী হয়ে যেতে পারেন। ডিনার শেষ করেই নিজের ফ্ল্যাটে ফিরে অরণ্যর বাবার জন্য খুব মন কেমন করতে লাগল। মোবাইলটা তুলে বাবাকে ফোন করল। অনিমেষ রাত সাড়ে দশটার সময় অরণ্যর ফোন পেয়ে একটু আশঙ্কিত হয়ে বললেন, —"হ্যাঁ টিনটিন বল? শরীর ভাল আছে?"

—"বাবা তোমার জন্য আজ ভীষণ মন খারাপ লাগছে।"

—"কেন রে? কিছু দুঃস্বপ্ন দেখেছিস নাকি?"

—"না, তা নয়। ভাবছিলাম সারাটা জীবন কত স্ট্রাগল করেছ, অনেক অপমানকর কথা সহ্য করেছ, এমন কি খুনীর তকমা গায়ে নিয়ে অনেকের ঘৃণার পাত্রও হয়েছ।"

—"হঠাৎ কি হোল তোর, এইসব নিয়ে চিন্তা করে মন খারাপ করছিস?" অনিমেষ ছেলেকে বুঝতে চেষ্টা করছিলেন।

—“আচ্ছা বাবা, তুমি কি এখনও বিশ্বাস রাখ মনে যে মা একদিন ফিরে আসবে?”

—“না রাখার মতো তো কিছু নেই? তবে হ্যাঁ, যদি সে জীবিত থাকে আর ফিরে আসে তাহলে শুধু একটাই প্রশ্ন করব, না বলে কেন আমাদের সবাইকে এভাবে অথৈ জলে ফেলে চলে গেল।”

—“এতদিন ধরে যে দরজাটা খুলে বসে থেকে নিজের জীবনটা নষ্ট করলে, সেটা এবার বন্ধ করে দাও বাবা।”

—“কেন ঋতু জীবিত নেই বলে কিছু জানতে পেরেছিস?”

—“বাইশ বছর পর এবার তুমি মন থেকে সব স্মৃতি মুছে ফেল বাবা। যিনি ছেড়ে গেছেন তিনি আর ফিরে আসবেন না, আমি এখন নিশ্চিত। যাইহোক আমি হয়ত চেন্নাই চলে যাব। এখানে থাকতে চাই না। সি,এম,সি ভেলোর ইন্টারভিউতে ডেকেছে, সিলেক্টেড হয়ে গেলেই ওখানে চলে গিয়ে জয়েন করব।”

—“খুব ভাল খবর, ভেলোরে জিনিয়া আছে না? খুব ভাল মেয়ে, ওকে তুই বিয়ে কর টিনটিন, আমি খুব নিশ্চিন্ত হবো। আর তোর ঠাম্মারও বয়েস হয়েছে, নাতবৌ দেখার সাধটা পূর্ণ হবে।”

—“দেখা যাক, ঠাম্মাকে বলে দিও আমি কাল ফোন করব। নিজের খেয়াল রেখো, এখন রাখছি।”

১৩

শুক্রবার অরণ্যর চেন্নাই থেকে ভেলোরে জিনিয়ার বাড়ি পৌঁছাতে রাত দশটা বেজে গেল। ডিনারের আয়োজন করে জিনিয়া অধীর আগ্রহে অপেক্ষা করছিল। অরণ্য পৌঁছাতেই ছুটে গিয়ে ওকে জড়িয়ে ধরে বলল, —“সত্যি এখনও বিশ্বাস হচ্ছেনা তুমি আমার কাছে এসেছ, এখানে তুমি চান্স পেয়ে গেলে আমরা একসাথে থাকতে পারবো ভেবে আমার ভীষণ আনন্দ হচ্ছে।”

রাতে ডিনার করতে করতে অরণ্য পুনেতে সর্দারজীর ফ্ল্যাট নেওয়ার পর যা যা হয়েছে সমস্ত ঘটনাই জিনিয়াকে বলল, এমন কি আগের শনিবার রাত্রে অন্ধকার ঘরে ঘুমের মধ্যে অরণ্যর যে একটা ভয়ঙ্কর অভিজ্ঞতা হয়েছিল সেটাও জানাল। জিনিয়া সব শুনে অরণ্যকে খুব তাড়াতাড়ি সুনয়নাদেবীর সান্নিধ্য থেকে সরে যেতে পরামর্শ দিল। যত দেরী হবে অরণ্যকে তত আঁকড়ে ধরার চেষ্টা করবেন উনি বলে সাবধান করে দিল।

ইন্টারভিউ নেওয়ার দিনই ক্রিস্টিয়ান মেডিকেল কলেজ এ্যণ্ড রিসার্চ ইনস্টিটিউট ভেলোরে অরণ্যকে নিয়োগ পত্র দিয়ে জয়েন করতে বলে দিল। জিনিয়া শুনে প্রচণ্ড খুশি হয়ে অরণ্যকে একদম দেরি না করে সোমবার মঙ্গলবারের মধ্যেই পুনে থেকে সব কিছু নিয়ে

জিনিয়ার কোয়ার্টারে চলে আসতে বলল। পুনেতে তাই রবিবার সকালেই ফিরে গেল অরণ্য। সোমবার হসপিটালে গিয়ে নিজের পদত্যাগ পত্র জমা দিতেই সুপার অরণ্যকে ডেকে অনেক অনুরোধ করতে লাগলেন যাতে পরিবর্ত ডাক্তার হিসাবে কাউকে না পাওয়া পর্যন্ত অরণ্য কাজটা চালিয়ে যায়। কিন্তু অরণ্যর বাঁধন ছেঁড়া মন তখন এক মুহূর্তও থাকতে রাজি নয়। অগত্যা হসপিটাল অরণ্যকে মুক্তিপত্র দিয়ে দিতে বাধ্য হল। সন্ধ্যা বেলা ফ্ল্যাটে ফিরে অরণ্য নিজের সবকিছু গোছগাছ করে নিয়ে পরদিন ভোরেই যাত্রা করার জন্য প্রস্তুত হয়ে যশপাল অরোরার ফ্ল্যাটে গিয়ে বেল বাজাল। সুনয়নাদেবী দরজা খুলে অরণ্য নিজে থেকেই ডিনারের বেশ খানিকটা আগে এসেছে দেখে একগাল হেসে "আও বেটা, আও, অন্দর আ যাও" বলে ভীষণ অভ্যর্থনা করে ভেতরে নিয়ে গিয়ে বসালেন, তারপরেই চেঁচিয়ে বললেন, —"যশপাল তুমহারা ডক্টরসাব আয়া।"

—"ম্যাডাম, আজ আমি আপনাদের থেকে বিদায় নিতে এসেছি। আমি কাল ভোরেই চলে যাচ্ছি পুনে ছেড়ে। এখানকার হসপিটালের চাকরি আজ ছেড়ে দিলাম।" কথাগুলো শুনতে শুনতে সুনয়নাদেবীর মুখটা ক্রমশ কালো হয়ে যেতে লাগলো, এগিয়ে এসে অরণ্যর পিঠে একটা হাত রেখে অসম্ভব বিস্মিত হয়ে প্রশ্ন করলেন, —"কেন বেটা কি হয়েছে? আমাদের কি কোনও রকম দোষ হয়েছে?" তারপরেই ছুটে গিয়ে ভেতরের ঘর থেকে যশপালকে হাত ধরে টেনে আনতে আনতে বলতে লাগলেন, —"দেখ দেখ, তোমার ডক্টরসাব কি সব বলতে শুরু করেছে, আমাদের কাছ থেকে বিদায় নিতে এসেছে নাকি!"

কালো চশমা ঢাকা মুখটায় কোনও পরিবর্তন বোঝা না গেলেও চেয়ারে বসে যশপাল উত্তর দিলেন, —"সুনয়না, তুমি তাহলে তোমার ছেলেকে নিশ্চয় ভাল করে যত্ন করোনি, তাই আটকে রাখতে পারছ না।"

—"না না, এই সব বলছেন কেন। আপনারা আমাকে পুত্রের স্নেহ দিয়েছেন, বিনা অর্থে সুন্দর একটা থাকার আশ্রয় দিয়েছেন, প্রত্যেক দিন খেতে দিয়েছেন। এটার জন্য আমি নিজেকে খুব ভাগ্যবান মনে করি। কিন্তু আমি নতুন একটা ভাল চাকরি পেয়ে গেছি, তাই চেন্নাই চলে যেতে হচ্ছে। উপায় নেই, এখানে ভয়ানক কাজের চাপ।"

হঠাৎ সুনয়নাদেবী ফুঁপিয়ে কেঁদে ফেললেন, আর কোনও কথা না বলে ডিনার গুলো সাজিয়ে দিয়ে যশপালের দিকে তাকিয়ে বললেন, —"তোমরা খেয়ে নাও, আমার খেতে ইচ্ছে নেই।" সঙ্গে সঙ্গে অরণ্য সুনয়না দেবীকে বলল, —"সেকি, কিছু অন্তত খান? প্লিজ মন খারাপ করবেন না।" অরণ্য অনুরোধ করতে কাজ হল, সুনয়নাদেবী টেবিলে বসে সামান্য খাবার তুলে মাঝে মাঝে খেতে থাকলেন, কিন্তু একবারও আর অরণ্যর দিকে তাকালেন না। নিরবতা ভেঙ্গে যশপাল বললেন, —"ডক্টরসাব আপনি চলে যাচ্ছেন, খুব দুঃখ হচ্ছে মনের মধ্যে, সুনয়না সরাদিন আপনাকে নিয়ে চিন্তা করেই খুশি থাকত, এখন তো আমাদের আয়ুও কমে যাবে।"

—"কেন একথা বলছেন? আমি এমনও দেখেছি দুধ খাওয়া শিশুকে ছেড়ে মা চলে গেছে বা মা মারা গেছে, কিন্তু সেই বাচ্চা খুব ভাল ভাবেই বড় হয়ে উঠেছে। মানুষ সবকিছু সয়ে নিতে পারে মিস্টার অরোরা, এটা আমি আমার নিজের অভিজ্ঞতা থেকে বলছি।"

এরপর যশপাল অরোরাও আর বিশেষ কথা না বলে গম্ভীর মুখে খেয়ে যেতে লাগলেন। খাওয়া শেষ হতেই অরণ্য বলল, —"কাল সকালেই আমার ফ্লাইট, এখন গিয়ে একটু গুছিয়ে নিতে হবে, তাই গেলাম। আপনাদের এখান থেকে একটা সুন্দর অভিজ্ঞতা নিয়ে ফিরে যাব আমি। আপনারা দু'জনেই আমার জন্য যা করেছেন তার জন্য ধন্যবাদ দিয়ে আর ছোট করবো না আপনাদের।"

ঠিক সময় এয়ারপোর্ট পৌঁছানোর তাড়া থাকায় ব্রেকফাস্ট না করেই সকাল সাতটায় অরণ্য নিজের সুটকেস, হ্যান্ডব্যাগ সব নিয়ে ফ্ল্যাট খালি করে লিফট্ নিয়ে নিচে নামতেই দেখল নিজের সাদা লাঠি নিয়ে যশপাল আর সুখবীর বাইরে গাড়ির কাছে দাঁড়িয়ে আছে।

—"একি! মিস্টার অরোরা আপনি?" অরণ্য অবাক হয়ে প্রশ্ন করল।

ম্লান হেসে যশপাল বললেন, —"চলে এলাম, আপনাকে বিদায় জানাতে। সুখবীর আপনাকে গাড়ি করে এয়ারপোর্ট নিয়ে যাচ্ছে ডক্টরসাব।"

—"থ্যাঙ্ক ইউ। নেক্সট বুধবার আপনার সেকেণ্ড ট্রিটমেন্টটা ডক্টর রাউথ করবেন, আমি ওকে বলে রেখেছি, আপনি সকাল এগারোটায় হসপিটালে পৌঁছে আমার নাম করে ডক্টর রাউথকে বললেই হয়ে যাবে।"

—"ঠিক আছে, আপনি ভাল থাকবেন ডক্টরসাব।"

—"ম্যাডামকে দেখলাম না, কি করছেন?" অরণ্য জিজ্ঞাসা করল।

—"আপনি চলে যাচ্ছেন বলে রাত্রে খুব কান্নাকাটি করছিল তাই ঘুমের ওষুধ খেতে হয়েছিল। এখনও হয়তো ঘুমাচ্ছে।"

সুখবীর গাড়িতে মাল গুলো তুলে অপেক্ষা করছিল। অরণ্য এগিয়ে গিয়ে গাড়ির পিছনের দরজাটা খুলে উঠতে গিয়ে একটু থমকে দাঁড়াল, তারপর কি মনে করে হঠাৎ ঘুরেই বাড়ির ভেতরে ঢুকে লিফট্ নিয়ে তিন তলায় পৌঁছে যশপাল,এস,অরোরা লেখা দরজার বেলটা বাজাল। পরিচারিকা এসে দরজা খুলতে অরণ্য জিজ্ঞাসা করল, —"ম্যাডাম কোথায়?" মেয়েটি অরণ্যকে সঙ্গে করে ভেতরে এনে একটা পর্দা দেওয়া দরজার দিকে আঙুল দেখাল। অরণ্য ঝট করে পর্দা সরিয়ে দেখল সুনয়নাদেবী খাটে পাশ ফিরে শুয়ে ঘুমাচ্ছেন। একটু ইতস্তত করে আস্তে আস্তে ঘরের ভেতরে এসে খাটের কাছে দাঁড়াল। মনে পড়ল কলকাতায় মেডিকেল কলেজে পড়ার সময় এক প্রবীণ শিক্ষক বলতেন বয়েস বুঝে মহিলা পেসেন্টদের চিকিৎসা করার সময় 'মা' বলে সম্বোধন করবার চেষ্টা করবে, দেখবে তাতে চিকিৎসা করতেও সুবিধা হবে আর পেসেন্টও অনেকখানি রোগের উপশম হয়েছে বলে

বোধ করবে। তাই ম্যাডাম বলে না ডেকে অরণ্য পরিস্কার বাংলায় বলল, —"মা আমি আসছি তাহলে?"

অরণ্যকে ভয়ঙ্কর অবাক করে দিয়ে খুব আস্তে আস্তে সোজা হয়ে শুয়ে দু'চোখ ভরা জল নিয়ে সুনয়নাদেবী এই প্রথম বাংলায় উচ্চারণ করলেন, —"এসো বাবা।"

অরণ্য কিছুক্ষণ ওনার দিকে তাকিয়ে থেকে দু'হাত দিয়ে সুনয়নাদেবীর পায়ের পাতা দু'টো ছুঁয়ে প্রণাম করল, তারপর ধীর গতিতে ঘর থেকে বেরিয়ে নিচে নেমে এল।

অন্তরের অন্তরালে

সুপর্ণা অনেক দিন ধরেই ঘ্যানঘ্যান করছিল রিমিকে একজন সাইকিয়াট্রিস্টের কাছে নিয়ে যাওয়ার জন্য, কিন্তু রাজীব এতদিন কানে তুলছিল না। সেদিন অফিসে নিজের সহকারী রাধিকাকে ঘরে ডেকে অফিসের জরুরি কিছু আলোচনার পর জানতে চেয়েছিল ওর কোনও ভাল সাইকিয়াট্রিস্ট জানা আছে কিনা। রাধিকা সঙ্গে সঙ্গে মৌলালির এই সাইকিয়াট্রিস্টের নাম করেছিল। বলেছিল ওর এক মাসতুতো দিদি নাকি কিছু মানসিক সমস্যায় ভুগছিল, প্রায় ডিভোর্স হয়ে যাওয়ার অবস্থা। কিন্তু কারুর কাছ থেকে সন্ধান পেয়ে ওর দিদিকে এই সাইকিয়াট্রিস্টের কাছে এনে প্রায় মাস ছ'য়েক ধরে চিকিৎসা করান হয়। এখন বেশ ভালোই আছে দিদি, সবচেয়ে বড়ো কথা স্বামীর সঙ্গে ডিভোর্সটা অন্তত হয়ে যায় নি। রাধিকার কাছে সুখ্যাতি শুনে রাজীব আর দেরি করে নি। হঠাৎ করেই দিন সাতেক আগে মৌলালির এই সাইকিয়াট্রিস্টের কাছে আজ শনিবার সন্ধ্যা সাড়ে সাতটার জন্য একটা এপয়েন্টমেন্ট বুক করে ফেলেছিল। দোতলার ওপরে বেশ বড় একটা হলে এদিক ওদিক মুখোমুখি করে রাখা তিন চারটে সোফা আর বেশ কিছু সুন্দর এ্যলুমিনিয়ামের চেয়ার রাখা রয়েছে। চেম্বারে ঢোকার দরজার কাছেই টেবিল চেয়ার আর একটা ডেস্কটপ কম্পিউটার নিয়ে অল্প বয়সী একটি মেয়ে বসে রয়েছে। রাজীব মেয়েটির কাছে গিয়ে বলল, —"আচ্ছা, আমার একটা এপয়েন্টমেন্ট করা আছে আজ সাড়ে সাতটায়।"

—"কি নাম বলুন?" সপ্রতিভ হয়ে মেয়েটি জিজ্ঞাসা করল।

—"রিমি চৌধুরী, ডটার অফ রাজীব চৌধুরী।"

রিসেপশনিস্ট মেয়েটি কম্পিউটার স্ক্রিনের দিকে একটু দেখে নিয়েই বলল, —"বসুন, একটু দেরী আছে।" রাজীব অপেক্ষারত আগন্তুকদের এক ঝলক দেখে নিয়ে রিসেপশনিস্ট মেয়েটিকে আবার জিজ্ঞাসা করল, —"কতক্ষণ লাগতে পারে মোটামুটি?"

—"আধঘন্টা পঁয়ত্রিশ মিনিট, ভিতরে একজন গেছেন, তিনি বের হলেই আর একজন পেসেন্টের রিপোর্ট আছে, তারপরেই আপনি।"

সুপর্ণা আর রিমিকে নিয়ে রাজীব একটা খালি সোফায় বসে পড়ে চেম্বারের চারদিক খানিকটা ভাল করে দেখতে রইল। বেশ কয়েকটি বিখ্যাত চিত্রকরের পেইন্টিং ফটো করে টাঙ্গান রয়েছে। একটা ফ্রেমে বাঁধিয়ে রাখা কোনও মহান ব্যক্তির উক্তির দিকে চোখ আটকে গেল, —বেটার টু ট্রাস্ট দা ম্যান হু ইজ ফ্রিকোয়েন্টলি ইন এরর্ দ্যান দা ওয়ান হু ইজ নেভার ইন ডাউট। অপেক্ষারতরা অনেকেই নিজেদের মোবাইলের দিকে চোখ রেখে বসে। সুপর্ণা একটা ম্যাগাজিন তুলে নিয়ে পাতা ওলটাতে থাকল। ব্যাগের মধ্যে

মোবাইলটা বাজার খুব হাল্কা আওয়াজ শোনা যাচ্ছে। রাজীব সুপর্ণাকে আস্তে করে বলল, —"তোমার বোধহয় ফোন বাজছে।"

তাড়াতাড়ি ব্যাগের চেনটা খুলে ফোনটা বের করতেই চেম্বারের প্রায় সবাই মোবাইল বাজার শব্দে ওদের দিকে তাকিয়ে দেখল।

—"হ্যাঁ বল?" চাপা গলায় সুপর্ণা বলল। আর তারপরেই উত্তর দিল, —"না রে, আমরা একটু শপিং করতে বেরিয়েছি। আমি বাড়ি ফিরে তোকে ফোন করব।"

খুব চাপা স্বরে বললেও কাছাকাছি বসে থাকা দু'একজন সুপর্ণার এমন মিথ্যা বচন শোনা মাত্র মুখ তুলে তাকিয়ে একটু দেখে নিল।

—"কে ফোন করছিল মা?" রিমি জানতে চাইল।

—"ওই তোমার বিনী মাসী।" তারপর ফোনটা ব্যাগের মধ্যে ঢোকাতে ঢোকাতে সুপর্ণা বিড় বিড় করে বলল, —"সব ব্যাপারে বিনীর অসম্ভব কৌতূহল, কোথায় যাচ্ছিস, কি খাচ্ছিস, রাজীবদা কোথায়, হাজারটা প্রশ্ন খালি।"

—"তা কি হয়েছে, বললেই তো পারতে আমরা একজন সাইকিয়াট্রিস্টের চেম্বারে এসেছি রিমির ব্যাপারে। লুকোছাপা করার কি দরকার?" সুপর্ণা মিথ্যা বলায় রাজীব একটু বিরক্তি প্রকাশ করে মন্তব্য করল।

সুপর্ণা কটকট করে রাজীবের দিকে খানিকটা তাকিয়ে থেকে বলল, —"তুমি কি জানো বিনীর স্বভাবের ব্যাপারে? খালি রাজীবদা রাজীবদা বলে আদিখ্যেতা করে গায়ে ঢলে পড়ে বলে তুমি গলে একবারে জল হয়ে যাও। সাইকিয়াট্রিস্টের কাছে এসেছি শুনলেই আর দেখতে হবেনা, অজস্র প্রশ্ন শুরু করে দেবে আর তারপরেই সারা আত্মীয় স্বজনকে জানিয়ে দেবে রিমির মাথার গণ্ডগোল হয়েছে বলে পাগলের ডাক্তার দেখানো হচ্ছে। বিনীর কথাবার্তা শুনে কেউ বলবে না ও লেখাপড়া শিখেছে।"

—"মিস রিমি চৌধুরী, চলে যান ভেতরে।" ডাক্তারের এ্যসিস্ট্যান্ট মেয়েটি ঘর থেকে বেরিয়ে এসে ঘোষণা করল।

ডক্তর সৈকত বসুর প্রায় পঞ্চাশের কাছাকাছি বয়েস, একটা স্কাই ব্লু সার্টের সঙ্গে সাদা স্ট্রাইপ দেওয়া ডার্ক ব্লু টাই গলায় দরজার দিকে মুখ করে বসে নিজের মোবাইলে কারুর সঙ্গে কথা বলছিলেন। রাজীব দরজা ঠেলে উঁকি দিতেই একটু মাথা ঝাঁকিয়ে ভিতরে আসার ইঙ্গিত করলেন। তিনজনে ভেতরে ঢুকতেই মোবাইল বন্ধ করে টেবিলের ওপর রেখে সামনের চেয়ার দেখিয়ে ইঙ্গিতে বসতে বললেন, তারপর প্রশ্ন করলেন —"রিমি চৌধুরী কে, তুমি?"

একটু ভয়ে ভয়ে রিমি উত্তর বদিল, —"হ্যাঁ"

—"কোন ক্লাসে পড়ছো?"

—"এইটে"

—"ও বাবা, তবে তো বেশ বড়ো হয়ে গিয়েছ?" তারপর রাজীব আর সুপর্ণার দিকে তাকিয়ে জিজ্ঞাসা করলেন, —"আপনাদের মেয়ে?"

—"হ্যাঁ, ওনলি ইসু।" সুপর্ণা উত্তর দিল।

—"তাহলে বলুন এখন আমার রিমিদিদির কি অসুবিধে হচ্ছে।" ডক্টর বাসু হাসি মুখে রিমির দিকে তাকিয়ে প্রশ্নটা করলেন।

রাজীব কিছু বলতে যেতেই সুপর্ণা বলল, —"আমি বলছি" তারপর ডক্টর বাসুর দিকে চেয়ে বলতে শুরু করল, —"জানেন, আজকাল আমার মেয়েটা ভীষণ ঘরকুনো হয়ে গেছে, কোথাও যেতে চায় না, এমনকি আত্মীয় বন্ধুদের জন্মদিন, বিয়ে কোনও অনুষ্ঠানেই ও যাবে না, বেশী কিছু বললে রাগ করে সামনে যা পাবে ছুঁড়ে ফেলে ভেঙে ফেলবে। সবাই প্রশ্ন করে আমাদের, রিমি কেন এলো না, ওর আমাদের ওপর কোনও ব্যাপারে রাগ হয়েছে না কি ইত্যাদি নানা প্রশ্নের মুখে পড়ে আমাদের খুবই অস্বস্তিতে পড়তে হয়। সব সময় একলা নিজের ঘরে ঢুকে বসে থাকবে। ওর একটা পুতুল আছে, সেইটা নিয়েই সারাক্ষণ রয়েছে, তাকে সাজানো, জামাকাপড় পরানো, এমনকি নাটকের মতো তার সঙ্গে নানারকম কথা বলা এইসব করছে সারাদিন। এখন স্কুলে যেতেও আপত্তি করতে থাকে মাঝে মাঝে। যারা আগে খুব বন্ধু ছিল রিমির, তাদের কাউকে এখন দুচোখে দেখতে পারে না।"

ডক্টর বাসু এবার জিজ্ঞাসা করলেন, —"ক্লাসের রেজাল্ট কেমন হয়?"

—"আগে খুব ভাল মার্কস থাকতো, এখন বেশ খানিকটা অবনতি হয়েছে বলা যায়, তবে ক্লাসের পড়াটা ঠিক করে নেয় এই পর্যন্ত।"

এবার ডক্টর বাসু রাজীবকে জিজ্ঞাসা করলেন, —"আপনি কি করেন?"

—"আমার গভর্নমেন্ট সার্ভিস, ডি,সি, কাস্টমস এণ্ড সার্ভিস ট্যাক্স। আমার মিসেসও কাজ করেন, একটি এ্যডভার্টাইজিং কোম্পানিতে।"

এবার ডক্টর বাসু নিজের চেয়ারের পাশেই একটা গোল স্টীলের স্টুলে রিমিকে উঠে এসে বসতে বললেন, তারপর হেসে জিজ্ঞাসা করলেন, —"তুমি কাকে বেশি ভালবাসো মা না বাবাকে?"

রিমি কোনও উত্তর না দিয়ে চুপ করে মেঝের দিকে তাকিয়ে বসে রইল। এবার ডক্টর বাসু রাজীব আর সুপর্ণাকে পাশের ঘরে গিয়ে একটু বসতে বললেন। সঙ্গে সঙ্গে ডক্টরের এ্যসিস্ট্যান্ট মেয়েটি এগিয়ে এসে ওদের দু'জনকে পাশের একটা ফাঁকা ছোট্ট ঘরের দরজা খুলে ধরে সোফায় গিয়ে বসতে বলল।

—"ব্যাস, এবার তুমি মন খুলে যা বলার আমাকে বলতে পার, কেউ শুনতে পাবে না। বাবা না মা, কাকে বেশি ভালবাসো?" ডক্টর বাসু আবার একই প্রশ্ন করলেন রিমিকে।

—"কাউকে ভালবাসি না, মা সব সময় আমার ওপর আর চিনুর ওপর রেগে থাকে, আর বাবা শুধু অফিস নিয়ে ব্যস্ত, দিনেও ডিউটি আবার অনেক সময় রাত্তিরেও ডিউটিতে যেতে হয়। বাড়িতে থাকলে কি পড়াশোনা করছি না করছি সেই সব জানতে চায়।"

—"চিনু কে, তোমার কুকুর?"

—"না, আমার পুতুল, ওই বলেছে এই নামটা, ভাল নাম চঞ্চল।"

—"পুতুলটা তোমার সঙ্গে কথা বলে?" ডক্টর বাসু একটু অবাক হয়ে জিজ্ঞাসা করলেন।

—"হ্যাঁ, ওর সঙ্গে সব সময় কথা হয় আমার। ও আমার সবচেয়ে ভাল বন্ধু, ওকে ছাড়া আমি একদম থাকতে পারি না।"

—"ও তাই? তাহলে এখানেও এনেছো নাকি তোমার চিনুকে?" ডক্টর বাসু একটু হেসে আগ্রহ প্রকাশ করে জানতে চাইলেন।

—"মা কিছুতেই নিয়ে আসতে দিল না, চিনু খুব মন খারাপ করে বসে আছে বাড়িতে।"

এবার ডক্টর বাসু রিমির মুখের দিকে তাকিয়ে খানিকটা পর্যবেক্ষণ করতে লাগলেন, চিন্তা করে দেখলেন মেয়েটি একবারও চোখ তুলে তাকাচ্ছে না, সব প্রশ্নের উত্তরই মেঝের দিকে চেয়ে বলছে। তাই এবার ডক্টর বাসু পরিষ্কার বললেন, —"আচ্ছা, তুমি আমার মুখের দিকে তাকিয়ে চুপিচুপি একটা কথার উত্তর দাও তো, মা বাবা যখন বাড়ির বাইরে থাকেন তখন তুমি একলা বাড়িতে বসে চিনুর সঙ্গে কি কি গল্প কর?"

এক ঝলক ডক্টর বাসুর চোখের দিকে তাকিয়েই আবার মুখ নামিয়ে রিমি উত্তর দিল, —"সে অনেক রকম গল্প, বলতে পারবো না।"

—"ঠিক আছে যে গুলো খুব গোপনীয় বলার দরকার নেই, মোটামুটি চিনু নিজের সম্বন্ধে কি বলে তোমায় একটু শুনতে ইচ্ছে করছে, যতই হোক তোমার বেস্ট ফ্রেণ্ড বলছ যখন, তখন ও নিজের সম্বন্ধে অনেক কথাই নিশ্চয় তোমাকে বলেছে?"

খানিকটা চুপ করে থেকে রিমি বলল, —"চিনু রাজস্থানের মেয়ে। কিন্তু আমাকে ছেড়ে কোনও দিন যাবে না নিজের দেশে।"

রিমি এইটুকু বলেই চুপ করে গেল দেখে ডক্টর বাসু আবার জিজ্ঞাসা করলেন, —"আর কি বলেছে? আর একটু বল, শুনি?"

—"ও বলে তোর মা খুব খারাপ লোক, তোকে একদম ভালবাসে না, পড়াশোনা করে একটু বড় হলেই তোর বিয়ে দিয়ে শ্বশুরবাড়ি পাঠিয়ে দেবে। আর কিছু বলতে পারব না, আমি এবার বাড়ি যাব।" বলেই রিমি স্টুল থেকে নেমে দাঁড়িয়ে পড়ল।

—"ঠিক আছে, তুমি এখন ওই ঘরে গিয়ে একা বসে একটু অপেক্ষা কর আর মা বাবাকে আমার এখানে পাঠিয়ে দাও, কেমন?"

এ্যসিস্ট্যান্ট মেয়েটি এবার রিমিকে নিয়ে পাশের ঘরে চলে এসে ওদের দু'জনকে ডক্তর বাসুর কাছে পাঠিয়ে দিল।

সুপর্ণা ঘরে ঢুকতে ঢুকতে প্রশ্ন করল, —"কি মনে হচ্ছে ডক্তর বাসু, মেয়েটার আমার কি হয়েছে?" দু'জনকে সামনের চেয়ারে বসার ইঙ্গিত করে ডক্তর বাসু নিজের প্রেশক্রিপসন লেখার প্যাডটা টেনে নিয়ে জিজ্ঞাসা করলেন —"আচ্ছা ওর এখন এজটা কত?"

—"ফোরটিন কমপ্লিট করেছে লাস্ট সেপ্টেম্বর।" আবার সুপর্ণা উত্তর দিল।

—"ঠিক, এই পিউবার্টির সময় অনেক ছেলেমেয়ের মধ্যেই নানা রকম অদ্ভূত অদ্ভূত চিন্তা ভাবনা আসতে থাকে। একটা কথা জেনে নিতে চাই, আপনাদের দু'জনের পরিবারের মধ্যে কি কারও স্কিজোফ্রেনিয়া আছে?"

—"না তো? কেন বলুন তো, ওর কি সেরকম কিছু হয়েছে মনে হচ্ছে?" সুপর্ণা সঙ্গে সঙ্গে উত্তর দিল।

—"ওর মধ্যে একটা সামান্য এডোলেসেন্ট স্কিজোফ্রেনিয়ার টেন্ডেন্সি রয়েছে বটে তবে আবার এটাও ঠিক যে প্রত্যেকটি বাচ্ছা সঙ্গীহীন হয়ে মানুষ হলে সে কাল্পনিক একটা সঙ্গী নিজের মনে মনে তৈরি করে নিয়ে তার সাথেই খেলাধূলা গল্পগাছা সব কিছু করে সময় কাটায়। সে ওই কাল্পনিক সঙ্গীর সঙ্গে রীতিমত নানা রকম ডায়লগ, ঝগড়া, মারামারি ইত্যাদি করে সঙ্গীর অভাবটা পূরণ করে। এটা অত্যন্ত স্বাভাবিক একটা আচরণ। তবে বাবা মায়ের যদি এই একা বাচ্ছাটির প্রতি অনেকখানি এটেনশন থাকে, বা তার জন্য যথেষ্ট সময় ব্যয় করে সঙ্গ দেন তাহলে এই ধরনের আচরণ অনেকটা কম হয়। আমি আপনার রিমির সঙ্গে কথা বলে বুঝেছি যে ওকে দেওয়ার মত সময় আপনাদের কারুর নেই, একদম একা আর তাই, ওই যে বললাম কাল্পনিক সঙ্গী, সেই সঙ্গী হয়ে দাঁড়িয়েছে ওর পছন্দের পুতুল। আপনাদের এখন অনেকটা দূরে ঠেলে দিয়েছে ও এবং হয়তো সেইজন্য সবকিছু থেকে উইথড্র করে নিজেকে একটা ঘরের মধ্যে আইসোলেট করে নিয়েছে। আর একটা কথা, আপনাদের এমন কিছু ব্যাপার যেটা হয়তো ও দেখে বা জেনে গিয়ে খুব শকড় হয়েছে। অবশ্য নাও হতে পারে, তবে ওর বিহেভিয়ারাল প্যাটার্ণ খানিকটা তাই ইঙ্গিত করছে। আমি এক্ষুনি সেরকম কোনও মেডিসিন দেব না, দু'টো হাল্কা মেডিসিন দিলাম, ফার্স্টটা ব্রেকফাস্টের পর আর সেকেণ্ডটা ডিনারের পর দেবেন। দু'মাস পরে আবার রিভিউ করব, মাঝখানে কিছু অসুবিধে হলে অবশ্যই যোগাযোগ করবেন। চেষ্টা

করবেন বাড়িতে থাকার সময় ওকে যতটা পারা যায় সময় দিয়ে ভাল রাখতে। নিজেরা অন্তত ওর সামনে বিশেষ ঝগড়াঝাঁটি বা কথা কাটাকাটি করবেন না।"

ডক্টরের চেম্বার থেকে গাড়িতে ফিরতে ফিরতে হঠাৎ রাজীব প্রস্তাব দিল —"চল আজ আমরা একটা রেস্টুরেন্টে খেয়ে বাড়ি যাই।" কিন্তু রিমি আপত্তি করে বলল —"না আমি বাড়ি যাব, স্বপ্না আন্টি বাড়িতে ডিনার তৈরি করে রেখেছে, আমরা সেটা না খেয়ে অন্য কোথাও খেলে স্বপ্না আন্টি মনে মনে খুব দুঃখ পাবে।"

—"ওহ্ দুনিয়া সুদ্ধ লোকের দুঃখ কষ্ট তো খুব বোঝো, কিন্তু একটা কুঠরির ভেতর নিজেকে বন্দী করে সব সময় চুপচাপ বসে থাক বলে মা বাবার মনে যে কষ্টটা হয় সেটা বুঝতে পার না?" সুপর্ণা চড়া গলায় উত্তর দিল। রাজীব একবার ঘাড় ঘুরিয়ে তির্যক দৃষ্টিতে সুপর্ণাকে দেখে নিয়েই রিমিকে বলল, —"ঠিক বলেছিস, আমার খেয়াল ছিল না তোর স্বপ্না আন্টি রাতের রান্না করে হয়তো অপেক্ষা করছে আমাদের জন্য। চল আমরা তাহলে বাড়িই যাই।"

২

মালিনী চ্যাটার্জী রিমির স্কুলে ইতিহাসের ক্লাস নেন। ক্লাসে পায়চারি করে পড়ানোর ফাঁকে মাঝে মাঝেই ছেলেমেয়েদের হঠাৎ প্রশ্ন করেন। সকলেই ওনার এই অভ্যাসটির জন্য, বিষয় যতই ক্লান্তিকর হোক, সতর্ক হয়ে পড়া শুনতে চেষ্টা করে। তৃতীয় বেঞ্চের একটি ছাত্রকে মনোযোগী কি না সন্দেহ হতেই মালিনী চ্যাটার্জী প্রশ্ন করলেন —"ইয়েস ইউ বয়, টেল মি ইন দি আর্লি এইট্টিনথ সেঞ্চুরি হুইচ কিং ইমার্জড় এজ দা সিঙ্গল মোস্ট ইম্পপরট্যানট রাজপুত রুলার?" দাঁড়িয়ে উঠে একটু চিন্তা করে ছাত্রটি বলতে না পেরে মাথা নিচু করে —"সরি ম্যাম" বলতেই মালিনী চ্যাটার্জীর দৃষ্টি পড়ল ছাত্রটির ঠিক পিছনে বসা একজন ছাত্রী নিজের স্কুল ব্যাগ খানিকটা ফাঁক করে কিছু একটা মনোযোগ দিয়ে দেখছে, তার অল্প অল্প ঠোঁট নড়া দেখে মনে হচ্ছে চুপি চুপি কিছু কথা বলছে। সঙ্গে সঙ্গে সেইদিকে এগিয়ে যেতে যেতে মালিনী চ্যাটার্জী ছেলেটিকে বললেন, —"মন কোন দিকে? বস।" তারপর ছাত্রীটির পাশে এসে বোঝার চেষ্টা করল ও কি করছে। কিন্তু আশ্চর্য, মেয়েটি পাশে দাঁড়ান মালিনী চ্যাটার্জীকে লক্ষ্যই করছে না।

—"হোয়াটস্ দা ফান ইউ আর ওয়াচিং রিমি, শেয়ার উইথ আস অলসো?"

সচকিত হয়ে সঙ্গে সঙ্গে রিমি দাঁড়িয়ে উঠল, —"নাথিং ম্যাম, সরি।"

—"জাস্ট নাও আই আস্কড ওয়ান কোয়েশ্চন টু ইওর ফ্রেণ্ড, ডিড ইউ হিয়ার দ্যাট?"

—"ইয়েস ম্যাম।" মাথা নিচু করে রিমি বলল।

—"দেন হোয়াট ইজ দা আনসার?" মালিনী তাছিল্যের সঙ্গে জিজ্ঞাসা করলেন।

—"ইট ওয়াজ জয় সিং সাওয়াই, ফর হুম জয়পুর কেম টু বি নেমড।"

বেশ একটু অপ্রস্তুত হয়ে মালিনী উত্তর দিলেন, —"এক্সেলেন্ট, সিট ডাউন। আচ্ছা দেখি তোমার ব্যাগের ভিতর কি আছে?" মালিনী রিমির খোলা ব্যাগটা উঁচু করে দেখতে চেষ্টা করতে যেতেই রিমি বলে উঠল, —"ম্যাম, আমার চিনু আছে ব্যাগের মধ্যে।"

—"হোয়াট? হু ইজ চিনু? তাকে কেন ক্লাসে এনেছো? দেখি দেখি?"

—"আমার পুতুল ম্যাম, ওই হেল্প করে আমাকে উত্তর দিতে।"

মালিনী বিস্মিত চোখে তাকিয়ে দেখলেন রিমি ব্যাগের থেকে একটা প্রায় ষোলো ইঞ্চি লম্বা লেহেঙ্গা চোলি পরা কাঠের রাজস্থানী পুতুল বের করে আনল। পুতুলটার চোখ মুখ ভীষণ আকর্ষণীয়। তবে দেখলে কোন এ্যান্টিক কালেকশন মনে হয়। পুতুলটা একটু দেখিয়েই আবার যত্ন করে ব্যাগে ঢুকিয়ে রাখতে যাচ্ছিল, কিন্তু মালিনী বললেন, —"আমার হাতে দাও ওটা।" রিমি সঙ্গে সঙ্গে অসহায় ভাবে বলল, —"প্লিজ ম্যাম, ও আমাকে খুব ভালবাসে, রাজস্থান থেকে এসেছে। তাই ক্লাসে নিয়ে এলাম।"

মালিনী হাতে তুলে নিয়েই বুঝতে পারলেন পুতুলটা একদম নীরেট কাঠের অন্তত কেজি দু'য়েক ওজনের হবে। —"বাবা বেশ ভারী আছে তো? কোথা থেকে পেয়েছো এটা?"

—"আমরা তিন বছর আগে রাজস্থানে বেড়াতে গিয়েছিলাম, একটা দোকানে ঢোকার পর এই পুতুলটা দেখে আমার খুব পছন্দ হয়েছিল, তাই ড্যাডি কিনে দিয়েছিল।"

—"আজ ফার্স্ট ডে, আর তাছাড়া তুমি মনোযোগ দিয়ে পড়া শুনছো তাই আজ এক্সকিউজ করলাম, এরকম পুতুল বা খেলনা নিয়ে আর স্কুলে আসবে না কিন্তু, পানিশমেন্ট পাবে।" মালিনী কথাটা বলেই পুতুল ফিরিয়ে দিয়ে নিজের ডেস্কে গিয়ে আবার পড়ানো শুরু করলেন। ক্লাস শেষ হতে এবার রিমির ক্লাসের অনেকেই উঠে দাঁড়িয়ে হৈ হৈ করে বলতে লাগল এই রিমি একটু দেখা না রে পুতুলটা, প্লিজ, কেমন পুতুল একবার খালি দেখেই ছেড়ে দেব। বন্ধুরা বার বার অনুরোধ করলেও রিমি কিন্তু এক ভাবে নিজের একটা বই খুলে বসে রইল, কারুর কথাই যেন শুনতে পাচ্ছে না সেই ভাব করে। অল্পক্ষণ পরেই ম্যাথ টিচার ঢুকতে আবার সবাই শান্ত হয়ে যে যার জায়গায় বসে পড়ল।

৩

ইন্ডিয়ান এ্যডভারটাইজিং এওয়ার্ড শো'তে এ বছর ক্রিয়েটিভ এ্যডভারটাইজিং এ বিশেষ সম্মানে সম্মানিত হয়েছে লুমিনাস এ্যডভার্টাইজিং কোম্পানি। আর কোম্পানিকে এই সম্মান এনে দেওয়ার পেছনে অনেকখানি কৃতিত্ব অবশ্যই যার প্রাপ্য তিনি হলেন কলকাতার ডেপুটি ব্রাঞ্চ হেড মিসেস সুপর্ণা চৌধুরী। ছিপছিপে লম্বা, সুন্দরী, অত্যন্ত স্মার্ট, আকর্ষণীয় সাজসজ্জা এবং তার সাথে সুপর্ণার শারিরীক আবেদনের জন্য বড় বড় কোম্পানির বিজ্ঞাপনের দায়িত্ব ছিনিয়ে নিয়ে আসা অনেকটাই সহজসাধ্য হয়ে যায়। ব্যাক

অফিসে সাধারণ রিসেপশনিস্ট হিসেবে কোম্পানিতে যোগদান করে নিজের সৌন্দর্য, বুদ্ধিমত্তা এবং যোগ্যতার মিশ্রণ ঘটিয়ে মাত্র আট বছরের মধ্যে সুপর্ণা আজ ডেপুটি ব্রাঞ্চ হেড হয়ে গেছে। ব্রাঞ্চ হেড অরুণ মেহতা প্রমোশন পেয়ে ল্যুমিনাস এ্যডভার্টাইজিং এর হেড অফিস মুম্বাইতে বদলি হয়ে গেলেই তখন সুপর্ণাই তার উত্তরসূরি হবে সম্ভবত। মিস্টার মেহতাও সেটা জানেন, তাই প্রয়োজন মনে হলেই সুপর্ণা চৌধুরীকে সেটা স্মরণ করিয়ে বিশেষ কোনও দামী ক্লায়েন্টর বিজ্ঞাপন আনার জন্য সুপর্ণাকে টোপ হিসেবে ব্যবহার করেন। সল্ট লেকের সেক্টর ফাইভে ল্যুমিনাস এ্যডভার্টাইজিংয়ের বিরাট অফিস, তার সাথে স্টুডিও এবং বড় বোর্ড রুম। প্রজেক্ট তৈরি করে প্রেজেন্টেশনের জন্য প্রায় ত্রিশ জন বসার উপযুক্ত সুন্দর একটা অডিটোরিয়ামও রয়েছে। অস্বীকার করার উপায় নেই যে, ল্যুমিনাস এ্যড এজেন্সির ঝুলিতে যে সব বড় বড় নামকরা ক্লায়েন্ট রয়েছে এই মুহূর্তে, সব গুলোই এসেছে সুপর্ণা চৌধুরীর কৌশলে।

৪

রাজীব চৌধুরী, আই,আর,এস একটু বদমেজাজি হলেও অসাধুতার সঙ্গে এতটুকুও আপোস করতে রাজী হন না কখনও। বিমান বন্দরে আঙার ভ্যালু দেখিয়ে বিদেশী দ্রব্য, সোনা, রুপো বা যে কোনও বিদেশী পণ্য কাস্টমস্ অফিসারদের হাতে ধরা পড়লে তা ডিসি রাজীব চৌধুরীর কাছে পাঠানো হয়। অনেকবার এমন হয়েছে প্রায় কোটি টাকার বিদেশী মাল কিন্তু মাত্র কয়েক লক্ষ টাকার মাল দেখিয়ে সেই অনুযায়ী শুল্ক দিয়ে কেউ রেড চ্যানেল দিয়ে বের হয়ে যাচ্ছে। এইসব ট্রাভেলার বা ব্যবসায়ীরা ধরা পড়লে বিশাল টাকা ঘুস অফার করে ঝামেলা থেকে মুক্তি পেতে চেষ্টা করে। কিন্তু উৎকোচের লোভ দেখিয়েও কাজ না হলে অনেকে আবার ভয় দেখিয়ে কাজ হাসিল করার প্রচেষ্টা চালায়। কিছুদিন আগে যেমন, হঠাৎ রাজীবের কাছে খবর এল, দু'জন সন্দেহজনক বোরখা পরিহিতা মুসলিম মহিলা দুবাই থেকে ফিরে সোজা গ্রীন চ্যানেল দিয়ে বের হয়ে যাচ্ছে। কিন্তু কাস্টম অফিসারের সন্দেহ হওয়ায় ওদের ব্যাগ চেক করতে চাইলে কিছুতেই রাজী হচ্ছে না। তখন দু'জনকেই অফিস ঘরে নিয়ে আসা হল। রাধিকা এবং আর এক মহিলা সহকারী আগন্তুকদের ব্যাগ চেক করতে দু'জনের হ্যাণ্ড ব্যাগ থেকেই বেশ কিছু সোনার গয়না বেরিয়ে এল। সবটাই বিদেশ থেকে আমদানি করা এবং একজন মহিলার আইন অনুযায়ী বিদেশ থেকে সোনা কিনে ভারতে নিয়ে আসার যে উর্ধ্ব সীমা আছে তা অনেকখানি অতিক্রম করে গেছে। ফলে বেশ কিছু শুল্ক ধার্য হবে তার জন্য। পাসপোর্ট পরীক্ষা করে জানা গেল ওদের একজনের নাম আইসা সুলতান আর অন্যজনের তিসা সুলতান। প্রায় তিন সপ্তাহ আগে দুবাইতে গিয়েছিল। এবার রাধিকা ওদের দু'জনকে বোরখা খুলে রাখতে বলল। অত্যন্ত অনিচ্ছা সহকারে বোরখা খোলার পর আবিষ্কৃত হল আইসা সুলতান পোষাকের নিচে কোমরে একটা আট ইঞ্চি চওড়া করসেট পরে রয়েছে। সেটা খোলার কথা বলতে মহিলাটি ভীষণ আপত্তি জানিয়ে বলল যে ওর শিরদাঁড়ায় খুব গভীর সমস্যা রয়েছে, তাই ওটা সব সময় পরে থাকার নির্দেশ রয়েছে ডাক্তারের। কথা বলতে বলতে মহিলাটি দুবাইয়ের এক ডাক্তারের সার্টিফিকেটও বের করে ফেলল নিজের

হ্যাণ্ডব্যাগ থেকে। কিন্তু রাধিকা নাছোড়, শেষ পর্যন্ত খুলতেই হল করসেটটা। এবার সেটা হাতে নিয়েই চমকে উঠল রাধিকা, করসেটটা অস্বাভাবিক রকম ভারী লাগছে। সঙ্গে সঙ্গে সেটা নিয়ে গিয়ে রাজীবকে দেখাল। রাজীব একটু চিন্তা করে করসেটটা চিরে দেখার অনুমতি দিয়ে বলে দিল পুরো ব্যাপারটা ভিডিও ক্যামেরার সামনে করতে। ইতিমধ্যে মহিলাটিও খুব চেঁচামেচি শুরু করে দিয়েছে, কারণ করসেট খুলতেই নাকি তার পিঠে ভীষণ যন্ত্রণা শুরু হয়েছে। তাছাড়া ডাক্তারের নির্দেশ অমান্য করা হচ্ছে বলে আইনের ভয়ও দেখাতে লাগল। তবে অল্পক্ষণের মধ্যেই ধরতে পারা গেল যে পুরো করসেটের ভিতরটা ঝকঝকে প্রায় আড়াই কেজির মত খাঁটি সোনার পাত দিয়ে মোড়া। মহিলা নিজেও খুব অবাক হওয়ার ভান করে অত্যন্ত শান্ত গলায় রাজীবকে বলল, —“স্যার আমি আল্লার নাম নিয়ে বলছি, আমার জানা ছিল না এর ভেতর কি আছে, এখন পুরো ব্যাপারটা একদম মিটিয়ে নিতে কত টাকা লাগবে বলুন, আমি এক্ষুণি ব্যবস্থা করছি।” এবার রাজীব মহিলাটিকে কঠিন কণ্ঠে জিজ্ঞাসা করল,—“কত দিন ধরে এসব করছেন?”

—“আমার ভগ্নীপোত মানে, এই বোনের হাজ়ব্যাণ্ডও দুবাইতে কাজ করে, তাই বছরে একবার দু’বার আমরা দেখা করতে যাই। তবে বিশ্বাস করুন স্যার, এর আগে কখনও কিছু নিয়ে আসিনি।”

রাজীব একবার মহিলার বোনের দিকে দেখে নিয়ে বলল, —“শুনুন, আপনার এই পুরো সোনা আমরা কনফিস্কেট তো করছিই তাছাড়াও আপনার বিরুদ্ধে অবৈধ ভাবে গোল্ড স্মাগলিং করার চার্জ এনে এ্যরেস্ট করছি। আর এ ব্যাপারে আমাকে যত টাকাই দিন, কোনও লাভ হবে না। তবে আপনার বোন যেটুকু গয়না বেশি এনেছেন তা পেনাল্টি সমেত উপযুক্ত শুল্ক দিলেই ওনাকে আমরা ছেড়ে দেব।”

মহিলাটি এবার নিজের মোবাইল থেকে ফোন করে ঘটনাটা কাউকে জানাল, তারপর রাজীবকে খানিকটা ভয় দেখিয়ে বলল, —“দেখুন স্যার, আমার কিন্তু অনেক উপর মহলের সঙ্গে জানাশোনা। আপনি আমাকে আটক করতে চাইলে করতে পারেন কিন্তু তাতে শুধু শুধু আপনার নিজেরই অনেক ক্ষতি হয়ে যাবে।”

প্রচণ্ড রেগে গিয়ে রাজীব মহিলাটিকে এবার বলল, —“শুনুন, কারুর বাবা এলেও আপনাকে এখন উদ্ধার করে নিয়ে যেতে পারবে না, আর আমার ক্ষতি? নিয়ে আসুন আপনার যাকে ইচ্ছে যে আমার অন্তত একটা চুলও বাঁকা করতে পারে।”

আধ ঘণ্টা পরেই রাজীবের এক ব্যাচ মেট আই,পি,এস কলকাতা পুলিসের ডি,সি ডি,ডি রাজীবকে ফোন করল, —“রাজীব, সীরাজ ইকবাল বলছি, আইসা সুলতানকে নিয়ে এয়ারপোর্টে কি সমস্যা হয়েছে?”

—“শি হ্যাজ ইলিগালি স্মাগলড মোর দ্যান টু কেজিস অফ পিওর গোল্ড ফ্রম দুবাই। কট রেড হ্যাণ্ডেড বাই আওয়ার অফিসারস হোয়েন শি ওয়াজ ট্রাইং টু এক্সিট থ্রু গ্রীন চ্যানেল।”

—"রাজীব, একটা কথা বলি, এই কেসটা কিন্তু একটু সেনসেটিভ, আই'ম এফ্রেইড এটা নিয়ে হয়তো আমাদের আর ফার্দার এগনো যাবে না।"

—"সরি সীরাজ, ইউ নো মাই নেচার, মোরওভার ইটস্‌ আউট অফ মাই হ্যাণ্ড, এভরি থিং ইজ অলরেডি রেকর্ডেড অফিসিয়ালি। নাও শি উইল বি প্রডিউসড্‌ ইন কোর্ট, এণ্ড দেয়ার শি মে এপিল ফর রিলিজ অন বেইল।" কথা শেষ করেই রাজীব ফোন কেটে দিল। কিছুক্ষণ পরে আবার সীরাজের ফোন, —"রাজীব লিসেন্‌, ওয়ান অফ আওয়ার মিনস্টারস্‌ ইজ ইন্টারেস্টেড, আইসা সুলতান মে বি আ রিলেশন অফ দ্যাট মিনিস্টার, সো ইউ হ্যাভ টু ফাইণ্ড সাম ওয়ে টু গেট হার আউট ফ্রম দিস কেস।"

রাজীব একটু চুপ করে রয়েছে দেখে সীরাজ আবার বলল, —"প্লিজ ডু সাম থিং, আদারওয়াইজ, ইউ নো ওয়েল, উই অল উইল বি ইন ট্রাবল্‌।" ব্যাস, এই কথাটা শুনেই রাজীব আবার উত্তেজিত হয়ে গেল, —"সীরাজ, আই রিপিট ফর দা লাস্ট টাইম, দেয়ার ইজ নো ওয়ে আউট, এভরিথিং ইজ অন রেকর্ড হিয়ার, রিমেম্বার মিনিস্টারস্‌ এ্যাণ্ড দেয়ার রিলেটিভস্‌ আর নট এবাভ ল। আই'ম সরি।"

পরের দিন আইসা কোর্টে বেইল পেয়ে সাময়িক অব্যাহতি পেলেও পুরো ব্যাপারটা সারা দেশের সংবাদ মাধ্যমগুলির শিরোনাম হয়ে গেল। ফলে যে মিনিস্টারটির নাম জড়িয়ে গিয়েছিল, তিনি সংবাদ মাধ্যমে নিজের বক্তব্য পেশ করতে বাধ্য হলেন যে, আইসা সুলতান নামের কোনও মেয়েকে তিনি চেনেন না, কোনও দিন দেখেন নি এবং তার সঙ্গে ওঁর কোনও সম্পর্কই নেই। এও জানালেন যে, সমস্তটাই অপর রাজনৈতিক দলগুলোর ওনাকে বা ওনার পার্টিকে কলঙ্কিত করার একটা প্রচেষ্টা ছাড়া আর কিছু নয়।

৫

সকাল এগারটা নাগাদ অরুণ মেহতা সুপর্ণাকে ডেকে বললেন, —"মিসেস চৌধুরী, আজ আপনার একটা খুব বড় কাজ আছে, রাদার চ্যালেঞ্জ বলতে পারেন। কন্টিনেন্টাল ব্যাঙ্ক অফ ইণ্ডিয়া শীঘ্রই অনেক বড় ভাবে গ্লোবাল মার্কেটে নিজেদের অস্তিত্ব জাহির করার উদ্দেশ্যে প্রচুর খরচা করে বিজ্ঞাপন দেবার কর্মসূচি গ্রহন করেছে বলে আমাদের কাছে খবর আছে। এখনও পর্যন্ত ওদের এই কর্মসূচির ব্যাপারটা হয়তো আমাদের সমগোত্রীয় কম্পিটিটর্সরা জানেনা। কে পাবে এতবড় একটা কনট্রাক্ট সেই সিদ্ধান্ত নেওয়ার ব্যাপারে যিনি প্রথম ব্যক্তি, তিনি হলেন এই ব্যাঙ্কের এক্সিকিউটিভ ডাইরেক্টর, ডেভলপমেন্ট, মিস্টার অর্জুন ভার্মা। নর্থ ইণ্ডিয়ান কিন্তু ভাল বাংলা বলেন, বাঙালী মেয়েকে বিয়ে করেছিলেন। যদিও বছর দু'য়েকের মধ্যেই ডিভোর্স হয়ে যায়। আর একটা কথা, ওনার সুন্দরী মহিলাদের প্রতি নাকি বিশেষ দুর্বলতা আছে। সো আই থিঙ্ক, ইওর টাস্ক উইল বি ইজিয়ার নাও।"

এবার সুপর্ণা একটু যেন চিন্তান্বিত হয়ে পড়ল, জিজ্ঞাসা করল —"উনি এখন কোথায়?"

—"আজ সকালে হোটেল হিন্দুস্থান ইন্টারন্যাশানালে এসে উঠেছেন। আগামী কাল বোর্ড মিটিং আছে শুনেছি। সন্ধ্যা সাতটার পর আমাকে টাইম দিয়েছেন আজ, ওই সময় উনি ফ্রি থাকবেন বলে জানিয়েছেন। আপনাকে নিয়ে গিয়ে শুধু একবার ইন্ট্রোডিউস করিয়ে দিতে পারলেই ব্যাস, তারপর আপনার হাত যশ।"

—"ঠিক আছে, তবে আমি সাড়ে আটটার মধ্যে বাড়ি ফিরব, মেয়েকে একদম সময় দিতে পারছিনা বলে ওর মধ্যে কিছু আনইউজুয়াল বিহেভিয়ার লক্ষ্য করে সাইকিয়াট্রিস্ট কনসাল্ট করতে হয়েছে।"

নিজের মেক-আপটা বেশ ভালই করতে জানে সুপর্ণা। সন্ধ্যা ছ'টায় মেক-আপ শেষ করে চোখের ওপরে নীল আই শ্যাডোটা আরও একটু গাঢ় করে লাগিয়ে নিয়ে আয়নায় নিজেকে একবার ভাল করে দেখে নিল। তারপর অরুণ মেহতার ঘরে এসে দাঁড়িয়ে বলল, —"আমি কিন্তু রেডি।" মেহতা সুপর্ণার দিকে তাকিয়ে বেশ মুগ্ধ হলেন বোঝা গেল। তারপর হেসে বললেন,—"ইউ নো সুপর্ণা, মাই ওনলি হোপ ইজ দ্যাট ইউ হ্যাভ নেভার বিন এ লুজার ইন দিস গেম।" সুপর্ণা সঙ্গে সঙ্গে উত্তর দিল, —"থ্যাঙ্ক ইউ, আই এ্যকসেপ্ট ইট এজ আ কমপ্লিমেন্ট স্যার।"

হোটেলের সামনে গাড়ি থেকে নেমে মিস্টার মেহতা রিশেপসনের স্মার্ট মেয়েটির কাছে গিয়ে নিজের একটা কার্ড দিয়ে বললেন —"মিস্টার অর্জুন ভার্মার সঙ্গে সাতটার সময় আমার একটা এ্যপয়েন্টমেন্ট আছে।" মেয়েটি এক ঝলক কম্পিউটার স্ক্রিনে দেখে নিয়েই ইন্টারকমটা তুলে ডায়াল করল, —"তারপর মেহতার কার্ডটা দেখতে দেখতে বলল, —"গুড ইভনিং স্যার, মিস্টার অরুণ মেহতা ইজ ওয়েটিং হেয়ার টু সি ইউ।" তারপর "ওকে স্যার" বলেই মেয়েটি জানাল, "ফোর্থ ফ্লোর, রুম নাম্বর ফোর নট সিক্স, প্লিজ গো, হি ইজ ওয়েটিং ফর ইউ।" ওপরে উঠে ফোর নট সিক্স দরজার সামনে পৌঁছে মেহতা একবার সুপর্ণার দিকে তাকিয়ে দেখে নিলেন, তারপর বেলটা টিপলেন। ভেতর থেকে নির্দেশ এল —"কাম ইন প্লিজ।" মিস্টার মেহতা ডোর ল্যাচটা অল্প চাপ দিতেই খুলে গেল দরজা। বিশাল বড় রুমটায় কোনও আলো চোখে না পড়লেও একটা অদ্ভুত স্নিগ্ধ হালকা হলুদ আলোর আভা চারিদিক থেকে বিচ্ছুরিত হয়ে সারা ঘরটা যেন মোহময় করে তুলেছে। দেওয়ালের কর্ণারে বিরাট বড় এল শেপের আরামদায়ক সোফায় মিস্টার অর্জুন ভার্মা একটা ব্লু স্ট্রাইপ দেওয়া স্লিপিং স্যুট পরে রিল্যাক্স করে বসে আছেন, পঞ্চাশের মধ্যে বয়েস, ছিপছিপে লম্বা, মাথার ঘন কাল চুল গুলো পরিপাটি করে আঁচড়ানো, কিন্তু চেহারা দেখে মনে হয় না একটা বড় ব্যাঙ্কের ই,ডি। সুপর্ণার মনে হল ভদ্রলোকের চেহারার সঙ্গে কোথাও যেন রাজীবের মিল আছে। সোফার সামনের টেবিলে একটা হুইসকির বটল, সেটা থেকে গ্লাসে খানিকটা সবে ঢেলে রাখা। মেহতার সঙ্গী হয়ে যে এমন একজন সুন্দরী এবং অত্যন্ত আকর্ষণীয় মহিলাও আসবে তা হয়তো স্বপ্নেও ভাবতে পারেন নি মিস্টার অর্জুন ভার্মা। দেখেই বেশ খানিকটা অপ্রস্তুত হয়ে তাড়াতাড়ি উঠে দাঁড়িয়ে হাতজোড় করে নমস্তে

বললেন সুপর্ণার দিকে তাকিয়ে, তারপর এক হাত দিয়ে সাইডের লম্বা সোফাটা দেখিয়ে হেসে বললেন,—"তসরিফ রাখিয়ে, কেয়া লিজিয়েগা, হুইস্কি, বিয়ার, চায় কফি, ঠাণ্ডা?"

—"ফর মি, নাথিং ভার্মাজী, আই'ম স্ট্রিক্টলি অন ডক্টরস্‌ এডভাইস নাও। লেট মি ইনট্রোডিউস, শি ইজ সুপর্ণা চৌধুরী, এন এসেট টু আওয়ার ল্যুমেনাস এ্যডভার্টাইজিং কোম্পানী, ভেরি এফিসিয়েন্ট এ্যণ্ড ক্রিয়েটিভ। শি আণ্ডারস্ট্যাণ্ডস্‌ দা ক্লায়েন্টস নীড।"

অর্জুন ভার্মা সুপর্ণার দিকে তাকিয়ে মুচকি হেসে বললেন, —"বাট ইউ মিসড্‌ ওয়ান থিং টু সে, শি ইজ ভেরি বিউটিফুল! কেয়া লিজিয়েগা সুপর্ণা ম্যাডাম, বোলিয়ে।"

—"নো চয়েস স্যার, পেয়ারসে কুছ ভি অফার কিজিয়ে, চলেগা, তবে আজকে নয়, অন্যদিন।"

—"আরে! আপনি বাঙ্গালী? বাংলা আমি ভালই জানি, আমি কলকাতায় মানুষ। ঠিক আছে তাহলে তো ভালই হল, জমে যাবে আপনার সাথে।" ভার্মা বাংলা বলতে পারলেও কথার উচ্চারণ শুনলেই বোঝা যায় লোকটা অ-বাঙালী।

এবার সুপর্ণা বলল, —"ভার্মা সাহাব, আপনাদের কন্টিনেন্টাল ব্যাঙ্ককে গ্লোবাল মার্কেটে খুব জাঁকজমকপূর্ণ ভাবে প্রেজেন্ট করার বা এই ব্যাঙ্ককে আরও অনেক দূর এগিয়ে নিয়ে যাওয়ার দায়িত্বটা যাতে আমদের ওপর ছেড়ে দেওয়া হয় সেই অনুরোধ নিয়ে আজ আমরা আপনার কাছে এসেছি। আপনি নিশ্চয় ল্যুমিনাস এড এজেন্সিকে ভালই জানেন, প্রথম স্থানে আমরা যে রয়েছি সেটা আমাদের ক্লায়েন্টেল লিস্টটা একবার দেখলেই বুঝতে পারবেন।" বলেই সুপর্ণা ব্যাগ থেকে একটা ব্রোশিয়োর বের করে অর্জুন ভার্মার হাতে দিল। সেটা খানিকটা দেখে নিয়ে অর্জুন ভার্মা হাসি মুখে সুপর্ণাকে বলল, —"আমার আর কুচ্ছু দেখার নেই, আপনাকে দেখেই বুঝা হয়ে গেছে। এখন আপনি চিন্তা করুন কাজটা পেলে আমাকে কি দিতে পারবেন।" বলেই হাঃ হাঃ করে বিচ্ছিরি ভাবে হাসি দিল। লোভী পুরুষদের এই ধরণের হাসি এবং কথাবার্তা গুলো ভীষণ চেনা সুপর্ণার, তাই একটু মুচকি হেসে সুপর্ণা বলল, —"এমনিতে তো যত টাকার কাজ আপনার অফিস দেবে তার পয়েন্ট ফাইভ পারশেন্ট এ্যমাউন্ট ক্যাশে আপনাকে প্রাইভেটলি দেব, এর পরে আর যা চান সেটা দেওয়া নির্ভর করবে আপনাদের যে কাজটা আমরা পাব সেটার ভ্যালু কতটা তার ওপর।" সুপর্ণার ইঙ্গিত বুঝে অর্জুন ভার্মা এবার গম্ভীর হয়ে বলল, —"শুনুন, আমাদের ব্যাঙ্ক এই ফিনান্সিয়াল ইয়ারে গত বছরের তুলনায় প্রায় ফাইভ টাইমস্‌ বেশি প্রফিট করেছে। ইটস্‌ এ রেকর্ড। আমরা চেষ্টা করছি সাউথ ইস্ট এশিয়ায় আরও বেশ কয়েকটা ব্রাঞ্চ খুলতে। এর জন্য নেট প্রফিটের প্রায় ফোর টু ফাইভ পার্শেন্ট শুধু বিজ্ঞাপনের জন্য খরচা করে মার্কেটে অনেকটা বিজনেস বাড়াবার প্ল্যান করেছি। যদিও জানি এর ফলে আমাদের ওভারহেড কস্ট অনেকটাই বেড়ে যাবে। তো আপনি ধরে নিতে পারেন ইণ্ডিয়ান কারেন্সিতে প্রায় টু হাণ্ড্রেড মিলিয়ন পর্যন্ত খরচা করার প্ল্যান আছে। তবে কাল ব্যাঙ্কের বোর্ড মিটিংএ এই ব্যাপারটা নিয়ে চর্চা হবে। আশা করছি সেখানে আপ্রভড্‌ হয়ে যাবে।"

অরুণ মেহতা এবার জানতে চাইলেন, —"সো হোয়েন উই উইল কাম টু নো ভার্মা সাহাব?"

—"কাল ইভনিং আট বাজে সুপর্ণাজী কো ভেজিয়ে, আই উইল বি ওয়েটিং ফর হার।"

—"কিন্তু বোর্ড মিটিংএ এ্যপ্রুভড হলে কাজটা আমাদেরই দেবেন তো? আপনি এই মাত্র যে টাকাটা খরচ করবেন বলে জানালেন, তাতে আমরা মুম্বাইয়ের বড় বড় সেলিব্রিটি নিয়ে সুটিং করে কয়েকটা এক্সট্রা অর্ডিনারি আইটেমস তৈরি করে দিতে পারব আপনাদের। তারপর আপনাদের সিলেক্শন অনুযায়ী টিভি চ্যানেলস, মুভি থিয়েটারস এবং ওটিটি প্ল্যাটফর্ম গুলোতে দেখানোর ব্যবস্থা করব।" সুপর্ণা একটানা বলে গিয়ে থামল।

—"আপনি কাল চলে আসুন সুপর্ণাজী, দেখা যাক।" ভার্মার কথায় কিছুটা আশ্বাসের ইঙ্গিত রয়েছে বোঝা গেল।

৬

প্রায় ন'টা নাগাদ বাড়ি ফিরে সুপর্ণা দেখল রাজীব ডিনার করছে। একটু বিরক্ত মুখে রাজীব সুপর্ণাকে বলল, —"ডক্টর বাসুর এডভাইসটা আমাদের এবার ফলো করার কথা চিন্তা করতে হবে সুপর্ণা।"

—"কিন্তু কি করব বল, আজ অরুণ মেহতা আমাকে কন্টিনেন্টাল ব্যাঙ্কের একটা বিশাল বড় কাজ আনার দায়িত্ব দিয়ে হোটেল হিন্দুস্থান ইন্টারন্যশানালে ব্যাঙ্কের ইডির সঙ্গে আলাপ করিয়ে দিতে নিয়ে গিয়েছিলেন। হয়তো পেয়েও যাব, তবে লেগে থাকতে হবে। আবার কাল রাত আটটার সময় ওনাদের বোর্ড মিটিংএর পর যেতে বলেছেন ইডি। আমাদের তো আর তোমাদের মত আরামের সরকারি চাকরি নয়, প্রচণ্ড কম্পিটিটিভ মার্কেট থেকে বিশাল বড় কোনও কাজের সন্ধান পেলে সেটা বাগিয়ে আনা যে কত পরিশ্রমসাধ্য এবং কত কি যে করতে হয় তার জন্য, সে আর তুমি কি জানবে?" কথা শেষ করেই সুপর্ণা রিমির ঘরে গেল, দেখল রিমি নিজের খাটে শুয়ে আছে পুতুলটাকে পাশে নিয়ে। —"ডিনার হয়ে গেছে তোমার? না হয়ে থাকলে আমার সঙ্গে খাবে চল। সুপর্ণা জিজ্ঞাসা করলেও কোনও উত্তর না দিয়ে রিমি পুতুলটার দিকে তাকিয়ে শুধু একটু হাসল, তারপর সুপর্ণাকে বলল, —"তুমি শিগগির চলে যাও ঘর থেকে।" চুপচাপ দরজা বন্ধ করে সুপর্ণা ঘর থেকে বেরিয়ে এসে রাজীবকে জিজ্ঞাসা করল, —"রিমি খেয়েছে?"

—"হ্যাঁ, ওকে স্বপ্না খাইয়ে একটু আগে চলে গেছে। শোন কাল আর পরশু আমাকে নাইট ডিউটি করতে হবে। তুমি বললে কাল রাত আটটার সময় কে নাকি যেতে বলেছে তোমাকে, তাহলে তুমি ফিরবে কখন বাড়িতে?"

—"আমি কাল সারাদিন বাড়ি থাকব, সন্ধ্যা সাতটার সময় আমি বেরিয়ে যাব। তুমি নাইট ডিউটিতে যাওয়ার হলে চলে যেও, স্বপ্নাকে রাতে একটু বেশিক্ষণ থাকতে বলে দেব না

হয়। আমি চেষ্টা করব দশটা সাড়ে দশটার মধ্যেই বাড়ি ফিরতে। কিচ্ছু হবে না রিমি এক আধ ঘন্টা একা থাকলে বাড়িতে, ও তো রোজই ন'টার সময় খেয়ে নিজের ঘরে ঢুকে একা বসে বা শুয়ে থাকে। একটা সামান্য ব্যাপার, এর জন্য কোটি কোটি টাকার কনট্র্যাক্ট তো আমি হাতছাড়া হয়ে যেতে দিতে পারি না, কি না মেয়ে বাড়িতে একা থাকবে।"

৭

সন্ধ্যা সওয়া সাতটায় সুপর্ণা অত্যন্ত আকর্ষণীয় ভাবে সেজে নিয়ে দামি পারফিউমটা লাগাতে লাগাতে আয়নার মধ্যে দিয়ে দেখতে পেল রিমি নিজের পুতুলটা হাতে নিয়ে পিছনে এসে দাঁড়িয়ে দেখছে। অবাক হল একটু সুপর্ণা, তাই জিজ্ঞাসা করল, —"কিছু বলবে? আমাকে একটু বের হতে হচ্ছে, যত তাড়াতাড়ি সম্ভব চলে আসতে চেষ্টা করব। ড্যাডি হয়তো নাইট ডিউটিতে চলে যাবে। স্বপ্না আন্টি একটু বেশিক্ষণ থাকবে আজ, তুমি ডিনার খেয়ে শুয়ে পোড়ো, আমার কাছে দরজার চাবি থাকবে, দরজা খুলতে তোমাকে উঠতে হবে না।"

রিমি এবার পুতুলটার দিকে তাকিয়ে খুব জোর হেসে উঠল। সুপর্ণা হাসির শব্দে ফিরে রাগত হয়ে রিমিকে জিজ্ঞাসা করল, —"আমি কি কিছু মজার কথা বললাম এখন?"

—"না, চিনুর একটা কথা শুনে খুব হাসি পেল।"

—"কি কথা, শুনি একটু?"

—"চিনু বলছে তোর মা টা ভীষণ ন্যাকামি করে, অদ্ভুত ভাবে সাজে, যাতে লোকজন সব সময় তাকিয়ে থাকে ওর দিকে।"

সুপর্ণা রাগ চেপে বলল, —"চিনু বলছে না তুমি বলছ? ঠিক আছে বুঝেছি, আমি এখন বেরোচ্ছি, তুমি একটু ভালভাবে থেক।"

ঠিক রাত আটটায় সুপর্ণা হোটেলের রিসেপশনে পৌঁছে মিস্টার অর্জুন ভার্মার নাম বলতেই রিসেপশনিস্ট ছেলেটি সঙ্গে সঙ্গে একটা বার এর নাম বলে সেখানে চলে গিয়ে দেখতে অনুরোধ করল। সুপর্ণা ছেলেটির নির্দেশ মত অন্ধকারাচ্ছন্ন বারে প্রবেশ করতেই খানিকটা দূরে একটা গোল টেবিলে তিনজন বসা লোকেদের মধ্যে একজন হাত তুলে সুপর্ণাকে ডাকছেন মনে হল। কাছে যেতেই সুপর্ণা চিনতে পারল মিস্টার ভার্মা আরও দু'জন সঙ্গী নিয়ে বসে জমিয়ে ড্রিংক করছেন। —"লেট মি ইন্ট্রোডিউস, শী ইজ মিস সুপর্ণা চৌধুরী, কামিং ফ্রম ল্যুমিনাস এ্যড এজেন্সি, আর ইনারা হচ্ছেন আমাদের ব্যাঙ্কের ডাইরেক্টরস, মিস্টার গুরনাম সিং চাড্ডা আর মিস্টার ভরুণ নায়ার।" অর্জুন ভার্মা কথা শেষ করতে দু'জনেই অভ্যর্থনা জানিয়ে বসতে বললেন সুপর্ণাকে। গুরনাম সিং সুপর্ণার দিকে তাকিয়ে হেসে বললেন, —"ইউ আর ভেরি বিউটিফুল ম্যাডাম।"

—"এম আই? থ্যাঙ্ক ইউ।" সুপর্ণা মুচকি হেসে বলল।

এরপর কিছুক্ষণ ওনারা তিনজন নিজেদের ব্যাঙ্কের কথা আলোচনা করে নিয়ে গুরনাম সিং আর ভরুণ নায়ার উঠে পড়লেন। ওনারা বিদায় জানিয়ে চলে যেতেই অর্জুন ভার্মা জিজ্ঞাসা করলেন, —"সো? হোয়াট ডু ইউ ওয়ান্ট টু হ্যাভ সুপর্ণাজী?"

—"এনিথিং, বাট নট মাচ।"

—"স্কচ?" ভার্মা জানতে চাইল।

—"ও ইয়েস, চলেগা।"

—"টু জনি ওয়াকার, নো সোডা।" ভার্মা অর্ডার দিতেই সুপর্ণা জিজ্ঞাসা করল, —"হোয়াটস্ মাই ফেট? পাচ্ছি? না পেলে বলে দিন, ড্রিংক শেষ করে ফিরে যাব।"

—"চিন্তার কারণ নেই, ড্রিংক শেষ করুন, তারপর ডিনার সেরে রুমে গিয়ে কনট্র্যাক্ট এমাউন্টের টোয়েন্টি ফাইভ পারশেন্ট এ্যডভান্স চেক দিয়ে দেব। হ্যাপি? নাউ লেট আস এনজয়।"

বারে বসে মিস্টার ভার্মা পর পর ড্রিংক অর্ডার করে যাচ্ছিলেন। এই সময় হঠাৎ সুপর্ণার ফোনটা বাজতে শুরু করল, দেখল রাজীব কল করছে। চেয়ার থেকে উঠে একটু দূরে গিয়ে ফোন ধরে বলল, —"হ্যাঁ বল?" রাজীব জিজ্ঞাসা করল, —"তুমি কি বাড়ি ফিরেছ?"

সুপর্ণা ঘড়ি দেখল, প্রায় সাড়ে দশটা বাজে। বলল, —"না আমার সময় লাগবে একটু, এ্যডভান্সের চেকটা ডিনারের পর পেয়ে গেলেই ফিরে যাব।"

—"রিমি একা রয়েছে, চেষ্টা কর যত তাড়াতাড়ি সম্ভব ফিরে যেতে।"

—"দেখছি, চিন্তার কিছু নেই।" ফোন বন্ধ করে ব্যাগে রাখতে রাখতে সুপর্ণার ডক্টর সৈকত বাসুর কথাগুলো মনে পড়ল। ভার্মার কাছে এসে বলল, —"মিস্টার ভার্মা আমার মেয়ে ছোট, একা আছে বাড়িতে, তাই বেশি রাত পর্যন্ত থাকতে পারব না। ডিনার সেরেই বাড়ি ফিরতে হবে।"

অবাক হয়ে অর্জুন ভার্মা জিজ্ঞাসা করল, —"কেন, আপনার হাজব্যান্ড নেই? উনি কোথায়?"

—"ওনাকে নাইট ডিউটিতে যেতে হয়েছে, কাল সকালে বাড়ি ফিরবেন।"

—"তাহলে তো ভালোই হল, আপনার বাড়িতে গিয়েই চেকটা দেওয়া যাবে। চলুন আগে ডিনারটা করি।"

কিন্তু রেস্তুরেন্টে ঢুকে ভার্মা কিছুই খেলো না, বলল, —"সুপর্ণাজী আপনার খাতিরে অনেক দিন পর একটু এক্সেস ড্রিংক করে ফেলেছি, প্লিজ আপনার যা ভাল লাগে খেয়ে নিন, আমি অল্প কিছু খাব।"

ডিনার শেষ হতে ভার্মা সুপর্ণাকে লাউঞ্জে বসিয়ে নিজের ঘরে চলে গেল চেকটা আনতে। ফিরে এসে বলল, —"দেখুন তো ঠিক আছে?" লুমিনাস এ্যড এজেন্সির নামে বিশাল অঙ্কের চেকটা দেখেই সুপর্ণার মুখটা খুব উজ্জ্বল হয়ে গেল। নিচে দু'জনের সই, ব্যাঙ্কের এম,ডি এবং ই,ডি অর্জুন ভার্মার।

—"থ্যাঙ্ক ইউ স্যার।" সুপর্ণা হেসে বলে উঠল।

—"উঁহু, আপনার দেওয়াটা এখনও বাকি আছে।" ভার্মা সঙ্গে সঙ্গে উত্তর দিল।

—"চলুন তাহলে আমার বাড়ি, আপনার গাড়ি আছে এখানে?"

—"অবশ্যই আছে, নাম্বার ফোর সেভেন থ্রি থ্রি।"

—"ভেরি গুড, আপনাকে এখন ড্রাইভ করতে দেব না, আমাকে চাবিটা দিন আর আপনি পাশে বসুন।" —"কিন্তু আপনি গাড়ি নিয়ে আসেন নি?" ভার্মা জিজ্ঞাসা করল।

—"না আমি ট্যাক্সিতে এসেছিলাম।"

সুপর্ণা ভার্মাকে নিয়ে গাড়ির দিকে এগিয়ে যেতেই ফোন বাজতে শুরু করল, দেখল রাজীব কল করছে। —"হ্যাঁ আমি তোমাকে ফোন করতাম, শোনো একটা গুড নিউজ দিই, মিস্টার ভার্মা আমাদের এজেন্সিকেই কাজটা দিচ্ছেন, বোর্ডে পাশ করিয়ে নিয়েছেন। আপাতত এমাউন্টের টোয়েন্টি ফাইভ পারশেন্ট চেক আমার হাতে দিয়ে দিয়েছেন, আর সেটা নিয়েই এখন বাড়ি ফিরছি।"

—"পৌনে বারটা বাজে, স্বপ্না অনেক্ষণ হল বাড়ি চলে গেছে। আর একটুও দেরি না করে তাড়াতাড়ি বাড়ি যাও।" রাজীবের কণ্ঠে উদ্বেগ আর বিরক্তির সুর।

৮

গাড়িটা গেটের বাইরে পার্ক করে রেখে সুপর্ণা প্রায় বেসামাল অর্জুন ভার্মাকে নিয়ে ফোর্থ ফ্লোরে এসে লিফট থেকে নামল। সন্তর্পণে দরজার চাবি খুলে ভেতরে ঢুকে ড্রয়িং রুমের সোফায় ভার্মাকে বসতে বলল। মাথার ওপর দেয়ালের ঘড়িতে তখন রাত সওয়া বারটা। আস্তে আস্তে এগিয়ে গিয়ে রিমির ঘরের দরজা অল্প ফাঁক করে দেখতে লাগল রিমি ঘুমিয়েছে কি না। অন্ধকার ঘরের খাটে রিমিকে আবছা দেখে ঘুমন্তই মনে হল। নিশ্চিন্ত হয়ে আবার খুব সাবধানে দরজাটা ভেজিয়ে দিয়ে সুপর্ণা ভার্মাকে জিজ্ঞাসা করল, —"কিছু ড্রিংকস?"

—"না, আপনার মেয়ে ঘুমিয়ে গেছে? তাহলে চলুন বেডরুমে গিয়ে কথা হবে।"

সুপর্ণা ভার্মাকে নিয়ে নিজেদের বেডরুমে ঢুকে এ,সি টা অন করে দরজাটা বন্ধ করে দিল। স্বপ্না যাওয়ার আগে সবকিছু খুব পরিপাটি করে গুছিয়ে রেখে গিয়েছে। ভার্মা হয়তো অধৈর্য

হয়ে পড়েছিল, ঘরের দরজা বন্ধ করার সঙ্গে সঙ্গে সুযোগ পেয়েই সুপর্ণার ওপর ক্ষুধার্ত শার্দূলের মত ঝাঁপিয়ে পড়ল, তারপর জোরে জাপটে ধরে ঠোঁটে, গালে চোখে সর্বত্র বার বার চুমু দিতে দিতে একবারে বেডে নিয়ে এসে ফেলল। বহুক্ষণ ধরে সুরাপান করা ভার্মার মুখের বিশ্রী দুর্গন্ধে সুপর্ণার গা যেন ঘুলিয়ে উঠল। ছাড়িয়ে নেওয়ার বৃথা চেষ্টা করতে লাগল। ঠিক এই সময় বিছানার সামনাসামনি দেওয়ালে পুলিস অফিসারের মত ইউনিফর্ম এবং টুপি পরা রাজীব চৌধুরীর কঠিন চোখে তাকিয়ে থাকার ছবিটা দেখেই চমকে উঠে সুপর্ণাকে ছেড়ে দিয়ে জিজ্ঞাসা করল, —"আপনার হাজব্যাণ্ড কি পুলিস অফিসার?"

—"নো, হি ইজ ডি,সি কাস্টমস্, কলকাতা এয়ারপোর্ট।"

—"ও আচ্ছা, তবে তো ভালই।"

কিসে ভাল সুপর্ণা ঠিক বুঝতে পারল না তবে সুযোগ পেয়ে ভার্মার কাছ থেকে নিজেকে মুক্ত করে নিয়ে বলল, —"আপনি একটু ওয়েট করুন, আমি চেঞ্জ করে আসছি। বাই দি বাই, আপনার কিছু লাগবে? পাতলুন দিতে পারি চাইলে।"

—"কিছু লাগবে না, আপনার সাথে কয়েক ঘন্টা সময় কাটিয়ে চলে যাব।"

সুপর্ণা ওয়াশরুমে গিয়ে স্নান সেরে ফ্রেশ হয়ে নিল। তারপর বিনা মেক-আপে ব্লু সার্টিনের হাউজকোর্টটা গায়ে চড়িয়ে বেরিয়ে এল। —"ভার্মা সাব, দেখুন তো কেমন লাগছে আমাকে?" কিন্তু হায়, অত্যধিক সুরাপান এবং সারাদিন ব্যাপী বোর্ড মিটিংয়ের ধকলে অর্জুন ভার্মা এতক্ষণে অচেতন হয়ে ঘুমিয়ে পড়েছে ঠিক রাজীবের শোবার জায়গাটায়। আস্তে করে আলোটা নিভিয়ে বিছানার থেকে খানিকটা দূরে দেওয়ালের কাছে রাখা বড় সোফাটায় গিয়ে চুপচাপ শুয়ে পড়ল সুপর্ণা।

৯

গভীর রাতে হঠাৎ একটা জোর আর্তনাদ আর সেই সঙ্গে ভারী কিছু পতনের শব্দ শুনে হুড়মুড় করে ঘুম ভেঙে উঠে বসল সুপর্ণা। কি হল এক মুহূর্ত চিন্তা করেই আলোর সুইচটা অন করল। দেখল অর্জুন ভার্মা বিছানায় নেই, দরজাটাও খোলা। প্রায় দৌড়ে শোবার ঘর থেকে বেরিয়ে অন্ধকার ড্রয়িং আর ডাইনিং রুমের মাঝামাঝি জায়গাটায় আসতেই চোখে পড়ল ভয়ংকর ব্যাপারটা! অর্জুন ভার্মা ড্রয়িং রুমের মেঝেতে উপুড় হয়ে পড়ে আছেন, শরীরটার ওপরের অংশ মাটিতে আর কোমরের পর থেকে নিচের দিকটা কার্পেটের ওপর। ফ্রিজের দরজাটা অল্প ফাঁক হয়ে আছে বলে সেখান থেকে এক ফালি আলো এসে মেঝেতে পড়েছে, ফলে অর্জুন ভার্মার মুখের ডান দিকটা পরিস্কার দেখা যাচ্ছে। হতভম্ব হয়ে সুপর্ণা নিচু হয়ে একবার পরীক্ষা করল, আধ খোলা চোখের পাতা স্থির, মুখটাও খানিকটা হাঁ হয়ে আছে। ভয়ংকর দৃশ্য, মনে হল শরীরে প্রাণ নেই। সুপর্ণা ডান কাঁধে খুব চাপ দিয়ে চিৎ করতে চেষ্টা করল কিন্তু সম্ভব হল না। নাকের কাছে হাত নিয়ে গিয়ে বুঝতে পারল শ্বাস চলছে না। প্রচণ্ড ভয় আর অসহায়তা চেপে ধরতে লাগল। বুকের

মধ্যে ভয়ানক টিপ টিপ করতে শুরু হল। কি করে এরকম হল বোঝার চেষ্টা করতে লাগল সুপর্ণা। নিশ্চয় জল খাওয়ার জন্য বেরিয়ে এসে ফ্রিজটা খুলেছিলেন, ঠিক সেই মুহূর্তে কোনও আঘাত পেয়েছেন, না হলে লোকটা ওই রকম ভীষণ জোর একটা আর্তনাদ করে পড়ে গেল কেন? সঙ্গে সঙ্গে মাথায় এক অদ্ভুত চিন্তা এল, তাহলে কি রিমি চুপিচুপি ঘর থেকে বেরিয়ে কোনও ভারী জিনিস দিয়ে পিছন থেকে ভার্মার মাথায় আঘাত করেছে? খুব সন্তর্পণে আলো না জ্বালিয়েই এবার রিমির ঘরের দরজাটা আলতো করে খুলে ভেতরে ঢুকে এল সুপর্ণা। দেখল রিমি পাশ ফিরে বালিশে মুখটা গুঁজে ঘুমোচ্ছে, কিন্তু ঘুমের ভান করে আছে কিনা বোঝা যাচ্ছে না। আশ্চর্য ব্যাপার, রিমির পুতুলটা পাশের বালিশে ঠেসান দিয়ে দাঁড় করানো রয়েছে, দেখে মনে হচ্ছে এইমাত্র রাখা হয়েছে ঐভাবে। কিছুক্ষণ চুপচাপ রিমির দিকে তাকিয়ে দাঁড়িয়ে রইল সুপর্ণা, তারপর আবার আস্তে করে দরজাটা বন্ধ করে বেরিয়ে এল। বাইরে এসে ভার্মার পায়ের দিকের সোফাটায় অবশ শরীরে বসে পড়ল সুপর্ণা, চিন্তা করল মুখে একটু জলের ঝাপটা দিয়ে দেখলে হয়। আলো জ্বালাতে ভয় হচ্ছে যদি রিমি উঠে আসে আর দেখতে পায়? ফ্রিজটা খোলাই ছিল, ঠাণ্ডা জলের একটা বোতল বের করে খানিকটা জল আঁজলা করে নিয়ে ভার্মার মুখে একটু জোরে ঝাপটা দিল, একই সাথে কাঁধটা ধরে খুব জোরে জোরে ঝাঁকুনি দিতে দিতে চাপা স্বরে ডাকতে লাগল —মিস্টার ভার্মা, মিস্টার ভার্মা বলে। কিন্তু যতবার ঝাঁকুনি দিচ্ছে ভার্মার নিথর শরীর খানিকটা দুলে উঠেই আবার থেমে যাচ্ছে, প্রাণের কোনও সাড়াই পাওয়া যাচ্ছে না। এবার খুব কান্না পেতে লাগল সুপর্ণার। কি করবে এখন? সকাল হলেই তো রাজীব ফিরে আসবে, রিমি উঠে পড়বে, স্বপ্না চলে আসবে! এই রাত দু'টোর সময় কার কাছে সাহায্যে চাইবে? রাজীবকে তো জানানো অসম্ভব, আর অন্য যার কাছেই ফোন করে সাহায্য চাইতে যাবে, পুরো কেলেঙ্কারিটা ভাইরাল হয়ে যাবে। আর পুলিস? পুলিসকে জানানো মানেই তো আরও বিপদ ডেকে আনা, ভার্মা মার্ডারড় হয়েছে বলে যদি প্রমাণ পাওয়া যায় তাহলে সুপর্ণাই খুনী হিসেবে চিহ্নিত হয়ে গ্রেপ্তার হবে এক্ষুণি। এক দৃষ্টিতে ফ্রিজের আলোয়ে ভার্মার মুখের দিকে তাকিয়ে তাকিয়ে না না রকম সব চিন্তা করতে লাগল সুপর্ণা। ঘড়ি যেন ঘোড়ার মত দৌড়ে এগিয়ে চলেছে মনে হচ্ছে। দেখতে দেখতে প্রায় পৌনে তিনটে বেজে গেল। হঠাৎ মনে হল আচ্ছা, যে প্রধান ব্যক্তিটি এই ব্যাপারে ইন্ধন যুগিয়েছে বলেই এতো কিছু করতে যাওয়া, তাকে তো এখন সব জানিয়ে সাহায্য চাওয়া যায়? ভাবা মাত্র আর দেরী না করে সুপর্ণা মোবাইল নিয়ে শোবার ঘরে গিয়ে মিস্টার অরুণ মেহতাকে ফোন করল। বেজে বেজে থেমে গেল। আবার চেষ্টা করল, কিন্তু একই ফল। এবার ভীষণ অসহায় লাগছে সুপর্ণার, একা কিছুতেই যেন নিতে পারছে এতবড় একটা আকস্মিক এবং ভয়ংকর ঘটনা। অধৈর্য হয়ে বার বার ফোন করতে থাকল অরুণ মেহতার নম্বরে। পাঁচ ছ'বারের মাথায় একটা বিরক্তি আর ঘুম জড়ানো গলায় মেহতা ফোন ধরে বললেন, —"হ্যালো?"

—"মেহতা সাব, আপনাকে একবার এক্ষুণি আমার বাড়ি আসতে হবে, একটা ভয়ংকর বিপদের মধ্যে পড়ে গেছি আমি। আপনি ছাড়া আমার আর কেউ নেই যে এই বিপদ থেকে আমাকে বাঁচাতে পারে। দয়া করে একবার এক্ষুণি আসুন আমার বাড়ি।"

—"আরে কি হয়েছে সেটা বলবেন তো? এখন সময়টা দেখেছেন?"

—"আপনি এলেই সব জানতে পারবেন, ফোনে আমি এত কিছু বলতে পারব না। প্লিজ দেরী না করে একটু কষ্ট করে চলে আসুন।"

—"ঠিক আছে ঠিক আছে, দেখছি আমি, তবে মিনিট পনের সময় লাগবে। আপনি ফোন রাখুন।"

১০

সুপর্ণা দরজাটা অল্প করে খুলেই রেখেছিল, তাই অরুণ মেহতাকে এসে আর বেল বাজাতে হল না। খুব সহজ ভাবেই অন্ধকারাচ্ছন্ন ড্রয়িং রুমটার মধ্যে ঢুকে এসেই একটা ভয়ানক ঝটকা খেল যেন অরুণ মেহতা। মেঝেতে উপুড় হয়ে পড়ে থাকা একটা লোককে দেখে আঁতকে উঠে জিজ্ঞাসা করল, —"ইয়োর হাজব্যাণ্ড? হোয়াট হ্যাপেণ্ড?"

সোফায় গালে হাত দিয়ে উদ্বিগ্ন মুখ নিয়ে বসে সুপর্ণা উত্তর দিল, —"হাজব্যাণ্ড হলে তো কোনও ব্যাপার ছিল না। ইনি আপনার মিস্টার অর্জুন ভার্মা।"

চোখ কপালে তুলে অরুণ মেহতা এগিয়ে গিয়ে ঝুঁকে পড়ে ভার্মার ডান কাত ফেরা মুখটা দেখেই চেঁচিয়ে উঠল, —"সে কি? কি বলছেন আপনি? এ আপনার বাড়িতে এসেছিল?"

—"আস্তে, আমার মেয়ে উঠে পড়ে ঘর থেকে বেরিয়ে এলে কেলেঙ্কারি হয়ে যাবে।" সুপর্ণা মেহতাকে সতর্ক করে দিয়ে যা যা ঘটে ছিল সব সংক্ষেপে বলল। এমন কি, মেয়েকেও যে এ ব্যাপারে সন্দেহ করছে সেটাও খুলে বলল। তারপর মেহতাকে অনুরোধ করল যেমন করে হোক এই বিপদ থেকে উদ্ধার করার কিছু উপায় বার করতে। একটু চিন্তা করে মেহতা আশঙ্কা প্রকাশ করে বলল, —"সর্বনাশ! মার্ডার কেস হলে তো আমিও জড়িয়ে পড়ব?"

—"আপনি অলরেডি জড়িয়ে পড়েছেন মেহতা সাহাব। এই মুহূর্তে মিস্টার ভার্মাকে আপনিও তো খুন করে থাকতে পারেন? আর জেনে রাখুন, আমি যা কিছু করেছি সবটা আপনার নির্দেশ অনুযায়ী এবং আমাদের কোম্পানির স্বার্থে। এই দেখুন চেকটা, যেটা আজ ঘন্টা খানেক আগে এই অর্জুন ভার্মা শুধু আমাকে দেখে, আমার কথাবার্তায় মোহিত হয়ে এতো বড় কাজটা আমাদের কোম্পানিকে সঁপে দিয়েছেন। পেরেছে অন্য আর কেউ এই রকম বিশাল টাকার কাজ এতো সহজে বাগিয়ে আনতে?"

—"আচ্ছা, ভার্মার গাড়িটা এখানে আপনার গেটের বাইরে আছে বললেন না?" মেহতা প্রসঙ্গ পরিবর্তন করে জিজ্ঞাসা করল।

—"হ্যাঁ, প্রচণ্ড ড্রিংক করেছিলেন বলে আমিই ওনাকে পাশে বসিয়ে ড্রাইভ করে এনেছিলাম। ভোরে উনি ওই গাড়িতেই ফিরে যেতেন।"

অরুণ মেহতা ঘড়ি দেখলেন, তারপর মোবাইলে কাউকে ফোন করে আসতে বলে সুপর্ণার বাড়ির ঠিকানাটা বলতে লাগলেন। উদ্বিগ্ন হয়ে সুপর্ণা জিজ্ঞাসা করল, —"আরে! কি করছেন কি? এই সময় আপনি কাকে আসতে বলছেন আবার?"

—"বডিটা সরিয়ে নিয়ে যেতে তো লোকের সাহায্য লাগবে, না কি? আমার ড্রাইভার মুন্না রাম কাছেই থাকে এদিকে, ওকে বলেছি, আসছে। আমার দেশের ছেলে, খুব বিশ্বাসী আর বাধ্য।"

কিছুক্ষণ পরেই অরুণ মেহতার ফোনটা বেজে উঠল, ফোন ধরে কিছুটা শুনে নিয়েই মেহতা বলল, —"রুকো রুকো, তুম সুপর্ণা ম্যাডামজী সে বাত করো।" তারপর সুপর্ণাকে ফোনটা ধরিয়ে দিতে দিতে মেহতা বলল, —"গেটে ওয়াচম্যান ঢুকতে দিচ্ছে না মুন্নাকে।"

সুপর্ণা ফোন নিয়ে বলল, —"হাঁ মুন্না তুম চৌকিদার কো ফোন দো।" ওয়াচম্যান ফোন ধরতেই সুপর্ণা বলল, —"বাহাদুর, মুন্না মেরে অফিস কা ড্রাইভর হ্যায়, উসে অন্দর আনে দো, সাহাব কা এক ভাই আজ আয়ে থে, লেকিন অচানক বীমার পড় গয়ে, তৎকাল অস্পাতাল ভর্তি করানা পড়েগা।"

<h2 align="center">১১</h2>

মুন্না রাম অত্যন্ত বলশালী আর লম্বা যুবক। ছিপছিপে চেহারার অর্জুন ভার্মাকে একটু চেষ্টা করেই সুন্দর পাঁজাকোলা করে তুলে নিল। বডিটা ওঠাতেই অবাক হয়ে সুপর্ণা তাকিয়ে দেখল ভার্মার বাঁ কান থেকে বেশ খানিকটা গাঢ় রক্ত মেঝেতে পড়ে কালচে হয়ে গেছে। মাথার বাঁ দিকটা মেঝের দিকে ছিল বলে এতক্ষণ লক্ষ্য পড়েনি। এটা দেখে সুপর্ণা অনেকটাই নিশ্চিত হয়ে গেল যে আকস্মিক আঘাত জনিত কারণেই ভার্মার মৃত্যু হয়েছে, আর সেটাই যদি হয়ে থাকে, তাহলে বাড়িতে তো একমাত্র ব্যক্তি রিমি, ও নিশ্চয় কোনও ভারী কিছু দিয়ে বাঁ কানের ওপর একটা মোক্ষম আঘাত করেছে।

—"সুপর্ণা আপনি ভার্মার গাড়ির চাবি নিয়ে চলুন, ওনার গাড়িটা আপনিই ড্রাইভ করবেন পাশে ভার্মার বডিটা বসিয়ে নিয়ে, যদি রাস্তায় পুলিস ধরে জিজ্ঞাসা করে, তাহলে একটু আগে বাহাদুরকে যা বললেন সেইটাই বলবেন। আমার গাড়ি আপনাকে ফলো করবে পিছন থেকে। সি সি ক্যামেরাহীন কোনও ফাঁকা রাস্তা দেখে ভার্মাকে গাড়ি সমেত ছেড়ে দিয়ে আপনি আমার গাড়িতে চলে আসবেন। তার আগে দেখে নিন ভার্মার কোনও জিনিস

এখানে পড়ে রইল কিনা।" অরুণ মেহতা কথা শেষ করতেই সুপর্ণা বলল, —"আরে ঠিক! মিস্টার ভার্মার জুতো পড়ে রয়েছে তো?"

—"আর ওনার মোবাইল? ওটার লোকেশন ধরেই তো পুলিস এসে হাজির হয়ে যাবে এই বাড়িতে?" মেহতা প্রশ্ন করল।

সুপর্ণা মেহতাকে নিশ্চিন্ত করে বলল, —"চিন্তার কারণ নেই, ভালোরকম ড্রিংক করে ভার্মা হোটেলে নিজের রুমে ঢুকে আমার চেকটা আনতে গিয়েছিলেন কাল রাতে, সেই সময় রুমের টেবিলে হাতের মোবাইলটা ভুলে ফেলে এসেছিলেন বলে আমাকে গাড়িতে আসার সময় জানিয়েছিলেন।" কথা শেষ করে সুপর্ণা ভার্মার পায়ের জুতো জোড়া একটা পলিথিনের থলিতে ঢুকিয়ে সঙ্গে নিল, তারপর একটা সাদা চাদর এনে মুন্নার হাতে পাঁজাকোলা করে ধরা বডিটা ঢেকে দিল। এবার সদর দরজাটা টেনে বন্ধ করে ভার্মার বডি নিয়ে তিনজন লিফটে করে নিচে নেমে এল। গেটের বাইরে রাখা ভার্মার গাড়ির সামনের দরজাটা সুপর্ণা খুলে দিতে মুন্না খুব চেষ্টা করে বডিটা ড্রাইভারের পাশের সিটে তুলে হেলান দিয়ে বসিয়ে দিল। সুপর্ণা এবার মেহতাকে জিজ্ঞাসা করল, —"কোন দিকে নিয়ে যাব?"

—"সোজা চলুন, একদম ফাঁকা রাস্তা দেখে কোথাও গাড়িটা ছেড়ে দিতে হবে। তারপর যা করার ট্রাফিক পুলিস করবে।"

পাশে হেলান দেওয়া একটা ডেড বডি নিয়ে ড্রাইভ করতে করতে সুপর্ণা বেশ অস্থির হয়ে যাচ্ছিল, ভয় হচ্ছিল হঠাৎ কোনও পুলিসের গাড়ির নজরে না পড়ে যায়। ফাঁকা বাইপাস ধরে যেতে যেতে আয়না দিয়ে দেখতে পেল পিছনে মেহতার গাড়িটা প্রায় ষাট ফুট দূরত্ব রেখে ফলো করে আসছে। কিন্তু মিনিট পাঁচেক পরেই মেহতার গাড়িটা সুপর্ণার গাড়িকে অতিক্রম করে গিয়ে সামনে দাঁড়িয়ে পড়ল। মেহতা নেমে এসে সুপর্ণাকে বলল, —"সামনে দেখুন, ওই যে দূরে বট গাছটা রয়েছে বাঁদিকে, দেখবেন ওটার পাশ দিয়ে একটা বেশ সরু রাস্তা ঢালু হয়ে নেমে গেছে, গাড়িটা ওই ঢালু রাস্তা দিয়ে নামিয়ে নিয়ে যান, ওখানে কোথাও ক্যামেরা নেই, চারদিকে ঝোপঝাড় কেবল, দেড় দু'শো ফুট ভিতরে ঢুকে গিয়ে দাঁড়ান, মুন্না থাকবে, আপনি নেমে এলেই মুন্না ভার্মাকে ড্রাইভারের জায়গায় বসিয়ে দেবে। তবে ভার্মার গায়ে জড়ানো আপনার চাদরটা খুলে নিয়ে আসতে ভুলবেন না, আর ওই চাদরটা দিয়েই গাড়ির স্টিয়ারিং এবং অন্যান্য সমস্ত জায়গা গুলো ভাল করে মুছে দিয়ে আসবেন।"

১২

ভোর প্রায় সাড়ে চারটে হবে অরুণ মেহতা যখন সুপর্ণাকে বাড়ির গেটে গাড়ি থেকে নামিয়ে দিল। যাওয়ার সময় মেহতা সুপর্ণাকে বলল, —"আজ অন্যান্য দিনের মতোই ঠিক সময় অফিসে চলে আসুন। আর হ্যাঁ, ভার্মার দেওয়া চেকটা আনতেও ভুলবেন না।"

—"মেনি থ্যাঙ্কস্ মেহতা সাব, আই এম রিয়েলি ফরচুনেট টু হ্যাভ আ সুপিরিয়র লাইক ইউ। আই উইল নেভার ফরগেট দিস ব্ল্যাক ডে এও ইয়োর হেল্প।" সুপর্ণা গাড়ি থেকে নেমে অরুণ মেহতাকে কথাগুলো বলে কম্পাউণ্ডের মধ্যে ঢুকতেই বাহাদুর হেম থাপা দৌড়ে এসে জিজ্ঞাসা করল, —"ম্যাডমজী, সাহাবকে ভাই ঠিক হ্যায় না?"

—"আরে হাঁ, উসে অস্পাতাল মে ভর্তি করায়া গয়া হ্যায়। ঠিক হো জায়গা।"

চাবি খুলে নিজের ফ্ল্যাটে ঢুকে সুপর্ণার ভীষণ হাল্কা লাগতে লাগল, মনে হল যেন একটা ভারী পাথর বুক থেকে সরে গেছে। এসেই আগে ড্রয়িং রুমের লাইট জ্বেলে মেঝেতে প্রায় শুকিয়ে যাওয়া রক্ত পরিস্কার করতে লেগে গেল। কাপ দু'য়েকের মত রক্ত হবে হয়তো, কিন্তু কয়েক ঘন্টা পড়ে থেকে এমন ভাবে জমাট বেঁধে গিয়েছে যে সেটা সাবান জলে কাপড় ভিজিয়ে তুলতে সুপর্ণাকে মেঝেতে বসে পড়ে বার বার ঘষতে হচ্ছিল। ঠিক এই সময় সুপর্ণার মনে হল যেন কেউ পিছনে এসে দাঁড়িয়ে আছে। ঝট করে মাথা ঘুরিয়ে পিছনে তাকাল সুপর্ণা, সঙ্গে সঙ্গে শরীরের মধ্যে দিয়ে একটা শিহরন বয়ে গেল! রিমি পুতুলটা কোলে নিয়ে একটা অসম্ভব ঠাণ্ডা দৃষ্টি দিয়ে সুপর্ণার পিছনে এসে দাঁড়িয়ে পুরো ব্যাপারটা লক্ষ্য করছে। নিজের মেয়েকে দেখে আজ পর্যন্ত কখনও এত ভীষণ আতঙ্কিত হয়নি সুপর্ণা!

—"কি দেখছো?" ভয়ার্ত কণ্ঠে সুপর্ণা জিজ্ঞাসা করল।

একটা অদ্ভুত হাসি দিয়ে রিমি পুতুলটাকে একই কথা জিজ্ঞাসা করল, —"চিনু, কি দেখছিস?"

তারপর উত্তর দিল, —"মজা দেখছি।"

—"যাও শুয়ে পড় গিয়ে, সকালে স্কুল যেতে হবে তো?" সুপর্ণার আদেশ মান্য করে রিমি আবার ঘরে চলে গেল। এই সময় না না রকম চিন্তা এসে ঘিরে ধরতে লাগল সুপর্ণার মস্তিষ্কে। এদিকে অনেক চেষ্টা করেও সুপর্ণা সাদা মেঝে থেকে কিছুতেই যেন রক্তের হালকা লালচে ছোপটা তুলতে পারছিল না। বেশ খানিকটা চেষ্টা করার পর হতাশ হয়ে ছেড়ে দিয়ে শোবার ঘরে গিয়ে ভাল করে সব দেখে নিতে লাগল, রাজীব ফিরে আসার আগে যাতে সব কিছু স্বাভাবিক করে ফেলা যায়। একদম নিশ্চিত হয়ে এবার বিছানায় গিয়ে শুয়ে পড়ল।

মোবাইল বাজার শব্দে সুপর্ণার ঘুম ভেঙে গেল। ঘড়ির দিকে তাকিয়েই চমকে উঠল, পৌনে দশটা বাজে! বালিশের তলা থেকে তাড়াতাড়ি ফোন বের করে দেখল রাজীব ফোন করছে। —"হ্যাঁ, কি হল?"

—"আমার ফিরতে একটু দেরী হবে, একটা ইম্পর্ট্যান্ট কেসে কোর্টে হাজির থাকতে হবে, রিমি স্কুল চলে গেছে?"

তাড়াতাড়ি করে ঘরের দরজা খুলে বেরুতে বেরুতে সুপর্ণা একটু সঙ্কুচিত হয়ে বলল, —"দেখছি দাঁড়াও।"

—"সেকি? তুমি একই বাড়িতে বাস করছ আর মেয়ে স্কুল গেছে কিনা সেই খবরটাই জান না?" রাজীবের কণ্ঠে স্লেষ। সুপর্ণা বাইরে এসে স্বপ্নাকে জিজ্ঞাসা করল রিমি স্কুলে গেছে কি না। তারপর রাজীবকে উত্তর দিল, —"হ্যাঁ চলে গেছে ঠিক সময়। আসলে কি হয়েছে, কাল রাত্রে ঘুম হয়নি একটুও, তাই ভোরের দিকে এমন ঘুমিয়ে পড়েছি যে এত বেলায় এখন ঘুম ভাঙল।"

রাজীবের সঙ্গে কথা শেষ করেই সুপর্ণা স্নান সেরে ব্রেকফাস্ট করে অর্জুন ভার্মার দেওয়া চেকটা নিজের ব্যাগে ঢুকিয়ে নিল। তারপর মেকআপ সেরে তাড়াতাড়ি অফিসের উদ্দেশ্যে বেরিয়ে পড়ল।

১৩

বেলা দশটার সময় হোটেল হিন্দুস্থানের ফ্রন্ট ডেস্কে রুম সার্ভিস ফোন করে জানতে চাইল ফোর নট সিক্সের গেস্ট ফ্রন্ট ডেস্কে রুমের কি-কার্ড রেখে দিয়েছে কি না, কারণ অনেকবার ডোর বেল দিলেও কেউ দরজা খুলছে না। একটু সচকিত হয়ে ফ্রন্ট ডেস্কের ছেলেটি ফোর নট সিক্সের ইন্টারকমে এবং অর্জুন ভার্মার মোবাইল নম্বরে বার বার ফোন করতে থাকল। কিন্তু প্রত্যেক বার বেজে গেলেও কোনও রেসপন্স নেই। ওনার ঘরের কি-কার্ডও জমা দেওয়া নেই। অবশেষে ম্যানেজারকে ফোন করল ছেলেটি। ম্যানেজার আরও এক ঘন্টা অপেক্ষা করতে বলল। কিন্তু বেলা প্রায় সাড়ে বারটা বাজার পরেও কোনও সাড়াশব্দ না পেয়ে ম্যানেজার রুম সার্ভিসকে ইমার্জেন্সি কি-কার্ড করিয়ে নিয়ে রুম নাম্বার ফোর নট সিক্সে ঢোকার পারমিশন দিল। মিনিট পনের পরেই খবর পাওয়া গেল অর্জুন ভার্মা কোথাও নেই। এবার কন্টিনেন্টাল ব্যাঙ্কের এইচ,আর ম্যানেজারকে ফোন করল হোটেল থেকে কারণ ওনারাই ভার্মার জন্য রুম বুক করেছিলেন, কিন্তু কেউ কিছু হদিশ দিতে পারল না। শেষ পর্যন্ত বিকেল তিনটের সময় হোটেল থেকে লোকাল থানায় জানানো হল পুরো ব্যাপারটা। ঘন্টা খানেকের মধ্যেই পুলিস হেড কোয়ার্টারস্ থেকে খবর এলো অর্জুন ভার্মাকে ব্যাঙ্কের থেকে যে ফোর সেভেন থ্রি থ্রি গাড়িটা ব্যবহার করার জন্য দিয়েছে সেই গাড়িটা এবং তার চালকের আসনে একজন লোকের বডি পাওয়া গিয়েছে একটা ঝোপের মধ্যে। পুলিস মৃত ব্যক্তির সঠিক পরিচয় জানার চেষ্টা করছে, তবে মোটামুটি ধারণা করতে পারা যাচ্ছে যে বডিটা অর্জুন ভার্মারই, কারণ মৃতদেহের পকেটে হিন্দুস্থান ইন্টারন্যাশানাল হোটেলের ফোর নট সিক্স রুমের কি-কার্ড রয়েছে।

১৪

রাজীবের বাড়ি ফিরতে ফিরতে প্রায় বিকেল চারটে বেজে গেল। স্নান-টান করে শরীরের ক্লান্তি খানিকটা দূর করতে স্বপ্নাকে একটু ব্ল্যাক কফি করে দিতে বলল। ব্যালকনিতে বসে কফিতে চুমুক দিতে দিতে স্বপ্নাকে জিজ্ঞাসা করল, —"রিমি ঠিক ক'টায় আসে স্বপ্না?"

—"সময় হয়ে গেছে দাদা, তবে কোনও কোনও দিন বাসটা একটু দেরী করে।" স্বপ্নার কথা শেষ হতেই বেল বাজল, —"ওই, এবার এসে গেছে নিশ্চয়" বলে দরজা খুলতে গেল স্বপ্না। তারপরেই দরজা থেকে চেঁচিয়ে বলল, —"দাদা বিনীদিদি এসেছে।"

—"কোথায়? রাজীবদা কোথায়?" বিনী বাড়িতে ঢুকতে ঢুকতে চেঁচিয়ে জিজ্ঞাসা করল। হাত নেড়ে হেসে রাজীব বিনীকে বলল, —"আমি এখানে, চলে এস। তুমি যে আজ আসবে দিদিকে বলেছিলে?"

—"না না, এমনি অনেকদিন আপনাদের সঙ্গে দেখা হয়নি, তাই চলে এলাম।"

—"ভাল করেছো, বসো এখানে, ব্ল্যাক কফি খাচ্ছি, খেতে চাও তো বলো।" ব্যালকনিতে রাখা আর একটা চেয়ার দেখিয়ে রাজীব হাসতে হাসতে বলল।

—"না না, ভীষণ তেতো লাগে, আমি বাবা চা খাব, তবে দিদি আসুক তারপর। কই টুকাইকে দেখছি না যে? স্কুল থেকে এখনও ফেরেনি?" রিমিকে ছোটবেলা থেকে টুকাই বলে ডাকে বিনী।

এবার রাজীব একটু অস্থির হল, বলল, —"হ্যাঁ, আজ এতো দেরী হচ্ছে কেন বুঝতে পারছি না, স্বপ্না একটু এগিয়ে গিয়ে দেখবে বাসটা এসেছে কিনা?"

—"হ্যাঁ, এতো দেরী তো কখনও হয় না। ঠিক আছে আমি দেখছি।" বলেই স্বপ্না বেরিয়ে গেল।

বিনী সুপর্ণার ছোট বোন বটে কিন্তু সুপর্ণার মত অতটা সুন্দরী আর ফর্সা নয়। বিনীর গায়ের রং অনেকটাই চাপা, উচ্চতাও তুলনায় কম, আর কখনই সুপর্ণার মত প্রচুর সাজগোজ করে সব জায়গায় যায় না। অসম্ভব ছটফটে। তবুও বিনী ভীষণ এ্যাট্রাক্টিভ। আর সেটাই রাজীবের ভাল লাগে।

—"দাদা, রিমির স্কুলের বাস তো মিনিট পনের আগে বাড়ির কাছে এসে কয়েকজনকে নামিয়ে দিয়ে চলে গেছে?" স্বপ্না এসে কথাটা বলতেই বিনী লাফিয়ে উঠে বলল, —"আমি দেখছি, আপনি বসুন রাজীবদা।"

—"না না, আমিও যাচ্ছি, পাশের বিল্ডিংয়ের একজন মেয়ে ওর সঙ্গেই ফেরে, ওকে জিজ্ঞাসা করলে জানা যাবে।"

রাজীব বিনীকে সঙ্গে নিয়ে পাশের বিল্ডিংএ গিয়ে মেয়েটির দরজায় বেল দিল। মেয়েটির মা দরজা খুলতেই রাজীব বলল, —"আপনার মেয়ে স্কুল থেকে ফিরেছে?"

—"হ্যাঁ এই একটু আগে ফিরেছে।"

—"তাহলে ওকে একটু ডাকবেন?"

সঙ্গে সঙ্গে ভদ্রমহিলা পিছন দিকে ঘাড় ঘুরিয়ে চেঁচিয়ে ডাকল, —"বৈশালী, আঙ্কল ডাকছেন তোমাকে।" ফ্রক পরা ফুটফুটে বাচ্ছা মেয়েটা দৌড়ে এল।

—"বৈশালী আমি রিমির বাবা, ও এখনও ফেরেনি, তুমি কি রিমিকে বাসে ফিরতে বা বাস থেকে নামতে দেখেছো?"

—"না তো? ওকে তো আজ স্কুলেই দেখিনি।"

—"সে কি? তুমি কোন ক্লাসে পড়ো?" রাজীবের কণ্ঠে বিস্ময়।

—"আমি সেভেনএ পড়ি। বাসে যাওয়ার সময় কিন্তু উঠতে দেখেছি, পরে স্কুলে গিয়ে আর দেখিনি ওকে।"

প্রচণ্ড দুশ্চিন্তা নিয়ে রাজীব বিনীকে বলল, —"তুমি বাড়ি যাও বিনী, আমি দেখছি স্কুলে গিয়ে।"

—"আমিও যাচ্ছি সঙ্গে চলুন, আপনি এত টেনশন নিয়ে একা কেন যাবেন?" বিনীর কথা শুনে রাজীব আর আপত্তি করল না।

১৫

সন্ধ্যা ছ'টার সময় অরুণ মেহতা যখন সুপর্ণাকে নিজের ঘরে ডাকলেন তখন সুপর্ণা বাড়ি ফেরার জন্য প্রস্তুত হয়ে প্রায় বেরিয়ে যাচ্ছিল। বিরক্তি নিয়ে মেহতার ঘরে ঢুকতেই মেহতা কোনও কথা না বলে চোখের ইশারায় সুপর্ণাকে দেওয়ালের টিভির দিকে নজর করতে বললেন। খবরের চ্যানেলে তখন অর্জুন ভার্মার মৃতদেহ ঝোপের মধ্যে থাকা একটা গাড়ির ভিতর থেকে পুলিস উদ্ধার করেছে দেখাচ্ছে। প্রচুর ভীড় জমেছে উদ্ধার করা গাড়িটার চারদিকে। সুপর্ণার বুকের মধ্যে আবার যেন হাতুড়ি পেটা শুরু হল, মনে হতে লাগল এক্ষুনি ধরা পড়ে যাবে। মেহতাকে বলল, —"আমার হাত পা ঠাণ্ডা হয়ে যাচ্ছে, আর নিতে পারছি না। আপনি দেখুন, আমি চলে যাচ্ছি।" বাড়ি ফিরতে ফিরতে সুপর্ণার রিমির ওপর প্রচণ্ড রাগ হতে লাগল, এমন একটা ব্যাপার যে কাউকে কিছু বলা যাচ্ছে না, এমনকি রিমিকেও এটা নিয়ে কিছু জিজ্ঞাসা করতে পারেনি। বাড়ি ফিরতেই সুপর্ণা স্বপ্নার কাছে খবর পেল রিমি স্কুল থেকে বাড়ি ফেরেনি, তাই রাজীব রিমির খোঁজে বেরিয়ে গেছে, সঙ্গে বিনীও গেছে। তক্ষুনি রেগে গিয়ে জানতে চাইল, —"বিনী আবার কখন এসে উপস্থিত হল? তাছাড়া ওরই বা তোমার দাদার সঙ্গে ছুটে বেরিয়ে পড়ার কি দরকার ছিল?" স্বপ্না

একটু থতমত খেয়ে গিয়ে ঠিক কি উত্তর দেবে বুঝতে না পেরে চুপ করে রইল। আবার বেশ চেঁচিয়ে জানতে চাইল —"তা ওরা তো আমাকে একটা ফোন করে জানাতে পারত? তুমি কি করছিলে? তুমিও তো ফোন করে আমাকে কিছু জানাওনি?" স্বপ্নার জবাবের অপেক্ষা না করে সোফায় গিয়ে বসে পড়ল সুপর্ণা, তারপর নিজের ব্যাগ থেকে ফোন বের করে রাজীবকে ফোন করল। বেজে গেল। আবার চেষ্টা করল, একই অবস্থা। আশ্চর্য, করছেটা কি দু'জনে মিলে? কয়েকবার করে শেষে হাল ছেড়ে সোফায় গা এলিয়ে দিয়ে চোখ বন্ধ করে বসে রইল, কিন্তু চোখের সামনে টিভির নিউজটা ভেসে উঠতে থাকল বার বার। ফোন বেজে উঠল সুপর্ণার, অরুণ মেহতা করছে। এখন যেন মাথার মধ্যে অরুণ মেহতা, রিমি, অর্জুন ভার্মা, রাজীব সবার সঙ্গে সম্পর্কহীন হয়ে দূরে এমন কোথাও পালিয়ে যেতে মন চাইছে যেখানে সুপর্ণা সম্পূর্ণ একটা নতুন পরিচয়ে শান্তিতে জীবন শুরু করতে পারে।

—"ম্যাডাম, আপনার ফোন বাজছে।" স্বপ্নার ডাকে চোখ খুলল সুপর্ণা।

—"ঠিক আছে দেখছি," বলে মোবাইলটা তুলে নিল সুপর্ণা, অরুণ মেহতা কল করছে, অন করে কানে ধরে বলল, —"হ্যাঁ বলুন।" তারপর ইশারায় স্বপ্নাকে চলে যেতে বলল।

—"কি ব্যাপার, ফোন ধরছেন না কেন? খবর দেখছেন?"

—"না, যা হবার হবে, আমার আর ভাল লাগছে না।" নির্লিপ্ত গলায় সুপর্ণা বলল।

—"হোটেল হিন্দুস্থানে পুলিস গিয়ে তদন্ত শুরু করেছে। ওদের সি সি টিভি আর স্টাফেদের বয়ান থেকে আমার আর আপনার পরিচয় পেয়ে যাবে নিশ্চয়। ভার্মার মোবাইল চেক করেও আমাদের দু'জনের ফোন নাম্বার পেয়ে যাবে।"

—"না, কেবল আপনার নাম্বার পাবে, আমার সঙ্গে মিস্টার ভার্মার ফোনে কখনও কোনও কথা হয়নি, যা কিছু হয়েছে আপনার সাথে, তাই আমার ফোন নাম্বার ভার্মার মোবাইলে পুলিস পাবে না।" সুপর্ণা মেহতাকে থামিয়ে দিয়ে বলল।

—"ভাল কথা। যাইহোক আমি যেটা বলছি মন দিয়ে শুনুন, আপনার বাড়ির বাহাদুর আপনার একজন অসুস্থ আত্মীয়কে ভোর বেলায় হসপিটালে নিয়ে যেতে দেখেছে আমাদের তিনজনকে, কিন্তু চাপা দেওয়া ছিল বলে মুখ দেখতে পায়নি নিশ্চয়। এবার বলুন রাত্রে যখন ভার্মাকে সঙ্গে নিয়ে বাড়ি ঢুকেছিলেন, তখন কি ওই বাহাদুরের বা করিডোরের ক্যামেরার নজরে এসেছিলেন?"

একটু চিন্তা করে সুপর্ণা বলল, —"না, হেম থাপা ঠিক ওই সময় ছিল না, ওয়াশরুম গিয়ে থাকতে পারে, আর ভার্মার গাড়িটা বাইরে যেখানে পার্ক করে নেমেছিলাম সেখানে ক্যামেরা না থাকলেও বাড়ির নিচে একটা পুরোনো সি সি ক্যামেরা রয়েছে সেটাতে কি রেকর্ড

হয়েছে জানি না। এটুকু বলতে পারি মিস্টার ভার্মা অত্যধিক ড্রিংক করেছিলেন বলে মাথা ঝুঁকিয়ে একটু টলমল করতে করতে ঢুকেছিলেন।"

অরুণ মেহতা শুনে বললেন, —"ওই একটাই চিন্তার কারণ তাহলে, সি সি ক্যামেরা।"

১৬

রাত প্রায় ন'টার সময় রাজীব বিধ্বস্ত এবং হতাশ হয়ে বিনীকে সঙ্গে নিয়ে ফিরে এল। সুপর্ণা বিনীকে দেখেই চেঁচিয়ে উঠল, —"তোর বা তোর আদরের রাজীবদার কি এটুকুও জ্ঞান ছিলনা যে বাড়িতে মেয়েটার মা বসে বসে চিন্তায় মরে যাচ্ছে তাকে একটা খবর দিই? আমি কতবার ফোন করেছি জানিস? কিন্তু প্রত্যেকবার ফোন বেজে যাচ্ছে আর না হলে এংগেজড় আসছে।"

—"দিদি, দ্যাখ আমরা কোথায় কোথায় না গেছি জানিস না, স্কুলের প্রিন্সিপ্যাল, লোকাল থানা, পুলিস হেড-কোয়াটার্স, স্কুলের কাছাকাছি দোকানগুলো এমনকি বাসের ড্রাইভারের বাসায় গিয়ে পর্যন্ত খোঁজ করেছি, কোথাও কোনও সন্ধান না পেয়ে শেষে ফিরে এলাম।"

রাজীবের দিকে তাকিয়ে এবার সুপর্ণা বলল, —"তোমার তো কিছু বন্ধু বান্ধব পুলিসের বড় অফিসার, ওনারা কিছু করতে পারছেন না?"

—"রিমির পুরো পার্টিকুলার্স আর ফটো দিয়ে যত শীঘ্র সম্ভব অনুসন্ধান চালিয়ে খুঁজে নিয়ে আসতে অনুরোধ করে এসেছি, দেখা যাক কি হয়।" রাজীব বলল।

—"বিনী এখন বাড়ি ফিরবি কি ভাবে? বাড়িতে তো মা বাবা চিন্তা করছে?" সুপর্ণা জিজ্ঞাসা করল।

—"আমি এখানে থেকে যাচ্ছি আজ, কাল দেখা যাবে। মা'কে ফোনে জানিয়েছি। শুনেই খুব কান্নাকাটি করছে।"

স্বপ্না বাড়ি চলে যাওয়ার সময় হয়ে গেছে, তাই রাতের খাবার দিতে শুরু করল। কিন্তু যেখানে বসে রিমি খায় সেখানে প্লেট দিতে গিয়ে থেমে গেল, তারপর কান্না ভেজা স্বরে বলে উঠল,—"ইশ, আমাদের মেয়েটার যে কি হল, কোথায় রয়েছে, কি খাবে ভেবে ভেবে দিশা পাচ্ছিনে যেন।"

রাজীব সমানে বসে বসে বিভিন্ন জায়গায় ফোন করে যাচ্ছে। এই সময় হঠাৎ একটা ফোন আসতেই তৎক্ষণাত উঠিয়ে জিজ্ঞাসা করল, —"হ্যালো, কে বলছেন?"

—"মেয়ের জন্য খুব চিন্তা হচ্ছে, না? এখনও পর্যন্ত ওর জান আছে, কিন্তু সেটা কাল সকাল পর্যন্ত থাকবে কি না তা বলা যাচ্ছেনা।"

রাজীব ভীষণ উত্তেজিত হয়ে জিজ্ঞাসা করল, —"কে কথা বলছেন? হ্যালো? কেন ওকে আটকে রেখেছেন? কি চাইছেন বলুন?" কিন্তু প্রশ্নগুলোর কোনও উত্তর না দিয়ে লাইন কেটে দিল অপর প্রান্ত থেকে। নাম্বারটা দেখে আবার ঘুরিয়ে ডায়াল করল রাজীব, কিন্তু একঘেয়ে পিঁ পিঁ শব্দ হয়ে যাওয়া ছাড়া আর কিছুই হল না। রাজীব এবার ব্যাচ মেট আই,পি,এস সীরাজ ইকবালকে ফোন করল। মেয়ের কিডন্যাপ হওয়ার পুরো ব্যাপারটা সীরাজই দেখাশোনা করছে, তাই রাজীবের ফোন পেয়েই বলল, —"সরি রাজীব, এখনও আনট্রেশেবল, উই আর ট্রাইং আওয়ার বেস্ট।"

রাজীব সঙ্গে সঙ্গে উত্তর দিল, —"নো নো, আই ডিডন্ট্ কল ফর দ্যাট, রাইট নাও আ সাসপিশিয়স গাই থ্রেটেড্ মি অন দা ফোন সেইং আর'ন্ট ইউ টু ওরিড ফর ইওর ডটার? শি ইজ স্টিল এ্যালাইভ, বাট দেয়ারস্ নো সিওরিটি হোয়েদার শি উইল স্টে টিল টুমরো মর্নিং। নাম্বারটা তুমি নোট করে নাও।" বলেই রাজীব যে ফোনটা এসেছিল তার নাম্বারটা বলল।

সীরাজ তক্ষুণি বলল, —"ওহ্, এবার বোঝা যাচ্ছে এটা একটা এ্যবডাকশন কেস। আমরা তোমার ফোন নাম্বারটা ট্যাপিং করছি, আবার নিশ্চয় কল আসবে মুক্তিপণ চেয়ে, চেষ্টা করো বেশি সময় ধরে যাতে কথা চালিয়ে যেতে পার, তাহলে আমরা ফোনের লোকেশনটা আইডেন্টিফাই করে ফেলতে পারব।"

১৭

সুপর্ণা কিছুতেই আর ধৈর্য রাখতে না পেরে শোবার ঘরে গিয়ে টিভির খবরের একটা চ্যানেল খুলল। চমকে উঠল তলায় যে ব্রেকিং নিউজগুলো যাচ্ছে সেগুলো পড়তে গিয়ে, কন্টিনেন্টাল ব্যাঙ্কের ই,ডি অর্জুন ভার্মার মৃতদেহ ময়নাতদন্তের জন্য পাঠানো হয়েছে, পুলিস জানতে পেরেছে অর্জুন ভার্মা একজন অভিজাত সুন্দরী মহিলার সঙ্গে রাত পৌনে বারটার সময় হোটেল থেকে বেরিয়ে গিয়েছিলেন, কিন্তু তারপর আর অর্জুন ভার্মাকে কেউ হোটেলে ফিরে আসতে দেখেনি। আপাতত পুলিস ওই মহিলার পরিচয় জানার চেষ্টা করছে। আর বেশিক্ষণ দেখতে সাহসে কুলাল না, ঝপ করে টিভিটা বন্ধ করে দিল সুপর্ণা। তাকিয়ে দেখল রাজীব ঘরে এসে দাঁড়িয়ে আছে।

—"মেয়েকে নিয়ে তোমার কোনও দুশ্চিন্তা আছে বলে তো মনে হচ্ছে না, এদিকে ফোন করে আমাকে একটু আগে অচেনা একজন জানাল এখনও তোমার মেয়ে বেঁচে আছে বটে কিন্তু কাল সকাল পর্যন্ত থাকবে কিনা কোনও নিশ্চয়তা নেই।" সুপর্ণা নির্লিপ্ত ভাবে বলল, —"তোমরা বা পুলিসের ক্রাইম ডিপার্টমেন্ট যাদের কাজ হচ্ছে অপরাধীদের তাড়াতাড়ি ধরা, তারা যদি অকর্মণ্য হয় পড়ে তাহলে তো আমাদের মত সাধারণ লোকের খুব দুর্দিন।"

—"আচ্ছা রাজীবদা, যে ফোন করেছিল তার গলার স্বরটা কি কোনও রকম চেনা মনে হয়েছিল?" বিনী এসে দাঁড়িয়েছিল রাজীবের পাশে, এবার প্রশ্ন করল।

—"তা হয়তো হয়েছিল, কিন্তু মনে পড়ছে না ঠিক কার মত।" রাজীব জবাব দিতেই সুপর্ণা বলে উঠল, —"বিনি গোয়েন্দা রাজীব এ্যসিস্ট্যান্ট নাম দিয়ে তোরা এবার একটা ডিটেক্টিভ এজেন্সি খুলে ফ্যাল বরং।"

ঠিক এই সময় রাজীবের মোবাইলটা বাজতে লাগল, শুনতে পেয়ে দৌড়ে গিয়ে ডাইনিং টেবিল থেকে মোবাইল তুলে নিয়ে বলল, —"হ্যালো, কে বলছেন?"

—"শোন, আমার প্রায় দেড় কোটি টাকার মত লোকসান হয়ে গেছে শুধু তোমার জন্য, কাল সকালের মধ্যে আমার লোকসানের ডবল্ টাকা, মানে তিন কোটি টাকা যদি আমার কাছে পৌছে দিতে পার তবে মেয়েকে জীবিত ফিরে পাবে, না হলে মেয়েকে কাঁধে নিয়ে শ্মশান যাত্রা করার জন্য প্রস্তুত হয়ে থাক। কাল সকাল সাতটা পর্যন্ত সময় দিলাম, মনে থাকে যেন।" কথা শেষ করার সঙ্গে সঙ্গে ফোনের লাইন কেটে দিল। আশ্চর্য! রাজীবের ফোনের কলার আই,ডি তে যে লোকটি এইমাত্র মুক্তিপণ দাবী করে হুমকি দিল তার নাম দেখাচ্ছে আইসা বেগম। রাজীবের মনে পড়ে গেল তিন সপ্তাহ আগে বিমান বন্দরে যে মহিলাকে গোল্ড স্মাগলিং করার জন্য এ্যরেস্ট করতে হয়েছিল তারও নাম ছিল আইসা, তবে বেগম নয়, আইসা সুলতান, এক মন্ত্রীর আত্মীয় শোনা গিয়েছিল। তার কাছ থেকে বাজেয়াপ্ত করা পিওর গোল্ডের বাজার দরও দেড় কোটির কম নয়। চিন্তা করার অবকাশ না দিয়ে বিনী এসে জিজ্ঞাসা করল, —"রাজীবদা, আমি নিশ্চিত করে বলে দিতে পারি আপনার কাছে এইমাত্র যে ফোনটা এলো সেটা অপহরণকারীরা করেছিল, আর আপনার কাছে বিশাল একটা টাকা মুক্তিপণ হিসাবে চেয়েছে।"

একটু বিস্মিত হয়ে রাজীব জিজ্ঞাসা করল, —"তুমি কি করে বুঝলে? আমি কি ফোনের স্পিকারটা খুলে কথা বলছিলাম?"

—"মোটেই না, আপনার এ্যটিচুড আর মুখভঙ্গি দেখে আন্দাজে বললাম।"

উত্তর না দিয়ে রাজীব ব্যস্ত হয়ে ডিসি ডিডি সীরাজকে কল করল, —"হ্যাঁ সীরাজ একটু আগে," কথা থামিয়ে সীরাজ তক্ষুণি বলল —"শুনেছি, তিন কোটি চাইছে, টাকাটা এখন যোগাড় করতে হবে ব্রাদার, আবার ফোন আসবে, যেখানে চাইবে রাজী হয়ে দিতে যেতে হবে, চিন্তা নেই আমদের জাল পাতা থাকবে। ঠিক ফাঁদে পা দেবে। পালাতে পারবে না, তবে তার আগে দুটো জিনিস করবে, টাকার অঙ্কটা বারগেইন করে নামাবার চেষ্টা, আর দু নম্বর, মেয়ে যে সত্যিই বেঁচে আছে তার প্রমাণের জন্য মেয়ের সাথে ফোনে কথা বলিয়ে দিতে বলবে।"

এবার রাজীব এয়ারপোর্টের ঘটনার কথা মনে করিয়ে সীরাজকে বলল, —"আশ্চর্য ব্যাপার হল, যে পুরুষ কন্ঠ ফোনে আমাকে এইসব বলল, আমার ফোনের কলার আইডি তার নাম দেখাচ্ছে আইসা বেগম, যদিও ওই স্মাগলার মহিলার নাম আইসা সুলতান। ওয়ান মোর থিং, হার কনফিস্কেটেড গোন্ড ভ্যালু ওয়জ নিয়ারলি ওয়ান এণ্ড হাফ ক্রোড়।"

সীরাজ হেসে বলল, —"ক্রাইম করতে নেমে এতো কাঁচা কাজ নিশ্চয় করবে না কোনও অপরাধী, হতে পারে সিমকার্ডটা অনেক আগে ওই নামের কোনও মহিলা ব্যবহার করত, পরে ছেড়ে দিয়েছিল। তারপর টাকা দিয়ে এ্যবডাক্টর যে সিমগুলো জোগাড় করেছে, এটা তার মধ্যে একটা। একটু ধর আমি ওই আইসা বেগমের নাম্বারে কল করে দেখছি।"

রাজীব কিছুক্ষণ ফোনটা ধরে থাকার পর সীরাজের গলা আবার শোনা গেল, —"সরি রাজীব, যা ভেবেছি তাই, এই নাম্বারটার কোনও অস্তিত্ব পাচ্ছিনা এখন। তবে একটা কথা বলব রাজীব? প্লিজ ডোন্ট টেক আদারওয়াইজ, আমরা যারা সরকারি হাই অফিসিয়ালস্, আমাদের হাতে হিউজ পাওয়ার দেওয়া থাকে বটে কিন্তু আমরা সবাই হলাম কাঠ পুতলি, পুতুলনাচের পুতুল, জনসাধারণের দ্বারা নির্বাচিত মন্ত্রী যা করাবে তাই করতে হবে, অন্যথায় মারাত্মক ফল ভোগ কর আর প্রতিনিয়ত লড়াই চালিয়ে যেতে থাক নিজের পজিশনে টিঁকে থাকার।"

১৮

ডিনার শেষ করে অরুণ মেহতা খাটে আধ শোয়া হয়ে বসে মোবাইলে কিছু নজর করছিলেন, মাঝে মাঝেই ওনার স্ত্রী লাভলীন খানিকটা দূরে কালো গদি মোড়া একটা রকিং চেয়ারে বসে মেহতার সঙ্গে সাংসারিক টুকিটাকি বিষয় নিয়ে আলোচনা করছিলেন। ঠিক সেই সময় মেহতার ফোনটা বাজতে শুরু করল। —"ইস সময় কৌন ফোন কর রাহা হ্যায় জী?" লাভলীন বিরক্তি প্রকাশ করে বলল।

—"হ্যালো স্যার, ম্যায় তো আপকা ফোন পাকর হায়রান হুঁ, বলিয়ে স্যার, কেয়া সেবা কর সকতা হুঁ আপকে লিয়ে ইস ওয়ক্ত।" অরুণ মেহতা রাজীবের কাছ থেকে ফোন পেয়ে বিহ্বল হয়ে পড়ে জিজ্ঞাসা করল।

—"সরি ফর ডিসটার্বিং ইউ মিস্টার মেহতা। আমার বাড়িতে একটা ভয়ঙ্কর ঘটনা ঘটে গেছে, আপনি জানেন না, সেই ব্যাপারে একটু কথা বলার জন্যই এই সময় ফোন করতে হল।"

হেসে উঠে মিস্টার মেহতা বলল, —"আমি সব জানি স্যার, বাট আই এম সারপ্রাইজড্, সুপর্ণাজী আপনাকে সব খুলে বলে দিয়েছেন বলে।"

একটু থতমত খেয়ে রাজীব জিজ্ঞাসা করল, —"আপনি সব জানেন? সুপর্ণা তো আজ সন্ধ্যার পর বাড়ি ফিরে আমাদের কাছ থেকেই জানতে পারল ঘটনাটা? আপনি কোন ঘটনার কথা জানেন বুঝতে পারলাম না, আমার মেয়ে রিমিকে যে কিডন্যাপ করা হয়েছে আজ, সেটা তাহলে আপনি জানেন?"

ভীষণ অপ্রস্তুত আর শঙ্কিত হয়ে মেহতা উত্তর দিল, —"কি বলছেন আপনি? আপনার মেয়েকে কিডন্যাপ করা হয়েছে? না না, ভেরি সরি, এটা তো আমি প্রথম শুনছি, সুপর্ণাজী

এই ব্যাপারে আমাকে কিছু বলেননি তো? কখন থেকে পাওয়া যাচ্ছেনা? পুলিসে রিপোর্ট করেছেন?"

—"সুপর্ণার তো কোনও মাথা ব্যথাই নেই, দেখে বোঝা যাচ্ছে না যে তার মেয়ে কিডন্যাপড হয়েছে এবং তার জীবন বিপন্ন। সুপর্ণা ইজ এজ নর্মাল এজ এনি আদার ডে।"

রাজীব সুপর্ণার প্রতি বেশ উষ্মা প্রকাশ করে সংক্ষেপে রিমির কিডন্যাপ হওয়ার পুরো ঘটনাটা মেহতাকে বর্ণনা করল, তারপর বলল, —"এখন সমস্যা হচ্ছে অপহরণকারীরা ফোন করে তিন কোটির মত মুক্তিপণ চেয়েছে। এই মুহূর্তে যে জন্য আপনাকে ফোন করছি সেটা হচ্ছে কাল সকালের মধ্যেই আমার প্রায় তিন কোটির মত টাকা লাগবে, তবে শুধু কয়েক ঘন্টার জন্য, কারণ পুলিস হেড-কোয়াটার্সের নির্দেশ হল টাকাটা যেখানে কিডন্যাপারস্ বলবে সেখানেই একা নিয়ে গিয়ে দিতে হবে, পুলিস আগে থেকে সেখানে জাল পেতে রাখবে যাতে সবাই ধরা পড়ে যায়। মেয়েকে এ্যালাইভ ফিরে পেতে গেলে এক্ষুণি আমার ওই এতো টাকা যোগাড় করার মত কোনও সোর্স নেই, আপনি ছাড়া। আপনাদের বেশ কিছু প্রাইভেট ক্লায়েন্ট রয়েছে, তাদের কারুর কাছ থেকে যদি ওই টাকাটা শুধু একদিনের জন্য যোগাড় করে দিতে পারেন তাহলে মেয়ের লাইফটা হয়তো বাঁচানো যায়।"

—"কিন্তু পুলিস বলছে বটে, অনেক সময়ই পুলিসের প্ল্যানিং ভীষণ ভাবে আনসাক্সেসফুল হয় স্যার। আমি বলছিনা এটাও হবে, তবে ধরুন যদি পুলিসের জাল ছিঁড়ে মুক্তিপণের টাকা নিয়ে ওদের লোক পালিয়ে যায় আর আপনার মেয়েকেও ফিরিয়ে না দেয়, তাহলে কি কিছু ভেবেছেন স্যার? টাকাটা তো একদিনের মধ্যে ফিরিয়ে দেবার প্রতিশ্রুতি দিয়ে নেওয়ার কথা বলছেন?"

—"আমার পৈতৃক জমি সমেত একটা তিনতলা বড় বাড়ি আছে চন্দননগরে। বাবা মারা গেছেন সাত বছর আগে। ঐ সম্পত্তির একমাত্র উত্তরাধিকারী এখন আমি, আমার কোনও ভাই বোন নেই। প্রয়োজন হলে ওই জমি বাড়ি মর্টগেজ করে বা সেল করে যা পাব তার সাথে নিজের ব্যাঙ্কে যা আছে সব দিয়ে পুরো টাকা ফেরৎ দিতে ম্যাক্সিমাম আট দশ দিন লাগবে।"

—"আমি দেখছি স্যার, একজন আমার পরিচিত মারোয়াড়ি আছেন খুব বড় হোসিয়ারির মালিক, ওনার কোম্পানির এ্যাডের সব কাজ আমরা করি। ঘরে অনেক টাকা রেখে দেন বলে জানি, যদি পাওয়া যায় তাহলে কাল ভোরের মধ্যে পাঠিয়ে দিচ্ছি আপনার কাছে, নিশ্চিন্ত থাকুন স্যার।" অরুণ মেহতা কথা শেষ করতেই রাজীব বলল, —"থ্যাঙ্ক ইউ। কিন্তু এবার আমায় বলুন সুপর্ণা কোন ঘটনার কথা আমাকে খুলে জানিয়ে দিয়েছে বলে আপনি সারপ্রাইজড় হয়েছেন বলছিলেন?"

—"নো স্যার, সে রকম কিছু নয়, একটা ট্র্যাজিক ইন্সিডেন্ট আমাদের খুব হন্ট করছে, অনেক চেষ্টা করে আর কনভিন্স করে কন্টিনেন্টাল ব্যাঙ্কের ই,ডি মিস্টার অর্জুন ভার্মার

কাছ থেকে সুপর্ণা কাল রাত্রে বিশাল টাকার কাজটা যোগাড় করেছিলেন, এমন কি টোয়েন্টি ফাইভ পার্শেন্টের একটা চেকও এ্যডভান্স হিসেবে নিয়ে এসেছিলেন। কিন্তু আশ্চর্য, গতকাল ভোরে ভদ্রলোকের ডেড বডি নাকি পুলিস উদ্ধার করেছে কোনও এক রাস্তার ঝোপের মধ্যে থেকে।"

ঠিক এই সময় রাজীবের মোবাইলের স্ক্রীনে একটা আচেনা নম্বর ভেসে উঠল আর ইনকামিং কলের পিপ পিপ শব্দ হতে থাকল।

—"ঠিক আছে মিস্টার মেহতা, আমার একটা কল আসছে, এখন রাখছি, আপনি তাহলে টাকাটা যোগাড় করে পাঠিয়ে দিন প্লিজ।" তারপরেই রাজীব ফোন ধরে জিজ্ঞাসা করল, —"কে বলছেন?"

—"মেয়েকে ফিরে পাওয়ার জন্য টাকাটা যোগাড় করেছ?"

—"না, তিন কোটি টাকা আমার পক্ষে যোগাড় করা অসম্ভব।" রাজীবের কণ্ঠে উদ্বেগ।

—"কাস্টম অফিসারের টাকা যোগাড় করার অসুবিধে? তাহলে ধার করে মেয়ের জীবন বাঁচাও।"

—"আমার মেয়ে যে তোমার কাছে আছে এবং বেঁচে রয়েছে তার প্রমাণ চাই।"

—"মেয়ের সঙ্গে কথা বলতে হলে আগে আজ রাত্রের মধ্যে টাকা যোগাড় কর, তারপর আবার আমি ফোন করব। তখন টাকা নিয়ে কোথায় এসে দিতে হবে সেটা জানবে আর মেয়ের সঙ্গে কথাও বলবে, তার আগে নয়।" ফোন কেটে দিল অপর প্রান্ত থেকে।

১৯

সীরাজ ইকবাল ডিটেক্টিভ ডিপার্টমেন্টে জয়েন করেছে মাত্র মাস চারেক আগে, এখন অনেকটা ধাতস্থ হয়ে গেলেও মাঝে মাঝেই বেশ অসহায় মনে হয় নিজেকে। রাজীবের কাছে একটু আগে যে ফোন এসেছিল সেটার লোকেশন পার্ক সার্কাসের এমন একটা ঠিকানা দেখাচ্ছে যেখানে অনুসন্ধান করতে গেলে বেশ চিন্তা করতে হবে। অতএব, আপাতত ধৈর্য ধরে পরবর্তী অগ্রগতির দিকে লক্ষ্য রাখাই সবচেয়ে বুদ্ধিমানের কাজ বলে মনে করল। ইতিমধ্যে হোমিসাইড স্কোয়াডের সিনিয়র ইন্সপেক্টর তীর্থঙ্কর পাল যে কন্টিনেন্টাল ব্যাঙ্কের ই.ডি অর্জুন ভার্মার কেসটা ইনভেস্টিগেট করছে, হাতে করে ভার্মার পোস্টমর্টেম রিপোর্টটা নিয়ে ডি.সি সীরাজের ঘরে ঢুকে বলল, —"স্যার আসছি," তারপর রিপোর্ট সুদ্ধ খামটা সীরাজের হাতে দিতে দিতে বলল, —"স্যার যা ভেবেছিলাম তাই, মিস্টার ভার্মা ওয়াজ মার্ডার্ড।" সীরাজ রিপোর্টটা খুলে দেখতে দেখতে মন্তব্য করল, —"কোনও ব্লান্ট অবজেক্ট দিয়ে নিশ্চয় বাঁ কানের ওপর মারা হয়েছে, যার ফলে ওনার টেম্পোরাল বোন, মাস্টয়েড বোন উইথ সাম পার্ট অফ স্কাল সব ভেঙে চুরমার হয়ে গিয়ে সেরিব্রাল হেমারেজ হয়েছে এবং তাই থেকেই মৃত্যু হয়েছে। মৃত্যুর সময় মোটামুটি গত

কাল রাত সওয়া দু'টো থেকে আড়াইটে বলছে। সাংঘাতিক ব্যাপার। তা আপনার প্রোগ্রেস কতটা এখন বলুন।"

—"আশা করছি স্যার খুব শিগ্গির সলভ্ করে ফেলতে পারব, আমার টীমে আরও তিনজন এফিশিয়েন্ট অফিসার আমার সঙ্গে কেসটা দেখাশোনা করছে।"

—"আশা টাশা নয়, ইউ মাস্ট সলভ্ ইট বাই টুমরো নাইট, ভিক্টিম ইজ ই,ডি অফ দা কন্টিনেন্টাল ব্যাঙ্ক, তাই সবদিক থেকে প্রতি ঘন্টায় ঘন্টায় চাপ আসছে।"

—"সিওর স্যার।" বলেই তীর্থঙ্কর পাল জোরে একটা স্যালিউট ঠুকে বেরিয়ে এল। তারপর নিজের ডেস্কে এসে বসেই খানিকটা জল খেয়ে নিয়ে এই কেসের আর একজন ইনভেস্টিগেটিং এস,আই অশোক জানাকে ডাকল, —"অশোক, অর্জুন ভার্মার ডেথটা একটা মার্ডার কেস, পোস্টমর্টেম রিপোর্ট অনুযায়ী, সাহেব তো আমাদের কাল রাত্তির পর্যন্ত টাইম দিয়েছেন। এখন কি ভাবে এগোবে ভাবছ?"

সঙ্গে সঙ্গে অশোক বলল, —"আমি কন্টিনেন্টাল ব্যাঙ্কের দু'জন বোর্ড ডাইরেক্টরের নাম আর ফোন নাম্বার যোগাড় করেছি যারা হোটেলে ওই ব্যাঙ্কের বোর্ড মিটিং হয়ে যাওয়ার পর সন্ধ্যায় মিস্টার ভার্মার সঙ্গে বারে বসে ড্রিঙ্ক করছিলেন। নাম হচ্ছে বরুণ নায়ার এবং গুরনাম সিং চাড্ডা। দু'জনেই আজ ভোরের ফ্লাইটে দিল্লী ফিরে গেছেন। গুরনাম সিং চাড্ডার সাথে আমার ফোনে কথা হয়েছে আজ। বললেন রাত সাড়ে আটটা নাগাদ একজন খুব সুন্দরী ভদ্রমহিলা, কি সাম সুপর্ণা না কি যেন নাম, বারে এসেছিলেন। মিস্টার ভার্মা ওদের দু'জনের সঙ্গেই ভদ্রমহিলাকে ল্যুমিনাস এ্যড এজেন্সি থেকে আসছেন বলে পরিচয় করিয়ে দিয়েছিলেন। আধ ঘন্টা পরে নায়ার এবং চাড্ডা গুড নাইট বলে বিদায় নিয়ে ঘরে চলে গিয়েছিলেন। তখন ওই সুন্দরী মহিলা আর ভার্মাই খালি বারে থেকে গিয়েছিলেন। আরও একটা কথা পালদা, হোটেলের সিসি ক্যামেরা দেখাচ্ছে রাত এগারটা পঁয়ত্রিশে ভার্মা এই মহিলার সঙ্গে বেরিয়ে যাচ্ছেন।"

অশোকের কথা শেষ হতেই ইনস্পেক্টর তীর্থঙ্কর পাল চেয়ারে সোজা হয়ে বসে বলল, —"বেশ, তাহলে ভার্মা ওই এ্যড এজেন্সির মহিলার সঙ্গে বের হলেন এগারটা পঁয়ত্রিশ আর খুন হলেন রাত সওয়া দু'টো। এই আড়াই ঘন্টার সময়ের ব্যবধানে কি হয়ে থাকতে পারে সেটা দেখ।"

২০

সুপর্ণা আর বিনি একটু রাত হতেই ঘুমিয়ে পড়েছিল বটে কিন্তু রাজীব ড্রয়িং রুমের সোফায় আধশোয়া হয়ে প্রায় জেগেই সারারাত কাটিয়ে দিল। মাঝে মাঝেই রিমির জন্য ভীষণ ছটফট করে উঠছিল মনটা, সত্যিই মেয়েটা এতক্ষণ বেঁচে আছে কি না ভেবে আশঙ্কিত হয়ে বার বার উঠে পড়ছিল সোফা থেকে। বুকের মধ্যে একটা ডেলা পাকানো জিনিস গুমরে ওপরে উঠে আসছিল যেন। এটাই চাপা কান্না কিনা জানা নেই। নানারকম

চিন্তা এসে ভীড় করছিল মনের মধ্যে, সুপর্ণা নিজের কেরিয়ার নিয়ে এতোটই ব্যস্ত যে মেয়েটার দিকে এতটুকুও মনোযোগ দেয়নি। কখনও তার প্রয়োজন বা ইচ্ছা অনিচ্ছার কথা জানতে চায়নি। সর্বদাই দূরে সরিয়ে রেখে এসেছে। রাজীব নিজেও সরকারি কাজে সব দিক থেকে যথাসাধ্য করার চেষ্টা চালিয়ে এসেছে বলে বাড়িতে বেশি সময় দিতে পারেনি। অফিসের কাজের জন্য কখনও কোনও ব্যাপারে আপস করেনি। ঘড়ি দেখল রাজীব, প্রায় সাড়ে পাঁচটা। আশ্চর্য অরুণ মেহতা তো এখনও টাকাটা পাঠালেন না? তাহলে কি যোগাড় করতে বিফল হয়েছেন? নিশ্চয় তাই। কি হবে তাহলে এখন? এদিকে অপহরণকারীরাও তো আর কোনও ফোন করছে না? মেরে ফেলেছে তাহলে নিশ্চয়। ভয়ঙ্কর উদ্বেগ হতে শুরু করল এবার।

টুংটাং করে দরজার মিষ্টি বেলটা বেজে উঠল হঠাৎ। দ্রুত পায়ে উঠে গিয়ে দরজা খুলল রাজীব। একি! স্বপ্ন দেখছে নাকি? পিঠে বই ভর্তি স্কুল ব্যাগ, আলুথালু ইউনিফর্ম, চোখের তলায় গাঢ় কালি, চুলগুলো খুব উস্কখুস্ক, রিমি দাঁড়িয়ে আছে দরজায়! বাকরুদ্ধ হয়ে কিছুক্ষণ চেয়ে থাকল, বিশ্বাস হচ্ছিল না, চমক ভাঙলো রিমির ক্ষীণ কণ্ঠস্বর শুনে, —"ড্যাডি আমার ক্ষিদে পেয়েছে।" রাজীব সঙ্গে সঙ্গে দু'হাত বাড়িয়ে পিঠের ভারী ব্যাগটা খুলে নামিয়ে দিয়ে নিচু হয়ে রিমিকে এক ঝটকায় কোলে টেনে নিল, তারপর অনেকক্ষণ নিজের বুকে জোরে চেপে ধরে ওর হৃদস্পন্দনের মৃদু শব্দটা নিজের বুকে অনুভব করতে লাগল। আহ্, এ এক আশ্চর্য শান্তির অনুভূতি! তারিয়ে তারিয়ে উপভোগ করতে করতে রাজীবের বাঁধভাঙা অশ্রু দু'চোখ বেয়ে গড়িয়ে রিমির পিঠে স্কুলের জামায় ফোঁটা ফোঁটা পড়ে মিলিয়ে যেতে থাকল। ধরা গলায় আস্তে করে জিজ্ঞাসা করল, —"কে তোকে নিয়ে চলে গিয়েছিল মা? আর পৌঁছেই বা দিল কে? তুই একবার বল কে নিয়ে গিয়েছিল, তারপর তুই দেখিস, তোর ড্যাডি এমন শাস্তি দেবে তাকে যে সে জীবনে কখনও ভুলতে পারবে না।"

—"না ড্যাডি, তোমাকে আর শাস্তি দিতে হবেনা, আমার চিনু শাস্তি দিয়ে দিয়েছে।" রিমির কথা শুনে হেসে ফেলে রাজীব ওকে আস্তে আস্তে কোল থেকে ছেড়ে দিয়ে বলল, —"তাই? চিনু ছিল তোর সাথে?"

—"হ্যাঁ, আমার ওই ব্যাগেই আছে।" বলে রিমি স্কুল ব্যাগটার দিকে আঙুল তুলে দেখাল। এইসময় রাজীব দরজাটা বন্ধ করতে এগিয়ে যেতেই দেখল একজন খুব লম্বা চওড়া বেশ বলশালী ছেলে হাতে একটা ডাফল্ ব্যাগ নিয়ে এসে দাঁড়িয়ে, —"নমস্তে স্যার, মেহতা সাহাব নে ভেজা হ্যায়, আপ জিতনা মাঙ্গে থে, পুরা হ্যায় ইসমে।" রাজীব ব্যাগটা হাতে না নিয়ে ছেলেটিকে আপাদমস্তক দেখে নিয়ে জিজ্ঞাসা করল, —"তুমহারা নাম?"

—"মুন্না রাম স্যার।"

—"মুন্না রাম তুম যা কর ইয়ে ব্যাগ মেহতা সাহাবকো লওটা দো, কেহনা কি মেরী বেটি অব ঘর আ গেয়ি হ্যায়। মেহতা সাহাবকো বোলনা কি ম্যায় বহত আভারি হুঁ।"

বিনী এই সময় ঘুম ভেঙে উঠে এসেছিল, কিন্তু দরজার সামনেই রিমিকে দেখতে পেয়ে নিজের চোখকে যেন ঠিক বিশ্বাস করতে পারছিল না। দৌড়ে এসে রিমিকে জড়িয়ে ধরে ভীষণ চেঁচিয়ে বলল, —"দিদি শিগগির আয় আমাদের টুকাই ফিরে এসেছে!"

সুপর্ণাও রিমির চিৎকার শুনেই উঠে এসে দাঁড়াল, জিজ্ঞাসা করল, —"কোথায় ছিলে তুমি? কাল তো স্কুলেও ছিলেনা তুমি শুনলাম? কারা তোমাকে কিডন্যাপ করেছিল?"

—"বিনী, টুকাইয়ের খুব ক্ষিদে পেয়ে গেছে, কাল থেকে নিশ্চয় কিছু খাওয়া হয়নি ওর, ঘুমও হয়নি। ওকে এখন কোনও প্রশ্ন না করে আগে তোমরা ওর কিছু খাওয়ার ব্যবস্থা করতে পারবে? স্বপ্না হয়তো এক্ষুনি এসে যাবে।" রাজীব সুপর্ণাকে কিছু না বলে বিনীকে অনুরোধ করল।

২১

সকাল সাড়ে সাতটার সময় টুংটাং করে ডোর বেলটা বেজে উঠতেই স্বপ্না গিয়ে দরজা খুলে দেখে দু'জন পুলিসের লোক দাঁড়িয়ে আছে। তাড়াতাড়ি এসে রাজীবকে খবর দিল, —"দাদা, বোধহয় রিমির ব্যাপারে পুলিস এসেছে।" রাজীব দরজায় এসে দেখল গোল মাংসল মুখের বেশ হৃষ্টপুষ্ট চেহারার প্রায় বছর পঞ্চাশেক বয়সের একজন পুলিস অফিসার আর তার পাশে ছিপছিপে, বেশ লম্বা এবং অল্প বয়সী আরও একজন পুলিস দাঁড়িয়ে। দেখেই রাজীব বলল, —"ও আচ্ছা, সীরাজ ইকবাল পাঠিয়েছে? ওকে জানানো হয়নি আমার, আমার মেয়ে আজ ভোরে ফিরে এসেছে, আই মিন এ্যবডাক্টররা কোনও কারণে ওকে ফিরিয়ে দিয়ে গেছে।"

—"সরি, আমরা মিসেস সুপর্ণা চৌধুরীর সঙ্গে কথা বলতে চাই, কন্টিনেন্টাল ব্যাঙ্কের ই,ডি অর্জুন ভার্মার মার্ডার কেসের ব্যাপারে। উনি বাড়ি আছেন?" মোটাসোটা বয়স্ক পুলিস ইনস্পেক্টরটি বলল।

—"ও আচ্ছা, তাহলে ভেতরে এসে বসে খানিকটা অপেক্ষা করতে হবে, উনি স্নান করতে গেছেন, একটু সময় লাগবে।" রাজীবের কথা শুনে দু'জনেই ঘরে এসে চারদিক দেখতে দেখতে সোফায় বসে তাচ্ছিল্যের ভঙ্গিতে রাজীবকে জিজ্ঞাসা করল,

—"আপনি সুপর্ণাদেবীর কে হন?"

—"হাজব্যাণ্ড।"

—"আচ্ছা, তাহলে গত পরশু দিন যেদিন সুপর্ণাদেবী মিস্টার অর্জুন ভার্মাকে নিয়ে রাত প্রায় পৌনে বারটার সময় হোটেল থেকে বেরিয়েছিলেন, সেদিন উনি বাড়ি ফিরেছিলেন ঠিক ক'টার সময়?"

—"আমার পক্ষে বলা সম্ভব নয়, কারণ ওই দিন আমাকে নাইট ডিউটিতে যেতে হয়েছিল।" রাজীব উত্তর দিল।

—"নাইট ডিউটি? আপনি কোথায় চাকরী করেন?"

—"আমার নাম রাজীব চৌধুরী, ডি,সি, কাস্টমস্ এণ্ড সার্ভিস ট্যাক্স, কলকাতা এয়ারপোর্ট। রাজীবের কথা শেষ হতেই ইনস্পেক্টর এবং তার পিছন পিছন অপর পুলিসটি দাঁড়িয়ে উঠে বলল, —"মাপ করবেন স্যার, বুঝতে পারিনি। আমি তীর্থঙ্কর পাল, পুলিস ইনস্পেক্টর, হোমিসাইড স্কোয়াড আর ও হচ্ছে আমার এ্যসিস্ট্যান্ট অশোক জানা, এস,আই। আমাদের এই কেসটা কাল রাত্রের মধ্যে ক্লোজ করার সময় বেঁধে দিয়েছেন ডি,সি সাহেব। তাই খুব চাপে আছি স্যার।"

—"ঠিক আছে, আপনাদের আর কিছু জিজ্ঞাস্য থাকলে করতে পারেন, না হলে বসুন সুপর্ণা এসে যাবে।"

—"না না স্যার আপনি যান, কাজ করুন, আমরা ম্যাডামের জন্য অপেক্ষা করছি।"

বাইরে আসতেই বিনী ভীষণ কৌতূহলী হয়ে রাজীবের কাছে জানতে চাইল যে, পুলিস মার্ডার কেসের ব্যাপারে দিদিকে জিজ্ঞাসাবাদ করতে এসেছে কেন। রাজীব ছোট্ট করে উত্তর দিল, —"বিনী, প্রশ্নটা কিন্তু আমারও।"

সুপর্ণা স্নান সেরে বের হতেই দেখল বিনী বাথরুমের দরজার সামনে দাঁড়িয়ে, একটুও সময় না নিয়ে চাপা স্বরে বলল, —"দিদি দু'জন পুলিস এসে বসে আছে, কি একটা নাকি মার্ডার কেসের ব্যাপারে তোকে জিজ্ঞাসাবাদ করবে বলে। কি হয়েছে রে? তুই জানিস কিছু?" সুপর্ণার মুখটা বেশ ফ্যাকাশে হয়ে গেল, কিন্তু তবুও বিনীর ওপর প্রচণ্ড রাগত হয়ে বলল, —"আচ্ছা, তোর সমস্ত ব্যাপারে এত আগ্রহ কেন বলত? এই খবরটা দেওয়ার জন্য আমার বাথরুমের দরজায় এতক্ষণ নাক ঠেকিয়ে দাঁড়িয়ে ছিলি? তোর নিশ্চয় মনে হচ্ছে আমি খুন করেছি কাউকে? পুলিস এসেছে তো কি হয়েছে?"

কাপড় জামা পরে সুপর্ণা ড্রয়িং রুমে এসে ঢুকতেই ইনস্পেক্টর তীর্থঙ্কর পাল দাঁড়িয়ে উঠে বলল, —"বসুন ম্যাডাম, আমরা অর্জুন ভার্মার মার্ডার কেসের ব্যাপারে এসেছি, আপনাকে কয়েকটা প্রশ্ন করে সঠিক তথ্যটা জেনে নিতে চাই। পরশু অর্জুন ভার্মা রাত এগারটা পঁয়ত্রিশের সময় আপনার সঙ্গে হোটেল থেকে বেরিয়েছিলেন বলে আমরা জানতে পেরেছি। আবার এদিকে ওনার অটোপসি রিপোর্ট বলছে ঐ রাত্রিরেই সওয়া দু'টো থেকে আড়াইটের মধ্যে বাঁ কানের ওপর কোনও ব্লান্ট অবজেক্টের প্রচণ্ড আঘাতে সেরিব্রাল হেমারেজ হয়ে উনি মারা গেছেন। আমাদের কাছে এই এগারটা পঁয়ত্রিশ থেকে সওয়া দু'টো অর্থাৎ প্রায় আড়াই ঘন্টার সময়টা সম্পূর্ণ ডার্ক হয়ে রয়েছে। তাই উনি আপনার সাথে কতক্ষণ ছিলেন আর আপনি কখন বাড়ি ফিরেছেন ঐ দিন সেই সম্বন্ধে জানতে এসেছি।"

সুপর্ণা উত্তর দেওয়ার সময় একবার ঘাড় ঘুরিয়ে পেছনের দরজার দিকে তাকাল, হ্যাঁ ঠিক যা ভেবেছিল তাই, বিনি নিজের শরীরটা লুকিয়ে অল্প উঁকি মেরে ওদের সব কথাবার্তা শুনছে। সঙ্গে সঙ্গে উঠে গিয়ে দরজাটা বন্ধ করে দিয়ে এসে বলল, —"আমি গাড়ি নিয়ে যাইনি সেদিন, তাই মিস্টার ভার্মা নিজের গাড়িতে আমাকে বাড়ির কাছাকাছি অবধি লিফ্‌ট দিয়েছিলেন, তখন হয়তো সওয়া বারটা হবে যখন উনি আমাকে নামিয়ে দিয়ে আবার গাড়ি নিয়ে ফিরে গেলেন।"

—"আপনাদের ওয়াচম্যান কি তখন ডিউটিতে ছিল?"

—"লক্ষ্য করিনি।"

—"অর্থাৎ আপনার বাড়িতে ফিরে আসাটা কেউ দেখেনি, আপনার হাজব্যাণ্ডও তো তখন বাড়ি ছিলেন না, নাইট ডিউটিতে ছিলেন?"

—"হ্যাঁ। আর সময় দিতে পারছি না, আমার অফিসে একজন ক্লায়েন্ট ওয়েট করে আছেন, এবার আমাকে যেতে হবে ইনস্পেক্টর।" সোফা থেকে উঠে দাঁড়িয়ে সুপর্ণা বলল।

—"ঠিক আছে ম্যাডাম, মনে হয় আবার আপনাকে দরকার হবে, কারণ আপনার সঙ্গেই শেষ দেখা গিয়েছিল ওনাকে এবং তারপরেই ওনার একটা মিস্টিরিয়াস ডেথ হয়।"

২২

পুলিস চলে যাওয়ার পর সকাল দশটা নাগাদ রাজীব ডি.সি ডিডি সীরাজকে ফোন করল। ভোর বেলায় মেয়ের খুব আশ্চর্যজনক প্রত্যাবর্তনের ঘটনাটা বর্ণনা করে বলল, —"তোমদের দিক থেকে কিন্তু যত তাড়াতাড়ি সম্ভব কালপ্রিটকে আইডেন্টিফাই করে এ্যারেস্ট করার ব্যাপারে যেন কোনও ত্রুটি না থাকে।"

সীরাজ কিছুক্ষণ চুপ করে থেকে বলল, —"আমরা বসে নেই রাজীব, তোমার কন্যাকে ফিরে পেলেও আমাদের মিসিং স্কোয়াড কিন্তু সমানে চেষ্টা চালিয়ে যাচ্ছে অপহরণকারীদের ধরার ব্যাপারে। আচ্ছা, তোমার মিসেসের নাম কি সুপর্ণা? আই মিন সুপর্ণা চৌধুরী?"

—"হ্যাঁ, কেন বলতো?" রাজীব প্রশ্ন করল।

—"না, আমি খানিকটা সারপ্রাইজড় হলাম যখন আমাদের হোমিসাইড স্কোয়াডের একজন ইনস্পেক্টর এই খবরটা একটু আগে আমাকে দিল, ও সুপর্ণা চৌধুরীর কাছে একটা মার্ডার কেসের তদন্ত করতে গিয়ে এটা জানতে পেরেছে আজ সকালে। ঠিক আছে, বাই।"

রাজীবের ফোন হয়ে যেতেই সুপর্ণা এসে বলল, —"আচ্ছা, আমাকে অফিসে যেতে হবে এখনই, কন্টিনেন্টাল ব্যাঙ্কের যে নতুন কাজটা পেয়েছি সেটা নিয়ে প্ল্যানিং এবং এগজিকিউশনের ব্যাপারে মিটিং আছে। রিমি ঘুমিয়ে পড়েছে। বিনী থাকছে, ও বলেছে রিমি উঠলে ওকে দেখাশোনা করবে। তুমি বাড়িতেই থাকছ আজ?"

—"হ্যাঁ, রিমিকে আজ সারাদিন সঙ্গ দেব, ওর শরীর মন কিছুই ভাল নেই, ভয়ঙ্কর একটা ধকল গেছে ওর ওপর দিয়ে।"

—"আচ্ছা, তুমি তো আমার কাছে একবারও জানতে চাইলে না, কেন পুলিস এসেছিল আমার কাছে, কি জিজ্ঞাসা করছিল?"

—"প্রয়োজন বোধ করিনি, তুমি যে ধরণের কাজ কর তার জন্য সব কিছুই সম্ভব, তুমি রাত পৌনে বারটা পর্যন্ত হোটেলে একজনকে সঙ্গ দিলে কাজ হাতানোর জন্য, আর সেই লোকটাই তার দু-আড়াই ঘন্টার মধ্যে গভীর রাতে যদি মার্ডারড় হয়, তাহলে পুলিস যে তোমাকেই সন্দেহ করবে সে তো জানা কথা।"

সুপর্ণার মুখটা একটু ফ্যাকাশে হয়ে গেল, বলল —"ও, তুমি তো তাহলে সবই জানো দেখছি, আমি তখনই বুঝতে পেরেছি যখন দেখলাম বিনী চুপিচুপি আড়াল থেকে পুলিস ইন্সপেক্টরের সঙ্গে আমার কথাবার্তা সব শুনছে। আশ্চর্য কৌতূহল ওর! ঠিক আছে আমি আসছি।"

ল্যুমিনাস এ্যডভার্টাটাইজিংএর অফিসে পৌঁছেই সুপর্ণা খারাপ খবরটা পেয়ে গেল। ব্রাঞ্চ হেড অরুণ মেহতা ঘরে ডেকে সুপর্ণাকে বসতে বললেন, তারপর গ্লাসের ঢাকা খুলে খানিকটা জল খেয়ে পকেটের রুমাল দিয়ে মুখ মুছতে মুছতে বললেন, —"সরি সুপর্ণা, ইউ হ্যাভ লস্ট ফর দা ফার্স্ট টাইম। কন্টিনেন্টাল ব্যাঙ্ক কাল রাতে আমাকে মেইল করে জানিয়ে দিয়েছে যে ওদের ইডি, ডেভেলপমেন্ট, মিস্টার অর্জুন ভার্মার হঠাৎ আনন্যাচারাল ডেথ হওয়ার ফলে অল কন্ট্রাক্টস্ মেড বাই লেট অর্জুন ভার্মা উইথ ল্যুমিনাস এ্যড এজেন্সি নাও স্ট্যাণ্ড এজ ভয়েড। আমাদের দেওয়া ওদের এ্যডভান্সের চেকটাও স্টপ পেমেন্ট করে দিয়েছে। কাল রাতে ফোনে আর আপনাকে এই খারাপ খবরটা দিতে ইচ্ছে হল না। আই'ম সরি।" বসে থাকলেও সুপর্ণার মনে হতে লাগল গভীর একটা খাদের মধ্যে ধীরে ধীরে তলিয়ে যাচ্ছে যেন, আশেপাশে কেউ নেই যে হাত ধরে টেনে উঠিয়ে নেবে।

২৩

রাজীব আর বিনী সারাদিন রিমিকে নিয়ে নানারকম গেম খেলে ওর মনটা অন্যমনস্ক করে রাখল। তবে রিমি সব খেলাতেই চিনুকে সঙ্গে নিয়ে খেলেছে। দুপুরে বিনী একটা মজার খেলা শুরু করল, মনে মনে একজন মনীষী বা খেলোয়াড় বা সঙ্গীত শিল্পীর নাম ভেবে সেই নামটা একটা লুকানো জায়গায় লিখে রাখবে, অপরজন বুদ্ধি করে পাঁচটা প্রশ্ন করবে যে নাম ভেবেছে তাকে। প্রশ্নের উত্তর খালি হ্যাঁ বা না তে দিতে হবে। যদি পাঁচটা প্রশ্নের মধ্যে উত্তর বের করে আনতে পারা যায় তাহলে প্রশ্নকর্তা দশ নম্বর পাবে। আর যদি দশটা প্রশ্ন করে উত্তর দেয় তাহলে প্রশ্নকর্তা পাঁচ নম্বর পাবে। মজার খেলা। বিনী বলল, —"রাজীবদা আপনি প্রথমে একটা নাম ভেবে এই খাতার শেষের পাতায় লিখে রাখুন।" রাজীবের লেখা হয়ে যেতেই বিনী প্রশ্ন শুরু করল, —"উনি কি সঙ্গীত শিল্পী বা খেলোয়াড়?"

—“না”

—“মনীষী?”

—“হ্যাঁ ”

—“এখনও বেঁচে?”

—“না”

—“রাজনীতি করতেন?”

—“না”

এবার বিনী চিন্তায় পড়ে আন্দাজে বলল, —“স্বামী বিবেকানন্দ?”

রাজীব হেসে বলল, —“হল না”

—“আমি বলব?” রিমি বলল। সঙ্গে সঙ্গে বিনী বলল, —“টুকাই তুই যদি বলতে পারিস ডবল্ নম্বর পেয়ে যাবি। না হলে ফাইভ মাইনাস হবে।”

রিমি চিনুর দিকে তাকিয়ে জিজ্ঞাসা করল, —“কে বলতো চিনু?” তারপরেই হেসে উত্তর দিল, —“মাদার টেরিজা।” বিনী খাতা উল্টে দেখেই খুব চমকে গেল, —“আরে? ঠিক তো? টুকাই, তোর চিনু সত্যি সত্যি উত্তরটা বলে দিল?”

রাজীব হেসে রিমির মাথার চুলটা আদর করে আঙুল দিয়ে খানিকটা ঘেঁটে দিল। তারপর বিনীকে বলল, —“জান বিনী, মেয়েটা আমার কতদিন পর এইরকম হাসিখুশি রয়েছে আর মজা করে আমাদের সঙ্গে খেলছে।”

—“তাহলে চলুন রাজীবদা, তিনজনে মিলে আজ বিকেলে রাস্তা থেকে একটু বেড়িয়ে আসি, টুকাইয়েরও ভাল লাগবে।”

—“ভাল বলেছো, একটু পরে তোমরা তৈরি হয়ে নাও তাহলে।”

বিকেল হতে স্বপ্নাকে বলে ওরা তিনজন লিফটে করে নিচে নেমে এল। রাজীবের সঙ্গে রিমিকে দেখেই বাহাদুর হেম থাপা ছুটে এল, —“দিদি কাঁহা চলী গয়ী থী? পরেশান হোকর লওট আয়ে থী পাপাজী।” রিমি কোনও উত্তর দিলনা। বাহাদুর এবার রাজীবকে জিজ্ঞাসা করল, —“সাব, আপকা ভাই অব কৈসা হ্যায়?”

অবাক হয়ে রাজীব প্রশ্ন করল, —“মেরা তো কোই ভাই নেহি হ্যায়, কিঁউ কেয়া হুয়া?”

—“উয়ো ভাই জিসে মেমসাব পরশো ভোর চার বজে অফিসকে এক সাহাব অওর ড্রাইভরকে সাথ অস্পাতাল লে গয়ে?”

বিনী বলল —"কি যা তা বকছে, এই বিকেলেই নেশা করে বসে আছে।"

রাজীব চুপচাপ রয়েছে দেখে বাহাদুর আবার জানাল, —"আজ পুলিস ওয়ালে আয়ে অওর মুঝসে ইস বারে মে পুছা। উনহোনে সিসি টিভি ফুটেজ ভী বরামদ কিয়া।"

—"আচ্ছা কিয়া তুম, আপনা কর্তব্য নিভায়া।" বলেই রাজীব ওদের দু'জনকে নিয়ে রাস্তায় হাঁটতে চলে গেল।

২৪

সন্ধ্যার সময় টেবিলে বসে তিনজনে সিঙাড়া আর চা খাচ্ছিল, আসার সময় রাজীব কিনে এনেছিল। অনেকদিন পর রাজীবের মনটা খুব ফুরফুরে লাগছিল, প্রথমত রিমিকে ফিরে পেয়ে আর দ্বিতীয়ত আজ সারা দুপুরটা রিমি আর বিনীর সঙ্গে মজার মজার খেলা খেলে ভারি সুন্দর কেটেছে বলে। বিনী এই সময় বলল —"রাজীবদা আপনার কি ফোন বাজছে?" উঠে গিয়ে বিছানা থেকে মোবাইলটা তুলে নিয়েই রাজীব অন করে বলল, —"হ্যাঁ সীরাজ, বল।"

—"রাজীব একটা অদ্ভুত ব্যাপার হয়েছে, আইসা সুলতান বলে যে মহিলাটি তোমার গোল্ড স্মাগলিং কেসে ধরা পড়েছিল, তার হাজব্যাণ্ডের নাম ফিরোজ। কাল মাঝ রাতে হঠাৎ তাকে কেউ মার্ডার করেছে। একটু আগে আমি ওই বডিটার পোস্টমর্টেম রিপোর্টটা পেয়ে খুব আশ্চর্য হয়ে গেছি। পরশুদিন গভীর রাতে কন্টিনেন্টাল ব্যাঙ্কের ইডি অর্জুন ভার্মা যে ভাবে খুন হয়েছিলেন অর্থাৎ বাঁ কানের ঠিক ওপরে প্রচণ্ড জোর আঘাতের পরিপ্রেক্ষিতে ব্রেন হেমারেজ হয়ে মৃত্যু, এই কেসটাতেও প্রায় একই রকমের ফেটাল চোট এবং তার ফলে মৃত্যু। তোমার মেয়ের এ্যবডাকশনের ব্যাপারে এই ফিরোজ আমাদের সাসপেক্টস লিস্টের টপে ছিল। এমন হতে পারে ওর কাছেই ক্যপটিভ ছিল তোমার মেয়ে, কিন্তু ফিরোজ খুন হয়ে যাওয়ায় কিডন্যাপের ব্যাপারটা ধরা পড়ে যাবে সেই ভয়ে টাকার আশা ছেড়ে তাড়াতাড়ি ভোরের সময় ভিক্টিমকে বাড়ি পৌঁছে দিয়ে তারপর পুলিসে খবর দিয়েছে। সমস্যা হচ্ছে এনারা আমাদের এক জেড ক্যাটেগরি ভিআইপির রিলেশন। ভালোই বুঝতে পারছ নিশ্চয় অবস্থাটা। এই ফাঁকে জানিয়ে রাখি, তোমার মিসেস সুপর্ণা চৌধুরী কিন্তু আমাদের এক নম্বর সাসপেক্ট কন্টিনেন্টাল ব্যাঙ্কের ইডি অর্জুন ভার্মার মার্ডার কেসে। গুরুত্বপূর্ণ এভিডেন্স এসেছে আমাদের হাতে তোমার বিল্ডিংএর সিসি ক্যামেরার রেকর্ড থেকে। এখন শুধু সময়ের অপেক্ষা, লাস্ট একটা কি দু'টো ইনভেস্টিগেশনের রিপোর্ট গ্রীন হলেই ওনাকে আমাদের কাস্টডিতে নিতে হবে। মিস্টার অরুণ মেহতাও কিন্তু এই কন্সপিরেসির ওয়ান অফ দা পার্টনারস, ওনাকে আমরা নজরের মধ্যে রেখেছি।" সীরাজ কথা শেষ করতেই রাজীব বলল, —"কেউ ক্রাইম করেছে বলে সঠিক প্রমাণ পাওয়া গেলে নিশ্চয় এ্যরেস্ট করবে, সে যেই হোক। আমার কিছুই বলার নেই, ইউ গো এহেড সীরাজ।"

ফোন ছেড়ে আবার ডাইনিং টেবিলে ফিরে এল রাজীব, রিমি আর বিনীকে সঙ্গ দিতে, বিশেষ করে আজ যখন এই কারণেই ছুটি নেওয়া। নানারকম গল্প আলোচনা করতে করতে রাত অনেকটা বেড়ে গেছে খেয়ালই হয়নি, ঘড়িতে প্রায় ন'টা বাজতে চলেছে, বিরক্ত হয়ে রাজীব বিনীকে বলল, —"তোমার দিদির এখন আর কোনও কাণ্ডজ্ঞান নেই, ঘড়ি দেখ, ন'টা বাজল, বাড়িতে একটা বাচ্ছা মেয়ে এতক্ষণ একলা রয়েছে বলে তার কিছুই যায় আসে না। অথচ আজ ভোরেই মেয়েটা কিডন্যাপারদের কাছ থেকে বেঁচে ফিরে এসেছে।"

—"ঠিক আছে আমি দিদিকে ফোন করছি রাজীবদা, স্বপ্নাদিও তো একটু পরে চলে যাবে।" বিনী এবার ফোন নিয়ে সুপর্ণাকে কল করল, কিন্তু ফোনটা বেজে গেল। ওঠালো না। একটু পরে আবার চেষ্টা করল, একই রকম ভাবে বেজে গেল। এরপর আরও বার কয়েক চেষ্টা করেও না পেয়ে হাল ছেড়ে মন্তব্য করল, —"কি যে করছে দিদি বোঝা যাচ্ছে না।"

আরও বেশ কিছুটা সময় পেরিয়ে যাবার পর হঠাৎ টুংটাং করে ডোর বেল বেজে উঠল। বিনী তাড়াতাড়ি গিয়ে দরজা খুলে হতবাক, একজন পুলিস অফিসার দাঁড়িয়ে, জিজ্ঞাসা করল, —"স্যার আছেন?"

রাজীব কাছেই ছিল, শুনতে পেয়ে এগিয়ে গেল দরজার কাছে। পুলিস অফিসারটি এবার মাথার টুপিটা খুলে হাতে নিয়ে বলল, —"স্যার, ডিসি সীরাজ ইকবাল পাঠিয়েছেন আমাকে, আপনাকে নিয়ে যেতে।" কথা শেষ হতে না হতে রাজীব সামান্য উদ্ধত স্বরে বলল —"শেষ পর্যন্ত আমাকে এ্যরেস্ট করতে পাঠিয়েছে? ওয়ারেন্ট আছে?"

—"না স্যার, একটা ট্র্যাজিক ইন্সিডেন্ট হয়েছে, মিসেস সুপর্ণা চৌধুরী লুমিনাস এ্যড এজেন্সির অফিসের ওয়াশরুমে আজ সন্ধ্যায় নিজের মাথায় গুলি করে সুইসাইড করেছেন। হেড কোয়ার্টার থেকে এ,সি প্রশান্ত সামন্ত সাহেব তিনজন ক্রাইম ব্রাঞ্চের অফিসারদের সঙ্গে নিয়ে সুপর্ণাদেবী এবং মিস্টার অরুণ মেহতাকে এ্যরেস্ট করার জন্য ঠিক ওই সময়ই ওনাদের অফিসে হাজির হয়েছিলেন। আর সেটা জানার সঙ্গে সঙ্গে সুপর্ণাদেবী ওয়াশরুমে ঢুকে গিয়ে নিজের ব্যাগ থেকে রিভলবার বের করে তৎক্ষণাত এই সাংঘাতিক কাজটা করেন। ওনাকে বিধাননগর সাব ডিভিশনাল হসপিটালে নিয়ে যাওয়া হয়েছে। আচ্ছা, আপনার কি কোনও সার্ভিস রিভলবার বাড়িতে আছে স্যার?"

এতক্ষণ স্থানুর মত দাঁড়িয়ে শুনছিল রাজীব, কানে এলো ভীষণ একটা কান্নার শব্দ, পুলিসের কথা শুনে বিনী নিশ্চয় কান্নায় ভেঙে পড়েছে ভেতরের ঘরে। সংবিৎ ফিরে পেয়ে শান্ত স্বরে রাজীব বলল, —"একটু অপেক্ষা করুন, আমি আসছি এখনই।"

শোবার ঘরে ঢুকেই তাড়াতাড়ি চাবি বের করে বিরাট কাঠের আলমারিটা খুলল রাজীব, তারপর বাঁ দিকের মাঝামাঝি জায়গায় যে ড্রয়ারটা রয়েছে সেটা খুলে ফেলে সবকিছু হাঁটকাতে শুরু করল, সার্ভিস রিভলবারটা ছাড়া বাকি সবকিছুই রয়েছে, এমন কি কার্টিজের কালচে বক্সটা সুদ্ধ। এই ড্রয়ারে যা কিছু থাকে সব রাজীবেরই দরকারি

জিনিস। আলমারিটা আবার বন্ধ করে জামা প্যান্ট পরে রাজীব রিমি আর বিনী যে ঘরে রয়েছে সেখানে এল। রিমি চুপটি করে বিছানায় বসে আর বিনী ওর কোলে মুখ গুঁজে ভীষণ কান্নাকাটি করছে। রিমি শান্ত হয়ে মাঝে মাঝে ওর বিনীমাসীর মাথায় হাত বুলোচ্ছে, মনে হয় ওকে সান্ত্বনা দেওয়ার চেষ্টা করছে। বিনীকে রাজীব বলল, তোমরা একটু সামলে থাক, আর তোমার মা বাবাকে একবার ফোন করে জানিয়ে দিও। আমাকে নিয়ে যেতে এসেছে। ওরা বিধাননগর সাব ডিভিশনাল হসপিটালে নিয়ে গেছে সুপর্ণাকে। ওখানেই হয়তো পোস্টমর্টেম হবে। উঠে এসে দরজাটা বন্ধ করে দাও।" তারপর বেরিয়ে এসে পুলিস অফিসারটিকে বলল, —"চলুন, আমি প্রস্তুত।"

২৫

ইণ্ডিয়ান এয়ার ফোর্স থেকে প্রায় দশ বছর আগে অবসর নিয়ে উইং কমাণ্ডার প্রশান্ত ব্যানার্জী নিজের জীবনটা ঠিক একই রকম নিয়মের মধ্যে বেঁধে রেখেছেন। রাতের ডিনার আটটার মধ্যে শেষ করে ঠিক দশটায় শুয়ে পড়েন। ভোর সাড়ে পাঁচটা বাজলেই মর্নিং ওয়াক করতে বেরিয়ে যান। মাঝে মাঝে স্ত্রী অর্চনাকে সঙ্গে নিয়ে গাড়ি করে নিজের সল্ট লেকের বাড়ি থেকে কিছুটা দূরের সেন্ট্রাল পার্কেও হাঁটতে চলে যান। নিয়ম মেনে এদিনও অর্চনাকে পাশে বসিয়ে গাড়ি চালাচ্ছিলেন সেন্ট্রাল পার্কের উদ্দেশ্যে, মাঝ পথে ফোন বেজে উঠল হঠাৎ। বুক পকেট থেকে ফোন বের করে দেখলেন বর্ণা, যাকে সবাই বিনী বলে ডাকে। নিজের ফোনের কল লিস্টে কখনও কারুর ডাক নাম লিখতে পছন্দ করেন না প্রশান্ত ব্যানার্জী। স্ত্রীকে ফোনটা দিয়ে বললেন, —"কি ব্যাপার দেখ তো! এত ভোরে বিনীর ফোন কেন? তুমি কথা বল।"

অর্চনাদেবী ফোনটা অন করে বললেন, —"হ্যাঁ, কি হল?"

—"একি, বাপির ফোন তুমি ধরলে? বাপি কোথায়?"

—"বাপি ড্রাইভ করছে, কি বলবি বল আমায়?"

—"তোমরা দু'জনেই এখনই দিদির বাড়ি চলে এসো, এলে তখন সব কথা বলব।"

বিনীর কণ্ঠে আদেশের সুর শুনে অবাক হয়ে অর্চনাদেবী বললেন, —"ওমা কেন?" তারপর স্বামীর দিকে তাকিয়ে বললেন, —"দেখ বিনী কি বলছে, এই সাত সকালে এখনই আমাদের সুপর্ণার বাড়ি যেতে বলছে।"

প্রশান্ত ব্যানার্জী ফোনটার দিকে তাকিয়ে জোরে জিজ্ঞাসা করলেন, —"কারুর কিছু হয়েছে?"

—"তোমরা এসো, তারপর সব শুনবে। আমি ফোন রাখছি।" বিনী ফোন কেটে দিল। আগের দিন রাত সাড়ে ন'টার পরে আর বাবাকে ফোন করে ঘুম ভাঙাতে চায়নি বিনী, তাই ভোরে করল।

সুপর্ণাদের বাড়ির গেটে পৌঁছে প্রশান্তবাবু এবং অর্চনাদেবী বেশ বিস্মিত হলেন অনেক লোকজন দাঁড়িয়ে আছে দেখে। গাড়ি থেকে নেমে ওদের দেখতে দেখতে লিফটে করে ফোর্থ ফ্লোরে চলে এলেন। রাজীবের ফ্ল্যাটের দরজা খোলা, এখানেও ড্রয়িং রুমে চার পাঁচজন লোক বসে আছে, কিন্তু কেউ চেনা নয়। আস্তে আস্তে সুপর্ণাদের শোবার ঘরে গিয়ে দু'জনে দাঁড়ালেন, ফাঁকা ঘর। খানিকটা বিহ্বলতা নিয়ে বিছানা থেকে কিছুটা দূরে রাখা সোফাটায় গিয়ে বসে পড়লেন। স্ত্রী অর্চনার দিকে তাকিয়ে একবার জিজ্ঞাসা করলেন, —"কি হয়েছে বলতো? বিনীকেও তো দেখছি না?"

বলতে বলতেই বিনী ঘরে এসে ঢুকল, তারপরেই ওনাদের দেখে চেঁচিয়ে কেঁদে উঠল, —"বাপি, মা, সর্বনাশ হয়েছে, দিদি সুইসাইড করেছে, আমাদের সবাইকে কাঁদিয়ে ও চলে গেছে!"

—"কি বলছিস তুই যা তা?" বলেই কাঁদতে শুরু করে দিলেন অর্চনাদেবী, তারপর কান্নার সঙ্গে সঙ্গে বলে যেতে লাগলেন, —"কালই তো কথা হল আমার সাথে দুপুর বেলা, কই সেরকম তো কিছু বুঝতে পারিনি? কি হল তাহলে হঠাৎ? রাজীবের সাথে ঝগড়া হয়েছিল? ওর ব্যবহারে দুঃখ পেয়ে যদি মেয়েটা আমার এমন কাজ করে থাকে তাহলে আমি ছাড়বো না কিছুতেই, ওকে এ্যরেস্ট করাবো এক্ষুনি,"

—"মা, মা, একটু শান্ত হও, কি সব আজেবাজে কথা বলছ? কেউ দিদিকে কিছু বলেনি, দিদির এগেইনস্টে একটা মার্ডার কেসের চার্জ এনে পুলিস ওকে কাল সন্ধ্যায় এ্যরেস্ট করতে ওর অফিসে পৌঁছে ছিল। দিদি আগে থেকেই এটা আন্দাজ করতে পেরেছিল, তাই চুপিচুপি অফিস যাওয়ার আগে রাজীবদার সার্ভিস রিভলবারটা ব্যাগে ঢুকিয়ে অফিস গিয়েছিল। পুলিস অফিসে যেতেই ছুটে গিয়ে ওয়াশরুমে ঢুকে নিজের মাথায় গুলি করেছে।"

এবার প্রশান্তবাবু খুব শান্ত স্বরে জিজ্ঞাসা করলেন, —"সুপর্ণা কাকে মার্ডার করেছে বলে পুলিস বলছে?"

—"আমি কিচ্ছু জানি না, গতকাল সকালে পুলিস বাড়িতে এসেছিল দিদিকে মার্ডার কেসের ব্যাপারে জিজ্ঞাসাবাদ করতে, কিন্তু আমি এ সম্বন্ধে কিছু জানতে চাইতেই দিদি আমার ওপর রেগে গিয়ে বলল তোর সমস্ত ব্যাপারে এত কৌতূহল কেন বলতো? বিল্ডিংএর ওয়াচম্যান বাহাদুর বলছিল শুনলাম গতকাল পুলিস এসে ওকে অনেক কিছু জিজ্ঞাসাবাদ করেছে আর এবাড়ির সিসি ক্যামেরার ফুটেজ নিয়ে গেছে।"

—"টুকাই কোথায়, ও কি জানে যে মা সুইসাইড করেছে?" প্রশান্তবাবু জিজ্ঞাসা করলেন।

—"হ্যাঁ, ও সব জানে, একটুও না কেঁদে ওই বরং আমাকে শান্ত করার চেষ্টা করছিল কাল রাত্রে।" বিনী উত্তর দিল।

২৬

ঠিক সকাল দশটায় সাদা বড় একটা শবযান রাজীবদের বিল্ডিংটার নিচে এসে দাঁড়াল। চকিতের মধ্যে খবর ছড়িয়ে পড়তেই বাসিন্দারা অনেকেই ভ্যানের সামনে এসে ভীড় করে দাঁড়িয়ে পড়ল, আবার অনেকে নিজেদের বারান্দায় চলে এসে দেখতে লাগল। রাজীব নিজের গাড়ি থেকে নেমে শবযানের সামনে এসে দাঁড়িয়ে বিনীকে ফোন করে মা বাবা আর রিমিকে নিয়ে নিচে আসতে বলল। রাজীবের বন্ধুরা যারা এতক্ষণ ড্রয়িং রুমে বসে অপেক্ষা করছিল তারাও তাড়াতাড়ি নেমে এলো সাহায্য করতে। ভীড় সরিয়ে সুপর্ণার বডিটা নামিয়ে আনলো শবযানের সাহায্যকারী দু'জন। সুপর্ণার কপাল থেকে মাথা পর্যন্ত পুরোটা সাদা কাপড় দিয়ে ব্যাণ্ডেজ বাঁধা, নাকে তুলো গোঁজা, ফলে চেনা যাচ্ছে না সুপর্ণাকে। অর্চণাদেবী কাঁদতে কাঁদতে সুপর্ণার বডিটা জড়িয়ে ধরে বলতে লাগলেন, —"কেন এমন কাজ করতে গেলি মা? আমাদের একবারও জানালি না কি সমস্যা হয়েছিল? টুকাইকে একা রেখে এই ভাবে কেন তুই চলে গেলি?"

—"তোমরা কেউ জান না, একটা খুব বদমাইশ লোক এসেছিল মা'য়ের সঙ্গে রাত্তিরে থাকতে, ড্যাডি তখন নাইট ডিউটিতে, অফিসে। আমার চিনু তাকে ভয়ঙ্কর পানিশমেন্ট দিয়েছিল।" চারিদিকের গোলমাল এবং তার মধ্যে রিমির কথা গুলো অস্পষ্ট ভাবে উচ্চারিত হলেও রাজীব ঠিক শুনতে পেল, চমকে তাকিয়ে দেখল বিনীর হাত ধরে পিছনে দাঁড়িয়ে আছে রিমি। ও এক দৃষ্টিতে সুপর্ণার বডিটার দিকে তাকিয়ে তাকিয়ে বিড় বিড় করে এইসব বকছে। প্রশান্তবাবুও হয়তো শুনেছেন খানিকটা, তাই বিনীকে বললেন, —"টুকাইকে নিয়ে তুই ওপরে চলে যা, ও প্রচণ্ড শকড় হয়েছে নিশ্চয়।"

রিমির অদ্ভূত কথাবার্তা শুনে, বিশেষ করে মা'য়ের মৃতদেহ দেখেও ওর চোখে মুখে কোনওরকম শোকের চিহ্ন না দেখে রাজীবের মনের ভেতরে বেশ দুশ্চিন্তা শুরু হয়ে গেল। তবে এটুকু বুঝতে পারল বাহাদুর সুপর্ণাকে যে লোকটিকে ভোর রাত্তিরে হসপিটাল নিয়ে যেতে দেখেছিল, রিনি নিশ্চয় তার কথাই বলছে। মনে মনে চিন্তা করল রিমির ব্যাপারে একবার ডক্টর বাসুর সঙ্গে কথা বলা দরকার।

সুপর্ণা চলে যাওয়ার পর অনেক গুলো দিন কেটে গেলেও নানারকম কাজের ঝামেলা মিটিয়ে রাজীবের পক্ষে রিমিকে নিয়ে আর ডক্টর বাসুর কাছে যাওয়া হয়ে ওঠেনি। বিনীও টুকাইকে একা ফেলে একবারও কোথাও যায়নি এতদিন। অবশ্য রাজীবই বিনীকে কিছুদিন টুকাইয়ের কাছে থেকে যেতে অনুরোধ করেছিল। কারণ একটা কথা রাজীব বুঝতে পারছিল যে রিমি অনেকটা স্বাভাবিক থাকে ওর বিনী মাসীর সান্নিধ্যে। সময় গড়িয়ে প্রায় মাস খানেক কেটে যাওয়ার পর রাজীব একদিন ডক্টর বাসুকে ফোন করে বাড়িতে ঘটে যাওয়া দুর্ঘটনার বেশ খানিকটা বিবরণ এবং এই ব্যাপারে রিমির অদ্ভূত কথাবার্তা আর অস্বাভাবিক আচরণের কথা জানাল। ডক্টর বাসু সঙ্গে সঙ্গে চেম্বারে রিমিকে নিয়ে আসতে বললেন। পরের দিন সন্ধ্যা সাতটা নাগাদ বিনী আর রিমিকে নিয়ে রাজীব ডক্টর

বাসুর চেম্বারে পৌঁছাতেই প্রায় সঙ্গে সঙ্গে ডাক পেল। রাজীব আর বিনীকে পাশের রুমে পাঠিয়ে ডক্তর বাসু রিমিকে সামনের স্টুলে এসে বসতে বললেন। প্রথমেই হেসে জিজ্ঞাসা করলেন, —"আজকে তোমার বন্ধুকে এনেছ নাকি?"

—"না, বিনী মাসী এসেছে। বিনী মাসীও আমার খুব বন্ধু, চিনুর মত।"

—"তাই? তাহলে বিনী মাসী যদি তোমার সঙ্গে থাকে তাহলে চিনুকে আর না হলেও চলে, তাই না?

—"হ্যাঁ, বিনী মাসী সব সময় আমার কাছে থাকে, অনেক রকম গল্প করে।"

—"আচ্ছা তোমার মা'য়ের কি হয়েছিল?"

—"মা সুইসাইড করেছিল, না হলে পুলিস এ্যরেস্ট করে নিয়ে যেত, মার্ডার করার অপরাধে।"

ডক্তর বাসু এবার বেশ অবাক হয়ে জিজ্ঞাসা করলেন, —"মার্ডার? কেন? তুমি কিছু জান এ ব্যাপারে?"

একটু চিন্তা করে রিমি আস্তে আস্তে সেই ভয়ংকর রাত্রে যা যা হয়েছিল সব বলল। তারপর যে বদমাইশ লোকটা রিমিকে কিডন্যাপ করেছিল তাকেও যে ওই একই রকম ভাবে চিনু শাস্তি দিয়েছিল সেটাও বলল। ডক্তর বাসু একটা ব্যাপার লক্ষ্য করলেন, রিমি আগের চেয়ে অনেকটা সহজ ভাবে কথা বলছে, ডক্তর বাসুর চোখের দিকে তাকিয়ে কথাগুলো বলছে। তবে চিনুকে একটা মারণাস্ত্র হিসেবে ব্যবহার করে নিজে যে চরম আঘাত দিয়ে দু'জনকে অনিচ্ছাকৃত ভাবে হত্যা করেছে সে ব্যাপারে এতকুটুও অপরাধবোধ নেই ওর মধ্যে।

—"ঠিক আছে, একটা শেষ কথা জানতে চাইব, মা'য়ের জন্য তোমার মনে মনে দুঃখ বা কষ্ট হয় না?" ডক্তর বাসুর এই কথাটা শুনেই রিমি এবার রাগত দৃষ্টিতে তাকিয়ে পরিস্কার উত্তর দিল, —"মা খুব খারাপ লোক ছিল, আই অলওয়েজ হেটেড হার, মা আমাদের কাউকে ভালবাসত না।"

ডক্তর বাসু এরপর রিমিকে পাশের ঘরে বিনীর কাছে পাঠিয়ে রাজীবকে ঘরে ডাকলেন, তারপর বললেন, —"আমি সব শুনলাম, অনেকটাই ক্লিয়ারলি বলেছে আমার কাছে। দেখুন আমার যেটুকু মনে হয়েছে তা হচ্ছে আপনার মেয়ে এখন অনেকটা সুস্থ এবং স্বাভাবিক। একটা পিকিউলিয়ার এবং এ্যবনর্মাল সিচুয়েশনের মধ্যে পড়ে ওর মনের মধ্যে একটা চরম প্রতিশোধ নেওয়ার প্রবণতা তৈরি হয়েছিল, আর সেটাই ও নিজের পুতুলের নাম দিয়ে নিয়েছে। আপনি, আমি, আমরা সকলেই একই মানসিক অবস্থার শিকার হয়ে যেতে পারি এই ধরণের ভয়ংকর পরিস্থিতির মধ্যে থাকলে। হাওয়েভার, আই গেস ইউ ওয়ার অলসো নট লিডিং এ হ্যাপি ম্যারেড লাইফ। এই প্রসঙ্গে বলি, যদিও এটা একবারেও আমার এক্তিয়ারের মধ্যে পড়ে না, তবু ফর দা সেক অফ ব্রিংগিং হার ব্যাক টু নর্মাল লাইফ ভেরি

সুন, একটু চিন্তা করে দেখুন যে আপনি শ্যালিকা, মানে রিমির বিনী মাসীকে আপনার লাইফ পার্টনার করে রিমির মা'য়ের অভাবটা পুরণ করতে পারেন কি না। ইট উইল ওয়ার্ক মোর দ্যান এনি মেডিসিন। আমি ওর কথা থেকে বুঝতে পেরেছি যে, পুতুল চিনুর পরিবর্ত হিসেবে ও এখন নিজের বিনী মাসীকে খুব কাছের বন্ধুর স্থানে রেখেছে। আমি নিশ্চিত মাস ছয় সাত পরেই ওর হয়তো আর চিনুকে প্রয়োজনই হবে না। যে মেডিসিন দিয়েছিলাম সে গুলো বন্ধ করে মাত্র একটা মেডিসিন লিখে দিচ্ছি, সকালে আর সন্ধ্যায় একটা করে ট্যাবলেট খাওয়াবেন, খুব হেলদি পরিবেশে রাখবেন আর যে সাজেশনটা দিলাম সেটা করা যায় কি না চিন্তা করে দেখবেন। দু'মাস পরে আবার দেখব।"

ডক্তর বাসুর সঙ্গে এই সাক্ষাৎকারের দশ বছর পর যে ছবি আমরা পেয়েছিলাম, রিমি কলকাতা বিশ্ববিদ্যালয় থেকে ইতিহাসে এম এ করে নিজের পছন্দসই একটি ছেলেকে বিয়ে করবে বলে মনস্থির করেছে। কিন্তু ছেলেটির কাছে সর্ত রেখেছে যে, ও নিজের বিনী মাসী অর্থাৎ যে নিজের মা'য়ের স্থলাভিষিক্ত হয়েছে তাকে ছেড়ে কোথাও যাবে না। রাজীবের লাইফটাও হয়তো আগের চেয়ে অনেকটাই মসৃণ এবং নিশ্চিন্তভাবে কেটে যাচ্ছে নিজের চেয়ে বার বছরের ছোট বিনীকে জীবনসঙ্গী হিসেবে পেয়ে।

অপূর্ব কাকু

দুপুরের খাওয়া দাওয়া হয়ে গেলে ইদানিং আমার কাজ হয়ে দাঁড়িয়েছে টাইমস অফ ইন্ডিয়াটা খুলে জব ভেকেন্সির পাতাটা তন্ন তন্ন করে খোঁজা। মোটামুটি দুপুরের দিকটায় কিছু একটা কাজ পাওয়া গেলে খানিকটা আয় বাড়ে। আজও সবে কাগজটা খুলে বসেছি এমন সময় মোবাইলটা বেজে উঠল। তাকিয়ে দেখলাম প্রিয়া। তুলে বললাম, "আমি এই মাত্র ভাবছিলাম তোকে একটা ফোন করি।"

—"কেন কিছু পেলি কাগজে?" প্রিয়া জিজ্ঞাসা করল।

—"না রে, কিছু পাইনি এখনও, আজকের টাইমসটা সবে দেখতে শুরু করেছি, তুই ফোন করলি।"

—"হ্যাঁ, শোন আমি একটা অদ্ভূত কাজের সন্ধান পেলাম, তোর নন্দিতাদিকে মনে আছে? আমাদের ক্লাস নাইন পর্যন্ত হিস্ট্রি পড়িয়ে ছিলেন?"

আমি সঙ্গে সঙ্গে প্রিয়াকে থামিয়ে বললাম, —"আরে তুই বল না, নন্দিতাদির সব হিস্ট্রি আমি বলে দিতে পারি, ওনাকে ভুলবো? আমাকে একবার ক্লাস থেকে বের করে দিয়েছিলেন, ওনার পড়ানো অসম্ভব বোরিং লাগছিল বলে আমি থার্ড বেঞ্চে বসে চুপিচুপি শার্লক হোমস্ পড়ছিলাম। এমনই মগ্ন হয়ে গিয়েছিলাম যে নন্দিতাদি কখন যে পড়া থামিয়ে আমার পাশে এসে দাঁড়িয়েছেন আমি জানতেই পারিনি। হঠাৎ ক্লাসের মেয়েরা হৈ হৈ করে হেসে উঠতেই আমি সম্বিত ফিরে পেয়ে তাকিয়ে বুঝতে পারলাম কেলেঙ্কারি করেছি। নন্দিতাদি কট কট করে তাকিয়ে তক্ষুণি বাইরে যেতে বলেই আবার আদেশ দিলেন, 'আজ থেকে তিন দিন যেন আমার ক্লাসে না দেখতে পাই তোমাকে।' তবে ভালো মানুষ ছিলেন, আমি পরের দিনই ওনার ক্লাসে উপস্থিত থেকে ইচ্ছে করেই পড়ানোর মাঝে মাঝে ওনাকে নানা প্রশ্ন করে বোঝাতে চেয়েছি যে আমি ওনার একজন অত্যন্ত আগ্রহী ছাত্রী। যাইহোক, তুই বল তারপর কি বলছিলি।"

—"হ্যাঁ, ঠিক বলেছিস আমাদের সবারই ভীষণ বোরিং লাগতো। তা সেই নন্দিতাদির সঙ্গে আমার হঠাৎ দেখা। আমার এক কাজিন সিস্টারের বিয়েতে দমদমে গিয়েছিলাম কাল। দেখি নন্দিতাদিও এসেছেন, বরের বাড়ির কারও রিলেটিভ হবেন। বেশ মোটা আর বয়স্কা হয়ে গিয়ে কি বিচ্ছিরি লাগছিল। আমাকে চিনতে পেরেছেন ঠিক। তোর কথাও জানতে চাইলেন। সব বললাম, আর তুই যে একটা পার্ট টাইম জবের সন্ধান করছিস খুব প্রয়োজন বলে সেটাও জানালাম। সঙ্গে সঙ্গে বললেন ভালো কথা, আমার এক পরিচিত আমেরিকা প্রবাসী। তিনি একটি ফোন নম্বর দিয়েছেন যেটি ওঁর বাবার, কলকাতায়

কোথাও থাকেন। ওনার কাছে একটা চাকরি রয়েছে যেটা শুধু কোনও শিক্ষিত পছন্দসই নির্ঝঞ্ঝাট মহিলাকেই দেওয়া হবে। মাইনের অঙ্কটাও ভালই হবে বলে জানিয়েছেন। তবে কাজটা পেতে হলে তাড়াতাড়ি যেতে হবে।"

প্রিয়া থামতেই আমি প্রশ্ন করলাম, "কিন্তু কাজটা কি?"

—"নন্দিতাদি জানায়নি, বলেছেন ফোন করে এপয়েন্টমেন্ট নিতে হবে, তারপর গিয়ে সব জানতে হবে। তোকে হোয়াটস্‌এপে ফোন নম্বরটা পাঠিয়ে দিচ্ছি। একবার ফোন করে দেখতে পারিস, তারপর কি করা যায় সে ব্যাপারে না হয় পরে ডিসিশন নিস।"

২

প্রিয়া আমাকে তক্ষুণি ফোন নম্বরটা পাঠিয়ে দিলেও আমার কিন্তু অনিচ্ছা হোক বা সঙ্কোচ, যে কোনও কারণে দু'দিন চুপচাপ রইলাম। হঠাৎই তৃতীয় দিন কি মনে করে সকাল দশটার সময় প্রিয়ার পাঠানো নম্বরটা বের করে ডায়াল করলাম। দু'তিনবার বাজার পরেই খুব মৃদু কণ্ঠে একজন প্রশ্ন করলেন, —"কে বলছেন?" গলা শুনে একজন বয়স্ক লোক বোঝা গেল।

একটু সঙ্কোচ করে বললাম, —"আমার প্রাক্তন টিচার নন্দিতাদি এই নম্বরটা আমার এক ঘনিষ্ঠ বন্ধু প্রিয়াকে দিয়েছিলেন আমাকে দেওয়ার জন্য। একচুয়ালি আমি একটা পার্ট টাইম জবের—"

—"ও আচ্ছা আচ্ছা, বুঝতে পেরেছি, হ্যাঁ আমার কাছেই কাজটা। তা আপনার নামটা?" আমাকে থামিয়ে ওপাশের ভদ্রলোক মিষ্টি গলায় জিজ্ঞাসা করলেন।

—"নীলাঞ্জনা বোস। আপনার কাজটা কি ধরণের হবে বললে একটু ভাল হয়। আমার সময় খালি দুপুরের দিকটায়। বাকি সময় আমার নিজের বাড়ীর কাজ আর টিউশানী করেই কেটে যায়। আমি বাড়িতে ইংলিশ পড়াই।"

—"ঠিক আছে আজ দুপুরের দিকে আমার বাড়ি চলে আসুন না, তখন না হয় সবকিছু আলোচনা করা যাবে। আমি গড়িয়াহাট মার্কেট থেকে একটু দূরে, ফার্ন রোডে থাকি। ঠিকানাটা লিখে নিন।"

আমি একটু ধরতে বলে আমার ডায়েরিটা এনে ওনার দেওয়া ঠিকানা আর পথনির্দেশ লিখে নিলাম। তারপর বললাম, —"ঠিক আছে, সিওর করে বলতে পারছি না, চেষ্টা করব আজ যেতে, না পারলে কাল।" আসলে আমি ভেতরে ভেতরে চিন্তা করছিলাম যাওয়াটা উচিত হবে কিনা। কিছুক্ষণ চুপ করে থাকতেই ওপাশ থেকে ভদ্রলোক হেসে বললেন, —"কি হোল, দুশ্চিন্তা করছেন তো? কোথায় থাকেন?"

—"আমি কসবা রথতলায় থাকি।"

—“ওহ্ তবে তো খুব কাছেই, চিন্তা করার কিছু নেই, নির্ভাবনায় চলে আসুন আজ দুপুরে, আমি অপেক্ষায় থাকব।”

ফোন ছেড়ে দিয়ে প্রিয়াকে ধরলাম, সব কিছু শুনে প্রিয়া বলল “একবার গিয়েই দেখ কি বলেন, নন্দিতাদি বলছিলেন ভদ্রলোকের পুত্র আমেরিকা প্রবাসী, হয়তো কোনও দিনই আর ফিরে আসবে না এখানে।”

৩

বেলা একটা নাগাদ দুপুরের আহার সেরে একটু সাজ গোজ করে নিয়ে বেরিয়ে পড়লাম। প্রিয়াকে বলে দিয়েছিলাম দুপুর তিনটে নাগাদ একবার ফোন করতে। ভদ্রলোকের দেওয়া ঠিকানাটা সহজেই পাওয়া গেল। দোতলা বাড়ি, কিন্তু ভদ্রলোক বলে দিয়েছিলেন বাড়ির পাশের গলির মেইন দরজা দিয়ে ঢুকে দু'টো সিঁড়ি উঠলে ল্যাণ্ডিংএ একতলার ফ্ল্যাটের দরজা, আর তার পাশ দিয়েই দোতলায় ওঠার সিঁড়ি। আমাকে দোতলাতেই যেতে বলে দিয়েছেন। ঝকঝকে লাল মেঝের সিঁড়ি বেয়ে ওপরে উঠে ঠিক নিচের ফ্ল্যাটের মতোই একই রঙের আর একই জায়গায় সিঁড়ির মুখোমুখি দরজা দেখলাম। পিতলের নেমপ্লেটে লেখা অপূর্ব সুন্দর সেন, এম,এ, এল,এল,বি। একতলা আর দোতলা সিঁড়ির মাঝের চাতালে বিরাট বড় স্বচ্ছ কাঁচ ঢাকা জানলা ভেদ করে প্রণত সূর্যের তির্যক রদ্দুর সিঁড়ির চকচকে মেঝেতে এসে পড়েছে, আর তার প্রতিফলনে দোতলাটা বিশেষ আলোকিত করে রেখেছে। অদ্ভুত নির্জন শান্ত এলাকা, মনকে যেন অনেক বেশি অনুভূতিশীল করে তোলে। আশ্চর্য, কোথাও কোনও ডোর বেল নেই! হয়তো নৈঃশব্দ্য পছন্দ ভদ্রলোকের। তাই আঙুল দিয়ে ছোট টোকা দিলাম দু'বার। একটু অপেক্ষার পর দরজাটা খুলে গেল, যিনি সামনে হাসিমুখে দাঁড়িয়ে তাঁকে দেখেই মনে হল কোনও ফিল্ম আর্টিস্ট। গৌরবর্ণ, অত্যন্ত সুপুরুষ, প্রায় ছ'ফিট লম্বা এক বৃদ্ধ। মাথার বেশীর ভাগ পাকা চুলগুলো সুন্দর করে পিছনের দিকে করে আঁচড়ানো। পরনে মেরুন রঙের পাঞ্জাবি আর সাদা পায়জামা। চোখে একটা কালচে মেরুন ফ্রেমের চশমা। ভারী স্নিগ্ধ আর সৌম্য মুখের মধ্যে কোথাও একটা আপন করে নেওয়ার অভিব্যক্তি আমার সব সঙ্কোচ আর অজানা ভয়েকে দূরে সরিয়ে দিল নিমেষে।

—“আসুন ভাই, বাড়ি চিনতে অসুবিধে হয়নি তো?” হেসে আমাকে বললেন।

—“একটুও না।” বলতে বলতে আমি ভিতরে ঢুকলাম।

—“এই বক্সের মধ্যে জুতোটা রেখে দিতে পারেন।” ঢুকেই বাঁ দিকে রাখা সুন্দর জুতোর বাক্সটার দিকে দেখিয়ে বললেন। তারপর দরজাটা আবার বন্ধ করে আমাকে সোফায় নিয়ে গিয়ে বসালেন। —“কিছু খাবেন?” হেসে জিজ্ঞাসা করলেন। আমি না বলতেই আবার প্রশ্ন, —“জল?”

—“না, আমি সঙ্গে জল নিয়েই বাইরে যাই, এই ব্যাগে আমার ওয়াটার বটল্ আছে, দরকার হলে খেয়ে নেব।” এবার চারিদিকে একটু তাকিয়ে দেখতে লাগলাম। বিশাল বড় ড্রইং

রুমের একপাশে জানলার কাছে দামী সোফা সেট আর টি টেবল, আর এক ধারে দেওয়াল ঘেঁষে একটা বড় ডাইনিং টেবিলে মুখোমুখি করে রাখা ছ'টা চেয়ার। দু'খানা প্রায় ছ'ফুট উঁচু কাঁচের আলমারি সোফাটার সামনের দিকের দেওয়ালে রাখা রয়েছে আর তার ভেতরে ঠাসা কিন্তু সাজানো বই রয়েছে দেখা যাচ্ছে। এখানে কোনও টিভি দেখতে পেলাম না। সবচেয়ে অবাক হলাম সোফার পিছনের দিকে একটা দারুণ সুন্দর পিয়ানো রাখা রয়েছে দেখে। সাধারণত কারুর বাড়িতে এখন আর পিয়ানোর অস্তিত্ব থাকে না। হয়তো ভদ্রলোক নিজে ভালো বাজাতে পারেন বা গান জানেন। একটা খুব সুন্দর পেডেস্টাল ল্যাম্পও সবচেয়ে বড় সোফাটার বাঁদিকে রাখা। ঘরের মেঝেটা হালকা হলুদ রঙের ওপর ফুল ফুল ছাপ দেওয়া টাইলস্ দিয়ে মোড়া। বড় সোফাটার বাঁদিকের জানলাটা ওপর থেকে মেঝে পর্যন্ত একটা সুন্দর মানানসই দামি পর্দা দিয়ে ঢাকা। ফলে ঘরটা যেন একটু অন্ধকার আর ঠাণ্ডা। ঐ দিকে তাকিয়ে জিজ্ঞাসা না করে পারলাম না, —"এই জানলাটা পর্দা দিয়ে ঢেকে এত সুন্দর দিনের আলোটাকে আটকে রেখেছেন কেন?" ভদ্রলোক হেসে বললেন, —"ওই জানলার তলায় রাস্তা বলে একটু ডিসটার্ব হয়। অবশ্য জানলার পর্দাটা এখন সরিয়ে দেওয়াই যায়। দেব?"

—"না না ঠিক আছে, আমি এমনি বললাম।"

আমার এবার একটু একটু অস্বস্তি হতে লাগল, কারণ বেশ কিছুক্ষণ চুপচাপ বসে থাকলেও ভদ্রলোক হাসি হাসি মুখে আমার দিকে শুধু তাকিয়ে রয়েছেন অথচ কাজের কথা কিছুই উচ্চারণ করছেন না। তাই আমিই কথা শুরু করলাম, —"আপনি এই বাড়িতে একাই থাকেন?"

—"একা থাকা ছাড়া আর কোনও উপায়ও তো নেই। আচ্ছা আমি যদি আপনি না বলে তুমি বলি আর আপনার নামটা ছোট করে নীলা বলে ডাকি তাহলে কি কোনও আপত্তি আছে?"

—"কোনও আপত্তি নেই, আপনি আমার পিতার বয়সী, স্নেহ করে যাই ডাকুন ভালই লাগবে।"

—"সুন্দর কথা তোমার, শুনে ভাল লাগলো।"

—"এবার কাইণ্ডলি কাজের কথাটা একটু বলবেন? আমি আসলে একটু পরেই উঠবো, একটা বিশেষ কাজ ফেলে চলে এসেছি।" আমি অসহিষ্ণু হয়ে বললাম। তবুও ভদ্রলোক চুপচাপ বসে আমার দিকে তাকিয়ে রইলেন, যেটা আমার কাছে খুবই অস্বস্তিকর লাগছিল। হঠাৎ ভদ্রলোক উঠে দাঁড়ালেন, সঙ্গে সঙ্গে আমি বেশ সচকিত হয়ে পড়ে জিজ্ঞাসা করলাম, —"কি হল, কোথায় যাচ্ছেন?"

—"অনেক্ষণ এসেছো তুমি, শুকনো মুখে বসে আছ, আমরা আগে একটু চা খাই বরং, তারপর না হয় কথা বলা যাবে?"

আমি বেশ জোর গলায় বললাম, —"কোনও কিচ্ছুর দরকার নেই, আপনি বসুন প্লিজ, কথা হয়ে গেলেই উঠে পড়ব, আমার তাড়া আছে বললাম তো।"

—"না না একটুও সময় লাগবে না, ফ্লাস্কে চা করাই আছে, শুধু কাপে ঢেলে নিয়ে চলে আসছি, এক মিনিট অপেক্ষা কর তুমি।"

এবার লাফ দিয়ে আমিও উঠে দাঁড়ালাম, অপ্রতিরোধ্য এই ব্যক্তিটির উদ্দেশ্য খুব সন্দেহজনক মনে হচ্ছে। ঝটিতি এগিয়ে গিয়ে বললাম, —"আপনি চুপ করে বসুন, ফ্লাস্ক কোথায় আছে শুধু বলে দিন, আমি নিজে চা ঢেলে এনে দিচ্ছি আপনাকে।"

—"বেশ বেশ, তাহলে এখান থেকে দেখা যাচ্ছে ওই রান্নাঘরটা? ওখানেই ফ্লাস্কটা রয়েছে। কাপ প্লেটও সামনেই আছে। ইচ্ছে মত সুগার মিশিয়ে নিয়ে চলে এস। আমার হাফ চামচ সুগার লাগবে।"

আমি রান্নাঘরে ঢুকেই চকিতে এক ঝলক জরিপ করে নিলাম চারদিক। মডার্ণ রান্নাঘরে যা যা দরকার সব কিছুই আছে, কিন্তু দেখে মনে হল এই রান্নাঘর খুব একটা ব্যবহৃত হয় না। তাড়াতাড়ি চা ঢালতে গিয়ে খানিকটা চা কিচেন প্ল্যাটফর্মে পড়ে গেল। প্লেটে কাপ দু'টো বসিয়ে চিনি আর চামচ দিয়ে ঘরে নিয়ে চলে এলাম। ভদ্রলোক হাসি মুখে স্থির হয়ে বসে আমাকে লক্ষ্য করে যাচ্ছেন সমানে, মনে হচ্ছে আমার কার্যকলাপে মজা উপভোগ করছেন। বললাম, —"ঠিক আছে তো? তাহলে এবার শুরু করুন বলতে।" কথাটা বলে চায়ের কাপটা তুলে নিলেও চুমুক না দিয়ে লক্ষ্য করতে লাগলাম উনি চা টা খান কিনা। হয়তো ভদ্রলোক সেটা বুঝতে পেরে বললেন, —"দাঁড়াও আমি আগে চা টা তাড়াতাড়ি খেয়েনি, না হলে তোমার চা টা আবার ঠাণ্ডা হয়ে যাবে, খাওয়া হবে না।" বলেই বেশ বড়ো করে হেসে উঠলেন। ভারী আকর্ষণীয় হাসিটা ভদ্রলোকের। হয় বেশ বুদ্ধিমান আর নয় শয়তান, সব বুঝেও ন্যাকা সেজে গভীর জলে মাছ খেলিয়ে তুলবে বলে অপেক্ষা করছে। মোবাইল বের করে ঘড়ি দেখলাম প্রায় সওয়া চারটে, প্রিয়াকে বলে দিয়েছিলাম তিনটের সময় ফোন করতে, কোথায় কি? ঠক করে প্লেট সুদ্ধ কাপটা ভদ্রলোক টেবিলের ওপর আমার সামনে নামিয়ে রাখতেই তাকিয়ে দেখলাম কাপ খালি। এবার নিশ্চিন্ত হয়ে আমার চায়ে চুমুক দিলাম আর সঙ্গে সঙ্গে ভদ্রলোক বলে উঠলেন, —"এই তো, এবার একটু রিল্যাক্স কর, কাউকে ফোন করার ছিল কি?"

—"না, টাইম দেখছিলাম, আপনি বলুন।"

—"তোমার মাসিক কত টাকার মত প্রয়োজন বলে মনে করে এই কাজটার জন্য এসেছ?"

—"কি আশ্চর্য, আপনি তো কাজটা কি সেটাই বলতে চাইছেন না। সেটা না জেনে আগে ভাগে কিছুই বলতে পারব না।" বিরক্তি প্রকাশ করে বললাম।

—"ধর আজ যে কাজটা করলে সেটাই তোমার কাজ?"

—"আপনি হেঁয়ালি শুরু করে দিয়েছেন, সত্যি আর ভালো লাগছে না, বিশ্বাস করুন।"

—"আমি কিন্তু সিরিয়াস, হেঁয়ালি করিনি। আমি এখন ভয়ানক একা, এই যে আজ তুমি এখানে এসেছ, দুপুরে ঘন্টা খানেক সময় আমার সঙ্গে কাটালে, এটাই আমার মনকে অনেকখানি রিচার্জ করে দিল।

তুমি চলে গেলেই আবার কাল কখন আসবে সেই ক্ষণের জন্য অধীর আগ্রহ নিয়ে অপেক্ষা করব। টাকা আমার অনেক আছে, কিন্তু মন খুলে কথা বলার মত কেউ নেই এখন। পার্কে সকাল বিকেল বৃদ্ধদের একটা আলোচনা সভা বসে, দু'একবার সেখানে গিয়েছি। কিন্তু ওদের ওই আলোচনার বিষয় বস্তু এবং ক্লান্তিকর চিন্তা ভাবনা আমার মনকে আরও কৃশ করে দেয়। তাই সেখানে যোগ দিতে আমার ভালো লাগে না। আমি মানসিক ভাবে এখনও নিজে বৃদ্ধ হয়েও যাইনি বা ভাবতেও পারি না কিছুতেই। ওই একই অনুভূতিতে তাড়িত হয়ে বৃদ্ধাশ্রমেও যেতে পারিনি। আমার টিভি দেখারও বিশেষ আগ্রহ জাগে না, তবে হ্যাঁ, বই পড়ার খুব নেশা আছে। উপন্যাস, গল্প, কবিতা, প্রবন্ধ বা ভ্রমন কাহিনী, সবই আমার সময় কাটাতে বন্ধুর মত সাহায্য করে। তবে কেন জানিনা, এই দুপুরটা এলেই মনটা ভীষণ ভারী হয়ে যায়, আর বাড়িটা তখন বড্ড ফাঁকা লাগে। তখন কিন্তু বই না পড়ে কোনও মনের মতো সঙ্গীর সাথে বসে আড্ডা দিতে মন চায়। এই টুকুই আর কি।" কথাগুলো বলে ভদ্রলোক আমার মুখের প্রতিক্রিয়া লক্ষ্য করতে থাকলেন হাসি মুখে। এবার আমার মনের মধ্যে খানিকটা সহানুভূতি জেগে উঠল। হাসিমুখে বললাম, —"আমাকে কি তাহলে দুপুরবেলা এসে আপনার সাথে শুধু গল্পগুজব করে আর সঙ্গ দিয়ে চলে যেতে হবে বলেই আপনি নিযুক্ত করছেন?"

ভদ্রলোক জিভ কেটে বললেন, —"ছি ছি, নিযুক্ত করছি শব্দটা উচ্চারণ করলে তোমাকে খাটো করা হবে। তোমাকে আমার পছন্দ হয়েছে, কোথাও না কোথাও তোমার মধ্যে যেন আমার নিজের কন্যাকে খুঁজে পাচ্ছি। তুমি সম্পূর্ণ নিজের খুশিতে এবং নিজের মনের মধ্যে আকর্ষণ অনুভব করলে তবেই আসবে। আর আশা করব যে, অর্থের ব্যাপারে যেটুকু নিজের প্রয়োজন বোধ করবে সেটুকু নির্দ্বিধায় আমার কাছে দাবী করে নিয়ে নেবে।"

অবাক হয়ে কিছুক্ষণ ভদ্রলোকের দিকে তাকিয়ে রইলাম, তারপর হঠাৎ কি মনে করে বললাম, —"কাল কখন আসতে হবে?"

ভদ্রলোকের মুখটায় খুশির আভাস স্পষ্ট ফুটে উঠল। বললেন, —"আমি বেলা একটার সময় লাঞ্চ করি, ভীষণ আনন্দিত হব যদি দু'জনে বসে একসাথে দুপুরের আহার সারি। একা খেতে একদম ভালো লাগে না।"

—"সে কি, আপনি নিজে রোজ রান্না করে আমাকে খাওয়াবেন আর আমি বসে বসে খাব?"

—"না না, আমার লাঞ্চ আর ডিনার একটা ভালো হোম ডেলিভারি সার্ভিস থেকে আসে। একদম বাড়ির রান্না, খুব টেস্টফুল আর পরিচ্ছন্ন রাঁধে। একদিন খেয়েই দেখ না?" বলেই সেই আকর্ষণীয় হাসিটা হাসলেন ভদ্রলোক। এবার বুঝতে পারলাম কেন আমার রান্নাঘর দেখে বহুদিন অব্যবহৃত বলে মনে হয়েছিল।

উঠে পড়ে বললাম, —"ঠিক আছে, আজ আসছি। কাল আমি তাহলে সাড়ে বারটা থেকে একটার মধ্যে আসব?" ভদ্রলোক নিজেও দাঁড়িয়ে উঠে আমাকে এগিয়ে দিতে এসে বললেন, —"সাবধানে যেও। খুব ভাল লাগল তুমি এলে বলে।"

৪

সন্ধ্যাবেলা বাড়ি ফিরে প্রিয়াকে ফোন করতেই দুঃখপ্রকাশ করে বলল, "এই সরি রে, আজ সাউথ সিটির আইনক্সে দুপুরের শো এ একটা ফিল্ম দেখছিলাম, তাই ফোন করতে পারিনি। তারপর গিয়েছিলি?" আমি দুপুরের অভিজ্ঞতার সব বিবরণ দিয়ে বললাম যে আমি কাজটা নিচ্ছি। কিছুদিন দেখি গিয়ে, তারপর সেরকম বুঝলে ছেড়ে দেব। প্রিয়া শুনে খুশি হয়ে বলল —"নন্দিতাদিকে জানাতে হবে। ব্যাপারটা সত্যি খুব ইন্টারেস্টিং, তবে ভদ্রলোকের নিশ্চয় তোকে বিশেষ পছন্দ হয়েছে বলেই এতোটা অফার করেছেন।"

পরদিন সকালের স্টুডেন্টরা চলে যাওয়ার পর বাড়ির কিছু কাজকর্ম আর স্নান সেরে নিয়ে প্রস্তুত হয়ে নিলাম। একটু ভাল করে মেকআপও সেরে নিলাম। তারপর ঠিক সাড়ে বারটায় ফার্ন রোডে অপূর্ববাবুর বাড়ি পৌঁছে দরজায় টোকা দিলাম। একই রকম ভাবে দরজা খুলে হাসি মুখে আহ্বান জানালেন ভদ্রলোক। আজ দেখলাম সাদা ধুতি পাঞ্জাবী পরেছেন, ভীষণ সুন্দর লাগছে দেখতে। ঘরে গিয়ে একই জায়গায় বসলাম, সঙ্গে সঙ্গে দরজায় কেউ শব্দ করল। ভদ্রলোক দরজা খুলতেই দেখলাম একটি অল্প বয়সী ছেলে বড়ো টিফিন ক্যারিয়ার নিয়ে রান্না ঘরে গিয়ে রেখে আবার চলে গেল। এবার আমাকে ভদ্রলোক জিজ্ঞাসা করলেন, —"আমরা একটু পরে খেতে বসি? না কি ক্ষিদে পেয়ে গেছে তোমার?"

—"না না আমিও বেলা একটা দেড়টার আগে খাইনা। আপনি বসুন না?" ভদ্রলোক সাইডের সোফাতে বসে পড়লেন। তবে মুখের হাসিটা সব সময়েই লেগে আছে ওনার। এবার জানতে চাইলাম, —"আচ্ছা, আপনাকে কি বলে সম্বোধন করলে সবচেয়ে খুশি হবেন?"

একটু ভেবে নিয়ে বললন, —"বন্ধু? পছন্দ না হলে কাকু বা জেঠু। শুধু অপূর্ব বলেও ডাকা যেতে পারে, তোমার যেটা ভাল লাগে সেটা বলেই ডেকো, আমার কোনও কিছুতেই আপত্তি নেই। আসল ব্যাপার হল মনের কাছাকাছি আসতে পারা।"

—"না আমি অপূর্বকাকু বলে ডাকবো তাহলে, শুধু কাকু তো বয়স্ক যাকে তাকেই বলি, কিন্তু আমার মনে হয়েছে আপনি একটু আলাদা বা স্পেশাল। অপূর্বকাকু বললে আপনাকে আলাদা করে আইডেন্টিফাই করা যায়।"

লক্ষ্য করলাম কথাটা শুনে ওনার মুখটা উজ্জ্বল হয়ে গেল। বললেন, —"বাঃ, চমৎকার, কালকেই বুঝে ছিলাম তুমি খুব সুন্দর কথা বল।"

—"আপনি পিয়ানো বাজাতে জানেন?" প্রশ্ন করলাম।

—হ্যাঁ, একটু একটু। তুমি?"

—"না না, অল্প বিস্তর গান জানি, এইটুকুই। সময় তো পাইনা, সকাল আর সন্ধ্যায় বাড়িতে টিউশানি করে কাটে।"

এবার অপূর্বকাকু হেসে বললেন, —"শুনে খুব খুশি হলাম, আমি পিয়ানো বাজাব আর তুমি গান প্র্যাকটিশ করবে তাহলে, কেমন? এখন খেতে যাই?"

—"চলুন, আমি সব দিয়ে দিচ্ছি, আপনি শুধু চুপটি করে বসে দেখুন।" আমি উঠে পড়ে বললাম।

ডাইনিং টেবিলে আমরা দু'জনে মুখোমুখি বসলাম। কেটারার কাঁচের প্লেট বাটি চামচ সবই গুছিয়ে দিয়ে গেছে। ছিমছাম খাবার, ভাত, ডাল, আলু ভাজা, একটা সবজি আর মাছের পদ। চাটনি আর দই টা দেখিয়ে বললেন, "এই দু'টো শুধু তোমার, আমি মিষ্টি জিনিসটা এভয়েড করি।" খেতে খেতে টুকটাক কিছু কথা হল। বললেন, —"নিচের ফ্ল্যাটে যাঁরা ভাড়া আছেন তাঁরা স্বামী স্ত্রী ডাক্তার, সার্জন। সারাদিন থাকেন না। ওনাদের একমাত্র কন্যাও ডাক্তার, মুম্বাইতে থাকে।" এবার আমার মনে পড়ল, প্রথম দিনই দেখেছিলাম নিচের ফ্ল্যাটে দরজার নেমপ্লেটে স্বামী স্ত্রীর নামের আগে ডক্টর লেখা। খাওয়া হয়ে গেলে অপূর্বকাকু জিজ্ঞাসা করলেন,—"রান্না ঠিক আছে?" কুণ্ঠিত হয়ে বললাম, —"সরি, কথা বলতে বলতে একদম ভুলে গেছি, ভীষণ ভাল রান্না, কোথা থেকে আনান?"

—"এই পাড়ার একটি অভাবী মেয়ে এটা শুরু করেছে, নাম দিয়েছে ঘরোয়া। আমি ওর এই উদ্যোগকে স্বাগত জানিয়ে কিছুটা আর্থিক সাহায্য করেছি।"

খাওয়ার পর আমি কাঁচের আলমারির কাছে গিয়ে বই গুলো দেখতে লাগলাম। ইংরেজি বাংলা সব রকমেরই নানা ধরনের বই রাখা। গীতাঞ্জলিও রয়েছে দেখলাম। আবার বেশ কিছু আইনের বইও রাখা দেখলাম। জিজ্ঞাসা করলাম, —"আপনি কি ল প্র্যাকটিশ করেন?"

—"না, তবে আমি ল অফিসার হিসাবে জয়েন করে ছিলাম একটা মাল্টি ন্যাশানাল কম্পানিতে। তারপর পরবর্তী কালে ডেপুটি ডাইরেক্টর হয়েছিলাম। ক্যামাক স্ট্রিটে বিশাল বড় একটা ফ্ল্যাটও দিয়েছিল। কিন্তু নিজের এই গৃহ ছেড়ে যেতে মন চায়নি। আমার বাবা হাইকোর্টের এ্যডভোকেট ছিলেন।" এবার আমি জানতে চাইলাম ক'টা ঘর রয়েছে বাড়িটায়। —"এসো দেখাই তোমাকে।" প্রথম যে বেডরুমটায় ঢুকলাম সেটা অত্যন্ত সুসজ্জিত, খুব সুন্দর মানানসই পর্দা, বেড কভার আর ওয়াল ল্যাম্প গুলো। পাশেই আরও

একটা শোবার ঘর, প্রায় একই রকম আর সুসজ্জিত, একটা টেলিফোন রয়েছে দেখলাম। বললাম —"ও আপনার ল্যাণ্ড লাইনও রয়েছে?" হেসে বললেন, —"শরীর আছে, প্রাণ নেই।" ঘরগুলো এ্যাটাচড় বাথরুম সমেত। হঠাৎ চোখে পড়ল দ্বিতীয় ঘরে একটি অল্প বয়সী মেয়ের খুব বড় একটা ছবি খাটের অপর দিকে যে লম্বা বিরাট কাঠের ক্যাবিনেট রয়েছে তার ওপরের দেওয়ালে টাঙান। প্রশ্ন না করে পারলাম না, —"মেয়ে আপনার?" শুনে ছবিটার দিকে অল্পক্ষণ তাকিয়ে রইলেন, তারপর বললেন, —"হ্যাঁ, ছিল, এখন নেই।"

—"ওহ্, আই এম সরি, প্রশ্ন করে আপনাকে দুঃখ দিলাম।"

—"তখন সতেরো বছর বয়েস ওর, একদিন জ্বর নিয়ে কলেজ থেকে ফিরলো। তখন বুঝতেই পারিনি শরীরে এক ভয়ানক মারণ ব্যাধি বাসা বেধেছে ওর। কিছুতেই আর সুস্থ হতে পারছেনা দেখে অনেক রকম পরীক্ষা নিরীক্ষা করে ডাক্তাররা শেষে জানালেন লিম্ফোব্লাস্টিক লিউকেমিয়া, অর্থাৎ একটা বেশ খারাপ ধরনের ব্লাড ক্যান্সার। মাথায় আকাশ ভেঙে পড়লো। তারপর প্রায় এক বছর ধরে চিকিৎসকদের সমস্ত রকম প্রয়াসকে অগ্রাহ্য করে অপরাজেয় মৃত্যু এসে নিষ্ঠুর ভাবে আমার মেয়েটাকে ছিনিয়ে নিয়ে চলে গেল।"

এবার তাড়াতাড়ি আমি বলে উঠলাম, —"থাক, ঠিক আছে, ওসব মনে করে আর মনকে ভারাক্রান্ত করবেন না। আচ্ছা আপনার কি একটি পুত্র আমেরিকা থাকে?" কথা ঘোরাতে প্রশ্ন করলাম। —"হ্যা, আমার একমাত্র পুত্র, আমেরিকা প্রবাসী, তুমি কি করে জানলে?"

—"নন্দিতাদি আমাদের হিস্ট্রি টিচার ছিলেন, উনিই আপনার মোবাইল নম্বরটা দিয়েছিলেন, ওনার কাছে শোনা।"

—"ও আচ্ছা। তবে ছেলে সম্ভবত, সম্ভবত কেন নিশ্চিতভাবেই বলা যায় এ দেশে আর ফিরবে না।"

—"কেন একথা বলছেন?" আমি জানতে চাইলাম।

—"ও পনের ষোল বছর আগে ওখানে গেছে, ওয়েল প্লেসড়, নিউ জার্সি সিটিতে নিজে একটা এপার্টমেন্ট কিনেছে। আমেরিকান একটি মেয়েকে বিয়ে করেছে, আর ওদের একটা বছর দশেকের ছেলেও আছে। ছেলেটা খুব মেধাবী, বাবার মতো হয়েছে। কিন্তু পিতৃভাষায় বড়ই দুর্বল। মাঝে মাঝে ভিডিও কলে কথা হয়, তবে দাদুকে খুব বিশেষ চেনে না। ছেলে প্রায় দু'একদিন অন্তর ফোন করে, সাধারণত রাত আটটা/ন'টা নাগাদ ফোন করে, মানে ওখানে তখন সকাল প্রায় সাড়ে দশটা, অফিসে থাকে তখন। আবার কখনও কখনও সন্ধ্যাবেলায় অফিস থেকে বাড়ি ফিরেও করে, আমাদের ঘড়িতে সকাল ন'টা দশটা নাগাদ।" এবার ভদ্রলোক হাসি মুখে চুপ করে থেকে আমার অভিব্যক্তি লক্ষ্য করতে থাকলেন। আমি ইচ্ছে করেই আর ওনার স্ত্রীর কথা কিছু জানতে আগ্রহ প্রকাশ করিনি,

মারা গিয়ে থাকলে আমার প্রশ্নে আবার দুঃখ পাবেন। এটা তো ঠিক যে আমার কাজ ওনাকে সঙ্গ দিয়ে আর গল্প করে মনের খানিকটা বিকাশ ঘটানো বা উৎসাহ জোগান। ভদ্রলোক আর পাঁচজন বৃদ্ধের থেকে একদম আলাদা। দ্বিতীয় বেডরুমের সামনাসামনি তৃতীয় একটা ঘরের দরজা বন্ধ দেখে জিজ্ঞাসা করলাম, —"ওইটা কি আপনার শোবার ঘর?" প্রশ্ন শুনে বললেন, —"হ্যাঁ ঠিক, আমার ঘরটা বিশাল বড় আর অগোছাল, তাই তোমাকে ওটা আর দেখাতে পারছি না। একটু প্রাইভেসি থাক না হয়?" বলেই আবার হাসলেন।

—"চলুন তাহলে এবার একটু বসি আমরা, তারপর আমি আজ আপনাকে চা করে খাওয়াব।" আমি হেসে বললাম। লাঞ্চের বাসন গুলো এক জায়গায় জড়ো করে রাখা ছিল রান্নাঘরে, আমি সেগুলো ধুয়ে মেজে রাখতে চেষ্টা করতেই ভদ্রলোক আপত্তি করে বললেন, —"দরকার নেই, সন্ধ্যায় যখন আমার রাতের খাবার দিতে আসবে তখন এগুলো ওরা নিয়ে যাবে, তুমি রেখে দাও, শুধু চা করার জন্য যা করার করে চলে এস।"

বিকেল সাড়ে পাঁচটার সময় আমি বললাম —"এবার আমায় যেতে হবে, ছাত্র ছাত্রীরা সাতটায় এসে যাবে।" শুনে অপূর্বকাকুর মুখটা একটুখানি বিমর্ষ হয়ে গেল, বললেন —"বিদায় যখন চাইবে তুমি দক্ষিণসমীরে, তোমায় ডাকব না তো ফিরে। করব তোমায় কি সম্ভাষণ, কোথায় তোমার পাতব আসন, পাতাঝরা কুসুমঝরা নিকুঞ্জকুটিরে। তুমি আপনি যখন আসো তখন আপনি কর ঠাঁই, আপনি কুসুম ফোটাও, মোরা তাই দিয়ে সাজাই। তুমি যখন যাও চলে যাও, সব আয়োজন হয় যে উধাও, গান ঘুচে যায়, রঙ মুছে যায়, তাকাই অশ্রুনীরে।"

আমি অবাক হয়ে ওনার কণ্ঠের আবৃত্তিটা শুনছিলাম, অদ্ভুত ভালো লগলো, বললাম —"বাঃ, বিস্মিত হলাম আপনার আবৃত্তি করার দক্ষতা দেখে। রবীন্দ্রসঙ্গীতটা জানেন নিশ্চয় তাহলে? ঠিক আছে এবার শুনতে হবে সব। আজ আসি।"

—"নীলা তোমার ঠিকানাটা নেওয়া হয়নি। আমার এই খাতাটায় একটু লিখে দেবে? সাথে সাথে তোমার ব্যাঙ্কের নাম আর একাউন্ট নাম্বারটাও লিখে দিও।"

—"হঠাৎ? কি করবেন নিয়ে?" আমার উদ্বিগ্ন প্রশ্ন শুনে হেসে বললেন, —"ভয় নেই, ডাকাতি করতে যাবনা। এমনি আমার রেকর্ডে রাখার প্রয়োজনে চাইছি। আপত্তি থাকলে দিও না।"

—"না না আপত্তি কিছু নেই, খাতাটা দিন লিখে দিচ্ছি।" এরপর ওনার দেওয়া খাতায় সব কিছু লিখে দিয়ে বেরিয়ে পড়লাম।

৫

রাতে প্রিয়া ফোন করে কি হল জানতে চাইল। বললাম সব ঘটনা। আমার মনটাও ওনার সান্নিধ্যে এসে যে বেশ খানিকটা উদ্বুদ্ধ হয় সেটা জানাতেই প্রিয়া বলল, —"দেখিস, বৃদ্ধের প্রেমে পড়ে যাস নি যেন। তোর ব্যাপার সব জানে?"

—"না রে, এটা দেখেছি যে ভদ্রলোক অত্যন্ত শিষ্ট, এতটুকুও কৌতূহল নেই, আমি কিছু বললে তখন সেটার সম্বন্ধে প্রশ্ন করেন।"

পরের দিন সময় মত প্রস্তুত হয়ে বাড়ি থেকে বের হতে যাচ্ছি এমন সময় মোবাইলে একটা মেসেজ আসার এলার্ম বাজল। খুলে দেখি আমার ব্যাঙ্ক থেকে এসেছে, আমার সেভিংস ব্যাঙ্ক একাউন্টে কুড়ি হাজার টাকা জমা পড়েছে। আশ্চর্য! তাহলে কি ভদ্রলোক এত টাকা জমা দিয়ে এবার আমাকে আর প্রয়োজন হবেনা বলে জানিয়ে দেবেন? দেখা যাক গিয়ে। মনে খানিকটা দ্বন্দ্ব নিয়ে দরজায় সংকেত দিলাম, নীল রঙের একটা পাঞ্জাবী আর সাদা পায়জামা পরিহিত অপূর্বকাকু দরজা খুলেই সেই সুন্দর হাসিটা হাসলেন। আমি ঢুকতেই বললেন, —"তখন রাত্রি আঁধার হল, সাঙ্গ হল কাজ, আমরা মনে ভেবেছিলেম, আসবে না কেউ আজ। মোদের গ্রামে দুয়ার যত, রুদ্ধ হল রাতের মত, দু'এক জনে বলেছিল আসবে মহারাজ! আমরা হেসে বলেছিলেম, আসবে না কেউ আজ।" কবিতার শেষে এবার বেশ জোরে হেসে ফেলে বললেন, —"সকাল থেকে অধীর অপেক্ষার পরিসমাপ্তি। তুমি যতক্ষণ না আসছ আশঙ্কা হয়, যদি হঠাৎ তুমি আসা বন্ধ করে দাও?"

বুঝলাম টাকা জমা পড়েছে দেখে আমি যে ভয়টা করেছিলাম সেটা তাহলে অমূলক। সোফায় বসেই জিজ্ঞাসা করলাম, —"আচ্ছা, আপনি হঠাৎ কুড়ি হাজার টাকা আমার একাউন্টে জমা করেছেন কেন?" ওটা আমার এই কাজের পারিশ্রমিক ধরলে টাকাটা অনেক বেশি বলেই মনে হয়েছে।"

অপূর্বকাকু আমার কথাটা শুনে কিছুক্ষণ হাসি হাসি মুখে তাকিয়ে রইলেন, তারপর শান্ত কণ্ঠে বললেন, —"আমি মনে করি এই অর্থ যথেষ্ট নয়, এটা তোমার সময়ের যা মূল্য হয়, তার খানিকটা অগ্রিম হিসেবে দিয়েছি আমি। মাস শেষে বাকিটুকু দেব। তুমি যদি কোনও অফিসে কাজ করতে তাহলে তো এর চেয়ে বহুগুণ বেশি উপার্জন করতে, নিদেনপক্ষে একটা স্কুলে পড়ালেও এর চেয়ে অনেক বেশি অর্থ রোজগার করতে। নিজেকে ছোট বলে মনে স্থান দিও না। হয়তো আজ ভাগ্যের পরিহাসে তোমাকে অর্থের জন্য এ রকম একটা সময়ের অপব্যবহার করা কাজ নিতে হয়েছে।"

—"ব্যাস ব্যাস, যথেষ্ট হয়েছে। আমি আর কিছু বলব না। চলুন এবার খাবারটা বেড়ে দি।" ওনার কথায় আমি খানিকটা প্রভাবিত হয়েছি বুঝে একটা সন্তুষ্টির হাসি হাসলেন।

খেতে খেতে অপূর্বকাকু কিছু না জানতে চাইলেও মনে হল নিজের কিছু কথা ওনার সঙ্গে ভাগ করে নি। বললাম, —"অপূর্বকাকু আপনি বলছিলেন না ভাগ্যের পরিহাস?

সত্যিই তাই। আমি গত পাঁচ বছর আগে স্বামীকে হারিয়েছি। হঠাৎ একদিন অফিসে ভয়ানক অসুস্থ হয়ে জ্ঞান হারাল। অফিসের স্টাফেরা হসপিটালে ভর্তি করে আমাকে খবর দিল। কিন্তু আমি সেখানে পৌঁছে শুনলাম ও চলে গেছে। আর কিছুই করার নেই। ম্যাসিভ ইস্কিমিক সেরিব্রাল স্ট্রোক। ডেথ অন ডিউটি বলে অফিস থেকে ভালই একটা কম্পেনসেশন দিয়েছিল। দু'টো এল,আই,সি ছিল, ফুল মানি পেমেন্ট করে দিয়েছিল দিন দশেকের মধ্যে। একটি মাত্র ছেলে তখন ছ'বছরের। সবে নরেন্দ্রপুর রামকৃষ্ণ মিশনে ভর্তি হয়েছে আর এই রকম অন্ধকার নেমে এল। রথতলায় আমার স্বামী একটা ছোট ফ্ল্যাট ভাড়া নিয়েছিল, এখনও সেখানেই থাকি। স্বামী চলে যাওয়ার পর থেকে প্রতিদিন জীবন যুদ্ধে লড়াই চালিয়ে যাচ্ছি, যাতে সম্মান নিয়ে একটু মাথা উঁচু করে বাঁচতে পারি। ছেলে নরেন্দ্রপুরেই পড়ছে, ভাল রেজাল্ট করে।"

কথা শেষ করে অপূর্বকাকুর দিকে তাকালাম, দেখি খাওয়া হয়ে গেলেও নিজের থালার দিকে এক দৃষ্টিতে তাকিয়ে আছেন। হয়তো আমার কথাগুলো নিয়েই কিছু ভাবছেন, তাই বললাম, —"নাঃ, আর মন খারাপের কথা বলছিনা, চলুন আজ বরং আপনার পিয়ানো শুনি।" এবার একটু ম্লান হাসলেন, তারপর বললেন,—"তোমার মত আমার মেয়েটাও পিয়ানো বাজানোর জন্য মাঝে মাঝে খুব জেদ ধরত।"

—"আবার সেই মন খারাপের ব্যবস্থা করছেন তো?" প্রায় ধমকের সুরে বলে উঠলাম।

—"না না, চল আমরা পিয়ানোর কাছে যাই।"

এরপরই ছিল আমার ভয়ানক চমকের পালা, কোনও ধারণাই ছিলনা ওনার এই শৈল্পিক দিকটার ব্যাপারে। পিয়ানোর ওপর অপূর্বকাকুর দু'হাতের আঙুল গুলোর অনায়াস বিচরণে যে ঝঙ্কারের সৃষ্টি হতে লাগল, তা শুনে আমার ওই ব্যক্তিটির প্রতি অগাধ শ্রদ্ধায় মনটা ভরে উঠল। নিবিষ্ট হয়ে কিছুক্ষণ বাজিয়ে মাথা তুলে আমার বিস্মিত মুখের দিকে তাকিয়ে হেসে জিজ্ঞাসা করলেন, —"কি হল? ভাল লাগছে?"

—"আমার প্রণাম জানাই আপনাকে, সত্যি বলছি আমার চোখ ভিজে গেছে, আপনি নিশ্চয় একজন নামকরা শিল্পী, আমি চিনতে পারিনি।"

—"এস, তাহলে একটা গান শুরু কর আমার পিয়ানোর সাথে।" বলেই পিয়ানোতে বাজাতে শুরু করলেন রবীন্দ্রসঙ্গীত 'মনে রবে কি না রবে আমারে, সে আমার মনে নাই মনে নাই, ক্ষণে ক্ষণে আসি তব দুয়ারে, অকারণে গান গাই।' কিছুক্ষণ মুগ্ধ হয়ে শুনছি, কিন্তু অপূর্বকাকু আমার দিকে তাকিয়ে ইশারা করলেন গান শুরু করার জন্য। পিয়ানোর স্কেলে গলা মিলিয়ে শুরু করলাম গানটা। শেষ হতেই অপূর্বকাকু ভীষণ তারিফ করে বললেন, —"খুব মিষ্টি সুন্দর গলা তোমার, এবার থেকে এইভাবেই আমার কাছে অনুশীলন শুরু কর। আমারও ভাল লাগবে।"

৬

এইভাবে প্রত্যেকটি দিন আমার ভারি সুন্দর কাটতে লাগল। কিছুদিনের মধ্যেই অপূর্বকাকু কখন যে অজান্তে আমার মনের মধ্যে অনেকটা স্থান জুড়ে বসে পড়েছিলেন, তা আন্দাজ করা সম্ভব ছিল না। চকিতে দিনগুলো কেটে যেতে লাগল যেন। প্রতিদিন বেলা বাড়ার সাথে সাথে অপূর্বকাকুর বাড়ি যাওয়ার জন্য নিজের মধ্যে একটা তাগিদ বা আকর্ষণ অনুভব করতাম। মাস পার হবার আগেই আবার অপূর্বকাকু টাকা পাঠিয়ে দিয়েছিলেন। কিন্তু ওনার কাছে গিয়ে নানারকম সাহিত্য পাঠ করে, কবিতা আবৃত্তি করে, গীতাঞ্জলি দেখে সঙ্গীত চর্চা করে বা ওনার নিজের মুগ্ধকরা পিয়ানো বাদন শুনে আমার নিজের অন্তরে যে আনন্দের সৃষ্টি হত এবং তৃপ্তি অনুভব করতাম তা হয়তো ওনার ওই অর্থমূল্যের তুলনায় অনেক বেশি প্রাপ্তি হত বলা যায়। আমার উপস্থিতির সময়টুকু অপূর্বকাকুর কাছে এতটাই মূল্যবান ছিল যে উনি ওই সময় কেউ ফোন করলে বিশেষ না ধরার চেষ্টা করতেন। আমাকে অবশ্য কেউ ফোন করলে উনি সঙ্গে সঙ্গে ধরতে বলতেন। দু'একবার হয়তো ছেলের স্কুল থেকে ফোন এসেছে বা প্রিয়া ফোন করেছে, আমি বেশ সময় নিয়ে কথা বলেছি। মাঝে একদিন ওনার সদর দরজার একটা ডুপ্লিকেট চাবি আমাকে দিয়ে বলেছিলেন —"নীলা এটা তোমার কাছে রাখ। এখন তো তুমি এই বাড়িরই মেয়ে হয়ে গেছ। এসে আর আমার অপেক্ষা না করে সদর দরজা নিজে খুলে চলে আসবে।" তবুও আমি এসে আগে দরজায় টোকা দিতাম, কয়েক মিনিট অপেক্ষা করলেই খুলে দিয়ে হাসি মুখে অভ্যর্থনা জানাতেন। হাতে গোনা দু'একবার মাত্র আমাকে চাবিটা ব্যবহার করতে হয়েছে। মাস গড়িয়ে গেলেও মাঝে একদিনও আমি অনুপস্থিত হইনি। প্রয়োজনও পড়েনি। অপূর্বকাকু অবশ্য বলে দিয়ে ছিলেন যে আমার নিজের কোনও কাজ দুপুরের দিকে এসে গেলে সেদিন এখানে আসতে হবে বলে কাজ ফেলে না রাখতে, শুধু একটু আগে ফোন করে জানিয়ে দিতে যাতে খাবারটা দিতে বারণ করা যায়।

দেখতে দেখতে প্রায় তিন মাস আমি অপূর্বকাকুর বাড়ি যাওয়া আসা করছি। নভেম্বরের শেষ দিকে একদিন সন্ধ্যা নাগাদ অপূর্বকাকুর কাছ থেকে বিদায় নিয়ে চলে আসছি, হঠাৎ উনি বললেন, —"নীলা কাল একটু বেশিক্ষণ সময় দেবে আমায়?"

—"কেন, কি ব্যপার?"

আমার প্রশ্ন শুনে একটু সঙ্কুচিত হয়ে বললেন, —"না, এমনি। তোমার অসুবিধা থাকলে জোর করব না।"

—"ঠিক আছে, আপনি কতক্ষণ সময় বলছেন সেটা বলুন, তাহলে সেইমত ব্যবস্থা করে আসব।"

—"কাল সন্ধ্যাটা যদি আমার এখানেই থেকে যাও?"

—"তাহলে আমি ছাত্র ছাত্রীদের কালকের দিনটা আসতে বারণ করে দেব। আটটা পর্যন্ত থাকলে চলবে?"

—"তবে ডিনারটা এখান থেকেই করে যেও, না হলে রাতে আবার ফিরে গিয়ে নিজের খাওয়ার ব্যবস্থা করতে হবে।" বলে হাসলেন।

—"ঠিক আছে, না হয় তাই হবে। কিন্তু কারণটা জানতে পারলাম না।"

—"এসো তারপর না হয় কিছু কারণ খুঁজে পেলে বলা যাবে?" আবার সেই সুন্দর হাসি। আমিও হেসে বিদায় জানিয়ে ফিরে এলাম।

৭

একটু আগেই পৌঁছে গেলাম পরদিন। দরজায় টোকা দিলাম, কিন্তু খুলতে একটু দেরি হচ্ছে দেখে অন্য দিনের মত চাবিটা বার করে খুলে ঢুকে সোফায় গিয়ে বসলাম। অপূর্বকাকু স্নানে গিয়েছেন নিশ্চয়। তারপর উঠে গিয়ে আলমারি থেকে একটা ভাল বই এনে খুলে বসলাম। নানা ধরণের প্রচুর বই রয়েছে ওনার সংগ্রহে। একটু পরেই দরজায় শব্দ করল কেউ। উঠে গিয়ে খুলেই দেখলাম ঘরোয়া কেটারারের ছেলেটি, একটু হেসে টিফিন ক্যারিয়ারটা নিয়ে গিয়ে রান্না ঘরে রেখে আগের রাতের খাওয়া বাসনপত্র গুলো থলির মধ্যে ভরে নিয়ে চলে গেল। দরজা বন্ধ করেই দেখি অপূর্বকাকু নিজের ঘর থেকে বেরিয়ে আসছেন, মুখের হাসিটা সব সময় লেগে থাকে। মেরুণ রঙের পাঞ্জাবী আর সাদা পায়জামা পরে ওনাকে যেন আরও সুন্দর লাগছে। প্রথম যেদিন এসেছিলাম, সেদিনও এই পরিধানেই দরজা খুলেছিলেন। বসতে বলে বললেন, —"কাল তোমাকে বেশি সময় নিয়ে আমার এখানে আসতে বলার পর খুব খারাপ লাগছিল। আর যাইহোক তোমার ছাত্র ছাত্রীদের পড়ার ক্ষতি করা হল।"

—"না না, দরকার হলে আমি রবিবার পড়িয়ে দেব। আপনি অযথা সঙ্কোচ করছেন।"

এরপর কিছু সময় চুপচাপ কেটে গেল, অপূর্বকাকুর মুখটা একটু যেন ভারাক্রান্ত মনে হল, অন্য দিনের মত সেই উচ্ছলতা নেই। মেঝের দিকে তাকিয়ে বসে আছেন। থাকতে না পেরে জিজ্ঞাসা করলাম, —"অপূর্বকাকু?"

—"এ্যাঁ?" সম্বিত ফিরে পেলেন যেন।

—"কিছু ভাবছেন?" আমি প্রশ্ন করলাম।

—"কই না তো?"

—"আপনার মধ্যে কিন্তু এর আগে কোনও দিন আজকের মত এতো স্ফূর্তির অভাব লক্ষ্য করিনি। আমি তো রয়েছি, আপনার যা কিছু দুঃখ বেদনা আমার সাথে ভাগ করে নিন, দেখবেন মনের ঘণ কাল মেঘ নিমেষে উধাও হয়ে যাবে। এখন চলুন আমরা খেতে বসি।"

টেবিলে গিয়ে মুখোমুখি খেতে বসলাম। কিন্তু আজ পরিবেশন করতে গিয়ে দেখি বেশ কিছু স্পেশাল পদ পাঠিয়েছে ঘরোয়া থেকে আর কেবল একজনেরই। বিস্ময় প্রকাশ করে বললাম, —"একি? আজ ওরা মনে হচ্ছে একজনের মত পাঠিয়েছে? আর এতোগুলো পদ কেন? আপনি তো ছিমছাম খাবার পছন্দ করেন?" সেই একই রকম হাসি দিয়ে বললেন, —"নীলা আজ কিন্তু আমার উপবাস, আমি তোমার সামনে বসে থেকে শুধু তোমাকে খাওয়াব, লক্ষ্মীটি কিছু সঙ্কোচ কোর না।"

আমি বেশ খানিকটা স্তব্ধ হয়ে ওনার মুখের দিকে তাকিয়ে ভাল করে লক্ষ্য করতে লাগলাম, আজকের অপূর্বকাকুকে ঠিক যেন চিনতে পারছি না। জিজ্ঞাসা করলাম, —"কেন উপবাস করবেন, শরীর খারাপ? আমাকে খুলে বলুন না। তাছাড়া আমার জন্যই বা এতো কিছু আনতে বলেছেন কেন তাও তো বুঝতে পারছি না।"

—"তুমি সব গুছিয়ে নিয়ে খেতে বস, আমি তোমার বিপরীত দিকে বসছি, কথা দিচ্ছি তোমার খাওয়া হয়ে গেলে সব বলব।"

একটু ইতস্তত করে অগত্যা আমি একাই ওনাকে সামনে বসিয়ে রেখে খেতে শুরু করলাম। খানিকটা রাগ প্রকাশ করে বললাম, —"আমি এরপর আর কোনও দিন এইভাবে একা বসে ভাল ভাল খাবার খাব না আপনাকে জানিয়ে রাখলাম, আজ অবাধ্য হলাম না বটে, কিন্তু ভবিষ্যতে হব। আপনার যেদিন উপবাস থাকবে সেদিন আমার খাবারও আনাতে হবে না।"

খাওয়া শেষ হলে আমার খাওয়া প্লেট এবং অন্যান্য বাসন গুলো গুছিয়ে নিয়ে রান্নাঘরে রেখে আসলাম, তারপর সোফায় গিয়ে বসলাম। দেখলাম উনি চুপ করে বসে আছেন অপর দিকের সোফায়, খানিকটা অপেক্ষা করতে লাগলাম, কোনও কথা বলছেন না দেখে আমি বললাম, —"অপূর্বকাকু আপনি কিন্তু কথা দিয়েছেন খাওয়া হলে সব বলবেন বলে। হেঁয়ালি না করে প্লিজ কিছু বলুন।"

এবার মুখ তুলে সামান্য বিরসভাবে বললেন, —"আজকের দিনটা বড় বিষাদময়, এই দিন আমি আমার স্ত্রী বিশাখাকে হারিয়ে ছিলাম।"

—"সেকি, সেইজন্য আপনি আমাকে বসিয়ে ভুরিভোজ করালেন আর নিজে সারাদিন উপোস করে শোক পালন করলেন? ছি ছি, আমার কিন্তু ভীষণ খারাপ লাগছে। এটা কেন করলেন?"

—"নীলা, জানি তুমি রাগ করবে, কিন্তু হয়তো সবটা শোনার পর তোমার আর রাগ থাকবে না। তিন বছর আগে আজকের দিনটা শুক্রবার ছিল। সকাল দশটার পর বিশাখা একটু দোকান বাজার করার জন্য বেরিয়ে গেল। আমি অবশ্য জানতাম ও কেন বের হচ্ছে। সেইদিন আমার জন্মদিন ছিল, তার জন্য কিছু কেনাকাটা করতেই গিয়েছিল। বাড়িতে আমার পছন্দসই বেশ কিছু রান্নাও করে রেখে গিয়েছিল, বাকিটা ফিরে এসে

করবে ঠিক করে রেখেছিল। আমার কাছে ঘন্টা খানেক বাদে হঠাৎ খবর এল বিশাখাকে নাকি হসপিটালে নিয়ে গেছে, রাস্তা পার হওয়ার সময় মিনিবাস দুর্ঘটনায় গুরুতর আহত হয়েছে। সঙ্গে সঙ্গে হসপিটালে পৌঁছলাম। ওরা তখন অপারেশন থিয়েটারে নিয়ে যাওয়ার জন্য আমার অপেক্ষায় ছিল। ঠিক বেলা দু'টো নাগাদ অপরেশন থিয়েটার থেকে ডাক্তার বেরিয়ে এসে দুঃখ প্রকাশ করে বলল অনেক চেষ্টা করেও কিছুই করা গেল না। খুব ভেঙে পড়েছিলাম। আমার জন্য একটা পাঞ্জাবী পায়জামা আর নতুন গুড়ের সন্দেশ কিনেছিল। বাড়ি ফিরে বাকি রান্নাটুকু করে সেদিন দুপুরে আমাকে একটু স্পেশাল লাঞ্চ খাওয়ানোর কথা, কিন্তু বিশাখা আমাকে সেদিন অভুক্ত রেখেই চলে গেল। তারপর থেকে আমি জন্মদিনটা উপবাস করেই কাটাই। তবে আজ তুমি আমার এই বিশেষ দিনে উপস্থিত রয়েছ, তাই আমার খুব ইচ্ছে হল তোমাকে আমার জন্মদিন-উপলক্ষে একটু স্পেশাল লাঞ্চ খাওয়াই। এখন বল তোমার রাগ কমেছে?"

আমি নিরুত্তর হয়ে রইলাম কিছুক্ষণ, তারপর খুব মোলায়েম কণ্ঠে বললাম, —"আমি ভীষণ দুঃখিত অপূর্বকাকু, আপনার কাছে নিঃসর্ত ক্ষমা চেয়ে নিচ্ছি। আমি বুঝতে পারছি এক ভয়ঙ্কর অতীতের স্মৃতি আজ আপনার মনকে বিবশ করে রেখেছে। আমি বরং রবীন্দ্রনাথের সঞ্চয়িতা থেকে কিছু ভাল কবিতা আবৃত্তি করে আপনাকে শোনাই। আপনার মনটা অনেকটা হাল্কা হয়ে যাবে।" আমি দু'টো কবিতা পাঠ করে তাকিয়ে দেখলাম অপূর্বকাকু একই রকম ভাবলেশহীন মুখে বসে। বললাম, —"এক কাজ করি, আপনার কাছ থেকে কিছু অতীতের ভাল স্মৃতির কথা শুনি এবার। যেমন ধরুন আপনার নিজের বিয়ের সময়কার কিছু ঘটনা।" এবার একটু হাসলেন, তারপর বললেন, —"আমার বিয়ে প্রায় পঁয়তাল্লিশ বছর আগে হয়েছিল। হ্যাঁ, একটা ঘটনা মনে পড়ছে খুব।" বলেই আবার হেসে ফেললেন, তারপর একটু থেমে শুরু করলেন —"বিশাখা ছিল আমার মামাতো বোনের কলেজের বন্ধু, আমি অবশ্য বিশাখাকে আগে কখন দেখিওনি। বিশাখার দিদি এম,এ পাশ করে বসেছিল। ভাল পাত্র খুঁজছিলেন ওনারা। তার সঙ্গেই সম্বন্ধ করে আমার বিয়ে ঠিক করা হয়েছিল। অনেক দূর এগিয়ে যাওয়ার পর একদিন মা'কে সঙ্গে নিয়ে বিকেল বেলা নিউ আলিপুরে মামার বাড়ি গিয়েছি আর সেদিন বিশাখাও এসেছিল বন্ধুর সঙ্গে দেখা করতে। জুলি মানে আমার মামাতো বোন এসে আমাকে ওদের ছাদে ডেকে নিয়ে গেল। বিশাখা ছাদেই অপেক্ষা করছিল। জুলি বিশাখার সঙ্গে আলাপ করিয়ে বলল, 'এই দ্যাখ, কাকে এনেছি, তোর দিদির হবু বর, আমাদের হিরো অপূর্বদা। এবার ভাল করে আলাপটা জমিয়ে নে। দিদিকে গিয়ে সব বলতে পারবি।' বিকেলের সোনালি রোদের আলোয় ছিপছিপে, বেশ ভাল লম্বা, ফর্সা আর অত্যন্ত আকর্ষণীয় মুখশ্রীর বিপাশাকে দেখার সঙ্গে সঙ্গে আমার মনের মধ্যে একটা অদ্ভুত অনুভূতি হল। একেই আমি জীবনসঙ্গী হিসেবে চাই, নাহলে আর কাউকে চাই না। যাইহোক, আমরা তিনজন ছাদে বেশ কিছু সময় ধরে নানা আলোচনা করে নিচে চলে এলাম। কিন্তু লজ্জায় কিছুতেই আর মনের ইচ্ছাটা কাউকে জানাতে পারছিলাম না। ফলে বিশাখার দিদির সঙ্গে বিয়ের ব্যবস্থা করাটা দুই বাড়ি থেকেই অনেকটা এগিয়ে গেল। যখন দেখলাম এবার না প্রকাশ করলে তার ফল

গুরুতর হতে পারে, তখন মা'য়ের কাছে খুলে সব বললাম। যথারীতি ভীষণ সোরগোল পড়ে গেল। শোনা গেল বিশাখার বাড়ি থেকে বলেছে যে বিশাখার বিয়ে ওর দিদির বিয়ে না দিয়ে ওনারা দেবেন না। এবার আমিও বলে দিলাম পরে হলেও অপেক্ষা করতে রাজী, কিন্তু বিয়ে করতে হলে বিশাখাকেই করব নইলে অন্য কাউকে নয়।" এটুকু বলে অপূর্বকাকু থামলেন। এবার আমি হাসতে হাসতে বললাম, —"পরে তাহলে কিভাবে বিয়েটা সম্ভব হল?"

—"হয়তো সম্ভব হতো না বা হলেও অনেক বছর পরে হতো, কিন্তু পরে জেনেছিলাম যে ব্যাপারটা একতরফা মোটেই ছিলনা, বিশাখাও সেদিন ছাদে আমার দর্শনে ভীষণভাবে আকর্ষিত হয়ে পড়েছিল। বিশাখার ঠাকুমা সেটা বুঝে নাকি ওর দিদির বিয়ের আগেই যেমন করে হোক এই বিয়েটা দেওয়ার জন্য উঠে পড়ে লেগেছিলেন। ফলে, মাস খানেকের মধ্যেই আমাদের শুভদৃষ্টির ব্যবস্থা করা হয়। আর ওর দিদির বিয়ে তারও দু'বছর পরে হয়।"

আমি হেসে বললাম, —"খুব মজা লাগল শুনে। সন্ধ্যা হয়ে এলো, আমি একটু চা বানিয়ে নিয়ে চলে আসছি, তারপর আরও সব শুনব। লাইট গুলো জ্বালিয়ে দি?"

আজ ঘরের সমস্ত লাইট গুলো জ্বালিয়ে দিলাম যাতে অপূর্বকাকুর শুভ জন্মদিনে মনের অন্ধকারটা সরে গিয়ে খুব উজ্জ্বল হয়ে ওঠে। সবে কিচেনে গিয়ে চায়ের জলটা মেপে ওভেনে বসিয়েছি, দরজায় মনে হল কেউ ধাক্কা দিল। অপূর্বকাকু খুলে দেবে মনে করে গেলাম না। কিছুক্ষণ পরেই আবার বেশ জোরে জোরে ধাক্কা দিয়ে কেউ চেঁচিয়ে ডাকলো 'মিস্টার অপূর্ব সুন্দর সেন?' তাড়াতাড়ি কিচেন থেকে বেরিয়ে দেখলাম অপূর্বকাকু সোফায় নেই, হয়তো ওয়াশরুম গেছেন। দরজা খোলার আগে জানতে চাইলাম, —"কে?"

—"মিস্টার সেন আছেন? আমরা পুলিশ স্টেশন থেকে আসছি।"

সঙ্গে সঙ্গে দরজা খুলে দেখলাম দু'জন পুলিশ অফিসার দরজার সামনে দাঁড়িয়ে আর একজন কনস্টবল্ সিঁড়ির মাঝে দাঁড়িয়ে।

৮

সিনিয়র পুলিশ ইন্সপেক্টরটি এগিয়ে এলেন, —"নমস্কার, মিস্টার অপূর্ব সুন্দর সেন কি বাড়ি আছেন? আমরা একটু দেখা করতে চাই।" খানিকটা মোটাসোটা, মাঝ বয়সী, কাঁচাপাকা গোঁফ আর চোখের কোল বসা ইন্সপেক্টরটি আমাকে কথাটা জিজ্ঞাসা করতে করতে বাড়ির ভিতরের দিকটা উঁকি মেরে দেখার চেষ্টা করছিলেন। বললাম, —"এইমাত্র ঘরে ছিলেন তো, এখন বোধহয় টয়লেটে গেছেন। একটু অপেক্ষা করুন।" আমি ড্রইং রুমে ঢুকে একটু উঁচু স্বরে ডাকলাম "অপূর্বকাকু?" বাইরে থেকে ইন্সপেক্টরটি সমানে লক্ষ্য করছিলেন, আমি আবার বেশ জোরেই বললাম "অপূর্বকাকু থানা থেকে পুলিশ ইন্সপেক্টর এসেছেন আপনার

সঙ্গে দেখা করতে।" কয়েক মিনিট অপেক্ষা করে দু'জন পুলিশ অফিসার এবার বাড়ির ভিতর ঢুকে এলেন। আমি বললাম, —"আপনাদের কি ব্যাপারে দরকার বলবেন একটু?"

—"আপনি ওনার কে হন?" ইন্সপেক্টর প্রশ্ন করলেন।

—"এ্যকচুয়ালি আমি ওনার দেখাশোনা করার জন্য রোজ দুপুরে আসি আর বিকেলে চলে যাই। সম্পর্কে কেউ হই না।"

—"উনি গতকাল রাত্রি থেকে কোনও ফোন ধরছেন না, ওনার পুত্র আমেরিকা থেকে বহুবার চেষ্টা করে না পেয়ে কলকাতা পুলিশ হেড-কোয়ার্টারসে রিকোয়েস্ট করেছেন ওনার বাবা একজন সিনিয়র সিটিজেন, একা থাকেন, তাই একটু খবর নিতে কেন ফোন ধরছেন না। ইনফ্যাক্ট আমরাও অনেকবার ওনার ল্যাণ্ড লাইন আর মোবাইলে ট্রাই করেছি, বাট নো রেসপন্স। কি ব্যাপার?" তারপর একটু এদিক ওদিক তাকিয়েই অপর অফিসারকে বললেন, —"আরে! একটা পোড়া পোড়া গন্ধ আসছে না? পাচ্ছ?" সঙ্গে সঙ্গে অফিসারটি "ইয়েস" বলেই কিচেনে ঢুকে গেলেন, তারপর চেঁচিয়ে বললেন, —"ম্যাডাম কি কোনও কিছু ওভেনে বসিয়ে ছিলেন? সেটা পুড়ে গিয়ে খুব ধোঁয়া বের হচ্ছে।"

—"ও হ্যাঁ হ্যাঁ, আমি চায়ের জল বসিয়ে ছিলাম, একদম ভুলে গেছি। দেখছি এক্ষুণি।" দৌড়ে এসে গ্যাস ওভেনটা বন্ধ করে দিলাম। কিন্তু ফুটে ফুটে জল শুকিয়ে সসপ্যানটার তলাটা আগুনের তাপে একবারে ঝামার মত হয়ে গিয়ে কালো ধোঁয়ার সৃষ্টি হয়ে ঘর ভরিয়ে দিয়েছে। ফিরে এসে দাঁড়াতেই ইন্সপেক্টর বললেন, —"কোথায় তিনি? আপনার অপূর্বকাকু? লুকিয়ে পড়লেন নাকি? চলুন তো ভিতরে একবার দেখি?" এবার চেঁচিয়ে কনস্টবলকে ডাকলেন, —"মান্না, ভেতরে একবার চলে এসো তো।"

আমি তো প্রচণ্ড বিহ্বল হয়ে পড়েছি অপূর্বকাকুর এ হেন আচরণে। মান্না বলে কনস্টবলটি ঘরে এসে দাঁড়াতেই ইন্সপেক্টর আদেশ করলেন ভেতরে গিয়ে সব ঘরগুলো ভাল করে দেখে আসতে। নিজেও একটু ভেতরের দিকে এগিয়ে গিয়ে দাঁড়ালেন। আমিও চুপচাপ ইন্সপেক্টরের পাশ থেকে অপেক্ষা করতে লাগলাম। প্রথম আর দ্বিতীয় বেডরুম যেগুলো আমাকে দেখিয়ে ছিলেন অপূর্বকাকু সেগুলো ভালরকম দেখে নিয়ে কনস্টবল মান্না দেখলাম অপূর্বকাকুর শোবার ঘরের বন্ধ দরজায় সামান্য শব্দ করল। তারপর সাড়া না পেয়ে ঠেলে দরজাটা খুলে ফেলে ভেতরের লাইট অন করেই ডেকে উঠল, —"স্যার এই ঘরে একবার আসুন।" পুলিশ ইন্সপেক্টরের সঙ্গে আমিও দুরন্ত কৌতূহলী হয়ে তৎক্ষণাত অপূর্বকাকুর বেডরুমে গিয়ে দাঁড়ালাম। বিশাল ঘরের শেষ প্রান্তে একটা বনেদি আমলের খাট। সেটার ওপর চিৎ হয়ে শুয়ে গভীর ঘুমে আচ্ছন্ন হয়ে রয়েছেন অপূর্বকাকু। ঘরের মধ্যে হিমশীতল ঠাণ্ডা কারণ দু'খানা এ,সি ষোল ডিগ্রী তাপমাত্রায় চালিয়ে রাখা রয়েছে। একই পোষাক পরনে, অর্থাৎ মেরুণ পাঞ্জাবী আর সাদা পায়জামা। একবার জোরে চেঁচিয়ে ডেকে উঠলাম, —"অপূর্বকাকু?" ঘরের অসহ্য নিস্তব্ধতা যেন গ্রাস করছে, কোনও উত্তর

নেই। একমাত্র দু'খানা ঠাণ্ডা মেশিনের হাঙ্কা একটা যান্ত্রিক শব্দ ছাড়া আর কিছুই শোনা যাচ্ছে না।

খুব সন্তর্পণে পুলিশ ইন্সপেক্টর এগিয়ে গেলেন খাটের কাছে, অপূর্বকাকুর নাকের নিচে নিজের হাতের তর্জনী আর মধ্যমাঙ্গুলি নিয়ে গিয়ে শ্বাস পরীক্ষা করেই নিজের মাথার টুপিটা নামিয়ে নিয়ে বলে উঠলেন, —"কি আশ্চর্য! ভদ্রলোক তো মারা গিয়েছেন! দেখে তো বহু আগেই ডেথ হয়েছে বলে মনে হচ্ছে! বডিতে রাইগর মর্টিস হয়ে গেছে দেখছি।" একথা শুনে আমি অসহায় ভাবে বলে উঠলাম, —"কিন্তু স্যার আপনি বিশ্বাস করুন, আজ সকাল এগারটা থেকে আপনারা আসার আগের মুহূর্ত পর্যন্ত অপূর্বকাকু বাইরের ঘরে আমার সঙ্গে বসে গল্প করেছেন, এমন কি দুপুরে নিজে বসে থেকে আমাকে লাঞ্চ খাইয়েছেন আজ নিজের জন্মদিন-উপলক্ষে।" একটা চাপা কান্না আমার গলাটা যেন চেপে ধরতে লাগল।

—"আপনি নেশা টেশা করেন মনে হচ্ছে। ব্যাপারটা ভাল ঠেকছে না, বেশ সন্দেহজনক। আমাদের ইনভেস্টিগেট করতে হবে।" অত্যন্ত কঠিন কণ্ঠে ইন্সপেক্টর উত্তর দিলেন। নিজের মোবাইল ফোন বের করে খবরটা কাউকে জানিয়ে এখনই একটা এ্যম্বুলেন্স আর ফরেন্সিক টিম পাঠাতে বললেন। তারপর পকেট থেকে দস্তানা বের করে পরে নিয়ে খাটের পাশেই রাখা বড় টেবিলটার কাছে গিয়ে খুঁটিয়ে দেখতে লাগলেন। অপূর্বকাকুর মোবাইলটা হাতে নিয়ে ইন্সপেক্টর খুলতে চেষ্টা করলেন, কিন্তু চার্জ না থাকায় বন্ধ হয়ে গেছে দেখে অফিসারের কাছে রাখতে বললেন। আমার চোখের জল বাধা মানছিল না, স্থানু হয়ে দাঁড়িয়ে ঘরের চারিদিক লক্ষ্য করছিলাম। এই প্রথম অপূর্বকাকুর শোবার ঘরে আমি প্রবেশ করলাম। শোবার ঘর না বলে হলঘর বলা যায় এতো বড়। বিরাট একটা কাঠের ওয়ার্ডরোব, ড্রেসিং টেবিল, নিজের ফিটনেস বজায় রাখার জন্য একটা স্ট্যাটিক সাইকেলও রয়েছে। ইন্সপেক্টর যে বিরাট সেক্রেটারিয়েট টেবিলটা অনুসন্ধান করছিলেন সেখানে অনেক বইপত্র ছড়িয়ে রাখা, একটা খালি জলের গ্লাস প্লেট ঢাকা, টেবিলের সামনে একটা পেডেস্টাল ল্যাম্প আর কালো গদি দেওয়া একটা রিভলভিং চেয়ার। টেবিলে রাখা অপূর্বকাকুর ল্যাপটপটা খুলে অফিসার দেখতে শুরু করলেন। কিছুক্ষণ পর ড্রয়ার খুলে ওষুধের একটা ফয়েল বের করে বললেন, —"কি সর্বনাশ, মনে হচ্ছে হাই ডোজের সিডেটিভ ইউজ করা হয়েছে। এখানে তো মাত্র একটা বড়ি পড়ে আছে দেখতে পাচ্ছি।" পাশের অফিসারকে মেডিসিনের ফয়েলটা দিয়ে রাখতে বললেন। বাকি আরও যা কিছু ওষুধ ছিল ড্রয়ারের ভেতর সেগুলোও বের করে রাখতে বললেন। হঠাৎ একটা তীব্র সাইরেনের শব্দ আস্তে আস্তে এগিয়ে আসছে শুনতে পেলাম। সেটা থেমে যাওয়ার দু'মিনিটের মধ্যে কয়েকজন পুলিশ স্ট্রেচার নিয়ে আর সাদা পোষাক পরা তিনজন অপূর্বকাকুর ঘরে এসে ঢুকলেন। একজন বড় একটা ক্যামেরা নিয়ে বিভিন্ন দিক থেকে খাটে শুয়ে থাকা অপূর্বকাকুর শরীরের ছবি তুলে নিতে থাকলেন। এবার আমাকে ইন্সপেক্টর বললেন, —"আপনি বাইরে গিয়ে বসুন এখন, কোথাও যাবেন না। দরকার আছে।"

সোফায় গিয়ে বসার অল্পক্ষণ পরেই দেখলাম সাদা চাদর ঢাকা দিয়ে স্ট্রেচারে করে অপূর্বকাকুর দেহটা নিয়ে চলে গেল। চোখটা ঝাপসা হয়ে গেল আবার। কি করে কি হল বোধগম্য হচ্ছিল না। প্রায় আধ ঘন্টা কেটে যাবার পর সবাই মিলে একসঙ্গে ঘর থেকে বেরিয়ে এসে ওনার বেডরুমের দরজাটা সীল করে দিলেন। আমাকে ইন্সপেক্টর বললেন, —"আপনাকে আমরা কিছু জিজ্ঞাসাবাদ করার প্রয়োজনে এখন থানায় নিয়ে যাব।" ওনারা সদর দরজা বন্ধ করেও সীল করলেন, তারপর আমাকে নিয়ে নিচে নেমে আসতেই চমকে গেলাম, আসপাশের প্রতিবেশীরা এবং কৌতূহলী পথচারীরা ভীড় করে সামনে দাঁড়িয়ে, তার সঙ্গে ক্যামেরা নিয়ে দু'একটা টিভি চ্যানেল থেকেও এসে অপেক্ষা করছে। ইন্সপেক্টর বললেন, —"আপনি মুখ ঢেকে নিন।" আমাদের দেখা মাত্র সবাই একসঙ্গে ঝাঁপিয়ে প্রশ্নের বাণ ছুঁড়তে থাকল। একজন মহিলা পুলিশ আমাকে ভীড় ঠেলে পাশ কাটিয়ে কাটিয়ে নিয়ে গিয়ে গাড়িতে তুলল। ইন্সপেক্টর গাড়িতে ওঠার আগে টিভি রিপোর্টারদের সব প্রশ্নের জবাবে বার বার একটি কথাই বলতে লাগলেন, —"এখন কিছু বলতে পারছিনা, তদন্ত করে বলা যাবে।" থানায় পৌঁছবার পর আমাকে বসিয়ে প্রচুর প্রশ্ন করা শুরু হল। রাত ন'টা নাগাদ খবর এল, এবার লালবাজার থেকে ডি,সি ক্রাইম আসছেন, অতএব আমাকে আরও অপেক্ষা করতে হবে।

৯

রাত প্রায় দেড়টার সময় পুলিশের গাড়িতে করে আমাকে বাড়ি পাঠিয়ে দিল। বলে দিল আমি কলকাতা ছেড়ে কোথাও যেন না যাই। কিছু না খেয়েই সোজা গিয়ে বিছানায় আশ্রয় নিলাম। মাথার মধ্যে উথাল পাথাল হচ্ছিল। একটুও ঘুম এলো না। ভোর বেলা উঠে পড়লাম। একটু চা বানিয়ে নিয়ে বিছানায় ফিরে এলাম খবরের কাগজটা সঙ্গে করে। প্রথম পাতার তলার দিকেই আমার ঘোমটা ঢাকা পুলিশ বেষ্টিত হয়ে গাড়িতে ওঠার ছবি। কি ভাগ্যিস আমার মুখটা দেখা যাচ্ছে না। খবরের হেড লাইন, —বালিগঞ্জে অবসর প্রাপ্ত বৃদ্ধের অস্বাভাবিক মৃত্যু। পুলিশের নজরে এক মহিলা। পুরো সংবাদটা পড়ে লজ্জায় অপমানে মাথা হেঁট হয়ে যেতে লাগল। ইশ, অপূর্বকাকু এটা কি করল? এতোটা আপনজনের মত ভেবে নিয়ে দিনের পর দিন ওনার বাড়ি পৌঁছে সঙ্গ দিয়ে যথাসাধ্য চেষ্টা করে গেলাম ওনার নিঃসঙ্গতা কাটানোর জন্য, আর এই তার প্রতিদান? আজ আমার লোক সমাজে বের হতেই লজ্জা হচ্ছে। একটু বেলায় ঘরের টিভি খুলেও আঁতকে উঠলাম, একটি প্রসিদ্ধ বাংলা চ্যানেল অপূর্বকাকুর বডি বের করা থেকে আমাকে পুলিশ ধরে গাড়িতে তোলা পর্যন্ত সমস্ত ছবিগুলো দেখাতে দেখাতে মহিলা সাংবাদিকটি ফার্ণ রোডে একা বৃদ্ধের অস্বাভাবিক মৃত্যুর সংবাদের সাথে আমাকেই সন্দেহভাজন হত্যাকারী হিসেবে সংবাদ পরিবেশন করছে। আমার নামটা অবশ্য জানায়নি কোনও খবরে এই রক্ষা। প্রিয়া বুঝতে পেরেছিল, তাই একসময় ফোন করে সব ঘটনা আমার থেকে শুনল, তবে অপূর্বকাকু ভূত হয়ে দুপুর থেকে বিকেল অবধি আমার সঙ্গে কাটিয়েছেন শুনে পুলিশদের মতই অবিশ্বাস করে বলল, —"অসম্ভব! হয় তোর কোথাও একটা মাথায় সমস্যা হয়ে হ্যালুসিনেট করেছিস আর না হলে অপূর্ব সেন পুলিশ আসার একটু আগে সুইসাইড

করেছেন।" এরপর আরও দু'বার আমাকে থানায় ডেকে পাঠিয়ে অজস্র প্রশ্ন করেছে, ওদের বেশির ভাগ প্রশ্নই পুনরাবৃত্তি করে জিজ্ঞাসা করা। আমি যে আগের রাতে বাড়ি ফিরে ছিলাম তার প্রমাণ কি, যদি ফিরে এসে থাকি তবে ঠিক ক'টার সময় অপূর্ব সেনের বাড়ি থেকে বের হয়েছিলাম আগের রাতে ইত্যাদি ইত্যাদি নানারকম প্রশ্নে জর্জরিত করতে থাকল পুলিশ অফিসাররা। পোস্টমর্টেম রিপোর্ট বলছে, অপূর্ব সেন রাত এগারটা চল্লিশ নাগাদ মারা গেছেন। অতিরিক্ত ট্রায়াজোলাম জাতীয় ঘুমের ওষুধের প্রতিক্রিয়ায় হৃদস্পন্দন বন্ধ হয়ে মৃত্যু হয়েছে। তবে শুনলাম, ওনার নিজের হাতে লেখা ডায়েরি আর কিছু চিঠি নাকি পাওয়া গিয়েছে শোবার ঘরের টেবিলের ড্রয়ার থেকে, যেগুলি হস্তলিপি বিশারদদের কাছে পাঠান হয়েছে আসল না নকল জানার জন্য। পাঁচ-ছ'দিন কেটে যাওয়ার পর পুলিশের তরফ থেকে সংবাদ মাধ্যমকে জানিয়ে দেওয়া হল যে অপূর্ব সুন্দর সেনের মৃত্যুটা একটা সুইসাইড। টিভির খবরে জানতে পারলাম উনি একটা সুইসাইড নোটও লিখে রেখে গেছেন এই বলে যে, নিজের জীবনকে আর বহন করে নিয়ে যেতে চান না বলেই উনি সেচ্ছায় মৃত্যু বরণ করছেন এবং সেজন্য কেউ দায়ী নয়। গতকাল বিকেলে ওনার আমেরিকা প্রবাসী পুত্রের হাতে মরদেহ তুলে দেওয়া হয়েছে অন্তিম ক্রিয়া সম্পন্ন করার জন্য। টিভিতে খবরটা দেখে বুকের ভিতরকার একটা বোঝা নেমে গেছে মনে হল। বড় করে একটা দীর্ঘশ্বাস নিয়ে মনে মনে প্রতিজ্ঞা করলাম অর্থের যতই অভাব হোক, আর কখনও এমন কোনও কাজকর্ম করতে যাব না।

১০

এই ঘটনার পর প্রায় দিন দশেক কেটে গেছে। আমার জীবনটাও এখন অনেকটা শান্ত স্থির হয়ে অপূর্বকাকুর বাড়িতে কাজটা নেওয়ার আগের অবস্থায় ফিরে এসেছে। হঠাৎ একদিন সকাল দশটার সময় আমার মোবাইলটা বাজতে আরম্ভ করল। ভয় পেলাম, আবার পুলিশ নয়তো? ইদানিং ফোন এলেই ভয় পেতাম। দ্বিধা নিয়ে ফোন তুলে বললাম, "হ্যালো, কে বলছেন?"

—"আপনি নীলাঞ্জনা বোস কথা বলছেন?"

—"হ্যাঁ বলছি।"

—"আমি দীপ সুন্দর বলছি, অপূর্ব সুন্দর সেনের ছেলে। আমি নিউ জার্সিতে থাকি, বাবার হঠাৎ আকস্মিক মৃত্যুর খবর শুনে চলে এসেছি। আপনার সঙ্গে আমার দেখা করা খুব প্রয়োজন। আজ দুপুর তিনটের সময় আমাদের ফার্ণ রোডের বাড়িতে একবার আসতে পারবেন?"

চুপ করে থাকলাম কিছুক্ষণ, তারপর জিজ্ঞাসা করলাম, —"আমাকে কি খুবই প্রয়োজন? আপনি হয়তো জানেন না অপূর্বকাকু হঠাৎ আত্মহত্যা করে আমার জীবনটাকে কিভাবে ছারখার করে দিয়ে গেছেন, লোক সমাজে আমি আর মাথা উঁচু করে দাঁড়াতে পারি না,

হয়তো এখনও অনেকে আমাকে খুনী বলেই ভাবেন। এই অবস্থাটা কাটিয়ে উঠতে হয়তো বহু বছর লেগে যাবে।" শেষের দিকে কান্না এসে গিয়ে গলার শব্দটা পরিবর্তিত হয়ে গেল।

—"আমি ভীষণ দুঃখিত, আপনার সম্বন্ধে আমি অন্তত খুবই উচ্চ ধারণা পোষণ করি ম্যাডাম। আপনি দয়া করে একটিবার আসুন, বিশেষ জরুরী প্রয়োজন।"

—"ঠিক আছে, আসব তাহলে।" আস্তে করে বলে ফোনটা কেটে দিলাম।

দুপুর তিনটের সময় অপূর্বকাকুর ফ্ল্যাটে পৌঁছলাম। সদর দরজাটা খোলাই ছিল। ভিতরে দেখলাম পাঁচজন ভদ্রলোক আর একজন মহিলা বসে আছেন। আমি ঢোকার আগেই ফর্সা লম্বা সুন্দর চেহারার একজন উঠে এসে হেসে বললেন, "নমস্কার ম্যাডাম, আমিই দীপ সুন্দর, ভিতরে আসুন, প্লিজ সিট হিয়ার।" একটা সিঙ্গল সোফা দেখিয়ে বললেন। এবার আমার বিপরীত দিকের সোফায় বসে থাকা ভদ্রলোক বললেন, —"আমি প্রণয় কুমার আচার্য, স্বর্গীয় অপূর্ব সুন্দর সেনের এডভোকেট। সকলের অনুমতি নিয়ে এবার শুরু করি তাহলে?" দীপ সঙ্গে সঙ্গে বলে উঠল, —"হ্যা নিশ্চয়, শুরু করুন প্লিজ।"

—"লেট অপূর্ব সুন্দর সেন মৃত্যুর সাত দিন আগে একটা উইল তৈরি করে রেজিস্ট্রি করে গিয়েছেন। অপূর্ব সুন্দরের ইচ্ছা অনুযায়ী ওনার দ্বিতল বসতবাড়ির সম্পূর্ণ একতলাটি নিঃসর্ত ভাবে ওনার স্নেহধন্যা শ্রীমতী নীলাঞ্জনা বোসকে দান করে গেছেন। এই ফ্ল্যাট সংক্রান্ত যা কিছু অর্থাৎ নিজে বসবাসের জন্য ব্যবহার করা, বা ভাড়া দেওয়া, বা বিক্রয় করার মত সমস্ত অধিকার শ্রীমতী নীলাঞ্জনা বোস উপভোগ করতে পারবেন।" এডভোকেট প্রণয় আচার্য এ পর্যন্ত বলে একটু চুপ করতেই দীপ সুন্দর এবং বাকিরা হাততালি দিয়ে আমাকে অভিনন্দন জানালেন। আমি অবশ্য এতক্ষণ বসে বসে অন্যমনস্কভাবে শুধু অপূর্বকাকুর সঙ্গে আমার শেষ দিনের সমস্ত ব্যাপারটা চিন্তা করছিলাম। তাই হাততালি শুনে সম্বিত ফিরে দীপের দিকে তাকালাম। দীপ আমাকে হেসে বলল, —"কনগ্র্যাচুলেশন ম্যাডাম, এবার আপনার বর্তমান টেনেন্টের সঙ্গে পরিচয় করে নিন।" দীপ হাত দিয়ে সামনে বসে থাকা ভদ্রলোক এবং ভদ্রমহিলাকে দেখিয়ে বলল, —"ইনি হচ্ছেন ডক্টর সমীরণ মিত্র আর ওনার মিসেস, ডক্টর সুনন্দা ব্যানার্জী মিত্র।" ওনারা দুজনেই হেসে আমাকে নমস্কার জানালেন। এবার এডভোকেট আচার্য আবার বলতে শুরু করলেন, —"এখন থেকে একতলার ফ্ল্যাটের যে রেন্ট ডক্টর মিত্র দেন," বলেই থেমে গিয়ে ডাক্তার দম্পতিকে জিজ্ঞাসা করলেন, —"কত দিচ্ছেন আপনারা?" ডক্টর মিত্র উত্তর দিলেন, —"গত মাস থেকে এগ্রিমেন্ট অনুযায়ী মান্থলি ফরটি থাউজেন্ট হয়েছে।"

—"হ্যাঁ, তাহলে এই ফরটি থাউজেন্ট রেন্ট উইলের সর্ত অনুসারে এখন থেকে আপনাদের মিসেস নীলাঞ্জনা বোসের হাতে অথবা ওনার ব্যাঙ্ক একাউন্টে জমা দিতে হবে। দোতলার ফ্ল্যাটটি লেট অপূর্ব সুন্দর সেনের পুত্র এবং উত্তরাধিকারী শ্রী দীপ সুন্দর সেনের কাছেই থাকছে।"

দীপ এডভোকেটের কথা শেষ হতেই বলল, —"এবার আমার দিক থেকে মিসেস নীলাঞ্জনা বোসকে অনুরোধ করবো যে এখন থেকে বাবার এই দোতলার ফ্ল্যাট এবং ফ্ল্যাটের ভিতর যা কিছু আছে সবই যদি উনি দেখাশোনা করার দায়িত্ব নেন, তাহলে আমি খুব উপকৃত হই এবং নিশ্চিন্ত হয়ে ফিরে যেতে পারি। আমি আর সাত দিন পরেই স্টেস্‌এ ফিরে যাচ্ছি, আমার পক্ষে আবার কবে ফেরা সম্ভব হবে ঈশ্বর জানেন। আমি এই ব্যাপারে মিসেস বোসের নামে একটা পাওয়ার অফ এটর্নীও করে দিয়ে যাব, যাতে ওনার কোনও অসুবিধে না হয়। তবে বাবার স্মৃতি হিসেবে একটি জিনিসই শুধু সঙ্গে করে নিয়ে যাচ্ছি, বাবার নিজের হাতে লিখে যাওয়া এই ডায়েরিটা। এটার মধ্যে প্রত্যেক দিন এমন কি শেষ দিন পর্যন্ত বাবা কি করেছেন তা লিখে রেখে গেছেন। এই ডায়েরি থেকেই আমি নীলাঞ্জনা দেবী সম্বন্ধে সবকিছু জানতে পারি, আর তা পড়ে ওনার প্রতি আমার অগাধ শ্রদ্ধা এবং কৃতজ্ঞতা জাগে।" আমি এতক্ষণ বিহ্বল হয়ে বসে ওনাদের সব কথা শুনছিলাম, চুপচাপ হয়ে যেতে দেখলাম সকলেই আমার দিকে হাসি হাসি মুখে তাকিয়ে রয়েছেন। এবার আমি দীপকে উদ্দেশ্য করে বললাম, —"দেখুন, আমি এখন একটু শান্তি চাই, একটা ভয়ঙ্কর ঝড় আমার ওপর দিয়ে বয়ে গেছে, পাশে কাউকে পাইনি। অন্য কারুর পক্ষে সেটা বোঝা মুশকিল। দয়াকরে আমাকে এসব দায়িত্ব থেকে আপনারা অব্যাহতি দিন।"

—"মিসেস বোস, বাবা সুইসাইড করার আগের মুহূর্তে ঘরে বসে আপনাকে একটা চিঠি লিখে গিয়েছিলেন। সেটা পুলিশের দপ্তর থেকে আমাকে দিয়েছে। আপনি এটা বাড়ি নিয়ে গিয়ে পড়বেন, তারপর আশা করব আপনার আর আপত্তি থাকবে না। তবে আর মাত্র এক সপ্তাহ সময় আমার হাতে, তাই কাল পরশুর মধ্যেই আপনার হাতে সব দিয়ে চলে যেতে চাই। কাইণ্ডলি আপনি আর সময় নষ্ট করবেন না।" দীপ কথা শেষ করে উঠে গিয়ে ঘর থেকে একটা লম্বা খাম নিয়ে এসে আমার হাতে দিল, তারপর বলল, —"চিঠিটা এর মধ্যে আছে।"

সেদিন বাড়ি ফিরতে সন্ধ্যা ছ'টা হয়ে গেল। ছাত্র ছাত্রীরা একটু পরেই চলে এল। তাদের পড়ানো শেষ করে রাতের দিকে নিজের বিছানায় গিয়ে একটু আয়েস করে বসে অপূর্বকাকুর চিঠিটা খুলে পড়তে শুরু করলাম, —'নীলা, আমি একটা গর্হিত কাজ করার জন্য প্রস্তুত হয়ে এই চিঠি লিখতে বসেছি। জানি আমার এই কাজটার জন্য তোমার মনে অনেক প্রশ্ন আসবে, আমার প্রতি রাগ হবে, হয়তো তারজন্য কোনও দিনই ক্ষমা করবে না। কিন্তু তুমি তো জান, আমি নিজেকে বয়েসের সঙ্গে ঠিক মানিয়ে নিতে পারিনি। জরার সাথে চিরহরিৎ মনের অহি নকুল সম্পর্ককে প্রতিনিয়ত সামলে রাখার প্রয়াস চালাতে হচ্ছিল। হয়তো এর সাথে আমাকে একা রেখে বিশাখার চলে যাওয়াটাও কিছুতেই মানিয়ে নেওয়া সম্ভব হচ্ছিল না। ফলে খুঁজে বেড়াতে থাকলাম এমন একজনকে যার মধ্যে আমার অন্তরকে কিছুটা ছুঁয়ে দেখার দক্ষতা থাকবে। যতদূর মনে পড়ছে দিনটা ছিল ২৭শে জুলাই শুক্রবার, দুপুরে হঠাৎ তুমি এলে। সেদিন অল্প কিছুক্ষণ তোমার সান্নিধ্য পেয়েই আমার মনটা খুব উৎফুল্ল হয়ে গেল। যদিও সেদিন তোমার মনে অনেক দ্বন্দ্ব, ভয়, সঙ্কোচ কাজ করছিল বুঝতে পেরেছিলাম সেটা। কিন্তু তবুও তুমি আমার নিঃসঙ্গতার কথা বুঝে শেষে

কোনও অর্থ প্রাপ্তির প্রতিশ্রুতি ছাড়াই অপরিচিত এক বৃদ্ধকে সঙ্গ দেবার জন্য আসতে রাজি হয়ে গেলে। জান নীলা, তারপর থেকে প্রতিদিন দুপুরের ওই চার পাঁচ ঘন্টাই আমি জীবিত থাকতাম। বাকি সময় বেঁচে থাকলেও জীবিত থাকার স্বাদ অনুভব করতাম না। তোমার উপস্থিতিতে বার বার মনে হত আমার অকালে চলে যাওয়া মেয়েটি যেন আবার ফিরে এসেছে, ঘরটা ভরে উঠেছে। ইদানিং কেন জানিনা, মনে মনে আশঙ্কা হচ্ছিল যদি কোনও কারণে তোমার আসাটা হঠাৎ বন্ধ হয়ে যায়? একে একে তো সবাই ছেড়ে গেছে। তার চেয়ে এই ভাল।

তোমাকে ইচ্ছা করে অনেক কিছুই দিই, তাই আমার সম্পত্তির একটা অংশ তোমাকে দিয়ে গেলাম, ফিরিয়ে দিওনা, খুব দুঃখ পাব তাহলে। এবার আমার চোখের পাতাগুলো যেন ভীষন ভারি হয়ে আসছে, আর খুলে রাখতে পারছি না, দু'চোখে ঘুমের পাহাড় নেমে আসছে, একটু পরেই গভীর ঘুমের মধ্যে তলিয়ে যাব, সমস্ত শরীর শিথিল হয়ে গেছে, তাই শুতে যাচ্ছি। হয়তো আর জেগে ওঠা হবে না। লক্ষ্মীটি, তুমি রাগ কোর না। ভাল থেকো —অপূর্বকাকু'

আমার চোখ ঝাপসা হয়ে এলো, চিঠিটা ভাঁজ করে আবার খামের মধ্যে ঢুকিয়ে রাখলাম।

THANK YOU FOR READING MY BOOK

I really appreciate all of your feedback, and would love hearing what you have to say.

I need your input to make the next version of this book and my future books better.

Please head over to Amazon or wherever you purchased this book to leave a helpful review for me.

Every review matters and it matters a lot!

I Thank You Endlessly.

NILOTPAL

www.ingramcontent.com/pod-product-compliance
Lightning Source LLC
LaVergne TN
LVHW041136180726
843490LV00005B/1433